会计研究方法论
（第4版）

主编——吴溪

Accounting
Research Methodology

中国人民大学出版社
·北京·

序

对于会计学专业的学生而言，会计研究方法论是非常基础和重要的学习内容。随着学生规模的不断扩大，会计学教师们的普遍感受是，现在的学生较少能够去系统、深入地从事一个研究项目，缺少研究方法的系统指导和训练，也缺少完整、独立的学术论文写作和发表经历。然而我们相信，无论对未来的实务工作还是进一步的学术深造过程，良好的研究方法论基础都能够帮助会计学专业的学生取得更有效率和效果的进展。

中央财经大学会计学院开设"会计研究方法论"课程已有多年。我们始终希望能有一本专门的教材提供一些相对基础性的、突出会计学术研究特征的思想、方法和信息，使会计学专业的学生能够在此基础上拓展自己的学习视野和空间。经过这些年的逐渐摸索和积累，我们已经具备了一定的师资力量和教学科研基础，希望编写出一本符合广大会计学专业学生需求的会计研究方法论教材。我们的上述理念也得到了学校层面的大力支持，会计研究方法论教材和课程均成为中央财经大学"211工程"的精品建设项目。为此，会计学院集合群体的力量，经过近两年的艰苦努力，将这本教材呈现在读者面前。

参编本教材的学者都是中央财经大学会计学院的专职教师。在教学科研工作极其繁重的情况下，以及当前教材编写并不受高度认可的学术评价体系中，大家仍然全力以赴，精心撰写各自负责的章节，力求写作内容的高质量和行文的深入浅出，体现了严谨的学术态度和高度的专业精神。当然，会计研究方法论的思想和方法内容具有很大的广度和深度，并处在不断变化、发展之中，我希望这本教材能够在未来不断丰富和提升，为会计学专业的广大学生和教学科研人员乃至对学术研究具有浓厚兴趣的其他专业学生提供持续有益的参考和帮助。

前　言

§

　　工欲善其事，必先利其器。要推动会计学专业的知识创新，掌握会计学研究的方法非常重要。会计研究方法论始终服务于会计学的思想发展，思想发展是目的，研究方法是手段、是路径。

　　这种辩证关系在教学、人才培养和研究实践活动中并不容易得以秉持。年轻的实证会计研究者，特别是初学者，很容易把会计学研究和论文发表理解为以计量方法和统计分析为主的过程，而忽略研究思想的形成和理论推演过程；长此以往，会计学的研究就会集中于运用统计和计量技术所能解决的问题，研究话题越来越窄，不利于会计学的思想发展。[①]因此，尽管本书围绕会计研究方法展开讨论，但仍遵从会计思想和研究方法论之间的辩证关系。

§

　　会计研究方法论的学习通常既涉及知识层面，也涉及技能层面。我们以往对"会计研究方法论"的授课通常采取若干位教师分别讲授几个主题的形式，每位教师也都会向学生提供讲义资料和阅读文献。这种形式为学生学习研究方法论类型的课程提供了较大的开放性，在北美高校早期的硕士课程中也有体现（比如伊利诺伊大学厄巴纳-香槟分校的会计研究方法论课程[②]）。在保持开放性的同时，我们也逐渐形成了一些比较稳定的知识和技能体系。在这些积累的基础上，我们进行了一些拓展，希望这本会计研究方法论教材体现以下几方面的特点：专业相关性、前沿性、系统性。

---

　　① 参见 Srinidhi, B. An Essay on Conceptualization of Issues in Empirical Accounting Research. *China Journal of Accounting Research*, 2013, 6 (3): 149-166。

　　② 参见 James Wesley Deskins, Frederick L. Neumann, and Lawrence Revsine. A Research Methodology Course for Accountants. *The Accounting Review*, 1970, 45 (4): 789-795。

- **专业相关性**

我们注意到，在社会科学领域已经存在不少关于研究方法论的优秀教材。[①] 这些教材中的很多思想和方法对于会计学研究同样具有适用性，因此我们编写教材时并不试图大而全，或广而全。我们尽量选择与本专业密切相关的方法论文献进行梳理和整编，特别是整理本学科重要学者有关研究方法论的思想和讨论。这样一方面确保了编入本教材的内容与会计学专业的高度相关性，另一方面，即使有些内容是社会科学研究所共有的知识或技能，也有助于拉近会计学专业的学生读者与研究方法论的距离。

- **前沿性**

我们在本教材的编写过程中，参考了会计学领域重要国际期刊中有关会计研究方法论的一批学术文献。众所周知，教材（特别是本科生教材）通常回避学术界尚在讨论的、甚至是争议性的前沿问题，因此较少纳入学术期刊的文献。而在专业学习阶段，了解学术前沿及其演变，感受学术思想的碰撞正是学生需要经历的，对于培养创新性思维方式十分重要。我们希望通过我们的编辑工作，把会计学术期刊中有关研究方法论的前沿学术思想和发现更多地纳入本教材中。

- **系统性**

虽然我们避免教材的大而全，但仍然努力实现教材结构和知识体系上的基本完备。我们在导论（第一章）中讨论了几个基本的问题，包括会计学与社会科学的关系，会计学的研究范式，理论与实证研究的关系，以及实证研究方法的分类。随后的各章内容可大致分为三个维度。

第一个维度是会计学研究运用的主要研究方法，包括档案式研究（第四章）、实验研究（第五章）、问卷调查（第六章）、实地研究（第七章）、案例研究（第八章）。近年来，会计学研究中对文本、图像、音频、视频等非结构化数据的分析逐渐增多，为此本书讨论了非结构化数据分析方法（第九章）。实证研究的重要目标是对现象提供具有因果推断效力的解释，因此还专章讨论了因果关系推断（第十章）。考虑到不少重要的专门研究方法、设计和计量问题仍难以被前述章节充分涵盖，同时为了保持本书可以不断纳入特定的研究方法问题，我们专设了"特定研究方法和技术问题"一章（第十一章），包括实证会计研究中对分析模型的运用、事件研究方法、限值因变量模型、特殊的样本设计、控制变量的使用、复制式研究、文献综述的元分析法等。

第二个维度侧重于讨论研究方法在会计学主要领域的应用（但并不试图对各个重要分支领域的理论或发现进行回顾和综述），包括财务会计领域（第十二章）、财务管理领域（第十三章）、管理会计领域（第十四章）、审计领域（第十五章）、税收领域（第十六章）以及公司治理领域（第十七章）。

第三个维度与会计学术研究成果的产出和发表有关，包括了解会计学领域的主要学术期刊（第二章），评判和识别有意义的会计研究选题（第三章），会计学术论文的撰写与发表（第十八章），会计研究方法的学术道德问题（第十九章），以及中国会计学术研究成果的国际发表（第二十章）。

[①] 比如，《社会学研究方法》（风笑天，中国人民大学出版社，2001）；《社会统计分析方法》（郭志刚，中国人民大学出版社，1999）；《组织与管理研究的实证方法》（陈晓萍、徐淑英、樊景立，北京大学出版社，2008）。

上述三个维度，既有方法论的讨论，也有会计分支领域的视角，还有对会计研究产出环节的关注。

此外，我们也适当考虑了方法论教材学习中的操作性。这里的操作性是指在技术方法中运用统计软件的问题。市场中有不少关于各种统计软件（如 SAS、Stata、SPSS、EViews）的应用指南和教材。统计软件通常也都为使用者提供较为强大的自学工具。我们认为，在会计研究方法论这样的教材中提供理论和操作之间的衔接，对于学生理解和深入学习研究方法论是有帮助的。为此，我们在本教材的附录中提供了一篇研究论文的 Stata 统计软件程序，并进行了简要解释。我们无意在本教材中系统介绍某种统计软件的命令含义和编程技巧，因为各种统计软件的应用指南或教材在这方面已经做得很好。[①] 我们的目的是希望通过这种展示，可以让学生更加直观和感性地理解从研究数据到研究结果的实现过程；同时，对于有兴趣深入学习的读者而言，我们的展示也可以引导其更加系统地学习有关的统计工具。

§

本教材具体章节的编写与审校分工如下表所示。

各章节编写与审校分工

章节	主起草人	主校编人
第一章　导论	吴溪（第一节、第二节、第四节）；薄仙慧（第三节）	吴溪
第二章　会计学领域的主要学术期刊	吴溪	吴溪
第三章　评判和识别有意义的会计研究选题	吴溪	吴溪
第四章　档案式研究方法	王彦超、魏紫、吴溪（第一节、第二节）；陈玥（第三节）	吴溪
第五章　实验研究方法	刘俊勇、罗乐（第一节、第四节）；吴溪、罗乐（第二节）；罗乐（第三节）	吴溪、罗乐
第六章　问卷调查法	李玲	吴溪
第七章　实地研究方法	孙健	吴溪
第八章　案例研究方法	王彦超	吴溪
第九章　非结构化数据分析方法	李哲（第一节、第二节）；段丙蕾（第三节、第四节）	吴溪、段丙蕾
第十章　因果关系推断与内生性问题处理	薄仙慧、梁上坤（第一节）；梁上坤、吴溪（第二节至第七节）	吴溪、马云飙
第十一章　特定研究方法和技术问题	薄仙慧、吴溪（第一节）；魏紫（第二节）；薄仙慧（第三节）；陈运森（第四节）；谢蓉蓉（第五节）；陈玥（第六节）；曹强（第七节）	吴溪

---

① 比如《随机模拟与金融数据处理 Stata 教程》（李春涛、张璇，中国金融出版社，2009）。

续表

章节		主起草人	主校编人
第十二章	财务会计领域的研究方法应用	王玉涛、吴溪（第一节）； 王玉涛（第二节至第四节）； 薄仙慧（第五节）	袁淳、吴溪
第十三章	财务管理领域的研究方法应用	廖冠民（第一节）； 张俊生（第二节）； 陈运森（第三节）	廖冠民
第十四章	管理会计领域的研究方法应用	刘俊勇（第一节至第三节）； 卢闯（第四节）	吴溪
第十五章	审计领域的研究方法应用	曹强	吴溪
第十六章	税收领域的研究方法应用	张俊生	吴溪
第十七章	公司治理领域的研究方法应用	江轩宇	吴溪
第十八章	会计学术论文的撰写与发表	吴溪	吴溪
第十九章	会计研究方法的学术道德问题	陈玥	吴溪
第二十章	中国会计学术研究成果的国际发表	吴溪、杨育龙（第一节至第三节、本章附录）； 吴溪（第四节）	吴溪
附录：会计研究与统计软件应用示例			廖冠民

在本教材的统稿阶段，吴溪对未进行主校编的章节（第十三章及本书附录）也进行了编辑性的校读和编纂。需要说明的是，不同的编者有各自的语言习惯和行文风格，对研究方法的专长和理解也各异。当然，在起草之后的校编环节和最终的统稿阶段，编者已尽可能做到各章编写体例的一致和行文风格的适度协调。

在文献引用的方式上，为了便于读者在看到某一篇期刊文献便清楚其发表期刊（特别是发表在会计学刊上的文献），我们在作者、年份（比如"Ball and Brown（1968）"）的基础上对期刊文献的引用增加了期刊缩写，即"Ball and Brown（1968，JAR）"。对于专著、编著中的章节、工作论文等形式的文献，则仍然只体现作者、年份信息。

在参考文献的列示上，某些章节可能主要建立在对少数几篇文献的编辑整理工作基础上，我们则把这少数几篇文献的完整条目置于该章最后（称为"本章主要参考文献"），而在正文中简略提及的文献条目则直接标为脚注，从而与该章的主要参考文献相区分。但也有一些章节，涉及大量文献的引介（或简略提及），如果全部标为脚注将显得十分累赘，于是我们将所有的文献完整条目全部置于该章最后（称为"本章参考文献"）。较为特殊的是第十一章，由于该章各节之间的讨论主题差异较大，我们将该章各节的参考文献目录保留在各节之后，而没有混合到该章最后的位置，以便于读者快捷地识别各节涉及的参考文献。

§

对于本书编写过程中参阅、借鉴的文献的作者，我们表示由衷的敬意和致谢。孟焰院长对本书的编写工作从始至终都给予了极大的鼓励、支持和肯定，没有他的高度重视和激励，本书很难取得现在的面貌。在本书第1版编写过程中，当时供职于北京大学光华管理学院的罗乐博士为第五章"实验研究方法"初稿提了宝贵意见和建议，特此表示由衷感谢。在第一版教材的编写过程中，十余位编者之间经常进行专业上的深入交流和反复研讨；随着各个章节的不断积累和数易其稿，两年来的几个寒暑假和几个学期在充实中悄然而逝。

中央财经大学"211工程"建设期间，学校将《会计研究方法论》作为精品教材建设的立项项目之一，使得本书的成形有了一个难得的契机。本书的诸多编者也是财政部学术类会计领军（后备）人才的入选者，这是本书成稿的另一个重要契机，因为入选学术领军班后我们面临一个重要的使命，就是按照总指挥王军副部长和学术领军班班主任、中国会计学会田志心老师的鞭策，以追求教学科研的精品成果为己任。尽管本书只是向这个宏伟目标做出的初步努力，但已有了一个起点和未来进一步努力的方向。还需要感谢的是中国人民大学出版社的陈永凤编辑（第1版至今）、李文重编辑（第3版）、魏文编辑（第4版），除了感谢他们对我们这个编者团队的信任，还要感谢他们对本书的悉心投入和高水准的出版设计，使本书的出版质量得到了高度的保证。

§

第1版教材出版后，我们得到了很多鼓励和反馈，同时也有相对充裕的时间思考进一步的修订和补充工作。为了完整保留各版本的修订轨迹，以下依次列示了每一版相较上一版的主要修订内容。

与第1版相比，第2版教材主要在以下八个方面进行了增补：

● 在"档案式研究"一章（第2版第四章）中，增加讨论了对档案式研究的近期评价（第三节）。

● 关于问卷调查方法的讨论，此前在第1版教材中放在"实地研究方法"这一章中。考虑到问卷调查法本身有更广泛的应用，并不限于实地研究，因此在第2版的修订中将问卷调查法单列一章，并进行了大幅度的扩充（第2版第六章）。

● 在"若干特殊的研究方法与技术问题"一章（第2版第九章）中，增加讨论了实证会计研究中对分析模型的运用（第一节），该问题是对理论与实证关系（第2版第一章第三节）的进一步细化。

● 在"若干特殊的研究方法与技术问题"一章（第2版第九章）中，增加了对会计研究中因果关系推断问题的讨论（第四节）。

● 在"若干特殊的研究方法与技术问题"一章（第2版第九章）中，增加了对复制式研究的讨论（第七节）。

● 考虑到近年来公司治理已经成为会计学者的重要研究对象，与财务会计、公司财务、管理会计、审计、税务等领域都有交叉融合，为此在第2版的修订中专门讨论了公司治理领域的研究方法应用（第2版第十五章）。

● 增加了对会计研究方法的学术道德问题的专门讨论（第2版第十七章）。

● 关于中国主题会计研究在国际期刊的发表（第2版第十八章），将该章附录的中国主题文献清单更新至2016年3月。

与第2版相比，第3版教材主要在以下方面进行了增补：

● 在"实验研究方法"一章（第3版第五章）中，新增了对现场实验研究方法的讨论（第三节）；对实验研究方法的应用举例（第四节）进行了分支领域的扩展，涵盖了财务会计、审计和管理会计的各一篇文献示例。

● 近年来随着会计学研究对经验证据的因果关系推断效力越来越重视，我们将原"若干特殊的研究方法与技术问题"一章（第2版第九章）的第三节"内生性"和第四节"因果关系推断"进行了整合和大幅度拓展，单独设置为第3版第九章"内生性与因果关系推断"。

● 将关于中国主题会计研究在国际期刊的发表（第3版第十九章）聚焦在国际顶级会计与财务学刊的范围内，并按新的范围更新了该章所有的统计分析；新增了对具有国际顶级学刊发表经历的若干位学者的调研（第四节），以深化读者对中国主题会计研究国际化过程的理解和认知。

● 将关于中国主题会计研究在国际顶级会计与财务期刊的发表文献清单（第3版第十九章附录）更新至2019年12月。

与第3版相比，第4版教材主要在以下方面进行了增补：

● 在导论（第4版第一章）中，新增了第四节，对实证研究方法的分类及其逻辑进行了讨论。

● 考虑到近年来会计学领域对文本、图像、音频、视频等非结构化数据的分析日益增多，新增了"非结构化数据分析方法"一章（第4版第九章）。

● 在"特定研究方法和技术问题"一章（第4版第十一章）中，新增了"控制变量的使用"一节（第五节）。

● 将关于中国主题会计研究在国际顶级会计与财务学刊的发表文献清单（第4版第二十章附录）更新至2023年12月，并更新了第二十章的统计分析和讨论。

● 关于国际顶级期刊发表的经历与体会（第4版第二十章第四节），在2020年初的调研基础上，新增了对具有国际顶级学刊发表经历的七位学者的调研。

● 对其他章节做了补充讨论。比如，对于档案式研究方法（第4版第四章），补充了关于理论发展（第二节）、数据来源的可靠性与完整性（第二节）、极端值处理（第三节）等问题的讨论；对于因果关系推断与内生性问题处理（第4版第十章），增补了相关讨论。

● 为顺应教材数字化建设的趋势，第4版开始建设和会计研究方法论有关的数字化学习资源，我们邀请了中央财经大学的李哲和段丙蕾两位老师为第九章专门拍摄了两个视频，分别为"运用Python和PyCharm实现文本爬取和分析"和"音频分析模块安装与音频分析指标构建"，购买正版图书的读者扫描文中二维码即可观看并学习。

§

受编者的时间和能力所限，在本书的编撰过程中可能存在错漏或不妥之处，欢迎读者指正。相比第1版，尽管我们尝试在随后修订的每一版教材中做出一定的更新和补充，但还有不少会计研究方法论或具体方法的主题及相关文献尚未在本书中得到涵盖或更加充分的讨论。我们希望以本版教材为基础，在未来进行持续更新和定期再版，为会计学专业的学生和更广泛的读者提供更加丰富的会计研究方法论前沿思想、发现和实践。最终，我们希望在研究方法论上的努力能够更有效地服务于会计学理论思想和管理实践的发展。

吴　溪

编者简介

吴溪，管理学（会计学）博士，毕业于中央财经大学。现任中央财经大学会计学院教授。主要研究领域为会计、审计与资本市场治理。研究成果发表于 The Accounting Review（TAR）、Journal of Accounting and Economics（JAE）、Journal of Accounting Research（JAR）、Accounting Horizons（AH）、Auditing：A Journal of Practice & Theory（AJPT）、Journal of Accounting and Public Policy（JAPP）、The International Journal of Accounting（TIJA）、China Journal of Accounting Research（CJAR）、China Journal of Accounting Studies（CJAS）、China Accounting and Finance Review（《中国会计与财务研究》）、《管理世界》、《经济学（季刊）》、《会计研究》、《金融研究》、《审计研究》、《中国会计评论》等。

袁淳，管理学（会计学）博士，毕业于中国人民大学。现任中央财经大学会计学院教授。主要研究领域为财务管理、公司治理。研究成果发表于 Journal of Banking & Finance（JBF）、China Journal of Accounting Research（CJAR）、China Accounting and Finance Review（《中国会计与财务研究》）、《经济研究》、《管理世界》、《经济学（季刊）》、《会计研究》、《金融研究》、《中国工业经济》、《南开管理评论》、《经济理论与经济管理》等。

刘俊勇，管理学（会计学）博士，毕业于中国人民大学。现任中央财经大学会计学院教授。主要研究领域为管理会计。研究成果发表于《管理世界》、《会计研究》、《南开管理评论》等。

张俊生，管理学（会计学）博士，毕业于厦门大学。曾任教于中央财经大学会计学院，现任中山大学管理学院教授。主要研究领域为财务管理、公司治理、税务。研究成果发表于 Review of Accounting Studies（RAST）、Strategic Management Journal（SMJ）、Corporate Governance：An International Review（CGIR）、Asia-Pacific Journal of Finance Studies（APJFS）、Journal of Banking and Finance（JBF）、Pacific-Basin Finance Journal（PBFJ）、Emerging Markets Review（EMR）、Accounting and Finance（AF）、China Journal of Accounting Studies（CJAS）、China Accounting and Finance Review（《中国会计与财务研究》）、《管理世界》、《世界经济》、《经济学（季刊）》、《会计

研究》、《金融研究》、《管理科学学报》、《中国工业经济》、《经济科学》、《审计研究》、《中国会计评论》、《南开管理评论》、《经济管理》、《中国农村经济》等。

曹强，管理学（会计学）博士，毕业于厦门大学。现任中央财经大学会计学院教授。主要研究领域为审计。研究成果发表于 China Accounting and Finance Review（《中国会计与财务研究》）、《会计研究》、《审计研究》、《经济科学》、《南开管理评论》、《经济管理》等。

薄仙慧，管理学（会计学）博士，毕业于北京大学。现任中央财经大学会计学院副教授。主要研究领域为财务会计、审计。研究成果发表于 Annals of Economics and Finance、Ars Combinatoria、《经济研究》、《管理世界》、《会计研究》、《金融研究》、《审计研究》等。

廖冠民，管理学（会计学）博士，毕业于中国人民大学。曾任教于中央财经大学会计学院，现任中国人民大学商学院教授。主要研究领域为财务管理、公司治理。研究成果发表于 The Journal of Finance（JF）、Journal of Accounting and Economics（JAE）、Review of Finance（RF）、Journal of Money, Credit and Banking（JMCB）、Pacific Basin Finance Journal（PBFJ）、China Economic Review（CER）、China Accounting and Finance Review（《中国会计与财务研究》）、《管理世界》、《世界经济》、《会计研究》、《审计研究》、《中国工业经济》、《南开管理评论》、《财贸经济》、《经济科学》、《经济理论与经济管理》等。

王彦超，管理学（会计学）博士，毕业于中山大学。现任中央财经大学会计学院教授。主要研究领域为财务管理、公司治理。研究成果发表于 China Journal of Accounting Research（CJAR）、China Accounting and Finance Review（《中国会计与财务研究》）、《经济研究》、《会计研究》、《金融研究》、《审计研究》、《中国会计评论》、《中国工业经济》、《南开管理评论》、《经济管理》、《管理评论》等。

孙健，管理学（财务学）博士，毕业于中国人民大学。现任中央财经大学会计学院教授。主要研究领域为财务管理、管理会计。研究成果发表于 Journal of Business Finance and Accounting（JBFA）、Journal of Corporate Finance（JCF）、Corporate Governance: An International Review（CGIR）、Pacific Basin Finance Journal（PBFJ）、《管理世界》、《经济学（季刊）》、《会计研究》、《南开管理评论》、《中国软科学》等。

王玉涛，管理学（会计学）博士，毕业于清华大学。曾任教于中央财经大学会计学院，现任中国人民大学商学院教授。主要研究领域为财务会计、公司治理。研究成果发表于 Contemporary Accounting Research（CAR）、Review of Accounting Studies（RAST）、China Journal of Accounting Research（CJAR）、China Journal of Accounting Studies（CJAS）、China Accounting and Finance Review（《中国会计与财务研究》）、《会计研究》、《金融研究》、《审计研究》、《中国会计评论》等。

卢闯，管理学（财务学）博士，毕业于中国人民大学。现任中央财经大学会计学院教授。主要研究领域为财务管理、管理会计。研究成果发表于《管理世界》、《会计研究》、《中国工业经济》、《中国会计评论》、《南开管理评论》、《中国软科学》等。

陈运森，管理学（会计学）博士，毕业于清华大学。现任中央财经大学会计学院教授。主要研究领域为财务管理、公司治理。研究成果发表于 Journal of Accounting and

Public Policy（JAPP）、*Journal of Business Finance and Accounting*（JBFA）、*Journal of Corporate Finance*（JCF）、*Pacific Basin Finance Journal*（PBFJ）、*Accounting and Finance*（AF）、*China Journal of Accounting Research*（CJAR）、*China Journal of Accounting Studies*（CJAS）、*China Accounting and Finance Review*（《中国会计与财务研究》）、《经济研究》、《管理世界》、《经济学（季刊）》、《会计研究》、《金融研究》、《审计研究》、《中国会计评论》等。

魏紫，管理学（会计学）博士，毕业于吉林大学（与墨尔本大学联合培养）。现任中央财经大学会计学院副教授。主要研究领域为财务会计。研究成果发表于 *Australian Accounting Review*（AAR）、*Accounting and Finance*（AF）、《会计研究》、《审计研究》等。

李玲，管理学（会计学）博士，毕业于中央财经大学。现任中央财经大学会计学院教授。主要研究领域为管理会计。研究成果发表于 *International Review of Financial Analysis*（IRFA）、《会计研究》、《中国会计评论》等。

陈玥，管理学（会计学）博士，毕业于北京大学。现任中央财经大学会计学院副教授。主要研究领域为财务会计、公司治理。研究成果发表于《金融研究》、《中国工业经济》、《审计研究》、《财经研究》等。

江轩宇，管理学（财务学）博士，毕业于中国人民大学。现任中央财经大学会计学院教授。主要研究领域为公司财务、公司治理。研究成果发表于 *Contemporary Accounting Research*（CAR）、*Journal of Corporate Finance*（JCF）、*Journal of Banking & Finance*（JBF）、*Journal of Accounting, Auditing and Finance*（JAAF）、*Journal of Empirical Finance*（JEF）、*Pacific-Basin Finance Journal*（PBFJ）、《经济研究》、《管理世界》、《经济学（季刊）》、《金融研究》、《南开管理评论》、《审计研究》、《中国会计评论》、《经济理论与经济管理》等。

梁上坤，管理学（会计学）博士，毕业于南京大学。现任中央财经大学会计学院教授。主要研究领域为财务管理、公司治理。研究成果发表于 *The Accounting Review*（TAR）、*Pacific-Basin Finance Journal*（PBFJ）、*China Journal of Accounting Research*（CJAR）、*China Journal of Accounting Studies*（CJAS）、*China Accounting and Finance Review*（《中国会计与财务研究》）、《经济研究》、《管理世界》、《会计研究》、《金融研究》、《管理科学学报》、《世界经济》、《南开管理评论》、《中国会计评论》、《中国工业经济》等。

罗乐，管理学（会计学）博士，毕业于加拿大阿尔伯塔大学（University of Alberta）。现任中央财经大学会计学院副教授。主要研究领域为审计、财务会计。研究成果发表于 *Review of Accounting Studies*（RAST）、*China Accounting and Finance Review*（《中国会计与财务研究》）、《会计研究》、《南开管理评论》、《中国会计评论》等。

李哲，管理学（会计学）博士，毕业于中国人民大学。现任中央财经大学会计学院副教授。主要研究领域为政府会计、财务会计理论、公司财务、公司治理。研究成果发表于 *The Accounting Review*（TAR）、*Review of Finance*（RF）、*Journal of Corporate Finance*（JCF）、*China Journal of Accounting Research*（CJAR）、《经济研究》、《管理世界》、《会计研究》、《金融研究》、《审计研究》、《中国会计评论》、《管理科学学报》、《世界经济》、《经济管理》、《管理评论》等。

段丙蕾，管理学（会计学）博士，毕业于北京大学。现任中央财经大学会计学院助理教授。主要研究领域为公司信息披露、非结构化数据分析。研究成果发表于 *China Journal of Accounting Research*（CJAR）、《金融研究》、《中国工业经济》、《经济管理》等。

杨育龙，管理学（会计学）博士，毕业于中央财经大学。现任天津大学管理与经济学部副教授。主要研究领域为财务会计与审计。研究成果发表于 *China Journal of Accounting Research*（CJAR）、*China Journal of Accounting Studies*（CJAS）、*Economics Letters*、*Finance Research Letters*、《会计研究》、《审计研究》等。

谢蓉蓉，管理学（财务学）博士，毕业于中国人民大学。现任中央财经大学会计学院助理教授。主要研究领域为公司财务、公司治理。研究成果发表或接受发表于 *Management Science*（MS）、*Financial Management*（FM）、《经济研究》等。

马云飙，管理学（财务学）博士，毕业于中国人民大学。现任中央财经大学会计学院副教授。主要研究领域为财务管理、公司治理。研究成果发表于 *Journal of Corporate Finance*（JCF）、*Journal of Business Ethics*（JBE）、*China Journal of Accounting Studies*（CJAS）、《经济研究》、《管理世界》、《经济管理》等。

目 录

第一章	导 论	1
	第一节 会计学与社会科学	1
	第二节 会计学的研究范式	6
	第三节 理论与实证研究的关系	11
	第四节 实证会计研究的目标、任务与方法类型	16
	本章主要参考文献	20
第二章	会计学领域的主要学术期刊	21
	第一节 国际上的主要会计学术期刊	21
	第二节 国内的主要会计学术期刊	29
	本章结语	30
	本章主要参考文献	31
第三章	评判和识别有意义的会计研究选题	32
	第一节 如何评判有意义的会计研究选题	32
	第二节 如何识别有意义的会计研究选题	35
	本章结语	39
	本章主要参考文献	40
第四章	档案式研究方法	41
	第一节 档案式研究方法概述	41
	第二节 档案式研究方法的步骤	43
	第三节 对档案式研究的近期评价	53
	本章结语	56
	本章参考文献	56
第五章	实验研究方法	58
	第一节 实验研究方法概述	58

第二节　实验研究方法在会计研究中的应用 …… 64
　　第三节　现场实验与会计研究 …… 72
　　第四节　实验研究的应用示例 …… 75
　　本章结语 …… 81
　　本章参考文献 …… 81

第六章　问卷调查法 …… 84
　　第一节　问卷调查法概述 …… 85
　　第二节　调查问卷的设计 …… 86
　　第三节　调查问卷的实施 …… 91
　　第四节　调查问卷的分析与报告 …… 93
　　第五节　问卷调查法在会计学术研究中的应用示例 …… 96
　　本章结语 …… 100
　　本章主要参考文献 …… 101

第七章　实地研究方法 …… 103
　　第一节　实地研究的内涵与类型 …… 104
　　第二节　实地研究的基本要素 …… 106
　　第三节　实地研究的方法 …… 108
　　第四节　实地研究方法的应用示例 …… 110
　　本章结语 …… 112
　　本章参考文献 …… 112

第八章　案例研究方法 …… 114
　　第一节　案例研究的内涵与类型 …… 115
　　第二节　案例研究设计的要素与质量评价标准 …… 118
　　第三节　案例的选择 …… 122
　　第四节　案例研究的资料收集与证据分析 …… 125
　　本章结语 …… 128
　　本章参考文献 …… 128

第九章　非结构化数据分析方法 …… 131
　　第一节　文本分析方法 …… 132
　　第二节　图像分析方法 …… 138
　　第三节　音频分析方法 …… 142
　　第四节　视频分析方法 …… 151
　　本章结语 …… 161
　　本章主要参考文献 …… 161

第十章　因果关系推断与内生性问题处理 …… 165
　　第一节　因果关系推断与内生性问题的含义 …… 166

第二节　缓解内生性问题的方法：概述与趋势 …………………………… 170
　　第三节　工具变量法 …………………………………………………………… 174
　　第四节　倾向性匹配法 ………………………………………………………… 180
　　第五节　双重差分法 …………………………………………………………… 184
　　第六节　断点回归法 …………………………………………………………… 188
　　第七节　非技术方法 …………………………………………………………… 192
　　本章结语 …………………………………………………………………………… 193
　　本章参考文献 ……………………………………………………………………… 193

第十一章　**特定研究方法和技术问题** …………………………………………… 197
　　第一节　实证会计研究中对分析模型的运用 ……………………………… 198
　　本节参考文献 ……………………………………………………………… 202
　　第二节　事件研究方法 ………………………………………………………… 202
　　本节参考文献 ……………………………………………………………… 210
　　第三节　限值因变量模型 ……………………………………………………… 212
　　本节参考文献 ……………………………………………………………… 217
　　第四节　特殊的样本设计 ……………………………………………………… 217
　　本节参考文献 ……………………………………………………………… 220
　　第五节　控制变量的使用 ……………………………………………………… 221
　　本节参考文献 ……………………………………………………………… 225
　　第六节　复制式研究 …………………………………………………………… 225
　　本节参考文献 ……………………………………………………………… 229
　　第七节　文献综述的元分析法 ………………………………………………… 231
　　本节参考文献 ……………………………………………………………… 236

第十二章　**财务会计领域的研究方法应用** …………………………………… 237
　　第一节　盈余管理 ……………………………………………………………… 238
　　第二节　管理层盈余预测 ……………………………………………………… 245
　　第三节　分析师预测 …………………………………………………………… 249
　　第四节　会计盈余的价值相关性 ……………………………………………… 251
　　第五节　盈余质量的含义与测度 ……………………………………………… 254
　　本章结语 …………………………………………………………………………… 259
　　本章参考文献 ……………………………………………………………………… 260

第十三章　**财务管理领域的研究方法应用** …………………………………… 264
　　第一节　资本结构 ……………………………………………………………… 265
　　第二节　公司投资决策 ………………………………………………………… 272
　　第三节　股利政策 ……………………………………………………………… 282
　　本章结语 …………………………………………………………………………… 293
　　本章参考文献 ……………………………………………………………………… 293

第十四章　管理会计领域的研究方法应用 … 299
第一节　研究方法在管理会计领域中的应用概览 … 299
第二节　预算管理 … 302
第三节　管理控制系统 … 309
第四节　战略成本管理 … 317
本章结语 … 323
本章参考文献 … 323

第十五章　审计领域的研究方法应用 … 327
第一节　审计需求 … 328
第二节　审计生产 … 331
第三节　审计市场 … 336
第四节　审计定价 … 340
第五节　审计师变更 … 345
本章结语 … 348
本章参考文献 … 348

第十六章　税收领域的研究方法应用 … 352
第一节　税收与财务政策 … 353
第二节　税收与资产定价 … 356
第三节　税收与纳税筹划 … 366
本章结语 … 370
本章参考文献 … 370

第十七章　公司治理领域的研究方法应用 … 375
第一节　公司治理问题的产生 … 375
第二节　公司治理问题的表现 … 379
第三节　公司治理机制 … 384
本章结语 … 394
本章参考文献 … 394

第十八章　会计学术论文的撰写与发表 … 402
第一节　会计学术论文的撰写 … 402
第二节　会计研究中的合作 … 408
第三节　会计学术论文的投稿与发表 … 410
本章结语 … 415
本章主要参考文献 … 415

第十九章　会计研究方法的学术道德问题 … 416
第一节　会计学科的学术道德倾向 … 416
第二节　数据处理中的不道德行为 … 418

第三节　论文写作中的不道德行为 ·· 422
　　本章结语 ·· 423
　　本章参考文献 ··· 423

第二十章 中国会计学术研究成果的国际发表 ·· 425
　　第一节　观察范围的选取 ·· 426
　　第二节　中国会计学术研究成果的国际顶级期刊发表：基本特征描述 ··· 426
　　第三节　中国会计研究国际化成果的内容与方法 ······················ 432
　　第四节　国际顶级期刊发表的经历与体会：对若干学者的调研 ·········· 435
　　本章结语 ·· 451
　　本章主要参考文献 ·· 451
　　本章附录　国际顶级会计与财务学刊发表的中国会计学术研究成果 ······ 452

附录　会计研究与统计软件应用示例 ·· 464

第一章 导 论

本章大纲

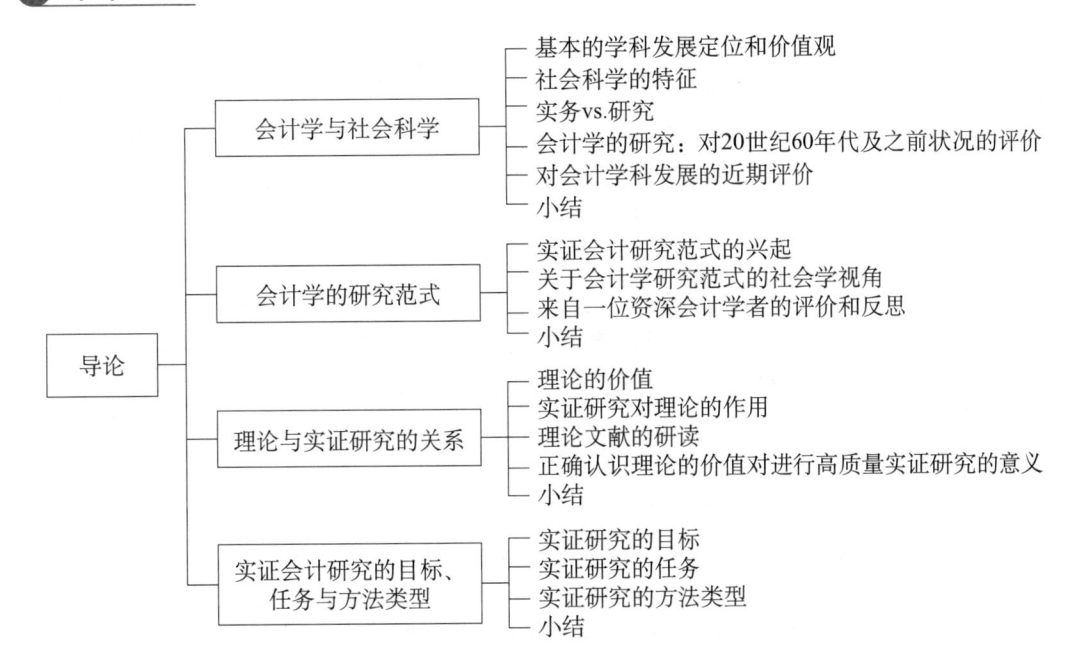

导论
- 会计学与社会科学
  - 基本的学科发展定位和价值观
  - 社会科学的特征
  - 实务vs.研究
  - 会计学的研究：对20世纪60年代及之前状况的评价
  - 对会计学科发展的近期评价
  - 小结
- 会计学的研究范式
  - 实证会计研究范式的兴起
  - 关于会计学研究范式的社会学视角
  - 来自一位资深会计学者的评价和反思
  - 小结
- 理论与实证研究的关系
  - 理论的价值
  - 实证研究对理论的作用
  - 理论文献的研读
  - 正确认识理论的价值对进行高质量实证研究的意义
  - 小结
- 实证会计研究的目标、任务与方法类型
  - 实证研究的目标
  - 实证研究的任务
  - 实证研究的方法类型
  - 小结

第一节 会计学与社会科学

会计学是一门学术性的学科吗？早在1924年，美国会计学会的参与创始人之一 Henry Rand Hatfield 教授[1]提出了这样的问题，旨在为当时的会计学进行辩护。他的那段话[2]

---

[1] Henry Rand Hatfield 教授是美国第一位获得全职会计学教授身份的人（1904年），曾任美国会计学会会长（1919年），并于1951年（即会计名人堂设立的第二年）入选会计名人堂。关于他的简要生平，参见 http://fisher.osu.edu/departments/accounting-and-mis/the-accounting-hall-of-fame/membership-in-hall/henry-rand-hatfield/。

[2] Hatfield, H. R. *Journal of Accountancy*，1924（April）。转引自 Fellingham（2007，AH，p.159）。

大致意思如下：

> 我相信我们所有在大学教会计学的人，都承受着来自其他学科同事暗自的轻视。其他学科的同事认为……会计学的存在影响了大学学术殿堂的纯洁性。

类似地，在将近 40 年后的 1963 年，Robert K. Mautz 教授[①]问道："会计学是否是社会科学？"（Mautz，1963，TAR）。又过了 40 余年，即 2007 年，两位重要学者 Joel Demski 教授和 John Fellingham 教授再次对会计学的学科发展提出了质问："会计学是一门学术性的学科吗？"（Demski，2007，AH；Fellingham，2007，AH）。按照西文字典[②]的定义，学术（academic）是指各种研究领域，这些研究领域并不是为了就业或进行具体操作而开展研究。由于会计学同时具有会计实务与会计学术研究的内容，因此会计学的学科特性长期以来具有争议性，是值得我们思考的重要问题。基于以往相关文献，本节围绕会计学的学术性及其与社会科学的关系展开讨论。

一、基本的学科发展定位和价值观

关于会计学科在大学中的定位，有一种观点认为，会计是非常重要的实务工作，其重要程度足以使会计工作的就业前培训需要放在大学而不仅是社会上的商业培训机构或执业界内部（如会计师事务所），因为进入大学可以从其他学科中获取更加先进的思想观点和思维方式。对于这样的观点，有两个问题需要考虑。其一，现在的大学会计教育中，我们的教育方式在多大程度上使学生接触到了其他学科的最佳思想和思维方式？其二，如果能够做到第一点，那么会计学就能把自己区别于大学中的正常"居民"，即主要是从其他"居民"那里获取思想养分，而自身则缺乏为其他"居民"提供思想养分的责任感和能力吗？按照这样的方式发展下去，会计学科在大学中自然就处于缺乏其他学科尊重的"寄居"地位。因此，会计学科需要将目标设定为拥有充分学术研究能力和贡献的大学"居民"；会计学科作出的贡献不仅是对会计学界自己或会计学的学生，还应包括更加广泛的学术界（Fellingham，2007，AH）。

在会计学是否属于社会科学的讨论中，Mautz 教授提出了一个重要的价值观，因为问这样的问题，很容易让人产生一种印象甚或质疑，即我们是否试图将会计学主观提高到科学的高度，去和其他较为公认的社会科学分支平起平坐，从而分享其他社会科学分支已经取得的地位和声誉。事实上，从 Hatfield 教授的辩护中可以清楚地看到，这种质疑在会计学进入大学教育体系的早期便已存在。

Mautz 教授认为，仅靠空泛的争辩，并不能为会计学术界赢得地位和声誉，关键是看会计学术界能否提供高水平的技术与服务，是否在进行严谨的、坚持不懈的学术探索，能否执行与所要求的地位相匹配的道德标准，以及是否以谦卑而非虚荣的心态看待所取得的成绩。因此，只有当我们问这个问题的终极目标是去提供更好的专业服务、拓展更大的知识视野、进行更加基础和深入的研究、提升更高的道德标准以及以更加谦卑的心态看待所

---

① Mautz 教授在 1959—1962 年间担任 The Accounting Review 的主编，是会计领域著名文献 The Philosophy of Auditing 的作者之一。

② Random House Dictionary of the English Language，2nd edition，Random House，1987. 转引自 Demski（2007，AH）。

取得的成绩时,我们对这个问题的探讨才可能有意义,否则就只是空洞的修饰。

二、社会科学的特征

会计学是否是社会科学?从技术上讲,我们需要分别看一下社会科学的特征以及会计学的特征,并将两者进行比对,以判断会计学是否具备社会科学的主要特征。在社会科学的经典文献中[①],关于社会科学的主要特征有以下描述:

(1) 研究对象。社会科学研究人类社会发展中的现实,研究那些涉及社会后果和社会关系的行为,也研究有关这些行为的记录。

(2) 研究目标。社会科学是为了获取对人们从事涉及社会关系的行为有意义、有用处的知识。

按照这样的特征,我们不难将会计学归入社会科学。会计学研究的是企业之类的会计主体,是社会组织;会计学关注交易和其他经济事项,这些都具有社会后果,或影响社会关系;会计学提供的知识对于从事社会行为的人们也是有意义和有用的。事实上,也有一些比较明显的证据支持会计学属于社会科学的观点。例如,在1930年版的《社会科学百科全书》中,便有专章介绍会计学(包括成本会计学和审计学)。[②]

但是,Mautz教授强调,进入社会科学这个大家庭,不代表会计学就能够在社会科学的"餐桌"上获得一个席位。社会科学需要有社会科学家,而且要足够多。科学,是一种思维方式,是对待某一个学科的态度。那么会计学领域中,有多少从事会计工作的人能够重视思维方式、重视研究,在乎自身对待会计工作的态度,在乎自己每天所做工作的内在价值?

三、实务 vs. 研究

社会科学研究者的职责之一是促进实务的发展。每一个职业都建立在一个或多个发展较成熟的学科知识体系之上。这些职业背后的社会科学领域通常有三个方面的贡献:其一,对该领域的知识体系加以组织和发展;其二,提供创新,使职业活动为客户提供更有价值的服务;其三,提出建设性的批评,以帮助该职业保持良好的价值观和执业标准。

那么,某一个职业中的实务工作者能否作为本职业对应的社会科学领域的研究者呢?在Mautz教授的讨论中,从事学术研究工作的人通常有一个主要目的,即学术工作能够为这些人提供尽可能多的机会进行探索、研究和学术讨论,从而使这些人所具有的强烈好奇心和对真理的探索欲得以满足;如果自己的研究成果得到志趣相投的同行的认可,研究者将得到进一步的满足。同时,从事研究的环境应当使研究者尽可能少地受到实务工作压力的影响,从而能够保持相对的独立和客观。

上述条件很难存在于实务环境中。实务工作者可能通常习惯于采用实用主义,即以解决现实的工作任务为主要目标,通常较少有时间去关注或解决与当前问题没有直接关系的基础研究。这并不是说实务工作者对理论不感兴趣,其兴趣更可能集中在那些能对其现有

[①] 如 Charles A. Beard. *The Nature of the Social Sciences*. New York:Charles Scribner's Sons,1934。转引自 Mautz(1963,TAR)。

[②] Edwin R. A. Seligman and Alvin Hanson, *Encyclopedia of the Social Sciences*. New York:The Macmillan Company,1930. 转引自 Mautz(1963,TAR)。

做法加以支持和认可的理论上，而不是自由、独立的理论探索。实务工作者有自身的职业责任，即在一定的道德规范下为客户提供专业服务。部分实务工作者可能会挤出时间进行研究，但总体而言，人们并不会预期实务工作者去从事研究。人们可能会预期实务工作者尽量充分地运用研究人员的研究成果以提高实务工作的效率，如果能为研究人员提供实务案例素材或经验数据则更好。

研究所需要的条件，包括研究者的独立与自由、研究者的兴趣与价值取向以及时间上的充裕程度要求，在学术与教育机构中更容易满足。除了满足自身的研究兴趣，教师还有传授学生知识和能力的责任和义务。而研究恰恰有助于教师了解某个领域的知识前沿，从而传授学生较为前沿的知识；研究也有助于教师具备更加严谨、创新的思维方式，并将这种能力传授给学生。因此，在知识和能力上更好地培养学生，也可以成为教师从事研究的重要动机和收益之一。此外，大部分重视和强调研究的学术与教育机构为了保障研究的时间和空间，通常会在制度安排上有意识地减少研究者的非研究事务（如适当减少教学时数、安排学术休假），这些制度为学术与教育机构中的从业者提供了更加有利的研究条件。相比之下，绝大部分的实务工作者不具备上述这些条件。因此，在社会科学的大多数分支领域中，研究者往往是学术与教育机构中的从业者，而非职业中的实务界人士。[①]

四、会计学的研究：对20世纪60年代及之前状况的评价

Mautz教授批评了20世纪60年代之前的会计学研究状态。按照此前的讨论，会计学作为一门社会科学，最适合进行科学研究的人应该是学术与教育机构中的从业者，但事实上，他指出，反而是会计实务界（特别是相对年轻的公共会计职业界）在非常积极地开展各种实务和理论研究，比如美国注册会计师协会指派了大量实务专家进行基础研究；教育界多年没有产生十分重要的学术研究成果[②]，大量采用实务界的研究成果用以教学，教育模式则基本上以会计实务（如注册会计师考试）为导向，更多地关注如何进行会计处理、关注具体的规则和程序，而较少关注系统的知识体系，以及基本假设、概念、技术之间的有机融合。

在Mautz教授看来，研究和实务应当是相互合作而又相互独立的关系，但当时的状态则是实务界的贡献远远超出了学术和教育界；另一个重要的顾虑是，基础研究普遍通过权威组织指派人员，并设定时间限制来进行，这种方式是否合适。这种局面对于会计学作为社会科学的观点而言，是非常尴尬和不利的。为此，Mautz教授发出了多方面的呼吁。

其一，要有更多的社会科学研究者。基础研究需要更多的研究者参与，大家相互独立地开展基础研究，相互交流和交锋。正是在学术批评和辩护的过程中，思想才能得到完善和改进。基础研究需要自由的学术氛围。

其二，在研究问题上更加重视基础研究。比如，有人声称某种会计处理是为了避免报表使用人的误解，而另一些人则批评该种会计处理本身就使得报表使用人感到困惑。那么

---

① 当然，单纯的学术环境也容易伴随着一些局限，比如，正是由于与实务存在距离，学术研究可能面临着难以充分理解或解释实务的问题，甚至某些情况下偏离或悖离对实务的真实解读。此外，学术界也经常受到实务界的资助，未必总能保持令人满意的独立程度。

② Mautz教授甚至评价道，"就我所知，在这个国家没有任何一个研究型教授"（Mautz, 1963, TAR, p.321）。

有人进行哪怕是最简单的研究设计，会向一批报表使用人了解他们对上述问题的看法吗？有人试过找一批财务分析师问问他们对这种问题的感受吗？实务工作者对这种问题未必有很大的兴趣，但这些问题恰恰是社会科学的研究内容。

其三，在研究方法上寻求新的方向。社会科学需要客观的、经验的证据。特别地，"已经有学者将数学方法引入会计学研究，这很好，但需要更多"[①]。我们需要从其他社会科学分支中借鉴好的研究方法，借鉴其梳理知识体系和结构的方法，从而更好地进行会计学领域的社会科学研究，并梳理会计学领域的知识体系和结构。

其四，要花更多的时间做研究，而非满足于编写教材和从事实务兼职。编写教材，容易局限于实务界的现有规则和做法，忽视激发学生思考甚至解决当前实务可能存在的问题。不可否认的是，编写教材，特别是实务兼职，可能给会计学教师们带来相对于基础研究更高的收入，但同时减少了会计学教师从事基础研究的时间，甚至削弱了会计学教师从事研究的独立性，因为他们更可能从客户的利益出发，为客户的做法辩护。

其五，改进教学方式。实务界需要教育界提供大量的毕业生从事实务，但教育界有必要意识到，这种大量、快速的学生培养模式往往容易过于强调技术培训，而忽视了对学生的教育，即如何恰当运用所学到的技术，包括理解技术背后的思想、假设和机理，以及保有恰当的价值观和道德感。我们要教育学生如何看待和理解会计，而不单纯是如何进行会计处理。教育模式有待改变。如果一名大学生感受不到所学专业的研究机会和创造性，感受不到所学专业对自身想象力的激发和启示，就不会对更高层次的专业学习产生内在的兴趣。因此，从长远来看，如果不改变教育理念和教学模式，大学教育就不能可持续地培育出足够数量的社会科学研究者。

其六，会计学如果要成为令其他学科尊重的社会科学分支，必须要承担更大的价值判断的责任。同一交易有两种会计处理，其对利润表和其他财务指标的影响差异很大，但可能都属于"公认会计原则"的范畴。为什么会发生这样的情况？在不同的方法中进行选择，本身就涉及价值判断。要赢得其他学科的尊重，会计学必须提供这些决策的合理基础。

五、对会计学科发展的近期评价

Demski（2007，AH）和Fellingham（2007，AH）都批判道，目前的会计学术和教育界以小圈子为基础，自我保护，研究模式化，缺乏足够创新，过度强调对规则和监管规定的教学，以及过度强调以就业和实务为导向的教学模式。因此，与Mautz教授1963年的批判相类似的是，在40余年后，会计学术与教育界仍然被重要学者认为过于强调就业和实务培训式的教学模式，当会计学术与教育界将重心放在提高就业率和讲授实务具体做法上时，会计学在学术性学科林立的大学中的定位就会出现问题和危机。

新出现的问题则是，会计学术研究虽然在几十年里有了相当的发展，但模式偏于单一、创新不足，小圈子及自我保护的情形也开始令学者们忧虑：会计学术研究的影响主要局限于会计学术界自身，那么会计学作为一门学科对大学的学术作出了哪些思想上的重要贡献呢？

[①] 这种想法也预示着在当时的主流会计学界内部存在一种势力，支持实证会计研究范式在此后的逐渐兴起。

Demski 教授认为，会计学能够也理应成为一门学术性的学科。如何实现？会计学界不能满足或停留于职业培训导向和监管导向，而不再探寻更加基础的问题或更加独立的思考。总有一群人是出于学习的乐趣和探索问题的热情而进入学术界，这批人应当培养自己对研究的品位，遵循自己的乐趣进行研究。Fellingham 教授则提出，为了使会计学为大学其他学科提供更多的思想养分，我们需要与其他学科和学术领域进行沟通、交融；将学术研究纳入职业生涯管理的思维框架（即过于强调发表和职称晋升）是一种危险的做法；大学并不是多个个体追求各自职业发展的简单集合体，而需要相互贡献和分享思想。

六、小结

会计学是否是一门学术性的学科？会计学是否是社会科学？这些问题是会计学术研究的基本问题。会计实务界与会计学术界存在着不同的社会定位和社会价值。实务是非常重要的，会计实务界是会计学者的朋友而非敌人。会计教学和会计教材也理应成为会计研究成果的传播平台。但是需要强调的是，会计学术界追求大学中的学术地位，寻求适当的研究范式与方法，一个重要的根源在于其所处的环境：大学。会计学者必然要面对大学的学术使命，并在与会计实务界（包括会计规则制定和监管）的沟通交流中取得内在价值的平衡。

几十年来，学者们普遍认为，会计学术与教育界需要大量的变革才能使会计教育者能够在所生存的学术机构中得到必要的尊重，基本的路径就是在会计教育者中强调科学研究的态度和方法，并改变过于实务倾向和职业导向的教学方式。我们看到，在 Mautz 教授 1963 年的评论中表达的大量思想和观点，在很大程度上预示了随后几十年美国会计学术研究的发展目标和路径，进而影响了其他地区的会计学术研究范式；在 Demski（2007，AH）和 Fellingham（2007，AH）的评论中，我们看到了美国会计学术界对几十年来自身发展模式的深刻反省、告诫和希望。前人的所有这些评价和讨论，对于中国的会计学术研究而言，也同样具有很大的相关性和启发。

第二节　会计学的研究范式

一、实证会计研究范式[①]的兴起

在 20 世纪 60 年代乃至 70 年代，美国的会计学术研究仍然大量讨论会计学的各种规范性理论，比如应当如何进行会计的确认和计量，基本会计原则的构成，等等。在 20 世纪六七十年代甚至更早，已经积累了一批试图描述和解释会计实务现象的早期实证会计文献。[②] 70 年代末，罗切斯特大学（University of Rochester）的两位会计学者 Ross Watts

---

[①] 范式（paradigm）是某一科学共同体在长期的探索、教育和训练中形成的共同信念。这种信念规定了人们共同的理论观点和研究思路，为他们提供了考察问题和解决问题的共同方法，从而成为该学科的一种共同传统，并为其发展确定了共同方向。

[②] 参见 Ray Ball（Index of Empirical Research in Accounting. *Journal of Accounting Research*，1971，9（1）：1—31）具体列示的 20 世纪 70 年代之前的实证会计研究文献。

和 Jerold Zimmerman 在 *The Accounting Review* 发表的论文[①]引发了随后大批实证会计研究成果（特别是关于会计选择的研究）的产生，也引发了学术界对会计学研究范式的争论。1986 年，Ross Watts 和 Jerold Zimmerman 出版了 *Positive Accounting Theory* 一书（Prentice-Hall 出版），进一步确立了实证会计理论及相关研究范式的地位。1990 年，这两位学者在 *The Accounting Review* 发表了一篇回顾性的评论（Watts and Zimmerman，1990，TAR），较为系统地讨论了实证会计文献的初始思想，探讨了一系列研究方法问题，并回应了一些实证会计研究批评者的评论。

实证会计文献的出现引发了学术界对会计学研究范式的争议（实证与规范）。这场争论不仅发生在国际学术界，在 20 世纪 90 年代中后期的我国也开始出现。[②] 按照 Watts and Zimmerman（1990，TAR，p.148）的澄清性说明，其在 1978 年的论文中标明"positive"的初衷是为了强调会计理论的作用在于为会计实务提供解释和预测，同时也希望与此前各种规范性会计理论之间的争论相区分。事实上，实证（positive）研究是经济学中与规范（normative）研究相对应的术语，后者的研究目标在于规定应该是什么或应该怎么做，而前者的研究目标在于提供对现象的解释和预测。实证性的理论有别于规范性的理论，但不排除实证性的理论仍然可以具有规范性的含义。Watts and Zimmerman（1990，TAR）提到，回过头看，在会计学领域引入经济学的既有术语反而引发了诸多争论，确实出乎他们的意料。

也有人批评实证会计研究并不属于会计理论，而是"会计的社会学研究"（sociology of accounting），即主要是在描述、解释和预测会计信息提供者的行为，而不是会计主体。批评者的一个类比是，化学研究的内容是化学主体（如分子、原子），而不是化学家的行为；没有化学家的存在，化学反应也仍然发生，因此我们可以不研究化学家的行为而照样研究化学反应。这样的类比显然表明批评者未注意到自然科学与社会科学的区别。Watts and Zimmerman（1990，TAR，p.147）的反驳是，如果没有会计师和经理人，就不会有会计处理，也不会有会计数字。因此，脱离人的行为而单纯研究会计数字和会计系统，是没有意义的。

与规范研究关注应该是什么相比，实证研究关注对现象的解释和预测，因此相对客观和中立。为此，有学者指出，包括实证研究在内，所有研究都不可能脱离价值判断而保持中立。Watts and Zimmerman（1990，TAR，pp.146-147）同意价值判断在学者从事研究过程中的重要影响，比如研究者对发表期刊级别或是被同行引用次数的在意都可能影响其选择什么样的主题进行研究、使用什么样的研究方法，或是做出什么样的假设。但他们同时也指出，各种理论研究之间的竞争自然会遏制研究者自身价值偏好对研究过程的影响；实证会计理论的有用性取决于理论对实务的预测和解释能力（当然也受到使用者的主观偏好或客观目标的影响）。一旦研究者自身的价值偏好干扰了理论对实务的预测和解释能力，其所进行的研究的有用性也就降低了。

[①] 分别为：Watts, R., and J. Zimmerman. Towards a Positive Theory of the Determination of Accounting Standards. *The Accounting Review*, 1978, 53 (1): 112-134; Watts, R., and J. Zimmerman. The Demand for and Supply of Accounting Theories: The Market for Excuses. *The Accounting Review*, 1979, 54 (2): 273-305。

[②] 例如，《会计研究》在 1997 年第 7 期集中发表了若干篇关于实证会计研究范式的讨论。事实上，相关讨论在我国会计学术界一直延续至今。

此外，有学者批评实证会计研究主要借用了经济学的方法（特别是芝加哥学派）。Watts and Zimmerman（1990，TAR，p.147）指出，实证会计研究在解释和预测个体行为时，使用了经济学的基本命题，即人们都会考虑一项行为导致的自身成本和收益，并当某行为的收益大于成本时做出该项行为。尽管经济学的方法论基础可能存在缺陷而无法解释和预测所有现象，但运用这种方法的确解释和预测了很多现象。因此不应该仅仅因为经济学的方法论无法解释和预测所有行为，就完全抛弃它。在学术思想的市场竞争中，能够留存下来得到普遍使用的方法往往是那些能够产生有用的理论的方法，这种竞争也自然会产生新的研究，揭示目前研究方法可能存在的问题。

Watts and Zimmerman（1990，TAR）回顾和阐述了实证会计思想的发端和方法技术特征。时至今日，这种研究范式已成为会计学术研究的主流范式，深刻影响着研究者创造会计学科知识的方法和过程。

二、关于会计学研究范式的社会学视角

实证会计研究在早期对传统的规范会计研究范式构成了挑战；而随着其日益成为主流研究方法，会计学研究范式的单一化和同态化趋势也越来越明显（Tuttle and Dillard, 2007）[①]。有学者从科学的社会学（sociology of science）视角讨论了这种趋势的形成原因。[②]

科学知识的生产过程被普遍认为是一种社会活动。一旦一种理论、一个假说或一组证据被社会群体接受，它就成了一种公众资源，并可进一步用于支持其他理论或假说，以及作为行动的基础，因此，科学知识无论从其创造过程还是使用过程来看，都具有社会性（Longino, 1990）[③]。

有关科学的社会学研究主要考察社会环境和资源如何影响自然科学及社会科学的产出，而十分重要的一个目标是确保产出的科学知识可靠。在对科学领域的（产出）结构研究中，一个非常稳定的发现是，几乎所有的学科都是分层的，也就是说一个学科的大部分知识（主要体现为学术成果），是由该学科中的少部分学者完成的，这些学者构成了该学科的精英群体，其声誉通常由学者产出的学术成果的数量和质量建立起来（也受取得学位的学术机构声誉影响）。学科的阶层化意味着，精英地位的存在使得少数学者拥有控制他人能否进入学科知识主要传播渠道的权力，从而能够控制他人的学术声誉并影响他人参与知识产出过程的能力。

既然精英现象普遍存在于各个学科，而精英群体的存在又对学科知识的产出具有重要影响，那么值得关注的问题就是什么样的社会力量（或规范）决定了精英群体的形成，以及这种力量是否公平。精英群体可能是在普适性规范下产生的，也可能是在忠于特定理论的规范下产生的。与忠于特定理论的规范相比，普适性规范通常更容易形成改革性的批评，从而使得该学科的知识更加客观、可靠。

不同学科的研究范式一致度不同，自然科学的研究范式一致度较高，而社会科学的研

---

① Brad Tuttle, and Jesse Dillard. Beyond Competition: Institutional Isomorphism in U.S. Accounting Research. *Accounting Horizons*, 2007, 21 (4): 387-409.
② 本部分的讨论主要基于 Rodgers and Williams (1996, AHJ)。
③ Longino, H. *Science as Social Knowledge*. Princeton, NJ: Princeton University Press, 1990.

究范式一致度较低。会计学是一个研究范式一致度较低的学科（AAA，1977）[1]，这意味着在会计学领域，关于什么是好的学术研究缺少普遍认同的标准。研究显示，在研究范式一致度较低的学科，学者更可能遵循忠于特定理论的规范而上升为精英。当一个学科的研究范式一致度较低时，其后果就是"某些源于决策者在社会网络中的地位和身份特征而形成的特定标准，将会影响决策结果"（Pfeffer et al.，1977，p.940）[2]。有证据显示，在自然科学领域（如化学、地质学），不存在明显的忠于某种特定理论的倾向；而在社会科学领域（如社会学、政治学），则存在明显的忠于特定理论的倾向。在研究范式一致度较低的学科，通常存在着各种"学派"或"门户"。在这种情况下，一名作者的两项特征对于其成果发表的结果往往表现出很大的影响，其一是作者取得学位的院校特征，其二是稿件所采用的理论和方法特征。

以 The Accounting Review 为例。TAR 是美国会计学会（而非某所大学）创办的学术期刊，因此从理论上不应被预期存在单一研究范式的状况。但基于对 TAR 1967—1993 年间发表数据的分析[3]，Rodgers and Williams（1996，AHJ）指出，与其他社会科学期刊一样，TAR 存在着精英阶层现象，而且精英阶层与特定的毕业院校以及研究范式密切相关。证据显示，随着时间的推移，TAR 越来越依赖于金融经济学，因此越来越限制而不是拓展会计领域的知识空间。Fogarty and Liao（2009，IAEdu）[4] 也发现，TAR 的编委会构成在从 1985 年到 2005 年的 20 年间表现出了较高的延续性和学术范式较为单一化的特征。

在研究范式一致度较低的其他学科，通常有若干个知名期刊代表相互竞争的不同学派，这些期刊之间的相互引用也很少。然而在会计学科，TAR 高度引用排名前三的另外两份期刊（JAR 和 JAE），这意味着会计学科的精英期刊创造知识的方式十分类似，看上去似乎取得了研究范式的高度一致，但事实上会计学科并不存在公认统一的研究范式。

基于这些讨论，TAR 尚难以被认为可以用来在近期内解决学术界的研究范式危机（Rodgers and Williams，1996，AHJ）。对于许多学术界人士而言，一个重要的现实含义是制定更为现实的学术产出标准。比如，非精英院校不应要求非精英院校毕业的教师必须在精英期刊发表论文才能晋升职称。当然，这样的结果可能进一步加剧会计学科的精英阶层特征。

三、来自一位资深会计学者的评价和反思

2007 年，著名会计学者、Accounting，Organizations & Society 的创刊主编 Anthony Hopwood 教授在 The Accounting Review 发表了一篇重要评论，即"会计研究向何处去？"[5]

这篇评论首先回顾了 20 世纪 60 年代中后期芝加哥大学会计学术研究的创新氛围与文

---

[1] American Accounting Association. Committee on Concepts and Standards for External Financial Reports. *Statement on Accounting Theory and Theory Acceptance* (Sarasota, FL), 1977.

[2] Pfeffer, J., A. Leong, and K. Strehl. Paradigm Development and Particularism: Journal Publication in Three Scientific Disciplines. *Social Forces*, 1977 (June): 938–951.

[3] 1967 年，TAR 开始正式成立编委会。

[4] Fogarty, Timothy J., and Chih-Hsien Liao. Blessed are the Gatekeepers: A Longitudinal Study of the Editorial Boards of *The Accounting Review*. *Issues in Accounting Education*, 2009, 24 (3): 299–318.

[5] 本部分的讨论主要基于 Hopwood（2007，TAR）。

化。Hopwood 教授指出，当时会计新知识的创造主要由包括 Ray Ball、William Beaver、Philip Brown、Joel Demski、Ross Watts 等一群博士生和青年教师发起[①]，并得到了一批会计学教授们的积极支持；当时会计学领域传统的、根深蒂固的、占据垄断地位的规范性知识和观念在很大程度上引发了如此多的新兴研究，以质疑和探究各种规范性的命题。新兴的会计研究呈现了跨学科的特征，比如 Fama 关于有效市场的研究涉及金融学、经济学和统计学，Hopwood 教授自己的研究[②]则借鉴了社会心理学和组织社会学的思想和方法。

　　创新的、跨学科的会计研究也伴随着发表上的困难。最著名的一个例子是 Ball and Brown（1968，JAR）[③]。这篇论文先投给了 The Accounting Review 但遭到了拒稿，拒稿理由是，这不是会计方面的研究。一个重要的启示是，如果要创造新的会计知识，我们很可能需要从事跨学科的研究，因此不应该墨守成规，过于保守地看待和认定什么是会计，什么是会计研究。会计研究的一个重要作用恰恰是拓展和改变我们对会计的认识，并有可能改变会计实务。金融领域的研究已经极大地改变了金融实务，向我们充分展示了研究的潜力和价值。Hopwood 教授随即指出，现在也有很多类似于 Ball and Brown（1968，JAR）的研究，可能同样会被 TAR 拒稿，被 JAR 和 JAE 接受的概率比早先低很多。随着实证会计研究范式（及其代表性期刊）进入主流，其关注点越来越集中于现有的研究传统，创新性则越来越低。

　　芝加哥大学的新兴会计研究还引发了另一个变化，即会计研究开始不再局限于会计本身，而是更加关注会计的后果，以及会计在更广阔的环境中的运行模式。会计实际上是有关企业信息的市场中的一部分。如果要了解会计，我们需要了解更加广阔的背景。上述研究变化衍生出两类学者：一类主要关注会计的后果（不论是对资本市场的影响还是会计行为本身的后果），这一类是目前的研究主流；另一类侧重于研究会计在更广阔环境中的角色和运行模式。两类学者如果能够相互沟通与合作，将极大促进会计研究的发展；但事实上，两类学者很少沟通，每一类学者都习惯于自己的研究侧重。

　　几十年来，会计实务发生了重大的变化。在财务会计领域，会计监管明显加强，并相应要求更高质量的会计标准。财务会计和管理会计都需要应对企业管理方面发生的变化（如员工聘用、薪酬形式）、更复杂的组织形态和设计、知识经济环境中企业维持核心竞争力的压力、可持续发展对企业的要求等。在企业内部，会计越来越融入整个管理系统，但同时执行经济核算的部门也越来越多，而不仅限于会计部门，因此企业内部的会计职能被明显分散了。作为会计实务的重要组成部分，会计师事务所也在发生重大变化：它们不仅更加国际化，数量变得更少，而且更加商业导向。

　　需要认识到，会计研究要跟上会计实务的这些变化存在很大的难度。然而，面对着如此多的研究问题，会计研究越来越被认为过于谨慎和保守、僵化和传统，难以融合新的思想和知识体系。学术界更倾向于按照现有的研究传统进行研究。这越来越背离了当时芝加哥大学会计研究的创新精神与文化。[④] 随着会计研究脱离会计实务的程度越来越高，会计

---

　　① Hopwood 教授也是其中的一员。
　　② Hopwood，A. G. *An Accounting System and Managerial Behaviour*. U. K.：Saxon House，1973.
　　③ Ball，R.，and P. Brown. An Empirical Evaluation of Accounting Income Numbers. *Journal of Accounting Research*，1968，6（Autumn）：159-178.
　　④ 当然，Hopwood 教授指出，这种特征并不仅限于会计学科，在管理学的其他传统学科也同样存在。

学术界的交流沟通越来越局限于学术圈内部，甚至主要是个体之间。

上述状况的产生，Hopwood 教授认为既有个体的原因，也有机构的原因。从个体的角度，前已述及，很多人可能固守成见，难以接受不同学科的知识体系对会计的影响，以及与会计的融合。另一个个体角度的原因是，除了那些真正基于好奇和兴趣的研究，很多研究只是职业生涯管理（包括职称晋升和争取经费）的一个手段。过于关注职业生涯管理的目的，往往难以使研究者产生创造重要的新知识的持续动力，更多的是促使研究者稳健实现事业发展和遵从现有研究传统；只有少数人才有动机致力于重大的创新研究活动，以形成更高的学术声誉。从机构的角度看，参与评价学术成果、影响学者事业发展的院系负责人或评审委员通常习惯于运用现有的知识体系和研究范式进行评价，否则评价难度大大增加。近年来媒体或有关机构对大学或学科的评级、认证以及官方对学科建设平台的资助，都进一步促使院系负责人重视科研成果发表的数量和发表期刊的级别。这些特点都加剧了研究者在个体层面上对现有研究范式的遵从和固守。

如何改变会计学术界目前的状况（包括研究范式）？一个可能的方法是弱化研究对个体事业的束缚。对于真正有兴趣做研究的人，当然可以坚持自己的兴趣做下去。对于把研究更多地视为事业发展手段的人，可以考虑发展其他方面的兴趣和长处，包括教学、行业咨询和其他社会服务等。学会和期刊也应当更加包容和鼓励创新的、跨学科的研究，为此 Hopwood 教授举了一个有趣的例子。很多年前，英国图书馆调查了由英国学者担任主编的国际学术期刊的编辑过程。其间主编们被问及，对于一篇有争议的论文，在目前的研究范式下尚难以接受，但可能在未来被视为具有突破性的贡献，那么他们将如何进行决策？调查显示，自然科学期刊的主编们更看重论文未来的潜在突破，而社会科学期刊的主编们更倾向于维持现有体系的正确性而拒绝这样的论文。[①] 尽管会计学科是一门社会科学，Hopwood 教授仍然希望主要的会计学术期刊能够做到兼顾对现有研究范式的融合与未来的突破性创新。

四、小结

本节首先简要介绍了目前主流的会计学研究范式（实证会计研究）的思想发端，随后向读者提供了学术界对实证会计研究范式主流化的社会学解释和批判，并概述了著名会计学者 Anthony Hopwood 教授对近几十年来会计学研究范式变化的评价和反思。通过提供不同的视角和讨论，希望读者得以更加全面地思考和认识过去和现今的会计学主流研究范式，并形成自己的研究价值观与研究方法论基础。

第三节 理论与实证研究的关系

理论是指人们对自然、社会现象，按照已知的知识或者认知，由逻辑的或数学的陈述所连接的一组假设或命题，对经验现实的某一领域或某一类现象提出解释。一种实用化的

---

① 这一点印证了本节第二部分提到的研究范式的社会学视角，即在研究范式一致度较低的学科，学者更可能遵循忠于特定理论的规范。

看法将理论视为浓缩数据的工具（Sims，1996，JEP）[①]。作为会计研究工作者，我们在研读理论文献时也许都有一些痛苦经历，理论文献中复杂的数学模型让人望而却步，并且每一个数学模型都可能含有错误（Fama，1991，JF）[②]，那么为什么还有那么多研究者致力于理论研究？Liang（2010，CJAR）为我们提供了很好的解释：理论的重要性不在于数学表达，而在于思想，理论与实证之间的相互作用最终推动学术的发展。

第二次世界大战后，学术界在数学、经济学和心理学理论方面取得了开创性的贡献，包括有限理性、统计审计、MM理论、公司组织理论、理性期望、建立在数学规划基础上的管理会计等。数学、经济学和心理学成为会计理论研究的坚实基础，并取得了丰厚的成绩（簿记和会计优雅的数学结构、决策理论、会计对资本市场的信息作用理论、会计的信息经济学观点理论、实证会计理论、合约理论等）。这些理论都成为我们展开实证研究的坚实基础。

一、理论的价值

关于理论在实证研究中的作用，Liang（2010，CJAR）归纳为以下四个方面：

（一）理论有助于确定一个实证研究问题

在确定研究问题时，经济学理论关注相关方在选择时所进行的权衡。选择有趣的研究问题实际上是选择有趣的经济权衡。为了使得选择在理论与实证上有意义，它们一般是选择集中的内点解（一般为目标函数对选择变量求导数，一阶导数为零的解，比如公司的最优披露水平如果在不披露和完全披露之间选择就是内点解，如果公司选择不披露或者完全披露即是角点解）[③]。当研究会计现象时，首要问题就是找到研究目标潜在的经济权衡是什么。

比如信息披露问题，既存在披露成本，也存在披露收益，不同公司会考虑自己的成本和收益的幅度大小，然后做出披露决策。因此研究者在研究披露问题时，需要考虑的问题是：(1) 谁是作出披露选择的人；(2) 影响披露函数的因素有哪些；(3) 对披露函数中的变量有哪些限制条件（比如公司所处行业的竞争程度会影响公司的披露水平，行业竞争程度变量处在垄断和完全竞争之间）。

因此，我们确定一个实证研究问题时，首先要考虑的是，我们准备进行检验的实证关系能不能在理论上找到答案。

（二）理论有助于实证研究假设的提出

在形成研究假说时，通过分析决定均衡选择的经济权衡，能够确定研究的经济关系及实证检验。微观经济学理论将这些经济关系称为比较静态分析的结果，它们是实证关系与

---

① Sims, C. Macroeconomics and methodology. *Journal of Economic Perspectives*, 1996 (10): 105-120.
② Fama, Eugene, F. Efficient Capital Markets: *Journal of Finance*, 1991 (46): 1575-1617.
③ 内点解和角点解是数学概念。经济决策问题通常可以转化为一个规划问题，包括一个或多个目标函数，一个或多个约束条件，定义良好的话，由这些约束条件形成的可行解的集合是一个凸集合。如果满足目标函数的最优解位于这个凸集合内部，那么就得到了内点解。从微观经济学效用函数和无差异曲线方面讲，通常情况下最优解是无差异曲线和预算线相切的点。

实证模型的理论基础。

研究问题的经济框架确定以后,最优解对模型中其他变量求偏导数(比较静态分析),既可以预测变量之间关系的正负方向,也可以预测变量之间关系的程度。有些情况下,理论对变量之间关系的预测可能正反两个方向都有,这样两个变量之间到底是正向关系还是负向关系也成为一个需要实证检验的问题。在理论预测的基础上我们可以提出实证假设,搜集数据进行回归分析。

比如信息披露问题,高成长性公司的信息不对称程度较高,公司信息披露可以减少信息不对称,因此公司成长性与信息披露选择之间是正向关系。但行业竞争程度对信息披露的影响是不确定的,因为一方面,公司提高信息披露程度可能会增加公司的市场占有份额,另一方面,现存的或潜在的竞争对手可能利用披露的有关信息采取新的竞争策略,从而使企业处于竞争的不利地位。

(三)理论有助于实证研究设计及实证检验

在实证研究的设计与检验中,理论能在更加精细的方面发挥作用。比如理论有助我们发现和思考实证模型中的内生性问题。对会计问题进行实证检验时,内生性问题是不可回避的。如果在研究设计时把一个内生变量错误地处理成自变量,将导致有偏误的回归结果。因此,我们可以首先在理论模型中对变量的内生性问题进行理论分析。

在理论分析的坚实基础上进行实证检验,可以解决我们在实证中碰到的很多难题。比如信息不对称程度高的公司会更多地使用股票和期权激励管理层,同时信息不对称程度高的公司会更多地披露信息,如果直接研究管理层期权激励和公司的信息披露之间的关系,得到的结论可能是不可靠的。总而言之,理论设计与理论模型决定了实证设计与实证模型。

(四)理论有助于阐释实证分析结果

在解释检验结果时,理论有助于我们超越检验结果的表象。实证模型的构建过程中,研究者通常只关注自己最感兴趣的变量,可能会忽略一些关键变量,并且从理论转变为实证检验时,变量如何衡量也可能导致不同的实证结果。此时,理论有助于我们重新审视实证检验模型中变量的衡量和实证检验模型的设定是否恰当。

(五)理论对实证研究的作用:一个例子

Easley and O'Hara(2004,JF)[①] 做了一项理论研究,他们发展了一个多期的资产理性预期模型。在他们的理论模型里,信息中的私人和公开部分所要求的预期回报不同,从而导致对资本成本的影响存在差异。这是因为知情的投资者能够及时调整他们的投资组合,从而更好地利用新的信息;而不知情的投资者面临的却是系统性(不可分散)的信息风险,即私人信息增加了不知情投资者持有股票的风险。因此不知情的投资者要求更高的回报作为补偿,而且要求的回报受到私人信息的总量以及公开和私人信息的准确性的影

---

① Easley, D., and M. O'Hara. Information and the Cost of Capital. *Journal of Finance*, 2004 (59): 1553 – 1583.

响，从而给企业带来更高的资本成本。

在 Easley and O'Hara（2004，JF）理论模型的基础上，Francis et al.（2005，JAE）选择利用美国数据，实证检验信息风险与资本成本之间的关系。

要实证检验信息风险与资本成本的关系，首先需要对信息风险进行定义和度量。Francis et al.（2005，JAE）对信息风险的定义是，与投资者定价决策相关的公司信息是低质量的可能性。其对信息风险的度量指标是 Dechow and Dichev（2002，TAR）[①] 模型回归残差的标准差。Francis et al.（2005，JAE）认为，如果一家公司一直保持高的残差，则残差的标准差很小，也就说明公司应计利润的波动性很小，从而公司应计利润的不确定性很小，这样的公司尽管应计利润的经营活动现金流实现能力差，但具有可预测性，从而公司具有相对较高的应计利润质量，即公司的信息风险较低。

Francis et al.（2005，JAE）根据理论提出原假设：公司信息风险对公司的资本成本无影响。在控制影响资本成本的其他相关因素的基础上建立回归模型，检验结果拒绝原假设，意味着公司的信息风险越高，公司的资本成本越高。

Francis et al.（2005，JAE）引导了大量关于信息风险与资本成本的后续实证研究。尽管后续研究对信息风险的衡量指标和研究角度有所不同，但研究基本上都发现公司信息风险与资本成本具有相关性。

尽管也有类似的发现，但 Core et al.（2008，JAE）[②] 表达了不同的观点，他们认为 Francis et al.（2005，JAE）的回归结果并不能表明信息风险对资本成本的增量影响，信息风险可能通过影响其他的风险因子（比如 beta 因子）进而影响资本成本，同时他们也认为信息风险的衡量指标可能有很多，选择不同的衡量指标可能导致的结论也不同。

以上的例子只是信息风险与资本成本关系的实证研究发展路径的一个缩影。其中 Francis et al.（2005，JAE）的研究问题、研究假说、研究设计乃至结果解释都紧密地建立在理论基础上（Easley and O'Hara，2004，JF），而随后的实证研究又在不断试图从各种角度检验此前实证发现（Francis et al.，2005，JAE）的可靠性，包括对此前研究的建构效度（即实证变量的度量是否能有效反映研究者希望检验的抽象概念）和内在效度（即实证变量之间的因果关系）提出反思和质疑（Core et al.，2008，JAE），并可能促使随后的研究更深入。

二、实证研究对理论的作用

从科学方法中得到的真理既包含逻辑，也包含证据，逻辑和证据二者相辅相成，缺一不可。理论的诠释，显著事实的确定，以及事实与理论的匹配组成了我们追求科学的基本范式（Kuhn，1962）[③]。数据、证据或观察是支持理论的必要组成部分（Popper，1968）[④]。因此，理论与实证研究之间的作用是相互的，实证研究的发现在很多时候也会推

[①] Dechow, P. and I. Dichev. The Quality of Accruals and Earnings: The Role of Accrual Estimation Errors. *The Accounting Review*, 2002 (77): 35 – 59.

[②] Core, J. E., W. Guay, and R. Verdi. Is Accruals Quality a Priced Risk Factor? *Journal of Accounting and Economics*, 2008 (46): 2 – 22.

[③] Kuhn, T. *The Structure of Scientific Revolutions*. Chicago: University of Chicago Press, 1962.

[④] Popper, K. R. *The Logic of Scientific Discovery*, 2nd edition. New York: Harper, 1968.

动理论研究的发展。①

比如，当实证检验拒绝一个理论预测时，我们应该想到，也许理论预测本身存在问题。因为理论是对自然界信息的一种有误差的数据压缩，理论的建立存在假设，在不同数据集合以及不同假设的基础上可能形成不同的理论，并且会丢失部分信息，由此导致实证结果和理论预期之间的不一致。这会激励我们对理论进行更进一步的研究。我们以有效资本市场假说为例加以说明。

Fama（1970，JF）② 正式提出了有效资本市场假说。有效资本市场假说认为，价格总能充分反映所有可得信息，没有交易策略可以前瞻性地利用公开的信息赚取系统的超额回报。在会计实证研究中占重要地位的信息含量研究和价值相关性研究都建立在有效资本市场理论的基础上。

但随后的会计学实证研究发现了一些投资异象，即投资者可以利用一些公开的信息或会计指标赚取超额回报（在控制了市场系统风险以后），从而对有效资本市场理论提出了挑战。随后大量关于有效资本市场理论和实证研究文献的出现，推动了关于资本市场有效性的理论和实证研究的发展。一直到今天，这个选题在资本市场研究中仍然具有重要地位。

三、理论文献的研读

作为一名会计研究者，我们既是研究成果的创造者，也是研究成果的使用者。更好地研读理论文献有助于我们的实证研究，更好地研读实证文献有助于我们的理论创造（Liang，2010，CJAR）。因此，不论是理论文献，还是实证文献，都需要我们用心研读。

当然，我们可以有自己的侧重点，没必要为了读懂理论文献中的数学推导，强迫自己去学习深奥的数学知识，也没必要在阅读理论文献时纠结于数学方面的推导细节。我们可以侧重于从理论文献中吸取研究思想，找到实证研究的理论基础。

如果我们真的对理论研究有深厚的兴趣，并想致力于理论研究，那么一旦找到一个好的研究思想，也完全可以通过丰富自己数学和经济学方面的知识，或者寻求数学和经济学方面的合作伙伴，解决数学建模或理论推导方面的问题。数学不是我们研究的核心，只是一种对我们的理论研究有重要作用的研究工具。

四、正确认识理论的价值对进行高质量实证研究的意义

基于理论对实证研究的重要作用（Liang，2010，CJAR），我们在进行一项实证研究时，首先要思考这项研究在理论上有没有意义，有没有坚实的理论支撑，不然我们的实证研究很可能被认为是数据挖掘的结果。一篇好的实证研究论文，其研究假设是建立在充分的理论基础上的。因此，我们在进行实证研究时，要对提出假设过程中所依赖的理论基础进行充分的阐述。

研究设计和实证检验也不是表面看到的那样进行回归分析即可，重要的是回归模型中

---

① 根据美国著名社会学家默顿的观点，经验研究具有开创理论、重整理论、扭转理论、廓清理论的功能（风笑天. 社会学研究方法. 北京：中国人民大学出版社，2001：37-38）。
② Fama, Eugene, F. Efficient Capital Markets: A Review of Theory and Empirical Work. *Journal of Finance*, 1970 (25): 383-417.

变量的选取。尤其是研究中国问题时，一定要结合制度背景，从理论上分析变量的经济含义，而不是照搬国外研究中的模型和变量。

最后在进行实证结果的分析时，如果结果和我们的理论预期一致，这当然是好的。可很多时候，主要结果或者有些变量的结果和我们的理论预测不一致，此时，我们不能模棱两可地忽视这些结果，或只报告或者解释自己想要的结果，而应当从理论上论述可能的原因，或做进一步的验证。

总之，我们在进行实证研究时要时刻考虑自己的研究有没有理论上的价值，而不是简单处理数据，堆砌出一篇实证论文。

五、小结

理论与实证研究之间的作用是相互的。有些理论可能过于复杂或过于简单，从而无法检验。当一些理论从未被也永远不会被实证检验或实验检验时，实证研究者可能会有挫败感。既然理论被视为浓缩数据的工具，那么只要理论有助于系统化我们的思考、想法或直觉，有助于将个人观察到的或偶然观察到的事实置于整体观点之中，不管其能否被检验以及检验结果如何，理论都是有用的。不论我们是否从事理论研究，我们都应当去阅读一些好的理论文献，结合自己已有的知识，在自己从事实证研究时更好地吸收理论文献的研究思想。

第四节　实证会计研究的目标、任务与方法类型

研究方法服务于研究目标。因此在讨论实证研究方法时，需要先理解实证会计研究的目标，然后再理解为实现目标需要完成哪些任务。这些任务的完成过程便形成了各种实证研究方法。Bloomfield et al.（2016，JAR）较为系统地探讨了实证会计研究的具体目标、数据搜集任务和方法分类框架。本节基于 Bloomfield et al.（2016，JAR）的研究展开讨论。

一、实证研究的目标

对于经济和管理领域的研究者，基本研究目标是认知经济社会的运行规律。为了实现这一目标，研究者首先会提出一些理论。理论是人们认知事物之间如何相互影响的一种命题。如果把事物理解成一个构念（construct）[①]，那么某个构念对另一个构念的影响就形成了构念之间的因果关系认知，这种认知就是一种理论。仅仅有理论还无法满足人们对经济社会运行规律的完整认知，还需要通过实证研究提供现实证据。

相应地，实证研究的第一项具体目标是明确一个关于构念之间因果关系认定的理论，将其作为实证检验的对象。

第二项具体目标是，实证研究需要识别出能有效反映构念的变量，并检验变量之间的

[①] 构念可以是一个实物（object）、属性（attribute）、力量（force）或观念（concept）。在会计学中，研发投入、盈余质量、会计稳健主义、内部控制有效性、监管执法水平、投资者复杂度、审计师声誉、资本成本都是一种构念。

关联性。这个过程包括变量对构念的操作化（形成构念的替代变量），并对替代变量间的关系进行统计检验。

第三项具体目标是，研究者将记录的关联性归因于所检验理论提出的影响因素。归因的成功与否或效果好坏取决于如下四方面的论证力度：

(1) 关联性确实是理论所认定的方向导致，而非反方向导致；
(2) 关联性的中介途径或调节效应都符合理论预期；
(3) 关联性并非由理论提出的因素以外的其他变量所引起；
(4) 关联性是由构念的替代变量形成。

这四个方面分别对应着因果推断中的反向因果问题、机制检验和截面测试、遗漏变量问题、建构效度问题。提升这些方面的论证效力，有助于实现理论检验的目标。

第四项具体目标是，论证特定发现的普适性。普适性可以体现在如下四个维度：

(1) 针对同一套数据，如果采用不同的分析技术（比如变量度量方式），是否能得到类似的结果，即稳健性（robustness）。
(2) 采用类似的技术，但采用不同的数据集，是否也能得到类似的结果，即可复制性（replication）[1]。
(3) 如果采用不同的数据搜集方法（比如通过档案记录和通过实验室实验），是否仍然得到类似的结果，即多方法可印证性（triangulation）。
(4) 研究者得到的规律性发现是否能够预测未来的经济管理实践，基于研究发现给出的建议是否能够在实践应用后增加利益相关方福利或社会福利，即实践可推广性（application）。

一项实证研究，在任何一个维度上的属性越强，普适性越强；有越多维度的属性得以满足，普适性越强。在现实中，大部分的单项实证研究本身所展示的普适性比较有限，通常围绕第一个维度的属性（稳健性）展开测试。在同一篇研究中同时展示可复制性或多方法可印证性的很少。后三个维度的普适性验证更多地还是从一个领域的实证文献演进视角得以体现。

第五项具体目标是，研究者将实证分析场景化，以便读者理解研究者搜集的数据的制度背景和行为场景，以及研究发现的经济重要性（而不仅仅是统计显著性）。充分讨论制度背景、细致描述数据特征、提供经济重要性分析、开展探索性分析都有助于一项实证研究的场景化。

二、实证研究的任务

为了实现前述各项目标，研究者需要搜集数据，包括两种基本方式：数据提炼（distillation），数据干预（intervention）。

（一）数据提炼

在数据提炼方式下，研究者先观察到现象，提取其中的关键信息，形成能够反映构念

---

[1] 此处的可复制性关注普适性，不同于旨在验证一项实证研究真实性（即是否如实报告）的复制工作。参见第十一章第六节的讨论。

的变量，以便随后统计分析。相应地，数据提炼涉及两个环节：数据记录（data recording），数据结构化（data structuring）。

1. 数据记录

研究者可以采用观察方式，观察实务场景所发生的现象。研究者观察到的现象可能体现为数字、文字、图像、视频、音频等。研究者可以将这些信息以及其他研究者认为有助于理论检验的事实和事件予以记录。这种记录既有助于研究者理解数据的产生方式，也有助于研究者理解理论检验所对应的场景。但观察的方式较为费时，并可能干扰被观察者的行为（尤其当被观察者意识到自己被观察时）。

另一种替代方案则是研究者依赖他人已经进行的数据记录工作，比如依赖商业数据库、监管机构、行业组织、上市公司等形成并提供的档案记录。这种做法的好处是便捷、高效，通常可以形成相当规模的数据观测进行统计分析；风险则是研究者可能无法深入了解他人在进行数据记录时是否准确、完整地记录数据，以及所记录的数据特征是否能够充分满足自己进行理论检验的需要。

2. 数据结构化

数据提炼的第二步是将观测记录按照便于统计分析的结构转换为数据集。典型的数据结构是每条观测为一行，每个变量为一列。将每个变量设置为数值或分类变量，这种变量设置方式虽然便于统计计算和分析，但往往也伴随着原始观测信息的减损（比如研究者很难将文本的所有属性信息都提炼出来）。研究者既可能直接采用其他人已经结构化的数据集（例如来自商业数据库或其他研究者的数据），也可能针对自己专门搜集的独特原始数据进行大量细致的手工整理和结构化工作。

（二）数据干预

尽管会计学的大量数据都源于商业活动，而并非受到研究者的影响，但有时研究者可能认为干预数据的方式更有助于实现理论检验的目标。干预数据通常有三种方式：

1. 引发因变量的产生

研究者可能提出一些问题或设置一些任务给被试完成，观察被试的反应或答复，从而形成可供分析的结果变量；如果没有这样的干预，研究者可能在自然状态下难以观测到结果。这种干预的好处在于研究者可以根据研究需要，设置更能反映构念的变量并取得数据，提高关联性和优化归因效果。但是，这种数据引导可能干扰被观察的数据，降低归因效力，同时产生的数据特征可能有别于现实实务情境下的数据特征，弱化普适性和场景化。

2. 操控解释变量

研究者可以设计多个版本的任务，使其只是在解释变量的取值上存在差异。这种方式也构成了实验方法的标志性特征。将参加实验的被试随机分配到不同版本的任务组中，记录任务的完成情况，研究者便可以考察解释变量和因变量之间的关联性。给定随机分配过程能够将被试的其他特征均等分布到各个任务组，研究者通常不再分析被试的其他特征。由于操控解释变量需要研究者设计多个版本的任务，可能会有某些版本的任务情境和真实场景很不一样，从而弱化普适性和场景化。

3. 控制数据生成的环境

采用实验室开展研究时，研究者还可以控制数据生成的环境，减少或消除与理论检验无关的因素，强化与理论检验相关的因素，或保持某些因素不变。此类干预同样可以提升关联性和优化归因效果，但可能弱化普适性和场景化。

三、实证研究的方法类型

基于前面的讨论，研究者在开展数据搜集任务时，面临各种选择：是否需要自己记录数据？是否需要自己结构化数据？是否需要引发因变量的产生？是否需要操控解释变量？是否控制数据生成环境？这些选择的可行组合和决策顺序，决定了会计学领域实证研究方法的分类逻辑（Bloomfield et al.，2016，JAR）。

从大类而言，档案式研究（archival studies）借助于已形成的档案记录，不需要研究者自行记录数据。如果再细分是否需要研究者自己结构化数据，还可以分为事先结构化的档案式研究（例如使用商业数据库提供的财务数据）和需要手工结构化的档案式研究（例如文本、图像、音视频等非结构化数据分析）。除了档案式研究，其他类别的实证研究方法都需要研究者自行记录数据，并自行结构化数据。

实验研究（experimental studies）需要研究者操控解释变量，其他方法则不存在这一特征。如果再细分是否需要其他的数据干预手段，则实验研究还涉及引发因变量的产生和控制数据生成环境，而实地实验研究则都不涉及。

调查研究（survey）包括问卷调查、访谈，需要研究者引出被调研对象的意见、观点，即引发因变量的产生，但不涉及操控解释变量，也不涉及控制数据生成的环境。

实地研究（field studies）只需要研究者记录数据的自然发生状态，并予以结构化，而不需要任何数据干预。

实验室研究（laboratory studies）通常组织一批参与者完成一项互动性的任务，从而研究者引发因变量的产生（即参与者的行为结果），同时也会控制数据生成环境，但不涉及对解释变量的操控。

基于上述分类逻辑，本书随后关于研究方法的各章组织如下："档案式研究"（第四章）、"实验研究"（第五章）、"问卷调查研究"（第六章）、"实地研究"（第七章）、"案例研究"（第八章）；此外，对需要手工结构化的档案式研究在第九章"非结构化数据分析方法"进行了专门讨论。[①]

四、小结

基于 Bloomfield et al.（2016，JAR）的分析框架，本节讨论了实证研究的各项目标（包括识别理论、检验关联性、因果推断、普适性分析、场景化）和搜集数据的任务特点（数据提炼还是数据干预），这些构成了实证研究方法的分类逻辑。相应地，实证研究方法可分为档案式研究（包括事先结构化的和需要手工结构化的）、实验研究（实地实验和实验室实验）、问卷调查研究、实地研究和实验室研究等。

---

① 考虑到实验室研究在会计研究中较少使用，本书暂未专门讨论。

本章主要参考文献

Bloomfield, R., M. W. Nelson, and E. Soltes. Gathering Data for Archival, Field, Survey, and Experimental Accounting Research. *Journal of Accounting Research*, 2016, 54 (2): 341-395.

Demski, J. S. Is Accounting an Academic Discipline? . *Accounting Horizons*, 2007, 21 (2): 153-157.

Fellingham, J. C. Is Accounting an Academic Discipline? . *Accounting Horizons*, 2007, 21 (2): 159-163.

Francis, J., R. LaFond, P. Olsson, and K. Schipper. The Market Pricing of Accruals Quality. *Journal of Accounting and Economics*, 2005 (39): 295-327.

Hopwood, A. G. Whither Accounting Research? . *The Accounting Review*, 2007, 82 (5): 1365-1374.

Liang, P. J. An Invitation to Theory. *China Journal of Accounting Research*, 2010, 3 (1): 1-12.

Mautz, R. K. Accounting as a Social Science. *The Accounting Review*, 1963, 38 (2): 317-325.

Rodgers, J. L., and P. F. Williams. Patterns of Research Productivity and Knowledge Creation at The Accounting Review: 1967—1993. *The Accounting Historians Journal*, 1996, 23 (1): 51-88.

Watts, R., and J. Zimmerman. Positive Accounting Theory: A Ten Year Perspective. *The Accounting Review*, 1990, 65 (1): 131-156.

第二章 会计学领域的主要学术期刊

本章大纲

```
                                        ┌─ 了解学术期刊的若干维度
                    ┌─ 国际上的主要会计学术期刊 ─┼─ 主要的会计学术期刊
会计学领域的         │                          └─ 对国际学术期刊的基本评价
主要学术期刊 ───────┤
                    │                          ┌─ 国内主要的会计学术期刊
                    └─ 国内的主要会计学术期刊 ──┴─ 国内会计学术期刊的发展趋势简评
```

> 会计学术研究的重要成果通常都会发表,而且主要是发表在会计学术期刊上。[①] 因此,如果需要了解会计学术研究的前沿成果,了解会计学领域的主要学术期刊是一个重要的途径。本章先介绍国际上的主要学术期刊,随后介绍中国的主要会计学术期刊。对学术期刊的介绍主要涉及各学术期刊的基本出刊信息、风格特点与通常的评价级别。通过(有选择地)阅读这些主要学术期刊上的学术成果,读者可以:
> - 初步了解国际范围内会计领域的学术研究前沿;
> - 拓展本专业的国际视野,树立会计学术研究的高标准;
> - 为近期和未来的学术研究提供信息平台(文献来源);
> - 通过了解国际范围内会计学术期刊的发展演变,理解会计学科的发展演变。

第一节 国际上的主要会计学术期刊

一、了解学术期刊的若干维度

发表会计学术研究成果的学术期刊很多(Zeff,1996,AH),而要了解一份期刊,可

[①] 我们不否认有的重要会计思想或证据可能发表在会计领域以外的学术期刊上,或发表在会计实务期刊上,或暂时处于工作论文状态,或最终未能发表。

以有很多维度。

首先，从会计学科的研究领域和分支来看，一份期刊可以分为综合期刊和专门领域/分支（specialized）期刊。比如，有的期刊在有关期刊定位的声明中指出，发表的论文涵盖会计学研究的大部分领域和分支，这样的期刊可以理解为综合期刊。有的期刊则声明其发表对象仅限于某一领域或分支的学术成果，这样的期刊则属于专门领域/分支期刊。一份专门领域/分支期刊有时可以通过期刊名称看出来。在会计学的专门领域/分支期刊中，涉及的领域/分支通常包括：审计、管理会计、税务、个体与组织行为及社会学、会计教育、信息系统与信息技术、会计史、会计文献研究。需要说明的是，财务学在国外通常被视为与会计学并列的学科，但在国内通常被视为会计学的一个分支。相应地，我们将财务学的主要期刊作为会计学领域的（分支）期刊加以介绍。[①] 本节随后对各期刊的介绍基本按照先综合期刊再专门领域/分支期刊的顺序进行。

其次，不同期刊有不同的创办机构。通常学术期刊的创办机构有两类：一类是一个国家或地区的会计学会或其他学术团体；另一类是大学的相关专业院系（包括不同大学的志同道合的学者及院系联盟）。少数情况下，创办机构也可能是会计职业组织（比如注册会计师协会）。很多学者都认为，与大学相关专业院系创办的学术期刊相比，由学术团体（比如会计学会）创办的学术期刊通常具有更加广泛的代表性和包容性。

从期刊创办机构所处的地域来看，会计领域的大部分重要学术期刊集中在北美（特别是美国），其次是欧洲（主要在英国），随后是大洋洲（主要是澳大利亚）。目前亚洲范围内有重要国际影响的会计学术期刊还十分有限。从某些美国以外创办的期刊的名称中，我们能看到创办机构的地域特征（如 *European Accounting Review*，*British Accounting Review*），但并不是所有的期刊都作出明显的地域标注。即使是名称中含有地域特征的期刊，也都越来越注重扩大期刊在本地域之外的国际影响。

还有一类期刊，专门发表基于世界各国的会计研究成果，并通常在期刊名称中标有"international"。此类期刊从发表成果的领域和分支属性上看既有综合的，也有分支领域的，但关注的往往是美国以外的其他各个地区（也可能涉及多国/多地区比较）。由于会计领域的学术期刊大部分创办于美国，对美国市场会计问题的研究被视为主流研究，而基于世界上其他国家/市场的研究得以发表的容量有限，因此，定位为"国际"的会计学术期刊为世界各国有特色的优秀会计研究成果提供了一个重要的发表渠道。

另外，在我们介绍的会计学术期刊中，绝大多数期刊在定位上是以纯学术研究为主的，而个别期刊在定位上则明确提出是为了搭建学术界与实务界的桥梁而创办。当然，即使是以纯学术研究为基本定位的期刊，其发表的学术成果也有很多具有重要的实务含义和价值。还有一些期刊，虽然在研究分支领域上没有特别的限定，但是在研究视角或理论、方法基础方面可能存在一些偏向，比如偏向于个体与组织行为，偏向于经济学理论基础，偏向于公共政策，等等，这种偏向往往也能在期刊名称中得到较为明显的体现。

最后，不同期刊的出版频率也不同。在会计领域，一份学术期刊的出版频率从每年12期（月刊）到每年1期（年刊）不等，较为普遍的频率是每年4期（季刊）至6期（双月

---

① 需要说明的是，在国外的文献评价研究中，财务学的期刊通常不被看作会计学期刊。同时，在财务学的学术期刊中，还有很多专门分支期刊，但我们只选取其中一部分加以介绍。

刊)。当然，即使是同一份期刊，在创刊初期，往往受到知名度和高质量稿源的限制，出版频率较低，而随着期刊影响的不断扩大和高质量稿源的不断增加，期刊的出版频率和每期版面都会相应增加。此外，不少期刊有时会为了期刊的学术年会或主题会议入选论文出版增刊。[①]

二、主要的会计学术期刊

以下列示了会计领域的主要学术期刊。限于篇幅，我们不可能穷尽所有的期刊加以介绍。在所介绍的每一类期刊中，我们也只是选取较有代表性的期刊进行概要描述。有兴趣的读者可以通过图书馆或互联网了解更加详细的期刊信息和内容。

(一) 综合期刊

The Accounting Review（TAR）。美国会计学会（American Accounting Association，AAA）在全学会这个层面分别就学术研究、学术与实务交流、会计教育三个方面创立了三份期刊，TAR 是其中之一，创刊于 1926 年，主要致力于学术研究的交流。目前每年 1 卷 6 期。	
Journal of Accounting Research（JAR）。该期刊由芝加哥大学（University of Chicago）商学院会计研究中心创办，创刊于 1963 年。目前每年 1 卷 5 期。	
Journal of Accounting and Economics（JAE）。该期刊于 1979 年创办，创刊主编是当时都在罗切斯特大学任教的两位学者 Ross Watts 和 Jerold Zimmerman，他们较为系统地提出了实证会计理论（positive accounting theory）。该期刊侧重于用经济理论解释会计现象。目前每年 2 卷，每卷 3 期。	
Contemporary Accounting Research（CAR）。该期刊由加拿大会计学会（Canadian Academic Accounting Association，CAAA）创办，创刊于 1984 年。目前每年 1 卷 4 期。	

---

① 近年来增刊越来越少，期刊越来越倾向于将学术年会论文或主题会议论文纳入常规出版频率以内的各期。

Review of Accounting Studies（RAST）。该期刊由美国多所大学的学者共同创办，创刊于 1996 年。目前每年 1 卷 4 期。	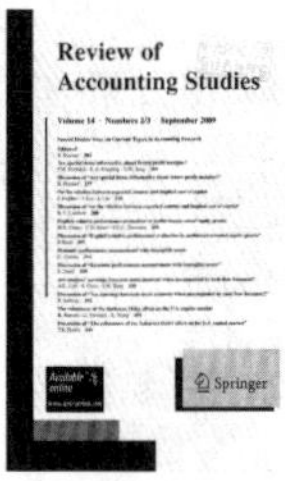
Journal of Accounting, Auditing & Finance（JAAF）。该期刊由美国纽约大学（New York University）的 Vincent C. Ross 会计研究中心资助创办，创刊于 1977 年。目前每年 1 卷 4 期。	
Journal of Accounting and Public Policy（JAPP）。该期刊由美国马里兰大学（University of Maryland）的会计学者创办，创刊于 1982 年，侧重于发表会计与公共政策密切关联的研究成果。目前每年 1 卷 6 期。	
Journal of Business Finance & Accounting（JBFA）。该期刊由英国会计学者创办，创刊于 1969 年。目前每年 1 卷 10 期。	
Accounting Horizons（AH）。美国会计学会在全学会这个层面分别就学术研究、学术与实务交流、会计教育三个方面创立了三份期刊，AH 是其中之一，创刊于 1987 年，其主要目的之一是促进会计学术界与实务界之间的思想交流与对话。目前每年 1 卷 4 期。	

（二）专门领域/分支期刊

1. 财务

The Journal of Finance（JF）。该期刊是美国金融学会的会刊，创刊于 1946 年，是财务领域的综合类期刊。目前每年 1 卷 6 期。	

Journal of Financial Economics（JFE）。该期刊由罗切斯特大学创办，创刊于 1974 年，是财务领域的综合类期刊。目前每年 4 卷 12 期。

Review of Financial Studies（RFS）。该期刊由前 JF 主编 Michael Brennan 教授等一批财务学者创办，创刊于 1988 年，是财务领域的综合类期刊。目前每年 1 卷 12 期。

Journal of Financial and Quantitative Analysis（JFQA）。该期刊由美国财务学者创办，创刊于 1966 年，是财务领域的综合类期刊。目前每年 1 卷 6 期。

2. 管理会计

Journal of Management Accounting Research（JMAR）。该期刊是美国会计学会管理会计分会的会刊，创刊于 1989 年，专门发表与管理会计理论和实务相关的学术论文。目前每年 1 卷 1 期（年刊）。

Management Accounting Research（MAR）。该期刊由英国曼彻斯特大学（University of Manchester）管理会计学者 Robert Scapens 教授创办，创刊于 1990 年，专门发表与管理会计理论和实务相关的学术论文。目前每年 1 卷 4 期。

3. 审计

Auditing：A Journal of Practice & Theory（AJPT）。该期刊是美国会计学会审计分会的会刊，创刊于 1981 年，专门发表与审计理论和实务相关的学术论文。2010 年及之前，每年 1 卷 2 期（某些年份会有增刊）；自 2011 年起，每年 1 卷 4 期。

4. 税务

Journal of the American Taxation Association（JATA）。该期刊是美国会计学会税务分会（前身为美国税务学会，后并入美国会计学会）的会刊，创刊于 1979 年，专门发表与税务有关的学术成果。目前每年 1 卷 2 期。

5. 个体与组织行为及社会学

Accounting, Organizations & Society（AOS）。该期刊由英国学者 Anthony Hopwood 教授于 1976 年发起创立，侧重于发表会计与个人行为、组织结构、社会政治环境间关系的学术研究成果。目前每年 1 卷 8 期。

Behavioral Research in Accounting（BRIA）。该期刊是美国会计学会会计、行为与组织分会的会刊，创刊于 1989 年，所发表的学术成果侧重于考察会计、个人、组织之间的相互影响。除了接受理论分析类论文，在经验研究方法上侧重于发表采用实地研究、问卷调查以及实验研究等方法的学术成果。2007 年及之前，每年 1 卷 1 期；自 2008 年起，每年 1 卷 2 期。

6. 国际会计

The International Journal of Accounting（TIJA）。该期刊由美国伊利诺伊大学厄巴纳-香槟分校（University of Illinois, Urbana-Champaign）的会计国际教育与研究中心（现为 Vernon K. Zimmerman 研究中心）创办，创刊于 1965 年（原名 *The International Journal of Accounting Education and Research*）。该期刊侧重于从国际视野理解和研究会计理论和实务。目前每年 1 卷 4 期。

Journal of International Accounting Research（JIAR）。该期刊是美国会计学会国际会计分会的会刊，创刊于 2002 年。该期刊侧重于从国际视野理解和研究会计理论和实务。目前每年 1 卷 2 期。

7. 会计教育

Issues in Accounting Education（IAEd）。美国会计学会在全学会这个层面分别就学术研究、学术与实务交流、会计教育三个方面创立了三份期刊，IAEd 是其中之一，创刊于 1986 年，其主要目的之一是促进会计教育与教学领域的学术研究与教学资源交流。目前每年 1 卷 4 期。

Journal of Accounting Education（JAEd）。美国学者创办，创刊于 1983 年，其主要目的之一是促进会计教育与教学领域的学术研究与教学资源交流。目前每年 1 卷 4 期。

8. 信息系统与信息技术

Journal of Information Systems（JIS）。该期刊是美国会计学会信息系统分会的会刊，创刊于 1986 年，专门发表与信息系统和信息技术有关的研究成果。目前每年 1 卷 2 期。

9. 会计史

The Accounting Historians Journal（AHJ）。该期刊由美国会计史学会（The Academy of Accounting Historians）创办，创刊于 1974 年，专门发表会计史的相关研究成果。目前每年 1 卷 2 期。[①]

10. 文献研究

Journal of Accounting Literature（JAL）。该期刊由美国佛罗里达大学（University of Florida）的会计学者创办，创刊于 1982 年，专门发表会计领域的文献回顾与综述。自 2013 年之后期刊也接受原创性的论文投稿。目前每年 1 卷 1 期。

三、对国际学术期刊的基本评价

从职业学者的角度看，在重要或有影响力的学术期刊上发表自己的研究成果，直接影响学者的教职晋升、经济待遇以及学术声誉，更重要的，也是一名学者学术生涯的组成部分。于是，识别本领域内的重要学术期刊并努力在这样的期刊上发表学术成果，对职业学者无疑是重要的。从学生的角度看，在某一个专业领域内，如此众多的学术期刊为我们提供了很大的自由，可以选择自己感兴趣的期刊、专题或相关论文阅读，但也带

[①] 该期刊的各期电子版可通过以下网址获得：http://www.olemiss.edu/depts/general_library/dac/files/ahj.html。

来一个问题，就是我们的学习时间和精力有限，因此，在不违背兴趣的前提下，选择更加重要或更有影响力的学术期刊，可以在合理的时间内以更高的概率阅读到重要的研究成果。①

那么在会计学领域，哪些期刊是相对重要或有影响力的？Bonner，Hesford，Van der Stede，and Young（2006，AOS）较为系统地总结了这个问题的有关研究。具体而言，这几位学者回顾了涉及会计领域期刊排名的16项研究（发表于1983—2004年），得到了以下发现：

（1）AOS，CAR，JAE，JAR，TAR在会计领域的诸多期刊中能够较为稳定地排在前五位。② 至于这五份期刊之间的排名高低，表2-1提供了有关信息。

表2-1　五份期刊的排名

期刊	排第一位的次数	排第二位的次数	排第三位的次数	排第四位的次数	排第五位的次数
AOS	1	1	3	9	2
CAR	—	—	—	1	4
JAE	4	3	7	1	1
JAR	6	9	2	—	—
TAR	6	5	4	1	

注：该表引自Bonner，Hesford，Van der Stede，and Young（2006，AOS，表2），略有简化。

由表2-1可见，在16项相关研究中，JAR分别有6次和9次排在第一位和第二位，TAR分别为6次和5次，JAE分别为4次和3次，AOS各有1次，CAR则没有。此外，AOS分别有9次和2次排在第四位和第五位，CAR分别为1次和4次。综上，前五位期刊之间的排序总体上依次为JAR，TAR，JAE，AOS，CAR。③

（2）在其他诸多期刊中，AJPT在16项相关研究中有4次进入过前五位，JATA有2次，RAST，JAAF，JBFA，ABR（*Accounting and Business Research*），Abacus各有1次。④

（3）上述五份期刊发表的会计学各个分支领域的论文占比各有不同，且与各分支领域从事研究的学者人数并不相称。除了AOS，其他四份期刊发表的财务会计领域论文比重（相对于从事财务会计领域研究的学者人数而言）特别高。除了AOS，其他四份期刊发表的管理会计领域论文比重（相对于从事管理会计领域研究的学者人数而言）特别低。除了JAE，其他四份期刊发表的审计领域论文比重（相对于从事审计领域研究的学者人数而言）较为均衡。所有的五份期刊发表的税务领域论文和信息系统领域论文比重（相对于从事这两个领域研究的学者人数而言）都特别低。

Bonner，Hesford，Van der Stede，and Young（2006，AOS）的研究还为我们提供

---

① 我们并不否认在相对不太重要的期刊上同样可能发表非常重要的研究成果。
② 这五份期刊按照期刊缩写字母顺序排列。
③ 在具体分支领域中，第三位和第四位的顺序略有变化。比如，在管理会计和审计领域，以往的研究更频繁地将AOS排入前三，而在财务会计和税务领域，以往的研究更频繁地将JAE排入前三。
④ 需要说明的是，尽管近年来RAST的声誉快速提高，但由于该期刊创刊较晚（1996年），因此在会计期刊的排名评价研究中不占优势。

了一些基本的期刊发表数据。比如，在1984—2003年，五大期刊合计发表的论文数量为平均每年133篇（发表数量最少的期刊JAE平均发表19.4篇，发表数量最多的期刊TAR平均发表34.7篇）。再比如，在1984—2003年，五大期刊合计发表的论文中，48.2%为财务会计领域，20.4%为审计领域，20.0%为管理会计领域，4.5%为税务领域，仅0.2%为信息系统领域，此外未归入上述各分支领域的论文占6.8%。这些数据对于我们理解国际和国内会计学术期刊的发表特征都是有帮助的。

第二节 国内的主要会计学术期刊

一、国内主要的会计学术期刊

20世纪90年代末以前，我国的权威会计学术期刊主要是《会计研究》和《审计研究》，前者为中国会计学会主办（财政部主管），后者为中国审计学会主办（审计署主管）。90年代末以后，开始出现完全由大学创办的会计学术期刊，同时，另一个明显的趋势是，面向国际学术交流的、中国问题导向的英文期刊也开始出现。

《会计研究》为月刊，即每年12期。从发文量来看，近年来每期发表10～13篇论文（不含会议综述），每年发表140～150篇。根据有关数据（刘玉廷，2009，p.8）①，《会计研究》的录用率较低，例如在2008年仅为7%。	
《审计研究》为双月刊，即每年6期。《审计研究》是审计领域的专门学术期刊，主要发表政府审计、注册会计师审计、内部审计的论文。	
1999年，香港理工大学与清华大学合办了一份会计学术期刊《中国会计与财务研究》（*China Accounting and Finance Review*，CAFR）。该期刊为季刊，中英双语，是国内较早采用双向匿名审稿制的会计学术期刊之一。该期刊每期发表论文3篇左右，对论文的篇幅通常不作特别限制，发表的论文主要采用定量研究方法。	
2003年，北京大学联合国内诸多高校创办了《中国会计评论》（中文，以书代刊）。近年来该期刊已发展为季刊，每期发表论文10篇左右。	

---

① 刘玉廷．总结经验 继往开来 科学发展．会计研究，2009（2）：6-13．

2008年，香港城市大学和中山大学联合创办了英文期刊 China Journal of Accounting Research（CJAR,《中国会计学刊》）。该期刊是中国第一份完全以英语为交流语言的会计学术期刊，在创办初期由国际出版商 LexisNexis 出版，自 2011 年起由国际知名出版商 Elsevier 出版。	
2013年，中国会计学会创办了学会层面的英文期刊 China Journal of Accounting Studies（CJAS），确定了办刊定位，即发表原创性的英文论文，并以中国问题为导向。① 该期刊每年1卷4期，由国际知名出版商 Routledge 出版。	

除了主流的会计学术期刊，国内的会计研究成果也会出现在国内经济和管理类的其他专业学术期刊上，如《经济研究》《管理世界》《金融研究》《南开管理评论》等。

二、国内会计学术期刊的发展趋势简评

国内会计期刊近年来的变化趋势显示，我国会计领域的学术期刊开始出现民间化、多元化和国际化的趋势，这些都与我国会计理论研究的不断深入和国际化趋势密切相关。这些趋势为我国会计学者提供了更多的发表机会和选择空间，也有助于学术期刊之间（对高质量稿源）的良性竞争。

一个潜在的约束是国内高校和各主要科研基金对会计学术成果的期刊评价体系。比如，对新兴期刊的认可程度客观上有一个过程；在很多学术机构，对非官方期刊的认可程度明显低于学会创立的期刊；此外，对国内近年来兴起的英文会计期刊的认可程度则受到国际主要会计期刊或主要检索系统（如 SSCI，即社会科学引文索引）的影响。随着国内外会计学者的不断努力和投入，我国的会计理论研究会有越来越多的中国期刊平台和国际地位，而我国的会计学者在成果发表上也会有更多的选择。

本章结语

本章介绍了国际和国内若干重要的会计学术期刊（尽管难以穷尽）。通过了解这些期刊，读者可以在相当程度上接触到会计学科的学术前沿，有机会在此基础上作出进一步的拓展。我国的会计学术期刊日益呈现多元化和国际化的竞争格局，促进了我国会计学者研究范式的国际化趋势。

---

① 在此前的更早阶段，即 2009 年开始，中国会计学会还创办过 Accounting Research in China，主要编译已经在国内会计期刊发表的优秀成果（中英对照），目的是促进中国会计研究优秀成果的国际交流。

本章主要参考文献

Bonner, S. E., J. W. Hesford, W. Van der Stede, and S. M. Young. The Most Influential Journals in Academic Accounting. *Accounting, Organizations, and Society*, 2006 (31): 663–685.

Zeff, S. A. A Study of Academic Research Journals in Accounting. *Accounting Horizons*, 1996, 10 (3): 158–177.

第三章 评判和识别有意义的会计研究选题

本章大纲

- 评判和识别有意义的会计研究选题
  - 如何评判有意义的会计研究选题
    - 解决现实世界的问题
    - 对文献或知识体系具有重要影响
    - 其他因素
    - 不重要或缺乏意义的研究的特征
  - 如何识别有意义的会计研究选题
    - 紧跟文献并批判性地评价
    - 紧跟现实世界的问题
    - 与同事/同行合作

> 一个比较差的想法即便得到了比较有效的执行和表达,也不会被认为对文献作出了有价值的贡献。基于这样的观点和对一批国际知名的会计学者的访谈,Chow and Harrison(2002,JAEd)为我们提供了两项知识:其一,资深会计学者是如何评判一个研究选题是否有意义或是否重要的;其二,资深会计学者是如何识别和深化会计研究选题的。在另一篇非常相关的文献中,Chow,Chung,and Narasimhan(2001,CAFR)进一步提供了海外华裔会计学者的有关看法和体会。基于上述相关文献的主要发现,本章围绕如何评判和识别有意义的会计研究选题展开讨论。

第一节 如何评判有意义的会计研究选题

根据Chow and Harrison(2002,JAEd)对其访谈结果的归纳,一个研究选题之所以有意义,通常符合以下两类标准之一,或兼而有之:

第一类标准,该研究选题能够解决现实世界的问题;

第二类标准,该研究选题对文献或知识体系具有重要影响。

在第二类标准中，又可分为三个细类的标准：

（1）填补了重大空白，或发展了现有理论；

（2）发现了非常突出的结果、新颖的结果或意外的结果；

（3）解决了难以解决的问题，或引入了新的技术或程序。

根据 Chow，Chung，and Narasimhan（2001，CAFR）对 16 位海外华裔会计学者的访谈，有意义或重要的研究选题的特征包括：（1）一项研究增添了新的信息和知识；（2）新的信息和知识与预期的读者群或感兴趣的问题有关；（3）新的信息和知识足够可信和严谨。

上述两类评价标准的切入角度略有不同，但都强调一项研究必须具有一定的贡献。这种贡献可能是拓展了人们对某些现象或问题的理解，或纠正了人们对某些现象或问题的误解。作出贡献的基础或途径可能是利用了新的数据，引入了新的理论、新的研究设计或新的研究框架，或取得了技术方法上的突破。在以下进一步的讨论中，我们主要采用 Chow and Harrison（2002，JAEd）归纳的评价分类，同时结合 Chow，Chung，and Narasimhan（2001，CAFR）的访谈发现加以阐述。

一、解决现实世界的问题

在这一类标准方面，John Evans 教授[①]提到：

> 在我看来，一个选题是否有趣或是否具有重要影响，关键是看这个选题是否具有较为重大的后果。也就是说，这个选题对社会而言是重要的，对经济是重要的，对企业是重要的，而且该研究具有令人惊讶的效果。

再比如，Eric Noreen 教授[②]指出：

> 我认为如果一个研究选题有潜力对实务产生重要影响，或改变我们对管理会计的理解方式，那么这个选题是有意义的。

此外，也有学者提到，对于一个有意义的选题，即使其在近期内并不重要，从长远来看对于行业或会计领域也应当具有重要性。总体而言，相当一批学者认为，如果一项研究是有意义和重要的，其必须走出"象牙塔"并解决现实世界的问题，必须有潜力影响会计实务或影响会计信息的使用方式。

二、对文献或知识体系具有重要影响

关于此类标准的第一细类标准（填补了重大空白，或发展了现有理论），Chow and Harrison（2002，JAEd）的受访者的核心观点是，对以往文献进行小修小补是不太可能作出重要贡献的。例如，John Evans 教授提到：

> 一项重要的研究不应只是对我们已经知道的事情作一点补充，而应当能对这个领域的专家以往的认知造成较大的改变；再理想一点的话，甚至不限于这个领域的专

[①] 研究兴趣主要为管理会计与医疗组织会计。自 2008 年 7 月起担任 *The Accounting Review* 的 13 位主编之一，2011 年 6 月至 2014 年 6 月担任 *The Accounting Review* 高级主编。

[②] 研究兴趣主要为管理会计。曾担任 *The Accounting Review* 和 *Journal of Accounting and Economics* 副主编。

家。……我们真的愿意看到一些研究,它们最终能够影响某个领域的实务。

George Foster 教授[1]提出了如下类似的观点:

> 这个选题是不是只对已有文献作一点拓展?在研究项目一开始时,就一定要想清楚这篇文章一旦发表,在文献体系中将处于什么地位。你不会希望人们看到期刊上的这篇文章说,"这太微不足道了"或"这不值一读"。

当然,并非所有的学者都认为每一项研究都必须对以往文献作出极为重大的贡献。比如在 Chow,Chung,and Narasimhan(2001,CAFR)的访谈中,超过半数的海外华裔学者指出,他们通常关注对现有文献进行边际性的拓展。一位受访者指出,"我们不能指望每项研究都作出重大突破",但我们总能从自己或别人的一项研究中得到一些收获,进而作出更加细致的或深入的后续研究。

第二细类标准是发现了非常突出的结果、新颖的结果或意外的结果。这样的结果可能与传统的观点不同,也可能是其他人通常不容易想到的研究视角、设计或结果。

第三细类标准是解决了难以解决的问题,或引入了新的技术或程序。比如,在财务会计领域,准则制定机构可能纠结于对管理层才能或研发支出的计量和报告问题,那么研究者选取这样的问题加以研究就是一个不错的选择。再比如,如果有人利用信息技术解决了一个重要的会计问题,这样的研究就是有价值的。

三、其他因素

除了前述两类基本的评判标准,也有学者提到其他的标准。比如,一个研究选题必须是研究者自己具有发自内心的兴趣和热情。George Foster 教授指出:

> 我认为首先就要考虑一项研究能否内在地激发起你的兴趣。它是不是一个你愿意投入时间和资源的项目,这一点其实和学科本身无关。如果这个项目可能需要花上一年或更长的时间来做,你就必须能够为之早起,为之兴奋。

再比如,是否得到同行引用也可能成为评判一项研究是否重要的标准之一。George Foster 教授提到:

> 我认为引用是非常重要的。你应当在开展一项研究项目之前就想一下引用模式。这是一项别人会去引用的研究吗?写论文的一个重要目的是被人阅读。虽然被人阅读不见得一定被人引用,但可以说大部分被广泛引用的论文确实被广泛阅读了。因此我真的建议博士生和年轻教师在制定自己的研究日程时,一定要有一个系统的规划,而不是采取东一篇文章西一篇文章的方式。

四、不重要或缺乏意义的研究的特征

了解不重要或缺乏意义的研究具有哪些特征,有助于加深我们理解对研究选题价值的评判标准。在 Chow,Chung,and Narasimhan(2001,CAFR)的访谈中,多位受访者特

---

[1] 研究兴趣主要为财务分析、管理控制系统、风险投资及体育经济管理。1978 年起任教于斯坦福大学。

别提醒人们注意，在没有足够的理论价值或其他有说服力的理由的情况下，不宜盲目模仿和重复前人的研究。其中，一位财务会计学者评论道：

> 我担任多个学刊的编辑。大部分的拒稿决定并不是因为技术问题而作出的，而是因为这些稿件缺乏充分的动机。它们令人感到乏味，缺乏足够的新意，与理论的联系十分薄弱。

其他缺乏贡献的研究可能表现为检验显而易见的问题或研究琐碎细微的问题。一位学者较为细致地解释了什么是检验显而易见的问题：

> 即使不做这项研究，我们也会相信或理解某件事情就是这样的。换句话说，这项研究不会改变人们的认识或理解。让我举个例子，比如说，如果你是根据指标 X 确定人们的奖励，你还需要去研究人们是否关注指标 X 吗？换个角度，如果你试图考察人们在关注指标 X 时存在的一些有趣的或尚未被发现的特征，比如，人们会困惑于对指标 X 的理解，或具有某些特征的人们对指标 X 的反应有别于其他人（且这种特征不应十分明显），那么这个研究就开始变得有趣了。

第二节　如何识别有意义的会计研究选题

在如何识别有意义的会计研究选题方面，Chow and Harrison（2002，JAEd）归纳出三种主要的途径：

其一，紧跟文献并批判性地评价；

其二，紧跟现实世界的问题；

其三，与同事/同行合作。

需要注意的是，这些途径之间并不相互排斥。例如，我们可以与同事讨论文献或实务问题，很多问题既可以对实务加以拓展，也可以对学术文献加以拓展。

一、紧跟文献并批判性地评价

很多学者成功识别并深化研究选题的主要途径是密切关注文献的进展，而且这种关注具有明显的批判性。例如，在对关于作业成本法的研究进行讨论时，Eric Noreen 教授指出，他的关注起点是这种成本方法的前提假设：

> 很早的时候我就意识到，在作业成本法及其使用者当中存在着一些非常强的假设，而他们似乎并没有意识到这些假设的存在，他们也并没有想到这些很强的假设中有一些在现实中可能是不成立的。……对我来讲，第一步要做的事情就是识别出作业成本法涉及的所有假设，接下来则是用经验数据检验那些假设，看它们在现实中是否成立。这就是一个研究规划。于是我坐下来写了一篇完全是分析式的论文，发表在 Journal of Management Accounting Research。写完这篇文章后，我对自己说："很好，我要开始检验这些假设了。"我并没有检验所有的假设。事实上，我检验过的唯一一个假设是成本与作业具有比例关系的假设。我使用了华盛顿州的医院数据进行检

验。……我从不同角度对这个假设进行了检验，简单的答案是成本与作业并非具有比例关系。

Daniel Collins 教授[①]列举了他的一项研究的思路：

> 有很多研究是关于所谓的市场异象，比如盈余公告后价格漂移现象。这个异常现象是由 Bernard 和 Thomas（1989，1990）等学者发现的。一个令人困惑的问题是，市场是不是真的无效而未能系统性地识别出当期未预期盈余对未来盈余的含义。Bernard 和 Thomas 提供了较为令人信服的证据。近期 Sloan（1996）的一篇论文则提出，市场似乎对于应计额也未能准确定价。从表面上看，他们的发现之间有一些矛盾。盈余公告后价格漂移的结果意味着市场低估了当期未预期盈余对未来盈余的含义，换言之，在当期未预期盈余已知后，市场并未充分调整对未来盈余的预期。同时，Sloan 的发现意味着市场高估了应计额的持续性，并对盈余数字中的应计额作出了过度反应，即有着大幅应计额负值的公司，其股价被低估。Sloan 发现当下一期盈余数字披露后，发生了价格反转，市场发现应计额并不像之前想象的那样持续。……一个有趣的问题出现了：这两种看上去存在矛盾的市场异象能够同时存在于市场之中吗？它们真的是完全不同的市场异象，还是有所重叠？如果它们是不同形式的市场误定价，人们能从这两种市场异象中获取更多的超额股票收益吗？

Daniel Collins 教授对上述问题的思考成果最终与 Paul Hribar 教授合作发表于 *Journal of Accounting and Economics*。[②] 在进行上述研究的过程中，他们又得到了另一项发现：

> 很多关于应计额的研究实际上都在很大程度上错误地度量了应计额。大多数学者都依赖于一个假设，即前后期运营资本的变动都会反映为利润表中的应计收入/费用，从而用前后期运营资本的变动来估计应计额，但是当公司发生合并、收购、分立或外币折算等非经营性活动时，这种计算方法就会引入重大的度量偏差。

他们对这个问题进行了深入探究，并展示了上述度量偏差在如下三类研究领域的影响：（1）用以检验盈余管理是否存在的研究；（2）关于盈余组成部分（现金流和应计额）的市场定价研究；（3）关于应计额误定价的研究。这一研究成果最终发表于 *Journal of Accounting Research*[③]，虽然他们一开始并未想过要开展这项研究。

总体而言，有很多方式发现现有文献或知识体系中的重大空白。这些空白可能存在于尚未得到检验的假设、异常的或相互矛盾的结果，以及尚不确定的效果或关系。要识别出这些空白，需要对相关领域（及其理论与文献）有非常深入和及时的了解，同时也要培养批判性的思维方式，不能理所当然地接受各种现象、观点、理论等。此外，与不同学科的交流和交叉也会增加我们发现新问题和新方向的概率。

---

① 研究兴趣主要是财务会计（特别是盈余质量）、公司治理、内部控制等。
② Daniel W. Collins, and Paul Hribar. Earnings-based and Accrual-based Anomalies: One Effect or Two?. *Journal of Accounting and Economics*，2000，29（1）：101-123.
③ Paul Hribar, and Daniel W. Collins. Errors in Estimating Accruals: Implications for Empirical Research. *Journal of Accounting Research*，2002，40（1）：105-134.

在如何适当把握文献基础方面,我们要注意到,某项研究的文献基础可能是非常广泛的。除了会计领域本身的文献,还可能涉及与会计领域相关的其他学科,比如经济学、管理学、心理学、社会学、统计学等。如果我们在做一项研究之前把可能涉及的文献全都掌握,那么这项研究可能很难开始,因此我们不仅需要勤奋地工作,也要聪明地工作。在 Chow,Chung,and Narasimhan(2001,CAFR)的访谈中,一位管理会计学者特别强调:

> 我认为有一种方式是非常不错的。首先,在你感兴趣的某个领域建立起自己的研究框架,然后把你知道的可能相关的变量以及各变量之间的相互关系都放到这个框架中,这样你就可以接着把文献往这个框架里放了。比如说,某篇论文试图研究什么问题,这项研究是如何嵌入整个框架并对以往文献加以拓展的?通过这种方式,你能够向其他研究学习,并发现每项研究乃至已有文献的空白或不足。随着你不断地在框架中纳入更多的变量或关系,或者将已有的变量予以拆分,你就有能力提出各种研究想法,并评价哪些想法更有可能改变人们现有的知识和观念。然后结合自己的研究优势、项目的需求等因素,你就能够形成一整套研究方案了。

二、紧跟现实世界的问题

在会计研究中,紧跟现实世界的问题与关注学术文献的空白并不矛盾,它们只是在关注起点上有不同的侧重。当然,学术文献在指导研究者的方法、技术方面的作用是十分重要的,但研究者要从学术文献中识别出最新的热点问题可能是不容易的。研究者可以先从学术文献的空白点入手,然后寻找现实世界的问题加以对应;也可以先关注现实世界的问题,然后确定学术文献在多大程度上解决了这些问题。

William Kinney 教授[①]分享了他的几个研究想法的产生过程:

> 18年前审计准则委员会正在起草《审计准则公告第39号——审计抽样》,关于如何指导注册会计师执行准则,当时有几种写法可供选择。我们进行了一项实验,看哪一种写法使注册会计师在应用时产生的偏差更少。实验的基础是心理学的理论,关注哪种表述方式(置信区间还是假设检验)更便于实务人员理解准则涉及的统计概念。然后,根据我们对实务人员进行的实验检验,准则采取了与心理学理论建议的表述方式相一致的写法。去年美国证券交易委员会十分关注盈余数字的小幅错报及其后果,包括对股票定价的潜在影响。这促使我们进行了两项研究:第一项研究与资本市场有关,我们考察了不同幅度的会计错报对股票价格的影响;第二项研究是对审计经理进行了一个实验,考察在已知监管机构开始关注所有的审计调整(而不仅仅是重大的审计调整)的情况下,审计经理将如何判断客户的反应。

除了上述提到的关心准则制定机构和监管机构所关注的现实问题外,很多学者都认为,阅读财经新闻是产生创新想法的最有效方法,这样可以和当前的重要问题密切相关。

---

① 研究兴趣主要为审计。1985—1987年担任美国会计学会研究部主任,1987—1990年担任 *The Accounting Review* 主编。

三、与同事/同行合作

与同事或同行合作，能够促成各种技能的互补和优势资源的共享，也有助于工作量的分担和工作进度的加快，同时还可以相互鼓励。很多学者指出，这种合作过程应是一个动态的过程，合作者之间相互促进和启发，经常会产生一些一开始没有预料到的研究方向。在前面的若干引述中，我们其实已经能够注意到这一点了。周齐武（Chee W. Chow）教授的一次研究经历也反映了与合作者工作的效果：

> 我有一次旁听一位同事的成本/管理会计课，正好一位当地医院的人士来做讲座，主题是关于医院的成本分摊及相关监管。随后，我找了一名我教过的博士生，跟着我去拜访这家医院的负责人，以进一步了解医院的成本分摊过程。在与当地医院负责人的交谈过程中，他从书架上抽出了厚厚的一摞文件夹，向我解释了华盛顿州医院委员会是如何监管本州各医院的补贴率的，包括不同类型医院的补贴率差异，以及固定成本和变动成本是如何处理的。在交谈之后，我与这名博士生对我们所了解到的情况进行了讨论。在讨论中，我突然想到，在华盛顿州的监管方式下，医院可能会与监管制度博弈，操纵向州医院委员会提供的预测数字。在这个想法得到进一步发展后，我们邀请 Eric Noreen 教授合作建立分析模型，然后想办法取得了医院的实际数据，最后这项研究发表在 *The Accounting Review*。[1] 这次经历使我认识到与他人合作的重要性。我邀请的博士生当时其实刚进入博士项目，对会计研究的了解也很有限，但正是通过我们的互动，我们才能共同形成一个研究想法，而这个想法单独靠个人是很难想出来的。

有趣的是，在 Chow, Chung, and Narasimhan（2001，CAFR）的访谈中，周齐武教授的上述经历也得到了阐述，有些略有差异的细节可增进我们对上述研究经历的理解。第一个细节是上述经历发生在周齐武教授博士毕业后不久，他提到希望能够拓展更多的领域和知识，因此去旁听成本/管理会计课。在与上述合作经历相关的论文发表之前，周齐武教授已经在 *The Accounting Review* 作为独立作者发表了四篇论文，因此上述合作经历显然与他以往的研究经历不一样。第二个细节是关于研究基础和研究动机的。当时，Jerold Zimmerman 教授在 *The Accounting Review* 发表过一篇关于成本分摊的论文[2]，周齐武教授在旁听课程的过程中能够想到讲座内容与这篇论文的联系，并希望对成本分摊的具体细节有更多的了解，然后将成果发表在类似于 *Management Accounting* 这样的实务类期刊上。同时，周齐武教授以往的研究关注代理理论，而这篇研究的想法同样与委托-代理关系有关。由此可见，文献基础很重要，如果没有这个文献基础，研究者在旁听自己不熟悉的领域时可能就无法把新知识和文献相联系，也就不容易产生研究想法。同时，研究者一开始的研究动机可能与随后的项目进展和结果存在很大的不同，但没关系，只要抱着学习的心态，终归是有收获的。第三个细节就是他之所以去找一名合作的博士生，主要是为了

---

[1] Garth A. Blanchard, Chee W. Chow, and Eric Noreen. Information Asymmetry, Incentive Schemes, and Information Biasing: The Case of Hospital Budgeting under Rate Regulation. *The Accounting Review*, 1986, 61 (1): 1-15.

[2] Jerold Zimmerman. The Costs and Benefits of Cost Allocations. *The Accounting Review*, 1979, 54 (3): 485-503.

有个研究伙伴和工作分担，这是一个很务实的考虑因素。同时，从实际效果来看，与合作者的合作激发了研究发动者的灵感，产生了"1+1＞2"的效果。补充这三个细节，是为了让读者能够更加充分地了解和体会研究及合作过程中的各种决策及前因后果。

以下是 Jerold Zimmerman 教授分享的关于会计选择的实证理论的提出过程（与 Ross Watts 教授合作）：

> 在20世纪70年代，很多财务学者和一部分会计学者关注资本市场的效率问题，并得出结论，认为市场能够看透不同会计方法之间的差异，看穿会计数字背后的现金流，从而确定股票价格。如果这个结论是正确的，就很难理解为什么八大会计师事务所、大公司、证券分析师等这么多方面的资源都投入到会计准则的制定当中。当时顶尖学校的大多数学者似乎都认为整个准则制定的投入是被误导的。那个时候，Ross Watts 和我在想，除了证券估值，一定还有一些其他的因素与会计准则有关。这促使我们思考一系列与合约有关的变量，以及会计除了向资本市场提供信息以外的其他用途。这基本上就是我们的思考过程。当时在罗切斯特还有一批经济学和财务学领域的同事，特别是 Mike Jensen 和 Bill Meckling，他们关注各种公司治理的问题，并写出了一些早期的代理理论方面的论文。

这些经验都告诉我们，与同事合作不仅能够提供更多有价值的研究专长，同事之间的互动过程还有助于产生新的想法并促成其发表。当然，在合作过程中，我们有必要细致安排合作的方式方法。一位资深学者指出：

> 在答应参与一个研究项目之前，一定要尽可能明确哪个人做什么事情，越明确越好。同时也要有一个大致的时间规划。对于合作的平等与否，不要以谁投入的时间多少来衡量。有时，更有经验的学者通过改变研究想法的方式对研究项目作出了非常重要的贡献，在这种情况下，即使花的时间远不如其他合作者，其贡献却一点都不少于其他合作者。意识到这一点，对保持友好和成功的合作关系是很重要的。

本章结语

以往学者投入了大量努力探究如何评判和识别有意义的研究主题，这些都值得我们了解、体会和借鉴。在 Chow，Chung，and Narasimhan（2001，CAFR）的访谈中，有学者指出："我们可以向人们讲授计量经济学，我们可以向人们讲授各种技术上的技巧，我们还可以向人们展示其他人在过去所做过的（研究），但我们无法预见或评价在未来哪些可能是有意义的和重要的。这个问题始终是主观的、难以评价的。"同时他们的访谈结果也显示，没有任何两位受访者对产生和深化研究想法的表述是完全相同的。这些都意味着，在研究想法的价值判断和产生策略上，尽管别人的经验是有启发的，但每个人必须形成自己独立的判断、品位和方法。此外，本章也展示了访谈研究方法的运用，可供读者借鉴。

本章主要参考文献

Chow, C. W., S. Chung, and R. Narasimhan. Identifying and Developing Topics for Research and Publication: A Sharing of Experiences and Insights by Highly Published Overseas Chinese Accounting Scholars. *China Accounting and Finance Review*, 2001, 3 (1): 28-51.

Chow, C. W., and P. D. Harrison. Identifying Meaningful and Significant Topics for Research and Publication: A Sharing of Experiences and Insights by "Influential" Accounting Authors. *Journal of Accounting Education*, 2002 (20): 183-203.

第四章 档案式研究方法

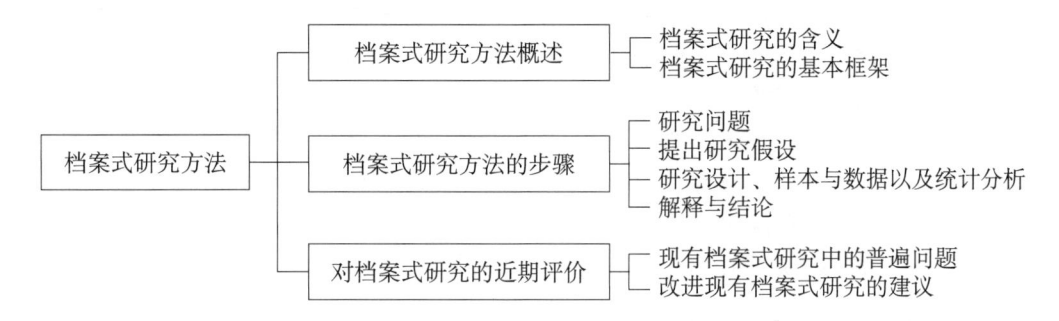

本章大纲

```
                    ┌─ 档案式研究方法概述 ─┬─ 档案式研究的含义
                    │                      └─ 档案式研究的基本框架
                    │
                    │                      ┌─ 研究问题
档案式研究方法 ─────┼─ 档案式研究方法的步骤┤─ 提出研究假设
                    │                      │─ 研究设计、样本与数据以及统计分析
                    │                      └─ 解释与结论
                    │
                    └─ 对档案式研究的近期评价 ┬─ 现有档案式研究中的普遍问题
                                              └─ 改进现有档案式研究的建议
```

第一节 档案式研究方法概述

一、档案式研究的含义

档案式研究（archival study），是对档案文本（如会计报表、信息公告、内部文件或记录）中包含的数据展开分析，并以分析的结果作为其研究结论支撑的一种研究方法。随着现代计算机技术和数据库技术的发展，纸质档案逐渐被计算机网络数据库替代，计算机标准数据库的发展使档案研究更为便捷，并成为主流的经验研究方法之一。[①] 实证法是经验研究所采用的方法，是解释和预测客观现象的方法，它要以确实的证据，反映客观存在的现象或检验有关的理论。

研究是一个有目的的活动，其目的就是让人们能够理解、预测或控制事物的某些方面。研究是发展和验证新理论，这些理论有助于我们观察世界，或证伪被广泛认同的现有理论。对于会计研究而言，会计研究主要涉及会计实践的相关理论。会计理论研究的目的

[①] 除了档案式研究，一些学者认为广义的经验研究（empirical research）还包括实验研究、实地研究、案例研究、调查研究等（但也有学者认为实地或案例研究属于定性研究的范畴）。狭义的经验研究仅指档案式研究。本章的方法讨论在很大程度上适用于广义的经验研究，因此不严格区分档案式研究和经验研究。

是解释和预测会计实践，这种以实证主义和注重"应该如何或怎么样"的研究方法明显有别于传统的注重"应该是什么的"规范研究（Watts and Zimmerman，1986）[①]。

规范性会计研究主要是从逻辑上概括最优的会计实务应该如何，但对其结论在现实中是否有效并不进行系统的验证。例如，在资产负债表中，租赁应该怎样处理？在合并报表中，子公司的少数股东权益应该如何处置？由于各种不同的利益关系人的立场并不相同，因此对何为"最佳"也不会完全达成共识（Beaver，1997）。

经验研究广义上是回答"怎么样"或"是什么"的问题。例如，会计折旧政策影响企业决策吗？或影响公司股价吗？如果是，那么效果如何？程度多大？以及为什么会这样？经验会计研究以数学模型为主要手段，以统计分析为主要研究方法，并利用历史数据对其预测进行验证，对会计实务进行更为定量化的解释和预测，在一定程度上弥补了规范会计的不足，因此从诞生以来便显现出强大的生命力，逐渐成为会计研究的主流方法。[②]

本质上，经验研究涉及理论（theory）、假设（hypothesis）和事实（fact）三个方面（Kinney，1986，TAR）。"事实"是一系列现实世界中可以观测的事项或状态。"理论"提供了不同系列事实之间潜在关系的一种可能解释。"假设"是根据现有理论推导，对某些事实发生的可能性的预测。最终，通过观察假设和事实之间的一致性来增加理论的正确性。

经验会计研究的主旨在于描述（describe）、解释（explain）与预测（predict）。根据Watts and Zimmerman（1986），"解释"是指为观察到的事物提供理由，"预测"则是指理论应能够预计尚未观察到的现象。如果将待解释的现象记为Y，而将能解释Y的变量记为X，那么"描述"仅限于说明Y是什么；"解释"试图揭示因为有X，所以导致Y；"预测"则试图研究如果未来或在另外的市场上出现了X，是否还会出现Y这一现象。

二、档案式研究的基本框架

档案式研究从其产生至今，已经形成了一套较为规范的研究程序。虽然研究主体和思维习惯的差异使其研究程序没有一个绝对统一的模式，但档案式研究的基本框架通常包括：

（1）研究问题（questions）。研究者需要简明扼要地提出自己的研究问题，还要阐释该问题的研究意义。

（2）提出研究假设（hypothesis）。研究者需要针对研究问题进行理论推导，明确主要的理论预期或研究假设是什么。

（3）研究设计（research design）。研究者需要说明主要的研究设计是什么，包括方法、模型、变量含义和设计等。

（4）样本与数据（sample and data）。研究者需要说明样本的选取方法和主要考虑，以及档案数据的来源和数据整理过程。

[①] 参见第一章第二节对会计研究范式的讨论。

[②] Ball and Brown（1968，JAR）、Beaver（1968，JAR）率先采用经济学和财务学注重数据检验的方法，开创了经验会计研究的先河。Watts and Zimmerman（1978，TAR；1979，TAR）将经验会计研究的重点从盈利数据的信息含量转移到解释和预测会计政策选择、会计方法改变的经济后果上。Watts and Zimmerman（1986）的 *Positive Accounting Theory* 对实证会计理论的形成和发展做了比较系统的总结，标志着实证会计理论作为一个学术流派正式建立。此后，经验会计研究迅速发展，并成为国际上会计研究的一种主流方法。

（5）统计分析（statistical analysis）。研究者需要运用适当的统计技术对档案数据进行分析。

（6）解释与结论（interpretations and conclusions）。研究者需要对统计分析的结果进行解释，并对基于档案数据的证据进行总结和讨论。

在上述环节中，步骤（1）和（2）与理论构建有关，步骤（3）～（6）是对理论的检验。需要说明的是，不同研究者的研究成果有可能对上述步骤进行合并或重新组合，但一项规范的档案式研究均应包含上述六个步骤。对于初学者而言，我们的建议是严格遵循这些要素来组织自己的研究，养成严谨、规范的研究风格。我们在接下来的第二节进一步展开介绍这些步骤的内涵与运用。

第二节 档案式研究方法的步骤

一、研究问题

（一）选择研究主题

做研究碰到的第一个问题是选题。研究者首先应区分选题和问题的差异。社会经济活动中充斥着各种各样的问题，比如，当前中国面临的住房、医疗、教育以及环境污染等问题。那么这些是研究问题吗？这些关键词只是所要研究的话题（topic），与研究的具体问题（question）还相距甚远。从话题中逐渐细化出研究问题，即进一步明确研究的范围及焦点，将最初比较含糊的、笼统的、宽泛的研究领域、方向或现象具体化、精确化，研究者才算完成了研究的第一步。优秀的研究者需要具备较强的洞察力，及时捕捉到话题，并能够将其转换成恰当的研究问题。

比如，在企业现金持有量的研究中，以往研究主要集中在哪些因素影响企业现金持有规模上，而 Pinkowitz et al.（2006，JF）和 Dittmar and Smith（2007，JFE）则关注企业现金持有量的市场价值是否随着投资者保护环境或公司治理程度不同而有所区别，这样研究就向前发展了一步。如果研究者从"现金持有量"这个研究选题出发，缩小到"现金持有量的市场价值"，再缩小到"公司治理对现金持有量市场价值的影响"，就已经从话题过渡到问题了。

研究者在选题时应注意以下几个关键点：

第一，研究者是否对所研究的问题感兴趣？如果对一个问题不感兴趣，研究者很难在研究方面有所突破。研究兴趣可能是自然的、内在的，也可能经过锻炼和培养而形成。但不论兴趣是如何形成的，在选题时，研究者首先应当尊重自己的研究兴趣。在兴趣的驱动下，研究者会更加全身心地投入到研究中，使得枯燥的研究过程充满乐趣。研究和解决一些自己感兴趣的问题，不仅可以使自己更加充实，还能够为他人提供参考。这势必又会进一步激发研究者的研究兴趣。

第二，研究者是否能选出自己认为重要的问题？研究者要对希望研究的问题有所理解，去选取自己觉得重要的方面。很多资深学者都指出，数学不能告诉我们什么是重要的，什么重要取决于研究者自己的理解。

第三，研究问题能否引起其他研究者的共鸣？自己感兴趣并认为重要还不够，因为个人的价值观和判断往往存在差异。一个好的研究问题应当可以引起更多学者的共鸣，即其他研究者也会感兴趣并认为重要。知识是在研究成果的不断积累中向前发展的。现有知识体系犹如一棵参天大树，如果研究者只是关注枝节末梢的问题，共鸣者则比较少，而从主干中去寻找研究问题可能会引起更大的共鸣。

第四，研究选题是否有价值或有意义？[①]"价值"是一个选题的核心灵魂，也是一个选题是否可以继续下去的判断性条件。那么，什么样的选题才是有价值的呢？大体上说，有价值的研究选题可以分为以下几种：

（1）观察现象，并将其上升为统计结论。生活中充满了有趣的经济学现象，在观察时，可以利用经验研究方法来判断这些现象是否具有普遍性，把这些观察到的现象上升为一种统计结论，并最终上升为一种理论。这种研究属于一种在选题中非常值得鼓励的创新和突破。

（2）对规范性理论进行验证。规范研究大多是运用逻辑推理的手段对会计目标给出结论，但是很多理论成立的前提是要符合既定的假设。因此，对于某些规范性理论存在的假设前提进行验证，是经验研究关注的重点。此外，规范性理论针对同一主题往往会得出不一致甚至是相反的结论，这些结论上的不一致为经验研究提供了进一步研究的需要，以可依靠的数据证据去解释规范研究相互冲突的结论。

（3）解释理论与实际不符合的原因。在对规范研究的结论进行验证时，经常会发现理论和实践未必符合，这实际上是为下一步的实证研究提供了新的课题。解释理论与实践不相符合的原因，可以成为新的经验研究的目标，经验研究不仅仅要对规范性理论进行验证，更要在科学方法的支持下对理论进行完善和发展。

（4）研究方法上的突破和更新。随着会计研究和经济、心理、计算机、物理学等学科的交叉研究趋势越来越明显，研究者运用新的科学方法对以往方法进行更新，不仅为同一问题提供了多维度的研究，也会为原有经验研究得出的结论提供支持或者反驳，这样使用新方法研究老问题并非是无意义的重复，而是对相关问题认识不断深化的过程。

第五，研究选题是否在前人研究的基础上有一点突破和创新？所选择问题的研究有价值，不仅指这个问题在理论上或现实中具有重要性，而且指本人加入该问题研究是有益的，研究是一个群体性的工作，有价值的研究强调每一个参加者的增量贡献。能否对之前的文献进行突破和创新是评价一个选题好坏的重要标准。

第六，研究问题是否具有方法上的可行性？由于档案研究要依靠历史数据以及统计研究方法对研究假设提出检验，因此，是否可以找到适当的变量和样本，从而运用统计方法对假设进行检验是评估选题的一个重要因素。对于会计专业学生来说，能否在规定时间内得出可验证的结果也是评价自身选题需要衡量的因素。

（二）提出研究问题

如何提出问题？[②]研究者应当注重去观察现实生活中的差异或变异（variance）。这种

[①] 关于如何评判和识别有意义的会计研究选题，参见第三章的更详细讨论。

[②] 与第三章侧重于会计研究视角的讨论相对照，我们在本部分参考了来自一位经济学者的讨论视角（陆铭，《现实·理论·证据》演讲稿，2006年11月13日，复旦大学），并做了相应整编。

差异可能存在于不同对象之间，也可能存在于同一对象的不同时点。差异对于经济学和管理学理论与实证研究至关重要。

首先，差异在理论上非常重要。研究者如果希望分析不同现象或事物之间的联系，有必要先观察现象之间或事物之间是否存在差异或变异（比如制度上的差别），然后再去思考两者之间的变异是否有关系。比如中国会计信息质量的差异问题。2007年开始实施新会计准则，当你看到一个制度变成另一个制度的时候，作为会计信息质量的另一个变量（如价值相关性）是否跟着变了，这是实证的基础。从理论上讲，你要解释的是会计信息质量的差异与制度差异是否有关。

对于实证研究，差异的存在则构成了计量经济学的基础。如果两组数据都不存在变化，或无论一组数据如何变化，另一组数据始终不变，那么二者之间的相关系数为0，难以得到有意义的关系。比如，"高薪养廉"是防范政府部门贪污腐化的一种手段，但如果在现实中发现，无论公务员薪金增加还是减少，腐败问题依然存在且保持在不变的水平上，那么研究高薪与廉洁之间关系的意义就会受到质疑，需要进一步发掘其他变量的影响。所以，公务员薪金的变化以及腐败水平的变化是构成二者存在相关关系的一个必要条件。

综上，理论和实证只是研究现实规律的两种方式而已，本质上都是在找差异（陆铭，2006）。差异存在于空间和时间两个维度上。理论上找差异的方法和实证研究中对空间截面数据、时间序列数据的分析正好对应起来。理论和实证研究只不过是识别两种差异之间关系的方法而已，本质思想都来源于现实世界。研究者要提高学术素养，就要不断从现实世界中找差异，不断地思考不同差异之间是否存在关联。研究者的研究机会可能体现在研究者发现了理论上尚未提及的一些关联，或者虽然有理论涉及了某种重要的关联，但尚未得到数据的佐证。

社会科学研究不同于自然科学研究。自然科学中，现象间的因果联系要简单得多，即使是自然科学研究中复杂的因果关系，也可以通过控制实验条件，使之处于"其他因素都相同"的状态，从而使得仅仅因为X的取值不同，而导致Y的取值不同，因此可以用X的变化来解释Y的变化。

在经济学、会计学中，现象之间的联系要复杂得多，而且要在完全可控条件下进行实验的难度或成本非常高，因此这就要求社会科学领域的学者运用更高超的统计技巧，来处理复杂的现象之间的经济联系。比如在会计学领域中，研究的问题不仅仅是X变化导致Y变化，可能还有A、B、C等的变化导致Y的变化。这种复杂的联系还可能表现在X的增加可能导致Y的增加，但是A的增加会导致Y的减少，并且导致X的增加。如果现实的情况是A与X同时增加，Y几乎没有变化，那么如果忽略A对X与Y的影响，则研究者有可能得出X的变化不会导致Y变化的错误结论！因此，研究者需要控制住诸如A、B、C等其他因素可能对Y的影响，这样才能正确地度量出X对Y的影响。

二、提出研究假设

在确定研究主题之后，研究者需要将其对问题的预期结果进行具体化，用可以检验的方式把预期的研究结果表述出来。这是一个从已知内容（已有研究的结果）向未知内容（研究者正在研究的内容）的跨越（Smith，2003）。提出假设需要注意以下几方面：

（一）界定问题、现象、重要行为人

数学模型也好，用文字表述的理论也好，研究者首先要界定问题是什么，要揭示的现象是什么，界定哪些行为人对这个问题是重要的。

比如，研究者要研究公司治理与投资者保护问题。自从 Jensen and Meckling（1976，JFE）讨论公司代理问题以来，公司治理结构、投资者权益保护成为公司治理的核心问题之一。在投资者权益中，除了一些天然权益（如自主交易权利、财产受保护权利等）之外，关键的是由于不同当事人之间的利益冲突导致的、需要通过法律法规的形式加以确认的合法权利，主要包括：定价权、知情权、决策审议权、选举权和诉讼权等。与国外不同的是，由于股权分置和所有者缺位，国内上市公司中内部人控制更加严重，因此投资者合法权益受侵害的现象更加突出：一是内部人侵害股东利益；二是大股东侵害中小投资者利益；三是随着市场的变化，证券公司可能发生倒闭或被接管造成投资者受损。通过对国内外投资者保护环境的分析，研究者可以理出当前影响投资者保护的几个重要行为人：政府、大股东、中介机构。

（二）理解行为人的目标函数与研究变量性质

随后是研究者如何去理解行为人的目标函数的问题，研究需要加入哪些变量，什么是内生的，什么是外生的。比如在企业转制的研究中，产权结构调整及变更是一个重要变量。很多研究把股权结构作为外生变量，来考察其对会计信息质量以及经营决策的影响等问题，这实际上忽视了股权结构本身也是内生的这一问题。企业为了上市，可能会在上市之前进行一系列产权结构调整，以达到上市目的，或为了迎合某种规定而做出部分产权变化等，这些因素都会导致股权结构的内生性。而真正外生的是以政府为主导的资源分配模式。所以，研究者需要进一步分析，为什么产权会发生变更，产权变更了多少，是否导致了产权性质的根本变化。此外，研究者还需要考虑产权市场的交易结构问题，比如并购市场是自由竞争的还是被政府主导下的利益关系所主宰的。这就涉及政府、大股东与政府的利益关系，中介机构与大股东之间的利益关系，政府与中介和股东之间的关系等。研究者需要选择一个或几个相关联的关系做进一步分析。

（三）通过理论推演把研究目标转化为可检验的假设

为了能够运用经验研究方法，研究者必须把理论研究目标转化为可检验的假设。能否把相对抽象的研究思想和目标转化为可检验的假设，这是体现研究者能力与水平的重要标志。

理论推演可以理解为识别暗含假设（underlying assumption, maintained hypothesis）并基于此做出符合逻辑的推理的一个过程（Srinidhi，2013，CJAR）。暗含假设如果是已被广为接受的理论，则不需要在一项研究中专门论证，引用相关理论的出处即可。但如果暗含假设并不属于已被广为接受的理论，或在一项研究的特定制度背景中难以确定其是否可被接受为随后论证的基础，则需要更加充分的论证，比如更充分地介绍制度背景，使读者理解为什么一项暗含假设可以成立，或在专门的测试中提供证据以展示一项暗含假设是成立的。

例如在一个民事诉讼较为普遍的资本市场中，注册会计师如果发生了审计失败，很容易遭到民事诉讼。在这样的市场中研究注册会计师的执业行为时，将"注册会计师担心民事诉讼造成的财富损失"作为一个重要的暗含假设是适当的。但如果有研究者在另一个资本市场研究注册会计师的执业行为时，直接照搬"注册会计师担心民事诉讼造成的财富损失"的暗含假设，就不一定恰当，研究者需要考虑不同资本市场的民事诉讼制度背景可比，还是存在明显差异。

再比如，在分析管理层的经济决策时，暗含假设经常会涉及管理层和资本市场的理性。如果研究者的暗含假设是市场不完全有效，投资者有可能缺乏看懂管理层编制的会计报告的能力，那么随后的推理就需要沿着投资者有限理性的逻辑，展开对管理层行为反应的分析。如果研究者的暗含假设是市场有效，投资者能够充分理解管理层编制的会计报告的背后含义，那么随后的推理就需要沿着有效市场的逻辑，展开对管理层行为反应的分析。基于不同的暗含假设和相应的逻辑推理，完全可能得出同样的实证结果预期（Srinidhi，2013，CJAR），因此研究者有必要高度重视理论推演的暗含假设和随后推理的逻辑性，而不能只关注实证结果本身。

以早期的事件研究（如 Ball and Brown，1968，JAR；Beaver，1968，JAR）为例，研究者的目标在于验证投资者在多大程度上能够感知到会计盈余的信息价值，即验证管理层编制的盈余报告是否具有信息含量。由于信息被经济学定义为导致一个事件发生结果的期望值的变动，那么如果盈余报告改变了投资者对未来回报的预期，并引起投资者决策的改变，那么说明会计盈余报告具有信息含量。在这些研究中，一个暗含假设是投资者能够充分、及时地理解市场中出现的未预期信息，即市场有效。由于股票交易量反映了单个投资者预期的变化，股价反映了整个市场预期的变化，因此研究者提出这样的检验：如果收益具有信息含量，则收益公告期内的股票价格变动幅度会显著大于非公告期的股票价格变动幅度，股票交易量也会比非公告期显著增加。

（四）提出研究假设的方式

研究假设（hypothesis）是研究者针对研究问题提出的一些解释性的、暂时性的命题，该命题提出了概念与概念间的关系。提出假设是指根据一定的观察事实与科学知识，对研究的问题提出假设性和猜测性的看法与说明，使研究问题进一步具体化，变为可操作化的一种方式。

研究假设可分为原假设（null hypothesis，记为 H_0）与备择假设（alternative hypothesis，记为 H_1）。原假设与备择假设是对立关系，即否定原假设即等于接受备择假设。在进行经验检验时，研究者通常是相对于原假设检验备择假设。以资产重组对公司的绩效影响为例，研究者可以设定原假设为"资产重组前后，剔除行业均值后的公司绩效指标没有变化"；如果经验数据拒绝这一原假设，研究者通常可得出"资产重组显著改变了公司业绩"这一结论。

需要注意的是，研究假设与研究问题是有区别的。研究假设是可检验的，而研究问题不一定可检验。研究假设需要有理论基础而研究问题不一定需要。任何一项经验研究都是从提出研究问题开始，其中相当一部分研究能进一步提出具体的研究假设，但也有一部分研究可能由于其研究问题的特性，难以转化为可检验的研究假设，而主要是描述性的或探索性的。

研究假设和统计假设也是有区别的。研究假设一般以文字表述，如"会计信息质量不因内部控制的实施而有所差异"（原假设）。统计假设则以统计符号表示：如"$H_0: \mu_1 = \mu_2$"或"$H_1: \mu_1 \neq \mu_2$"。

研究假设可以具体指出变量间关系的具体方向，例如"股权制衡会提高投资者保护水平"。研究假设也可以不具体指出变量关系的具体方向，比如"股权制衡会影响投资者保护水平"，至于股权制衡是降低还是提高了投资者保护水平，则有待于经验检验。从检验的角度看，有方向的判断使用单侧（或称单尾，one-tailed）检验，而无方向的判断使用双侧（或称双尾，two-tailed）检验。在研究中究竟使用有方向的判断还是无方向的判断，取决于研究者对研究结果的预期。研究假设也可以限定条件讨论变量之间的关系，比如假设"在民营企业中，股权制衡会提高投资者保护水平"或"在国有企业中，股权制衡会影响投资者保护水平"等。

研究假设可以通过理论模型推导，即分析性研究（theoretical or analytical modelling）所采用的方法提出。分析性研究需要事先给出假设条件（作为外生条件），通过数理推导构建均衡关系，即求解变量之间的相关关系。研究假设还可以通过逻辑严谨的理论叙述，娓娓道来。这两种方法不存在优劣之分，应视研究问题和研究者的习惯而定。

要提出一个好的假设，研究者应当注意把握这样一些特点：

其一，好的研究假设要具有科学性。即研究假设的提出要合乎科学规律、合乎逻辑、合乎基本常识，是建立在现有科学理论或事实基础上的，而不是毫无根据的推测和臆断。

其二，假设表述要简洁、明确。研究假设应当清晰、简明、准确地说明两个或两个以上变量间的预期关系，切忌宽泛、冗长、模糊。

其三，研究假设应具有可检验性。即变量间的期望关系可以被经验数据加以检验。这是科学假设的必要条件，不能检验的假设不是好的研究假设。

根据以往理论和数据，提出有研究价值的研究假设，其不仅是一种带有方向性的有待验证的设想，而且会影响研究活动的组织过程、研究逻辑和研究途径选择等。研究假设不是漫无目的的胡思乱想，而是把研究精力集中于所研究的问题上，从而使研究者的研究更加有的放矢。一旦形成假设，研究者可以根据确定的目标，在限定范围内有计划、循序渐进地进行一系列研究活动。

三、研究设计、样本与数据以及统计分析

研究设计主要解决技术层面的问题，包括：（1）变量的度量；（2）变量间关系的模型化；（3）统计方法的选择；（4）样本与数据；（5）统计分析。通过这些设计，研究者能够运用经验数据对研究问题、研究假设进行经验检验。

（一）变量的度量

变量的度量，是指研究者如何度量研究假设和研究问题中涉及的变量。有的变量可以直接获取，而有的变量则需要经过一定形式的转换才能取得。假设检验的成败与变量选择密切相关。变量度量的方法大致有以下几种：

（1）对以往研究使用的变量进行直接引用。这是风险与成本较低的一种做法。这种方

法比较适合于一种约定俗成的变量构建方法，研究者只要说明来源就可以使用。

（2）对以往研究采用的变量进行评价和改进。当某个问题在以前的研究中采用过不同的变量组合时，后续研究者往往需要对以前研究使用过的变量做出比较和分析，以决定自己使用的变量。

（3）通过模型构建变量。也就是说检验中使用的变量不是直接运用会计实务中或现实经济生活中已有的经济指标，而是对某些指标进行一系列的运算处理后得到一个新变量。

（4）创造性地寻找替代变量。研究假设或研究问题中的许多概念往往是不可直接观察的，这样就需要研究者选择与这些不可观察变量高度相关的变量来间接地度量。这些与不可观察变量高度相关的可观察变量，通常被称为代理变量或替代变量（proxy variable）。比如，"公司业绩"是理论研究所涉及的概念（或称理论变量），是不可直接测量的，而"净利润"可以作为替代变量衡量公司业绩。此外研究者还可能选择税前收益或全面收益等作为衡量公司业绩的指标。

在针对理论变量选择替代变量时，要特别注意替代变量的测量误差问题。例如，研究者希望考察会计政策变更对企业市场表现的影响。让我们假设企业折旧政策从直线法改为加速折旧法之后，公司股票价格提升。那么一个可能的解释是，资本市场中的投资者认为改变折旧政策表明企业对未来有较好预期，对未来经营充满信心。折旧政策会影响资产在本年度的摊销额度，进而影响公司绩效，最终反映到公司股价中去。但需要注意的是，选择折旧政策作为会计政策的一个替代变量，可能存在测量误差：

其一，替代变量可能存在选择误差或替代误差。会计政策变更之所以影响公司市场表现，根源在于其对账面价值的影响，而折旧政策变更并不一定总会改变公司业绩。

其二，替代变量可能存在应用误差。比如，选择应用具体折旧方法时，会计人员未能正确使用。[①]

度量误差的存在可能导致本来应该观察到的现象观察不到，或本不存在的现象反而被认为观察到了，从而导致研究者得出错误的研究结论。为此，研究者需要尽可能降低度量误差。

（二）变量间关系的模型化

变量间关系的模型化，也称为模型设定（model specification），是指研究者将待检验的命题或假说转变为可运用统计方法进行检验的经验模型。在档案式研究中运用得最多的是回归模型。

关于模型设定，需要注意的问题包括：

（1）确定模型中的变量。模型变量的确定应当有理论的指导。就回归模型而言，包括在模型中的变量越多，拟合的效果越好。但是，囊括所有影响因素的模型是不存在的，研究者应该根据具体分析的问题和理论，合理确定模型变量。缺乏理论指导的经验模型，很难确定到底应该包括多少个变量、应该包括哪些变量。

（2）确定模型中变量的逻辑关系。通常在模型中，因变量（dependent variable）以 Y 来代表，作为需要分析、解释和预测的变量。与 Y 可能存在关系的变量大致可以分为：解

[①] 这里有两种可能：其一，为操纵利润，故意不当地应用；其二，专业素养问题，导致错误。

释变量（explanatory variable）X，这是一项研究设计的主要变量；控制变量（control variables），代表该研究之前就已经发现的可能会影响 Y 的一系列因素。这就形成基本的模型 $Y=f(X, \text{control variables})$。

（3）研究者需要尽量控制住相关的变量（即控制变量）。正如此前"研究问题"部分曾经讨论过的，忽略相关变量（A）可能会对估计 X 与 Y 之间的关系造成无法预期的影响。[①]

（4）模型函数形式的选择，即变量间的关系是线性关系，还是非线性关系，以及这种关系要用什么样的数学形式来表现。

（三）统计方法的选择

统计方法或估计方法、检验方法的选择，需要考虑所设定的模型和数据的特点。

首先，数据的特点要求采用不同的估计方法。以线性回归为例，截面数据可能存在异方差性，而时间序列数据则可能存在序列相关性，这些特点可能导致估计结果有偏，或导致估计的方差较大从而降低统计检验的功效，研究者需要根据数据的特点选择合适的估计与检验方法，尽可能将诸如异方差、序列相关对估计与检验结果的影响降到最低。

其次，研究者要根据具体的研究问题和变量的数据类型选择不同的检验方法。一般来说，统计检验方法通常包括方差分析（analysis of variance，ANOVA）和线性回归分析（linear regression analysis）。方差分析方法用于检验两个或者多个样本均值之间是否具有统计意义上的显著差异，但并不要求知道差异的大小。在选择模型的估计方法时，通常当因变量为连续变量时，可以使用最小二乘法（OLS）；当因变量为二元虚拟变量时，使用 Logistic 回归或 Probit 回归更加合适。更加详细的讨论，可参见 Maddala（1991，TAR）。

此外，当模型中包含多个变量时，对研究结果的理解就需要非常慎重。在很多情形下，变量之间有一定的相关关系，使得回归中自变量具有共线性，如果共线性过于严重，会导致回归估计失效。研究者自然希望变量个数较少而得到的信息较多。出于这种"降维"思维的考虑，聚类分析（cluster analysis）、主成分分析（principal component analysis）、因子分析（factor analysis）等统计方法经常被采用，对研究用到的若干变量进行分类，找出彼此独立且具有代表性的自变量，而又使得信息损失最少。

（四）样本与数据

研究样本和数据的选取是研究设计的组成部分，但该环节又可相对独立于此前提及的变量和模型设计，在很多会计文献中也都作为单独的部分加以讨论。在档案式研究中，样本选择通常要考虑样本期间和容量、样本筛选与对照样本选择、数据获取与整理等问题。

1. 样本期间和容量

在档案式研究中，研究者要考虑在多长的时间段中来选择数据进行假设检验。研究者需要合理界定样本时间跨度，使样本期间符合研究选择，并且要考虑到数据的可获取性样本容量。

样本容量通常越大越好。样本容量越大，估计的标准误差越小，检验时越可能得到具

[①] 关于会计研究中对控制变量的使用，参见第十一章第五节的更详细讨论。

有统计效力的结果。但是随着样本容量的增加，研究的成本上升，因此研究者需要权衡大样本的成本与收益。同时，随着样本容量扩大，可能很容易拒绝一切原假设，从而得出不恰当的结论。此时研究者可能还需要考虑回归模型的拟合优度（R^2 及调整 R^2）。

2. 样本筛选与对照样本选择

研究者经常会根据研究问题从总体中选取特定的子样本作为研究对象。比如，研究者希望研究政治关系对资源分配的影响。根据产权性质划分，中国上市公司大体可以分为中央政府控制的企业、地方政府控制的企业以及民营所有制企业。由于政府所有制企业与政治关系的关联很难撇清，因此要想研究政治关系的效果，选择民营企业样本的噪声会更小，从而研究者就可能在上市公司总体中选取民营企业作为主要的研究对象。

研究者还经常采用观察样本和对照样本相比较的方法来研究某些现象或行为出现的特征和规律。比如，研究者希望研究管理层收购（MBO）与公司绩效的关系。如果要研究管理层收购的市场表现，则样本可仅限于发生管理层收购的公司。如果要研究管理层收购对公司业绩的长期表现，则除了选取发生管理层收购的公司作为实验样本，研究者可能还需要考虑选取未发生管理层收购的企业作为配对样本，以便控制行业、规模、绩效等其他外部条件的影响。对照样本选取的最基本原则就是尽可能与观察样本的企业特征相一致。通常选择对照样本需要考虑的企业特征有行业因素、规模因素、基本财务状况。[①]

3. 数据获取与整理

在确定样本之后，研究者就需要获取模型所使用变量的数据，并对数据进行整理。可供档案式研究使用的一类重要数据来源是商业数据库。在我国的会计研究中，主流商业数据库包括国泰安（CSMAR）、Wind 咨询、色诺芬（CCER）等。尽管通常默认的情况是商业数据库能够如实反映财务报表和公司对外报告的数据和信息，但研究者仍有必要关注商业数据库在数据处理过程中的操作方式是否可能导致原始数据出现变动甚至重大差异。例如，Du et al.（2023，JAE）发现美国的商业数据库在处理美国公众公司公开披露的原始财务数据时存在较为普遍的差异，且差异程度足以影响到不少学术研究的结果和含义。此外，研究者通常会根据自己的研究问题手工搜集一些商业数据库中尚未系统整理的数据，并逐渐形成独特的专用数据库。

在识别相关数据时，研究者应首先考虑数据库所涵盖相关数据的完整性。例如，Karpoff et al.（2017，TAR）列举了在财务不端行为的研究中被广为使用的四个不同数据库之间存在的数据特征差异，研究者使用不同的数据库可能会得出不同的研究结果，因此关注数据库所涵盖数据的完整性至关重要。再比如，Kaplan et al.（2021，JAR）展示了在分析师盈余预测的研究中，被广为使用的汤森路透 I/B/E/S 数据库对如何处理分析师预测数据存在着明显的主观性，且这种主观性主要体现在进行分析师一致预测之前剔除较为乐观的分析师预测，从而既有利于公司管理层满足分析师的一致预测，也有利于提升分析师的预测准确性。

尽管统计检验希望在大样本的基础上进行，但是研究者会根据研究需要以及统计检验需要，对样本中的数据进行筛选。样本数据筛选应该遵循重要性原则，即先根据比较重要

---

① 关于对照样本的选择，第十一章第四节"特殊的样本设计"还有进一步的讨论。

的条件进行筛选,然后再将其中缺少其他变量数据的样本进行剔除。样本数据筛选时需要考虑的因素包括:

(1) 行业因素。特殊行业往往在数据上具有异质性,因此,经常对样本中的异质行业数据予以剔除。比如,金融业和制造业相比具有不同的资产负债结构,因此在很多研究中被剔除。

(2) 分析的特殊需要。样本数据的筛选很多时候是为了满足具体研究问题的特殊的分析需要,比如年报编制的时间、公司的上市地点等。

(3) 数据库中缺失数据和错误数据。数据库中经常会用一些代码来表示观察值的缺失,研究者要注意区分这些代码和普通数据,并对其进行剔除。此外,数据库中也会存在个别错误数据,对于这些数据也要剔除,以免影响检验结果。

在数据整理阶段,研究者通常还需要对数据的极端值(outlier)进行处理。对于极端值,档案式研究中通常采用两种方式处理:其一,截尾处理(truncation),即确定极端值的标准,然后予以识别并剔除;其二,确定一定的分位数水平进行缩尾处理(winsorization)。比如,对于资产负债率变量,将资产负债率实际值处在5%和95%分位数之外的数值分别取为5%和95%分位数,从而消除极端值的可能影响。

在数据筛选和整理后,研究者要对数据进行描述性统计。描述性统计是对样本数据所做的简单统计(最小值、最大值、均值、分位数、方差等),用以描述样本结构和基本数据特征。

(五) 统计分析

数据整理完毕后,研究者即可按照之前的模型设定,运用统计软件对数据进行分析。常见的统计分析软件有 Stata、SAS、EViews、SPSS、MATLAB 等。

研究者对主要假设进行检验之后,通常还需要对结果进行敏感性测试(sensitivity tests, robustness checks)。敏感性测试的目的在于说明研究结果具有稳健性,如果改变样本选取方式、关键变量设计方式或模型设定方式等,主要研究结果和结论不会发生重大变化。通过敏感性测试,也可能会发现一些新的统计规律,从而促进研究的完善。

四、解释与结论

研究者需要注意的是,拒绝一个命题,只需要一个样本观测就够了,但要验证一个命题,需要无穷多个样本观测。因此,在经验研究文献中,研究者更多地将结果解释为"我们不能拒绝某假设"或"我们拒绝了某假设"之类的表述,而观察不到"我们的经验结果证明某假设"之类的过于绝对的表述。

一个好的经验研究,其研究结果应具备内在的一致性和外在的有效性。内在的一致性是指统计结果能否为经验研究的结论提供足够的支持,是否控制了相关变量等。外在的有效性是指研究的结论在多大程度上能够推广到样本之外,如研究结果在多大程度上适用于其他样本、其他时期、其他事件、其他财务会计报告事项等。如果不具有普遍意义,并非研究没有意义,只是研究者需要明确指出诸如此类的研究局限。

在研究结论中,研究者需要恰当评价所做研究的理论贡献,以及是否对政策制定者、实务工作者具有参考价值。同时也要恰当评价研究的潜在局限。一般而言,经验研究的理论贡献与方法的严谨性之间可能需要做一些权衡。理论创新越大的研究问题，由于缺乏可资借鉴的研究，因此方法论可能会被随后的研究者批评和改进，但正是由于研究的原创性，理论创新程度较高的研究也往往引领后来的研究者继续沿此方向继续拓展，并成为该领域的重要文献甚至经典文献。

第三节　对档案式研究的近期评价

作为目前会计学界应用最为广泛的研究方法之一，档案式研究方法在运用过程中容易引发的一些缺陷和不足也引起了学者们的关注。比如，Dyckman and Zeff（2014，AH）整理分析了 2012 年 9 月至 2013 年 5 月之间发表在 *The Accounting Review*（TAR）和 *Journal of Accounting Research*（JAR）上的 55 篇档案式研究论文，归纳了会计学者们在运用档案式研究时具有共性的若干问题。基于 Dyckman and Zeff（2014，AH），本节对这些问题进行讨论。

一、现有档案式研究中的普遍问题

（一）研究样本的设计

Dyckman and Zeff（2014，AH）认为，研究者在选取样本时可能有以下三点不足：样本区间的确定方法不明确；样本自身具有非随机性；对极端值的处理较随意。

首先，样本区间应当从何时开始，到何时结束，是每项经验研究都无法回避的选择。合理确定的样本区间有助于保证以此样本为基础的研究结论无偏、不受其他外部因素的干扰、在不同的样本区间中具有稳定性。样本区间的选取是否合理，已经引起了许多社会科学学者的重视。例如，心理学领域的权威学刊 *Psychological Science*（PS）要求作者在投稿时阐述论文中样本区间的截止时点是如何选定的（Eich，2013，PS）。

在会计研究中，重要法规的实施、监管政策的推行、会计准则的修订、宏观经济的冲击等，都可能会削弱样本的稳定性。因此，研究者在确定样本区间的起止点时，需要格外谨慎。但是，在 Dyckman and Zeff（2014，AH）所统计的 55 篇论文中，仅有 10 篇说明了其如何确定样本的起始年份，仅有 3 篇说明了其如何确定样本的终止年份。同时，这些论文也都以数据的可获得性作为选择标准，未说明其样本区间的选取方法能否妥善服务于研究目的，保障研究结果的有效性。其余约 80% 的论文对样本区间的选取原则没有任何解释，这就让读者更加无从判断作者对样本区间的选择是否审慎，以及基于该样本区间的研究结果是否具有普适性。[①]

其次，经验研究对于其结果的解读大多依赖于回归方程中的系数，而从统计理论来看，回归系数正确的前提是回归的数据由随机过程产生，但问题是这一条件在社会科学领域很难实现。如 Dyckman and Zeff（2014，AH）所述，会计学的档案式研究所使用的样本是经济或社会活动所产生的真实结果，因此我们很难确保来自不同个体（如企业）的数

[①] 一个较为特殊的情况是事件研究：在事件研究中，研究窗口的选择大多较为统一。另外，在面对某些特殊问题时，研究者也可能采用特殊的样本选取方法，具体见第十一章第四节的讨论。

据点代表着完全相同的经济过程。例如，不同公司计算营业利润的方式可能不尽相同，不同年度的经济统计数据也未必具有完全的可比性。因此，回归分析所要求的样本点之间独立同分布的性质就可能无法被满足，相应地，统计分析结果的正确性也就存在问题。

最后，经验研究对极端值（outliers）[①]的处理方式也时常引发争议。一方面，极端值可能由测量误差导致，不具有信息含量；另一方面，极端值偏离样本均值较远，其存在可能较为明显地影响回归结果。因此，现行研究在进行回归分析之前大多通过缩尾（winsorize）对极端值进行赋值，或直接删除。但这种简单的处理方法是否妥当？Dyckman and Zeff（2014，AH）指出，如果不是测量误差引起的，那么极端值本身也是样本的组成部分，研究者有选择地删除这些数据点将进一步破坏其样本的随机性。

此外，即使确实应该对极端值进行缩尾处理，研究者在调整时也需要格外谨慎。Ecker and Schipper（2014，CAR）在讨论 Mohanran（2014，CAR）与 Wu and Radhakrishnan（2014，CAR）的研究设计时提出了几点质疑，其中之一就是：Mohanran（2014，CAR）与 Wu and Radhakrishnan（2014，CAR）使用多年度混合样本（pooled sample）作为样本分布的标准，来对每年的数据进行缩尾调整。这就意味着研究者在对早期样本的调整过程中使用了当时尚不可获得的未来数据，导致了计量中典型的后视偏差（hindsight bias）。Ecker and Schipper（2014，CAR）也指出，这一问题并不局限于其所讨论的两篇论文，而是普遍存在于当前的会计学经验研究中。

Leone et al.（2019，TAR）专门比较了不同的极端值识别和处理方式对研究结果的潜在影响，包括缩尾、截尾、基于 Cook's Distance 识别极端值，以及稳健回归（robust regression）四种方式。他们发现，不同的极端值识别和处理方式确实会伴随着不同的结果和推断含义，并建议研究者更多地考虑稳健回归方法（至少在敏感性测试中采用稳健回归方法）。

（二）计量结果的报告

Compustat、CRSP、EDGAR 等数据库的完善和电脑统计软件的发展，催生了一批以计量为导向的会计学研究。但是，不少研究往往过于关注统计上的显著性，而忽视其结果是否具有重要的经济意义。

Ziliak and McCloskey（2004，JSE）在分析 *American Economic Review* 所刊登论文的回归结果后发现：在金融模型中，统计上不显著的变量有可能帮助其发现者实现超额收益，但同一个模型中，统计上显著的变量可能因为交易成本的存在而不能带来任何收益。这意味着，仅仅关注统计上显著的结果可能是不够的。Dyckman and Zeff（2014，AH）指出，某项结果唯有当其具有经济上的重要性时才有被报告的必要。但是，在 Dyckman and Zeff（2014，AH）统计的 55 篇论文中，只有四分之一的论文分析了变量在经济意义上的重要性，其中，只有 2 篇论文在结论部分分析了变量的经济意义。这反映出会计学的大部分研究者对研究结果在经济意义上的重要性认识还是不够的。

---

① 一般指样本分布中大于 99% 分位数和小于 1% 分位数的观测，也有研究以 5% 为划分标准。

（三）对研究结论的讨论

除了上述的研究设计及计量结果报告之外，Dyckman and Zeff（2014，AH）也指出了其所分析的档案式研究在结论阐述中的问题。他们发现，这些论文的结论部分大多仅强调了其对文献的增量贡献，以及研究对读者而言的有趣之处，而对研究局限和潜在的研究机会缺乏充分关注。在 Dyckman and Zeff（2014，AH）的样本中，大约42%的论文在结论部分或论文的其他部分没有对研究的局限性、局限性的改进方法、未来研究机会以及未来研究的实施作出最终的讨论。而这些讨论对于档案式研究而言无疑是十分重要的。

二、改进现有档案式研究的建议

（一）对重要研究结果进行复制[①]

Dyckman and Zeff（2014，AH）认为，由于现有的样本选择和研究设计可能存在一系列的问题，人们有必要对重要的研究发现进行充分的复制。如果复制结果与原始结果相一致，则说明原始研究结果较为可靠，后续的工作应着力于对已验证结果的拓展，以及应用这些结论来解决新的问题；反之，如果发现原始结果无法被复制，则有必要警示读者不可过于草率地接受这些未能得到验证的结论。

例如，Mohanran（2014，CAR）使用混合样本回归，发现分析师现金流预测的出现减少了资本市场上的应计异象。随后，Ecker and Schipper（2014，CAR）使用 Fama-Macbeth 方法重复了该检验，结果发现现金流量对应计异象没有显著异于零的影响。根据复制检验的结果，Ecker and Schipper（2014，CAR）认为 Mohanran（2014，CAR）发现的结果可能有别的解释。

（二）提供描述性统计和其他辅助结果

当研究样本并非随机样本，而回归结果可能存在错误时，描述性统计无疑是一个有益的补充。对变量的描述性统计，特别是通过图表的方式描绘自变量和因变量的关系，能够直观地展示需要证明的关联是否存在。Dyckman and Zeff（2014，AH）建议研究者选取因变量和几组自变量描绘出三维图形，观察它们之间是否可能存在相关关系。Ziliak and McCloskey（2004，JSE）在其论文中大量使用了表格、图形、比率的方式展示变量之间的关系，为之后的进一步分析提供基础。此外，为降低样本可能存在的非随机性，可以考虑使用和报告样本的分位数。

当然，描述性统计只是回归分析的补充，而不能取代回归分析。Cumming（2013，PS）建议研究者在报告常用的显著性指标 p 值和 t 值之外，也同时提供置信区间的计算结果，以明确显示结果中不确定性的大小。此外，为了增强结论的可信度，研究者还可以辅以理论分析模型和相关的具体案例。

[①] 关于复制式研究的详细讨论请见第十一章第六节。

(三) 谨慎处理样本

关于样本处理的问题，Dyckman and Zeff（2014，AH）对研究者提出了如下几点建议：

第一，在确定样本区间时充分考虑可能影响样本稳定性的宏观、微观事件，合理确定样本的起始与终止时间，并在论文中向读者详细阐述理由。

第二，认真分析样本中极端值出现的原因及其自身的特点，而不是直接将其删除或缩尾赋值。如果证明极端值的测量正确，可以在敏感性测试中将极端值加入检验样本，或者在稳健性检验中使用这些极端值与均值之差的绝对值，而非其原值。

第三，在样本区间可能受到同时发生的其他外界事件的影响时，可以将原区间划分为若干子区间，分别在不同的子区间内进行检验，以证明结果在整个时间区间上的稳定性。

(四) 完善对研究结论的讨论

Dyckman and Zeff（2014，AH）认为，研究者应该在结论的讨论中加入两个重要内容：对研究局限的讨论、对未来研究的建议。首先，鉴于档案式研究自身的特点，作者应在结论处或另设一小节阐述该文章存在的局限，以及可能的改进方法。此外，研究的结论部分也十分适合用来讨论未来的拓展性研究，作者应对未来的研究机会提出建议，甚至提供可行的操作手段。

本章结语

档案式研究具有鲜明的直接经验和实证主义特点。实证主义所推崇的基本原则是科学结论的客观性和普遍性，强调知识必须建立在观察和实验的经验事实上，通过经验观察的数据和实验研究的手段来揭示一般结论，并且要求这种结论在同一条件下具有可证性。本章讨论了档案式研究的含义、框架和主要步骤。档案式研究涉及理论、假设和事实三个方面，需要这三个方面有机的结合才能构成一项高质量的档案式研究。会计学者们在运用档案式研究时，容易在研究样本设计以及对计量结果的解读和列报等方面存在一些缺陷，值得研究者和读者予以关注。

本章参考文献

Ball, R., and P. Brown. An Empirical Evaluation of Accounting Income Numbers. *Journal of Accounting Research*, 1968, 6 (2): 159 - 178.

Beaver, W. H. The Information Content of Annual Earnings Announcements. *Journal of Accounting Research*, 1968, 6 (Supplement): 67 - 92.

Beaver, W. H. Financial Reporting: An Accounting Revolution. Prentice Hall, 1997.

Cumming, G. The New Statistics: How and Why. *Psychological Science OnlineFirst*, 2013, (November 12): 1-24.

Dittmar, A., and J. Mahrt-Smith. Corporate Governance and the Value of Cash Holdings. *Journal of Financial Economics*, 2007, 83 (3): 599-634.

Du, K., S. Huddart, and X. D. Jiang. Lost in Standardization: Effects of Financial Statement Database Discrepancies on Inference. *Journal of Accounting and Economics*, 2023, 76 (1): 101573.

Dyckman, T. R. and S. A. Zeff. Some Methodological Deficiencies in Empirical Research Articles in Accounting. *Accounting Horizons*, 2014, 28: 695-712.

Ecker, F., and K. Schipper. Discussion of "Analysts' Cash Flow Forecasts and the Decline of the Accrual Anomaly" and "Analysts' Cash Flow Forecasts and Accrual Mispricing". *Contemporary Accounting Research*, 2014, 31: 1171-1190.

Eich, E. Business Not as Usual. Editorial. *Psychological Science OnlineFirst*, 2013, (November 27): 1-4.

Jensen, M. C., and W. H. Meckling. Theory of the Firm: Managerial Behavior, Agency Costs and Ownership Structure. *Journal of Financial Economics*, 1976, 3: 305-360.

Kaplan, Z., X. Martin, and Y. Xie. Truncating Optimism. *Journal of Accounting Research*, 2021, 59 (5): 1827-1884.

Karpoff, J. M., A. Koester, D. S. Lee, and G. S. Martin. Proxies and Databases in Financial Misconduct Research. *The Accounting Review*, 2017, 92 (6): 129-163.

Kinney, W. Empirical Accounting Research Design for Ph. D. Students. *The Accounting Review*, 1986, 61 (2): 338-350.

Leone, A. J., M. Minutti-Meza, and C. E. Wasley. Influential Observations and Inference in Accounting Research. *The Accounting Review*, 2019, 94 (6): 337-364.

Maddala, G. S. A Perspective on the Use of Limited-Dependent and Qualitative Variables Models in Accounting Research. *The Accounting Review*, 1991, 66 (4): 788-807.

Mohanram, P. Analysts' Cash Flow Forecasts and the Decline of The Accruals Anomaly. *Contemporary Accounting Research*, 2014, 31: 1143-1170.

Pinkowitz, L., R. Stulz, and R. Williamson. Does the Contribution of Corporate Cash Holdings and Dividends to Firm Value Depend on Governance? A Cross-country Analysis. *Journal of Finance*, 2006, 61 (6): 2725-2751.

Smith, M. *Research Methods in Accounting*. Sage publications Ltd, 2003.

Srinidhi, B. An Essay on Conceptualization of Issues in Empirical Accounting Research. *China Journal of Accounting Research*, 2013, 6 (3): 149-166.

Watts, R. and J. Zimmerman. Towards a Positive Theory of the Determination of Accounting Standards. *The Accounting Review*, 1978, 53 (1): 112-134.

Watts, R. and J. Zimmerman. The Demand for and Supply of Accounting Theories: The Market for Excuses. *The Accounting Review*, 1979, 54 (2): 273-305.

Watts, R. L., and J. L. Zimmerman. *Positive Accounting Theory*. Prentice-Hall, 1986.

Wu, S. L., and S. Radhakrishnan. Analysts' Cash Flow Forecasts and Accrual Mispricing. *Contemporary Accounting Research*, 2014, 31: 1191-1219.

Ziliak, S. T., and D. N. McCloskey. Size matters: The Standard Error of Regressions in the American Economic Review. *The Journal of Socio-Economics*, 2004, 33: 527-546.

第五章 实验研究方法

本章大纲

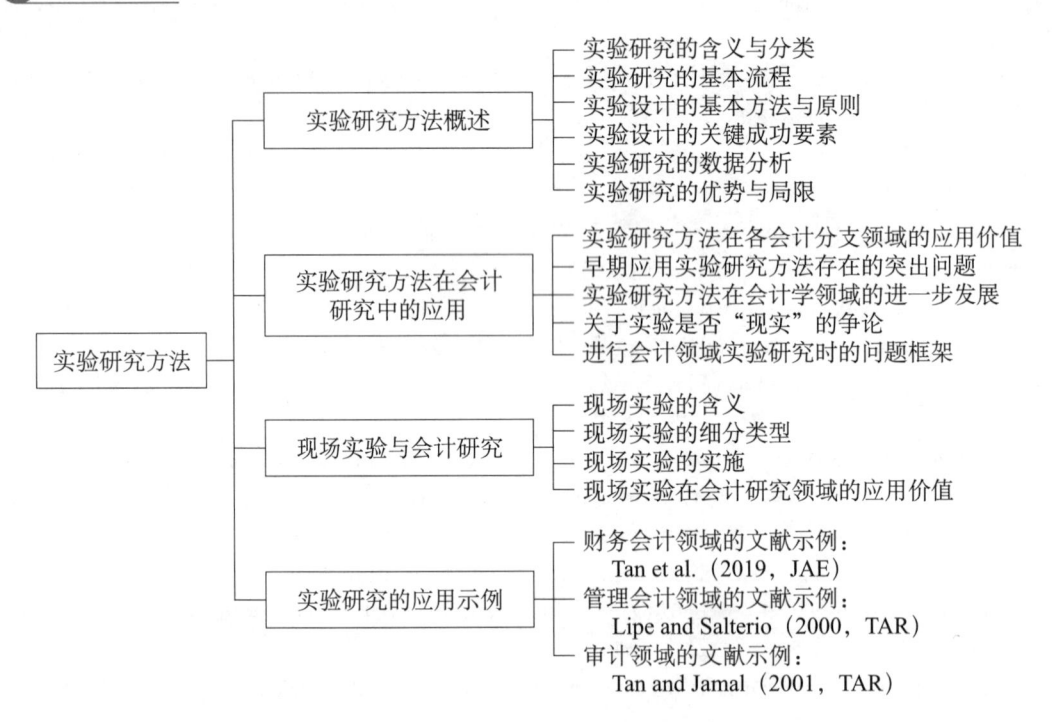

- 实验研究方法
  - 实验研究方法概述
    - 实验研究的含义与分类
    - 实验研究的基本流程
    - 实验设计的基本方法与原则
    - 实验设计的关键成功要素
    - 实验研究的数据分析
    - 实验研究的优势与局限
  - 实验研究方法在会计研究中的应用
    - 实验研究方法在各会计分支领域的应用价值
    - 早期应用实验研究方法存在的突出问题
    - 实验研究方法在会计学领域的进一步发展
    - 关于实验是否"现实"的争论
    - 进行会计领域实验研究时的问题框架
  - 现场实验与会计研究
    - 现场实验的含义
    - 现场实验的细分类型
    - 现场实验的实施
    - 现场实验在会计研究领域的应用价值
  - 实验研究的应用示例
    - 财务会计领域的文献示例：Tan et al. (2019, JAE)
    - 管理会计领域的文献示例：Lipe and Salterio (2000, TAR)
    - 审计领域的文献示例：Tan and Jamal (2001, TAR)

第一节 实验研究方法概述

实验研究最初是自然科学研究的基本方法之一，后被广泛引入社会科学领域。社会科学研究的一个重要目标是理解人类行为或社会事件之间的因果关系。Floyd and List (2016, JAR) 指出，识别因果关系的难点在于：关注对象（treatment）要么存在，要么不存在，研究者难以直接观察到在另一种情形下会发生什么，即没有比较恰当的反拟事实（counterfactual）。除了分析自然发生的现实数据，实证研究者也会设计各类实验并对产生的数据加以分析,从而形成了实验研究方法体系。

一、实验研究的含义与分类

实验是操控自变量并观察由此带来的因变量变化的科学研究。实验研究是一种在有操控的条件下可重复的观察研究,其中一个或更多的自变量受到操控,以使建立的假设或者假说所确定的因果关系有可能在不同情境中得到检验(风笑天,2001)。

采用不同的标准,实验研究可以有不同的分类方式。

(一)纯实验和准实验

根据对变量的操控程度以及实验设计的严格程度,实验可分为纯实验和准实验。

纯实验是指实验研究人员能够随机地把实验对象分派到实验组或控制组,也可以对实验误差来源加以控制,使得实验结果能够完全归因于自变量改变的实验。

准实验是指实验研究人员无法随机分配实验对象到实验组或控制组,也不能完全控制实验误差来源的实验。

由于管理问题的复杂性和难控制性以及传统实验的局限性,准实验在管理研究中越来越受到重视。

此外,自然实验和相关性研究也和实验研究有关,但不能算作严格意义上的实验研究(Shadish et al.,2002)。自然实验是指将自然发生的事件(如海啸)和另一种参照情形进行比较而进行的研究。这类研究严格意义上讲不是真正的实验,因为有关的自变量通常没有被操控。相关性研究则是指仅关注变量之间关联关系大小及方向的研究。

(二)实验室实验与现场实验

根据实验研究场所的不同,分为实验室实验(lab experiment)和现场实验(field experiment)。

实验室实验是指在有专门设备的实验室中进行,并对实验的条件、控制以及实验设计都有严格规定的实验。

现场实验是指在实际情境中进行的实验,也称实地实验。

由于人们对管理研究结果的现实意义或外部有效性越来越重视,因而管理研究中的实验越来越倾向于现场实验。实验室实验和现场实验的划分与纯实验和准实验的划分具有很强的一致性。

(三)其他分类

此外,还可以根据研究的深度把实验分为试探性实验和验证性实验,根据实验的深度或进程将实验划分为预实验与真实验等。

二、实验研究的基本流程

一项实验研究通常包括以下步骤。

1. 确定研究问题

在对现实经济生活中各种现象作观察思考并对有关文献进行回顾分析的基础上,确定研究问题。

2. 提出假设命题

根据已有理论，作出合乎逻辑的推测，提出假设命题。

3. 设计研究程序和方法

设计出详细的实验操作步骤，明确实验管理者和实验参加者的具体工作内容。这其中要注意对我们感兴趣的自变量（independent variables of interest）和其他（我们不感兴趣的）相关变量的处理（Friedman and Sunder，1994）：

（1）控制所有可以控制的变量。

（2）对于我们感兴趣的自变量，按该变量取值的不同水平设计实验情形。不同水平之间的差异应尽可能大，以获得显著的实验对比效果。通常使用高、低两个水平，除非对可能存在的非线性关系感兴趣。

（3）当我们怀疑不感兴趣的相关变量与我们感兴趣的自变量之间有相互作用时，考虑将这些相关变量也按不同的取值水平设计实验情形。通常高、低两个水平就足够了。

（4）对于大多数我们不感兴趣的相关变量，将其作为常数项进行控制，以降低实验的复杂程度，并节约成本。

（5）各实验情形之间应尽可能相互独立，以增强数据的解释能力。

4. 执行实验任务

随着实验中每一步骤的完成，收集有关数据资料，并进行数据汇总。

5. 数据分析和假设检验

运用实验收集的数据资料对前面提出的假设命题进行检验并分析结果。有两点需要注意：第一，在实验问卷中要包括对实验干预（interference）或操控（manipulation）是否成功的检验，这关系到实验所取得的数据是否可靠；第二，对所取得的原始数据（主要是因变量的结果）进行统计意义上的初步分析，检查原始数据本身是否符合特定统计分析方法（如 ANOVA 分析）的假设条件，原始数据是否需要经过变换（如取自然对数等）。

6. 解释数据分析的结果

对数据结果进行解释，提出研究结论和对现实或理论的意义，以及可以进一步研究或改进的余地。

三、实验设计的基本方法与原则

实验设计是指设计一个实验对假设进行检验。根据被试参与实验的水平不同，实验设计分为组间设计、组内设计和混合设计。设计一个实验首先要考虑的是如何把实验参与者分配到有不同自变量水平的实验组中。通常有两种分配方式：一种方式是把不同的被试分配到不同的自变量可能值上；另一种方式是让每个被试接收所有的自变量可能值（张岩等，2008）。前者对应的实验设计是组间设计，后者对应的实验设计是组内设计。混合设计则是将组内设计与组间设计相结合的实验设计。

（一）组间设计

组间设计是指参加不同实验组的被试是不同的。比如研究假设是，有战略信息的管理者会更加重视业绩评价体系中的个性指标,那么可以设计这样一个实验:把被试随机分为两组,向其中一组被试提供详细的战略信息,另一组则不提供战略信息。然后,让两组被试对业绩评价体系中的个性指标打分,观察他们打分的结果是否有差异。这样的实验采用的就是第一种分配被试的方式,是一个典型的组间设计实验。由于不同实验组中被试之间存在个体差异,我们在分组时要尽可能做到对被试进行随机分组,以抵消个体差异。

(二)组内设计

组内设计是指被试要参与某个自变量的所有可能情况。对于组内设计来说,所有的被试参加所有的实验组,被试之间的个体差异都发生在实验组之内,所以并不需要随机分配。

一种比较常见的组内设计是测试前-测试后设计。比如,假设预算目标值难度会影响绩效水平。你可以首先测试被试在低难度预算目标值下的绩效水平,然后再测试其在高难度预算目标值下的绩效水平。

(三)实验设计的基本原则

一般来说,实验设计包括三项基本原则:随机、重复和分组。

随机是指实验中被试的安排或者被试参加实验各项内容的顺序是完全随机决定的,统计分析方法要求观测值(或误差项)独立随机分布。

重复是指对于同一种实验情形,有多个独立的观测值,这一方面可以估计实验误差,另一方面可以更精确地估计有关自变量的主影响。

分组是指在实验设计中,用以提高对自变量造成影响的估计精度所使用的技术。通过分组,可以减少或消除其他不重要的因素(不是实验所要研究的因素)对因变量所带来的差异性(Montgomery,2005)。

四、实验设计的关键成功要素

(一)标准化的实验程序

为保证实验结果的科学性,研究者在研究过程中应当采用标准化的程序,包括实验的讲解、回答问题的原则、货币或其他报酬的性质、被试群体和征募被试的方法、被试的个数和经验水平、匹配被试与其所扮演角色的方法、实验的地点、日期、持续时间、实验的物理环境、使用实验助手的情况、特殊设备和计算机的使用情况、是否对被试实施有意的欺骗、具体实验时需要说明的非标准程序等。

实验研究成果公布后,其他实验人员应能根据公布的实验程序得到与实验者公布的相似的结果。

(二)显著化的货币激励

实验一般采用真实货币作为报酬。有证据表明,增加被试的报酬能提高实验结果的可靠性和实验再现的可能性。究竟给被试多少报酬较为合适?这个金额不能一概而论,一般可根据被试的身份、实验地的生活水平、被试自身的机会成本等来决定。

在确定报酬水平时，最关键的是要考虑报酬的显著性，也就是说要把报酬水平与被试的决策挂钩，报酬必须超过为作出决策和达成交易所需付出的主观成本。

（三）无偏化的实验语言

在整个实验的设计和进行过程中，研究者应当避免给被试任何暗示，这是因为会计实验是以人作为被试，被试或许会希望以研究者期待的方式进行决策，因此即使微小的、无意的暗示，也可能严重影响被试的决策，从而影响实验结果。

（四）合理设置的实验变量

试图在实验室中完全复制现实环境的复杂性是很难的。现实世界五彩缤纷、富于变化，无论多么复杂的实验设计均无法完全复制现实世界。在设计实验时，把实验中作为主要目标加以控制的变量称为焦点变量；与目标无直接关系，但可能影响实验结果的变量称为干扰变量。在选择变量时，对所有可能控制的变量都应加以控制，要尽量避免实验程序的复杂化，尽量避免交互作用，实验变量（treatment variables）之间要保持独立变化。

（五）适合的被试

在迄今为止的实验经济学文献中，选择大学生作为被试的占绝大多数。究其原因，主要包括：大学生智商高，易于理解实验规则；学习新知识快，不必经过太多训练便能进入实验角色；在大学中招募学生比较容易，大学生参加实验机会成本较低，易于满足激励显著性的要求；外界信息影响的机会较少等。因此几乎所有重要的实验都是在大学进行的。

在选择学生时，一般认为本科生为宜，博士生不宜作为被试，因为博士生独立思考能力强，有独立的观点，机会成本也较高，不易达到实验的基本要求。

五、实验研究的数据分析

实验研究常用的数据分析方法是方差分析，又称"变异数分析"，用于两个及两个以上样本因变量均值差异的显著性检验。方差分析应用于实验数据的基本原理是，实验中不同处置组的因变量均值之间的差异来源有两个：（1）实验条件，即不同的处置所造成的差异，称为组间差异；（2）随机误差，包括测量误差造成的差异以及被试个体之间的差异，称为组内差异。方差分析通过研究不同来源的差异对总差异的贡献大小，确定实验中所涉及的因子（即自变量）对实验结果变量（即因变量）的影响。在应用方差分析时，原假设是所有实验分组都是整体被试的完全随机抽样，因而实验的操控或干预都有相同影响（或无影响）。拒绝原假设则意味着不同的处置（不同的因子水平）会对实验的因变量有不同的影响。

进行方差分析，需要满足如下前提假设：
(1) 各实验情境（cell）中的样本是随机的；
(2) 各实验情境中的样本是独立的；
(3) 各实验情境中的样本来自正态分布或逼近正态分布的总体；
(4) 各实验情境中的样本方差相同。

方差分析包括单因子方差分析与多因子方差分析。单因子方差分析主要研究单个因子

(factor，independent variable)的不同水平是否对实验中的因变量（dependent variable，response variable）造成了显著影响。多因子方差分析主要研究两个及两个以上因子的不同水平是否对实验中的因变量造成了显著影响。多因子方差分析不仅能够分析多个因子对因变量的独立影响，也能够分析多个因子的相互作用是否对因变量造成显著影响。

方差分析主要用于：(1) 各实验情境中样本因变量均值差异的显著性检验；(2) 各有关因子对样本因变量独立影响的显著性检验；(3) 分析各有关因子之间的相互作用（针对样本因变量）。经过方差分析若拒绝了检验假设，只能说明有关因子对因变量有显著影响。如果要得到各实验情境中样本因变量均值间更详细的信息，需要在方差分析的基础上进行多个样本因变量均值的两两比较。

六、实验研究的优势与局限

任何研究方法都有自身的优势和局限，实验研究也不例外。

（一）实验研究的优势

(1) 实验研究能够有力地检验因果关系。实验研究能够较好地保证自变量发生变化和因变量发生变化在时间上的先后顺序，从而确保所验证的因果关系。为了在研究中能够很有力地检验因果关系，有必要对因果关系的三个属性（Shields，2011）做一列示：1) 时间次序（原因先于结果发生）；2) 自变量与因变量的共变（因变量的变动只因自变量的变动而发生）；3) 其他原因的排除。

与其他研究方法不同，上述属性都能在实验中出现。实验中可以通过控制被试接触自变量和因变量的顺序来控制时间次序。例如，会计信息（自变量）在被试作出决策之前给出。通过省略与自变量相互影响的变量、保持与自变量相互影响的变量在各组一致、采用统计方法控制与自变量相互影响的变量，能够得到自变量与因变量的共变，并排除其他原因。

(2) 实验研究可以提升研究的内部效度。内部效度研究的是自变量与因变量之间因果关系的明确程度。实验研究可以很好地控制额外变量，排除其对因变量的潜在影响，保证自变量与因变量之间更加纯粹、干净的因果关系，因而具有很强的内部效度。

(3) 实验研究可以在实验中设计一些现实中难以观察（但又具有重要意义）的情境来调查变量间的因果关系。假若提出一项新的管理会计实务，那么它们在自然状态下是很少存在的。而实验可以对这些自然状态下不存在的实务进行检验。

（二）实验研究的局限

(1) 实验研究的主要劣势体现在其外部效度较低。外部效度是指研究结果能一般化到不同的人、不同的环境、不同的时间的程度，反映了实验者能否把一个具体实验的结果推广到该实验之外，即实验结果的普遍代表性和可应用性。由于大多数实验环境都是人工设计的，它们省略或简化了现实环境下的诸多特征，并且通常被试难以代表现实环境下人们的行为，因此实验结果的外部推广性可能受到挑战。[①]

[①] 关于简化的实验环境是否构成实验研究方法的劣势或影响研究的普遍意义，也存在争议。更详细的讨论参见本章第二节。

(2) 实验研究成本可能较高。实验设计和实施（包括招募和激励被试）的成本可能比较高昂。例如，一些实验需要安装特殊操作软件的网络化实验室，这使得实验的设计和运行成本很高。会计领域的实验也经常涉及给予被试固定的参与费用，以及根据实验中的表现决定的金钱奖励。

第二节　实验研究方法在会计研究中的应用

在会计学相关研究中，实验研究方法广泛应用于会计信息报告行为、资本市场交易和信息利用行为、业绩评价、预算松弛、成本决策、审计、纳税筹划等研究领域。

一、实验研究方法在各会计分支领域的应用价值

（一）财务会计领域

Libby et al.（2002，AOS）认为，在财务会计领域，实验方法的应用价值在于，使用实验方法的比较优势以确定财务会计环境的重要特点如何，何时影响行为，以及为什么影响行为。他们认为如下问题尤其值得关注：

(1) 管理层和审计师如何报告信息；
(2) 财务信息的使用者如何解读这些报告；
(3) 个人决策如何影响市场行为；
(4) 信息报告者和使用者之间的博弈互动会给资本市场带来什么样的后果。

成功的财务会计实验研究应当能够对财务会计领域的档案式研究作出有益补充，尤其是当财务会计的档案式研究存在干扰因素、指标衡量问题、因果关系不清、有竞争性解释以及无法获得大样本时。此外，实验研究也可以通过识别现有发现的适用条件或可能的其他结果，为档案式研究提供新的研究方向。

（二）管理会计领域

实验研究在管理会计领域有极为重要的应用。Sprinkle and Williamson（2007）提出了一个分析框架以理解和评估实验研究对管理会计的贡献。他们将管理会计信息对组织的作用分为两个方面：

(1) 决策支持，即为规划和决策提供必要的信息，降低事前的不确定性和改进组织内判断与决策绩效；
(2) 决策影响，即管理会计信息用来减少与道德风险和逆向选择相关的组织控制问题，监督、激励、评价和奖励员工的表现。

在决策支持方面，实验研究关注管理会计决策和判断的质量、影响管理会计决策质量的因素等。在决策影响方面，实验研究关注隐性信息（逆向选择）、隐性行为（道德风险）等如何影响组织控制，什么样的辅助手段可以被用来更有效地监督和激励内部员工。

（三）审计领域

Nelson and Tan（2005，AJPT）指出，实验研究在审计领域的应用主要涉及三方面：

(1) 审计任务。比如，风险评估、分析性程序和评价审计证据、审计师决定是否要求客户进行审计调整、发现舞弊以及判断客户的持续经营能力等。

(2) 审计师及审计师的特点。比如，审计师的知识与专业胜任能力、其他个人特质、认知限制以及有利于审计师提升表现的决策辅助工具等。

(3) 审计师在执行业务时和其他有关各方的互动。比如，审计师与其他审计师之间的互动、审计师与审计客户之间的互动、审计师与财务报告过程中涉及的其他参与者之间的互动等。

（四）财务学领域

Sunder（2007）指出，实验研究应当有助于更好地理解金融市场的投资者是如何学习、如何汇总和传播信息的，以及市场的信息有效性是如何形成的。他认为未来更多的实验研究可以关注市场泡沫、估值模型以及交易行为等方面。

二、早期应用实验研究方法存在的突出问题

在会计学者将实验研究方法引入会计学研究的早期，其研究成果的有效性（或效度）遭到了批评者的质疑。这种质疑主要针对早期的会计实验研究成果能否适用于现实世界，并集中批评了研究者进行实验的方式。为此，Birnberg and Nath（1968，TAR）讨论了他们认为在实验环节中最为突出的若干问题。尽管这些问题在本章第一节的概述中都或多或少地提供了一些规范的建议和做法，但 Birnberg and Nath（1968，TAR）的观点能让我们更加深入和充分地体会一种研究方法是如何在一个学科体系内得以逐渐发展和成熟的。[①]

Birnberg and Nath（1968，TAR）将会计学研究者遇到的各种突出问题归为两大类，即实验对象（subject）和实验环境（environment）。

（一）实验对象

1. 会计学研究对实验对象的要求

实验对象（或称被试）的选取对任何实验研究而言都十分重要。不论其余的研究设计如何精妙，如果实验对象在某些方面不合适，那么最终的研究结果都会失去效度。通常情况下，心理学者能够接受一组随机选取的大学生（比如心理学专业的大二学生）作为实验对象。这里的一个重要原因是心理学者一般都基于正式的模型提出假设，于是待检验的行为变量较为明显，研究者也可以在研究设计中减少其他变量的数量。同时，心理学的研究问题通常涉及共性的、普遍性的个体特征。

会计学的研究则试图理解个体在特定工作环境下的行为特征，因此实验对象是否接近特定的工作环境就变得十分重要。但显然，来自实务的实验对象十分有限，难以满足研究者的研究需求，而且在早期的会计实验研究中，大部分研究都不是基于正式的模型提出假设。比如，会计学者关心的问题可能是存货计价中的先进先出法和后进先出法对投资者（或分析师）的行为有何影响。如果缺少正规的理论模型告诉我们应当如何预期投资者的行为，以及为什么会有这样的预期，此类实验研究就缺少明显的行为变量。对于读者而言

[①] 本部分的讨论主要基于 Birnberg and Nath（1968，TAR）。

就会面临两个选择,要么假定研究者选取的实验对象与现实中的投资者都来自同质的总体,要么自行确定两者是否存在明显的差异并可能影响研究的结论。

2. 两类实验对象(学生与实务人士)的差异

已有研究显示,学生与实务人士在特定的实验中具有不同的行为特征[①],因此不能随意假定实验对象与现实主体的同质性。学生与实务人士的差异可能主要体现在三个方面:(1)知识技能;(2)经验;(3)性格特征。

关于实验对象的知识技能,会计学的研究者在实验中还是予以了考虑(比如通常要选取会计专业的学生)。但想要通过实验考察不同的会计方法对分析师的行为有何影响,实验对象如果不了解分析师的技术程序,仅具备会计学的知识技能仍然是不够的。

关于实验对象的经验,研究者面临着比知识技能更大的困难。比如,分析师的经验是通过一次次实际操作积累起来的,并且很可能形成一种常规化的行为模式。但当学生作为实验对象时,由于其缺少这样一次次的实际操作,因此其在参与实验时表现出来的行为模式很可能与现实中分析师的行为模式存在差异,于是研究者得出的结果也很难推广到现实中的分析师。同时,分析师积累的经验往往还伴随着现实的投资压力、投资损失或投资收益,因此其经验伴随着对自身行动后果的深刻体会和慎重态度;而学生同样可能缺少这样的体会和态度,从而无法作出与实务人士相一致的行为模式,限制了实验结果的普遍意义。

关于实验对象的性格特征差异,有研究[②]发现学生和经理人在有压力的情境下具有不同的反应,即相比经理人群体,学生较少受到压力的影响。由于许多研究考察的实务情境都是面临较大压力的,上述发现意味着,在模拟压力较大的实务情境的实验中,以学生作为实验对象可能存在较大的问题。

3. 对以学生为实验对象的建议

对于学生与实务人士在上述几方面的差异,研究者可以尝试在研究中尽量加以弥合。比如,事先使学生学习和掌握某类实务人士进行实务活动所需要的特定知识技能,在正式进行实验之前先让学生多重复几次实验任务(以形成特定的经验)。

研究者的另一种办法可能是尽量论证学生作为实验对象与实务人士的同质性,并提供证据加以论证。一个可行的方式是从现实世界中找一批被试作为控制组,并与学生组的结果进行对比。这种比较可以是预测试,也可以作为研究的一部分。这种比较可以让我们更清楚不同实验对象的行为特征,学生组的结果可能不适合推广到某些实务人士的行为上,但有可能适合推广到另一些实务人士的行为上。这都需要研究者进行测试。

第三种途径是研究者认可学生作为实验对象对研究结论的推广造成的局限。当然,这种做法最好是补充性的,并不意味着研究者承认了局限后就不需要在前面两种途径上努力。

4. 以实务人士为实验对象的局限

需要指出的是,即使研究者将实务人士作为实验对象,也并不必然能解决所有的问

---

① 比如 Alpert(1967,JB), Copeland et al.(1973,TAR)以及 Elliott et al.(2007,TAR)。
② 比如 Lazerus(1963,ASQ)。

题，因为人们并不知道研究者是如何选取实务人士的。

比如，一项实验研究可能会在 MBA 课堂上选取在职人员作为实验对象，但这些来求学的实务人士可能并不是典型的实务人士。再比如，研究者可能通过向实务人士发放问卷获取数据，当存在未返回问卷时，那么对于返回问卷的实务人士，其行为特征是否与未返回问卷者有内在差异？

此外，我们需要认识到，任何实务中的个体突然参与到实验活动中时，会明显意识到自己被观察，此时其行为表现可能与现实世界中的行为表现不同。

归根结底，研究者需要深入了解所选取实验对象的特征，判断可能对研究结果造成干扰的各种来源，尽量加以克服，并充分认识和认可实验对象选取方面存在的固有局限。

（二）实验环境

除了关注实验对象本身的特征，实验环境也十分重要，因为只有在适合的环境中，个体才有可能作出与研究者希望考察的现实环境相对应的行为。不恰当的实验环境反而可能引发实验对象作出与研究目标无关的行为（即使对来自实务界的实验对象也可能如此）。Birnberg and Nath（1968，TAR）认为，与实验对象的选取问题相比，会计研究者应当在实验环境的问题上投入更大的努力。

为了使实验环境尽可能接近研究者希望考察的现实环境，研究者不仅应当努力在实验环境中纳入所有相关的因素，还应当尽可能减少不相关和不一致的因素。实验对象的思维越复杂，或是研究者越试图营造逼真的实验环境，实验中出现的不一致就会越明显，从而破坏整个实验的效果。研究者应当认识到，如果一个相对简明的场景便已能够反映与现实相关的所有元素，则没有必要营造"现实"本身；换言之，营造现实所需要的场景并非越复杂越好，也没有必要模仿出现实的情境。

1. 实验任务

在会计实验研究中，实验任务的目的是模仿出会计研究者感兴趣的行为。实验任务可视为一项活动，即实验对象在特定的实验情境下对某问题或任务作出的反应。任务不仅是实验者提供的整套实验说明，也蕴含着被试对实验说明的理解和印象。一项成功的实验任务，不仅需要研究者向被试说明实验程序，还需要被试能够按照研究者的意图理解任务。

实验任务的表现形式各异，可能是对现实世界的精细模仿，也可能是看起来与希望研究的实务活动无关的简单任务。对现实世界的精细模仿也称作肖像式模仿（iconic simulation）。在典型的肖像式模仿中，研究者仅将现实任务的相关特征纳入实验中，这样提出的实验任务也就能够高度代表现实的任务了。

使用具有现实代表性的实验任务，即使以学生作为被试，研究者也同样有可能得到对现实世界有用的结论。比如，研究者希望考察审计（或更普遍意义上的监督）机制对行为的影响。现实中的普通工人经历过上级的"审计"，而学生也经历过教师的"审计"。虽然两种审计的具体目标不同，但其根本都是为了提高被审计人的业绩。如果研究者在实验中对被审计的学生和未被审计的学生加以考察和比较，并发现被审计的学生具有更好的表现，则可以支持一个普遍性的观念，即审计能够提高个体对规则的遵守程度。

需要注意的是，在上述实验任务中，"审计"这样一个环境变量在形式上并不是实务中的审计，但两者的实质特征高度接近；学生被试也并不需要理解或面对实务中的审计，而只需要按照自己的常规理解（即来自教师的"审计"）参与实验。

在会计研究中，如果希望考察与财务或会计相关的变量，研究者通常倾向于采用肖像式模仿任务，因为研究者很难找到其他的替代方式。管理会计领域的研究基本上都采用肖像式模仿。

如何确定一项实验任务的适当性呢？在会计研究中，以下几项标准十分关键：（1）任务所需要的智力或身体技能；（2）任务的内在趣味性；（3）被试在接触实验情境前对任务的熟悉程度；（4）任务的难度。

前两项标准之所以重要，是因为它们影响到研究者对任务的选择。比如，研究者想在实验中模仿实务人员编制预算的情境。实务中，预算编制可能是一项耗体力的任务，容易产生疲劳感和枯燥感；该任务的内在趣味性也较低，处在这个位置的工作人员一般而言并不享受这一任务（通常只是为了赚取工作报酬）。因此，研究者模仿的实验任务也应当具有枯燥性，且必须提供额外的酬劳作为实验奖励。但如果研究者采用了智力型任务，被试的行为反而可能由于实验任务较高的趣味性而受到扭曲。

后两项标准的目的在于避免或减少无效的实验结果。如果不同的被试对于某实验任务具有不同的熟悉程度，这样的实验可能就会产生有偏误的结果。如果实验任务的难度过大，可能也会对结果造成干扰，因为有研究发现个体的努力程度虽然随着任务难度的增加而增加，但这只是在一定范围内；一旦超过某一程度，个体的努力程度反而开始下降。

2. 实验奖励的结构与形式

实验设置的奖励之所以重要，至少有两个原因。其一，这种奖励是对现实中行为后果的奖励与惩罚机制的类比。其二，实验奖励可能有助于提高被试投入实验情境和任务的程度。

相应地，研究者应当确定合适的奖励结构，包括是采用线性奖励（奖励金额可能与实验结果呈线性关系），还是二元结构的奖励（如果实现某种结果，就有奖励；如果没有实现某种结果，就没有奖励）。问题在于，虽然二元结构的奖励模式对于现实中的中高层管理人员确实比较普遍，但一个实验环境（往往还只是单一的研究目标）怎么可能充分模仿现实中多重目标环境下的奖励模式呢？

在实验环境中的奖励通常有两种类型，即外在奖励和内在奖励。外在奖励的基本形式是金钱奖励，此外也有研究者采用了其他形式的外在奖励（如课程成绩）。内在奖励的主要形式是实验任务本身的趣味性，比如学生被试可能很有兴趣做一些实验者设计的游戏（任务）。但研究者很难在实验过程中控制内在奖励，也很难度量不同被试感受到的内在奖励。

（三）小结

对于以上讨论的很多问题，研究者其实都可以预见，并通过适当的努力予以克服或缓解。

研究者应当高度重视实验研究的理论基础与模型构建，使自己的检验建立在有意义的假设上，这一方面能够大大提高研究结果的可信度，另一方面也可以使研究者的实验设计更加可控。

在进行正式的实验之前，研究者一定要下功夫考虑实验的设计，包括实验对象和实验任务的适当性。这种实验前的分析同样有助于提高研究结果的可信度，与正式的理论分析和模型构建同等重要。

最后，Birnberg and Nath（1968，TAR）指出，会计研究者必须意识到，通过学生被试甚至是来自实务工作的被试完成具有现实代表性的实验任务，始终不可能完全解决（或解释）与会计有关的现实行为问题。实验研究的发现只是提供了观察和理解现实世界的一种线索和视角，我们仍然不能脱离对现实世界的直接考察。

三、实验研究方法在会计学领域的进一步发展

Swieringa and Weick（1982，JAR）分析了 1970—1981 年间发表在 JAR、TAR 及 AOS 三份期刊上的会计实验研究成果（共 113 篇），并进行了评述。他们的分析有助于我们在 Birnberg and Nath（1968，TAR）的基础上进一步理解实验研究方法在会计学领域的演变发展历程，他们的许多讨论也并不仅限于会计学，而是适用于一般意义上的实验研究方法论。

（一）趋势特征

1. 实验对象

会计学的实验研究成果在 1970—1981 年间的一个明显特征是，实验对象的类型发生了变化。在 1970—1973 年间，有 70% 的研究使用了学生被试（包括单独使用学生被试，或与非学生被试同时使用）；到了 1974—1977 年间，这一比例下降为 59%；而 1978—1981 年间，这一比例则下降至 46%。与上述特征相对照，有研究发现，在社会心理学领域的实验研究中，1969 年约有 61% 的研究使用了学生被试，而 1979 年这一比例则上升为 70%。

同时，在 1978—1981 年间，超过 2/3 的研究使用了非学生被试（包括单独使用非学生被试，或与学生被试同时使用），其中 39% 使用注册会计师作为被试，29% 使用信贷人员，18% 使用经理人，8% 使用分析师，6% 为其他。

2. 实验任务

除了实验对象，实验任务的类型在 1970—1981 年间也有比较明显的变化。Swieringa and Weick（1982，JAR）将实验任务分为以下几类：（1）模拟商业游戏（business game）类的实验任务，比如管理活动、股票投资、运营商铺等；（2）一般性的实验任务（generic task），即看上去与考察的现象无关但具有类比性的抽象任务；（3）判断类的实验任务（judgment task），即要求被试进行模仿现实的专业判断；（4）其他。

分析发现，模拟商业游戏类的实验任务占比从 1970—1973 年间的 31% 下降到了 1978—1981 年间的 6%；一般性的实验任务占比从 1970—1973 年间的 23% 略升至 1978—1981 年间的 29%；判断类的实验任务占比则从 1970—1973 年间的 35% 大幅提高到 1978—1981 年间的 65%。

在对 Swieringa and Weick（1982，JAR）的评论中，Ashton（1982，JAR）从研究主题的视角看待上述趋势，他认为自 20 世纪 70 年代开始会计学实验研究的一个重要变化是，实验研究的重心从对组织行为进行研究逐渐转向对个体的信息处理和决策过程进行

研究。

（二）对实验任务的进一步讨论

1. 模拟商业游戏类的实验任务

上述统计显示，模拟商业游戏类的实验任务到了 20 世纪 70 年代末 80 年代初基本上从会计实验研究中消失了。一个重要的原因是该类任务的建立很有难度，耗费时间，且风险很大。研究者难以对变量进行有效操控，同时，要想追踪被试的行为路径或弄清楚被试在做什么也是一个问题。

2. 一般性的实验任务

在一般性的实验任务中，变量和任务都已从现实情境中抽象出来，表现为更加基础的形式。此类任务看上去与研究者想考察的现实情境可能没有关系，但同样反映了实验研究的标志性特征——抽象过程，即研究者有意操控一项或多项关键变量，同时有意识地控制住其他变量，以及精确度量一项或多项研究者感兴趣的行为结果。

与模拟商业游戏类的实验任务相比，一般性的实验任务有这样几个明显的差异：（1）一般性的实验任务对所要研究的行为在发生之前的环境操控更强；（2）能够更清晰地考察刺激因素（自变量）的效果，而在模拟商业游戏类的实验任务中，刺激因素、事件以及行为后果往往相互作用、难以分清；（3）如果一项研究使用的是一般性的实验任务，其往往建立在正式的规律、模型或理论基础上（因此才使用高度抽象的、反映个体基础行为的实验任务），这种特征是实验研究的一个重要发展，促使会计学的研究者提高实验设计的质量，并更好地将实验研究与基础理论分析相结合。

3. 判断类的实验任务

根据 Swieringa and Weick（1982，JAR）的分析，判断类的实验任务在会计实验研究中逐渐成为主流。[①] 此类任务通常关注利用会计信息进行决策和判断的各种角色。在实验中，研究者要求被试在研究者营造的条件下利用会计信息作出判断。与一般性的实验任务类似，判断类的实验任务可以对实验进行较好的操控。

相比前两类任务，判断类的实验任务的一大特点是拉近了研究者与被试之间的距离，因为选取的被试（比如会计专业学生或会计实务人士）通常具有会计专业的知识技能，这样就使得被试能够较清晰地理解实验任务。形象地讲，该类任务就像是被试日常专业学习或工作的自然延伸，而前两类任务则像是将被试从日常活动中突然拽到了实验室。

在 20 世纪 70 年代初，判断类的实验任务的主流设计是"静态组间比较"的一种变形。理想状态下的"静态组间比较"是指，有一组被试经受实验任务，而另一组则没有经受实验任务（从而作为控制组）。之所以称为"静态组间比较"的一种变形，是因为许多会计实验研究仅使用经受实验任务的被试（而没有使用未经受实验任务的控制组）；这些研究只是在实验任务中设置不同的刺激因素，并让不同的被试经受具有不同刺激因素的相同实验任务。

---

① 但 Ashton（1982，JAR）并不认为判断类的实验任务与一般性的实验任务存在根本的差异，因此也就不存在所谓的从一般性的实验任务转向判断类的实验任务的趋势。

到了 20 世纪 70 年代中期，另一类重要的研究设计出现。此类研究设计的分析框架是 Brunswik（1952）[①] 透镜模型（lens model），即把人的判断视为对环境中的一系列明显线索或信息作出的决策、判断或预测。此类研究设计的典型方法是，研究者基于希望考察的若干项线索或刺激因素，演化出含有不同线索组合的大量任务案例，并要求每一个被试对其中的一种组合进行判断，然后研究者进行方差分析，检验各项线索与被试判断结果之间的关系。此类研究设计的早期经典文献之一是 Ashton（1974，JAR）。[②] 研究者一旦采用线索利用式的研究设计，其基本框架都是 Brunswik 透镜模型，就使得实验任务的设计效率大大提高，不同实验之间的结果可比性也大大提高。

四、关于实验是否"现实"的争论

Swieringa and Weick（1982，JAR）讨论了两种类型的"现实性"（realism）。第一种现实性是指，被试真实地感受到实验情境，相信实验情境的存在，自愿或被动地认真看待实验任务，或是研究者设计的刺激因素在实验过程中确实对被试的行为产生了影响，这样的现实性称为实验里的现实性（experimental realism）。第二种现实性则是指，实验中设计的情境或事件在现实世界中也很可能发生，这样的现实性称为现实世界里的现实性（mundane realism）。

所有实验研究者都在努力实现实验里的现实性。当然，有的研究者成功地在实验中影响到了被试，而有的则失败了（甚至未能引起被试对刺激因素的注意）。Swieringa and Weick（1982，JAR）认为，如果一项实验能够实现实验里的现实性，那么就没有什么必要追求现实世界里的现实性。他们的具体考虑如下：

其一，现实世界里的现实性纷繁复杂，各种变量混杂在一起共同作用于个体行为。人们在看到当下的现实世界时，已很难直接观察到更早的、同样是真实发生的现象。因此现实世界掩盖的规律反而可以通过简化后的人工设计更加直接地揭示出来，从而有效地检验某个理论，或发现一些新的规律。

其二，对于研究而言，除了理解现有的现象，另一个重要的功能是预判那些尚未发生但正在讨论或想要做的事情的内在规律，即研究者希望了解的很多规律并不存在可供观察的现实或现象。于是实验研究自然就可以在这种假设型问题（what-if question）的研究中发挥巨大的优势。

比如，在审计领域，一个重要的争论是是否有必要强制轮换会计师事务所。在大部分国家和地区并没有强制轮换会计师事务所的政策要求，于是这些国家和地区就无法评价是否应当强制轮换会计师事务所。在这个问题上，档案式研究者十分被动，只能尽量寻找少数采用了强制轮换会计师事务所的国家的有关数据进行研究（如 Ruiz-Barbadillo et al., 2009，AJPT），但一个重要的局限是特定国家的强制轮换做法及其效果会受到大量制度背景因素的影响，从而普遍性存在较大争议。而实验研究者则有很大的自由空间，可以相对容易地在实验环境中设计出强制轮换会计师事务所的标准情境，并与其他形式的审计师轮

[①] 具体可参见 Brunswik（1952）。
[②] 在 AJPT 主编 Ken Trotman 教授的邀请下，Robert Ashton 教授于 2010 年再次回顾了其 1974 年的这项研究，参见 Ashton（2010，JAR）。

换相比较（如 Dopuch et al.，2001，JAR）。而且，Dopuch et al.（2001，JAR）的实验研究结果发表比 Ruiz-Barbadillo et al.（2009，AJPT）的档案式研究结果发表早了 8 年，体现了实验研究在假设型问题上的高度自由。

其三，追求现实世界里的现实性，可能增加实验的构建难度。比如，被试在实验中感受到现实世界里的现实性后，可能会同时激发起其对日常常规活动的行为反应，这些行为反应可能直接伴随着很多习惯性的模式（比如简易化处理）或基于现实复杂环境形成的决策模式，这些模式都与研究者试图利用某项特定刺激因素考察的行为反应无关。

总体而言，Swieringa and Weick（1982，JAR）认为，在会计学的实验研究中，现实世界里的现实性还是得到了相当程度的体现。但从根本上讲，一个好的理论要比追求现实世界里的现实性更加重要。而且现实世界未必就比实验环境更真实，因为现实世界综合了各种不同的过程，掩盖和混杂了很多基本的关系（规律）。最后，由于很多现象无法观察或尚不存在，过于追求现实世界里的现实性也会延缓我们发现规律的进程。

五、进行会计领域实验研究时的问题框架

Bonner（2008）提出，在会计（或审计）领域进行实验研究时，研究者需要思考一些基本的问题，这些问题构成了研究者进行实验研究的内在价值和思考指引。我们以此作为本节的收尾。

Bonner（2008）建议研究者思考的框架性问题如下：

（1）实验任务是不是一个重要的、与会计相关的判断或决策任务？

（2）对此任务中的个人而言，在判断或决策质量的某一维度上是否存在差异，或在这一维度上的判断或决策质量是否较低？

（3）那些存在质量差异的维度，对于这些个人自身或其他依赖于这些判断或决策的人而言，是否重要？

（4）还有没有其他的理由研究这些个人在此任务中的判断或决策？

（5）对于此任务中的个人，哪些因素造成了判断或决策质量某一维度上的差异或低水平？这些因素是通过什么样的认知过程对判断或决策质量造成影响的？

（6）第三方是否了解这些造成判断或决策质量某一维度存在差异或低水平的因素？

（7）哪些变化会影响这些造成判断或决策质量某一维度存在差异或低水平的因素，或影响人们对此任务中判断或决策质量的理解？

（8）在实践中这些变化会发生吗？

第三节　现场实验与会计研究

现场实验，也称实地实验（field experiment）。近年来现场实验的研究方法逐渐兴起。随着会计学以及资本市场的研究者越来越重视识别某个变量（或某组变量）对另一变量的因果作用，现场实验的研究方法也越来越多地在会计研究中应用（Bloomfield et al.，2016，JAR；Floyd and List，2016，JAR）。本章第二节的讨论大部分适用于各类细分的实验研究方法，而本节主要围绕现场实验的特点展开进一步讨论。

一、现场实验的含义

Harrison and List（2004，JEL）指出可以有两种方法来定义现场实验：一是直接查词典来确定它的定义；二是识别出它和其他方法的不同之处来确定它的定义。List（2006）对现场实验的定义类似于《牛津英语词典（第二版）》定义的单词"现场"："用来特指在某一材料、语言、动物等所处自然环境下，而不是在实验室、书房或办公室，开展的调查、研究等"。

类似于实验室实验，现场实验也通过随机方法识别因果关系。但不同于实验室实验，现场实验在所观察被试所处的自然环境中进行，并且现场实验中被试要完成的任务类似于他们在现实中要完成的任务。

Harrison and List（2004，JEL）提出了六个元素用以确定实验的现场背景，并和其他方法相区别。这六个元素具体包括：

（1）被试主体的性质。学生被试通常被看作实验者使用的标准被试主体。当实验者"走出去"并使用现场被试时，被试不再是标准的被试主体，但这不必然把实验限定为现场实验。

（2）被试带到任务中的信息的性质。在现场实验中，非标准的实验被试主体可能会把关于所交易物品和所从事任务的信息和经验带入实验中，而在实验室环境中，实验设计会使这些信息和经验的重要性被忽略。

（3）所交易物品的性质。在所交易物品的性质方面，现场实验使用实际的商品或服务，而实验室实验使用抽象的、事先被定义的虚拟货物。当然，所交易物品的性质本身并不足以完全确定现场实验。

（4）任务的性质或所适用交易规则的性质。被试需要完成的任务的性质是现场实验的重要部分，因为实际经验在很大程度上能够帮助被试走捷径完成有关任务。

（5）所涉及利益的性质。所涉及利益的性质会影响现场反应，实验室中涉及的利益可能和现场涉及的利益非常不同，从而对行为产生影响。

（6）被试所处环境的性质。实验环境也会影响被试行为，具体来说，现场环境可能提供了实验室环境所无法给予的某些提示或捷径而影响被试的判断和决策。

Bloomfield et al.（2016，JAR）对现场实验的定义是："研究者在操控自变量后，对现实环境中观察到的数据予以记录并结构化。"他们总结了现场实验的一些特点，其优点在于：

（1）对自变量进行操控，有助于因果关系的识别；

（2）调整数据记录方式的灵活性，有利于测度特定指标；

（3）对现实环境的干涉有限，有利于研究结论的普适性与解决具体问题。

同时，现场实验也面临一些挑战：

（1）样本规模通常较小；

（2）适合做现场实验的现实环境通常数量有限；

（3）在现场实验中，实验者要注意避免伤害被试或其他有关人员。

从研究方法来看，现场实验和实地调研的主要区别在于研究者在现场实验中对自变量进行了操控。在现场实验中，因变量如现实环境中自然发生的数据一样被观察到，但现场实验中对自变量的操控，有助于识别自变量与因变量之间的因果关系。

二、现场实验的细分类型

基于 Harrison and List（2004，JEL）和 Floyd and List（2016，JAR），现场实验可以细分为以下几类：

（1）人工现场实验（artefactual field experiment）。这类实验和传统的实验室实验相同，只是在实验中使用非标准的被试主体，即被试不再是学校的学生，而是实际的市场参与者。

（2）架构现场实验（framed field experiment）。这类实验和人工现场实验相同，只是在所交易物品、任务、所涉及利益和被试可以使用的信息方面加入了实地情况。

（3）自然现场实验（natural field experiment）。这类实验和架构现场实验相同，实验所进行的环境也是被试自然从事这些任务所处的环境，但是在自然现场实验中，被试不知道他们参加了实验。这类实验结合了实验方法与自然发生数据的优点：随机和现实性。

从传统的实验室实验到人工现场实验，到架构现场实验，再到自然现场实验，被试的代表性以及实验场景的代表性越来越接近于现实环境。

三、现场实验的实施

Bloomfield et al.（2016，JAR）提出了开展现场实验的几点原则建议：

（1）为了加强因果关系的识别以及适应现场状况，开始初步的现场工作（比如在现场实验正式开始前，考察现场实地条件，熟悉现场环境，进行预实验以检查实验流程和数据收集有无缺陷或可以进一步改进之处）以帮助后续的数据记录和整理。

（2）为了有助于提高结果的普适性，宜从很多被试提供的反馈中收集数据，而不是从某一被试提供的很多反馈中收集数据。

（3）为了避免伤害被试或其他有关人员，一方面可以和现场实验所涉及的组织进行合作，获得其同意并将实验有可能给参加实验的组织或组织中的人员所带来的不便降到尽可能低的程度；另一方面，如果现场实验所研究的问题不需要某一组织的配合与帮助，进行现场实验时需注意尽可能使得操控或干预不影响被试的日常工作或生活。

List（2011，JEP）总结了成功开展现场实验的14个要点：

（1）使用经济理论指导实验设计，并解释实验发现。理论和实验结果为以前没有研究过的情况提供了有力指导。实验结果建立在对经济理论的检验上时，最具有一般性。

（2）成为所研究市场的专家。如果要正确理解实验设计中的激励，形成检验假设，以及合理解释实验数据，需要深入了解所研究的市场。

（3）获得恰当的对照组。可以考虑使用与处置组相仿的被试作为对照组，或者要求被试接受操控，或干预之前与之后的时间间隔不要过长。

（4）获得足够的样本规模。不仅要考虑现场实验需要多少被试，还要考虑是否需要对聚类（clustering）进行调整以及其他细节问题。

（5）在准备进行现场实验的组织中有一个支持者，职级越高越好。这可能是现场实验得以完成的最重要因素。在公司中，最理想的是获得首席执行官（CEO）的支持；如果未能如愿，尝试获得首席信息官、首席战略官或类似级别高层管理者的支持。即使这些支持者没有提供太多的直接帮助，他们也能够使组织中的其他人提供帮助。

（6）了解所研究组织的运行方式。在所研究的组织里与人为善，争取尽可能多的支持，避免组织内部的牵制或消耗。

（7）那些自身利益在其中的组织更可能完成现场实验，并将实验结果用来帮助实现组织目标。当所研究的组织投入了资源，这些组织更可能完成实验，而且更倾向于认为实验结果是有用的、可信的。

（8）为了避免各种不可控因素的影响，越早开展现场实验越好。

（9）在讨论现场实验的成本时，与其说现场实验花了公司很大代价，不如说若不开展现场实验，公司会承担时间的机会成本，花费更大的代价。

（10）清楚表明问题的答案具有开放性，同时说明可以和被研究组织一起寻找答案，有助于维护与被研究组织的关系，获得长期支持。

（11）参与现场实验的组织在给予研究者授权方面通常比较谨慎，研究者最初的一些现场实验会起到打基础的作用，有助于建立参与现场实验的组织的长期信任，因此对于短期内暂时无法达到理想设计要求的现场实验也要积极推进。

（12）不要被参与现场实验的组织完全限制。参与现场实验的组织可能只关注对自己回报最高的项目，或者会阻止有些研究的发表，尤其是这些研究在某种程度上可能会被负面解读。虽然在某些问题上可以双方友好协商，但研究者应该设定底线原则以保证研究目标未被参与实验的组织完全限制。

（13）了解关于公平性的顾虑。在实际执行现场实验时，因为总会有人先参加实验，不可避免地会有一部分人可能获得潜在的好处。

（14）取得伦理方面的批准。实验研究者应遵循规范流程，保护被试的权利。

四、现场实验在会计研究领域的应用价值

现场实验的方法可以应用于会计研究的各个分支领域。例如，在管理会计领域，现场实验对于研究高层管理者和员工的业绩评价和薪酬激励、组织内部决策与控制系统的运行情况等问题具有优越性。

现场实验方法在审计领域的应用也有优势。一是在现场实验中，可以把审计师与审计客户随机匹配，从而较好地识别因果关系。二是在现场实验的数据产生过程中，研究者可以较好地测度审计质量；而在其他研究方法下，审计质量的测度往往面临很大挑战。

此外，现场实验也比较适合用于研究避税等问题，尤其是使用代表现实人群的被试考察涉及制度背景的问题，如遵守税法的动机等。

第四节 实验研究的应用示例

本节通过三篇例文，展示实验研究在财务会计、管理会计以及审计等会计分支领域的应用。

一、财务会计领域的文献示例：Tan et al.（2019，JAE）

（一）问题的提出

不同公司的管理层在信息披露中使用的行话（jargon）数量不同。一方面，太多的行话会使非专业投资者难以理解；另一方面，心理学研究发现行话的使用标志着更强的专业能力，管理层可能希望通过行话的使用表明其智力和专业能力，以吸引更多投资。Tan et al.（2019，JAE）用实验研究方法考察管理层披露中使用行话是否影响投资者的投资决策，以及这种影响是否会因投资者的行业知识和行话类型（分为容易理解的好行话和难以理解的坏行话）而存在差异。

（二）研究假设

Tan et al.（2019，JAE）根据相关理论分别提出如下假设：

H_1：对于没有行业知识的投资者而言，投资意愿在没有行话时最高，其次是只有坏行话或只有好行话时，在坏行话和好行话同时存在时最低。

H_2：对于有较少行业知识的投资者而言，投资意愿在没有行话时最低，其次是只有坏行话或只有好行话时，在坏行话和好行话同时存在时最高。

H_{3a}：对于有较多行业知识的投资者而言，无论是否有好行话存在，在没有行话时比有坏行话时的投资意愿更高。

H_{3b}：对于有较多行业知识的投资者而言，在只有好行话时比坏行话和好行话同时存在时的投资意愿更高。

（三）实验设计

1. 实验对象

实验选取了一所美国知名大学的 284 名 MBA 学生作为被试，平均每名实验参加者学习过 2.47 门会计课程和 2.26 门财务课程，88% 的实验参加者以前读过年报或盈余公告。这些 MBA 学生中有很大一部分是医生、医师或者拥有医学、生物学或化学学位。

2. 实验分组

实验为 3（没有行业知识的投资者；有较少行业知识的投资者；有较多行业知识的投资者）×4（没有行话；只有坏行话；只有好行话；坏行话和好行话同时存在）的组间设计。对于行业知识的掌握水平这个实验维度，直接根据实验参加者学习过的生物课程的总数量来衡量其在生物技术行业的知识水平。被试在这个维度上被分成了 3 组：

（1）没有学习过生物课程的实验参加者被分类成没有行业知识的投资者（92 人）；

（2）学习过 1~2 门生物课程的实验参加者被分类成有较少行业知识的投资者（91 人）；

（3）学习过至少 3 门生物课程的实验参加者被分类成有较多行业知识的投资者（101 人）。

关于使用行话这个实验维度，研究者认为在坏行话的情形中，管理层披露中的术语和专业词汇又长又拗口，影响读者的阅读流畅度，过多涉及细节，或者显得夸大其词、复杂及含混不清。在好行话的情形中,术语和专业词汇更容易理解,并且信息传递准确而有效率。

研究者对行话使用的实验维度进行了干预:

(1) 在生物技术行业的一位专家帮助下,研究者先确定了坏行话和好行话同时存在的情形;

(2) 再用日常语言替换术语和专业词汇,得到没有行话的情形;

(3) 保留好行话,替代坏行话,得到只有好行话的情形;

(4) 保留坏行话,替代好行话,得到只有坏行话的情形。

在这个实验维度上,作者将被试随机分成了4组。此外,研究者设置的实验干预通过了专门的有效性测试。

3. 实验任务

每个被试的实验任务是标记出有多想要投资于实验中提及的股票,并标记这只股票的吸引程度(采用-5至5的11级量表)。每个指标的平均值作为研究的主要因变量,即投资意愿。

4. 实验步骤

每个被试首先阅读一家生物技术公司的首次公开募集资金(IPO)的招股说明书摘要,然后表明投资此公司的意愿,接下来回答一系列的事后问题、干预检查问题、背景情况问题等。

(四) 实验结果

实验的数据处理结果表明,各项假设均成立。

(五) 研究的贡献与局限

本研究考察了行话对投资者判断的影响,发现在管理层披露中使用行话时,投资者行业知识的掌握水平会影响他们对于好行话和坏行话的反应。有较多行业知识的投资者能理解行话,评估行话的好坏,并以此为基础形成投资判断;有较少行业知识的投资者更多地基于他们评估行话好坏时的难易程度,进行投资判断;而没有行业知识的投资者则基于其对于行话的理解程度进行投资判断。由于使用行话造成的信息不对称程度上升,投资者的投资意愿下降,可以解释IPO中的低位定价。

本研究中的实验环境基于IPO的招股说明书摘要,所得出的结论能否扩展至管理层的其他信息披露情境(比如与分析师的电话会议),能否扩展至其他包括更多财务业绩信息披露的情形,能否扩展至管理层采用其他信息披露手段的情形(比如路演或现场报告)等,有待于未来进一步的研究。

二、管理会计领域的文献示例:Lipe and Salterio(2000,TAR)

(一) 问题的提出

1. 共性指标和个性指标

平衡计分卡(Kaplan and Norton,1992)的评价指标包括财务指标、客户关系、内部业务流程以及组织的学习和成长四类。每个独立的业务单位可能由于其独特的目标和战略而选取与其他单位不同的具体评价指标。Kaplan and Norton（1996）将衡量指标分为共性指标和个性指标。共性指标通常是滞后指标和财务性绩效指标；个性指标属于领先指标和非财务性绩效指标，其与部门的目标或战略关联性较大。

2. 共性指标偏误

Slovic and MacPhillamy（1974，OBHP）的实验研究发现，当被试在做判断和决策时，面对共性指标和个性指标，会放置较多的权重在共性指标上，而没有充分利用甚至忽略了专为每个部门设计的个性指标；即使向被试提供金钱诱因和回馈，结果也没有改变。但在 Slovic and MacPhillamy（1974，OBHP）的研究中，共性指标与个性指标的权数虽有差异，但差异并不显著（共同指标的平均权重为 0.395；个性指标的平均权重为 0.342），从统计意义上不能很明确地支持共性指标偏误的情形。

不过 Slovic and MacPhillamy（1974，OBHP）的研究结果对于管理者在进行判断与决策时是否会存在共性指标偏误的情形的描述，引起了后续学者的关注，其中包括 Lipe and Salterio（2000，TAR）的研究。

（二）研究假设

Lipe and Salterio（2000，TAR）研究在不同情境下使用平衡计分卡评估绩效时，被试是否会受到共性以及个性指标的影响。他们提出了如下研究假设：

H：管理者在使用平衡计分卡进行绩效评价时，会受到共性指标和个性指标的共同影响。

（三）实验设计

1. 实验背景

首先，研究者要求被试阅读一个关于 WCS 女装专卖公司的个案，并假设自己是公司的高层管理者。WCS 公司是一家专门生产及销售女装的零售商，为了满足不同顾客的需求，该公司旗下拥有两大部门（RadWear 和 WorkWear）。两大部门的目标顾客市场与经营策略不完全相同。两个部门的平衡计分卡内都有 4 个类别与 16 个指标，两个部门的实际绩效都超过目标，在每个类别中分别有 2 个共性指标及 2 个个性指标。

2. 实验对象

该研究选择的实验对象是 58 名 MBA 一年级的学生，这些学生平均而言具有超过 5 年的工作经验，其中，63% 是男性。

3. 实验任务

这些被试扮演 WCS 公司的高层管理者，并根据两个部门平衡计分卡指标的表现进行打分，打分范围为 0~12 分。

4. 实验分组

实验为 2（共性指标优劣）×2（个性指标优劣）的组间设计。两个部门的平衡计分卡指标绩效水平（优劣程度）受到严格控制，表现优秀的指标实际值超过目标值 10% 左右，表现拙劣的指标实际值超过目标值 6% 左右。

实验中的计量指标是被试对两个部门的打分（0~12 分）。

（四）实验结果

Lipe and Salterio（2000，TAR）的实验结果显示，共性指标的绩效影响高层管理者（被试）对部门的评价，而个性指标的绩效不影响其对部门的评价。这一实验结果对平衡计分卡的理论作用（即个性指标能够更好地衡量企业战略）大打折扣。

（五）实验的贡献与局限

尽管 Slovic and MacPhillamy（1974，OBHP）的研究表明，当被试在做判断与决策时，面对共性指标和个性指标会放置较多的权重在共性指标上，但是我们并不清楚在运用平衡计分卡进行业绩评价时是否会有类似的影响。Lipe and Salterio（2000，TAR）从心理学研究文献出发提出假设，开辟了平衡计分卡共性指标偏误实验研究的新领域。此外，Slovic and MacPhillamy（1974，OBHP）的实验结果并不理想，而 Lipe and Salterio（2000，TAR）的实验结果则显著验证了共性指标偏误现象。

当然，Lipe and Salterio（2000，TAR）的研究结论没有检验到平衡计分卡中个性指标的作用，这可能与实验研究的固有缺陷有关，即被试对平衡计分卡理论不太了解，没有参与该企业平衡计分卡的建立，对服装零售行业可能也不了解，评价结果对自己没有切身利益关系等。上述这些原因都可能影响评价结果。

三、审计领域的文献示例：Tan and Jamal（2001，TAR）

（一）问题的提出

在会计师事务所中，审计复核过程是质量控制的重要组成部分，影响审计质量。但是，审计复核过程的效果和效率取决于复核审计师能否客观评价其下属的工作。复核审计师对其下属工作的客观评价，影响着会计师事务所的业绩评价，以及长期意义上的人力资本积累。一名审计专业人员的职业生涯也可能因其复核人不能客观评价他的工作而发生改变。Tan and Jamal（2001，TAR）试图通过实验研究方法考察如下问题：

（1）审计经理对其下属工作质量的评价是否取决于他们对这些下属之前的印象？

（2）优秀的审计经理是否较少受到上述影响？

（二）研究假设

Tan and Jamal（2001，TAR）根据相关理论，提出了如下假设：

H_1：当被评价人的身份已知，相对于其身份未知时，审计经理对优秀被评价人的评价和对普通被评价人的评价差异会更大。

H_2：在对被评价人的工作进行评价时，知晓被评价人的身份对于普通审计经理的影响大于对优秀审计经理的影响。

（三）实验设计

1. 实验对象

实验对象包括 40 位高级审计助理（即被评价人）与 20 位审计经理（复核人）。在参加实验的人员中，70%来自一家"五大"会计师事务所，另外30%来自另一家"五大"会计师事务所。这些实验被试符合两个条件：

（1）每位审计经理都和他通常一起工作的两位高级审计助理搭组；

（2）根据所在会计师事务所的业绩评价体系，两位高级审计助理中，一位被认为优秀，另一位被认为普通。审计经理也被分为优秀的和普通的。

2. 实验分组

实验分组是2×2混合因子分组，组间实验的因子是对于审计经理的业绩评价（优秀的审计经理、普通的审计经理），组内实验的因子为是否知晓高级审计助理的身份（知晓、不知晓）。

3. 实验任务

实验中所用的案例和一家生产个人电脑声卡的审计客户有关。账龄分析显示，该客户的部分应收账款已经逾期，但这部分应收账款涉及的新产品以前没有销售记录。对这部分应收账款计提坏账准备相对于被审计单位的资产并不重要，但因被审计单位当期利润较低会导致其债务违约。被审计单位愿意在财务报表附注中披露现金收款缓慢的状况，但不愿意额外计提坏账准备。

实验任务要求每位参加实验的高级审计助理向各自的审计经理提交一份备忘录，表明自己是坚持要求客户计提额外的坏账准备，还是同意客户不计提坏账准备的意愿。

4. 实验步骤

实验主要包括两个部分。在第一部分，高级审计助理被告知和自己搭组的审计经理的姓名，并在阅读一份案例描述后，就审计经理应该注意的关键问题，向搭组的审计经理提交备忘录。

实验的第二部分为审计经理的复核评价，包括两个阶段。在第一阶段，审计经理评价与其搭组的高级审计助理提交的手写备忘录。每位高级审计助理的身份信息出现在相应的备忘录上，但备忘录本身不标明高级审计助理是优秀还是普通。审计经理在另一张纸上对本组提交的两份备忘录分别打分，分数范围从0（极差）至10（极好）。在实验任务中，审计经理对备忘录的评价保密，不会告知被评价的高级审计助理。

第二阶段在3周后进行，目的是使审计经理对之前给高级审计助理打分的记忆基本淡忘。实验任务要求每名审计经理再次评价此前两份备忘录的质量。在第二阶段，备忘录以打印方式出现，且不包括高级审计助理的姓名；两份备忘录提交审计经理的阅读顺序也是随机形成的。

（四）实验结果

实验的数据处理结果表明，各项假设均成立。

（五）研究意义和贡献

在理论方面，该实验研究表明，平均而言注册会计师在评价其下属工作时仍然会受到光环效应的影响，同时优秀的专业人士会更加客观，较少受到心理偏误的干扰。

在方法论方面，该研究也有较为突出的价值。比如作者在实验中使用了实际的审计经理-高级审计助理搭组,使用了实际的业绩评价区分优秀的审计人员和普通的审计人员,以及通过两次实验的3周间隔尽量消除被试以前的记忆。

(六)研究局限

该研究的样本规模较小。这主要是由研究设计的两个限制条件造成的:(1)审计经理和高级审计助理需要一起工作相当一段时间;(2)需要根据会计师事务所的真实业绩评价,界定和区分优秀和普通的专业人士。

此外,研究主要集中在审计经理评价高级审计助理的工作,其结论在推广至其他级别的复核人或被评价人时要慎重。

本章结语

在探讨实验研究引入会计学研究的背景时,Birnberg and Nath(1968)指出,组织与管理领域的研究者实际上更偏好实地研究。通过本章的讨论,读者或多或少地感受到实验研究可能给研究者带来阻碍的若干突出问题,而其中的大部分问题在实地研究中基本上是不存在的(除了在对研究过程的控制问题上同样存在较大挑战)。问题在于,会计学研究者进行实地研究的机会毕竟是有限的,远远满足不了研究者的研究需求。理解了这一点,我们的任务是尽可能地发挥实验室实验的价值,同时也积极拓展现场实验方法的应用。

本章参考文献

Alpert, B. Non-Businessmen as Surrogates for Businessmen in Behavioral Experiments. *Journal of Business*, 1967, 40 (2): 203–207.

Ashton, R. H. An Experimental Study of Internal Control Judgments. *Journal of Accounting Research*, 1974, 12 (1): 143–157.

Ashton, R. H. Discussion of An Assessment of Laboratory Experiments in Accounting. *Journal of Accounting Research*, 1982, 20 (Supplement): 102–107.

Ashton, R. H. Quality, Timing, and Luck: Looking back at Ashton (1974). *Auditing: A Journal of Practice & Theory*, 2010, 29 (1): 3–13.

Birnberg, J. G., and R. Nath. Laboratory Experimentation in Accounting Research. *The Accounting Review*, 1968, 43 (1): 38–45.

Bloomfield, R., M. W. Nelson, and E. Soltes. Gathering Data for Archival, Field, Survey, and Experimental Accounting Research. *Journal of Accounting Research*, 2016, 54 (2): 341–395.

Bonner, S. E. *Judgment and Decision Making in Accounting*. Pearson Prentice Hall: New Jersey, 2008.

Brunswik, E. *The Conceptual Framework of Psychology*. University of Chicago Press: Illinois, 1952.

Copeland, R. M., A. J. Francia, and R. H. Strawser. Students as Subjects in Behavioral Business Research. *The Accounting Review*, 1973, 48 (2): 365–372.

Dopuch, N., R. R. King, and R. Schwartz. An Experimental Investigation of Retention and Rotation Requirements. *Journal of Accounting Research*, 2001, 39 (1): 93-117.

Elliott, B. W., F. D. Hodge, J. J. Kennedy, and M. Pronk. Are M. B. A Students a Good Proxy for Nonprofessional Investors? *The Accounting Review*, 2007, 82 (1): 139-168.

Floyd, E., and J. A. List. Using Field Experiments in Accounting and Finance. *Journal of Accounting Research*, 2016, 54 (2): 437-475.

Friedman, D., and S. Sunder. *Experimental Methods: A Primer for Economists*. Cambridge University Press: New York, 1994.

Harrison, G. W., and J. A. List. Field Experiments. *Journal of Economic Literature*, 2004, 42 (4): 1009-1055.

Kaplan, R. S., and D. P. Norton. The Balanced Scorecard: Measures That Drive Performance. *Harvard Business Review*, 1992 (January-February): 71-79.

Kaplan, R. S., and D. P. Norton. *The Balanced Scorecard: Translating Strategy into Action*. Harvard Business School Press: Massachusetts, 1996.

Lazerus, R. S. A Laboratory Approach to the Dynamics of Psychological Stress. *Administrative Science Quarterly*, 1963, 8 (2): 192-213.

Libby, R., R. Bloomfield, and M. W. Nelson. Experimental Research in Financial Accounting. *Accounting, Organizations and Society*, 2002, 27 (8): 775-810.

Lipe, M. G., and S. E. Salterio. The Balanced Scorecard: Judgmental Effects of Common and Unique Performance Measures. *The Accounting Review*, 2000, 75 (3): 283-298.

List, J. A. Field Experiments: A Bridge between Lab and Naturally Occurring Data. *Advances in Economic Analysis and Policy*, 2006, 6 (2): article 8.

List, J. A. Why Economists Should Conduct Field Experiments and 14 Tips for Pulling One Off. *Journal of Economic Perspectives*, 2011, 25 (3): 3-16.

Montgomery, D. C. *Design and Analysis of Experiments*, 6th Edition. John Wiley & Sons, Inc.: New Jersey, 2005.

Nelson, M., and H-T Tan. Judgment and Decision Making Research in Auditing: A Task, Person, and Interpersonal Interaction Perspective. *Auditing: A Journal of Practice and Theory*, 2005, 24 (Supplement): 41-71.

Ruiz-Barbadillo, E., N. Gómez-Aguilar, and N. Carrera. Does Mandatory Audit Firm Rotation Enhance Auditor Independence? Evidence from Spain. *Auditing: A Journal of Practice and Theory*, 2009, 28 (1): 113-135.

Shadish, W. R., T. D. Cook, and D. T. Campbell. *Experimental and Quasi-Experimental Designs for Generalized Causal Inference*, 2nd Edition. Houghton Mifflin Company: New York, 2002.

Shields, M. 理解管理会计: 实验研究的优势和局限. 管理会计学刊, 2011 (1): 1-14.

Slovic, P., and D. MacPhillamy. Dimensional Commensurability and Cue Utilization in Comparative Judgment. *Organizational Behavior and Human Performance*, 1974, 11 (2): 172-194.

Sprinkle, G. B., and M. G. Williamson. Experimental Research in Managerial Accounting. In *Handbook of Management Accounting Research*, Volume 1, edited by C. S. Chapman, A. G. Hopwood, and M. D. Shields, 415-444. Elsevier, Ltd.: Oxford, UK, 2007.

Sunder, S. What Have We Learned from Experimental Finance? In *Developments on Experimental Economics: New Approaches to Solving Real-world Problems*, edited by S. H. Oda, 91-100. Springer: Berlin, Germany, 2007.

Swieringa, R. J., and K. E. Weick. An Assessment of Laboratory Experiments in Accounting. *Journal *of Accounting Research* 20，1982 (Supplement)：56–101.

Tan, H-T., and K. Jamal. Do Auditors Objectively Evaluate Their Subordinates' Work? . *The Accounting Review*，2001，76 (1)：99–110.

Tan, H-T., E. Y. Wang, and G-S. Yoo. The Joint Effect of Jargon Type and Industry Knowledge on Investors' Judgments. *Journal of Accounting and Economics*，2019，67 (2–3)：416–437.

风笑天. 社会学研究方法. 北京：中国人民大学出版社，2001.

张岩，徐飞，奚恺元. 实验室研究//陈晓萍，徐淑英，樊景立. 组织与管理研究的实证方法. 北京：北京大学出版社，2008.

第六章 问卷调查法

本章大纲

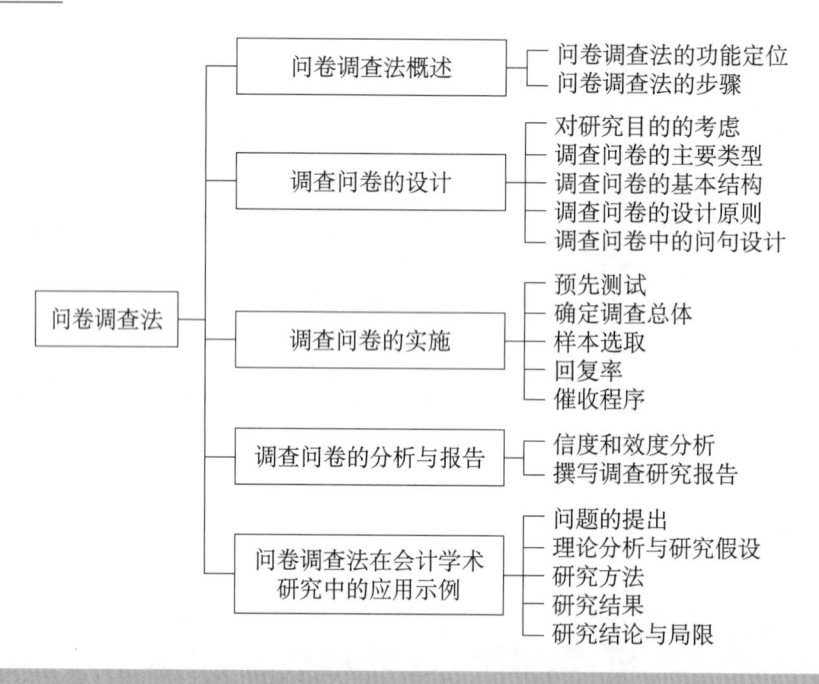

```
                    ┌─ 问卷调查法概述 ──┬─ 问卷调查法的功能定位
                    │                  └─ 问卷调查法的步骤
                    │
                    │                  ┌─ 对研究目的的考虑
                    │                  ├─ 调查问卷的主要类型
                    ├─ 调查问卷的设计 ──┼─ 调查问卷的基本结构
                    │                  ├─ 调查问卷的设计原则
                    │                  └─ 调查问卷中的问句设计
                    │
                    │                  ┌─ 预先测试
                    │                  ├─ 确定调查总体
  问卷调查法 ───────┼─ 调查问卷的实施 ─┼─ 样本选取
                    │                  ├─ 回复率
                    │                  └─ 催收程序
                    │
                    ├─ 调查问卷的分析与报告 ┬─ 信度和效度分析
                    │                      └─ 撰写调查研究报告
                    │
                    │                              ┌─ 问题的提出
                    │  问卷调查法在会计学术         ├─ 理论分析与研究假设
                    └─ 研究中的应用示例 ────────────┼─ 研究方法
                                                   ├─ 研究结果
                                                   └─ 研究结论与局限
```

　　调查研究（survey study）要求研究者通过亲身实践和广泛了解（包括书面的和口头的），尽可能充分地掌握有关研究对象的特征、状态、态度、倾向、意见等第一手材料，并对这些材料进行全面周密的研究，从中获取规律性的认识。问卷调查法（questionnaire survey）和访谈调查法（interview）是调查研究中的两种常用方法，前者是调查者通过设计问卷收集书面调查数据与资料，后者则是调查者通过与被访者进行面对面的谈话，获取口头调研资料。本章主要讨论问卷调查法及其在会计学研究中的应用。

第一节　问卷调查法概述

一、问卷调查法的功能定位

与其他实证研究方法类似,问卷调查研究的目的通常有两个:描述和解释(Groves,1989;Pinsonneault and Kraemer,1993,JMIS)。描述性研究用来发现某一特定总体的特征,而不是用来检验某种理论的正确性;解释性研究则是用来检验理论,说明一系列变量间预期的因果关系。研究者对问卷调查法有着独特的需求,其他实证研究方法可能无法满足。比如,研究者可能需要获取研究对象的态度、倾向等通常不易观察且不存在档案数据的变量,此时问卷调查法就比档案式研究方法有优势。再比如,实验研究方法同样有可能获取研究对象的态度、倾向,但与之相比,问卷调查法的优势在于,如果实施得当,问卷调查法能够更高效地收集到较大规模和高质量的数据,同时对被调查者的干扰更少,数据获取成本更低。

值得注意的是,使用问卷调查法进行实证分析存在一些暗含的假设,比如:(1)大多数参与者会认真阅读和回答问卷中的所有问题;(2)大多数参与者有足够的能力理解问卷中的问题;(3)大多数参与者会如实反馈自身的态度、倾向或意见。

研究者需要意识到这些假设可能在某些程度上被违反,从而影响问卷调查法的研究效果。带着对暗含假设和研究局限的意识,研究者可以尽可能地改进问卷调查的设计和后续实施环节,以提高问卷调查法的研究效力。

二、问卷调查法的步骤

问卷调查法通常包括六个步骤:
(1)提出研究问题和研究目标;
(2)设计调查问卷;
(3)选取样本;
(4)发放并回收问卷;
(5)分析问卷;
(6)撰写调查研究报告。

问卷调查法的特点在上述各个环节均有体现。比如,在提出研究问题时,一般需要考虑适合问卷调查法的问题(如考察被调查对象的态度或倾向);在撰写调研报告时,要注意如何规范地报告问卷调查的设计、实施与分析过程。尽管如此,调查问卷的设计和实施无疑是诸多环节中最有特色和最核心的。Dillman(1978;1999)指出,如果问卷的构建和管理恰当,那么通过调查问卷获取的数据规模和质量可以达到最佳效果。因此,调查问卷的设计和实施是本章随后讨论的重点。

第二节　调查问卷的设计

一、对研究目的的考虑

研究目的与研究问题会在两个大的方面对问卷设计产生影响。研究者需要根据研究目的考虑采用截面设计还是时间序列设计。截面设计是研究者通常采用的方式，而时间序列设计则需要研究者在不同时间进行重复调研，或者一次性地调查能够随时间变化的变量。相对于截面设计，时间序列设计可以为因果关系提供更强的证据力，因为该方法更容易确定时间上的先后（Pinsonneault and Kraemer，1993，JMIS）。

不同的研究目的和研究问题也会影响分析层面的选择。分析层面指的是研究问题的对象处于何种层面上。在会计研究中，研究对象可能涉及行业、微观组织、组织单元（如企业分部、部门、业务单元）或者个人等不同层面（Kwok and Sharp，1998，JAL；Luft and Shields，2003，AOS）。研究者需要根据自己的研究目的和问题确定适当的分析层面。

二、调查问卷的主要类型

根据问卷的填答方法不同，调查问卷可分成自填式问卷和访问式问卷；根据问卷的发放方式不同，调查问卷又可分为送发式问卷、邮寄式问卷、报刊式问卷、人员访问式问卷、电话访问式问卷和网上访问式问卷六种，其中前三种可大致归为自填式问卷，后三种则属于访问式问卷。

送发式问卷是由调查者将调查问卷送发给选定的被调查者，待被调查者填答完毕之后再统一收回。

邮寄式问卷是通过邮局将事先设计好的问卷邮寄给选定的被调查者，要求被调查者按规定的要求填写后回寄给调查者。邮寄式问卷的匿名性较好，缺点是问卷回收率低。

报刊式问卷是随报刊的传递发送问卷，要求报刊读者对问题如实作答并回寄给报刊编辑部。报刊式问卷有稳定的传递渠道、匿名性好、费用较低，因此有很强的适用性，缺点也是回收率不高。

人员访问式问卷是由调查者按照事先设计好的调查提纲或调查问卷对被调查者提问，根据被调查者的口头回答填写问卷。人员访问式问卷的回收率高，也便于设计一些深入讨论的问题，但不适合敏感性问题。

电话访问式问卷是通过电话中介来对被调查者进行访问调查的问卷类型。此种问卷的设计应简单明了，并充分考虑几个因素：通话时间限制；听觉的局限性；记忆的规律；记录的需要。电话访问式问卷一般适用于问题相对简单明确，但需要及时得到调查结果的调查项目。

网上访问式问卷是在网上制作并通过网络工具进行调查的问卷类型。此种问卷不受时间、空间限制，便于获得大量信息，特别是对于比较敏感的问题，相对而言更容易获得真实的反馈。

三、调查问卷的基本结构

一份调查问卷通常由三部分组成：前言、主体和结束语。

问卷前言主要是对调查目的、意义及填表要求等的说明，包括问卷标题、调查说明及填表要求。前言的表述宜简明易懂，并尽可能地激发被调查者的兴趣。

问卷主体是调查所要收集的主要信息，它由问句及相应的选择项组成。通过主体部分的问题设计和被调查者的答复，调查者可以对被调查者的个人基本情况和对某一特定事物的态度、意见倾向以及行为有较细致的了解。

问卷结束语宜简短明了，主要表达对被调查者配合与支持的感谢，有时根据具体情况还可以记录调查人员姓名、调查时间、调查地点等。

四、调查问卷的设计原则

在设计调查问卷时应当遵循哪些原则？或者说，一份良好的调查问卷应当具备哪些特征？有学者归纳了以下 10 个评价标准：

(1) 问卷中所有的题目都符合研究目的，即题目都是测量所要调查的选项。
(2) 问卷能显示出和一个重要主题有关，使填答者认为重要且愿意花时间去填答。
(3) 问卷仅收集由其他方法无法得到的资料。
(4) 问卷要尽可能简短，其长度只要足以获得重要资料即可，问卷太长会影响填答。
(5) 问卷的题目要依照一定的心理接受次序和逻辑性安排，由一般性至特殊性。
(6) 问卷题目的设计要符合编题原则，以免获得不正确的回答。
(7) 问卷所收集的资料要易于列表和解释。
(8) 问卷的指导语或填答说明要清楚，使填答者不致有错误的反应。
(9) 问卷的编排格式要清楚，翻页要顺手，指示符号要明确。
(10) 印刷纸张不能太薄，字体不能太小，间隔不能太小，装订不能随便，要符合精美的原则。

五、调查问卷中的问句设计

(一) 问句的类型

调查问卷的主体内容是向被调查者提出的各个问题，因此如何提问（即设计问句）是关键。问句的类型很多，通常包括：(1) 事实问句；(2) 意见问句；(3) 阐述问句；(4) 自由回答式问句；(5) 是否式问句；(6) 多项选择式问句；(7) 顺位式问句；(8) 程度评等式问句。

1. 事实问句

事实问句要求被调查者依据现有事实来回答问题，不必提出主观看法。例如，"您的企业属于什么行业？""您的企业使用什么财务软件？"这类问题常用于了解被调查者的特征以及与产品或经营有关的情况。事实问句的特点是问题简单，回答方便，调查覆盖面广，调查结果便于统计处理。当然，事实问句也存在不足，比如被调查者可能对某些事实记忆不清，或对事实不是非常清楚。

2. 意见问句

意见问句主要用于了解被调查者对有关问题的意见、看法、要求或意图。例如，"您认为在 21 世纪企业创建核心竞争优势，最重要的因素是什么？""您认为内部控制制度在贵行业企业实施过程中存在哪些问题？"意见问句的特点是从这类询问中可以广泛地了解被调查者的意见和看法，为决策者提供未来需求信息。它也存在不足：其一，这类询问虽然能了解被调查者的意见、看法，却无法了解产生这些意见、看法的内在原因；其二，这类问题比较容易受到心理因素影响，被调查者可能不愿向调查者如实反馈自己的意愿取向。

3. 阐述问句

阐述问句又称解释问句，主要用于调查者了解被调查者行为、意见、看法产生的原因。根据询问是否提供问题的答案选项，可进一步分为封闭式阐述问句和开放式阐述问句。这类提问方式可在一定程度上弥补意见问句的不足。比如，前面提到的意见问句："您认为内部控制制度在贵行业企业实施过程中存在哪些问题？"若研究者希望进一步了解问题产生的原因，可提出阐述问句："您认为内部控制制度在实施中产生上述问题的主要原因是什么？"

阐述问句的主要特点是能够较为深入地了解被调查者更深层次的意见与感受，从而识别问题产生的原因，为解决问题提供依据。这类问句也存在不足：其一是结果较为复杂，尤其是开放式阐述问句，对答复结果的整理难度较大；其二是与事实问句和意见问句相比，此类问题的答复更容易受到被调查者主观因素的影响。

4. 自由回答式问句

自由回答式问句又称开放式问句，这种问句的特点是调查者事先不拟定任何具体答案，让被调查者根据提问自由回答问题，例如，"您对贵公司使用的××财务管理信息系统有何意见？"这种询问方式事先不提供答案，被调查者思维不受束缚，能充分发表意见，畅所欲言，因而可以获得更为广泛的信息资料。但是，被调查者的回答可能存在漫无边际或难以整理的情况。自由回答式问句经常在探索性调查中采用。

5. 是否式问句

是否式问句又称二项式问句或真伪式问句。这种问句的回答只分两种情况，要求被调查者二者择一。例如：

"贵企业是否实施了目标成本管理？" 　　　　是（ ） 否（ ）

这种问句回答简单，调查结果便于统计。这种问句也有一定的局限性，比如，由于回答只有"是"与"否"两种选择，难以捕捉到被调查者的意见差别；再比如，如果被调查者对问题的答案并不确定，那么问句提供的两种选择均无法适当表达被调查者的情况。

6. 多项选择式问句

多项选择式问句是对一个问题事先列出三个或三个以上的答案选项，让被调查者从中选出一个或几个认为合适的答案。例如：

"贵单位上年度的营业收入是（　　）。"

A. 1 000 万元以下　　　　　　　　B. 1 000 万元~5 000 万元
C. 5 000 万元~10 000 万元　　　　D. 10 000 万元以上

多项选择式问句保留了是否式问句回答简单、结果易整理的优点,避免了是否式问句的不足,能有效表达意见的差异程度,同时也有可能针对一些比较敏感的问题(比如上述举例中的营业收入)获取相对真实的信息,是应用较为广泛灵活的问句形式。在设计答案选项时,研究者应考虑所有可能出现的答案,否则会导致得到的信息不够完整。

7. 顺位式问句

顺位式问句是在多项选择式问句的基础上,要求被调查者按照重要程度不同或偏好程度不同,对所列答案排出先后顺序。例如:

"您觉得对于一名财务总监来说,以下能力的重要性如何?"[请按重要程度降序排列]
a. 财务专业知识　　b. 外语能力　　c. 综合分析能力　　d. 管理决策能力　　e. 沟通协调能力
采用这种询问方式时,应注意答案选项之间应当具有明显的差异性,同时要具备完整性。

8. 程度评等式问句

程度评等式问句的特点是,调查人员对所询问问题列出程度不同的几个答案,并事先按顺序评分,请被调查者选择一个答案。这类问句专门用于测量被访者满意程度的量表,包括对称性量表和非对称性量表。例如,在询问某战略决策的实施效果时,可以设计如下的五点式量表,然后分别统计五种情况所占的百分比,以确定被访者对该战略决策实施效果的总体评价。

对称性量表	好 ( )	较好 ( )	一般 ( )	较差 ( )	差 ( )
非对称性量表	很好 ( )	好 ( )	较好 ( )	一般 ( )	差 ( )

再如:

"您对我校培养的会计专业硕士的职场适应度有何看法?请在相应的( )中打√。"
很好( )　　好( )　　一般( )　　较差( )　　差( )
　2　　　　1　　　　0　　　　　-1　　　　-2

(二)问句设计中的注意事项

在设计问句时,研究者应当注意以下事项:

(1)避免含糊或不具体的提问。例如,"贵企业的利润是多少?"这一问题没有明确"利润"的内涵,是哪个时期的利润?是营业利润还是净利润?是税前净利还是税后净利?再如,"您如何看待证监会近期发布的 IPO 新规?"这一问题假设答卷人知道 IPO 新规的具体内容,但事实上并不是所有人都了解。

(2)避免应答者可能不明白的缩写、俗语或生僻的用语。例如,"您认为 GAAP 适合我国企业吗?"由于不是每个人都知道 GAAP 表示公认会计原则(Generally Accepted Accounting Principles),因此可能会使调查对象产生理解上的困难。

(3)避免由于措辞不当使填卷人产生反感和不配合的情绪。例如,对于问句"贵企业尚未引进 ERP 系统的最主要原因是什么?"以下两套答案选项可能会让调查对象有不同的感受,其中第一套答案选项的设计容易造成调查对象的反感,而第二套的设计则相对专业和中性。

答案选项	A	B	C	D
第一套设计	买不起	没有用	没人懂	太麻烦
第二套设计	引进与实施成本较高	ERP系统复杂性大于业务需求	实施条件尚不具备	更换系统需要时间

（4）避免提出过多的或很可能超出回答者回答能力的问题。当问题的要求过多或超出回答能力时，答卷人可能拒绝回答或随意回答。例如，"在招聘会计人员时，请对以下20项因素按重要性降序排序……"这样的要求显然给回答者造成较大的负担，改为请答卷人挑选出自己认为最重要的前5项更合理。

（5）避免提倾向性、诱导性或暗示性的问题。例如，"目前大多数企业都建立了较为完善的内控制度。贵企业是否也建立了完善的内控制度？"该问句的前半句即具有倾向性和诱导性。再比如，"我国×行业的广告费每年平均X万元。您认为这个数字应：①增加；②保持不变；③稍减一点；④减少一些；⑤大幅减少"。这套答案选项对"增加"和"减少"的设计并不对称，体现出较明显的倾向性和暗示性。

（三）李克特量表法

李克特量表（Likert scale）是现代调查研究中普遍采用的一种测量量表，用于测试态度倾向或认同程度，由美国社会心理学家李克特于1932年设计而成。该量表由一组陈述构成，每个陈述有"非常不同意""不同意""不一定""同意""非常同意"五种回答，分别记为1，2，3，4，5分，每个被调查者的态度总分就是他对各道题的回答所得分数的加总，这一总分可说明他的态度强弱或不同状态。常见的李克特量表包括4点式、5点式、6点式和7点式，有时候也可以见到10点式的问题设计。

为了更好地保证数据的有效性和可用性，设计李克特量表可遵循以下主要步骤：

（1）收集大量与测量主题相关的陈述语句。

（2）根据测量的概念将每个测量项目划分为"有利"或"不利"两类，有利或不利项目的比例要相当。

（3）选择部分受测者对全部项目进行预先测试，要求受测者指出每个项目是有利的或不利的，并选出：

    a. 非常同意   b. 同意   c. 无所谓   d. 不同意   e. 非常不同意

对每个回答给一个分数。

（4）从非常不同意到非常同意的有利项目的分数分别为1，2，3，4，5分，不利项目的分数就为5，4，3，2，1分。根据受测者各个项目的分数计算代数和，得到个人态度总得分。

（5）依据个人态度总得分将受测者划分为高分组和低分组，然后选出若干在高分组和低分组之间有较大区分能力的项目（即可以计算每个项目在高分组和低分组的平均得分，然后选择那些在高分组平均得分较高并且在低分组平均得分较低的差异较大的项目），构成李克特量表。

（6）量表项目如何设计取决于能否分辨出不同的态度，即分辨力如何，分辨力低的表述应该删除。

采用这种量表所收集的样本数据可以应用于会计实证研究。例如，调查财务人员对本企业财务管理现状认同度的李克特量表，部分问题的设计举例如表 6-1 所示。

表 6-1 李克特量表示例

编号	问句	绝对不赞同	不赞同	既不赞同也不反对	赞同	绝对赞同
2.1	贵企业有非常明确的财务战略	1	2	3	4	5
2.5	贵企业建立了比较完善的内部控制系统	1	2	3	4	5
3.1	贵企业财务预算管理方式具有较高的弹性	1	2	3	4	5
3.4	贵企业分支机构和集团公司之间建立了完善的管理信息和财务信息共享平台	1	2	3	4	5
……	……	1	2	3	4	5

在应用李克特量表设计调查问卷时，应当注意以下几点：

(1) 李克特量表应该用于多个项目，而不是一两个，以发挥其内在经济性。

(2) 研究者应该能够识别或编写代表全局论点或典型观点的陈述。

(3) 表内各项目应避免同质性，问句设计能够涵盖主题并代表全局性观点。

(4) 问句必须合理、明确，保证回答者不会仅仅选择一个中间值或者某个极端值。

(5) 如果要计算总的分数，大约一半项目应该倾向于论点的支持一方，一半倾向于论点的反对一方，以避免绝对的肯定倾向或否定倾向。

第三节 调查问卷的实施

一、预先测试

在进行正式的调研之前，需要经过预先测试（pre-test）。Morgan（1990，JM）指出，问卷的问题必须经过预先测试，以评估这些问题是否可被受访者正确地理解和回答。比如，在邮寄问卷中，由于不可能由受调研者在现场向研究者报告问卷问题和问卷工具变量存在的问题，预先测试就非常重要。预先测试的目的既包括检验单个问题的合理性，又包括测试问卷整体的合理性（Dillman，1978；1999）。

Dillman 建议把问卷发给三类人进行预先测试：数据使用者（即研究者自己）、同行和未来的受访者。首先，研究者自己对问卷的预先测试有助于发现可能不符合随后数据收集和加工需要的问题；其次，研究者可找一些了解研究问题及设计的同行参与预先测试，以便有更多的专业反馈来评估问题构建的有效性；最后，一些目标受访者可在研究者在场时（或自己独立）完成问卷的回答，然后研究者向受访者进行充分的询问，以识别和纠正问卷中的问题。对后两组人群的预先测试可以使问卷更加符合受访者的知识框架体系，减少受访者无法或无效回复的可能性（Young，1996）。

综上，预先测试有助于保障问卷调查项目的成功，并降低问卷调查的实施成本。

二、确定调查总体

通常的总体概念包括目标总体（target population）和调查总体（survey population）。目

标总体是指研究者需要研究的所有调查对象的集合,不包含那些不相关的、不知情的或不合适的受访者。调查总体则是指能够实际取样的调查对象的集合。

问卷调查研究要求目标总体和研究者确定的调查总体在内涵上具有一致性。例如,研究者希望调研利润中心的管理人员(目标总体),并且有条件向汽车制造行业的管理人员进行调研,那么如果调查总体包含了不在目标总体中的受访者(比如投资中心的管理人员),或者遗漏了目标总体的受访者(比如汽车制造厂的非制造分部的利润中心管理人员),研究就会产生偏误。当然,研究者也需要考虑自己能够实际取样的行业是否存在比较特殊的制度安排,使得来自该行业的调研结果很可能无法代表总体。

三、样本选取

问卷调查研究的抽样可以采用概率抽样和非概率抽样的方法。概率抽样是指调查总体中的每一元素都有已知的、非零的可能性入选样本。概率抽样形成的样本增强了问卷结果的代表性,因而允许在一定的可计算误差范围内从样本推论到调查总体(Diamond,2000)。在非概率抽样形成的样本中,一些调查总体的成员相对于其他成员更有可能选入样本。

在会计研究中,问卷调查的研究者通常很难进行抽样设计或发展出较为完善的概率抽样计划。比如,在管理会计领域的大部分调查问卷文献中,都没有讨论或报告抽样计划;大部分问卷都是邮寄给调查总体的所有成员,而调查总体可能无法有效地代表目标总体。当然,也有一些文献提供了较为详细的样本收集计划,如 Brownell and Dunk(1991,AOS)使用公开的澳大利亚制造业经理目录作为抽样基础,并设计了一个概率抽样计划来选择随机样本。总体上,概率抽样设计在会计研究中并不占主导地位,而非概率抽样则是会计研究中常用的抽样方法。

按照科学的抽样标准,样本规模取决于要求的精度(置信区间),这就需要估计样本方差和预期回复率。如前所述,在会计研究的设计中,这种方式并不是很现实。同时,虽然总误差包括抽样误差和非抽样误差,但已有研究表明,非抽样误差是调查总误差的主要组成部分(Assael and Keon,1982,JM;Groves,1989),因此完善问卷设计的其他方面(比如提升回复率)成为研究者更明智的做法。只要样本量足够用于数据的统计检验,样本规模本身对于问卷数据质量并不是至关重要的,通常200~300份样本观测数是问卷调查研究中可接受样本规模的下限(Morgan,1990)。

四、回复率

关于回复率(response rates),Diamond(2000)认为:"回复率在75%~90%之间通常可获得可信的结果,但是研究者应该对样本的代表性进行检查。回复率在75%以下时,应检查潜在的偏差。如果回复率在50%以下,那么将该问卷作为对总体进行正确推论的依据时,必须非常谨慎。"尽管如此,会计研究领域的问卷调查回复率普遍偏低。比如,Van der Stede,Young and Chen(2005,AOS;2007)的统计显示,在管理会计的问卷调查研究中,平均回复率为55%。

研究者可以采取一些方法提高回复率。比如,寻求有关推荐机构或人员(如行业协会、公司管理层)的帮助。再比如,事前询问受访者方便接受调研的时间,可以有效地解决以不方便和时间限制为由回绝调研的问题;使用混合回应模式,比如允许回答者选择信件、电子邮件或者在线回答等多种方式；还可以提供物质报酬（如礼品或酬金）或非物质回报（如承诺对研究结果进行反馈）。此外，还可以实施催收程序。

五、催收程序

催收程序（follow-up procedure）是指向受调研者再次催收问卷。如果第一轮回收的问卷没有取得很高的回复率，那么按照研究惯例应当实施催收程序（Diamond，2000）。研究表明，催收程序可以有效提升回复率，并有助于吸引相对抵触的受访者尽快参与研究（Dillman，1978；1999）。

例如，Van der Stede（2000，AOS；2001，MAR）在研究预算松弛和严格预算控制（tight budgetary control）时调查问卷的回复率趋势如下：31%的回复是立即反馈，38%的反馈在初次问卷寄出两周后的第一轮催收程序后收到，还有31%的回复在初次问卷寄出四周后的第二轮催收程序后收到。Hansen and Van der Stede（2004，MAR）也有类似的结果：25%为立即反馈，34%在第一轮催收程序后收到，41%在第二轮催收程序后获得。由此可见，如果没有后续的催收程序，70%或更多的潜在回复就无法取得。

第四节 调查问卷的分析与报告

对问卷调查的结果进行分析并撰写研究报告，在很多方面与其他的实证研究方法存在相似之处。本节重点讨论问卷调查法特有的一些环节。

一、信度和效度分析

（一）信度

信度（reliability）即可靠性，指采用同样的方法对同一对象重复测量时所得结果的一致性程度。信度分析的方法主要有以下四种：重测信度法、复本信度法、折半信度法、Cronbach α 信度系数法。

1. 重测信度法

重测信度法（retest method）使用同一份问卷，对同一群受测者在不同的时间测试两次，求出两次分数的相关系数，此系数又称为稳定系数（coefficient of stability）。相关系数越高，表示此测试的信度越高。需要注意的是，前后两次测验间隔的时间要适当。如果两次测试的间隔太短，受测者记忆犹新，相关系数的效力被削弱（如果测试题足够多，则可减少这一局限）；如果两次测试的间隔太久，受测者的心智变化可能会对稳定系数造成干扰。

2. 复本信度法

复本是内容相似、难易程度相当的两份问卷，对同一群受测者，第一次用A卷测试，第二次使用B卷测试，两份问卷分数的相关系数为复本系数（coefficient of forms）。若两份问卷不在同一时间测试，这样算出的相关系数为稳定系数或复本系数。复本信度法（equivalent-forms method）不受记忆效用的影响，是测验信度的一种较好的方法，但编制复本问卷难度很大。

3. 折半信度法

与复本信度法类似，折半信度法（split-half method）将同一量表中内容相似的测验题目拆为两半（单数题、偶数题），在同一时间测试，并求出这两半测验总分的相关系数，即折半信度系数（split-half coefficient）。该方法需要研究者能对两半问题的内容和难易程度加以考虑，使两半问题尽可能具有一致性。

4. Cronbach α 信度系数法

这是目前问卷调查法最常用的信度检验方法。按式（6-1）可计算出 Cronbach α 信度系数。

$$\alpha = \frac{n}{n-1}\left[1 - \frac{\sum S_i^2}{S_{total}^2}\right] \qquad (6-1)$$

式中，n 为项目的数量；S_{total}^2 为所有受访者总分的方差；S_i^2 为所有受访者在项目 i（$i=1$，2，…，n）上分数的方差。

根据 Cronbach α 信度系数可以大体判断问卷结果的可信程度。依据经验，当 Cronbach α 信度系数<0.3 时，一般认为问卷结果不可信；当 Cronbach α 信度系数介于[0.3，0.4）时，认为勉强可信；当 Cronbach α 信度系数介于[0.4，0.5）时，比较可信；当 Cronbach α 信度系数在[0.5，0.9）时，一般认为可信；当 Cronbach α 信度系数≥0.9 时，其结果的可信程度就非常高了。比较常见的 Cronbach α 信度系数在 0.5～0.7 之间。

（二）效度

效度（validity）即有效性，是指测量工具或手段能够准确测出所需测量事物的程度。效度一般分为三种类型：内容效度、效标效度和建构效度。

1. 内容效度

内容效度（content validity）也称为逻辑效度，是指所设计的题项能否代表所要测量的内容或主题，用来验证测量目标与测量内容之间的适合性与相符性。一个测量要想具备较好的内容效度，必须使选出的项目能包含所测内容的主要方面，并且使各项目所占的比例适当。

在调查问卷的内容效度分析中，通常采用逻辑分析与统计分析相结合的原则。逻辑分析一般由研究者或专家评判所选题项是否符合测量的目的和要求；统计分析主要采用单项与总和相关分析法，即计算每个题项得分与题项总分的相关系数，根据相关性是否显著来判断是否有效。如果量表中有反意题项，应将其逆向处理后再计算总分。具体方法一般包括专家判断法、统计分析法、经验推测法和实验检验法等。

2. 效标效度

效标效度（criterion validity）又称为准则效度，是指用不同的测量方式或指标对同一概念进行测量，并将其中一种方式或指标作为效标，用其他的方式或指标与这个效标做比较，如果其他方式或指标也有效，那么这个测量即具备效标效度。根据时间跨度的不同，效标效度又可分为同时效度和预测效度。其中，同时效度是指测量工具具有描述目前现象的有效性；预测效度是指测量工具有预测未来的能力。

评价效标效度的方法是相关性分析或差异显著性检验，即根据确定的某种理论，选择一种指标或测量工具作为效标,分析问卷题项与效标的相关性,若二者的相关性显著,或者问卷题项对效标的不同取值、特性表现出显著差异,则为有效的题项。然而,在调查问卷的效度分析中,选择一个合适的效标往往十分困难,这使该方法的应用受到一定限制。

3. 建构效度

建构效度(construct validity)也称为结构效度,是指测量工具反映概念和命题的内部结构的程度,一般是通过将测量结果与理论假设相比较的方式来进行分析检验。如果用某一测量工具对某一命题(概念)测量的结果与该命题变量之间在理论上的关系相一致,那么这一测量就具有建构效度。建构效度分为收敛效度(convergent validity)与区别效度(discriminant validity)。其中,收敛效度是指相同概念里的项目,彼此之间相关度高;区别效度是指不同概念里的项目,彼此相关度低。

检验建构效度的基本步骤是:首先从某一理论出发,提出关于特质的假设,然后设计和编制测量项目,并进行 KMO 检验和 Bartlett 球形检验来测试是否适合应用因子分析法(一般要求 KMO 检验系数值大于 0.5 或 Bartlett 球形检验的 $p<0.001$),测试通过后,再对测量的结果采用相关性分析法或因子分析法等方法验证其与理论假设的相符程度。

在因子分析法下,一般采用验证性因子分析法来检验主要潜变量的收敛效度和区别效度(Anderson and Gerbing, 1988)。如果采用探索性因子分析法,则须提取公因子,各公因子与某一群特定变量是高度关联的,这些公因子即代表了量表的基本结构。通过因子分析可以考察问卷能否测量出研究者设计问卷时假设的某种结构。在因子分析的结果中,用于评价建构效度的主要指标有累积贡献率、共同度和因子负荷,其中,累积贡献率反映公因子对量表或问卷的累积有效程度,共同度反映由公因子解释原变量的有效程度,因子负荷反映原变量与某个公因子的相关程度(标准化因子负荷系数一般应大于 0.5)。[1]

(三) 非抽样误差的分析与控制

前已述及,在大多数情况下,非抽样误差是引发调查总误差的主要因素。它由两部分构成:一部分是回复误差(response error),是由于一些回应者不正确地回答问题而产生;另一部分是未回复误差(non-response error),是由于部分被调查者没有回复问卷而产生。

当问卷包含设计糟糕的问题时,受访者可能由于不理解这些问题而猜测或随意回答,导致系统性地扭曲了回复或放大了随机误差,削弱了问卷的效度(Diamond, 2000)。因此,研究者应当重视调查问卷的设计,包括问句的设计(参见本章第二节的讨论),同时重视预先测试(参见本章第三节的讨论)。

问卷的未回复误差可能会影响问卷调查法的效度。未回复误差对结论可推广性的影响不仅取决于回复率,而且取决于回复者和未回复者之间的系统性差异程度(Groves, 1989; Groves et al., 2002; Moore and Tarnai, 2002)。即使回复率低,如果未回复误差很小,那么问卷的结果仍可能具有推广性。然而,回复率和未回复误差不可能相互独立,因为一个具有较低回复率(比如低于20%)的问卷更可能包含自我选择的受访者,因而更可能产生与研究者关注的理论无关的结果(Mangione, 1995)。

---

[1] 关于研究者如何在具体研究中实施并报告信度和效度检验,一个较为规范的例文是殷俊明等(2014,会计研究),有兴趣的读者可参阅。

在会计研究中，最常见的未回复误差分析是对比较早回复者与随后回复者的差异的分析。这种方法的主要思想是，随后回复者相对于较早回复者更接近未回复者（Moore and Tarnai，2002）。研究者通常可以采取催收程序和未回复误差分析，对未回复误差加以控制和评估。

二、撰写调查研究报告

调查报告的完整性是调查结果可信度的重要指标之一（Diamond，2000）。在撰写应用问卷调查法的研究报告时，研究者应详细阐述调查目的、目标总体与调查总体、问卷设计、事前测试、样本设计（样本对象、样本规模、受访者的类型等）、度量的有效性和可靠性（即信度与效度）、回复率、催收程序、未回复误差分析等。Van der Stede，Young and Chen（2005，AOS；2007）的统计显示，在其统计的应用了问卷调查法的百余篇管理会计文献中，对问卷调查各要素的披露内容与披露程度存在较大差异。这意味着为了提升问卷调查类研究的可信度，撰写调研报告的规范性和严谨性需引起会计学者的更多重视。

此外，在有些研究中，调查报告结果只是一项较大型研究的一部分。一个特定的问卷调查是否为一个较大项目的一部分，对读者理解研究结果的背景条件十分重要，因此研究者有必要对此予以充分披露。

第五节 问卷调查法在会计学术研究中的应用示例

由于研究对象的内部性和大量重要数据的非公开性，在成本与管理会计、审计等研究领域，问卷调查法得到比较普遍的应用，尤其是当研究问题无法通过公开数据库进行档案式研究，或难以通过实地访谈等方式进行实地研究或案例研究时，问卷调查法能够发挥其独特价值。本节选取一篇应用问卷调查法的文献（Dunk，1993b，TAR），展示该方法在会计学术研究中的具体应用。

一、问题的提出

在以往文献中，有研究（如 Onsi，1973，TAR；Merchant，1985，AOS）认为，下级参与预算能加强上下级之间的沟通，从而减少下级业绩考核压力，进而减少预算松弛（budgeting slack）；也有研究（如 Lukka，1988，AOS）认为，下级参与预算编制意味着其有机会参与制定对自己有利的绩效考核指标，从而产生预算松弛，并可能通过虚报成本和低报收入两种方式获得预算松弛额度。由于这些研究的观点不同，证据也不一致，下级参与预算编制是否导致预算松弛，尚无定论。

在 Dunk（1989，AOS；1993a，AOS）的研究基础上，Dunk（1993b，TAR）认为，预算参与和预算松弛的关系不能一概而论，其与上级评价下级业绩时对预算的强调程度（budget emphasis）以及上下级之间的信息不对称程度（information asymmetry）有关。

二、理论分析与研究假设

（一）信息不对称

在该研究情境下，信息不对称的含义是下级拥有更多与预算制定相关的私人信息，这些信息若纳入预算制定标准的考量，可能对下级的业绩评价产生不利影响，但下级可以故意隐匿这些信息，从而导致预算松弛的产生。虽然预算参与可以加强上下级信息的沟通，减弱信息不对称程度，但无法完全消除的信息不对称，仍然可能导致预算松弛的产生。

（二）预算强调

下级之所以有动机为自己争取预算松弛额度，根本目的在于降低无法完成预算考核的可能性。如果上级将预算完成率作为一项核心的业绩考核指标，下级就有更强烈的动机在参与预算编制过程中为自己争取最大的松弛额度。因此，在业绩考核中过分强调预算也容易诱发预算松弛的产生。

（三）信息不对称、预算强调和预算参与的交互关系

预算参与是产生预算松弛的前提，若没有这一前提，下级在预算制定过程中的影响力有限，也就很难为自己创造预算松弛额度。在预算参与程度高的前提下，若信息不对称程度低而预算强调程度高，下级虽然有创造松弛额度的动机，却很难成功；若预算强调程度低而信息不对称程度高，下级创造松弛额度的动机可能没有那么强；如果预算强调和信息不对称程度都较高，那么下级争取预算松弛额度的动机和能力都很强，此时预算松弛产生的可能性最大。因此，当预算参与、信息不对称和预算强调的程度都较高时，预算松弛也越严重。

基于上述分析，作者提出以下原假设：

H_0：信息不对称、预算强调和预算参与三者对预算松弛的影响不存在交互关系。

三、研究方法

（一）样本选择

作者随机选取了澳大利亚悉尼地区 61 家雇员人数大于 100 人的制造业企业，通过电话沟通，有 118 位经理自愿参与问卷调查。为提高问卷回复率，作者又采用了电话催促程序，最终有 79 位经理进行了有效回复，回复率为 67%。回复者平均年龄为 42 岁，平均工作年限为 13 年，在目前职位上的工作时间平均为 4.5 年，回复者所在企业的雇员人数平均为 102 人。

（二）变量度量与数据处理

1. 预算松弛

作者使用 7 点式李克特量表对预算松弛程度进行度量，如表 6-2 所示。问卷中的调查项目主要基于预算目标实现的难易程度，其中 1 表示非常不同意，7 表示非常同意。该量表采用反向计分统计法[①]，得分较高则意味着预算松弛程度较低，而得分较低则意味着预算松弛程度越高。对数据进行因子分析后发现，第 1 项和第 3 项的因子负荷小于 0.5，

---

① 即在预算松弛量表中，预算松弛程度越高的项目，得分越低（即被调查者选"1. 非常不同意"时，研究者赋予最高分；被调查者选"7. 非常同意"时，研究者赋予最低分）；预算松弛程度越低的项目，得分越高（即被调查者选"1. 非常不同意"时，研究者赋予最低分；被调查者选"7. 非常同意"时，研究者赋予最高分）。

将这两项剔除。

表6-2 预算松弛量表

以下是有关您所在工作单位的预算环境的陈述,请您根据实际情况依照以下标准勾选数字1~7。
1. 非常不同意 2. 不同意 3. 比较不同意 4. 中立 5. 比较同意 6. 同意 7. 非常同意

(1) 在我的职责范围内,预算标准能够促进生产效率提高。	1 2 3 4 5 6 7
(2) 我职责范围内的预算目标比较容易达到。	1 2 3 4 5 6 7
(3) 由于预算限制,我必须严格控制我职责范围内的成本支出。	1 2 3 4 5 6 7
(4) 我职责范围内的预算要求并不十分苛刻。	1 2 3 4 5 6 7
(5) 预算目标未能让我特别关注我职责范围内效率的提高。	1 2 3 4 5 6 7
(6) 预算目标很难实现。	1 2 3 4 5 6 7

2. 信息不对称

表6-3列示了作者使用的信息不对称量表。基于信息不对称的含义,量表中包含6个调查项目,每个项目中,1表示上级较下级拥有更多信息,4表示上下级拥有等量信息,7则表示下级拥有更多信息。只有当6个项目的总得分大于24时,才表示下级拥有相对于上级的信息优势。作者在对数据进行分析后发现有7份量表的得分小于24,并将这7个观测剔除。

表6-3 信息不对称量表

请根据实际情况依照说明对以下问题做出选择:

(1) 与您的上级相比,针对您职责范围内的业务活动谁更拥有信息优势?

1	2 3	4	5 6	7
上级有信息优势		我们拥有相同质量的信息		我更有信息优势

(2) 与您的上级相比,谁对您职责范围内的经营活动的投入产出关系更加熟悉?

1	2 3	4	5 6	7
上级更加熟悉		我们的熟悉程度一致		我更加熟悉

(3) 与您的上级相比,谁对您职责范围内的业绩提升潜力更为确定?

1	2 3	4	5 6	7
上级更为确定		我们的确定程度相同		我更加确定

(4) 与您的上级相比,谁对您工作范围内的工作从技术层面更加熟悉?

1	2 3	4	5 6	7
上级更加熟悉		我们的熟悉程度一致		我更加熟悉

(5) 与您的上级相比,谁能对您职责范围内业务活动的外部因素的潜在影响做出更好的评估?

1	2 3	4	5 6	7
上级的评估水平更高		我们的评估水平相当		我的评估水平更高

(6) 与您的上级相比,谁对您职责范围内的工作能达到的水平有更深刻的认识?

1	2 3	4	5 6	7
上级的认识更深		我们的认识程度相当		我的认识更深

3. 预算强调

作者采用7点式李克特量表度量预算时强调,量表中仅有"预算完成"这一项调查项目,1表示完全无须完成预算考核,7表示预算是业绩考核的最重要指标。

4. 预算参与

作者采用Milani(1975,TAR)的方法,通过以下五个维度对管理层的预算参与进行衡量:(1)其参与预算制定的程度;(2)当修订预算时,领导为其辩护的理由;(3)其与领导讨论有关预算的频率;(4)其对最终预算的影响程度;(5)其对预算所做贡献的重要程度。

(三)研究模型

作者使用以下模型对假设进行检验:

$$Y = b_0 + b_1 X_1 + b_2 X_2 + b_3 X_3 + b_4 X_1 X_2 + b_5 X_1 X_3 + b_6 X_2 X_3 + b_7 X_1 X_2 X_3 + e_i \quad (6-2)$$

式中,Y为预算松弛;X_1为预算参与;X_2为信息不对称;X_3为预算强调。

四、研究结果

表6-4列示了式(6-2)各变量的描述性统计。在这项应用问卷调查法的研究中,作者在各变量的描述统计中专门报告了信度系数,这与通常的档案式研究有明显不同。表6-5列示了式(6-2)的回归结果。回归结果显示,b_7显著为负,这表明当预算参与、信息不对称和预算强调程度都较高时,预算松弛会降低,从而拒绝了作者提出的原假设。

表6-4 各变量描述性统计

变量	均值	标准差	实际范围	理论范围	信度系数
预算松弛	13.528	4.806	4~25	4~28	0.6833
预算参与	31.361	7.393	6~42	6~42	0.8892
信息不对称	31.972	5.098	24~42	24~42	0.7923
预算强调	5.778	1.153	2~7	1~7	n.a.

双变量相关性

	预算参与	信息不对称
信息不对称	0.11	
预算强调	0.147	0.061

表6-5 模型回归结果

变量	系数	系数值	标准误	t值	p值
常数项	b_0	170.400	85.35	2.00	0.050
预算参与	b_1	−4.869	2.723	−1.79	0.078
信息不对称	b_2	−5.081	2.59	−1.94	0.057
预算强调	b_3	−28.010	14.6	−1.92	0.059
预算参与*信息不对称	b_4	0.163	0.082	1.98	0.052
预算参与*预算强调	b_5	0.862	0.459	1.88	0.065
信息不对称*预算强调	b_6	0.933	0.444	2.10	0.040
预算参与*信息不对称*预算强调	b_7	−0.029	0.013	−2.16	0.035

注:$R^2=0.3$;$n=72$;$F_{7,64}=3.9$;$p=0.001$。

作者还以各变量均值为标准将各组子样本进行分类，构建了三维交互表（如表6-6所示）。该表显示，当预算参与程度高、预算强调程度高且信息不对称程度高时，该单元格的预算松弛程度是所有8个（2×2×2）单元格中最高的（因变量得分10.1，为最低得分）；当预算参与程度低、预算强调程度低且信息不对称程度低时，该单元格的预算松弛程度是所有8个单元格中最低的（因变量得分16.7，为最高得分），从而更直观地展示了预算参与、预算强调与信息不对称的交互效应。

表6-6 三维交互影响：预算松弛均值表

	低程度预算参与	高程度预算参与
低预算强调：		
低信息不对称	16.7（6.370）（$n=7$）	13.1（4.670）（$n=7$）
高信息不对称	15.8（4.981）（$n=7$）	16.7（2.510）（$n=5$）
高预算强调：		
低信息不对称	12.0（3.081）（$n=11$）	12.9（3.885）（$n=11$）
高信息不对称	15.0（5.268）（$n=9$）	10.1（4.357）（$n=15$）

注：表中数据为各组所包含样本预算松弛度均值，括号中为标准差。

五、研究结论与局限

该研究的最终结论是，预算参与和预算松弛的关系受到预算强调程度和信息不对称程度的影响。当预算参与、信息不对称和预算强调程度都较高时，预算松弛程度最严重；而当三者程度都较弱时，预算松弛程度最低。

作者指出，由于没有可以完全参照的研究成果，对信息不对称和预算强调两个变量的度量方法是自行设定的，其效度未经过独立验证（特别是预算强度的度量）。此外，该研究的样本来自悉尼地区的制造业企业，因此研究的外部效力可能有限。

本章结语

问卷调查法在会计学的研究中有一定的应用，但也颇受争议（Young，1996）。"世界充满了劣质的邮件问卷调查。邮件问卷调查之所以这样诱人，在于它外在的简单——写下一些问题、复制它们、传递给目标对象、等待返回以及分析问题的回答。然而，任何问卷过程都包含了许多需要认真考虑的重要步骤和特定的实施顺序。如果不清楚这些问题，就容易产生一个劣质的问卷产品"（Mangione，1995）。因此，研究者应当关注问卷调查法在问卷设计、实施和分析等环节中的特点并遵循有关原则。与国际主流期刊文献相比，我国会计学术研究中对问卷调查法的应用更少，且调研报告的规范性与严谨性更欠完善，尚处于非常初步的阶段（中央财经大学会计学院管理会计研究课题组，2010，会计研究），这也意味着问卷调查法在我国会计学术研究的应用有较大的改进和拓展空间。

本章主要参考文献

Anderson, J. C., and D. W. Gerbing. Structural Equation Modeling in Practice: A Review and Recommended Two-step Approach. *Psychological Bulletin*, 1988 (3): 411-423.

Assael, H., and Keon, J. Nonsampling vs. Sampling Error in Survey Research. *Journal of Marketing*, 1982, 46 (2): 114-123.

Brownell, P., and Dunk, A. Task Uncertainty and Its Interaction with Budgetary Participation and Budget Emphasis: Some Methodological Issues and Empirical Investigation. *Accounting, Organizations and Society*, 1991, 16 (8): 693-704.

Diamond, S. S. Reference Guide on Survey Research. In: *Reference Manual on Scientific Evidence*. 2nd ed. Washington, DC: The Federal Judicial Center, 2000: 229-276.

Dillman, D. *Mail and Telephone Surveys: The Tailored Design Method*. New York, NY: John Wiley & Sons, 1978.

Dillman, D. *Mail and Internet Surveys: The Tailored Design Method*. New York, NY: John Wiley & Sons, 1999.

Dunk, A. Budget Emphasis, Budgetary Participation and Managerial Performance: A Note. *Accounting, Organizations and Society*, 1989, 14 (4): 321-324.

Dunk, A. The Effects of Job-related Tension on Managerial Performance in Participative Budgetary Settings. *Accounting, Organizations and Society*, 1993a, 18 (7/8): 575-586.

Dunk, A. The Effect of Budget Emphasis and Information Asymmetry on the Relation between Budgetary Participation and Slack. *The Accounting Review*, 1993b, 68 (2): 400-410.

Groves, R. M. *Survey Errors and Survey Costs*. New York, NY: John Wiley & Sons, 1989.

Groves, R. M., Dillman D. A., Eltinge J. L., and Little R. J. A. *Survey Nonresponse*. New York, NY: John Wiley & Sons, 2002.

Hansen, S. C., and Van der Stede, W. A. Multiple Facets of Budgeting: An Exploratory Analysis. *Management Accounting Research*, 2004, 15 (4): 415-439.

Kwok, W. C., and D. J. Sharp. A Review of Construct Measurement Issues in Behavioral Accounting Research. *Journal of Accounting Literature*, 1998 (17): 137-147.

Luft, J., and Shields, M. D. Mapping Management Accounting: Graphics and Guidelines for Theory-consistent Empirical Research. *Accounting, Organizations and Society*, 2003, 28 (2/3): 169-249.

Lukka, K. Budgetary Biasing in Organizations: Theoretical Framework and Empirical Evidence. *Accounting, Organizations and Society*, 1988, 13 (3): 281-301.

Mangione, T. W. *Mail Surveys: Improving the Quality*. Beverly Hills, CA: Sage Publications, 1995.

Merchant, K. A. Budgeting and the Propensity to Create Budgetary Slack. *Accounting, Organizations and Society*, 1985, 10 (2): 201-210.

Milani, K. The Relationship of Participation in Budget-setting to Industrial Supervisor Performance and Attitudes: A Field Study. *The Accounting Review*, 1975, 50 (2): 274-284.

Moore, D. L., and J. Tarnai. Evaluating Nonresponse Error in Mail Surveys. In: R. M. Groves, D. A. Dillman, J. L. Eltinge, and R. J. A. Little (Eds). *Survey Nonresponse*. New York, NY: John Wiley

& Sons, 2002: 197 - 211.

Morgan, F. W. Judicial Standards for Survey Research: An Update and Guidelines. *Journal of Marketing*, 1990, 54 (1): 59 - 70.

Onsi, M. Factor Analysis of Behavioral Variables Affecting Budgetary Slack. *The Accounting Review*, 1973, 48 (3): 535 - 548.

Pinsonneault, A., and K. L. Kraemer. Survey Research Methodology in Management Information Systems: An Assessment. *Journal of Management Information Systems*, 1993, 10 (2): 75 - 85.

Van der Stede, W. A. The Relationship between Two Consequences of Budgetary Controls: Budgetary Slack Creation and Managerial Short-term Orientation. *Accounting, Organizations and Society*, 2000, 25 (6): 609 - 622.

Van der Stede, W. A. Measuring "Tight Budgetary Control". *Management Accounting Research*, 2001, 12 (1): 119 - 137.

Van der Stede, W. A., Young, S. M., and Chen, X. L. Assessing the Quality of Evidence in Empirical Management Accounting Research: The Case of Survey Studies. *Accounting, Organizations and Society*, 2005 (30): 655 - 684.

Van der Stede, W. A., Young, S. M., and Chen, X. L. *Doing Management Accounting Survey Research*. Handbook of Management Accounting Research. Elsevier Ltd., 2007, Volume 1: 445 - 478.

Young, S. M. Survey Research in Management Accounting: A Critical Assessment. In: A. J. Richardson. *Research Methods in Accounting: Issues and Debates*. CGA, Canada: Research Foundation, 1996.

殷俊明, 杨政, 雷丁华. 供应链成本管理研究: 量表开发与验证. 会计研究, 2014 (3): 56 - 63.

中央财经大学会计学院管理会计研究课题组. 管理会计研究方法体系框架的构建与应用: 基于国内外现有研究成果的初步分析. 会计研究, 2010 (5): 30 - 38.

第七章　实地研究方法

本章大纲

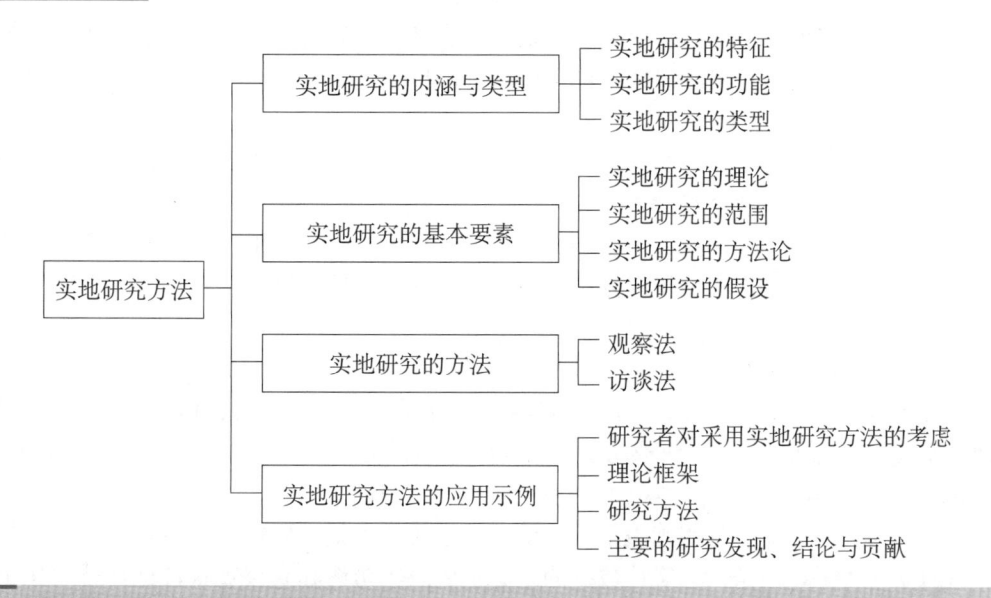

实地研究方法
- 实地研究的内涵与类型
  - 实地研究的特征
  - 实地研究的功能
  - 实地研究的类型
- 实地研究的基本要素
  - 实地研究的理论
  - 实地研究的范围
  - 实地研究的方法论
  - 实地研究的假设
- 实地研究的方法
  - 观察法
  - 访谈法
- 实地研究方法的应用示例
  - 研究者对采用实地研究方法的考虑
  - 理论框架
  - 研究方法
  - 主要的研究发现、结论与贡献

实地研究（field study）是会计学研究中一种重要的研究方法，特别在管理会计领域和审计领域有较多的应用。由于财务报表强制披露的原因，财务会计领域和财务管理领域的研究通常可以较为便利地获得研究数据。管理会计和审计的研究则不同，一方面，企业的管理会计信息以及会计师事务所的审计过程并非公开披露，无法获得有关的数据；另一方面，不同企业的管理会计实践（或不同会计师事务所的审计过程）往往存在较大差异，大样本数据的分析往往不能实现研究者对会计、审计实践活动的深入理解。本章主要介绍实地研究的内涵、类型、基本要素和主要方法。

第一节 实地研究的内涵与类型

一、实地研究的特征

(一) 三类归纳方式

到目前为止,对于什么是实地研究,不同的学者有不同的特征界定。归纳起来,可以分为三类。

第一类从实地研究的研究对象出发,认为实地研究区别于其他研究的一个重要特点是,实地研究人员必须与研究对象(比如某组织)的成员保持紧密和深度联系,同时实地研究项目来自实地研究者与组织之间的持续接触,而且访谈(interview)和直接观察(observation)是实地数据的主要来源[①](Ferreira and Merchant,1992,AAAJ)。

第二类基于实地研究与案例研究的区别进行定义,认为研究所包含的组织数量较多时属于实地研究,反之则是案例研究(Hagg and Hedlund,1979,AOS;Eisenhardt,1989,AMR)。

第三类从方法论的角度对实地研究进行界定。一个被广泛接受的观点认为,实地研究方法对于发展假设和构建理论是非常关键的,而其他的方法论工具对于检验理论更有效(Yin,2003)。Ferreira and Merchant(1992,AAAJ)发现,对于已经发表的管理会计领域的实地研究论文,应用实地研究方法的最主要目的是发展理论。

(二) 对三类归纳方式的评价

Anderson and Widener(2007)主张实地研究的特点在于研究人员与组织成员之间的互动与反应,而不应对数据获取方式、企业数量和研究目的施加约束。Anderson and Widener(2007)认为,上述三类归纳均存在一定的问题。

首先,第一类定义尽管明确表示实地研究的重要特征就是研究人员与企业组织成员存在紧密的互动关系,但是认为实地数据的来源主要限于访谈和直接观察,这样就弱化了调查数据、档案数据等数据收集方式在实地研究中可能发挥的积极作用。Anderson and Widener(2007)认为,只要数据能够直接从组织的关键成员处持续获得,数据的来源形态就不是定义实地研究的关键。

其次,第二类以研究企业的数量作为区分实地研究与案例研究的标准,这种分类方法默认企业(firm)是研究对象,但管理会计的研究中企业并不一定是最小的研究单元,研究对象还包括个人、工作团队或者组织的子单元等,因此忽略研究问题而一味地以企业数量作为定义实地研究的重要因素稍显武断。

最后,Yin(2003)和 Ferreira and Merchant(1992,AAAJ)均认为实地研究更多地用来构建理论而不是检验理论,最大的原因是实地研究中要获得检验所需样本量的成本很

---

① 传统的实地研究认为用邮件发放问卷的研究方式也属于实地研究的范畴,但是并不符合 Ferreira and Merchant(1992,AAAJ)对实地研究的定义。

高。但 Anderson and Widener（2007）认为当研究对象是个人、工作团队或者组织的子单元时，由于可获得的样本量增加，研究人员可以利用实地研究方法进行理论检验。

二、实地研究的功能

Yin（2003）认为实地研究的功能有三个：描述实践（describe practice）、构建理论（build theory）和检验假设（test hypotheses）。通常的过程是，首先仔细观察并对研究对象进行描述，接着发展理论，然后在不同背景下检验理论。

（一）描述实践的功能

描述性研究描述企业的实践，强调描述的客观性，需要尽量做到事先没有任何的理论指导，或研究者与所研究问题的利弊没有关系（Atkinson and Shaffir，1998，JMAR）。描述性研究对于发现新的研究问题有重要意义。比如在管理会计研究中，研究者认为，更多地采用图表或数据的方式来丰富管理会计实践的描述，是非常重要的（Tukey，1977；Tufte，2001）。

（二）构建（发展）理论的功能

需要说明的是，实地研究的构建或发展理论的功能必须建立在一个基础的理论之上。研究者通过在访谈和观察数据中发现以前未见过的现象，经过科学的分析和总结，形成对基础性理论的发展或在此基础上构建新的理论。在构建和发展理论的过程中，实地研究主要采用探索性（exploratory）研究的方法。

（三）检验假设的功能

实地研究中检验假设的功能是指，利用定量分析的方法去判断实地获得的数据是否表现出与理论假设的一致性。Atkinson and Shaffir（1998，JMAR）认为用来检验理论的实地研究需要满足以下四个条件：（1）检验的条件必须与理论潜在的假定或原理保持一致；（2）检验的设计必须清晰界定，并且有充分的理由说明检验结果能够支持某理论或与某理论不符；（3）检验所采取的方法必须保证无偏，即必须以合理的可能性发现能够证实理论或与理论不符的证据；（4）检验必须精确地界定和度量理论变量。

三、实地研究的类型

（一）定性实地研究（qualitative field research）

定性实地研究者认为，"社会真实是自然客观创造的，经由人类的介入而发生主观变化"（Chua，1986，TAR）。对于定性实地研究者而言，方法论和理论的任务是将实地看成社会现实。定性实地研究不仅是简单的经验研究，也是深奥的理论活动（Ahrens and Chapman，2007）。定性实地研究根据研究主题收集数据，研究方式看似讲故事，即"让我们告诉世界关于复杂社会生活的丰富故事吧（也仅限于此）"（Ahrens and Chapman，2007，p.300），其最大的用途是探索问题，创造可以被日后适当的科学方法验证的暂定理论。当然，定性实地研究并不意味着全然不使用任何量化数据，如会计数据。

(二) 定量实地研究 (quantitative field research)

定量实地研究是指使用量化数据，并采用参数和非参数的统计方法支持经验分析的实地研究 (Anderson and Widener, 2007)。当然，定量实地研究并不意味着在实地研究中不再需要通过观察和访谈等获得的定性数据。

既然定量实地研究的核心是采用统计方法进行研究，那么必须获得样本的差异性。定量实地研究需根据研究主题，研究不同时间段 (time period)、不同个体、不同组织单元或不同企业之间的差异。比如，Elder and Allen (2003，TAR) 调研了三家会计师事务所在两个时间阶段 (分别为 1994 年前后和 1999 年前后) 针对应收账款和存货项目的审计抽样实务，特别是这些审计抽样规模与审计师风险评估的关系及其发展趋势。

此外，定量实地研究对于研究数据也有明确的界定。一般而言，实地研究的定量数据可分为两大类：度量数据和潜在数据。度量数据是指在到达研究人员之前在组织和管理上可以直接获取并且可见的原始数据，比如会计数据 (如成本、预算、差异)、个人以及组织的绩效 (财务和非财务的)。潜在数据是指在组织中并不可见，需要通过研究人员的度量工具去发现的数据。

潜在的管理会计数据又可以分为两种：一种是可以由之前存在的度量数据衍生出的数据，比如对现有的定量数据进行计算获得的新的定量数据，如 Joshi et al. (2001，TAR) 利用钢铁企业的数据计算表示资本价格的新变量；另一种是必须通过研究人员的介入才能获得的数据，比如研究人员通过将访谈内容进行编码获得的数据。

第二节　实地研究的基本要素[①]

Silverman (1993) 认为实地研究包含 5 项基本要素，分别是理论 (theory)、范围 (domain)、方法论 (methodology)、假设 (hypothesis) 和方法 (method)。这 5 项要素及其基本关系见表 7-1。本节主要讨论实地研究中的理论、范围、方法论以及假设，第三节则专门讨论实地研究的具体方法。

表 7-1　实地研究的基本要素

内容	含义	相关问题	示例
理论	一系列的解释性内容	对于强调研究问题是有用的	代理理论、功能主义、管理控制理论
范围	数据收集的空间	对于强调研究问题是有用的	现场、国泰安数据库 (CSMAR)、历史档案、互联网
方法论	研究所采用的一般性方法	对于强调研究问题是有用的	定性研究、实证研究
假设	可检验的论点	有效性	管理会计和战略之间的关系
方法	具体的研究技术	与理论、假设、方法论和范围相适合	访谈、观察、问卷调查等

资料来源：Ahrens and Chapman (2007, p.301)。

---

① 本节主要参考了 Ahrens and Chapman (2007)。

一、实地研究的理论

实地研究的理论是指一系列解释性的内容，如代理理论、功能主义、管理控制理论等。近年来，一些实地研究尤其是定性实地研究显示出功能主义的倾向（Malmi，1997，MAR；Ahrens and Chapman，2004，CAR；Granlund and Taipaleenmaki，2005，MAR）。当然，实地研究并不要求一项研究只用一个理论来解释，某些时候利用几个理论来解释会更好。

实地研究往往会脱离理论指导，而一味地追求理论构建。Eisenhardt（1989，AMR）提出了一个关于实地研究如何构建理论的较为极端的观点，即"理论构建研究开始时应是不考虑理论和假设的理想状况"。此类想法导致的结果就是实地研究无法对现有的管理会计理论进行有益的补充（Ferreira and Merchant，1992，AAAJ）。即使是构建理论的实地研究，也应当存在与相应研究问题相关的基础性理论。

用于理论检验的实地研究，其成功要素是理论和检验之间的联系。理论确定了合适的研究背景和研究对象，帮助确定关键变量和信息，帮助选择合适的经验检验形式，如构建模型、确定相应的统计检验方法等。在此基础上，理论可以帮助实地研究人员确定研究所需的数据（包括定性和定量数据），这些数据将用来提出竞争性理论或者反驳某个具体理论。

二、实地研究的范围

实地研究的范围是指数据收集的场所、空间，如工厂、车间等，这个范围应当为实地研究的理论和研究目的服务。使用公开数据的大样本研究通常是为了得到一般性的均衡关系，如盈余公告的市场反应状况。实地研究者认为实地研究更应关注"异常值"（outlier），即通过对异常值的研究揭示总体中未被广泛知晓的新理论。异常对象可以是研究者自己选择的，或是由于采用一项新的管理会计工具而被识别的。

我们以 Davila（2005，AOS）的研究为例，简要说明如何选择实地研究的对象。Davila（2005，AOS）研究新兴的管理控制系统，但是很明显，利用美国上市公司的截面数据很难得到满意的结论，因为大量的公司并不处于新兴阶段。因此 Davila 有目的地将样本限定为成立时间不超过 10 年且员工数量超过 10 人的企业，这就能保证研究中的管理控制系统来自年轻的、具有成长性的企业，同时这些企业的一定规模能够保证对管理控制系统的需求。

在选取实地研究的范围时，另一个重要特征是典型组织（Anderson and Widener，2007）。例如 Anderson（1995，TAR）研究了产品组合复杂度对制造业绩的影响。在高级顾问的帮助下，研究者选择三家实施相应战略的知名公司的制造地点进行实地研究，并取得了相应的研究成果。

总之，对于实地研究而言，选择合适的研究范围需要考虑多方面的因素，包括数据的可获得性、作为研究对象的合适程度、合适的分析单元，以及能否应用充分的统计方法对数据进行检验等。

三、实地研究的方法论

根据方法论，实地研究可分为定性实地研究和定量实地研究两大类。定性实地研究与定量实地研究的区分并不仅仅是一个方法的问题，还牵涉到研究主题的方法论差异（Silverman，1993）。方法论文献对定性方法有自然主义、整体主义、解释性和现象性等各种说法（Tomkins and Groves，1983，AOS）。作为研究主题的一般研究方法，其不同于具体的实地研究方法，如观察、访谈和问卷调查。

需要说明的是，在实地研究中，不论是定性方法还是定量方法，都有一些共同使用的方法，比如两者都需要介入组织，收集和分析内部档案记录，计算统计指标，访谈组织人员，以及同时观察他们的工作。

四、实地研究的假设

实地研究中的实证研究（定量研究）通常会对假设进行精细陈述，并对基于目前文献建立的假设予以检验。定性实地研究方法则较少提及假设或检验，而是基于研究对象的相关关系的研究，通过主观判断（而非客观存在）来探究社会秩序的各个方面。

定性实地研究不突出假设，并不意味着对研究严谨性和可说明性的刻意否定，而是由于定性实地研究的环境经常发生变化，同时研究所针对的会计问题会随着环境的变化而变化。在实地研究中，假设倾向于表达为一个随着实地工作的进展而持续提出的观点。

例如，Covaleski and Dirsmith（1983，AOS）先描述了 Swierenga and Moncur（1975）关于分类收集医院预算数据的最初工作，但发现 Swierenga and Moncur（1975）的分类对于他们理解所访谈护士的反应没有任何帮助，因为这个分类没有反映他们需要研究的相关问题。随后，Covaleski and Dirsmith（1983，AOS）通过对其研究领域数据的理解，想到了制度理论，并基于此理论说明，参与访谈者（护士）的反应可以理解为与实地环境有关的、相互联系的一类反应，而不是相互独立和个别的反应。最后，Covaleski and Dirsmith（1983，AOS）通过对具体问卷进行统计分析，验证了他们提出的假设。在该例子中，作者先根据文献进行最初工作，通过访谈发现以往文献的分类方法并不适用，因此根据已获得的访谈资料重新寻找理论进行研究。由此可见，实地研究存在反复，需要根据实地工作的进展对研究设计进行持续的改进。

实地研究者通过长期从事某领域的研究工作，会增加对研究问题的洞察力（Anderson and Widener，2007）。与从已发表的研究中一点点收集正式的描述相比，定量实地研究中基于假设进行的各种实际工作对组织环境更加敏感。通过实地访谈，源于文献的假设可能被放弃或修正。经过长期的实地研究，研究者能够建立反映假设构建和数据准备过程的认识，但这些努力往往不会在发表的论文中反映出来。

第三节　实地研究的方法[①]

在具体进行实地研究时，采用的方法一般包括观察、访谈和问卷调查。[②]

[①] 本节主要参考了 Van der Stede et al.（2007）。
[②] 第六章已对问卷调查法做了较为详细的讨论，本节不再重复。

一、观察法

观察法（observation）是指研究者根据一定的研究目的、研究提纲或观察表，用自己的感官和辅助工具去直接观察研究对象，从而获得资料的一种方法。科学的观察具有目的性、计划性、系统性及可重复性。

常见的观察法有：核对清单法、级别量表法、记叙性描述。一般利用眼睛、耳朵等感官去感知观察对象。由于人的感官具有一定的局限性，观察者往往要借助各种现代化的仪器和手段，如照相机、录音机、录像机等来观察。

二、访谈法

访谈法（interview）又称晤谈法，是指通过研究者和受访人面对面的交谈来了解研究对象的研究方法。因研究问题的性质、目的或对象不同，访谈法有不同的形式，一般分为结构化访谈、非结构化访谈和半结构化访谈三类。

（一）结构化访谈

结构化访谈也称标准式访谈。它要求有一定的步骤，由访谈者按事先设计好的访谈调查提纲依次向被访者提问并要求被访者按规定标准回答。这种访谈严格按照预先拟定的计划进行，其最显著的特点是访谈提纲的标准化，可以把调查过程的随意性控制到最小，能比较完整地收集到研究所需要的资料。

这类访谈有统一设计的调查表或访谈问卷，访谈内容已在计划中做了周密安排。访谈计划通常包括：访谈的具体程序、分类方式、问题、提问方式、记录表格等。

结构化访谈采用标准程序，信息指向明确，谈话误差小，能以样本推断总体，便于对不同对象的回答进行比较、分析。这种访谈常用于正式的、较大范围的调查，相当于面对面提问的问卷调查。定量研究通常采用结构化访谈。

（二）非结构化访谈

非结构化访谈也称自由式访谈。非结构化访谈事先不制定完整的调查问卷和详细的访谈提纲，也不规定标准的访谈程序，而是由访谈者按一个粗线条的访谈提纲或某个主题与被访者交谈。

这种访谈是访谈双方相对自由和随便的访谈，具有较大的弹性，能根据访谈者的需要灵活地转换话题，变换提问方式和顺序，追问重要线索，通过这种访谈方式收集的资料较为深入和丰富。定性研究、心理咨询和治疗常采用这种非结构化的深度访谈。

（三）半结构化访谈

还有一种访谈形式是介于结构化访谈和非结构化访谈之间的半结构化访谈。在半结构化访谈中，有调查表或访谈问卷，有结构化访谈的严谨和标准化的题目。访谈者虽然对访谈结构有一定的控制，但仍给被访者留有较大的表达自己观点和意见的空间。访谈者事先拟定的访谈提纲可以根据访谈的进程随时调整。半结构化访谈兼有结构化访谈和非结构化访谈的优点，它既可以避免结构化访谈缺乏灵活性、难以对问题做深入探讨等局限，也可以避免非结构化访谈费时费力、难以做定量分析等不足。

在定性研究中，初期多运用非结构化访谈，以了解被访者关注的问题和态度，随着研究的深入，逐渐进行半结构化访谈，对此前访谈中的重要问题和疑问进一步提问和追问。

（四）利用访谈数据进行的研究

访谈除了能够进行定性研究外，也能够进行定量研究。为了能够利用访谈数据进行统计分析，需要对访谈数据进行编码（code）。例如，Davila（2005，AOS）为了度量公司的经营战略，将访谈数据进行编码。公司的创始人和CEO被要求描述"公司独特的竞争优势"，同时有两位研究助理将被访者的访谈内容按照事先确定的企业5类战略类型进行编码。

Malina and Selto（2001，JMAR）则几乎完全依靠访谈法研究平衡计分卡在美国制造企业的应用。他们通过识别所有能够对平衡计分卡的效果产生影响的因素进行分析，来提高其研究的有效性。由于他们不确信现有的管理控制与组织沟通理论能够识别出所有的影响因素，仅将平衡计分卡作为客观事实进行研究，因此他们最初倾向于更自由的数据收集方式，给被访谈者自由表达的机会。随后他们进行了一系列的半结构化访谈，然后分析这些数据，对案例企业中与平衡计分卡相关的各类假设进行统计测试。虽然 Malina and Selto（2001，JMAR）关注对组织过程及其内涵的理解，但他们揭示平衡计分卡职能的客观现实却在很大程度上依赖于事前对平衡计分卡在企业中应用的客观分析。

第四节　实地研究方法的应用示例

为了更加直观地展示实地研究的程序，本节以 Malmi and Ikäheimo（2003，MAR）为例进行说明。该文通过对芬兰不同行业的大型企业的实地研究，考察了价值管理工具在这些企业的应用情况。首先，作者在引言部分较为详细地论述了为何采用实地研究方法进行研究；随后，作者回顾了价值管理的相关文献；接着，作者详细介绍了这篇论文采用的研究方法；然后是作者的详细分析过程；最后是作者对研究结论的讨论和总结。本节主要按照实地研究的程序展示该文的基本结构与内容。

一、研究者对采用实地研究方法的考虑

在 Malmi and Ikäheimo（2003，MAR）之前，有不少研究价值管理（VBM）和经济增加值（EVA）的论文，但是以往文献主要关注价值管理和经济增加值对企业绩效的影响，如 Wallace（1997，JAE）发现采用 EVA 或其他剩余收益指标作为激励计划的企业会比没有采用相应激励计划的企业获得更好的财务业绩和股市业绩。价值管理如何影响企业的内部管理？不同企业的价值管理实践存在怎样的差别？这些问题没有得到很好的回答。一方面，企业内部管理和价值管理实践的数据无法像财务数据和股票价格那样容易获取；另一方面，不同行业的企业价值管理实践会随行业特征的不同而存在显著差异。因此，这篇论文采用实地研究方法深入分析企业中的价值管理实践活动。

二、理论框架

作者在该部分首先对价值管理进行了界定,认为在企业内部,价值管理活动就是一种管理会计控制系统(Management Accounting and Control System,MACS)。然后作者回顾了管理会计控制系统和价值管理的各种框架结构。最后将价值管理分为两大部分、六个维度:第一部分是管理控制,包括目标战略、业绩评价、目标设定和薪酬激励四个维度;第二部分是对决策制定的影响,包括战略决策和运营决策两个维度。

理论框架部分的分析明确了究竟什么是这篇论文需要研究的价值管理活动,为后续的实地研究打下了较为坚实的基础,明确了如何去分析和比较不同企业的价值管理实践活动。

三、研究方法

(一)样本选择

在研究方法部分,作者首先描述了之所以采用芬兰的企业作为实地研究对象,主要是源于一家咨询机构在1998年对芬兰公司所做的一项调查[①],该调查报告显示98%的芬兰大企业的老总都宣称其公司采用了基本的价值管理,同时有17%的经理人宣称其所在企业深入应用了价值管理。

在确定以芬兰公司作为实地研究的对象后,作者决定采用基于访谈的实地研究。选择样本公司的程序是:首先锁定不同行业中宣称采用了价值管理的大规模公司,然后寻找该行业内未采用价值管理的配对样本以保证能够进行对比研究,最终选择了五家公司。但是由于一家公司不同意进行访谈研究,经过初步访谈发现另一家公司并没有深入采用价值管理,因此只能将这两家公司剔除,并重新选择两家公司作为样本。

(二)数据获取

实地研究的数据来自访谈记录和文档。作者访谈了每家公司的CFO和负责公司发展的人员,同时访谈了部分CEO和事业部经理人,共计有15人接受了访谈。访谈是半结构化的,每个访谈持续时间是60~90分钟,所有的访谈均被录音。文档数据包括年度报告、任务书、内部指引以及计算EVA所需要的各种资料。

四、主要的研究发现、结论与贡献

作者根据收集的数据,参照第二部分设定的分析框架,从管理控制和决策支持两大部分六大维度对数据结果进行分析。

首先,就EVA对内部管理的影响而言,有两家公司尽管宣称使用了基于EVA的价值管理,但EVA的应用对公司战略、投融资、业绩评价等并没有产生实质影响;此外,用于计算EVA的资本成本率没有适时进行调整,薪酬也没有与EVA考核挂钩。另外四家公司的EVA应用则影响到公司的管理控制和决策,但基于EVA的考核一般仅仅在事

---

① PA Consulting Group. Omistuksen Arvoon Pohjautuva Johtaminen:Tutkimus Suomalalsyrityksisita 1998. Managing Shareholder Value:A Study in Finish Organizations in 1998,1999.

业部层面实施。

其次，作者根据实地研究的结论讨论了不同企业 EVA 实践产生差异的原因。他们认为：其一，外部资本市场的压力引发了不同经理人采用价值管理的动机差异。国际化程度更高的企业在采纳 EVA 时能更好地将 EVA 与管理控制和决策相联系，而受国内市场保护的企业则不会有实质性的变化。其二，组织权力和政治形势会影响 EVA 的应用。比如，当 EVA 由首席执行官（CEO）推动时能够促进管理控制和决策，而由财务总监（CFO）推动时，EVA 仅成为一个单纯的业绩评价指标。其三，价值管理没有产生实质性效果的公司往往来自受管制的市场，在这样的公司不会强调单一利益相关者（如股东）的利益。

最后，根据实地研究的结果，作者进一步总结了价值管理的四个要点：(1) 以创造股东价值为目标；(2) 明确价值驱动因素；(3) 将业绩评价、目标设定和激励与价值创造相联系；(4) 将决策和行动计划（如战略和运营方面的决策和行动计划）与价值创造相联系。

综上，通过实地研究，Malmi and Ikäheimo（2003，MAR）增进了人们对价值管理活动及其潜在影响的认识，特别是价值管理实践到底如何影响企业的内部管理，以及不同企业的价值管理活动及其效果存在何种差异。

本章结语

一位进行实证财务会计研究的著名学者曾经警告说，实地研究是"高风险"的职业策略。然而，对于致力于理解自然状态下的会计现象的研究者来说，一个明显的反应可能是其他的路径更有风险。我们希望通过本章的讨论，提高研究者对实地研究方法的重视程度，改进研究者应用实地研究方法的效果。

本章参考文献

Ahrens, T., and C. S. Chapman. Accounting for Flexibility and Efficiency: A Field Study of Management Control Systems in a Restaurant Chain. *Contemporary Accounting Research*, 2004, 21 (2): 271 – 301.

Ahrens, T., and C. S. Chapman. Doing Qualitative Field Research in Management Accounting: Positioning Data to Contribute to Theory. *Handbook of Management Accounting Research*, 2007, 1: 299 – 318.

Anderson, S. W. Measuring the Impact of Product Mix Heterogeneity on Manufacturing Overhead Cost. *The Accounting Review*, 1995, 70 (3): 363 – 387.

Anderson, S. W., and S. K. Widener. Doing Quantitative Field Research in Management Accounting. *Handbook of Management Accounting Research*, 2007, 1: 319 – 342.

Atkinson, A. A., and W. Shaffir. Standards for Field Research in Management Accounting. *Journal of Management Accounting Research*, 1998 (10): 41 – 68.

Chua, W. F. Radical Developments in Accounting Thought. *The Accounting Review*, 1986, 61 (4): 601 – 632.

Covaleski, M. A., and M. W. Dirsmith. Budgeting as a Means for Control and Loose Coupling. *Accounting, Organizations and Society*, 1983, 8 (4): 323-340.

Davila, T. An Exploratory Study on the Emergence of Management Control Systems: Formalizing Human Resources in Small Growing Firms. *Accounting, Organizations and Society*, 2005 (30): 223-248.

Eisenhardt, K. M. Building Theories from Case Study Research. *Academy of Management Review*, 1989 (14): 532-550.

Elder, R. J., and R. D. Allen. A Longitudinal Field Investigation of Auditor Risk Assessments and Sample Size Decisions. *The Accounting Review*, 2003, 78 (4): 983-1002.

Ferreira, L. D., and K. A. Merchant. Field Research in Management Accounting and Control: A Review and Evaluation. *Accounting, Auditing & Accountability Journal*, 1992 (5): 3-34.

Granlund, M., and J. Taipaleenmaki. Management Control and Controllership in New Economy Firms-A Life Cycle Perspective. *Management Accounting Research*, 2005, 16 (1): 21-57.

Hagg, I., and G. Hedlund. Case Studies in Accounting Research. *Accounting, Organizations and Society*, 1979 (4): 135-143.

Joshi, S., R. Krishnan, and L. Lave. Estimating the Hidden Costs of Environmental Regulation. *The Accounting Review*, 2001 (76): 171-198.

Malina, M., and F. Selto. Communicating and Controlling Strategy: An Empirical Study of the Balanced Scorecard. *Journal of Management Accounting Research*, 2001 (13): 47-90.

Malmi, T. Towards Explaining Activity-based Costing Failure: Accounting and Control in a Decentralized Organization. *Management Accounting Research*, 1997, 8 (4): 459-480.

Malmi, T., and S. Ikäheimo. Value Based Management Practices-Some Evidence from the Field. *Management Accounting Research*, 2003, 14 (3): 235-254.

Silverman, D. *Interpreting Qualitative Data*. London, UK: Sage Publications, 1993.

Swierenga, R. J., and R. H. Moncur. *Some Effects of Participative Budgeting on Managerial Behavior*. New York, NY: National Association of Accountants, 1975.

Tomkins, C., and R. Groves. The Everyday Accountant and Researching His Reality. *Accounting, Organizations and Society*, 1983, 8 (4): 361-374.

Tufte, E. R. *The Visual Display of Quantitative Information*. Cheshire, CT: Graphics Press, 2001.

Tukey, J. W. *Exploratory Data Analysis*. Reading, MA: Addison-Wesley Publishing, 1977.

Van der Stede, W. A., S. M. Young, and X. L. Chen. Doing Management Accounting Survey Research. *Handbook of Management Accounting Research*, 2007, 1: 445-478.

Wallace, J. S. Adopting Residual Income-based Compensation Plans: Do You Get What You Pay For?. *Journal of Accounting and Economics*, 1997, 24 (3): 275-300.

Yin, R. K. *Case Study Research: Design and Methods*. Beverly Hills, CA: Sage Publications, 2003.

第八章　案例研究方法

本章大纲

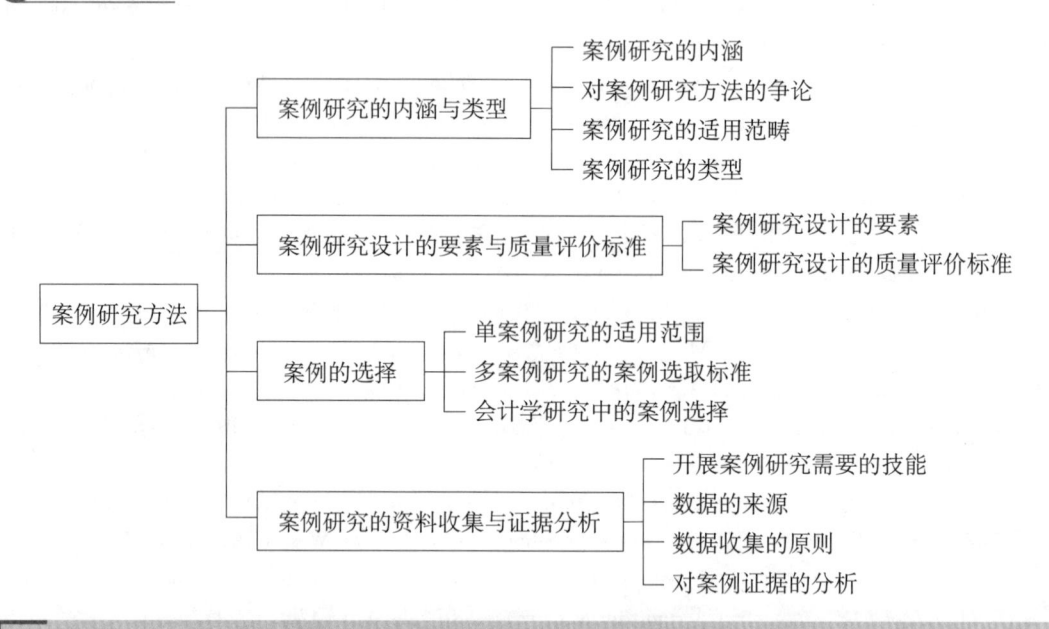

- 案例研究方法
  - 案例研究的内涵与类型
    - 案例研究的内涵
    - 对案例研究方法的争论
    - 案例研究的适用范畴
    - 案例研究的类型
  - 案例研究设计的要素与质量评价标准
    - 案例研究设计的要素
    - 案例研究设计的质量评价标准
  - 案例的选择
    - 单案例研究的适用范围
    - 多案例研究的案例选取标准
    - 会计学研究中的案例选择
  - 案例研究的资料收集与证据分析
    - 开展案例研究需要的技能
    - 数据的来源
    - 数据收集的原则
    - 对案例证据的分析

> 案例研究（case study）作为一种研究方法运用于诸多领域。个案分析可以使我们深入了解社会、组织、政治、企业等相关领域。案例研究已经成为心理学、社会学、管理学、经济学等相关学科必不可少的工具。那么，什么是案例研究？案例研究是否具有价值？什么样的案例研究算是高质量的研究？如何根据研究问题选择所需案例？如何收集相关案例研究所需资料？收集完资料又该如何分析？本章基于案例研究的重要方法论文献（如 Yin, 1994a, EP; Yin, 1994b; 罗伯特·K. 殷, 2004; Cooper and Morgan, 2008, AH)，讨论了案例研究的一些基本方法及其在会计学研究中的应用。

第一节 案例研究的内涵与类型

一、案例研究的内涵

Ernest Dale 于 1960 年出版的著作《伟大的组织者》（*The Great Organizers*）是早期企业管理领域案例研究的典范。该书以案例形式对杜邦等公司的管理实践进行演绎和归纳，总结了这些跨国公司的成功管理经验，为其他企业的管理提供了参考。在社会科学领域，进行案例研究的论文不少，但长期以来不同领域的研究者对案例研究持有不尽相同的认识。

Yin（1994a，EP）给出了一个经典定义，即案例研究是一种经验主义的探究（empirical inquiry），它研究现实生活中的现象。在这样一种研究情境中，现象本身与其背景之间的界限不明显，（研究者只能）大量运用事例证据来展开研究。

围绕这一定义，人们逐步就案例研究的性质、研究对象及其作用形成以下看法：

首先，案例研究是一种经验性的研究，而不是一种纯规范性的研究。案例研究的意义在于回答"为什么"和"怎么样"的问题（Yin，1994a，EP；Stake，2000），而不是回答"应该是什么"的问题。

其次，案例研究的研究对象是现实社会经济现象中的事例证据与变量之间的相互关系。特定的研究对象决定了案例研究属于现象学（phenomenological）的研究范畴。案例研究也是理解特定情况或特定条件下（单一事件中的）行为的过程。在研究过程中，人们可以将研究重点放在捕捉社会经济现象片段的真实细节上，而无须预先严格设定或梳理清楚其中蕴藏的诸多变量之间的复杂关系。不过，由于案例研究往往只是用于分析社会经济现象的一个片段，即一个相对狭小的研究领域的某一局部性问题，很多情况下，案例本身需要概括和抽象。

再次，案例研究的研究对象是社会经济现象中不同变量之间的相互关系，这决定了案例研究应当是一个完整的体系。要通过案例（单一事例或有限事例）得出归纳性的结论或预测未来时，研究者必须对事例所涉及的各部分的互相依赖关系及这些关系发生的方式进行深入的研究。只有在保证案例研究整体性这一前提下，案例研究的结论——案例本身作为一个完全的、被准确界定的个体样本所揭示出来的规律及相关研究结论，才有可能推广应用到更广泛的、具有相似性的群体中。

最后，在被研究的现象难以从其背景中抽象、分离出来的研究情境中，案例研究是一种行之有效的研究方法。它可以获得其他研究手段所不能获得的数据、经验知识，并以此为基础来分析不同变量之间的逻辑关系，进而检验和发展已有的理论体系。案例研究不仅可以用于分析受多种因素影响的复杂现象，还可以满足那些开创性的研究，尤其是以构建新理论或精练已有理论中的特定概念为目的的研究需要。此外，案例研究作为一种教学方法，有助于提高学生的判断力、沟通能力、独立分析能力和创造性地解决问题的能力。

二、对案例研究方法的争论

尽管案例研究的支持者提出了案例研究的重要作用和价值,仍然有不少针对案例研究方法的争论甚至是负面评价。

(一)案例研究是否需要预设的理论框架

有研究者认为,案例研究往往需要以某些理论框架,或起码以某些假设或某些理论倾向为起点,进而对数据进行分析,否则会不知从何入手。

也有一些研究者主张在不具有预先存在的理论或概念框架的前提下进行案例分析,并完全基于数据分析结果建构一个理论框架。他们主张要保持开放灵活的态度,充分让数据本身去说明问题。研究者至少应当准备质疑、修改甚至否定他们原来用于分析数据的概念或理论框架。

(二)案例研究的科学推论能力

从事案例研究的人经常受到的一个质疑是:"你怎么可以基于一个或几个案例研究的结果做出理论上的概括?"换言之,很多人认为案例研究不能为科学推论提供基础。

案例研究的支持者则反驳,案例并不旨在从小数目的案例推论到全体,而是旨在进行理论上的扩展或概括。即使基于一个或几个案例,案例研究仍然可以提出新的理论主张(理论假设)。此外,支持者认为,对实验研究也可以进行同样的批评,但很少有人对实验研究提出质疑。

(三)案例研究的证据取舍问题

在开展案例研究时,因为研究者对事件不具有控制能力,所以他们必须对情境和收集到的数据作出取舍,并决定在后续的研究中以怎样的方式收集何种数据。这就要求研究者能清楚地了解研究的目的和研究的问题,并且不断地问自己到底想要研究什么问题、目前所收集到的数据是否有助于回答这个问题。否则,研究者可能会面临收集了大量的数据之后却发现其中大多数数据与自己研究的问题并不相关的危险。

相应地,有批评者提出,案例研究是研究者对所收集数据的主观诠释,因此缺乏严谨性,一些研究者存在一种为了得出某个结论而取舍数据的倾向。

三、案例研究的适用范畴

在决定采用某种研究方法之前通常需要考虑两个条件:其一,该研究所要回答的问题的类型是什么;其二,研究者对研究对象及事件的控制程度如何。

关于第一个条件(研究问题的类型),主要涉及"谁""什么""哪里""怎样""为什么"。"什么"类问题可以是探究性的。例如,"内部控制能改善会计信息质量吗?"对于这类问题,我们可以使用问卷调查、实验研究、案例研究或综合使用这几种方法。研究者可以给企业发放一张列表,上面罗列出对内部控制制度的各种陈述,请企业员工指出这些陈述在多大程度上反映了其对会计信息加工流程的积极影响,也可以请企业员工在实验条件下完成一些任务,同时可以开展针对实施内部控制后员工行为是如何蕴含在他们的日常活动中的案例研究。

"什么"类问题也可以是关于"多少"和"多大程度"的问题。要回答这类问题，调查和档案研究的方法比案例研究要好。同样，有关"谁"和"哪里"的问题最好也采用调查的方法。"怎样"和"为什么"之类的问题是解释性的，对这类问题可以开展实验、案例研究和历史研究。

关于第二个条件（对研究对象及事件的控制程度），当我们不能控制研究对象及事件时，可以使用案例研究，而此时进行实验研究显然是不合适的。

因此，案例研究方法的适用范畴是：（1）问题要与当前在真实环境中发生的事件和行为有关；（2）研究者对事件没有控制或控制极少；（3）研究"怎样"或"为什么"的问题。

在开展案例研究时，可能需要运用多种方法。除了把历史研究（使用文献和实物资料）当作案例研究的一个部分外，还可以使用各种各样的证据，如访谈、（参与型和非参与型的）观察。研究者应牢记，选择何种研究策略并不是绝对的，应依据要研究的问题采取综合的方法。

四、案例研究的类型

根据不同的标准，案例研究可以分为不同的类型。服务于不同类型案例研究的方法是不同的，一些案例研究方法只适用于特定的案例研究类型，也有一些案例研究可以综合应用多种方法。

（一）根据研究任务的不同进行分类

1. 五分法

根据研究任务的不同，案例研究方法可分为五种类型（Scapens，1990，BAR；Hussey and Hussey，1997），即探索型（exploratory）、描述型（descriptive）、例证型（illustrative）、实验型（experimental）及解释型（explanatory）的案例研究。

探索型案例研究往往会超越已有的理论体系，运用新的视角、假设、观点和方法来解析社会经济现象，这类研究以为新理论的形成做铺垫为己任，其特点是缺乏系统的理论体系的支撑，相关研究成果非常不完善。

在已有理论框架下，当研究者希望对企业实践活动做出详尽的描述时，可以采用描述型案例研究方法；当研究者希望阐述企业的创造性实践活动或企业实践的新趋势时，可以采用例证型案例研究方法；当研究者希望检验一个企业中新实践、新流程、新技术的执行情况并评价其收益时，可以采用实验型案例研究方法。

解释型案例研究则适用于运用已有的理论假设来理解和解释现实中企业实践活动的研究任务。

2. 四分法

根据研究任务的不同进行分类，也可将案例研究方法分为探索型、描述型、解释型和评价型（evaluation）四种。Bassey（1999）形象地描述了这四种不同类型的案例研究方法：

探索型案例研究侧重于提出假设，任务是寻找（新）理论（theory-seeking）。

描述型案例研究侧重于描述事例，任务是讲故事（story-telling）或画图画（picturedrawing)。

解释型案例研究侧重于理论检验（theory-testing）。

评价型案例研究侧重于就特定事例作出判断。

3. 其他分类

还有一些学者将案例研究方法分为三种类型，即探索型、描述型和解释型。也有学者将解释型称为分析型（analytical）。另有学者将探索型和描述型之外的案例研究统称为方法组合型（combined methodology）案例研究。

4. 小结

可以看到，无论是五分法、四分法还是其他分类，人们对探索型和描述型这两种类型案例研究的内涵基本没有争议，这两种类型分别对应着超出现有理论框架解释范围的和完全在现有理论框架解释范围之内的案例研究，而分歧主要集中于那些立足于现有理论框架但又尝试有所突破、发展的案例研究的分类及其属性上。

（二）根据研究中运用案例数量的不同进行分类

案例研究一般是通过选择一个或几个案例来说明问题。根据实际研究中运用案例数量的不同，案例研究可以分为单一案例（single case）研究和多案例（multiple cases）研究。

单一案例研究主要用于证实或证伪已有理论假设的某一方面问题，也可以用于分析一个极端的、独特的和罕见的管理情境。通常单一案例研究不适用于系统构建新的理论框架。偏好单一案例研究方法的学者认为，单一案例研究能够深入地揭示案例所对应的经济现象的背景，以保证案例研究的可信度。

在多案例研究中，研究者首先要将每一个案例及其主题作为独立的整体进行深入的分析，这称作案例内分析（within-case analysis）；依托于同一研究主旨，在彼此独立的案例内分析的基础上，研究者将对所有案例进行归纳、总结，并得出抽象的、精辟的研究结论，这一分析称作跨案例分析（cross-case analysis）。多案例研究能够较全面地反映案例背景的不同方面，尤其是在多个案例同时指向同一结论时，案例研究的有效性将显著提高。

第二节 案例研究设计的要素与质量评价标准

一、案例研究设计的要素

研究设计本质上是用实证数据把需要研究的问题和最终结论连接起来的逻辑顺序，也是一种进行论证的逻辑模式，这种模式能够使研究者对研究中各变量之间的因果关系进行推论（Yin, 1994b）。研究设计需要注意五个要素。

（一）研究问题

案例研究最适合回答"怎么样"和"为什么"的问题，因此，案例研究首先应准确分析要研究的问题的性质。

例如，如果一项交易是基于长期的且具有交易专用性特征的投资，那么为了避免重复进行讨价还价，当事人可能会事先在他们签订的长期合同中规定未来交易的具体条款（Klein，Crawford and Alchian，1978，JLE；Williamson，1979，JLE）。长期合同的一个主要局限性是难以灵活应对未来供给和需求的波动。虽然长期合同中相机索取权（contingent claim）的条款允许合同对变化的环境进行一定的适应，但要在合同中规定何为相机履约的成本是高昂的，而依靠法院强制执行也是困难的。那么在实践中，当事人是怎样应对的呢？这类问题属于"怎么样"的研究问题，适合采用案例研究。

再比如，当几艘船共同出海时，经常发生这种情况，一艘船击中一只鲸鱼，又让它逃脱，后来为另一艘船所捕获……或者经过一段艰苦危险的追捕终于捕到一只鲸鱼，但暴风雨致使鲸鱼逃脱，另一只捕鱼船不劳而获。在这些情况下，怎么样分配财富最合理？为什么（Ellickson，1989，JLEO）？这类问题属于"为什么"的研究问题，也适合采用案例研究。

（二）理论假设或主要理论预期

对于案例研究来说，不管接下来是提出理论还是验证理论，在研究设计阶段进行理论建构（theory development）都是极为重要的。与其他实证研究方法一样，案例研究可以验证理论，也可以对理论进行修正。在进行案例研究时，我们可以先根据现有理论推导出研究假设，然后结合案例进行研究。

例如，我们要研究纵向一体化与公司绩效的关系问题。纵向一体化又叫垂直一体化，指企业将生产与原料供应，或者生产与产品销售结合在一起的战略形式，包括后向一体化战略和前向一体化战略，也就是使经营领域向深度发展的战略。①

企业实行一体化战略，特别是纵向一体化战略，可以将关键的投入资源和销售渠道控制在自己的手中，从而使行业的新进入者望而却步，遏制竞争对手进入本企业的经营领域。企业通过实施一体化战略，不仅保护了自己原有的经营范围，而且扩大了经营业务，同时还限制了所在行业的竞争程度，使企业对定价有了更大的自主权，从而获得较高的利润。IBM即是采用纵向一体化的典型。该公司生产计算机的微处理器，设计和组装计算机，生产计算机所需要的软件，并直接销售最终产品给用户。

同时，纵向一体化迫使企业依赖自己的场内活动而不是外部的供应源，这样做所付出的代价可能随时间的推移比外部寻源还高昂。产生这种情况的原因有很多，比如，纵向一体化可能切断来自供应商及客户的技术流动。如果企业不实施一体化，供应商经常愿意在研发、工程等方面积极支持企业。再如，纵向一体化意味着通过固定关系来进行购买和销售，上游单位的经营激励可能会因为内部销售而有所减弱。反过来，在从一体化企业内部某个单位购买产品时，企业不会像与外部供应商做生意时那样激烈地讨价还价。因此，内部交易会减弱员工降低成本、改进技术的积极性。

综合纵向一体化这两方面的理论分析，我们可以通过案例研究检验纵向一体化对公司

---

① 后向一体化战略是指企业自行生产其生产链上的上游产品，如纺织企业拥有自己的热电厂，为纺织企业提供所需的电力和蒸汽。前向一体化战略是指企业自行生产其生产链上的下游产品，向产品的深加工和流通领域发展，如纺织企业自己进行印染和服装加工。

绩效特别是长期绩效的影响。当然还可以进一步分析，在什么市场环境或外部条件下，实施纵向一体化对改善公司绩效有利。

此外，我们也可以通过案例研究推导出理论，这就具有了探索型案例研究的特点。

（三）分析单位或主要案例分析对象

对分析单位的不同界定会导致研究方法及资料收集方法不同。如果进行案例研究时你无法确定哪个分析单位优于其他分析单位，那就表明你要研究的问题要么太过模糊，要么数量太多，这必然会给你的研究带来麻烦。如果你已经决定采用某种分析单位，也不要从此一成不变。随着资料收集过程中出现新问题、新发现，你的分析单位应该不断地调整。

（四）连接数据和理论假设的逻辑

连接数据和理论假设的形式有很多种，可以是时间序列式的组织数据，也可以采用多角度的信息源来佐证某个理论，还可以设计两个对立假设或理论模式，然后收集证据，分析数据到底支持哪种理论。

1991年，美国AT&T公司以大约75亿美元并购了NCR公司，并购溢价达到120%，这远超出同期的平均并购溢价。在AT&T公司公告收购要约时，计算机行业的市盈率大概为12.9，NCR公司并购前的市盈率约为11.5。就在并购谈判期间，AT&T公司的股票价格下跌了近13%，市值缩水约39亿美元，至收购结束，AT&T公司市值减少额为39亿~65亿美元（即使考虑到NCR公司的市值增加部分，并购后整体市值损失仍为13亿~30亿美元）。在市场普遍不看好的情况下，AT&T为什么要并购NCR公司？AT&T与NCR公司之间是如何实现并购的？

Lys and Vincent（1995，JFE）以案例研究的形式考察了上述问题。在研究过程中，作者是以如下模式连接数据和理论假设的。首先，他们介绍了并购的相关背景和并购动机。1984—1990年，AT&T公司的战略失误导致公司市值损失约20亿美元，为了扭转局势，管理层积极提倡并购。并购主要涉及相似的企业文化、同样的操作系统（UNIX）以及NCR强大的营销网络等。其次，研究者从市场表现来说明并购可能存在不合理之处，并讨论了并购的成本和收益问题。再次，研究者结合财务和非财务数据讨论了AT&T公司不惜代价选择权益合并法（而不是购买法）核算并购的行为动机，这也增加了并购成本。最后，论文结合有效市场理论、心理学和组织行为学理论对高管行为进行了分析，这是该案例研究的落脚点，也是重点，为这种非理性的并购行为提供了有效的理论解释。

事后的数据表明，AT&T并购NCR公司后不久，经营未达到预期效果，AT&T不得已又将NCR公司拆分上市。这进一步验证了案例研究对理论和实践的价值。

（五）解释研究结果的标准

数据和理论在多大程度上相匹配？案例研究可能无法精确地设定解释这类研究结果的标准，比如大样本检验的有效性和显著性等。案例研究通常只要做到对比足够鲜明、强烈。只有满足统计检验标准，才可以进行显著性检验。

以前述AT&T公司并购NCR公司的案例研究为例，试图检验管理层的自信和刚愎自用等行为导致并购的价值损失是多么显著和可靠，是难以实现的，但是并购后发生的价值损失是可以衡量的,公告日前后的股票超额累计收益率也是可以计量的,这满足统计检验标准,因此其结果的显著性是可以检验的。

二、案例研究设计的质量评价标准

正因为研究设计必须表现为一整套符合逻辑的陈述,所以可以通过一定的符合逻辑的检验过程来判别某一研究设计的质量。

在评定实证社会研究的质量时,常常要用到四种检验:建构效度、内在效度、外在效度、信度。由于案例研究是实证社会研究的一种,这四种检验同样也适用于案例研究。由于这四种检验常常用于几乎所有的社会科学,因此许多著作对它们进行过详细的阐述(Kidder and Judd,1986)。

(一) 建构效度

效度(validity)是指概念定义(conceptual definition)与操作化定义(operational definition)之间是否契合。因此,当我们说一个指针有效度时,是在特定目的及定义的情况下做此判断。同样的指针在不同的研究目的下,可能有不同的效度。

测量的效度比较难达到,因为构念是抽象的,而指针则是具体的观察。我们对于一个测量是否有效度并无绝对的信心,但可判断其是否比另一测量更有效度。

建构效度(construct validity,或构念效度)用于多重指针的测量情况。此类效度有两个子类型:

其一,聚合效度(convergent validity):当测量同一构念的多重指针彼此间聚合或有关联时,此种效度存在。

其二,区别效度(discriminant validity):此种效度也称为分歧效度(divergent validity),与聚合效度相反,是指当一个构念的多重指针相聚合或呼应时,这个构念的多重指针应与其相对立之构念的测量指针负相关。

总之,建构效度要求对研究的概念形成一套可操作的、正确的测量。案例研究中的建构效度检验尤其具有争议性。那些对案例研究持批判态度的人常常称,案例研究者没能研发出一套完善的、具有可操作性的指标体系,因此在收集数据过程中常常出现个人主观的判断。

(二) 内在效度

内在效度(internal validity)是指从各种纷乱的现象中找出因果联系,即证明某一特定的条件将引起另一特定的结果。

在实验和准实验领域,内在效度检验受到极大的关注(Campbell and Stanley,1966;Cook and Campbell,1979)。无数可能引起错误结果、降低内在效度的因素都已经被一一确认。由于很多教材已有较充分的论述,在此不再赘述,仅指出两个值得注意的事项:

首先,内在效度仅与因果型(或称为解释型)案例研究有关。因果型案例研究的目的是判断事件 X 是否会导致事件 Y。如果实际上是事件 Z 导致了事件 Y,但研究者错误地得出是事件 X 导致事件 Y 的结论,那么可以认为,该研究设计在内在效度方面存在问题。内在效度检验并不适用于描述型案例研究和探索型案例研究(无论是采用案例研究法,还是采用统计调查法或实验法），因为这两类研究并不要求解释事件之间的因果关系。

其次，案例研究的内在效度检验可以扩展到推论过程的所有环节。从根本上说，在进行案例研究时，只要无法直接观察某一事件，就需要进行一次推论。研究者将根据访谈、文件档案等推论出先前发生的某一事件导致了某一特定的结果。这种推导正确吗？研究者是否考虑到了与之相对的另一种可能性？所有的证据都支持这一结论吗？论证过程是否无懈可击？只有事前预计到并回答了这些问题的研究设计，才能保证推导、论证过程严密，具有内在效度。然而，达到这一效果的具体方法难以确认，对于案例研究尤其如此。

（三）外在效度

外在效度（external validity）是指针对一个具体的范畴（比如某类国家或某类公司）得出研究结论，进而把研究结果归纳在该类项下，即这一研究结论具有复制性。凡是此类国家或此类公司，研究结论都适用。

外在效度检验就是要搞清楚某一案例研究的成果是否具备可归纳性，即是否可以归纳为理论，并推广到其他案例研究中。例如，关于实施新会计准则的效果的案例研究，其研究范围集中在一个国家，那么它的研究成果能否适用于其他国家？

（四）信度

信度（reliability）是指案例研究的每一步骤都具有可重复性，如果重复这一研究，就能得到相同的结果。

信度检验的目的是确保达成如下目标：后来的研究者如果完全按照先前研究者所叙述的步骤，再次进行相同的案例研究，将能得出同样的结果，总结出同样的结论。[①] 简言之，信度检验的目标是减少研究中的错误和偏见。

其他研究者能够重复先前某案例研究的一个前提是，详细记录先前研究的每一步骤、程序。如果没有这样的记录，研究者甚至无法重复自己曾经做过的工作。在过去，人们对案例研究程序的记录并不全面，导致外人对案例研究的信度产生怀疑。因此，提高信度的一般方法是尽可能详细地记录研究的每一个步骤，就如同有人在你背后监督你的一举一动。通过记录研究过程，研究者时刻提醒自己，任何数据都要能经得起审核。

（五）小结

需要强调的是，从事案例研究的学者不仅要在研究的最初阶段关注上述四个概念，而且要在整个研究过程中小心处理上述问题。从这一角度来看，研究设计工作要远远超越最初的计划阶段。

第三节 案例的选择

案例研究设计主要可分为两类，即单案例研究设计和多案例研究设计。这就意味着在

[①] 需要注意的是，信度检验的侧重点在于做同样的研究，而不是在另一案例研究中复制某一研究的成果。

收集数据之前就要做出决定,是采用一个案例还是采用多个案例来说明要研究的问题。

一、单案例研究的适用范围

在某些情况下,使用单案例研究设计比较合适。总体而言,单案例研究设计适用于:(1) 对现有理论进行批驳或检验;(2) 不常见的、独特的现象;(3) 有代表性的或典型的案例;(4) 启示性案例;(5) 对同一案例进行纵向比较。

单案例研究的第一种用法是对一个广为接受的理论进行批驳或检验。有些理论已经明确提出某些观点,以及这些观点成立的条件,人们也普遍接受了这些理论,认为它们是正确的。单案例研究可以用于对这些理论进行验证、挑战或扩展。

单案例研究的第二种用法是对某一极端案例或独一无二的案例进行分析。比如,临床学中出现某种极不常见的大脑损伤或心理失调症状,值得记录和分析。病人无法记住或识别常见的亲朋好友的面貌,即便在给他们视觉提示的情况下,也无法识别出爱人、朋友,甚至他们自己在镜子中的图像。这似乎表明病人的大脑受到了物理损伤,但由于这种病症极少出现,以至于医生无法建立研究模型(Yin, 1994b)。在这种情况下,每当患有这种病症的人出现时,单案例研究就是极为适当的方法。研究者记录下病人的各种反应,不但可以确定病人面部识别的准确情况,而且可以判定是否存在其他相关的机能失调症状。

单案例研究的第三种用法与第二种用法恰恰相反,即用于研究有代表性的、典型的案例。在此,研究的目的是了解某一典型案例出现的环境和条件。例如,案例可以是众多不同方案中最具代表性的方案,或是众多制造工厂中最常见的一个工厂、一个典型的都市社区、一所具有代表性的学校等,从这一案例中得到的结论将有助于加深对同类事件、事物的理解。

单案例研究的第四种用法是研究启示性案例(revelatory case)。当研究者有机会去观察和分析先前无法考察的现象时,可以记录下相关信息,从而对所要研究的问题产生启发。比如,Liebow(1967)研究城市贫民区失业者,通过与这些失业者交朋友,作者得以了解其生活方式、谋生手段,尤其是他们对失业和挫折的感受。虽然失业在美国许多城市都是司空见惯的事情,但一直没有得到很好的研究,Liebow(1967)则对失业现象进行了深入的分析。这一单案例研究展示了如何进行这类社会研究,并启迪其他学者在失业研究领域进行更多的探索,最终引起国家政策的改变。

单案例研究的第五种用法是研究纵向案例(longitudinal case),即对两个或多个不同时间点上的同一案例进行研究。这样的研究能揭示所要研究的案例是如何随着时间的推移而变化的。设定理想的时间间隔有助于反映待研究案例在各个阶段的变化情况。

二、多案例研究的案例选取标准

多案例研究遵从复制法则,而不是抽样法则(Hersen and Barlow, 1976)。例如,通过某次实验取得某项重大发现后,学者将会进行第二次、第三次甚至更多次相同的实验对之进行验证。有些重复实验可能要一模一样地复制前次实验的所有条件,而另一些重复实验可能会有意改变某些非关键性的条件,来考察能否得到同样的实验结果。

多案例研究背后的原理与多元实验相同。每一个案例都要经过仔细挑选,挑选出来的案例要么能产生相同的结果,要么由于可预知的原因能够产生与前一研究不同的结果(差别复制)。

三、会计学研究中的案例选择

案例研究方法已经广泛应用到管理会计、财务会计、审计等领域。在会计学研究中，管理会计是采用案例研究最普遍的领域（Keating，1995，JMAR；Ahrens and Dent，1998，JMAR；Baxter and Chua，2003，AOS；Merchant and Van der Stede，2006，BRIA）。Kaplan（1986，AOS；1998，JMAR）为推动案例研究方法在管理会计中的应用做出了很重要的贡献。

在财务会计领域，应用案例研究方法的例子有：Flegm（1989，AH），Black（1993，AH），DioGuardi（1995，AH），Beresford（1997，AH），Lipe（2002，AH）。

在审计领域，应用案例研究方法的例子有：Dirsmith and Covaleski（1985，AOS），Pentland（1993，AOS），Covaleski et al.（1998，ASQ）。

根据会计学领域以往案例研究的案例选择特点，我们可以将它们大致分为四类，参见表8-1。

表8-1 会计学领域案例研究的案例选择特点

案例种类	描述	文献举例
极端的或异常的案例	从不寻常的实践或状态中选择案例	Funnell（1998，CPA）；Lys and Vincent（1995，JFE）
最大变化的案例	在考虑不同变量的变化程度的情况下选择案例，以深入了解某种现象的特征	Merchant and Manzoni（1989，TAR）；Simons（1990，AOS）
批判的案例	通过选择的案例能够得出逻辑推理，证明现有理论是不成立的	Preston（1989，AOS）；Merino and Neimark（1982，JAPP）
尝试的或示范的案例	对于所选择的案例，通过研究能够发现新的视角或理论解释	Pentland（1993，AOS）；Townley et al.（2003，OS）

资料来源：Cooper and Morgan（2008，AH）。

（一）极端的或异常的（extreme/deviant）案例

通过选择极端的或异常的案例，可以检验理论适用的边界条件，帮助人们更深入地了解现有理论。典型的研究详见Lys and Vincent（1995，JFE）。[①] 该研究通过考察一个不被市场看好的并购案例，阐述了管理层执意强行并购的真正动机，从组织学和心理学等角度给出了新的解释。一般而言，并购是为了给公司创造价值，应该会受到市场追捧，而此案例恰恰相反，并购在一开始就受到市场质疑，而管理层仍坚持实施并购，该并购属于极端的或异常的案例。

（二）最大变化的（maximum variation）案例

针对一些特殊问题，从不同背景和视角选择研究案例，期望能够从不同角度深入了解

[①] 参见本章第二节对该案例研究的更详细讨论。

不同环境下的特殊问题或理论的内涵,这就是最大变化的案例研究。比如,Merchant and Manzoni(1989,TAR)属于典型的最大变化的案例研究。他们研究了不同背景(行业、成长性和技术水平)下 12 家公司的预算完成情况。12 家公司能够从不同角度反映预算制定和完成的差异,从而增进人们对预算的理解。研究结果表明,制定预算只是公司控制的一个方面,还需要考虑外部因素。上述文献例子的"最大变化"体现在研究案例的不同背景(行业、成长性和技术水平)上。

(三)批判的(critical)案例

所谓批判的案例,是指研究者选择的案例的研究结果与理论不符合。通过这样的案例研究,可以检验、修订原有理论甚至建立新理论。例如,Merino and Neimark(1982,JAPP)研究了 SEC 的信息披露制度的功能和作用。一般认为 SEC 的信息披露是为了提高会计信息质量和保护投资者利益,而 Merino and Neimark(1982)的案例研究结果发现,SEC 的会计改革法案对提高会计信息质量和保护投资者利益的作用并不明显,这与 Chow(1983,TAR)的研究结果类似。该研究结果发现,会计改革法案的主要作用在于修复和进一步确保证券市场的合法性。Merino and Neimark(1982)比较了会计信息在资本市场中的信息功能和会计信息在资本市场中的政治、合法性等制度性功能两个理论,与以往研究不同,属于另辟蹊径,具有批判的案例的特点。

(四)尝试的或示范的(paradigmatic)案例

示范的案例研究可以为新理论提供生动和重要的信息,对新理论的价值进行详细描述。Townley et al. (2003,OS)采用案例研究法系统研究了业绩评价(performance measures)的应用问题。该研究首先构建了一个理论框架,主要涉及权力(power)、自我认知(self-knowledge)和商业价值观(business values)向政治、文化组织移植应用问题。该理论框架主要借鉴了 Habermas(1984,1987)的理论,属于引进新理论,具有示范的案例的特点。Townley et al. (2003,OS)以历经 6 年时间收集整理的 143 个访谈数据为基础,结合了档案数据和会议现场记录。研究过程中,来自组织不同层次的管理者积极与研究者互动讨论并建言献策,研究人员在不同场合阐述他们的理论,管理者自己也取得了意想不到的成果。该研究属于尝试的或示范的案例研究,对 Habermas(1984,1987)的理论进行了检验,即检验了组织成员是怎样使得组织变革日益趋于理性的这一问题。

第四节 案例研究的资料收集与证据分析

一、开展案例研究需要的技能

开展案例研究需要的技能可概括为:提问、倾听、观察和检验(Yin,1994a,EP)。研究者在研究过程中还需保持灵活和随机应变的态度。需要意识到,几乎没有哪项案例研究在结束时会与原先计划的一样,研究者在追踪一个出乎意料的线索时,可能会对研究计划进行细微的调整,或因为发现了新的案例而对研究计划做重大的变动。

研究者需要拟订案例研究计划书。案例研究计划书包括研究工具、使用该工具的程序步骤以及需要遵循的规则。要使自己的研究具有可靠性,拟订研究计划书是很有必要的。当进行多案例研究,尤其是有一组研究者参加时,它更是一个关键步骤。

案例研究计划书具体包括下列要点。

(一)程序与方法

(1) 实地参观:如何进入;数据收集的设备和时间表;如何收集背景资料。
(2) 数据来源:要访谈的人;要观察的事物;要收集的证据。
(3) 案例研究的数据库:数据的类型;实录(日期安排表);对数据的组织和修正。

(二)资料与问题清单

(1) 对于研究者而言,要收集的资料的种类及原因。
(2) 访谈计划书。研究者在进行访谈之前需要确定一系列的访谈问题。在访谈时,研究者应当基于被访谈者对问题的反应,提出后续问题或进一步的探索性问题,甚至提出新问题。
(3) 问题的层次。在决定案例研究的问题时,Yin(1994a,EP)建议研究者对以下五个层次的问题加以关注:

第一个层次是对被访谈者提出的问题;
第二个层次是对个案提出的问题;
第三个层次是根据跨案例的发现提出的问题;
第四个层次是对整个研究提出的问题,要求研究者获取案例之外的信息,包括其他研究文献;
第五个层次是研究范围之外的政策建议和结论。

二、数据的来源

案例研究常常会收集多种来源的数据,其中,重要和常用的数据来源是文献资料、档案记录、访谈、观察以及实物资料。这些数据来源是相互补充的,不应孤立使用。

(1) 文献资料。文献资料包括信件、通知、会议纪要、政策文件等。
(2) 档案记录。档案记录可以是质和量的数据的记录。例如,这些数据可以是关于一段时间内人口增长的统计数据、一个地区的地图、组织机构的记录等。
(3) 访谈。访谈是案例研究中非常重要的数据来源,包括:

1) 开放型访谈。在访谈之前,研究者不必预先设定访谈问题。受访者充当信息通报者,向访谈者提供他对某个事件的见解。为了避免过分依赖一个主要的信息通报者,研究者也可采用其他来源的证据来证实该信息通报者所提供的论点和见解,而且必须对可能出现的相互矛盾的证据保持敏感。

2) 结构型访谈。也有研究者称这类访谈为"聚焦式访谈"。研究者事先准备了很多访谈问题,在这类访谈中,重要的是访谈问题的措辞。访谈者应该避免提出引导性问题,而应当让受访者对每一个问题作出自己的评述,也就是说,问题不应带有诱使受访者作出某种回答的倾向。

3) 半结构型访谈。在开展这种访谈之前,访谈者应预先准备好一系列的访谈问题,并保持灵活开放的态度，同时根据受访者的回应提出后续问题和探索性问题。这种访谈形式提供了访谈的焦点，同时访谈者也可以灵活地根据受访者的回应迅速作出反应。

（4）观察。观察分为非参与型观察和参与型观察两种。

1）非参与型观察。是指研究者不是他所观察的群体或社区的一个成员。研究者进行非参与型观察时，相当重要的一点是要尽可能避免凸显自己的存在，以免干扰所观察地区人们正常的行为和活动。除了做实地笔记之外，也可以采用其他能记录所观察现象的方式，如照相和录像。

2）参与型观察。是指研究者成为所观察的社区或社会交往中的一个参与者。人类学研究经常使用这种方法。某些类型的教育研究亦采用这种方法，例如对课程改革进行案例研究的研究者，可以扮演实施课程改革的一所学校的教学人员。这种观察最大的好处在于研究者能够获得其他方式不能获得的数据。参与型观察最大的问题是它可能带有潜在的偏见，研究者可能不像旁观者那么客观，不能对所调查案例的所有方面给予足够的关注并提出问题。

（5）实物资料。实物资料也是一种证据，可以为所调查的案例提供相应的信息。例如在教育情境中，学生的家庭作业、校内作业、张贴栏内的作业都可以使研究者了解学生的学习情况。

三、数据收集的原则

Yin（1994a，EP）提出了数据收集的三条原则：

原则1：使用多种来源的数据

这一原则的价值在于它允许研究者对所获得的数据进行相互印证。研究者可以对不同来源的数据、对不同调查者所收集到的数据、对按不同角度和不同方法所收集到的数据进行相互比较和验证。

原则2：建立案例研究的数据库

第二条原则的含义是，对所收集的数据进行整理并记录成文字。Yin（1994a，EP）建议采用两种不同的数据库：一种包括研究者收集到的数据；另一种包括研究者撰写的研究报告。前者使其他研究者能直接查阅所收集到的数据，不必局限于研究者所写的报告。

案例研究的数据库可以包括研究者的笔记、文件，基于调查形成的表格材料、档案数据，以及研究者对所收集到的证据和研究中出现的问题的关系所做的叙述。这种叙述是撰写案例研究报告的基础，也是后续跨案例分析的基础。

原则3：建立证据链

这一原则使一个外来者能够从最初的研究问题，跟随相关资料，一直追踪到最后的结论。这就要求研究者在研究报告中引用数据库中的有关部分，并在引用时清晰地显示数据是在什么情况下收集的。

四、对案例证据的分析

分析案例研究的数据是案例研究方法中发展得较不全面的部分。Yin（1994a，EP）

提出了两个主要的分析数据的策略：

第一个策略是使用研究者已经形成的理论主张（理论假设）来指导研究，这些理论主张（理论假设）有助于研究者聚焦相关数据并组织案例研究。

第二个策略是形成案例研究的描述性框架。这一策略无须理论主张（理论假设）做指导，描述性框架可以是关于研究对象各个维度或各个方面的。

最常用的分析方法是类型比对（pattern matching）和建立解释（explanation building）。类型比对是指把数据与所形成的理论主张（理论假设）进行匹配和比较；建立解释是指在类型比对基础上建立一系列因果关系。类型比对和建立解释都是一个从理论主张（理论假设）到数据的不断重复的逆反过程，前者涉及范畴更广泛，后者属于前者的一种特殊形式。

研究者要根据数据的发现修改理论主张（理论假设），并把修改后的理论主张（理论假设）应用于对数据的重新分析。第二个策略的一个危险在于研究者也许不能注意到与理论主张（理论假设）不相关的数据。因此，研究者需要对数据保持灵活开放的态度，并不断提醒自己去寻找与理论主张（理论假设）矛盾的证据。另一个危险是研究者在修改理论主张（理论假设）的过程中可能会忘记研究的初始目的，因此应不断回顾研究的初始目的。

还有一种策略是在分析数据时使用时间序列。研究者使用一段时间内的事件作为理解数据的一种方法。例如，把一段时间内数据所出现的趋势与在研究开始之前就确定的具有重要理论意义的趋势和一些相矛盾的趋势做比较。

本章结语

案例研究是对真实生活情境中的现象进行的实证调查，是当研究者认为情境与所研究的现象极为相关，但现象与情境之间的界限并不总是很明显时所采取的研究方法。案例研究要处理的现象常常具有很多变量，而且需要研究者对来自多种来源的证据进行相互印证。案例研究常常是在理论主张（理论假设）的指导下进行数据收集和分析，因此研究者应当保持一种灵活开放的态度，充分让数据说明先前所确立的理论主张（理论假设）能否成立，是否要修正。

本章参考文献

Ahrens, T., and J. F. Dent. Accounting and Organizations: Realizing the Richness of Field Research. *Journal of Management Accounting Research*, 1998 (10): 1-39.

Bassey, M. *Case Study Research in Educational Settings*. Maidenhead: Open University Press, 1999.

Baxter, J., and W. F. Chua. Alternative Management Accounting Research Whence and Whither. *Accounting, Organizations and Society*, 2003 (28): 97-126.

Beresford, D. R. How to Succeed as A Standard Setter by Trying Really Hard. *Accounting Horizons*, 1997 (11): 79-91.

Black, F. Choosing Accounting Rules. *Accounting Horizons*, 1993 (7): 1-17.

Campbell, D. T., and J. C. Stanley. *Experimental and Quasi-Experimental Designs for Research*. Chicago, IL: Rand McNally, 1966.

Chow, C. W. The Impacts of Accounting Regulation on Bondholder and Shareholder Wealth: The Case of the Securities Acts. *The Accounting Review*, 1983 (58): 485-520.

Cook, T. D., and D. T. Campbell. *Quasi-Experimentation: Design and Analysis for Field Settings*. Chicago, IL: Rand McNally, 1979.

Cooper, D. J., and W. Morgan. Case Study Research in Accounting. *Accounting Horizons*, 2008 (22): 159-178.

Covaleski, M. A., M. W. Dirsmith, J. Heian, and S. Samuel. The Calculated and the Avowed: Techniques of Discipline and Struggles over Identity in Big 6 Public Accounting Firms. *Administrative Science Quarterly*, 1998 (43): 293-327.

DioGuardi, J. J. Our Unaccountable Federal Government: It doesn't Add Up. *Accounting Horizons*, 1995 (9): 62-68.

Dirsmith, M. W., and M. A. Covaleski. Informal Communications, Nonformal Communications and Mentoring in Public Accounting Firms. *Accounting, Organizations and Society*, 1985 (10): 149-169.

Ellickson, R. C. A Hypothesis of Wealth-Maximizing Norms: Evidence from the Whaling Industry. *Journal of Law, Economics, and Organization*, 1989 (5): 83-97.

Flegm, E. H. The Limitations of Accounting. *Accounting Horizons*, 1989 (3): 90-98.

Funnell, W. Accounting in the Service of the Holocaust. *Critical Perspectives on Accounting*, 1998 (9): 435-464.

Habermas, J. *The Theory of Communicative Action*. Vol. 1. Boston, MA: Beacon Press, 1984.

Habermas, J. *The Theory of Communicative Action*. Vol. 2. Boston, MA: Beacon Press, 1987.

Hersen, M., and D. H. Barlow. *Single Case Experimental Designs: Strategies for Studying Behavior Change*. New York: Pergamon Press, 1976.

Hussey, J., and R. Hussey. *Business Research*. London: Macmillan Press Ltd, 1997.

Kaplan, R. S. The Role for Empirical Research in Management Accounting. *Accounting, Organizations and Society*, 1986 (11): 429-452.

Kaplan, R. S. Innovation Action Research: Creating New Management Accounting Theory and Practice. *Journal of Management Accounting Research*, 1998 (10): 89-118.

Keating, P. J. A Framework for Classifying and Evaluating the Theoretical Contributions of Case Research in Management Accounting. *Journal of Management Accounting Research*, 1995 (7): 66-86.

Kidder, L. H., and C. M. Judd. *Acquiring Social Knowledge: Scientific and Ordinary Knowing*. Research Methods in Social Relations. Fort Worth: Holt, Rinehart and Winston, 1986.

Klein, B., R. G. Crawford, and A. A. Alchian. Vertical Integration, Appropriable Rents, and the Competitive Contracting. *Journal of Law and Economics*, 1978 (21): 297-326.

Liebow, E. *Tally's Corner: A Study of Negro Street Corner Men*. Boston: Little, Brown, Liebow Press, 1967.

Lipe, R. Fair Valuing Debt Turns Deteriorating Credit Quality into Positive Signals for Boston Chicken. *Accounting Horizons*, 2002 (16): 169-182.

Lys, T., and L. Vincent. An Analysis of the Value Destruction in AT&T's Acquisition of NCR. *Journal of Financial Economics*, 1995, 39 (2): 353-378.

Merchant, K. A., and J. F. Manzoni. The Achievability of Budget Targets in Profit Centers: A Field

Study. *The Accounting Review*, 1989, 64 (3): 539 - 558.

Merchant, K., and W. Van der Stede. Field-based Research in Accounting: Accomplishments and Prospects. *Behavioral Research in Accounting*, 2006 (18): 117 - 134.

Merino, B. D., and M. D. Neimark. Disclosure Regulation and Public Policy: A Sociohistorical Reappraisal. *Journal of Accounting and Public Policy*, 1982 (1): 33 - 57.

Pentland, B. Getting Comfortable with the Numbers: Auditing and the Micro-production of Macro-order. *Accounting, Organizations and Society*, 1993 (18): 605 - 620.

Preston, A. M. The Taxman Cometh: Some Observations on the Interrelationship between Accounting and Inland Revenue Practice. *Accounting, Organizations and Society*, 1989 (14): 389 - 413.

Scapens, R. W. Researching Management Accounting Practice: The Role of Case Study Methods. *British Accounting Review*, 1990 (22): 259 - 281.

Simons, R. The Role of Management Control Systems in Creating Competitive Advantage: New Perspectives. *Accounting, Organizations and Society*, 1990 (15): 127 - 143.

Stake, R. E. In: N. Denzin and Y. Lincoln (Eds). *Handbook of Qualitative Research*. 2nd edition. Thousand Oaks, CA: Sage, 2000.

Townley, B., D. Cooper, and L. Oakes. Performance Measurement and the Rationalization of Organizations. *Organization Studies*, 2003 (24): 1045 - 1071.

Williamson, O. Transaction-cost Economics: the Governance of Contractual Relations. *Journal of Law and Economics*, 1979 (22): 233 - 261.

Yin, R. K. Discovering the Future of the Case Study Method in Evaluation Research. *Evaluation Practice*, 1994a (15): 283 - 290.

Yin, R. K. *Case Study Research: Design and Methods*. Newbury Park: Sage, 1994b.

罗伯特·K. 殷. 案例研究：设计与方法：第3版. 重庆：重庆大学出版社，2004.

第九章 非结构化数据分析方法

本章大纲

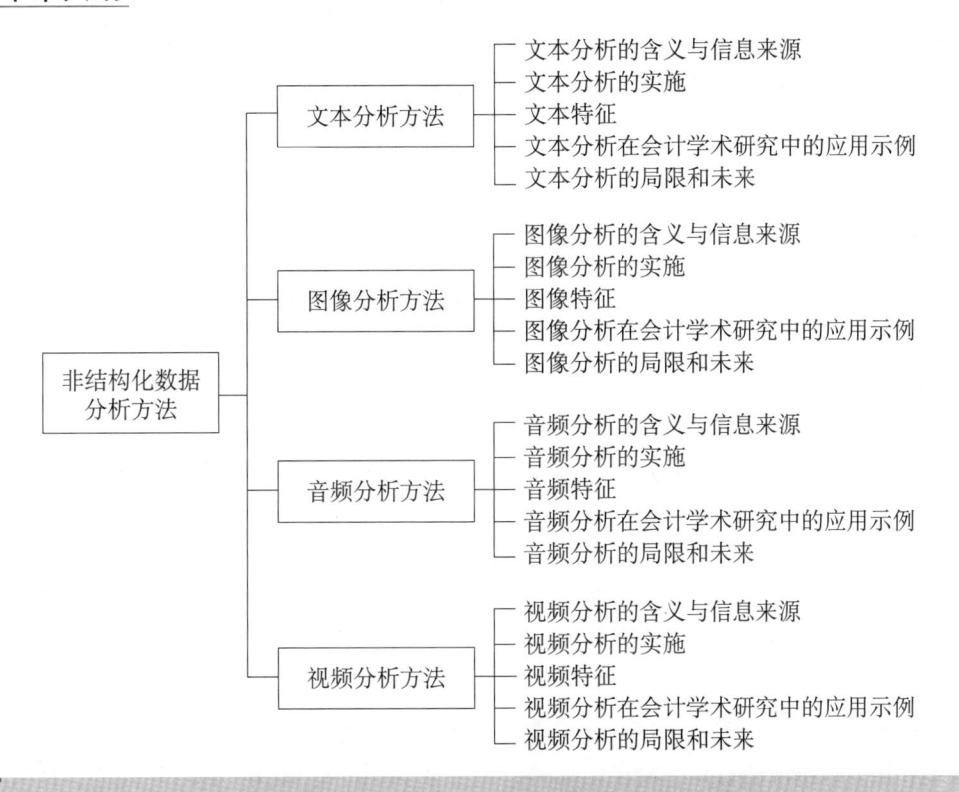

- 非结构化数据分析方法
  - 文本分析方法
    - 文本分析的含义与信息来源
    - 文本分析的实施
    - 文本特征
    - 文本分析在会计学术研究中的应用示例
    - 文本分析的局限和未来
  - 图像分析方法
    - 图像分析的含义与信息来源
    - 图像分析的实施
    - 图像特征
    - 图像分析在会计学术研究中的应用示例
    - 图像分析的局限和未来
  - 音频分析方法
    - 音频分析的含义与信息来源
    - 音频分析的实施
    - 音频特征
    - 音频分析在会计学术研究中的应用示例
    - 音频分析的局限和未来
  - 视频分析方法
    - 视频分析的含义与信息来源
    - 视频分析的实施
    - 视频特征
    - 视频分析在会计学术研究中的应用示例
    - 视频分析的局限和未来

在很长一段时间里，会计学领域的研究者主要分析会计与财务报告的数值信息和相关的结构化数据。然而，数值信息仅仅是市场主体信息的一部分。除了按照标准数据结构呈现和存储的数值信息，还存在文本信息、图像信息、音频信息及视频信息等各类非结构化数据。近年来，随着企业内外部非结构化数据的增加和计算机处理能力的提升，非结构化数据得到理论界和实务界越来越多的关注。会计学领域的相关研究成果着重考察非结构化数据在传统的数值信息基础上，是否向信息使用人提供了增量信息，是否及如何影响市场主体的行为。

第一节　文本分析方法[*]

一、文本分析的含义与信息来源

（一）文本与文本分析

文本，是指书面语言的表现形式，通常由具有完整、系统含义的一个或多个句子构成，如一个句子、一个段落或一个篇章。广义上包括任何由书写固定下来的语言。

会计学研究关注的文本通常由特定的主体（如上市公司、高管个人、新闻媒体、财务分析师、审计师、监管者）负责编制，文本的语义可能反映相关主体的特定立场、观点和利益诉求。因此，对文本内容展开分析，有助于理解文本编制者的动机和目的。

文本分析（textual analysis）是指从文本中提取特征项并进行量化的一套方法体系。定性和定量地分析文本，可帮助研究者更准确、深入地识别文本传达的信息。

（二）文本分析的信息来源

1. 公众公司披露的文本

公众公司披露的文本信息是会计学者进行文本分析的重要对象，比如上市公司年报（含财务报表附注）、季报、电话会议记录、盈余公告及招股说明书等文件中的文本。研究者通常根据此类文本对公司未来业绩、风险、社会责任表现等进行预测（如 Feldman et al.，2010，RAS；Li，2011，JAL）。

2. 外部专业机构发布的文本

外部专业机构往往会对公众公司发布的数据和信息做出鉴证、评价或分析加工，并形成专业报告。研究者通常也会对此类文本，比如分析师报告（Huang et al.，2014，TAR）、审计报告（Brasel et al.，2016，TAR；Burke et al.，2023，TAR）、监管问询函（Heese et al.，2017，JAE）展开研究，以便理解外部专业机构的态度或行为，或更深入理解公司发布信息的含义。

3. 媒体报道文本

媒体报道文本是指由媒体机构或记者撰写并发布的关于某个事件、话题或人物的文字报道。此类文本通常针对某个特定的事件、现象或问题进行分析、解释和说明。研究者通常考察媒体报道是否以及如何影响市场参与者的行为、情绪和预期，如 Core et al.（2008，JFE）考察了媒体报道对高管薪酬的影响；或利用新闻报道构造感兴趣的特征变量，如 Baker et al.（2016，QJE）根据媒体报道构造了经济政策不确定性指数。

4. 社交网络文本

随着社交网络的兴起，公众公司及其管理层开始使用推特、论坛、微博、微信公众号

---

[*] 请登录中国人民大学出版社网站（www.crup.com.cn），下载本书普通资源，了解文本分析工具、代码、指标构建及案例分析。

等社交网络发布信息,公众也会在社交媒体上对公司进行评论。由于社交网络上的用户言论可能反映了市场情绪和舆论动向,研究者也会利用社交媒体上的大量文本数据,衡量公众对特定公司或行业的态度、看法或情绪。有研究者考察网民在社交网络相互交流的文本信息是否具有信息增量,即对股票价格波动与公司未来收益是否具有预测能力(如 Bartov et al.,2018,TAR)。

二、文本分析的实施

(一)数据收集与准备

在文本分析时,首先需要进行数据收集与准备工作,包括收集文本数据、数据清洗、文本分词。

收集文本数据是指从各信息来源(如数据库、社交媒体、互联网等)获取原始文本数据。

数据清洗是指对文本数据进行一系列预处理,比如去除 HTML 标记、纠正拼写错误、过滤停用词、词干化①、词性还原②等,使文本更易于比较和分析,确保文本信息的准确性、完整性、一致性和可靠性,从而提高分析的可信度。

文本分词是指将连续的字序列按照一定的规范重新分成词语序列的过程,主要适用于中文文本,旨在将一段中文分成若干个词语。例如"我喜欢北京冬奥会"会被拆分为"我""喜欢""北京""冬奥会"。③

(二)文本分析使用的技术方法

文本分析使用的技术方法包括字典法、人工判别法和机器学习法。

1. 字典法

字典法是一种词频统计法,基于预设的字典和规则识别目标文档中的词汇,经过统计计算得到文本的量化特征(Li,2010,JAR)。使用字典法进行文本分析的步骤包括识别词语、识别句子和特征提取。

(1)识别词语。互联网上有各种各样的可用词语列表,通常可作为研究者选用的词库来源。Loughran and McDonald(2011,JF)为商业文本分析开发了一个词语列表,并在其个人学术网站公布;该词语列表常被会计研究者使用。需要注意的是,该列表包含词形变化,但不包含缩写、首字母缩略词和专有名词。

(2)识别句子。在文本分析中,识别句子是细化被研究对象的重要环节。研究者通常假设句号、感叹号、问号代表句子的结尾。这种方法虽然简单,但容易误判句子的结尾,一般需要人工复核。

(3)特征提取。特征提取是指基于已经识别的词语和句子,研究者对文本数据中的特

---

① 主要是采用"缩减"的方法,将词转换为词干,如将"cats"处理为"cat",将"effective"处理为"effect"。
② 主要采用"转变"的方法,将词转变为其原形,如将"drove"处理为"drive",将"driving"处理为"drive"。
③ 由于英语的句子常由标点符号、空格和单词构成,分词过程只需根据空格和标点符号将句子分割即可。

征进行提取和表示。常见的特征有文档频率（每个词在待分析文本中的出现频率）、文档频率倒数（用以衡量词的重要性）等。

2. 人工判别法

人工判别法是指由专业人员对文本进行分类和标注的方法，即人工阅读、分析和评估文本的过程。字典法的一个明显局限在于将单词从文本中孤立出来，忽视了单词排序和词汇所处语境对语义的影响，一定程度上影响了信息理解的准确性，而人工判别法基于人类的语言理解能力和专业知识与经验，有效克服了字典法的局限。

人工判别法通常适用于一些需要高精度的文本分类任务，如情感分析、垃圾邮件识别、新闻分类等。在这些任务中，由于涉及文本的语言复杂性和歧义性，自动分类算法的准确率和可靠性往往难以达到要求，因此需要借助人工进行分类和标注。例如 Blankespoor et al.（2023，TAR）使用人工判别法将招股说明书中的各章节标题进行分类，便于分章节进行文本分析。

人工判别法的局限在于人工识别工作量大，较高的人力成本会限制其应用。

3. 机器学习法

机器学习法是一种统计算法，利用训练样本进行反复的训练，获得有文本信息分类能力的模型。该方法尝试在克服字典法精度局限的同时，克服人工判别法的成本局限。

在使用机器学习法进行文本分析之前，也需要对文本特征进行提取和表示，常用的方法包括词向量、文本向量化等方法。① 根据是否需要输入人工标签，可将机器学习法分为两类：

（1）有监督的学习算法。有监督的学习算法是根据人工标注的素材来引导计算机模拟人类行为的方法，主要适用于测量语调、可读性、风险揭示和虚假性等文本特征。通常有三个步骤，首先通过人工标注对随机抽选的子样本进行分类，然后将分类结果输入特定的机器学习模型中进行训练，最后利用机器学习的模型预测全样本的句子类别。在有监督的机器学习算法中，朴素贝叶斯算法、支持向量机法在会计与财务领域运用最为广泛（Blankespoor et al.，2023，TAR）。

（2）无监督的学习算法。无监督的学习算法是一种利用聚类算法来识别文本特征的方法。它不需要给定分类规则和训练样本，完全通过算法的自我学习归纳出潜在的某种规则，进而实现文本的属性归类。实质上，无监督的学习算法中的聚类相当于"分类"。由于能够辨识未经人工标注的文档结构，极大地降低了人工成本，所以无监督的学习算法具有较高的应用价值。该方法常见于划分文本主题的类别和识别对外披露文本中的风险揭示信息（Bao and Datta，2014，MS；Campbell et al.，2014，RAST）。

三、文本特征

文本特征是指从文本的内容、结构和其他相关信息中提取出的有意义的特征。在会计学研究中，已有文献提取的文本特征包括文本数量、文本情绪、文本可读性、文本相似度等。

（一）文本数量

文本数量是指对文本数据集进行的计数，以度量与指定主体相关的某类文本的累计数

---

① 词向量是指使用词嵌入模型（如 Word2Vec）将词表示为低维向量，进而捕捉词之间的语义关系；文本向量化是指将文本表示为数值向量，以便于机器学习模型的输入，常见方法包括 TF-IDF 加权向量化。

量。研究者通常使用文本数量构造投资者关注度（Antweiler and Frank，2004，JF）、媒体关注度（Hillert et al.，2014，RFS）等变量。比如 Hillert et al.（2014，RFS）通过媒体报道的文本数量来度量媒体关注度，发现受关注程度高的上市公司具有更强的未来收益可预测性。

度量文本数量的方法相对比较直接，通常是对特定时间段内或数据集内的文本条目数进行计数。计数可以通过自动化工具或软件实现，如使用 Python 编程语言中的文本处理库（如 NLTK 或 Pandas）自动统计特定数据集内的文本条目数量。

（二）文本情绪

文本情绪是指文本所表达的情感极性（如积极、消极、中性）或情感类别（如喜悦、悲伤、愤怒）。度量文本情绪的目的可以是反映公众情绪的分布特征，评估社会舆论倾向，或理解公司管理层的情绪态度。例如，从媒体情绪视角，Tetlock（2007，JF）发现媒体的文本情绪对短期股票收益率和公司会计利润具有预测作用；Garcia（2013，JF）的研究进一步发现，媒体的文本情绪对股票市场的大盘收益率具有显著的预测作用。从管理层情绪视角，Jiang et al.（2019，JFE）利用财务报告和电话会议记录文本度量管理层情绪，发现管理层情绪越积极，未来收益率越低，即两者呈负相关关系。

许多文本分析研究都关注了积极情绪和消极情绪的区分，并通常使用字典法度量。情感分析中使用字典法预先确定积极词和消极词字典。研究者通过计算一份文本中积极和消极词汇出现次数的差值，并根据文本总字数进行规模化，以度量文本情绪。

（三）文本可读性

文本可读性衡量文本是否便于理解。可读性较差的文本会增加投资者处理信息的成本。研究者度量文本可读性的目的主要是评估文本内容是否适合其目标读者群体。

Li（2008，JAE）将 Fog 指数引入会计与财务研究，成为会计学者常用的可读性度量指标。Fog 指数的构建基于如下假设：文本的可读性既和整段文本中句子的平均长度相关，又和整段文本中复杂词汇的占比相关。因此，Fog 指数使用句子的平均长度和复杂词汇的使用频率，综合反映文本的结构复杂性和语言复杂性，并通过如下算式将上述两个因素转换为一个数值：

$$Fog=0.4\times（整段文本的平均单词个数＋整段文本中多于 2 个音节的单词占比）$$

式中，Fog 指数是句子难度（句子中词语越多越难）和词语难度（词汇音节越多越难）之和[①]，该指数提供了一个评估文本可读性的简易测量方法，旨在估计读者为了理解该文本所需的语言技能水平，即读者为了理解文本所需的受教育年限数。例如，如果一篇文档的 Fog 指数是 5，意味着至少接受 5 年的教育，一个人在第一遍阅读时才能读懂。然而，Fog 指数无法考虑所有可能影响可读性的因素（如文本组织、内容的复杂度等）。例如，Loughran and McDonald（2016，JAR）提出，Fog 指数的测量偏误源于金融文本中的复

[①] 系数 0.4 是根据 Gunning（1952）的研究和实验确定的，可看作一种调整或标准化的步骤。Fog 指数最初为英文文本而设计，其对音节的计算基于英文单词结构。中文的音节结构与英文不同，通常一个汉字就是一个音节。因此，在分析中文文本的可读性时，需要考虑音节以外的其他因素，如字词的生僻程度等。

杂词语比重本身就比较高，但这些表达可能是证券市场信息使用者熟知的专业知识。除 Fog 指数，单词的数量、文档的格式大小（文件的长度）也可以测量可读性（Loughran and McDonald，2014，JF；Ertugrul et al.，2017，JFQA）。

有研究表明 Fog 指数越低（即可读性越高），则公司的盈利能力越强（Li，2008，JAE）。Miller（2010，TAR）和 Lawrence（2013，JAE）的研究均发现，年度报告越复杂、越长、越难读，投资者的整体交易量越少，特别是降低了散户的交易活动积极性。Lehavy et al.（2011，TAR）考察了年报可读性与分析师关注和预测行为的关系，发现年报可读性越差，随后跟踪该公司的分析师人数越多，分析师预测分歧程度越高，分析师预测准确度越低。

（四）文本相似度

文本相似度是衡量两个文本之间相似程度的指标，可用于比较两份文本之间的相似性，判断其内容是否接近或重复。

例如，Brown and Tucker（2011，JAR）采用余弦相似度和欧氏距离来衡量两公司间会计政策文本的相似度，并指出，如果公司发生重大的经营变化，但年报中的管理层讨论与分析（MD&A）与前一年相比没有明显变化，则该公司的 MD&A 可能不具有信息价值。再比如，Hoberg and Phillips（2016，JPE）根据不同企业的产品描述文本，度量了产品相似度，进而将生产这些产品的公司进行同类相聚，得到了一种新的行业分类方法。这种基于文本相似度的行业分类方法是对传统行业分类的一种有效创新，例如可以跨行业来比较产品的相似性、独特性、新颖性。

度量文本相似度通常采用以下方法：一是基于关键词匹配的传统方法，如采用 Simhash 相似度指标、Jaccard 相似度指标；二是将文本映射到向量空间，计算余弦相似度等指标；三是采用深度学习算法，包括深度学习语义匹配模型、基于卷积神经网络的 LSTM 等。研究者使用较多的有 Simhash 相似度指标、Jaccard 相似度指标、余弦相似度指标。

四、文本分析在会计学术研究中的应用示例

本部分以 Huang et al.（2014，TAR）为例，展示文本分析在会计研究中的具体应用。

（一）问题的提出

证券分析师的调研报告体现了分析师的研究想法。现有文献更多地关注分析师报告中的定量预测，如股票推荐程度、盈余预测、目标股价等。这些文献普遍发现定量预测对于投资者的行为具有一定影响。相比之下，分析师报告中的文本信息在此前较少被学者关注。如果分析师在报告中使用的文本仅仅是为了配合自己发布的定量信息，进而证明其合理性，则文本可能无法提供相对独立的增量信息。整体而言，分析师报告中的定性文本表述能否为信息使用者提供定量预测以外的增量信息是一个有待检验的实证问题。

（二）理论分析与研究假设

相比分析师报告中的盈余预测和股票推荐信息（盈余预测仅限于短期盈利的信息、股票推荐信息只有五个级别），文本信息受到披露内容要求的限制较少，因此有可能提供定

量预测以外的增量信息。分析师报告文本还可能支持或验证定量预测信息的合理性，使投资者认为分析师披露的定量预测信息更可信。相应地，该文提出以下主要假设：

H：如果分析师报告的总体文本语气更加积极（消极），则投资者对有利（不利）定量预测信息的反应更强。

（三）研究设计与方法

1. 研究对象

为了对分析师报告中的意见进行分类，作者选择了 1995—2008 年间标普 500 指数公司发布的所有分析师报告。经过筛选，共计 3 638 952 份证券分析师报告被纳入文本分析范围。

2. 文本分析

为了构建朴素贝叶斯机器学习方法的训练数据集，作者从样本中随机选择 10 000 个句子，并通过人工判别将句子分为三类：积极、消极和中性。然后，通过求解最大似然值，将样本中的每个句子分配到预测概率最高的情绪类别中。随后，作者将句子层面的语气汇总，形成分析师报告层面的总体语气。

3. 研究步骤

对分析师报告文本的描述性统计显示，分析师报告文本中包括 53% 的中性句子，33% 的积极句子和 14% 的消极句子。作者绘制了样本期间内分析师报告文本语气的时间变化，并发现文本情绪的时间变化与股市的繁荣和萧条状态高度相关。随后，检验了分析师报告文本是否能预测公司未来的股票收益增长。

（四）研究结果

Huang et al.（2014，TAR）的研究结果表明，当分析师报告文本意见更积极（消极）时，投资者对有利（不利）的分析师定量预测的反应更强烈，这表明文本能够帮助投资者理解定量预测信息。

与字典法相比，朴素贝叶斯方法能更有效地从分析师报告中提取情绪信息，更有利于揭示文本信息的价值相关性。

横截面检验发现，相比正面语气的文本，投资者对于负面语气的文本具有更强烈的行为反应。进一步分析表明，当分析师报告文本更加强调非财务主题、文风更自信和简洁时，分析师报告中的文本信息更具价值相关性。

五、文本分析的局限和未来

文本分析方法还有不断提升的空间。比如，现有文献从文本中提取的对象特征（如情绪、可读性）还相对碎片化，主要是独立看待各自的影响，尚未充分考虑各类文本特征之间的相互影响。

再比如，在传统的文本分析框架中，常常仅考虑文本自身，未能考虑所研究的文本信息在各类文本中的位置。例如，没有考虑公司披露的文本信息、分析师报告的文本信息、新闻媒体中的文本信息等不同类型信息的异同，没有考虑不同文本之间可能存在着先后、主次、互动等关系。未来的文本分析可考虑将文本信息整合到大数据的分析框架下，从而更加系统全面地认识文本信息在资本市场中的作用。

第二节 图像分析方法

一、图像分析的含义与信息来源

（一）图像与图像分析

图像是人类认识世界及人类自身的重要源泉。"图"是指用点、线、符号、文字和数字等描绘事物的几何特征、形态、位置及大小的一种形式，"像"是人的视觉系统所接受的图在人脑中所形成的印象或认识。举例而言，照片、绘画、剪贴画、地图、书法作品、手写汉字、传真、卫星云图、影视画面、X光片、脑电图、心电图等都是图像。

"一图胜千言"强调了图像可以传达大量视觉信息。图像是二维信号，可以理解为以行列格式排列的图像值数组。每个数组元素通常称为图像元素（picture element），简称像素（pixel）。

图像分析是将数学模型和计算机算法结合进行图像处理，用来分析图像的底层特征和上层结构，从而提取具有智能性的信息，对图像进行理解和解释的过程，包括对图像的预处理、特征提取、分类和解释。图像分析是一种跨学科的技术，涉及计算机视觉、图像处理、机器学习等多个领域。随着计算机视觉和图像处理领域的发展，人们能够使用各种技术和方法来进行图像分析。

数字图像是指已转换为由逻辑0和1组成的计算机可读二进制格式的图像。目前，以数字图像格式传输、存储、处理和显示信息的频率正在迅速增加，图像分析技术主要关注数字图像的处理。在会计学领域的图像分析中，通常需要处理的也是数字图像。

（二）图像分析的信息来源

在会计学领域的研究中，图像分析的数据来源主要有企业管理层与证券分析师的照片、高管社交账户头像、年报中的董事长签名、审计报告中的注册会计师签名、脑电图、卫星云图等。许多会计领域研究者利用机器学习和深度学习的方法分析图像、提取特征，并利用这些特征预测公司表现或行为人的行为特征。

二、图像分析的实施

（一）数据搜集和准备

图像分析的第一步是获得可供分析的图像数据。目前会计学领域的图像分析文献大多使用爬取软件和算法，从数据库（如 Execucomp）、财务报告及互联网公开数据（如 Google Images、LinkedIn）中提取或爬取的。也有部分图像来自第三方提供或采集的数据，例如卫星云图、眼动仪和脑电图等。

在获取图像数据后，通常需要进行图像预处理。图像预处理可以帮助改善图像质量，提取出更明显的特征,从而提高分类的准确性和可靠性。图像预处理的过程包括图像的灰度化、去噪、对比度增强等操作。其中,灰度化是将彩色图像转换为黑白图像的过程;去噪是消除图像中不规则像素值的过程;对比度增强是提高图像对比度(黑白之间的差异程度)的过程,使图像中的物体与背景更好地分离,并使物体的细节更加明显。在获取原始图像后,通常还需要删除过于模糊、无法反映研究所关注特征的图像。

通过上述预处理步骤,我们可以得到清晰度高、干扰少、对比度强且边缘明显的图像,为后续的特征提取和分类提供更好的基础。当然,并不是所有的图像分析都需要经过上述图像预处理过程,研究者需要依据研究目标选择合适步骤。

(二)图像分析使用的技术方法

目前在会计学领域的研究中,图像分析使用的技术方法包括人工标注法和软件分析法。

1. 人工标注法

基于图像基础特征的提取,利用标注好的图像数据集进行训练,可以实现对图像内容的提取,即根据图像内容对图像进行分类和标注的过程。例如,动物图像可以被标注为猫、狗、鸟等不同类别,还可以对图像中的不同物体、人脸、文字等给出相应的标签或边框。例如,Li et al.(2020,RAST)使用人工标注法分析了较为主观的美貌度变量。

2. 软件分析法

图像分析软件和算法的原理之一是提取图像的基本特征,并进一步利用这些基本特征和标注后的图像数据集训练卷积神经网络等深度学习模型,以输出需要预测的特征。

图像基本特征提取是指通过对图像中的多维像素进行线性与非线性运算,从图像中提取出各类较为基础的视觉特征,如颜色、纹理、形状、边缘,并用数据表示。在这些基础视觉特征中,边缘特征是较为重要的一种。通过识别出图像中主要边缘的位置,同时忽略由噪声引起的虚假边缘,可以为后续通过轮廓来识别物体类别、物体特征提供模型的基本输入信息。

在会计学领域的研究中,学者通常不会遍历图像分析的各个环节,而是应用成熟的图像分析软件和算法直接提取图像中管理层的具体特征。例如,Jia et al.(2014,JAR)使用 ImageJ 软件分析较为客观的人脸长宽比变量。Abdel-Meguid et al.(2021,TAR)使用 Python 算法度量公司总经理签字大小,先手动确定姓名坐标,再利用程序记录签字大小及其所占面积的像素个数,即使用签字面积或像素个数除以姓名字数得到的数据,作为该高管自恋程度的代理变量。

三、图像特征

会计学领域研究已分析的图像特征主要涉及人脸特征、签字图像特征、卫星遥感成像特征、脑电图和眼动仪成像特征等。

(一)人脸特征

面部吸引力包括特定部位(如眼睛和嘴部)和整体的特征信息,是人物图像给信息使用者留下的直观印象。从面部特征信息接收者的角度来看,识别被观察者的面部吸引力可以感受其在社会交流中施加的潜移默化的影响。比如，Graham et al.（2020，JFE）组织接受调研的参与者根据外观、能力、可信度和可爱度来评估公司 CEO 的面部属性，发现当人们基于人脸特征认为 CEO 更有能力时，这些 CEO 的薪酬更高，但没有发现其他面部特征与高管薪酬的显著关联。

研究者也考察了面部宽高比的特征。例如，He et al.（2019，JAR）使用 ImageJ 软件构建了证券分析师的面部宽高比指标并据此衡量男性气概，发现证券分析师的男性气概越强，越可能投入更多努力（比如进行更多的现场调研），其业绩表现也越好（比如预测准确度更高）。

面部可信度也是研究者关注的面部特征之一。例如，Hsieh et al.（2020，JAE）使用机器学习的算法构建面部可信度指标，并发现公司首席财务官的面部可信度越高，审计机构向其任职公司收取的年度审计费用越低。

（二）签字图像特征

签字图像特征是人们书写或签字时的潜意识行为，即在书写时，人们清楚自己在书写或签字，但潜意识会冲破界限，通过签字的风格和笔触（如签字的大小）显现出来，这种显现并不是有意识的，从根本上还是属于潜意识。现代心理学领域的研究同样发现，签字图像的大小与个人的自恋程度正相关，因此在会计学研究中通常将签字大小作为自恋的代理指标。这种图像特征的识别拓展了自恋的测量方式，用于反映本我的潜意识，如自大、狂傲等。例如，有学者从美国证券交易委员会（SEC）网站上收集了公众公司首席财务官在财务报表上的签名图像，构建签名大小的变量，度量首席财务官的自恋程度（Ham et al.，2017，JAR；Abdel-Meguid et al.，2021，TAR）。

（三）卫星遥感成像特征

卫星影像数据是用于地球科学研究，包括生物圈、冰冻圈、水圈或大气层的影响的分析产品。在会计学领域，最常见的卫星遥感成像特征是灯光亮度指标。近年来，大量经济学和管理学的研究使用夜间灯光数据来开展实证检验。尽管夜间灯光数据有不少噪声，但仍被用作传统经济统计数据的补充，越来越多的学者将该类数据作为反映地区经济发展情况的替代性指标（Henderson et al.，2012，AER）。例如，灯光亮度增长率虽然不能完全反映经济的增长状况，但其与官方统计的 GDP 增长率的差额能够在一定程度上反映 GDP 数字向上偏离城市真实发展的程度。有研究者采用全国经济普查数据和灯光数据两种方法来识别 GDP 不实样本，并剔除该部分样本以设计稳健性检验，强化实证结果的可信性（陈述等，2022，会计研究）。

（四）脑电图和眼动仪成像特征

脑电波和眼动轨迹的图像特征是使用脑部电极和眼动追踪眼镜来识别人类情绪的多模态图形，可用以反映人类大脑活动和潜意识行为。Waymire（2014，TAR）提出，收集关于会计信息如何改变人类大脑运转及其决策的直接证据，有助于更准确地识别会计信息和经济决策的因果关系。在会计学领域，有学者引入脑电波和眼动跟踪技术来度量个体的注意力，将其作为会计信息与管理决策之间的中间变量。例如，Barton et al.（2014，TAR）

使用磁共振成像技术来扫描受试者的大脑，观察他们在决策过程中的大脑基底神经的变化。实验结果证明了那些和收益相关的新闻报道可以影响脑神经的活动，并且负面新闻的影响力度超过了正面新闻。Chen et al.（2016，JAR）使用眼动仪度量注意力分配，分析管理人员在运用平衡计分卡进行业绩评价过程中的注意力分配及其对管理决策质量的影响，证明了管理人员视觉注意力的分配直接影响其决策质量。

四、图像分析在会计学术研究中的应用示例

随着应用心理学的发展，对心理特征的衡量技术越来越成熟。本部分以 Chou et al.（2021，TAR）为例，展示如何在会计学术研究中应用图像分析方法。

（一）研究问题

Chou et al.（2021，TAR）考察了审计师的自恋程度如何影响其出具的审计报告质量。

（二）理论分析与研究假设

从认知角度来看，自恋者总是保持积极的自我认知，并坚信这种优越感。比如，为显示自己的正确性和优越感，会坚持己见、反对其他人的意见。这种以自我为中心的思维模式既可能提高审计质量，也可能损害审计质量。

一方面，自恋者坚信自己拥有卓越的能力，而不倾向于接受不同意见，如果自恋审计师发现上市公司存在违反会计政策或财务舞弊行为，可能力排众议、坚持自己的职业判断，从而提高审计质量。

另一方面，极度自负和盲目自信可能会使得自恋程度高的审计师对财报质量过于乐观，未能保持谨慎的职业怀疑态度，进而导致审计投入不足、审计证据收集不充分等情况，从而损害审计质量。此外，审计项目需要团队成员积极合作共同完成，如果自恋审计师在审计过程中总是占据主导地位，保持较强优越感，不接受不同意见，则阻碍成员间的沟通交流。这种情况下，也会降低审计效率和审计质量。

综上，自恋审计师的积极自我认知观点，对审计质量呈现出正向和负向的影响，净效应取决于哪种力量占主导地位。

（三）审计师自恋程度的度量

作者下载了部分上市公司 2006—2015 年的年报后，在审计报告部分提取了审计合伙人的签名。作者删除了少数使用电子签名的观测，纳入样本的观测均由审计合伙人手写签名。获得签名的图像后，作者根据审计合伙人签名的大小衡量其自恋程度。

首先，使用 ImageJ 软件（一款基于 java 的图像处理软件）来确定签名的大小。作者借鉴 Ham et al.（2017，JAR）的方法，使用 ImageJ 软件在每个签名周围紧紧地画一个矩形，以便矩形的每一边都触及签名端点。将矩形的长度和宽度相乘来确定签名所占用的面积。为了控制审计师姓名长度变量，将签名区域除以合伙人姓名中的字符数。

然后，使用同一个审计师在整个 2006—2015 年样本期间的所有签名，取该测量的平均值，以获得平均签名大小。

最后，对平均签名的面积取自然对数，从而完成变量度量。

为了验证度量的效度，作者对参与验证研究的 145 名会计专业本科生进行了预测试，发现签名大小与自恋量表测量结果（NPI 40）之间的相关系数为 0.39（p 值<0.001），与 Ham et al.（2017，JAR）的度量结果基本相当。

（四）研究结果

Chou et al.（2021，TAR）研究发现，审计质量随着审计合伙人自恋程度的增加而提高。通过分组检验和路径分析发现，审计合伙人自恋主要通过提高审计师的独立性（而非审计师能力）提高审计质量。作者同时发现，审计客户的管理层自恋可能导致低质量的财务报告，而审计师自恋能够有效缓解管理层自恋对财务报告质量的负面影响。这些发现表明，管理层和审计师虽然具有相同的性格特质，对财务报告质量起到的作用却存在明显差异。

五、图像分析的局限和未来

（一）图像分析的局限

其一，图像来源相对较少，限制了在会计学领域图像分析的可用场景和样本数量。图像的清晰程度也会限制可分析的图像来源。

其二，图像分析技术需要耗用大量的计算资源。在训练深度学习模型时，需要大量的人工标注工作，同时需要足够的计算能力来处理大规模的图像数据。

其三，有些图像属于瞬时的图像，只能代表一次性的事件。例如脑电图和眼动仪的成像具有时变性，需要长期持续观测才能获得较为稳定的图像特征。

（二）图像分析的未来

随着深度学习和人工智能技术的快速发展，图像分析技术将更加广泛地应用于会计学研究领域。

其一，随着企业发布更多生动、形象的图像信息，图像分析将有更广泛的应用场景。

其二，随着图像质量的提高，会计学研究领域的图像分析准确性也将不断提高。

其三，未来的图像分析技术需要更快的处理速度和更低的功耗，以满足实际应用的需求。例如，利用共享图像识别服务器的方法，或者借助图像识别的第三方技术供应商，降低图像识别的入门成本。

第三节 音频分析方法[*]

一、音频分析的含义与信息来源

（一）声音、音频与音频分析

声音（sound）是由声源引起的分子振荡产生的机械波（Kinsler et al.，2000）。人们

---

[*] 请登录中国人民大学出版社网站（www.crup.com.cn），下载本书普通资源，了解音频分析模块安装及指标构建。

往往需要通过模拟电信号或者数字化的方法，将机械波（声音）转换为电信号的形式（音频），以便进行后续处理（Schuller，2013）。因此，音频是一种可以被电脑或其他设备处理、存储和传输的声音的表达形式（Camastra and Vinciarelli，2015）。

依据转换方法的不同，音频可以分为模拟音频（analog audio）与数字音频（digital audio）。模拟音频将声音转换为交流电压的形式，使其可以被记录在磁带或黑胶唱片等模拟介质中以便存储与播放。由于磁带和黑胶唱片会随着播放次数的增加和时间的推移而磨损，现在大量的音频通过"模数转换"（analog-to-digital）以数字化的形式表示，即利用一系列二进制数字（即 0 或 1）来表示声音。数字音频可以被存储在如硬盘、光盘等任何存放电子文件的介质中，常见的音频数据格式包括 WAV、MPEG、mp3 等。

相应地，音频分析（audio analysis）是指从音频数据中抽取出信息、并为音频信号赋予含义的分析方法。本节涉及的音频分析主要指数字音频分析。

音频分析可分为语音分析（speech analysis）、音乐分析（music analysis）与一般声音分析（general sound analysis）三类。其中，语音分析的分析对象是人类说出的语言，在会计学领域的应用最为广泛。语音分析中的多项分析方法都在会计学研究中有所应用，例如语音识别（识别发言内容）、非语言发声识别（识别笑声、叹息等）和副语言学信息识别（识别发言者情绪、身份特征等）。

音频直接记录了特定主体（如公司高管、证券分析师、投资者、监管机构等）的发言声音，音频的披露有可能为市场参与者提供额外的信号。语言学和社会心理学的研究早已认识到，人的声音传达的信息超出了言语内容所包含的字面意义。声音不仅提供了言语无法表达的额外信息，如口音、健康状况、发声者所在方位等，还能够帮助人们理解言语内容，如对内容进行重音强调等。此外，相比于可以被反复修改并完全控制的公司财报和文本信息，音频中的信息难以被完全控制。相应地，音频信息有可能反映出与利益相关者决策相关的私有信息。因此，分析提取音频中的信息有助于更全面地理解资本市场中披露的信息，提升解释和预测会计现象的能力。

（二）音频分析的信息来源

随着音频处理技术与互联网技术的发展，音频数据可以作为信息披露的载体被资本市场相关方进行披露和传播，从而为会计学者提供多种音频数据进行分析。通过梳理现有会计学领域的音频分析研究，常用的音频信息来源主要包括：(1) 公司披露类音频；(2) 公开宏观会议类音频；(3) 交易场所环境声音。

1. 公司披露类音频

作为公司最重要的自愿信息披露渠道之一，电话会议（conference calls）音频是会计学领域研究中最常见的上市公司披露类音频数据（Hobson et al.，2012，JAR；Mayew and Venkatachalam，2012，JF；Call et al.，2023，RAST）。信息技术的进步和信息披露监管促进了电话会议的广泛采用，使其逐渐成为伴随盈余公告的例行披露做法。电话会议通常包括报告（Presentation）和问答（Q&A）两个环节，公司总裁、财务总监等管理层首先在报告环节讨论本季度的业绩情况，随后在问答环节回答受邀参加的资本市场参与者提出的问题，通常情况所有出席者的声音都会被记录在音频中。

在公司诸多披露渠道之中，电话会议由于其独特的交互性和音频披露的特性，被许多会计学研究所关注。通过分析电话会议音频，不仅可以获得高管声音中蕴含的非言语信息（如情绪、口音、声调高低），还可以获得问答过程中的互动情况（如问答交互次数、问答时长等）。因此，分析上市公司披露的音频中蕴含的信息有助于丰富对信息披露内容的理解。

2. 公开宏观会议类音频

除了公司层面的披露中包含的音频数据，会计学者也关注和分析了部分公开宏观会议的音频数据（Gorodnichenko et al.，2023，AER；Handlan and Sheng，2023，WP）。随着多媒体技术和互联网技术的发展，通过互联网可以获得许多宏观重要会议的视频或音频记录，例如美国联邦公开市场委员会（FOMC）会议的音频。通过分析这些公开会议中发言者的音频记录，可以获得其他途径无法度量的发言者特征，从而探究这些特征在相关市场中的经济后果，为政策制定机构的沟通有效性提供经验证据。

除了公开披露的重要会议的音频，许多学术研讨会也开始采取线上形式进行，例如美国国家经济研究局（NBER）夏季研讨会。这些会议的音频为学者提供了分析微观个体声音特征的机会（Handlan and Sheng，2023，WP），帮助其拓展对声音特征的影响因素的理解。

3. 交易场所环境声音

除了上述两类音频数据，会计学者还关注过一些独特的音频数据，例如芝加哥交易所国债期货交易场所的日内交易背景声音（Coval and Shumway，2001，JF）。这类数据某种程度上是时代的产物，局限于在交易所公开喊价交易的年代。通过自行录制环境声音的音频，学者可以探究交易场所内的声级大小是否包含对定价有用的信息。尽管随着电子交易的出现和推广，这类数据已不再适用于当今的研究，但是借鉴这种独特的音频获取方式有助于拓宽音频分析的思路。

二、音频分析的实施

作为非结构化数据，音频数据中往往含有多维度的信息（如语言、音调、音色）且交织在一起同时出现（Balducci and Marinova，2018），呈现出"低价值密度"的特点（Gandomi and Haider，2015）。要利用音频分析解决会计学领域的研究问题，就要掌握音频分析的方法，从这些多维度信息中提取出与经济活动相关的有价值信息。本部分介绍音频分析的实施步骤，主要包括：（1）音频的获取；（2）音频的预处理；（3）音频的处理；（4）有效性验证。

（一）音频的获取

音频的获取是指将声音的物理现象转换为适合数字处理形式的过程（Camastra and Vinciarelli，2015）。获取足够数量的高质量音频数据是进行音频分析的第一步。在会计学领域的音频分析研究中，获取音频数据的方法主要有录制、视频中提取、数据库中获取三种类型。

录制音频是较早文献（如 Coval and Shumway，2001，JF）以及实验文献（如 Barcellos and Kadous，2022，TAR）中通常使用的方法。通过放置录音设备等途径，可以记录研究场所或研究对象的声音音频，从而获得研究所需的音频。使用这种方法可以获得其他途径无法获得的独特音频，有助于解决一些独特的研究问题，但是存在可复制性较低、音频质量难以保证等局限。

随着视频处理技术的发展，从视频中提取音频在近期部分文献中有所使用（如 Gorodnichenko et al.，2023，AER）。在应用这种方法时，公开发布在视频网站的视频、与会议方合作获取的会议视频等都可以被用来提取音频数据。用这种方法可获得质量相对有保障的音频数据，并且视频中的其他个人信息还可为后续音频分析提供帮助，但是往往可获取的音频数量相对有限。

会计学领域音频分析中最常用的方法是从数据库中获取音频记录（如 Mayew and Venkatachalam，2012，JF；Call et al.，2023，RAST）。这种方法通常仅适用于获取电话会议音频等常见音频数据。从数据库中直接获取音频的优点是，数据库中音频的格式相对统一；更重要的，数据库中的音频往往带有识别好的公司代码等字段，方便与其他数据集进行匹配。但数据库中的音频数据不会无限期保留，往往仅保留一年甚至更短时间。此外，有些数据库不允许下载音频，仅提供在线播放功能，要获取所有音频数据也较为困难，通常需要手动逐一播放并录制。

（二）音频的预处理

在获取了原始音频数据后，要针对研究所需要提取的音频特征对数据进行预处理，以保证后续音频分析的顺利进行。常见的预处理步骤包括格式转换、拆分等。

1. 格式转换

许多音频处理软件或程序对于输入的音频有较为严格的格式要求，因此在正式开始音频分析之前，需要将音频转换为软件或程序可接受的格式。例如，Mayew and Venkatachalam（2012，JF）为了使用音频分析的 LVA 软件，首先使用 Total Recorder 软件将电话会议音频转换为单声道、11.025 kHz 采样率和 16 位量化的未压缩 .wav 文件。格式的转换需要特别引起注意，有些程序可以接收多种格式的音频，但是对于某些特征的提取依赖于特定的格式，如果没有输入正确格式的音频，会导致输出错误的特征值。

2. 拆分

一段原始的音频数据往往包含了会议全程所有发言人的声音记录，但后续的音频分析往往需要对各个发言人、每段对话甚至每句话的音频进行单独分析。因此，将整体的音频拆分为一系列单独的音频，是会计学领域音频分析文献中最为常见的预处理步骤。

识别音频截断点（开始时间、结束时间）是拆分中最为主要的步骤。现有文献中识别截断点的方法主要包括人工识别和机器识别两类。

人工识别需要由人来听音频内容，并手动记录截断点时间，这种方式较为灵活，但成本较高，主要应用在无法采用机器批量识别的任务中。例如，Gorodnichenko et al.（2023，AER）使用人工识别的方式把一整段会议的音频拆分为发言人对每个问题进行回答的一系列音频。

机器识别可以使用现有的转录服务或者软件包来自动识别出拆分时间戳。例如，使用

Trint 服务可以帮助识别出各个发言人的标签（Handlan and Sheng，2023，WP），使用 Python 中的 aeneas 包识别出每句话的开始与结束（Call et al.，2023，RAST）。值得注意的是，尽管机器可以帮助识别不同的发言人，但是具体发言人的姓名仍然需要额外标注。

3. 其他预处理流程

由于音频具有较为复杂的结构，蕴含较多的信息，针对不同的研究问题所需要提取的音频特征也各有不同。针对具体要提取的音频特征，还可能需要进行一些其他的预处理，例如降噪、对齐音频与现实的时间点等。但需要注意，这些预处理步骤需要针对研究的具体问题进行取舍。例如，Coval and Shumway（2001，JF）想要探究期货交易所中现场交易的声音是否包含预测价值的有用信息，他们关注的音频特征是音频的声级（分贝数），而不是音频中交易人员发言的内容。如果此时对音频采用降噪处理，恰恰会丢失这项研究所关注的音频特征。同时，这项研究的重点是因果关系推断，因此保证声级与交易价格等数据的时间戳精确同步，是非常重要的。因此在进行音频数据处理之前，需要匹配音频时间点和真实时间点。

总之，在进行音频分析时，需要依据研究问题和关注的音频特征，选择合适的预处理步骤，以保障后续特征提取的顺利、准确进行。

（三）音频的处理

会计学领域研究中主要使用的音频处理方法有两大类：机器学习法和人工识别法。

1. 机器学习法

使用机器学习法进行音频分析属于计算机听觉（computer audition）的研究范畴，该领域旨在建立可以自动对音频内容进行分析和理解的算法和系统。

使用机器学习法进行音频分析的步骤一般包括：提取特征向量、应用（或训练）机器学习模型、预测输出特征。

分析音频数据的独特之处在于提取特征向量，即将原始音频数据转换为具有信息含量的特征向量。机器学习模型输入的特征向量的组成部分，即特征，应包含足够的信息来使人们做出正确的决策并区分不同的对象。但对于音频而言，人们所感兴趣的对象无法用单个向量表示，因为音频本质上是连续的。音频可以被理解为音素（phoneme）的序列。然而，原始音素序列无法较好地表达声音的特征，因此需要找到有代表性的特征向量，以更有效的方式表示出一段音频的独特特征。常见的音频特征向量包括梅尔频率倒谱系数（MFCC）、色谱图（Chromagram）等；比起声音波形等表示形式，这些特征能够更有效地代表声音特征，因而在语音或音乐识别中应用广泛。

目前，在会计学领域研究中，大多数文献使用了基于机器学习的方法进行音频分析。依据是否自行训练模型，可以分为直接应用音频分析模型（软件）和训练机器学习模型两种方法。

（1）直接应用音频分析模型（软件）。随着计算机听觉的发展，许多音频分析功能已经相对成熟，产生了一系列针对各类音频分析功能的商用软件和开源包（如 Ex-Sense Pro R、laughter-detection 等）。这些音频分析模型和软件将上述机器学习的三个步骤内置，直接将原始音频文件输入软件或程序接口就可以获得需要提取的特征，例如认知失调标记、笑声。

这种方法大大降低了学者进行音频分析的成本，并具有可复制性强、原始模型在原始验证数据上的准确率相对较高等优点。但由于软件内部的算法通常不会公开，因此研究者往往难以对预测出的特征进行解释，使这类方法面临较突出的数据黑箱问题。此外，使用直接应用的软件和开源包往往只能提取较为常见的音频特征，如果研究者希望通过音频分析提取一些独有的特征，则无法通过这一方法实现。

（2）训练机器学习模型。除了直接应用现有音频分析模型，会计学领域也有研究者开始训练自己的机器学习模型，以获取针对具体研究问题的特殊音频特征。

如前所述，这一方法主要包括三个步骤：提取特征向量、训练机器学习模型、预测输出特征。首先，学者通过开源的音频分析包（如 librosa、openSMILE）提取音频的特征向量，一般会提取包括梅尔频率倒谱系数、色谱图等多组向量。随后，针对需要提取的最终音频特征，使用相应的训练数据集对模型进行训练。例如，当想要构建声音情绪变量时，一般会使用 RAVDESS 数据库、TESS 数据库等包含情绪签的数据集。把提取出的数据库中音频的特征向量和数据库中自带的情绪标签输入模型进行训练，获得训练好的模型。最后，把训练好的模型应用到需要分析的数据集中，获取音频特征。

这种方法较为灵活，可以帮助研究者提取出适合具体研究问题的特殊音频特征，并且具有一定的可解释性。但是相比于上一种方法而言成本较高，可复制性相对较低。研究者可结合具体研究问题在不同方法中进行选择。

2. 人工识别法

听觉是人类重要的一种能力，不仅可以帮助人们感知声音的位置、音调、运动等特征，还可以为人带来愉悦、悲伤、烦躁等主观感受。正是由于人类对声音主观感受的存在，使用人工识别法也可以进行音频分析，并特别适用于提取出音频给人留下的主观感受类特征，例如语音标准程度、自信程度、幽默程度等。

人工识别法较为灵活，可以识别出机器由于各种原因无法实现的特征。结合成熟的人工标注服务网站（例如，Mturk），可以一定程度上解决度量主观性问题。但是，人工识别法也存在成本高、可复制性低等问题。

（四）有效性验证

在会计学领域，音频分析还处于发展初期，新构建的特征或自行构建模型预测出的特征往往需要进行有效性检验，以保障特征度量的准确性。现有的验证方法主要包括实验验证、人工审查、外部信息验证等。

1. 实验验证

实验验证是指额外进行指标验证实验，在实验中使不同组被试在研究者所关注的度量指标方面存在差异，再度量并比较各组被试的指标得分，从而验证指标的可靠性。这种验证方法具有较强的外部性，通常对指标有效性具有较好的验证效果，但实施成本较高，且要求度量指标可以在被试中进行合理操控。

2. 人工审查

人工审查的方法一般只针对使用机器学习法度量的音频特征，是指通过人工标注的方法重新度量指标，比较两类方法度量结果的一致性。这种方法对于人工识别较为准确的指标（如观众笑声）具有较好的验证效果，但同样存在成本较高的问题。

3. 外部信息验证

外部信息验证方法是指利用发言者或者发言者所在机构在同时期发生的其他事件来辅助验证指标可靠性的方法。Gorodnichenko et al. (2023, AER) 在构建发言官员的声音情绪指标时，利用具体官员在音频中的发言前在其他场合的行为和表现来验证指标的可靠性。例如，该研究的情绪指标显示某次会议中某发言者的消极情绪非常多；进一步的验证发现，该发言者在那次发言前的一些行为引发了舆论压力，导致其不得不公开道歉，研究者认为这一事件可印证发言者在随后会议中的消极得分特征，从而可验证研究者度量的指标具有可靠性。

三、音频特征

音频特征是对音频内容的反映，可用来刻画音频的特定方面。音频特征可以划分为物理样本类（如采样率、时间刻度、格式、编码）、声学特征类（如音调、强度、倒谱系数、频谱）和语义类（如语音识别出的文本、笑声、发言者特征等）三类。在会计学领域的研究中，最终提取出的音频特征以语义类特征为主，包括声音情绪、声音认知失调标记、发言者个人特征等。

（一）声音情绪

声音情绪是指声音的情绪和情感状态，通常指声音的积极（消极）程度。在进行声音的情绪分析时，往往会把各声音片段划分为5~8类情感状态，如开心、悲伤、中性、惊讶、生气等，再依据不同的计算公式将情感状态汇总到整体层面，表示发言者或发言段落整体的积极（消极）程度。

目前，会计学领域的文献中主要使用机器学习法度量声音情绪，此外还可以自行训练机器学习或深度学习模型以度量音频的声音情绪。

（二）声音认知失调标记

声音认知失调标记（voice cognitive dissonance markers）是指反映在声音中的个人认知失调程度，在文献中作为说谎可能性的度量指标。认知失调是当一个人的行为和信念不一致时感受到的心理不适感，欺骗者往往会经历更多认知上不和谐的感觉，从而有更多的声音认知失调标记（Hobson et al., 2012, JAR）。

（三）发言者个人特征

通过分析音频还可以获得发言者的个人特征，包括性别、年龄、口音、幽默感等。目前的会计学领域文献中，个人特征主要通过机器学习法提取，比如幽默感可通过笑声检测程序检测观众的笑声来度量。口音和幽默感的度量可以通过人工标注实现。

四、音频分析在会计学术研究中的应用示例

本部分以 Hobson et al. (2012, JAR) 为例，展示会计学术研究中对音频分析方法的应用。该文研究了从高管音频中得出的非语言声音线索是否有助于检测财务错报。研究者使用音频分析软件，对具有代表性的电话会议音频样本进行音频分析，并使用实验方法验证了该音频指标的有效性。

(一) 问题的提出

检测财务错报对于审计师、监管机构、投资者以及公司利益相关者而言是一个重要话题。社会心理学研究表明,欺骗者的情绪和认知过程可能会产生许多可以帮助识别欺骗的标记,包括口头语言线索(如发言内容)、非言语线索(如语气、面部表情或手势)和生理变化(如心率)。已有研究将识别言语说谎线索的文本分析应用于各种公司文本,以检测财务错报并评估欺诈风险(Purda and Skillicorn,2015,CAR;Larcker and Zakolyukina,2012,JAR)。尽管言语和非言语线索是检测欺骗的互补机制(Vrij et al.,2000,JNB),但人们对资本市场环境中非言语线索中包含的信息知之甚少。

(二) 理论分析与研究假设

近年来,公众公司在财务报告电话会议期间与分析师进行音频形式的互动交流,为市场参与者提供了更丰富的信息,包括非语言信息(声音信息)。该文关注这类披露中说谎的声音线索在预测财务错报中的作用。

出于如下几方面原因,研究者关注声音线索中的认知失调程度:首先,心理学研究表明情绪可以通过声音传达。欺骗者通常会经历恐惧、焦虑、内疚和羞耻的情绪,其中一些情绪源于说谎被抓住的恐惧,其他情绪则源于认知失调。因此,与正常人相比,欺骗者可能经历更多认知失调的感觉。其次,有文献指出,美国前中央情报局特工专门在财报电话会议中搜索认知失调的标记。最后,最近的实验研究直接将误报和认知失调联系起来。研究者提出了如下研究假设:

H:财务错报的可能性与首席执行官声音中包含的认知失调标记的程度正相关。

(三) 研究设计

1. 研究对象

研究对象是 2007 年 1 月 1 日至 12 月 31 日期间的 1 572 个季度电话会议音频,这些电话会议分别属于 2006 年第四季度到 2007 年第三季度的会计期间。出于分析成本考虑,研究者仅关注了音频中首席执行官在问答环节前五分钟的讲话。

2. 音频分析步骤

研究者使用商用 LVA 软件 Ex-Sense Pro R 识别音频中的认知水平指标,用于度量认知失调程度。具体分析步骤如下:

(1) 音频的获取。该文使用汤森路透(Thomson Reuters)数据库提供的电话会议音频进行分析。该数据库中相关音频文件通过互联网播放的时间段通常为财报电话会议之日起的一个财季到一个财年。数据库为订购者提供公司指定期间内的音频访问权限,但不允许下载音频文件。因此,该文作者通过公开可用的流媒体音频进行分析。

(2) 音频的预处理。首先,该文使用 Total Recorder 软件将电话会议音频转换为单声道、11.025 kHz 采样率和 16 位量化的未压缩 .wav 文件。随后,研究人员手动从电话会议对话中分割和提取 CEO 的声音。此外,该文使用的 LVA 软件测量每个说话对象与校准基线的偏差,他们还使用首席执行官在电话会议演示部分的演讲开场时刻声音作为校准基线。

(3) 音频的处理。该文使用商用 LVA 软件 Ex-Sense Pro R 进行音频分析。该软件基于一组专有的信号处理算法，旨在识别不同类型的压力、认知过程和情绪反应。将音频输入该软件，其内置的信号处理算法可以测量语音波形的特征，产生四种指标，包括情绪压力水平、认知水平、一般压力水平和思维水平。其中认知水平与认知失调程度相关。该软件提供语音段级别的输出。语音段是连续语音的片段，长度从一个单词到几个单词不等（通常为一到两秒）。软件开发人员表示，认知级别值大于 120 表示需要注意的认知失调。因此研究者对认知失调变量的度量方式为：大于 120 的认知水平值的语音片段数量除以片段总数。

（4）有效性验证。为了评估 LVA 软件是否度量了该文章感兴趣的音频特征，即错报造成的认知失调，作者通过进行实验评估指标的有效性。来自美国两所大型公立大学的 59 名本科生志愿者参加了由两部分组成的实验室实验。研究的第一部分是在线部分，包含初步的一般说明、学术能力倾向测试（SAT）背景说明和示例、5 分钟的 SAT 自定时考试、考试成绩反馈以及预测下次同样考试的分数。在完成在线部分后，参与者进行了实验室部分的实验，包括四个环节。首先，进行 5 分钟的与线上考试类似的 SAT 限时测试，试卷和答题纸参与者可以自行带走，只需要保留参与者在单独的评分表上自行报告的总分，报告的总分决定了他们收到的工资。工资的数量和不保留试卷等措施的目的是引发参与者进行错报。其次，填写问卷上的一组问卷，包括人口统计信息等，在这个步骤中，实验管理者还对参与者从道德方面进行了提醒。然后，实验室管理员在单独的采访室中单独使用视频记录每个参与者对采访问题的回答，包括口头重复他们在评分表上报告的分数、询问报告的分数比预期好还是差、是否承认夸大了自己的分数等。随后，参与者填写最终调查问卷的答案，预测未来 SAT 考试的表现。最后，参与者在单独的房间收到工资和进行汇报。

该实验中，衡量错报带来的认知失调程度的指标有三个，分别是：在线问答时的预期分数和最后采访时预期分数的差异、是否承认夸大了自己的分数、自我报告分数和在线会议中获得的分数之间的差异。随后的分析中，作者研究了参与者被录制的音频中用 LVA 软件度量的声音认知失调程度与上述三个认知失调指标之间的相关性，验证了通过音频度量的声音认知失调程度指标的有效性。

3. 研究步骤

在验证了音频认知失调指标的有效性后，作者实证检验了盈余电话会议中 CEO 的声音认知失调指标是否可以帮助检验财务错报。随后，作者还探究了影响管理者认知失调程度的 CEO 和组织特征，以及这些特征是否会调节认知失调与财务错报之间的关系。

（四）研究结果

Hobson et al.（2012，JAR）的研究发现，在控制了财务、文本等预测指标后，声音认知失调与公司的财务重述、重述公告日期股价跌幅显著正相关。这意味着声音认知失调标记为基于会计信息、文本信息的重述预测指标提供了增量信息。该文的研究结果拓展了人们对非言语线索在资本市场中发挥作用的理解。

五、音频分析的局限和未来

（一）音频分析的局限

1. 音频样本的局限性

现有会计学领域的音频分析研究处于较为初步的阶段，文献数量屈指可数。背后的原因除了音频分析成本较高之外，更主要的是目前资本市场中可研究的音频种类和样本数量均非常有限。

在样本种类方面，目前可供研究的音频样本主要为公司盈余电话会议。盈余电话会议的出席人员和讨论话题均较为固定，且有学者发现管理层会针对电话会议做各方面的准备和排演。因此，这类音频样本的研究价值和有效性在一定程度上受到了限制。在样本数量方面，受限于音频数据在获取方面的重重困难，如有限的音频保存时间、音频下载限制等，针对某一类音频数据，可供获取和分析的样本数量较少、年份跨度较短，往往难以很好地控制个体固定效应。这些问题导致音频分析的样本代表性常常受到质疑。

2. 音频特征的局限性

现有研究中提取出的音频特征较为有限，基本上只局限于基本情绪类特征，且只考虑了个人的声音特征。导致这一局限的原因主要是构建独特特征的成本较高。具体而言，由于音频数据在每单位数据（如每秒）内同时包含多个维度的信息，要从中提取出与会计学领域研究相关的特征，往往还需要利用心理学和传播学文献来识别每种音频特征所传达的独特心理反应。此外，要构建反映独特心理反应的指标，不仅需要具有足够的心理学、传播学和音频分析技术的基础，还需要花费大量成本寻找合适的场景和方式对构建的指标进行效度检验。识别音频特征的这些约束都限制了对声音信息在资本市场中有效性的理解。

（二）音频分析的未来

1. 音频数量和种类的日趋丰富带来研究潜力

随着流媒体技术的发展，使用音频等多媒体方式进行信息披露越来越方便，越来越多公司开始在各类披露中使用多媒体方式。此外，新冠疫情的发生也使得越来越多的会议采用线上的方式进行，为研究者留下了可以用于分析的音视频数据。

2. 分析技术的应用推动音频特征的进一步丰富

深度学习模型的发展和进步推动了音频分析特别是语音分析的发展，使提取出更有代表性的音频特征成为可能。在会计学领域的音频分析中，基于深度学习的音频分析技术逐步成熟，将进一步降低音频分析的成本，有助于研究者对声音中蕴含的信息进行迅速、准确的解读。此外，在互联网和大数据技术的推动下，资本市场中信息的传递更加及时，数据维度更加多元，结合其他结构化和非结构化数据探究信息接收方的实时反应，将有助于从更精确的角度理解声音信息在资本市场中发挥的作用。

第四节　视频分析方法

一、视频分析的含义与信息来源

（一）视觉信息、视频与视频分析

电磁辐射通过眼睛进入人类的视觉系统，形成视觉体验（Camastra and Vinciarelli, 2015）。视觉信息是指通过视觉途径传达的信息，例如图像、图形、视频或任何形式的视觉表达。视频是对动态形式视觉信息的记录，其中包括一系列单个画面，通常伴随着音频。由于视频中的视觉信息随时间而改变，通常比静态图像更具吸引力和信息性。视频是一种非常普遍的数据类型，82%的互联网流量以视频形式出现（Li et al.，2019）。相比于本章讨论的其他类型非结构化数据，视频包含更加多维的信号，可理解为音频、视觉和文本等几种数据的组合。视频通常是三个维度的函数：两个空间维度和一个时间维度，如图9-1所示。

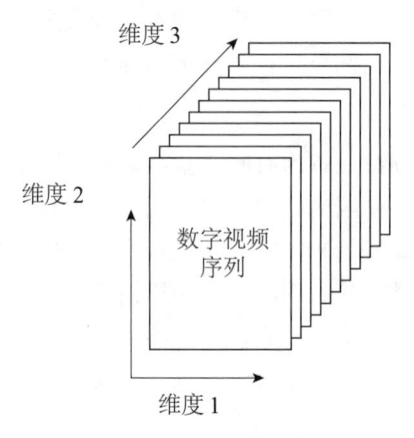

图9-1 视频维度示意图

资料来源：Bovik（2005，p7）。

视频可分为数字视频（digital video）和模拟视频（analog video）两类。模拟视频早于数字视频出现，是一种使用连续电信号来传达视觉信息的视频类型，早期的模拟电视广播、家庭视频系统（VHS）磁带等都是模拟视频的传播途径。模拟视频已经因数字视频的卓越质量、灵活性和可靠性被大规模取代。数字视频是指已转换为由0和1组成的计算机可读二进制格式的视频，常见的视频格式包括mp4（MPEG-4）、WMA、WEBM等。

相应地，视频分析（video analysis）是指从视频中提取时间和空间维度特征的一系列方法，包括对象检测、动作识别、自动化安全和监督等多种技术。本节涉及的视频分析主要指数字视频分析。

现代视频分析通常归属于计算机视觉（computer vision），是能够从数字图像、视频和其他视觉输入中获取有意义的信息，并根据该信息采取行动的一类人工智能领域。由于视频的多维度和非结构化特征，视频包含大量的信息，依据提取信息的不同，视频分析包含多个领域，例如，目标检测与识别、行为分析、情感分析、运动检测与跟踪、视频摘要、视频内容检索、医疗图像分析等。其中，目标检测与识别（如识别出特定人脸）、行为分析（如识别出人的动作、表情）、情感分析（如识别出面部表情传递的情绪）在会计学领域应用较为广泛。

随着信息和媒体技术的进步，越来越多的公司也依赖于视频进行信息披露和传播。然而，视频数据在学术研究中并未得到充分利用，主要原因是视频的复杂性和计算负担。视频是信息高度密集型的数据，例如，一秒钟高质量视频的数据约等于超过两千页文本（Gandomi and Haider，2015）。因此，对视频进行分析需要大量的计算和存储资源。近年来，机器学习方法和计算资源（如GPU）的进步推动了会计学研究的发展，学者们开始处理和分析各类公司和高管视频以提取对资本市场有影响、有价值的特征。

视频不仅可以提供与特定主体（如公司高管、证券分析师、投资者、监管机构）个人特征（如五官、身高、音色、性格）有关的信息，还可以传递沟通中的各类非言语线索（如表情、肢体动作等）。一方面，公司及其利益相关者的个体特征可以对公司的经营和决策产生重要的影响；另一方面，非言语线索有助于促进对交流内容的理解、传递言语交流无法传播的信息，例如无意识线索和信号手势（如礼貌的微笑、翻白眼）。因此，进行视频分析可以获得与判断特定发言主体个人特征有关的信息，从而更全面地获取资本市场的交流互动中传递的信息，促进对会计现象的解释和预测。

（二）视频分析的信息来源

通过梳理会计学领域的视频分析研究，常见的视频信息来源主要包括：（1）公司披露类视频；（2）公司高管采访类视频；（3）公开宏观会议类视频。

1. 公司披露类视频

初创企业的推介视频和上市公司的上市路演视频是公司披露类视频最主要的两类视频数据（Blankespoor et al.，2017，JAR；Dávila and Guasch，2022，JAR）。初创企业的推介视频是指公司在初创阶段为了获取融资而自行制作的用于介绍公司经营理念、组织架构和发展情况等信息的视频。初创企业通常会向初创企业孵化机构申请融资，在申请过程中，这些机构往往会要求初创企业直接或间接地通过公开视频平台上传公司简介视频。上市公司路演视频是指公司在首次发行股票且上市的环节中披露的路演推介视频，一般用于介绍公司经营发展情况、融资与使用计划等信息，视频通常会在专门的路演平台公开。

与主要讨论盈余公告的传统电话会议音频相比，公司披露类视频讨论的内容更加广泛，包含的信息维度也更丰富，可以观测到公司高管和参与者的视觉维度特征，因此被较多研究关注。但是大多数视频会由公司精心准备和剪辑后上传，其内容被控制的程度更高，反映公司高管无意识行为的信息相对较少。对这类视频的分析有助于人们深化理解市场参与者如何对公司高管面部和身体特征信息作出反应，从信息接收方认知的角度增强对公司披露信息的理解。

2. 公司高管采访类视频

公司高管采访类视频是指新闻媒体对上市公司高管的采访视频。这些采访视频在制作完成后通常发布在各媒体的公开网站上，从而为会计学者提供了可以下载和分析的视频数据（Choudhury et al.，2019，SMJ；Banker et al.，2023，MS）。不同媒体的采访关注的主要话题不同，比如业绩、盈利增长、业务扩张、公司指引、合并收购、治理和文化（Akansu et al.，2017，JBF）。这类视频通常以问答的形式进行，容易捕捉到公司高管的及时反应。利用这些信息，可预测和解释经营表现，也可加深对市场反应的理解。

3. 公开宏观会议类视频

公开宏观会议的视频数据也是会计学研究所关注的一类视频数据（Curti and Kazinnik，2023，JME）。这类数据主要关注一些宏观会议（如美国联邦公开市场委员会会议）。通过分析这些宏观会议中发言者的视频记录，可以获得其他途径无法获取的特定发言者的个人特征及非言语信息，从而促进对这些特征经济后果的研究，为政策制定机构的沟通有效性提供经验证据。

二、视频分析的实施

空间和时间的多样性使得在视频数据中识别特征具有挑战性。为了从高度非结构化的视频数据中提取与经济活动相关的特征，会计学者们使用了多种分析方法。本部分介绍会计学领域视频分析方法的实施，主要包括：（1）视频的获取；（2）视频的预处理；（3）视频的处理；（4）有效性验证。

（一）视频的获取

目前，绝大多数会计研究中的视频数据都是使用数据爬取软件或算法从互联网中爬取获得的，主要的视频获取网站包括公开视频网站（如YouTube、Vimeo）和路演网站（如www.retailroadshow.com）。在爬取和使用这些视频数据时，需要特别注意网站的使用协议是否允许使用网站公开成果作为科学研究的素材。

除了视频爬取的获取方式，还有非常少数的研究使用录制视频的方式进行。使用这种方式可以获得公开视频无法获得的视频数据，并且具有视频格式较为一致的优点，更便于后续处理。

（二）视频的预处理

在获取到原始视频数据后，须对视频数据进行预处理，以保证后续分析的顺利进行。常见的预处理步骤包括：匹配公司代码、视频拆分、视觉维度信息拆分等。

1. 匹配公司代码

由于绝大多数视频数据是从网站中爬取的，只能获得网站中提供的公司名称等字段，通常无法直接获得后续匹配财务数据所需要的公司代码字段。因此，视频分析研究需要先通过公司名称匹配和手动匹配的方式给视频匹配上公司代码。

2. 视频拆分

原始的视频数据通常包含参与会议所有人（包括发言者与观众）的视频记录，但后续的分析往往只需要关注特定发言者的视频，例如公司层面的分析往往只关注公司总裁的视频。因此，将整体的视频拆分为个人视频是会计学领域视频分析文献最为常见的预处理步骤。较为常见的拆分方式是人工拆分，删掉关注的人脸未出现部分的视频。此外，还有一些文献利用人脸识别的应用软件辅助拆分。

3. 视觉维度信息拆分

视频数据的一个优势是包含了声音、视觉和文本等多种维度的信息，但是在研究视觉维度信息有用性时，同时包含多个维度的信息可能成为视频数据的"劣势"，即无法识别是哪个维度信息发挥了作用。在会计研究中，由于一些文本和声音维度的特征在以往文献中已经被证明具有信息含量，因此在进行视频分析时，视觉、声音、文本三类信息通常会被剥离，分别构建指标进行分析。需要注意的是，当要构建投资者印象、沟通风格等综合特征时，由于声音和发言特征也是这些综合特征的一个表现维度，因此在获得各维度特征后往往还需要通过因子分析等方法提取出综合指标。

对于使用机器学习法构建视觉特征的研究，视觉维度信息的拆分比较简单，只需要不输入音轨即可。但对于使用人工识别方法构建视频特征的研究，由于要让观众观看视频进行打分，这种情况下要想剔除发言内容的影响具有一定难度。一个可能的解决方法是在人工识别时剥离掉可以识别出发言内容的声音信息。例如，Blankespoor et al.（2017，JAR）使用低通道和高通道滤波器消除了有助于单词识别的声音频率，使得公司总裁的发言话语难以被识别，从而剔除了发言实际内容对形成管理层印象的影响。

（三）视频的处理

目前会计学领域的视频研究主要使用两类视频处理方法：机器学习法和人工识别法。其中，机器学习法包含两种方法：直接应用视频分析模型（软件）、训练机器学习模型。

1. 机器学习法

机器学习的目标是使机器能够自动从数据中进行学习。作为机器学习的子分类，深度学习模型（如深度神经网络、卷积神经网络等）的出现和发展极大程度上提高了视频特征提取的性能，在人脸检测、物体识别、人脸验证、动作识别等方面已经展现出了卓越的性能。如前所述，视频作为一种信息非常密集的非结构化数据，对它进行处理需要大量的计算量和存储空间。使用机器学习法可以利用机器快速和自动地以较低成本提取特征，因此最近的视频分析研究通常利用机器学习法来探索视频数据。

依据是否自行训练模型，机器学习法可分为直接应用视频分析模型（软件）和训练机器学习模型。

（1）直接应用视频分析模型（软件）。随着视频和图片分析技术的成熟，一些科技和软件公司提供了在线机器学习服务（如 Face++、Microsoft Azure）和开源算法（如 OpenPose），这使研究者能够在在线平台上执行计算并生成测量值。这些服务的关键算法由信誉良好的提供商使用数百万个人工评级的训练数据集进行训练、测试和交叉检查获得，从而保证了较高的预测准确性。图 9-2 为 Microsoft Azure 认知服务情绪 API 输出的情绪分析结果的示意图。此外，这些平台可供公众使用，因此这种方法比依赖人工编码和训练新的机器学习模型更加透明、成本较低。通过使用这种方法，许多研究者构建了一些有代表性的视频特征，例如面部情绪、身体扩张度等。

Panel A: Ben Bernanke, March 20th 2013	
Emotion	Intensity Score
Anger	0.00
Contempt	0.00
Disgust	0.00
Fear	0.00
Happiness	1.00
Neutral	0.00
Sadness	0.00
Surprise	0.00

图 9-2 面部情绪分析结果示意图

注：左图为某人新闻发布会上的视频截图，右表为 Microsoft Azure 认知服务情绪 API 捕获的该截图各情绪维度得分。
资料来源：Curti and Kazinnik（2023）.

尽管在线平台提供的计算服务有很多优点，但也存在一些缺点。最主要的缺点是这类平台只提供较为通用的特征，对于一些特定研究问题关注的特征无法很好地度量。

（2）训练机器学习模型。为获得针对具体研究问题的特殊视频特征，目前在会计学领域已有部分学者开始训练自己的机器学习模型（包括深度学习模型）进行视频分析。

使用机器学习法进行视频分析的步骤一般包括：提取特征向量、训练机器学习模型、预测输出特征。常用的编程语言包括 Python、Matlab、R 等。通过训练独有的机器学习或深度学习模型，研究者可以构建与研究问题直接相关的特定变量，例如口头交流风格、面部不对称等。虽然这类方法较为灵活，可以帮助研究者探索原本难以捕捉的特征，但也存在透明性低和可解释性低等问题。

2. 人工识别法

视频中传达的非言语信息既可能反映管理者个人特征，也可能通过信号作用影响企业绩效和市场估值。在这两类机制中，人工识别法可以度量视频观看者的主观感受，因此这类方法更适合通过测量投资者感知或印象，以检验信号作用。例如，Blankespoor et al.（2017，JAR）使用人工识别法来衡量投资者对管理层的印象，Li et al.（2021）使用这种方法来衡量在演示过程中可能影响高管给投资者留下印象的演示细节。

人工识别法度量出的特征难以复制，这将导致指标的代表性降低。此外，使用人工识别法处理大量视频的成本较高。虽然可以通过"切片"等方法缩短视频长度以降低成本，但也会导致视频数据的外部有效性降低。基于人工识别法的这些特点，视频中管理者个人特征的识别通常需要逐秒进行，而使用人工识别法成本过高且无法保证精确性，因此人工识别法通常不适用于识别管理者个人特征。

（四）有效性验证

相比于文本分析等已经相对成熟的研究方法，视频分析还处于起步阶段，一些提取出的视频特征往往需要进行有效性检验，以保证特征度量的准确性。现有文献中常用的验证方法主要包括替代性度量方法验证、人工审查。

1. 替代性度量方法验证

替代性度量方法验证是指在使用一种方法获取某一变量后，再额外使用具有同样功能的其他方法进行指标度量从而交叉验证的方法。这种方法适合较为通用的变量，如面部情绪。针对这类变量，研究者可以利用多种软件或程序接口互为交叉验证，从而保证指标验证的外部效度。针对使用人工标注方法构建的特征，可以在其他人群中进行调研，通过比较两类人群中度量的一致性进行验证。但这种方法存在实施成本较高的问题。

2. 人工审查

人工审查的方法一般只针对使用机器学习法度量的视频特征，是指通过人工标注的方法重新度量或审核指标的准确性，比较两类方法度量结果的一致性。但这种方法只对人工识别较准确的指标（如发言者情绪）具有较好的验证效果，且同样存在成本较高的问题。

三、视频特征

视频特征是指从视频中提取的描述性参数，可用于解释视觉内容。视频中的可用信息包括以下四类：

(1) 视频元数据，即嵌入视频中的标记文本，通常包括标题、摘要、日期、播放时长、文件大小、视频格式、版权等；

(2) 来自听觉通道的音频信息；

(3) 文字记录信息，通过语音识别可以获得语音文字记录，使用光学字符识别技术可以读取字幕文本；

(4) 来自视觉通道的图像本身所包含的视觉信息。

目前，会计学领域的视频分析研究主要关注视频的视觉内容特征，主要包括面部表情（如面部情绪、面部不对称度）、肢体语言（如身体扩张）、沟通风格与印象（如投资者印象、口头沟通风格、报告细节）三类。在会计学领域的视频研究中，上述其他类别的特征往往作为控制变量，具体特征可参见本章其他各节内容。

（一）面部表情

人类行为的最终因果关系源于"表观遗传规则"（Waymire，2014，TAR），它通常是由情绪驱动的，可以在所有人类行为类别中引导个体做出快速准确的反应，以确保存活与繁衍。面部是人类表达情绪最为重要的器官，相应地，面部表情也是会计学领域视频文献中关注最多的特征（Akansu et al.，2017，JBF；Curti and Kazinnik，2023，JME）。在面部表情特征中，最常见的研究特征是面部情绪，即面部所表达的情绪和情感状态，通常指面部表情的积极（消极）程度。

在进行面部表情的情绪分析时，往往会把面部表情划分为5～8类情感状态，如开心、悲伤、中性、惊讶、生气等，再依据不同的计算公式将情感状态汇总到整体层面，表示发言者或发言段落整体的积极（消极）程度。

除了面部情绪，面部表情不对称度也是受关注的特征（Banker et al.，2023，MS）。面部表情不对称是指人脸一侧（"半脸"）相对于另一侧的表情强度或肌肉参与程度的不对称程度。高度的半面部不对称在神经解剖学上与个体刻意的面部表情有关。对面部表情不对称度的度量主要使用卷积神经网络（CNN）模型完成。

（二）肢体语言

肢体语言是一种重要的非言语线索，但是目前在会计学领域对肢体语言的研究相对较少（Dávila and Guasch，2022，JAR）。在肢体语言的各类特征中，目前唯一受到关注的是身体扩张程度，即身体四肢（手和脚）和头部的扩张程度。身体扩张程度与主导性、吸引力和热情等个人特征有关，从而会影响公司的决策和表现。

（三）沟通风格与印象

会计学领域文献也关注视频中发言者的综合特征，如整体沟通风格、给观众留下的印象等（Blankespoor et al.，2017，JAR；Choudhury et al.，2019，SMJ）。这类特征主要通过影响观众（如投资者）对发言者（如高管）的印象以影响公司的融资结果、股价表现等。

四、视频分析在会计学术研究中的应用示例

本部分以 Dávila and Guasch（2022，JAR）的研究为例，展示如何在会计学术研究中应用视频分析方法。

(一) 问题的提出

尽管大量文献支持非言语线索在信息传播中的重要作用 (Burgoon et al., 2016), 定性非语言信息受到的关注还是较少 (Mayew and Venkatachalam, 2012, JF)。基于此,该文研究身体运动 (一种定性非语言信息) 是否与管理层在公司预测和估值信息中的有利报告以及公司绩效 (生存和融资成功) 相关。

(二) 理论分析与研究假设

非语言行为与个体特征的关联长期以来受到了社会心理学者的关注。由于非语言行为经常无意识地做出,使其能够表达一种人格特质而无需该特质被明确唤醒 (Ambady and Rosenthal, 1992, PB; Hall et al., 2005, PB)。由于身体扩张程度与该文研究问题涉及的个人特征有关,包括主导地位、热情、吸引力,该研究关注公司高管的身体扩张程度。

对于管理层而言,这些特征可以对公司产生重要影响。首先,主导地位强的个体可以获得或维持对他人的影响力,并且被认为比同龄人更加自信、主动,更有可能获得资源;但同时占主导地位的人更容易进行过度自信的决策。其次,热情也可能给企业带来积极或消极的结果。热情与坚韧、鼓舞人心的领导力和对企业的奉献精神有关,但热情也可能导致过度执着或对相关企业或活动的看法过于狭隘。最后,吸引力在各种企业环境中发挥作用。一方面,研究发现有吸引力的男性比没有吸引力的男性更有可能获得投资;另一方面,人们通常会高估更具吸引力的个体的能力,即使他们的表现已被证明与不太有吸引力的同行相当或更差。

总体而言,身体扩张传达了有关个人特征 (主导地位、热情和吸引力) 的信息,这些特征会影响重要的公司成果 (如预测误差、估值准确程度和生存可能性)。此外,身体扩张还会影响投资者对企业家的印象和看法,从而影响公司获得投资的可能性。

(三) 研究设计与方法

1. 研究对象

研究对象是 2012—2015 年 154 家创业公司 (441 个公司年度观测值) 向约 100 名投资者推介企业的视频。从行业构成来看,样本企业集中在基于互联网的信息和通信行业以及科学和技术行业。

2. 视频分析步骤

该文应用了现有视频分析算法,对公司推介视频样本进行分析,具体步骤如下:

(1) 视频的获取。研究者通过录制的方式获得初创公司的推介视频数据。这些推介是在欧洲商业天使和风险投资网络组织的双月投资论坛上进行的,每次会议通常有 6~8 人分别进行 10 分钟不间断的报告,有时会进行简短的问答。

(2) 视频的预处理。该文样本中的每个视频均只包含一个项目演示,但可能包含多个演讲者 (在 154 个项目中,有 17 个项目由多个演讲者演示)。在这种情况下,作者手动将视频进行分割以获得每个演讲者的身体扩张程度指标。

(3) 视频的处理。作者使用卡内基梅隆大学感知计算实验室提供的姿势估计程序

OpenPose 度量身体扩张程度。作者通过编写代码将视频传递给 OpenPose，使其编写包含每个物理关节坐标的每帧输出文件，最后会创建一个新的视频文件，其中个人的骨架层会叠加在原视频中。图 9-3 提供了输出视频的示意图。该软件可以检测任何人体姿势，包括观众的姿势。作者手动检查每个视频，并在必要时要求 OpenPose 读取面向相机、位于画面中心、捕捉到的关节较多的个体。此外，作者有时还需要通过手动填充坐标位置来编辑一些缺失的关节（很少的帧）。每个报告视频最终可获得大约 18 000 个 JSON 文件（即每帧一个文件，每秒 30 帧，视频平均 10 分钟），这些文件提供每帧的二维坐标（X 和 Y），将每个身体关节定位在二维像素空间中。

图 9-3 OpenPose 输出视频示意图

资料来源：Dávila and Guasch（2022，JAR）.

作者使用身体四肢（手和脚）和头部的运动度量身体的扩张性。具体而言，首先计算每个物理关节（四肢）的两个连续位置（即动态运动）之间的距离。作者选择每隔 15 帧（即每半秒）计算一次距离，通过运行一个 Python 程序，在每 15 个 JSON 文件中提取一个关节的坐标信息。随后，计算二维空间中两个连续（半秒）帧之间的距离（以像素为单位），使用说话者的高度（即从颈部到臀部的距离）对这些距离进行标准化。最后，通过对每个演讲者物理关节的所有标准化距离进行平均，创建身体扩张性的综合衡量标准。物理关节之间具有非常高的相关性，也就是说，扩张性说话者同时在所有身体四肢上都有丰富的动作。基于此，作者使用主成分分析将 5 个变量汇总为一个成分，以捕获整个身体的扩张性。对于由多个演讲者进行推介的报告，作者对每个演讲者的每个物理关节的距离进行平均。

3. 研究步骤

首先，该文章探究管理者的身体扩张是否与公司预测结果和实际结果之间的较大偏差以及管理层过高的估值有关。作者认为拥有与身体扩张性高相关的个人特征（支配地位、热情和吸引力）的管理层会有更大的预测误差并提出更高的估值，这些都是早期投资选择过程、合同设计和监控阶段的重要信息输入。

其次，该文探讨了管理者的身体扩张是否与公司生存和实际投资者针对公司做出的投资决策相关。公司的生存取决于管理者，而投资决策取决于投资者。夸张的手势传达了影响公司发展的个人特征，从而与公司生存相关，然而，高管的个人特征与投资决策无关，投资决策更多地与投资者对管理者的看法有关。作者借助问卷调研进行了额外的实证研究以进一步支持上述逻辑。总体而言，作者认为更具主导性、热情和有吸引力的个人特征可以影响公司的生存和融资。

然后，作者进一步探讨了公司年龄和是否获得风险投资（VC）的横截面差异。这两个变量都与公司治理（如管理控制系统或定期报告）相关。作者认为更严格的治理可以减少身体扩张度量的个人特征对公司报告实践的影响。

最后，作者采访了参与论坛的 10 位投资者，探究他们关注了报告人报告中的哪些信息。作者发现投资者主要关注演讲者的演示、文稿和发言内容，包括市场、竞争优势、差异化、预测和估值等主题。当给投资者提示时，投资者确实提到了演讲者的风格，但是更成熟的投资者没有提及与企业家的风格或沟通技巧相关的任何标准。总体而言，访谈没有发现任何对身体扩张的有意识评估。

（四）研究结果

Dávila and Guasch（2022，JAR）的研究发现管理层的身体扩张程度越大，其预测误差越大，公司估值越高，公司生存概率越低，但更可能获得股权融资。吸引力和热情解释了上述结果：具有这些特征的人往往更加自信（转化为更高的预测误差和估值），并表现出更高的风险容忍度（转化为更低的公司生存率）。然而，投资者似乎并没有正确认识到非语言交流的信息价值。总的来说，该文表明，身体的扩张是非语言交流的一个重要但被忽视的组成部分，可以提供有关财务报告和公司经营成果的信息。

五、视频分析的局限和未来

（一）视频分析的局限

1. 视频样本的局限性

现有会计学领域的视频分析研究处于起步阶段，应用视频分析方法的文献较少，其背后的原因除了视频分析成本较大之外，更主要的是目前资本市场中可研究的视频种类和样本数量均非常有限。在样本种类方面，目前可供研究的视频样本主要为路演视频和初创企业推介视频，在样本数量方面，受限于视频数据在获取方面的限制，针对某一类视频数据，可供获取和分析的样本数量较少、年份跨度较短，往往难以很好地控制个体固定效应。因此，这些问题导致视频分析的样本代表性常常受到质疑。

2. 视频分析方法的局限性

现有会计学文献中大多数视频分析方法实际上依赖的是基于图片的分析技术，只捕捉了每张图片静态的信息，一定程度上忽略了视频中前后帧之间的差异所代表的动态信息。以最为常见的面部情绪特征为例，通常的方法是将视频按照每帧几张图片的方法采集成一系列图片，再将图片依次输入在线分析平台或开源分析包中获得每张图片的情绪得分，最后将所有图片的情绪得分进行汇总得到视频的人脸情绪。尽管从各张图片中的静态信息可以捕捉到一些面部情绪信息，但视频区别于图片的特有的动态信息被忽略了，这不利于全面理解视频中包含的信息。

3. 各维度信息缺乏整合分析

视频可以看作一种将声音、图像和文本等各维度信息融合的非结构化数据，然而，目前大多数针对视频分析的研究都将视觉、声音和文字等维度分别度量分析，然而非言语线索的一个重要价值是可以帮助理解语言信息，结合发言内容分析视觉线索能够更好地体现视觉线索的价值，也更符合现实中视频受众的理解。

（二）视频分析的未来

视觉是一种信息密集的沟通方式，包含着大量基于内容的特征。要提取出与会计决策和经济活动相关的特征，需要结合心理学研究的发现和深度学习技术的应用。

随着视频等多媒体方式在更多的信息沟通场景被使用，更多资本市场参与者（如高管、投资者、分析师等）会在各类信息披露中使用多媒体方式。在资本市场中，信息的传播是相互的，不仅公司利益相关方可以从公司披露中获取信息，公司也可以通过分析利益相关者的反馈进一步提升公司决策的有效性。因此，逐渐多元化的视频主体会增加对资本市场信息传播各个环节的研究机会。此外，新冠疫情的发生乃至后疫情时代使得越来越多的会议采用线上视频方式进行，为研究者留下了更丰富的视频分析来源。

本章结语

与公司相关的信息是会计研究的核心内容。随着资本市场中信息披露形式的逐渐多元化，文本、图像、音频和视频等非结构化数据逐渐增加。非结构化数据一方面可能增进人们对结构化会计数据（如财务报告和信息披露质量）的理解，另一方面可能向资本市场提供传统的结构化会计数据无法反映的新信息（如高管特征）。利益相关者可以分析和提取出结构化数据无法捕捉的特征。因此，对非结构化数据的分析有助于理解这些非结构化数据可能如何影响公司及利益相关者的行为和决策，更好地解释和预测会计现象，对深化会计学领域的研究有着重要意义。越来越多的研究者开始使用非结构数据分析方法来讨论会计学领域的问题。

本章主要参考文献

Abdel-Meguid, A., J. N. Jennings, K. J. Olse, and M. T. Soliman. The Impact of the CEO's Personal Narcissism on Non-GAAP Earnings. *The Accounting Review*, 2021, 96 (3): 1-25.

Akansu, A., J. Cicon, S. P. Ferris, and Y. Sun. Firm Performance in the Face of Fear: How CEO Moods Affect Firm Performance. *Journal of Behavioral Finance*, 2017, 18 (4): 373-389.

Ambady, N., and R. Rosenthal. Thin Slices of Expressive Behavior as Predictors of Interpersonal Consequences: A Meta-Analysis. *Psychological Bulletin*, 1992, 111: 256-74.

Antweiler, W., and M. Z. Frank. Is All that Talk Just Noise? The Information Content of Inter-Net Stock Message Boards. *The Journal of Finance*, 2004, 59 (3): 1259-1294.

Baker, S. R., N. Bloom, and S. J. Davis. Measuring Economic Policy Uncertainty. *The Quarterly Journal of Economics*, 2016, 131 (4): 1593-1636.

Balducci, B., and D. Marinova. Unstructured Data in Marketing. *Journal of the Academy of Marketing Science*, 2018, 46: 557-590.

Banker, R. D., H. Ding, R. Huang, and X. Li. Market Reaction to CEOs' Dynamic Hemifacial Asymmetry of Expressions. *Management Science*, 2023.

Bao, Y., and A. Datta. Simultaneously Discovering and Quantifying Risk Types from Textual Risk Disclosures. *Management Science*, 2014, 60 (6): 1371-1391.

Barcellos, L. P., and K. Kadous. Do Managers' Nonnative Accents Influence Investment Decisions?. *The Accounting Review*, 2022, 97 (3): 51-75.

Barton, J., G. Berns, and A. Brooks. The Neuroscience Behind the Stock Market'S Reaction to Corporate Earnings News. *The Accounting Review*, 2014, 89 (6): 1945-1977.

Bartov, E., L. Faurel, and P. S. Mohanram. Can Twitter Help Predict Firm-Level Earnings and Stock Returns?. *The Accounting Review*, 2018, 93 (3): 25-57.

Blankespoor, E., B. E. Hendricks, and G. S. Miller. Perceptions and Price: Evidence from CEO Presentations at IPO Roadshows. *Journal of Accounting Research*, 2017, 55 (2): 275-327.

Blankespoor, E., B. E. Hendricks, and G. S. Miller. The Pitch: Managers' Disclosure Choice During IPO Roadshows. *The Accounting Review*, 2023, 98 (2): 1-29.

Bovik, Alan C. *Handbook of Image and Video Processing*. 2nd (ed). Amsterdam; Boston, MA: Elsevier Academic Press, 2005.

Brasel, K., M. M. Doxey, J. H. Grenier, and A. Reffett. Risk Disclosure Preceding Negative Outcomes: The Effects of Reporting Critical Audit Matters on Judgments of Auditor Liability. *The Accounting Review*, 2016, 91 (5): 1345-1362.

Brown, S. V., and J. W. Tucker. Large-Sample Evidence on Firm's Year-Over-Year MD&A Modifications. *Journal of Accounting Research*, 2011, 49 (2): 309-346.

Burgoon, J. K., L. K. Guerrero, and K. Floyd. *Nonverbal Communication*. New York: Routledge, 2016.

Burke, J. J., R. Hoitash, U. Hoitash, and S. Xiao. The Disclosure and Consequences of U. S. Critical Audit Matters. *The Accounting Review*, 2023, 98 (2): 59-95.

Call, A. C., R. W. Flam, J. A. Lee, and N. Y. Sharp. Managers' Use of Humor on Public Earnings Conference Calls. *Review of Accounting Studies*, 2023: 1-38.

Camastra, F., and A. Vinciarelli. *Machine Learning for Audio, Image and Video Analysis: Theory and Applications*. Springer, 2015.

Campbell, J. L., H. Chen, and D. S. Dhaliwal. The Information Content of Mandatory Risk Factor Disclosures in Corporate Filings. *Review of Accounting Studies*, 2014, 19 (1): 396-455.

Chen, Y. S., J. Jermias, and T. Panggabean. The Role of Visual Attention in the Managerial Judgment of Balanced-Scorecard Performance Evaluation: Insights from using an Eye-Tracking Device. *Journal of Accounting Research*, 2016, 54 (1): 113-146.

Chou, T. K., J. A. Pittman, and Z. Zhuang. The Importance of Partner Narcissism to Audit Quality: Evidence from Taiwan. *The Accounting Review*, 2021, 96 (6): 103-127.

Choudhury, P., D. Wang, N. A. Carlson, and T. Khanna. Machine Learning Approaches to Facial and Text Analysis: Discovering CEO Oral Communication Styles. *Strategic Management Journal*, 2019, 40 (11): 1705-1732.

Core, J. E., W. Guay, and D. F. Larcker. The Power of the Pen and Executive Compensation. *Journal of Financial Economics*, 2008, 88 (1): 1-25.

Coval, J. D., and T. Shumway. Is Sound Just Noise?. *The Journal of Finance*, 2001, 56 (5): 1887-1910.

Curti, F., and S. Kazinnik. Let's Face It: Quantifying the Impact of Nonverbal Communication in FOMC Press Conferences. *Journal of Monetary Economics*, Forthcoming, 2023.

Dávila, A., and M. Guasch. Managers' Body Expansiveness, Investor Perceptions, and Firm Forecast Errors and Valuation. *Journal of Accounting Research*, 2022, 60 (2): 517-563.

Ertugrul, M., J. Lei, J. Qiu, and C. Wan. Annual Report Readability, Tone Ambiguity, and the Cost of Borrowing. *Journal of Financial & Quantitative Analysis*, 2017, 52 (2): 811-836.

Feldman, R., S. Govindaraj, and J. Livnat. Management's Tone Change, Post Earnings Announcement Drift and Accruals. *Review of Accounting Studies*, 2010, 15 (4): 915-953.

Gandomi, A., and M. Haider. Beyond the Hype: Big Data Concepts, Methods, and Analytics. *International Journal of Information Management*, 2015, 35 (2): 137-144.

Garcia, D. Sentiment During Recessions. *The Journal of Finance*, 2013, 68 (3): 1267-1300.

Gorodnichenko, Y., T. Pham, and O. Talavera. The Voice of Monetary Policy. *American Economic Review*, 2023, 113 (2): 548-584.

Graham, J. R., H. Kim, and M. T. Leary. CEO Power and Board Dynamics. *Journal of Financial Economics*, 2020, 137 (3): 612-636.

Hall, J. A., E. J., Coats, and L. S. Lebeau. Nonverbal Behavior and the Vertical Dimension of Social Relations: A Meta-Analysis. *Psychological Bulletin*, 2005, 131: 898-924.

Ham, C., M. Lang, N. Seybert, and S. Wang. CFO Narcissism and Financial Reporting Quality. *Journal of Accounting Research*, 2017, 55 (5): 1089-1135.

Handlan, A., and H. Sheng. Gender and Tone in Recorded Economics Presentations: Audio Analysis with Machine Learning. Working paper, 2023.

He, X., H. F. Yin, Y. C. Zeng, H. Zhang, and H. L. Zhao. Facial Structure and Achievement Drive: Evidence from Financial Analysts. *Journal of Accounting Research*, 2019, 57 (4): 1013-1057.

Heese, J., M. Khan, and K. Ramanna. Is the SEC Captured? Evidence from Comment-Letter Reviews. *Journal of Accounting and Economics*, 2017, 64 (1): 98-122.

Henderson, J., A. Storeygard, and D. Wei. Measuring Economic Growth from Outer Space. *American Economic Review*, 2012, 102 (2): 994-1028.

Hillert, A., H. Jacobs, and S. Miller. Media Makes Momentum. *The Review of Financial Studies*, 2014, 27 (12): 3467-3501.

Hoberg, G., and G. Phillips. Text-based Network Industries and Endogenous Product Differentiation. *Journal of Political Economy*, 2016, 124 (5): 1423-1465.

Hobson, J. L., W. J. Mayew, and M. Venkatachalam. Analyzing Speech to Detect Financial Misreporting. *Journal of Accounting Research*, 2012, 50 (2): 349-392.

Hsieh, T. S., J. B. Ki, R. R. Wang, and Z. Wang. Seeing is Believing? Executives' Facial Trustworthiness, Auditor Tenure, and Audit Fees. *Journal of Accounting and Economics*, 2020, 69 (1): 101-260.

Huang, A. H., A. Y. Zang, and R. Zheng. Evidence on the Information Content of Text in Analyst Reports. *The Accounting Review*, 2014, 89 (6): 2151-2180.

Jia, Y., L. V. LENT, and Y. Zeng. Masculinity, Testosterone, and Financial Misreporting. *Journal of Accounting Research*, 2014, 52 (5): 1195-1246.

Jiang F., J. Lee, X. Martin, and G. Zhou. Manager Sentiment and Stock Returns. *Journal of Financial Economics*, 2019, 132 (1): 126-149.

Kinsler, L. E., A. R. Frey, A. B. Coppens, and J. V. Sanders. *Fundamentals of Acoustics*. John Wiley & Sons, 2000.

Larcker, D. F., and A. A. Zakolyukina. Detecting Deceptive Discussions in Conference Calls. *Journal* of Accounting Research, 2012, 50: 495 – 540.

Lawrence, A. Individual Investors and Financial Disclosure, *Journal of Accounting and Economics*, 2013, 56 (1): 130 – 147.

Lehavy, R., Li, F., and Merkley, K. The Effect of Annual Report Readability on Analyst Following and the Properties of Their Earnings Forecasts. *The Accounting Review*, 2011, 86 (3): 1087 – 1115.

Li, C., A. P. Lin, H. Lu, and K. Veenstra. Gender and Beauty in the Financial Analyst Profession: Evidence from the United States and China. *Review of Accounting Studies*, 2020, 25: 1230 – 1262.

Li, F. Annual Report Readability, Current Earnings, and Earnings Persistence. *Journal of Accounting and Economics*, 2008, 45 (2 – 3): 221 – 247.

Li, F. The Information Content of Forward-Looking Statements in Corporate Filings-A Naïve Bayesian Machine Learning Approach. *Journal of Accounting Research*, 2010, 48 (5): 1049 – 1102.

Li, F. Textual Analysis of Corporate Disclosures: A Survey of the Literature. *Journal of Accounting Literature*, 2011, 29: 143 – 165.

Li, X., M. Shi, and X. Wang. Video Mining: Measuring Visual Information Using Automatic Methods. *International Journal of Research in Marketing*, 2019, 36 (2): 216 – 231.

Li, Y., N. Xiao, and S. Wu. The Devil is in the Details: The Effect of Nonverbal Cues on Crowdfunding Success. *Information & Management*, 2021, 58 (8): 103528.

Loughran, T., and B. McDonald. When is a Liability Nota Liability? Textual Analysis, Dictionaries, and 10 - Ks. *The Journal of Finance*, 2011, 66 (1): 35 – 65.

Loughran T., and B. McDonald. Measuring Readability in Financial Disclosures. *The Journal of Finance*, 2014, 69 (4): 1643 – 1671.

Loughran, T., and B. McDonald. Textual Analysisin Accounting and Finance: A Survey. *Journal of Accounting Research*, 2016, 54 (4): 1187 – 1230.

Mayew, W. J., and M. Venkatachalam. The Power of Voice: Managerial Affective States and Future Firm Performance. *The Journal of Finance*, 2012, 67 (1): 1 – 43.

Miller, B, P. The Effects of Reporting Complexity on Small and Large Investor Trading. *The Accounting Review*, 2010, 85 (6): 2107 – 2143.

Purda, L., and D. Skillicorn. Accounting Variables, Deception, and a Bag of Words: Assessing the Tools of Fraud Detection. *Contemporary Accounting Research*, 2015, 32: 1193 – 1223.

Schuller, B. Intelligent Audio Analysis: A Definition. Berlin, Heidelberg: Springer, 2013.

Tetlock, P. C. Giving Content to Investor Sentiment: The Role of Media in the Stock Market. *The Journal of Finance*, 2007, 62 (3): 1139 – 1168.

Vrij, A., K. Edward, K. P. Roberts, and R. Bull. Detecting Deceit via Analysis of Verbal and Nonverbal Behavior. *Journal of Nonverbal Behavior*, 2000, 24: 239 – 264.

Waymire, G. B. Neuroscience and Ultimate Causation in Accounting Research. *The Accounting Review*, 2014, 89 (6): 2011 – 2019.

陈述, 游家兴, 朱书谊. 地方政府工作目标完成度与公司盈余管理: 基于政府工作报告文本分析的视角. 会计研究, 2022 (6): 32 – 42.

第十章 因果关系推断与内生性问题处理

> **本章大纲**

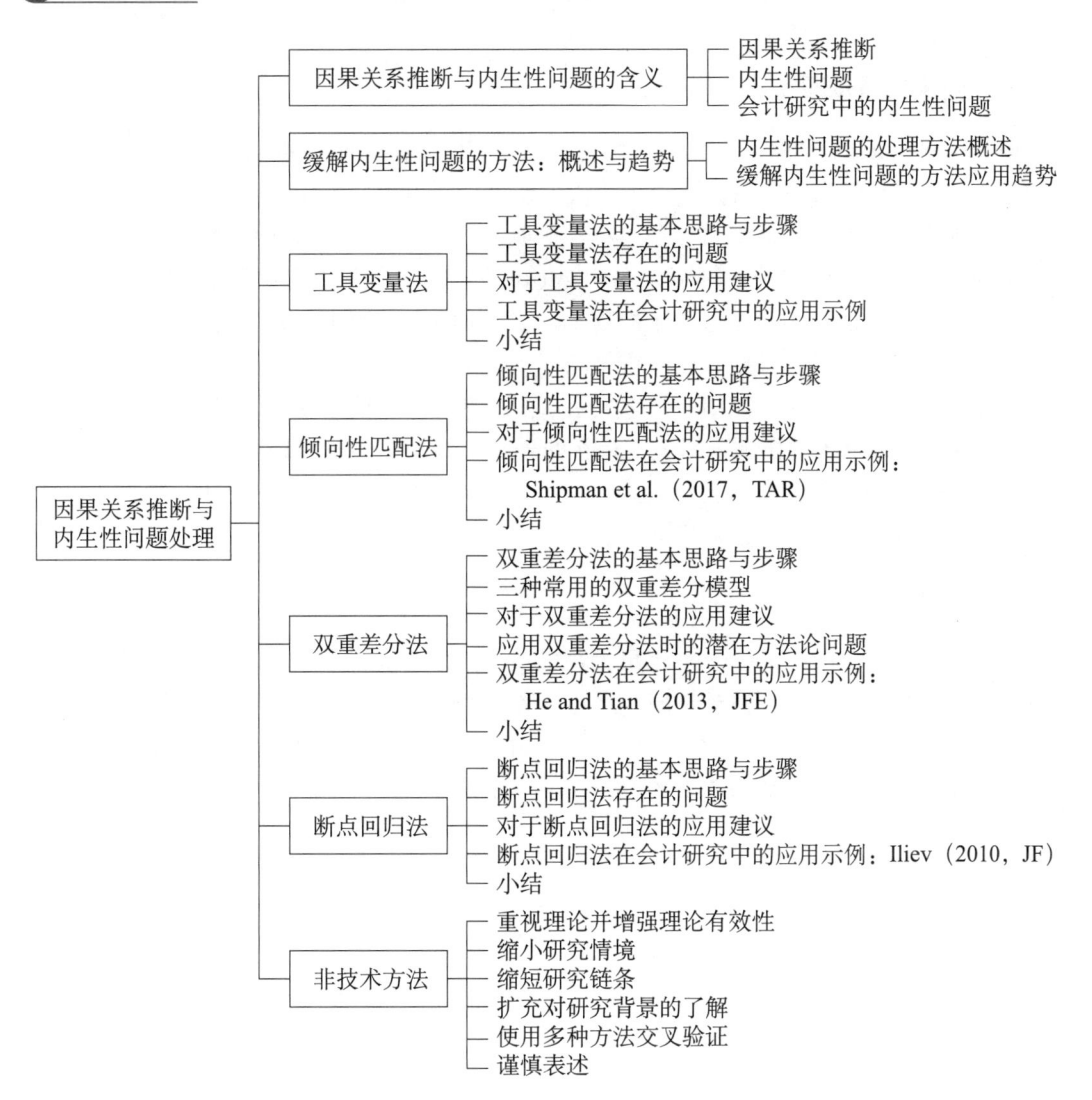

- 因果关系推断与内生性问题处理
  - 因果关系推断与内生性问题的含义
    - 因果关系推断
    - 内生性问题
    - 会计研究中的内生性问题
  - 缓解内生性问题的方法：概述与趋势
    - 内生性问题的处理方法概述
    - 缓解内生性问题的方法应用趋势
  - 工具变量法
    - 工具变量法的基本思路与步骤
    - 工具变量法存在的问题
    - 对于工具变量法的应用建议
    - 工具变量法在会计研究中的应用示例
    - 小结
  - 倾向性匹配法
    - 倾向性匹配法的基本思路与步骤
    - 倾向性匹配法存在的问题
    - 对于倾向性匹配法的应用建议
    - 倾向性匹配法在会计研究中的应用示例：Shipman et al.（2017，TAR）
    - 小结
  - 双重差分法
    - 双重差分法的基本思路与步骤
    - 三种常用的双重差分模型
    - 对于双重差分法的应用建议
    - 应用双重差分法时的潜在方法论问题
    - 双重差分法在会计研究中的应用示例：He and Tian（2013，JFE）
    - 小结
  - 断点回归法
    - 断点回归法的基本思路与步骤
    - 断点回归法存在的问题
    - 对于断点回归法的应用建议
    - 断点回归法在会计研究中的应用示例：Iliev（2010，JF）
    - 小结
  - 非技术方法
    - 重视理论并增强理论有效性
    - 缩小研究情境
    - 缩短研究链条
    - 扩充对研究背景的了解
    - 使用多种方法交叉验证
    - 谨慎表述

> 对现象进行解释和预测被广泛认为是学术研究的核心功能。这些功能的良好实现须建立在准确、可靠的因果关系推断（causal inference）基础上，但在社会科学研究中往往受到内生性问题的严重干扰。Gassen（2014，AOS）针对2000—2012年间经济学和管理学领域的45份SSCI检索期刊论文进行了统计分析，结果显示，总体上现有文献中针对内生性问题和因果关系推断进行讨论的比例较低，尤其是会计学领域的文献（Demski，2008，AH），与经济学领域和金融学领域的文献相比存在明显的差距。但近年来会计学研究越来越重视对因果关系的推断（Armstrong et al.，2022，JAE）。为此，本书专章对该问题进行讨论。

第一节 因果关系推断与内生性问题的含义

一、因果关系推断

Luft and Shields（2014，AOS）针对因果关系进行了详细的阐述："对于两个不同的事项 x 和 y，当且仅当以下条件成立，才认为事项 x 是事项 y 发生的原因：如果事项 x 没有发生，则事项 y 发生的概率将显著地小于事项 x 发生时事项 y 发生的概率"。

Mills 三准则（Mills' three well-known criteria）进一步提供了更具操作性的基准，表述为：（1）事项 x 的发生应明显先于事项 y；（2）事项 x 与事项 y 应当相关；（3）事项 x 与事项 y 因果关系的替代性解释已经被排除（Ittner，2014，AOS）。

例如，参照上述定义和准则，因果关系"公司推行的一项新的会计实践 x 引起了更高的会计业绩 y"等价于"如果公司不推行新的会计实践，则会计业绩会更低"；并且满足：推行新的会计实践先于更高的会计业绩、推行新的会计实践与更高的会计业绩具有（正）相关关系、其他替代性解释已被排除。

二、内生性问题

内生性问题（endogeneity）对因果关系推断构成了重要挑战，是经济学、金融学、会计学研究领域较为常见的经济计量问题之一。Wooldridge（2002）从经济学研究的总体性指出，内生性问题的产生，是由于至少有一个解释变量与回归模型中的随机扰动项相关，与扰动项相关的解释变量称为内生的解释变量，否则称为外生的解释变量。分析下述线性回归模型：

$$y = \beta X + u$$

式中，y 为被解释变量；X 为解释变量；u 为随机扰动项；β 为相应的回归系数。根据经典 OLS 的前提假设，要求 $\text{Cov}(X, u) = 0$，然而，若 $\text{Cov}(X, u) \neq 0$，则 β 的估计值将为有偏估计量或者不一致估计量。

Wooldridge（2002）列出了引起内生性问题的三种常见原因：（1）遗漏重要解释变量

(omitted variables)；(2) 联立性（simultaneity）问题；(3) 测量误差（measurement error）。

1. 遗漏重要解释变量

现实中，一个变量往往受到许多变量的影响，但在实际建模过程中，受到数据可获得性的限制，无法将解释变量全部列出。在这样的情况下，遗漏变量的影响就被纳入了误差项中，在该遗漏变量与其他解释变量相关的情况下，就引起了内生性问题。由于被遗漏的重要解释变量包含在随机扰动项中，因此不妨假设：

$$u = r \times Q + v$$

式中，Q 为被遗漏的重要解释变量，且 $Cov(X, Q) \neq 0$。此时，$Cov(X, u) = Cov(X, r \times Q + v) = r \times Cov(X, Q) \neq 0$，违反了经典 OLS 的假定。可以证明，此时估计得到的 β 将是有偏或者不一致的。

遗漏变量又分两种类型：(1) 可观测的遗漏变量；(2) 不可观测的遗漏变量。如果 Q 属于可观测的遗漏变量，那么只需要将 Q 纳入回归模型即可。因此 Q 不可观测时会产生更严重的内生性问题。

不可观测的遗漏变量在会计研究中主要有两种表现形式（Nikolaev and Van Lent，2005，EAR）：

(1) 自（样本）选择问题。如果样本公司被选择的概率和被解释变量同时受遗漏变量的影响，则产生自选择问题，此时样本不再是随机的。比如公司审计师的选择问题，好公司可能更倾向于选择好的审计师（如国际四大会计师事务所）。因此在研究审计师规模对审计收费、审计报告质量、税务及其他咨询服务、IPO 定价以及公司资本成本的影响时，需要考虑自选择问题导致的内生性对回归结果的影响。

(2) 公司特定的异质性，通常表现为公司固定效应（Nikolaev and Van Lent，2005，EAR）。即公司在研究期间保持不变的那些特征，这些特征既与被解释变量相关，也与内生的解释变量相关。比如公司披露成本（不可观测变量）之间存在着差异，高披露成本降低公司最优披露水平（内生的解释变量）的同时增加了公司的均衡资本成本（被解释变量），因此我们在横截面回归分析中得到披露水平影响公司资本成本的结果，实际上是不可观测的公司特定异质性（披露成本）作用的结果。

2. 联立性问题

联立性是指至少有一个解释变量与被解释变量被联合决定（jointly determined）。以两个方程的联立性问题为例：

$$y = \beta_1 x + \partial z_1 + u_1$$
$$x = \beta_2 y + \gamma z_2 + u_2$$

式中，z_1、z_2 为外生变量，此时可以证明 $Cov(x, u_1) \neq 0$，存在内生性问题，采用 OLS 估计得到的系数是有偏和不一致的（Wooldridge，2002）。

以会计研究中公司披露与公司股票流动性的关系为例。有效的公司披露将减少公司的信息不对称问题，从而增加公司在资本市场上的流动性；同时，公司披露也受公司之间信息差异（即公司股票流动性）的影响，因此二者是一个均衡机制共同作用的结果（Nikolaev and Van Lent，2005，EAR）。

3. 测量误差

测量误差可能是对被解释变量的测量误差，也可能是对解释变量的测量误差。计量经济学关注的主要是解释变量的测量误差引起的内生性问题。因此我们这里主要介绍解释变量的测量误差。以研究盈余反应系数为例，研究者需要考察公司未预期盈余（解释变量）与股票异常回报（被解释变量）的关系。研究者通常采用本期报告盈余减去本期的预测盈余（或滞后一期盈余）来衡量公司的未预期盈余。这种衡量方法度量出来的未预期盈余与实际的未预期盈余之间就可能存在测量误差（Dechow et al., 2010，JAE）。

假设在回归方程 $y=\beta_0+\beta_1 x_1+\cdots\beta_k x_k+\varepsilon$ 中，x_k 不可观察，我们用 x_k^* 作为 x_k 的测量值，测量误差 $e_k=x_k^*-x_k$。

经典的含误差变量假定（classical error-in-variables，CEV）是指测量误差与观测不到的解释变量无关（即 $Cov(x_k,e_k)=0$），从而测量值与测量误差就一定相关，因为 $cov(x_k^*,e_k)=Cov(x_k+e_k,e_k)=\sigma_{e_k}^2$。

将 $x_k=x_k^*-e_k$ 代入回归方程有：$y=\beta_0+\beta_1 x_1+\cdots+\beta_k x_k^*+\varepsilon-\beta_k e_k$。

由于 $Cov(x_k^*,\varepsilon-\beta_k e_k)=-\beta_k Cov(x_k^*,e_k)=-\beta_k\sigma_{e_k}^2\neq 0$，因此测量误差会引起内生性问题。

测量误差问题与不可观测的遗漏变量问题具有类似的统计结构，但它们在概念上存在区别。在测量误差情形中，不可观测的变量具有完好的定义，比如公司实际年收入这样的变量（不可观测的变量），管理层在财务报表中报告的年收入是对实际年收入的一个测量值，但可能存在测量误差；而且，在测量误差问题中，被误测的解释变量通常是主要的关键解释变量。但在遗漏变量情形中，研究者往往难以充分识别和界定被遗漏的变量；相应地，被遗漏变量的影响也就不是关注的核心（研究者只能现实地去关注其他解释变量的影响）。

三、会计研究中的内生性问题

1. 概述

作为社会科学的一个分支，会计学研究难以像自然科学一样，取得随机的对照实验数据，即在其他条件不变的情况下，评估事项 x 没有发生时事项 y 发生的概率。现有的大多数会计研究以事项 x 对事项 y 的横截面回归为主，这种不得已的研究方法对因果关系推断存在很大威胁。即使横截面回归发现事项 x 的系数显著，也不能由此简单认定事项 x 是事项 y 发生的原因。对此，Luft and Shields（2014，AOS）解释了如下方面的原因。

（1）统计问题。得到的显著关系并非由真实的因果关系导致，而是违背统计假定导致了错误的结果。比如，样本分布偏态严重或截断时仍使用 OLS 回归。在股利支付率的研究中，很多公司的股利支付率为 0，由此构成了截断数据，此时如果仍使用 OLS 方法回归将会产生偏差，而使用 Tobit 模型估计将更为准确。

（2）替代变量问题，即测量误差问题。在事项 x 和 y 的概念没有数据直接对应或者可以从不同维度描述的情况下，需要选择 x' 和 y' 作为 x 和 y 的替代变量。然而，研究者选择偏好的差异以及替代变量和实际概念之间的差距，会使得事项 x' 和 y' 的回归结果并不能表征事项 x 和 y 的真实关系。比如，企业的投资机会无法直接度量，因此通常会使用托宾 Q 值、销售收入增长率或账面市值比作为代理变量，而研究者对于投资机会代理变量的不同偏好可能会导致有偏的结论。

(3) 反向因果问题。因果关系倒置（reverse causality）的问题在于，事项 x 和 y 背后的实际关系是：事项 y 是事项 x 发生的原因。比如，研究者可能会发现公司聘请四大会计师事务所（事项 x）在对公司业绩（事项 y）的回归中正向显著，但这并不能推断为聘请四大会计师事务所能够提升公司业绩。因为公司业绩越好，越可能有更强的财务能力聘请四大会计师事务所，而出于风险考虑，四大会计师事务所也更愿意接受其聘请。

(4) 遗漏变量问题。共同影响因素遗漏的问题在于，隐藏的事项 z 是事项 x 和 y 变化的共同原因。比如，公司所在地的市场化程度会同时影响会计师事务所的选择和公司业绩。市场化程度越高的地区，公司越愿意聘请高质量的会计师事务所，同时公司的业绩也更好。

(5) 普适性问题。回归识别出来的事项 x 和 y 的关系可能仅在特定条件下成立，即事项 x 引发事项 y 发生必须还要同时具备事项 z。此时不能简单地叙述为事项 x 引发事项 y，而需要交代限定条件。比如，外部融资约束是限制企业出口参与的重要因素，但该现象可能只在民营企业中显著，而在国有企业和外资企业中并不显著。[①]

2. 会计研究中的内生性问题举例

内生性问题是会计研究中不可忽略的重要问题（Nikolaev and Van Lent，2005，EAR；Larcker and Rusticus，2010，JAE；Lennox et al.，2012，TAR）。Larcker and Rusticus（2010，JAE）对会计研究中的内生性问题进行了统计，发现内生性问题广泛存在于盈余管理研究、信息披露研究、审计研究、管理会计研究、公司治理研究、税务研究及分析师研究等众多领域或方向。下面列举了一些领域或方向的内生性问题示例：

(1) 盈余管理研究。Dechow et al.（2010，JAE）指出，盈余管理的衡量指标存在内生性问题。例如，使用琼斯模型（Jones，1991，JAR）、修正琼斯模型（Dechow et al.，1995，TAR）等应计模型的残差作为异常应计的度量时，考虑到正常应计对基本面的依赖性，以及研究者关注的影响因素与基本面之间的内生性，需要注意公司业绩等与基本面相关的遗漏变量。再比如，使用盈余反应系数（ERC）作为盈余质量的衡量指标时，需要假设资本市场是有效的，而影响投资者反应的相关遗漏变量（包括不可观测的其他信息来源）和未预期盈余的测量误差都会干扰结论。

(2) 信息披露研究。Healy and Palepu（2001，JAE）指出，资本成本和公司披露研究中的测量误差、遗漏变量和联立性问题，导致了很多研究信息不对称、公司披露及资本市场的文献结果无法解释。例如，进行公开资本市场交易的公司也可能面临投资机会集的变化。因此，很难判断这些公司的高披露水平（或信息披露的增加）是应该归因于公开发行本身，还是应该归因于该公司正在经历的其他变化。

(3) 审计研究。例如，Hribar et al.（2014，RAST）发现审计投入与财报重述之间呈现出显著的正向关系，尽管从理论上讲越多的审计投入应当导致越少的财务重述。Lobo and Zhao（2013，TAR）则指出 Hribar et al.（2014，RAST）[②] 在研究设计中遗漏了审计前错报风险这一重要变量，存在严重的内生性问题，即审计师可能通过加大审计力度来应对审计前错报风险，因而不控制审计前错报风险会导致审计投入与财报重述的关系估计出现向上偏误，得出与理论预测不相符的结论。

[①] 孙灵燕，李荣林. 融资约束限制中国企业出口参与吗？. 经济学季刊，2011 (11)：235-256.

[②] Lobo and Zhao（2013，TAR）引用的文章为 Hribar et al.（2010，WP），该文 2014 年发表于 RAST.

(4) 管理会计研究。Ittner and Larcker（2001，JAE）在评价管理会计实证研究时指出，内生性是管理会计研究中一个难以解决的问题，因为管理会计信息系统与企业组织设计、薪酬系统等是同时决定的，然而很多管理会计研究都是较为随意地选取一个变量作为被解释变量，而将其他的变量都视为外生解释变量。

(5) 公司治理研究。Hartzell and Stark（2003，JF）在研究机构投资者持股对管理层薪酬的影响时指出，公司可能通过特定薪酬结构来吸引机构投资者，这会导致机构投资者持股与高管薪酬之间存在反向因果问题。

(6) 税务研究。Hanlon and Heitzman（2010，JAE）指出了对税务研究领域内生性问题的担忧。首先，与管理层薪酬类似，税收规避在税务研究中也是一个内生变量，在研究中可能存在反向因果的内生性问题；其次，以往的研究很少能够清晰地证明税收激励与投资之间的联系，原因在于税收与投资关系的研究中存在很多同时影响税收和投资的宏观经济因素，忽视这些因素可能导致遗漏共同影响因素问题。

(7) 分析师研究。Yu（2008，JFE）指出，分析师关注度的内生性问题是该研究领域的重要威胁。例如，在考察分析师关注度与公司盈余管理水平的关系时，一方面分析师的高关注度为公司创造了更好的信息环境，减少了信息不对称，从而减少了公司的盈余管理行为；另一方面，财务报告的质量也会影响分析师关注度，形成反向因果推论。

第二节 缓解内生性问题的方法：概述与趋势

一、内生性问题的处理方法概述

针对内生性的三种主要情况，学者们给出了若干建议（Wooldridge，2002；Armstrong et al.，2022，JAE）。

1. 遗漏重要解释变量

对于不可观测的遗漏变量，首选的方法是使用代理变量。代理变量就是与我们在分析中试图控制但又观测不到的变量相关的变量。比如人的智力能力是无法观测的，一般用智商（IQ）作为智力能力的一个代理变量。对于因果关系中可能的替代解释，可以通过理论予以发展，并相应识别和度量潜在的遗漏变量，在回归分析中加以控制。该方法的优点是可明确识别出可检验的替代性解释，并促使研究者改善研究设计以排除替代性解释。但该方法的不足是研究者往往难以考虑到所有替代性解释，因此可能仅解决了部分的遗漏变量问题。

但在很多时候我们找不到合适的代理变量，因此还需要考虑其他方法。常用的方法之一是工具变量法，即采用与内生解释变量相关但与随机扰动项无关的工具变量进行估计。此时，由于工具变量与随机扰动项无关，因此可以消除内生性问题。[①]

控制固定效应（fix effects）是另一种常用的方法。对于特定维度的遗漏变量问题，该方法利用面板数据，在回归模型中加入固定效应。其优点是纳入了该维度上所有潜在遗漏特征的影响，不论遗漏的变量是否已知，从而简化了对特定遗漏变量的识别，较为客观、

---

① 本章第三节对工具变量法做了更具体的讨论。

简便。该方法的不足是,只能控制公司固定特征(也称不随时间变化的特征)的影响,而不能控制公司可变特征(也称随时间变化的特征)的影响。还需要注意的是,公司固定效应考察的是测试变量在公司内部发生变化的效应,而不考察公司间差异的效应。

研究者通常还可以使用截面测试法(cross-sectional interactions)。具体而言,研究者可基于理论,推断实验变量的边际效应会在某种特征的局部样本中尤为显著,而遗漏变量在不同样本中的效应则较为相似,进而构造相关变量的交互项,实现对遗漏变量影响效果的有效排除。

2. 联立性问题

为了解决联立性问题,一般采用工具变量法(Nikolaev and Van Lent,2005,EAR),在选取合适工具变量的基础上,用两阶段最小二乘法(2SLS)或者类似的方法(如3SLS、极大似然估计ML等)进行估计。

3. 测量误差

计量研究中控制测量误差的常用方法是使用复杂的潜变量模型(比如结构方程模型),工具变量法也可以用来解决测量误差问题。

二、缓解内生性问题的方法应用趋势

Gassen(2014,AOS)统计了经济学和管理学研究中的内生性问题处理情况。该统计涵盖了2000年至2012年42种经济学和管理学期刊上的30 097篇研究文献,从中识别出在摘要中包含"因果"、"内生"、"内生性"或"自然实验"的906篇涉及内生性问题处理的文献,结果如表10-1所示。

表10-1 经济学和管理学不同学科研究中内生性问题处理情况的描述

年度	会计学	经济学	金融学	管理学	市场营销	其他	总体
2000	0.0%	5.8%	2.4%	2.7%	1.3%	1.9%	2.3%
2001	1.5%	4.4%	4.1%	4.0%	4.6%	0.8%	3.2%
2002	4.4%	4.5%	3.1%	1.8%	3.7%	2.1%	3.3%
2003	4.3%	3.2%	4.1%	2.2%	5.0%	1.6%	3.4%
2004	1.6%	3.7%	4.5%	1.7%	0.9%	2.4%	2.5%
2005	3.1%	7.6%	5.8%	0.7%	4.2%	2.5%	4.0%
2006	2.8%	4.5%	5.8%	4.5%	2.2%	3.0%	3.8%
2007	4.6%	6.6%	4.5%	3.3%	3.1%	2.5%	4.1%
2008	3.8%	7.9%	5.5%	2.5%	2.6%	1.7%	4.0%
2009	2.9%	6.0%	4.3%	3.8%	3.3%	2.7%	3.8%
2010	4.5%	8.0%	6.2%	2.0%	4.6%	2.1%	4.6%
2011	3.7%	6.5%	9.3%	1.4%	5.3%	3.4%	4.9%
2012	3.7%	11.2%	6.6%	0.6%	4.8%	3.1%	5.0%
2000—2012	3.2%	6.1%	5.1%	2.4%	3.5%	2.3%	3.3%
2000—2004	2.4%	4.3%	3.6%	2.5%	3.1%	1.8%	2.9%
2005—2008	3.6%	6.6%	5.4%	2.8%	3.0%	2.4%	4.0%

续表

年度	会计学	经济学	金融学	管理学	市场营销	其他	总体
2009—2012	3.7%	7.9%	6.6%	2.0%	4.5%	2.8%	4.6%
期刊总数	73	65	52	103	65	173	531
论文总数	2 382	4 756	3 534	4 831	3 099	11 495	30 097
其中涉及内生性问题处理的论文数	75	206	187	83	110	245	906

资料来源：Gassen（2014，AOS）。

从横向来看，与其他学科的期刊相比，经济学和金融学（财务学）期刊涉及内生性问题处理的文献占比相对较高，2000—2012年间平均占比分别为6.1%和5.1%，而会计学期刊涉及内生性问题处理的文献占比相对较低，为3.2%。从纵向来看，无论是分年度统计还是以四年为一期进行统计，除管理学之外的所有学科中涉及内生性问题处理的文献占比都在增加，意味着经济管理领域的研究对于内生性问题处理的总体重视程度逐步提高。

Bowen et al.（2018，MS）专门针对金融学（财务学）研究中的内生性问题处理情况进行了统计分析。该统计涵盖了1970年至2012年期间在金融学（财务学）顶级期刊JF、JFE和RFS上发表的所有文章，结果如表10-2所示。

表10-2 金融学（财务学）研究中的内生性问题处理情况

组A：论文分类		实证研究		公司财务研究（CF）		公司财务实证研究（ECF）	
年度	论文总数	数量	占比	数量	占比	数量	占比
1970s	976	513	53%	220	23%	78	8%
1980s	1 228	732	60%	356	29%	226	18%
1990s	1 519	1 141	75%	534	35%	409	27%
2000s	2 196	1 766	80%	921	42%	740	34%
2010—2012	878	737	84%	407	46%	343	39%
总计	6 797	4 889	72%	2 438	36%	1 796	26%

组B：技术性方法的运用	论文数量	在ECF中占比	应用特定方法的首次发表时间
工具变量法（IV）	266	14.8%	1977
双重差分法（DID）	126	7.0%	1992
断点回归法（RDD）	10	0.6%	2006
选择模型	72	4.0%	1990
随机实验	5	0.3%	1984
总计	408	22.7%	1977

资料来源：Bowen et al.（2018，MS）。

表10-2组A列示了样本期内实证研究、公司财务研究和公司财务实证研究的变化趋势。在整个样本期内，公司财务实证研究占金融学（财务学）国际前三期刊所有已发表论

文的26%，并且这一比例呈现随时间推移逐步增加的趋势，从20世纪70年代的8%逐渐增加到2010—2012年的39%。组B列示了样本期内公司财务实证研究论文使用内生性处理方法的情况。该统计识别出408篇使用内生性处理方法的论文，占1970—2012年间所有公司财务实证研究的22.7%。从使用频率来看，工具变量法（IV）的使用频率最高，占所有使用内生性处理方法的论文的65.2%，其次是双重差分法（DID）、选择模型、断点回归法（RDD）和随机实验方法[①]。从首次使用时间来看，工具变量法（IV）是最早使用的方法，断点回归法（RDD）则是最新的方法。

Armstrong et al.（2022，JAE）将采用外生冲击或其他旨在为解释变量提供类似于随机变化的方法称为解决内生性问题的"准实验方法"（例如，工具变量法、双重差分法以及断点回归法），并对会计学研究中"准实验方法"采用的研究场景进行了统计，如表10-3所示。

表10-3 会计学研究中"准实验方法"采用的研究场景

组A：所有研究场景	
	占比
监管环境	65%
行业或国家层面的经济冲击	8%
法院判决	5%
指数成分	4%
分析师中介机构关闭	3%
自然现象	3%
其他	12%

组B：监管环境的研究场景	
	占比
会计与审计准则	26%
信息披露准则	21%
州法律	13%
税法	11%
《萨班斯-奥克斯利法案》[②]	5%
会计和审计执法公告（AAER）	4%
卖空监管法规	4%
其他	16%

资料来源：Armstrong et al.（2022，JAE）。

表10-3组A显示，绝大多数会计学文献使用了监管环境作为研究场景，其次是行业或国家层面的经济冲击（例如2008年的金融危机）、法院判决（例如最高法院的判决）、

[①] 选择模型指的是使用Roy模型或Heckman两阶段选择模型应对自选择问题的一种方法（Li and Prabhala, 2007）；随机实验指的是指针对实验组和控制组进行现场实验或实验室实验的研究，在经济学文献中有较多应用。

[②] 《萨班斯-奥克斯利法案》（Sarbanes-Oxley Act）起源于美国安然公司倒闭后引起的美国股市剧烈动荡，投资人纷纷抽逃资金。为防范上市公司财务丑闻的发生，由美国参议员Sarbanes和美国众议员Oxley联合提出了该项法案。

指数成分（例如 Russell 2000 指数）、分析师中介机构关闭以及自然现象（例如天气变化和死亡事件）。表 10-3 组 B 进一步统计了监管环境的分布，涉及会计与审计准则（例如国际财务报告准则、美国财务会计准则委员会准则以及美国公众公司会计监督委员会准则）、证券监管机构颁布的信息披露准则、州法律、税法、《萨班斯-奥克斯利法案》、会计和审计执法公告以及卖空监管法规等。Armstrong et al.（2022，JAE）指出，采用"准实验方法"的不少会计学文献，其主要贡献并不在于提出了有新意的理论，而在于使用了新颖和巧妙的研究场景，能够利用"准实验方法"使相关性向因果性进一步迈进。

综上，基于文献计量学的证据已显示，内生性问题的处理越来越受到重视。接下来的各节将进一步讨论工具变量法（IV）、倾向性匹配法（PSM）、双重差分法（DID）以及断点回归法（RDD）。

第三节 工具变量法

一、工具变量法的基本思路与步骤

根据 Wooldridge（2002）与 Nikolaev and Van Lent（2005，EAR），工具变量应当与所替代的内生解释变量高度相关，与随机扰动项不相关，与模型中其他解释变量不相关。同一模型中需要引入多个工具变量时，这些工具变量之间不相关。工具变量法下，两阶段最小二乘法（2SLS）的具体步骤如下：

在第一阶段，将第二阶段的内生解释变量作为第一阶段的被解释变量对选取的工具变量进行回归，得到拟合值。

在第二阶段，将主回归中的内生解释变量用第一阶段的拟合值代替，并进行主回归。

在加入工具变量进行第一阶段的分析之前，研究者需要对解释变量的内生性作进一步的检验。其基本的方法是：（1）将初步认为是内生解释变量的作为被解释变量，将拟选的工具变量和其他外生解释变量作为解释变量进行回归，得到回归残差；（2）将残差和所有的解释变量放入主回归方程进行回归，如果残差项的回归系数显著，则说明解释变量具有内生性。

二、工具变量法存在的问题

1. 选取工具变量的随意性

Larcker and Rusticus（2010，JAE）指出，应用工具变量法的主要问题是，工具变量的选取具有随意性。该方法要求工具变量应当是完全外生的，并且与误差项不相关。而以往文献也指出，工具变量法的估计结果对于所选择工具变量的有效性十分敏感（Nikolaev and Van Lent，2005，EAR）。一旦研究者选取的工具变量不合适（不完全外生或者与误差项相关），用工具变量法进行分析可能导致比 OLS 回归方法更大的偏差。

Lennox et al.（2012，TAR）也对会计研究中的自选择模型运用问题进行了回顾和讨论，他们对 TAR、JAE、JAR、CAR 和 RAST 这五份期刊 2000—2009 年间发表的论文进行检索，识别出 75 篇文献控制了自选择问题对回归结果的影响。他们认为，自选择模型的效力受模型设定问题[①]和排斥性约束（exclusion restriction）[②] 的影响很大，如果解决不好，产生的问题可能比 OLS 方法的偏误更严重。

2. 工具变量与内生解释变量的低相关性

Larcker and Rusticus（2010，JAE）指出，如果选取的工具变量与内生解释变量 x 之间相关性比较低，OLS 的结果会更可靠。他们采用蒙特卡洛模拟的方法检验了工具变量选取适当性的后果。模拟结果表明，在有限样本的情况下，即使选取的工具变量完全外生，随着内生解释变量 x 与随机扰动项之间相关性的增加，工具变量法回归的偏差接近 OLS 回归的偏差。因此，如果内生解释变量 x 与随机扰动项高度相关，采用工具变量法根本无法控制内生性。

3. 第二阶段模型的多重共线性问题

Lennox et al.（2012，TAR）指出，Heckman（1979，Econometrica）提出加入逆米尔斯比（inverse Mill's ratio）检验自选择问题的方法受多重共线性的影响也很严重，因此采用 Heckman 二阶段方法来解决自选择问题需要非常慎重。

三、对于工具变量法的应用建议

Larcker and Rusticus（2010，JAE）对于使用工具变量法提出了若干建议：

1. 清楚描述研究问题的经济理论基础

通过清晰探讨研究假设的理论基础及备选假设，内生性问题的本质将更加清楚。比如，内生性可能会导致估计的偏差，但如果偏差与假设方向相反，则可以忽略内生性问题，因为这种偏差将导致统计检验的结果更加保守，只是解释变量影响的程度是有误的（即估计的系数符号一致，只是大小有误）。

2. 探讨除工具变量法以外的其他能解决内生性的方法

研究者也可以通过增加控制变量或采用固定效应模型控制内生性问题，或采用自然实验的方法控制内生性。如果以上方法都不能使用，研究者可考虑使用工具变量法控制内生性，此时面临的最大难题是找到合适的工具变量并证明。

3. 工具变量的选择及验证

研究者必须从经济理论的角度阐述工具变量的选择，即验证选取的工具变量只与内生解释变量 x 相关，与被解释变量 y 及其误差项不相关。研究者只有从理论角度阐述清楚工具变量的选择后，才能进入回归估计阶段。

（1）第一阶段的估计及诊断。第一阶段的回归包括全部的解释变量，而不仅仅是选择的工具变量。研究者还必须讨论工具变量的回归系数符号是否与预期一致，回归系数的大小是否合理，是否显著；并且报告回归的 F 值，诊断选择的工具变量与内生解释变量相关性的强弱。如果第一阶段报告的 F 值很低，则表明选取的工具变量的解释能力较弱，此时研究结果的可靠性难以令人信服。

[①] 该问题主要涉及在进行 2SLS 回归时，哪些变量应该加入两个阶段的模型中，以及如何选择函数形式。

[②] 该问题主要涉及在第一阶段计算逆米尔斯比的模型所使用的变量中，哪些外生变量应当被排斥在第二阶段的模型之外。

（2）第二阶段的估计。在第一阶段被认为是充分适当的基础上，进行第二阶段的回归。第二阶段应该对内生解释变量拟合值的回归系数大小进行讨论，而不仅仅是关注回归系数的符号和显著性，不合理（过大或者过小）的系数也表明第一阶段选取的工具变量有问题。

（3）多工具变量的情形分析。如果存在多个工具变量，应该对不同的工具变量组合进行敏感性分析。如果不同的工具变量组合得到的结果不一致，表明选取的工具变量组合中可能部分是非外生的。

（4）比较OLS与工具变量的回归结果。通过比较二者的结果，分析控制内生性以后得到的系数是不是与理论分析的方向一致。比如理论分析表明，遗漏解释变量会导致OLS回归的系数偏大，则工具变量法回归的系数应该比OLS回归的系数小，否则表明选取的工具变量是不恰当的。

4. 对不可观测的干扰变量（unobserved confounding variables）的潜在影响进行估计

潜在的干扰变量是在研究中无法控制的变量，这些变量可能会影响到解释变量与被解释变量，但因为未受到控制，其影响力多大是个未知数，故称为潜在的干扰变量。尽管研究者采用前面的方法控制了内生性，但很多时候仍然存在潜在干扰变量的影响，这种影响无法完全排除。Frank（2000，SMR）及 DiPrete and Gangl（2004，SM）给出了估计潜在干扰变量影响的临界值计算方法，可以通过他们的方法估计潜在干扰变量的可能影响，从而增加研究结论的相对可靠性。

四、工具变量法在会计研究中的应用示例

本节讨论两篇文献示例：第一篇文献的作者讨论了已往文献使用工具变量时存在的问题，第二篇文献则展示了作者设计工具变量时的细致考虑。两篇文献一"破"一"立"，可以帮助读者更好地理解工具变量的运用。

（一）Larcker and Rusticus（2010，JAE）：披露质量对资本成本的影响

1. 研究背景

Larcker and Rusticus（2010，JAE）考察了自愿披露对公司资本成本的影响，并运用了工具变量法。在以往的研究中，探究资本成本决定因素的 IV 应用和得到的结果各不相同。例如，Leuz and Verrecchia（2000，JAR）使用 IV 估计的结果显示，公司披露的替代变量与资本成本之间存在负相关关系。但是，Cohen（2008，APJAE）发现，在考虑了财务报告质量选择的内生性问题后，财务报告质量与资本成本之间的关系不再显著。

Larcker and Rusticus（2010，JAE）对资本成本的度量使用了 Guay et al.（2003，WP）提出的基于四种度量方法的综合性指标，理由是综合性指标产生的度量误差会低于单独使用其中任何一种度量方法的误差。资本成本度量的数据期间为1982—1996年。将这一指标与使用上一财政年度数据计算出的解释变量相匹配，并对所有变量进行行业层面的调整。

公司披露的度量基于 AIMR 披露评级，参考 Lundholm and Myers（2002，JAR）的处理方法，先对行业内的公司按照披露评级进行排名，然后减去1，再除以该行业内参与排名的公司总数减去1的值，得到最终分值，取值范围为0～1。即每一年的每个行业中披

露程度最高的公司得到的评分为 1，而披露程度最低的公司得到的评分为 0。此时披露质量的系数表示了行业中披露程度最高的公司和披露程度最低的公司之间的资本成本差异。

2. 内生性问题的体现

Larcker and Rusticus（2010，JAE）指出，自愿披露是一个自选择变量，它受到许多因素的影响，因而内生性引起的影响方向并不清楚。例如，高风险的创新型公司由于其财务状况本来就很难预测，并且可能希望保护自己的专有信息，因此可能披露质量较低。这可能导致披露质量与资本成本之间表现出负相关关系。相反，处在高风险和高不确定性经营环境中的企业面临的资本成本高，因而这些公司可能会试图提高披露质量（以努力降低资本成本），这有可能使我们看到披露质量与资本成本之间呈正相关关系。鉴于上述情况下内生性问题的模糊性，因此难以评估披露变量内生性引起的偏差方向。

3. 工具变量法的运用

（1）工具变量的选择。Larcker and Rusticus（2010，JAE）并没有根据经济理论重新选择工具变量，而是使用了以往的披露质量研究文献使用过的一系列工具变量，其主要目的在于展示已有文献使用的工具变量所存在的问题。之前文献中使用过的工具变量包括：普通股股东数量、年度销售增长率、资本密集度、营业利润率、经营周期以及是否被六大会计师事务所审计。此外，使用的控制变量包括：股权市场价值、账面市值比、分析师跟踪人数、资产负债率和资产收益率。

由于上述选取的工具变量都是常规的公司特征，因此很自然的顾虑就是这些变量是否满足工具变量选取的严格要求。例如，六大会计师事务所的审计可以提高公司盈利报告和其他信息披露的质量。然而，会计师事务所的选择是内生的，可能是由公司整体的披露政策驱动的。同样，较长的经营周期会加大公司业绩预测的难度，从而降低披露质量。然而，较长的经营周期也很可能反映了公司的经营风险（相应增加公司资本成本），从而强化了披露质量与资本成本之间的负向关系，即导致第二阶段回归中的披露质量系数产生更加负向的偏误。

（2）传统的 OLS 回归。Larcker and Rusticus（2010，JAE）有关资本成本对披露质量和控制变量的 OLS 回归结果显示，披露质量的系数为 −0.06，但该结果在统计意义上并不显著（$t=-0.54$）。

（3）2SLS 的第一阶段回归与弱工具变量的判断。接下来，研究者进行 2SLS 回归，其中第一阶段回归包含了所有的六个"外生"变量。如果不考虑控制变量对 R^2 的贡献，六个"外生"变量对第一阶段模型贡献的偏 R^2（partial R-squared）约为 0.005，偏 F 统计量为 2.59。如此低的偏 F 统计量和偏 R^2 很可能意味着弱工具变量的问题。到了这一步，研究者其实已经需要慎重考虑工具变量法是否能够提供比 OLS 更优的估计了。但为了完整展示工具变量法的潜在问题，Larcker and Rusticus（2010，JAE）继续展示了随后的步骤。

（4）2SLS 的第二阶段回归。第二阶段的回归结果显示，披露质量的变量系数从此前的 −0.06 变成了 −5.31，意味着从披露程度最低的公司到披露程度最高的公司，资本成本降低 5.31 个百分点，且这样的降低具有统计意义上的显著性。

此前介绍过，为了评估 2SLS 估计的质量，研究者需要关注系数的大小：过高或过低的估计都需要对工具变量的质量产生怀疑。判断使用 2SLS 估计还是 OLS 估计的常规方法是使用标准的豪斯曼检验（Hausman test）。在 Larcker and Rusticus（2010，JAE）中，豪斯曼检验明显拒绝了"信息披露质量是外生的"的假设（$F=10.47$，$p<0.001$），因此如果仅仅依靠豪斯曼检验，研究者可能很容易认为在这里适合选择 2SLS 估计，而不是 OLS 估计。但是，Larcker and Rusticus（2010，JAE）指出，资本成本降低 5.31 个百分点，相当于样本公司资本成本均值（11.60 个百分点）的 45.7%，很难令人相信外生的披露质量变化会使资本成本产生如此大幅的变化。如前所述，工具变量法发挥作用的重要前提是工具变量是真正外生的变量。在该前提尚未成立的情况下，研究者不适宜依赖豪斯曼检验进行判别。

（5）过度识别检验。Larcker and Rusticus（2010，JAE）指出，为了考察之前的各个工具变量是否符合外生性要求，需要进行过度识别检验。如果此检验拒绝了工具变量选择具有合理性的假设，那么就不适合进行豪斯曼检验（Godfrey and Hutton，1994，EL）。Larcker and Rusticus（2010，JAE）进行的过度识别检验拒绝了此前选择的工具变量具有外生性的假设，因此无法形成比 OLS 更好的估计和推断。

综上，Larcker and Rusticus（2010，JAE）的例证展示了研究者检验所选取工具变量是否符合要求的流程和方法，特别指出了选择非外生的工具变量可能产生的问题和表现特征，也显示出要选择符合要求的工具变量的难度。

（二）Yu（2008，JFE）：分析师跟踪对盈余管理的影响

1. 研究背景

Yu（2008，JFE）旨在研究分析师跟踪对公司盈余管理决策的影响。以往的研究认为，分析师跟踪对盈余管理决策存在监督效应、压力效应两方面的机制影响。一方面，分析师可以被视为外部监督者，在公司治理中发挥重要作用。分析师可以使用自身掌握的财务和行业背景知识对公司的财务报告进行定期追踪，直接与管理层互动交流，询问公司财务报告相关的问题，比如盈余的异常变化与关键财务比率的变化。以往研究显示，公司欺诈最常见的外部举报人是分析师，而监管部门和审计师在欺诈发现中仅发挥次要作用，这意味着分析师的积极参与有助于发现公司的欺诈行为。

另一方面，也有观点认为分析师跟踪也有一定的不足，可能使他们无法防范盈余管理，甚至加剧盈余管理问题。首先，分析师跟踪对公司管理层施加了很大压力。若公司盈余未达到分析师预期，公司通常会遭受股价的大幅下跌，因此管理层的重要目标之一就是满足分析师对盈余的预期。这可能导致管理层进行盈余管理。其次，分析师本身也承受雇主、同行等多方面的压力，削弱分析师在防范盈余管理方面的作用。比如，雇主可能要求分析师与公司管理层保持良好关系以获取私人信息。以往研究发现，对于分析师雇主的主要客户持有大量股份的公司，分析师发表负面意见的可能性较低。

综上，在不同的理论观点下，分析师跟踪对公司盈余管理的影响具有不同方向。

2. 内生性问题的体现

已有文献表明，分析师倾向于关注信息环境更好的公司。因此，一个内生性问题在于分析师可能会主动回避跟踪盈余管理较多的公司，而选择关注盈余管理较少的公司。这一自选择效应将同样观察到分析师跟踪与盈余管理之间呈现负相关关系，但显然与分析师的

监督效应无关。

3. 传统的 OLS 回归

考虑到很多因素同时影响分析师跟踪程度和公司盈余管理程度，Yu（2008，JFE）先构造了分析师跟踪人数的决定模型，并将该模型的估计残差（residual coverage）作为分析师跟踪的主要替代变量。

Yu（2008，JFE）先基于传统的 OLS 回归估计了分析师跟踪对盈余管理的影响。结果显示，分析师跟踪替代变量的系数符号为负，但幅度较小，显著性较差（在 10% 的水平上显著）。

4. 工具变量法的运用

为了缓解由于分析师自选择行为引发的内生性问题，Yu（2008，JFE）依次设置了两个工具变量来反映外生于公司盈余管理但同时又会影响分析师跟踪的因素：（1）证券公司规模的变化；（2）公司是否被纳入标准普尔 500 指数。

（1）工具变量一：证券公司规模的变化。证券公司规模会随着时间而变化，通常取决于其整体收入或利润的变化，因此证券公司规模的变化不太可能受到证券公司下属分析师所跟踪的某些公司盈余管理行为的影响。另外，当证券公司规模缩小时，雇用的分析师人数会减少；出于减少工作负荷的考虑，分析师跟踪的公司数量也会下降。综上，证券公司规模的变化不太可能受到特定公司盈余管理的影响，但会影响到分析师跟踪，符合工具变量的外生性要求。

工具变量的 2SLS 检验结果显示，第二阶段分析师跟踪替代变量的系数为 -0.05，且在 1% 的水平上显著；当分析师跟踪从四分之一分位数增加到四分之三分位数时，操纵性应计下降了样本均值（中位数）的 14%（26%）。

（2）工具变量二：公司是否被纳入标准普尔 500 指数。在其他条件相似的情况下，被纳入标准普尔 500 指数中的公司比没有被纳入指数中的公司会受到更多的分析师跟踪。由于公司是否被纳入标准普尔 500 指数的主要影响因素是公司所属行业，以及某公司是否是所在行业的典型公司，因此可以合理判断公司是否被纳入标准普尔 500 指数不太可能受到公司盈余管理的影响。当然，该工具的潜在问题是，公司被纳入指数后，其他因素可能会影响盈余管理，比如机构持股的增加。因此，本研究在所有回归分析中都控制了机构持股，但仍可能存在其他难以控制的因素。相比而言，这一工具不如证券公司规模变化干净，但它使用起来更简单，并且能够捕捉分析师跟踪的增加和减少。

工具变量的 2SLS 检验结果显示，第二阶段分析师跟踪替代变量的估计系数为 -0.07，且在 1% 的水平上显著。该估计系数与使用证券公司规模变化工具变量得到的估计系数也比较相近。

综上，Yu（2008，JFE）的例证展示了研究者如何基于经济理论考虑工具变量的设置，以及如何论证所设计的工具变量得以满足外生性要求。

五、小结

大量的已有文献采用了工具变量法解决内生性问题，但工具变量法的缺点是研究者在选择工具变量方面的随意性。在选择工具变量时，需要充分的理论支持，并且需要使用多种方法对其合理性和有效性进行测试，要求其满足严格的工具变量选择条件。如果选择了不合适的工具变量，得到的结论可能比 OLS 回归估计的结果更加有偏。

第四节　倾向性匹配法

一、倾向性匹配法的基本思路与步骤

倾向性匹配法（propensity-score matching，PSM）的基本思路是计算任意一个个体被划分到实验组的概率，得到倾向性得分，随后将不同组间倾向性得分相近的个体进行匹配，形成新样本，再进行回归分析。倾向性匹配法可以较好地消除组别差异因素的干扰。倾向性匹配法的具体步骤如下：

（1）确定实验组和控制组。

（2）使用 Probit/Logit 模型估计个体被划分到实验组的倾向得分。模型中的自变量是可能影响个体被划分到实验组的因素，因变量是虚拟变量，即个体是否被划分到实验组，如果是则取值为 1，反之则取值为 0。

（3）基于倾向得分，对实验组和控制组的个体进行匹配。

（4）估计平均处理效应。匹配之后，使用 t 检验或多元回归方法比较实验组和控制组的结果差异。

二、倾向性匹配法存在的问题

1. 难以消除不可观测因素的影响

Lennox et al.（2012，TAR）建议使用匹配的方法控制自选择问题，但同时也指出匹配的方法不能控制无法观测的自选择问题。类似地，Shipman et al.（2017，TAR）指出，倾向得分匹配的方法仅在可观测变量的维度上，通过样本匹配来缓解与可观测变量相关的模型设定偏误产生的遗漏变量问题；但是对于不可观测因素的影响难以控制，因此倾向得分匹配的上述特点仍然无法完全避免平均处理效应的估计偏差。

2. 子样本的证据普适性

Shipman et al.（2017，TAR）指出，倾向性匹配的外部有效性取决于子样本的平均处理效应是否可以代表总体的平均处理效应。其一，不同的匹配方法（如是否放回，一对一还是一对多匹配）会得到不同的子样本，因此使用子样本估计的平均处理效应可能不够稳健和可靠。其二，如果选择放回匹配，那么具有极端匹配得分的样本可能会被多次匹配，从而影响推论的结果。其三，由于进行匹配时需要保证实验组和控制组的倾向得分取值范围有相同的部分（common support），从而满足"重合假定"（overlap assumption）。在此过程中，PSM 不仅会排除无法匹配的样本，还会排除符合匹配要求但反事实的样本，因此将损失掉一部分重要的信息量，对倾向性匹配的外部有效性产生影响。

例如，DeFond et al.（2017，MS）指出，对国际四大会计师事务所和非四大会计师事务所的全样本应用倾向性匹配法，意味着得到的子样本只是国际四大客户群中相对规模较小的那部分客户，而无法和非四大进行匹配的国际四大审计客户规模很大，往往是非四大

难以胜任的,所以这些未被匹配的客户的审计需求与得到匹配的客户群很可能存在重大差异。这就意味着任何使用了倾向性匹配法得到的结论仅仅适用于国际四大的一小部分客户,即国际四大和非四大都可以审计的客户,而难以推广至只能由国际四大审计的客户群体。

3. 研究设计的选择空间问题

DeFond et al. (2017,MS) 对 Lawrence et al. (2011,TAR) 的研究方法做了进一步探讨,指出倾向性匹配法的一个潜在局限是需要主观的设计选择,包括协变量的选择、卡尺宽度以及匹配时是否允许观测放回等。这些选择可能影响匹配样本的形成,从而对结论产生影响。例如,实验组和控制组的 1∶3 匹配比率得到的样本比 1∶1 的匹配比率得到的样本更大;较小的卡尺宽度会增加匹配的紧密度,但可能会更多地损失样本。倾向性匹配法对这些设计选择的敏感性可能会产生并不一致的推论。例如,Lawrence et al. (2011,TAR) 通过 PSM 得到的结论是在使用该方法后,国际四大的审计客户在可操控应计额(盈余管理的常用替代变量)方面与非四大的审计客户没有显著差异,从而认为国际四大的审计质量并不显著高于非四大。而 DeFond et al. (2017,MS) 发现,如果考虑 PSM 设计中的各种技术环节可选项,那么在这些可选项的多次随机组合下 (3 000 次),大部分的 PSM 结果仍然显示国际四大的审计客户在可操控应计额上显著高于非四大的审计客户,从而认为 PSM 的设计消除了四大与非四大审计质量差异的观点并不成熟。DeFond et al. (2017,MS) 也建议研究者应谨慎评估各种 PSM 设计选择的结果稳健性。

三、对于倾向性匹配法的应用建议

(1) 研究者应明确倾向性匹配法的应用目的。Shipman et al. (2017,TAR) 回顾了 2008—2014 年间发表在会计学五份顶级期刊(TAR、JAR、JAE、CAR 和 RAST)上运用倾向性匹配法的 86 篇论文,发现有 33 篇论文(占 38%)没有准确说明应用 PSM 的目的,只是泛泛表明是为了解决内生性问题、自选择偏差或者遗漏变量偏差。因此研究者不宜在未明确 PSM 使用目的的情况下就贸然将其纳入研究过程中。

需要注意的是,倾向性匹配法不可视作 Heckman (1979,Econometrica) 的类型选择模型的替代,因为两者关注的是不同问题。Tucker (2010,JAL) 指出,Heckman 两阶段方法关注的是不可观测变量带来的自选择问题;而倾向性匹配关注的是可观测变量带来的自选择问题。研究者应对以上两种方法有所区分。

由于匹配的方法不能控制无法观测的自选择问题,Lennox et al. (2012,TAR) 建议研究者仍然需要从基本理论出发,去阐述研究命题中是否存在自选择问题,对自选择模型做设定检验、排斥性约束检验、敏感性检验以及多重共线性检验。其中,尤其重要的是排斥性约束的问题,不能避而不谈,也不能盲目依赖已有文献,而应当从基本的理论出发加以阐述。

(2) 在估计平均处理效应时,可直接采用 t 检验,也可以使用多元回归分析来估计平均处理效应。如果使用倾向性匹配可以实现匹配后的协变量在实验组和控制组之间较为均匀的分布,那么就可以直接采用 t 检验的结果。但研究者往往难以保证样本匹配的质量,因此可在匹配后使用多元回归进一步估计平均处理效应。

(3) 当同时使用倾向性匹配法和多元回归分析时,未包含在多元回归分析中的变量不应纳入倾向性匹配的模型中。这一处理原则的逻辑是，如果某变量未包含在多元回归分析中，意味着该变量与是否划分到实验组以及处理效应均无关，因此不需要对该变量进行匹配。如果匹配过程需要排除多元回归中的某些变量，研究者应在研究报告中充分说明相应的理论依据。

（4）研究者应在研究报告中披露倾向性匹配法在研究设计上的各项选择，具体包括：1）用于估计倾向得分的模型（第一阶段）；2）用于估计平均处理效应的模型（第二阶段）；3）匹配时是否放回；4）与实验组每个观测值相匹配的对照观测数量；5）卡尺距离（如果涉及）；6）匹配的质量（即协变量在实验组和对照组之间的差异在匹配后是否有效消除）。

（5）使用多种匹配方法保证结论的稳健。在进行倾向匹配时，目前常用的方法有最近邻匹配（nearest neighbors matching）、半径匹配（radius matching）、核匹配（kernel matching）、局部线性匹配（local linear regression）、马氏匹配（mahalanobis matching）等。研究者可在实践中尝试多种匹配方法，并比较得到的结果。如果使用不同方法得到的结果类似，那么说明结果是稳健的；如果结果存在显著差异，那么应当进一步探寻造成差异的原因，并根据匹配后协变量的平衡性寻找最佳匹配方法。Stuart（2010，SS）认为评判匹配后协变量平衡性的标准有：1）小于5%标准偏差（standardized bias）的协变量数量；2）关键协变量的标准偏差最小化；3）大于25%标准偏差的协变量数量。

（6）使用自助抽样（bootstrapping）解决子样本随机问题。倾向性匹配试图通过匹配再抽样的方法使得观测数据尽可能接近随机实验数据，其结果高度依赖于匹配得到的子样本。研究者可在使用倾向性匹配时进行自助抽样，通过多个"自助样本"对总体进行统计推断。

四、倾向性匹配法在会计研究中的应用示例：Shipman et al.（2017，TAR）

1. 研究背景

Shipman et al.（2017，TAR）运用倾向性匹配法考察了四大会计师事务所审计、较高的内部控制质量和较多的分析师跟踪人数对财务报告质量的影响。样本期间为《萨班斯-奥克斯利》法案（SOX）后的2004—2012年，审计机构、内部控制质量以及与报表重述相关的数据来自Audit Analytics，分析师数据来自机构经纪人预测系统（institutional brokers' estimate system，I/B/E/S），财务报表相关数据来自Compustat数据库。经过一系列样本筛选，最后得到29 227个关于会计师事务所规模和分析师跟踪的观测，以及20 385个关于内部控制质量的观测。

2. 模型设计

第一阶段：预测模型

$$D_{it} = \alpha_0 + \alpha X_{it} + \varepsilon_{it} \tag{1}$$

第二阶段：平均处理效应估计模型

$$QUALITY_{it} = \beta_0 + \beta_1 D_{it} + \beta X_{it} + \varepsilon_{it} \tag{2}$$

使用模型（1）估计 D_{it}：$BIG4_{it}$，$WEAK_{it}$ 和 $ANALYST_{it}$ 的倾向得分，并设置卡尺距离为

0.03进行匹配。接下来使用模型（2）估计平均处理效应（$\hat{\beta}_1$）。作者使用异常应计额（$ABSACC_{it}$）和财务报表重述（$RESTATE_{it}$）作为财务报告质量（$QUALITY_{it}$）的替代变量。X_{it}是一系列公司特征的控制变量，包括公司规模（$LNASSETS_{it}$）、绩效（ROA_{it}，$ATURN_{it}$）、财务状况（$CURR_{it}$，LEV_{it}）、公司年龄（AGE_{it}）、成长性（$GROWTH_{it}$）、公司价值（BTM_{it}）以及行业、年度固定效应。使用最小二乘法（OLS）估计平均处理效应。所有连续变量均进行1%的缩尾处理。

3. 模型估计偏误的诊断

评估使用多元回归分析时，是否存在模型设定偏误从而导致内生性问题。一种方法是加入控制变量的函数形式（如平方或立方），再进行多元回归。这些额外的变量增强了多元回归捕获非线性关系的灵活性。如果使用原始模型和加入额外变量后的模型得到的平均处理效应估计值不同，就应该关注模型设定问题。

4. 放回决策的选择

（1）无放回匹配。采用一对一并且不放回的匹配方法，评估协变量平衡。对会计师事务所规模的样本，匹配前所有9个协变量在四大组和非四大组之间存在统计差异。匹配后，9个协变量中的8个不再具有统计差异。协变量平衡在内部控制质量和分析师跟踪的匹配样本中也得到了显著改善。

接下来进一步使用多元回归估计平均处理效应，同时对剩余的组间差异进行调整。当使用异常应计作为财务报告质量的度量，并使用全样本回归时，在三个样本中均观察到了显著的平均处理效应（会计师事务所规模、内部控制质量和分析师跟踪）。但是使用匹配后样本进行回归时，未观察到显著的平均处理效应。使用财报重述为财务报告质量进行度量时，会计师事务所规模的样本得到了以上相似的结果，不同的是使用内部控制质量和分析师跟踪的全样本和匹配后样本，均观察到了的显著的平均处理效应。

（2）有放回匹配。使用有放回匹配，其余操作和上述相同。选择较小（较大）的一组作为实验组，并对较大（较小）的一组进行有放回匹配，得到的样本量会增加，但由于样本组成的不同，得到的结论并不完全一致。由此可见，平均处理效应的估计结果因是否放回决策的不同而有所不同，证明了统计结论对放回决策的敏感性。

5. 稳健性检验

更换模型中部分协变量的度量方式，并且增加了部分新的协变量，重新进行匹配，得到的匹配样本与之前相比发生了较大变化，得到的平均处理效应的估计结果也与之前得到的结论不完全一致。

总体而言，在使用倾向得分匹配的过程中，尽管对于协变量的选择、匹配的方式等等研究设计的细节没有统一的标准，但研究者需要根据样本数据的实际情况谨慎考虑，选择合理可靠的研究设计。

五、小结

倾向性匹配法在会计研究中的应用越来越广泛，但是仍有较多的研究者对倾向性匹配法存在误解。当使用倾向性匹配法时，研究者应正确认识该方法的适用范围和局限性，并充分披露研究设计选择的细节。

第五节 双重差分法

一、双重差分法的基本思路与步骤

双重差分法适用于政策实施评价，其基本思路是将全样本分为实验组（政策实施的影响组）和控制组（政策实施的非影响组），比较实验组在时间序列上（即政策实施前后）的差异（差异1）与对照组在政策实施前后的差异（差异2），即评估差异1和差异2之间的差异是否显著，因此称作双重差分（difference in differences，DID）。通过模型设计，双重差分法可以较好地控制研究对象间的差异，将政策实施的真实效果分离出来。

双重差分模型应用的前提条件有二：其一，实验组与控制组的分组应尽可能随机，避免由于实验组选取的非随机性而导致的内生性问题；其二，实验组与控制组符合平行趋势假定，即政策实施之前，实验组与控制组之间的差异不随时间变化，两组具有共同趋势。

双重差分法的具体应用步骤如下：

（1）确定实验组与控制组；

（2）估计双重差分，得到政策净效应。比如在 OLS 模型中加入实验组和控制组变量（$Treat$）、政策实施前后变量（$Post$）、二者的交乘项（$Treat \times Post$）以及控制变量，回归结果中交乘项 $Treat \times Post$ 的系数即为双重差分的估计值，以此判断某项政策的实施效果。

二、三种常用的双重差分模型

1. 经典双重差分模型

$$y_{i,t} = \alpha_1 + \alpha_2 Post_t + \beta_1 Treat_i + \beta_2 (Post_t \times Treat_i) + \varepsilon_{i,t}$$

在经典 DID 模型中，$Treat$ 代表实验组指标变量（企业 i 为实验组时赋值为 1，为非实验组时赋值为 0），$Post$ 为处理时间指标变量（年份 t 为处理后时赋值为 1，为处理前时赋值为 0）。在经典的 DID 设计中，一个关键点是所有样本观测均在同一时间点接受处理，因此对所有观测来说，处理后的时期都是一样的。DID 设计的重点不在于实验组和对照组之间的差异，而在于当实验组被处理后这种差异是如何变化的，即主要关注系数 β_2。

2. 扩展的双重差分模型

（1）广义双重差分模型。

$$y_{i,t} = \theta(Post_t \times Treat_i) + Firm_i + Year_t$$

相对于经典 DID 模型，该模型的显著特点是同时包含了企业固定效应（$Firm_i$）和年度固定效应（$Year_t$），以控制实验组和控制组之间的任何固定差异（企业固定效应吸收了 $Treat_i$ 主效应）以及控制任何共同时间趋势（年度固定效应吸收了 $Post_t$ 主效应）。

（2）交叠双重差分模型。

$$y_{i,t} = \theta(Post_{i,t} \times Treat_i) + Firm_i + Year_t$$

与广义 DID 模型相比，该模型的显著特征是每个公司（或个体单元）都有自己的 $Post_{i,t}$ 值，而经典 DID 和广义 DID 模型对所有实验组观测均赋予相同的 $Post_t$ 值。例如，在经典和广义 DID 模型中,如果在 2003 年发生处理事件,则 2003 年后所有样本观测的 $Post_t$ 均为 1,而交叠 DID 设计允许不同个体单元在不同的时间点接受处理。例如,某公司 i_1 在 2003 年接受处理,则对这家公司而言,2003 年后的所有年份将 $Post_{i,t}$ 赋值为 1(2003 年之前赋值为 0);而公司 i_2 在 2010 年才接受处理,则在 2010 年后的所有年份才将 $Post_{i,t}$ 赋值为 1(2010 年之前赋值为 0);若公司 i_3 从未接受处理,则 $Post_{i,t}$ 在所有样本期间均赋值为 0,同时 $Treat_i$ 也自然赋值为 0,因为属于非实验组观测。

三、对于双重差分法的应用建议

Roberts and Whited(2012)对于双重差分法的应用提出了如下建议:

(1)进行平行趋势检验。在应用双重差分法时,如果所选取的样本在事件前后各至少有 1 期观测时,可以考虑加入一组时间虚拟变量。例如,当样本在事件前后各有 3 年观测时,可将事件前第 3 年作为基准时间组,生成变量 $Before_2$,$Before_1$,$Post_1$,$Post_2$,$Post_3$ 等 5 个时间虚拟变量,分别代表了样本处于事件前第 2 年、事件前第 1 年、事件后第 1 年、事件后第 2 年、事件后第 3 年,并将其与处理变量($Treat$)生成 5 个交乘项,并替代 $Treat \times Post$ 进行回归。如果 $Treat \times Before$ 的系数均不显著,则说明双重差分模型满足平行趋势假定。

(2)对事件发生前几年重复进行双重差分分析。在应用双重差分法时,应对事件发生前 1 年(或 2、3 年等)多次进行双重差分分析(安慰剂检验)。若估计的交乘项 $Treat \times Post$ 的系数与零无显著差异,而采用事件真实发生的年份作为划分政策实施前后的标准后,估计的交乘项 $Treat \times Post$ 的系数与零存在显著差异,则更能确保被解释变量的变化是由于外生事件的冲击,而不是其他因素作用的结果。

(3)将理论上不应该受到事件影响的变量作为被解释变量进行双重差分分析。如果估计的交乘项 $Treat \times Post$ 系数仍然显著,那么即使研究者观察到外生事件冲击对被解释变量的显著影响,也难以保证这一结果是外生冲击导致的;相反,如果交乘项 $Treat \times Post$ 系数不显著,那么外生事件冲击对被解释变量发生的变化具有较强的解释能力。

(4)采用多种划分实验组与控制组的标准进行双重差分分析。每种分类标准与其他分类标准估计的双重差分的组间差异,可以作为评价外生事件冲击能否解释被解释变量的考量因素。若这种组间差异显著,则难以保证外生冲击对被解释变量的解释力;相反,若组间差异并不显著,则外生冲击的解释力较好。

(5)选择合适的样本期间。若所选取的样本期间的起始日期距离外生事件过远,则研究结果更容易受到其他因素的共同影响,威胁研究的内在有效性。对一些实施效果具有滞后性的政策而言,若所选取的样本期间的起始日期距离外生事件过近,则不容易发现政策的实施效果。

(6)采用多个对照组控制不可观测因素的影响。如果实验组与某一对照组在一些不可观测的维度上存在差异,而同另一个对照组在同样的不可观测维度上不存在显著差异,则可以引入不同的对照组探究不可观测因素对研究结果的影响。

四、应用双重差分法时的潜在方法论问题

1. 难以满足形成实验组和对照组的随机性假设

Gow et al.(2016,JAR)指出,如果实验组与控制组的分配是由未观测到的多个变量

共同决定的，则双重差分模型估计的结果将会有偏，且不一致。Brantly et al. (2018，JE) 指出，实验组与控制组的划分标准对于双重差分的估计十分重要，然而实验组与控制组的分组数据并非总是可获得的，研究者只能采取其他替代性的分组依据进行实验组与控制组的划分，而这一划分可能使得研究设计偏离研究目的，双重差分法因此受限。Meyer (1995，JBES) 指出，实验分组常常不满足随机性假设、存在偏误，导致对被解释变量的影响实际来自实验分组，而非政策实施，即使政策尚未实施，双重差分的估计值也不显著为零。

Armstrong et al. (2022，JAE) 指出，现有会计研究中的许多研究场景（如监管政策）虽然具有外生性，但其往往并未对实验组和控制组做出随机分配，而使得双重差分模型的估计结果出现选择偏差。例如，美国加利福尼亚州要求截至 2019 年董事会中没有任何女性的公司，必须在州法律出台后实施董事会性别多元化。如果性别多元化可以为公司带来净收益，那么公司在自愿情境下自然会选择董事会性别多元化；而没有选择这样做的公司很可能是因为这样做的成本大于收益。相应地，该州法律实际上是在作用于那些考虑因成本大于收益而未实施性别多元化的公司。当研究者试图研究该项州法律的效应时，其实验组与控制组的分配就存在系统性的差异，随机性假设难以得到满足。在这种情况下，研究结论也仅能得出该政策对部分公司强制实施的效应，而难以推广到董事会性别多元化的经济后果推断上。

2. 难以满足平行趋势假设

Gow et al. (2016，JAR) 指出，双重差分法需要满足实验组与控制组之间的"平行趋势"假设。双重差分设计的前提假设是，在没有政策冲击的情况下，实验组与控制组的结果变量趋势应当是一致的。然而，针对变量的预处理方式不同时，"平行趋势"这一假设并不总能得到满足。例如，某变量的原始数据在实验组与控制组之间满足"平行趋势"假设，但进行对数转换之后，该变量可能不再满足这一假设。

3. 平行趋势检验本身的自由度和暗含假设

Armstrong et al. (2022，JAE) 指出，除了在回归设定方面的弹性，研究者进行平行趋势检验还存在其他重要的自由选择空间：一个是选择哪一期作为基准参照时期；另一个是如何设置汇总期，比如对事件前 3 年及更早期间进行汇总（$t \leqslant -3$），还是对事件前 4 年及更早期间进行汇总（$t \leqslant -4$）。

还值得思考的是，平行趋势检验的暗含假设是，我们可以通过前期观察到的趋势关系推断事件发生后无法观察的反事实关系。但这一假设很难测试，其有效性取决于研究情境所适用的理论和制度背景（Armstrong et al.，2022，JAE）。

4. 未观测到的事件与遗漏变量

Meyer (1995，JBES) 指出，在准自然实验实施前后发生的但研究者未观测到的事件，会导致双重差分研究遗漏重要的解释变量或控制变量，进而使得双重差分的估计值存在偏差，最终影响政策评估的客观性。

5. 关于控制固定效应的问题

许多文献所使用的双重差分模型，都有一个突出特点，即包含高维固定效应。如前所述，固定效应可以帮助研究者在不需要明确知道遗漏变量具体是什么的情况下，有效解决遗漏变量问题。然而，固定效应的选择并不能解决所有问题。比如，固定效应只能消除组间差异，而消除不了组内差异。但如果遗漏变量主要源于组内差异，那么控制固定效应就会在排除组间差异的同时突出组内差异，反而加剧了遗漏变量问题（Armstrong et al.，2022，JAE）。

另外，控制固定效应也并非没有代价，需要研究者权衡取舍。比如，当高维固定效应吸收了自变量极高水平（如99%）的变异时，用于估计核心变量系数的剩余变异可能仅取决于极少数的观测（即使总体样本有数十万或数百万个观测）。再比如，高维固定效应还可能导致严重的多重共线性问题；尤其在极端情况下，随着吸收率增加到100%，自变量趋向于固定效应的线性组合，此时回归不可估计且完全共线（Armstrong et al.，2022，JAE）。

6. 时序数据的可获得性

此外，双重差分的应用需要研究者获取事件前后一定时间长度的时间序列数据，但如果研究者难以获取一定长度的时间序列数据，将导致估计效果不理想。

五、双重差分法在会计研究中的应用示例：He and Tian（2013，JFE）

1. 研究背景

He and Tian（2013，JFE）运用双重差分法考察了分析师跟踪对企业创新的影响。以美国上市公司1993—2005年的数据为样本，公司年度专利和引文信息来自最新版本的国家经济研究局（NBER）专利引文数据库（patent citation database），分析师跟踪数据来自机构经纪人预测系统（I/B/E/S）。对于控制变量，财务报表项目数据来自Compustat数据库，机构持有的相关数据来自Thomson的CDA/Spectrum数据库，用于构建股票非流动性度量的日内交易和报价数据来自Trade and Quotes（TAQ）数据库，股票价格信息来自证券价格研究中心（CRSP）。经纪行并购信息来自证券数据公司（securities data company，SDC）并购数据库。经过一系列样本筛选，最终得到25 860个公司年度观测结果。

2. 识别实验组与控制组

Kelly and Ljungqvist（2011）发现经纪公司关闭主要是出于其自身业务战略的考量，而不是其分析师所跟踪公司的特征导致的。因此，经纪公司关闭会导致分析师跟踪产生外生变化；此外，Hong and Kacperczyk（2010，QJE）发现如果一只股票起先被两家经纪公司跟踪，在这两家经纪公司合并后，很可能解雇一名跟踪该股票的分析师，从而缩小该股票的分析师跟踪范围。因此，经纪公司合并会外生作用于分析师跟踪。基于此，He and Tian（2013，JFE）把由于经纪业务关闭或合并而导致分析师关注度下降的公司作为实验组，以经纪业务关闭或合并但并未导致分析师跟踪范围变化的公司为对照组。

3. 划分事件前后，确定政策实施前后变量（$Post$）

鉴于许多经纪公司关闭和合并的时间跨度很长（通常是几个月），很难确定经纪公司关闭和合并事件的具体发生时间。因此，将识别的发生日期（查阅新闻报刊识别）左右的六个月视为"事件期"。在经纪公司关闭或被合并前（后）的一年内测量分析师关注度，对于所有其他变量（创新变量和控制变量），在识别的经纪公司关闭和合并发生日期周围，对称地构建一个 12 个月的"事件年"。

4. 构造双重差分模型，估计双重差分模型进行检验

$$Patent_{it}=\beta_0+\beta_1 Treat+\beta_2 Post+\beta_3 Treat\times Post+\beta_4 Control_{it}+\varepsilon_{it}$$

针对上述模型进行估计，结果发现 β_3 的系数 0.182 在 1% 水平上显著。这一结果表明，实验组公司在外生冲击导致的分析师关注度下降后，创新能力显著提升，从而意味着较高的分析师关注度会抑制企业创新。

综上，He and Tian（2013，JFE）使用双重差分法的研究设计，缓解了以往研究中既与分析师关注度相关又与创新相关的遗漏变量问题，也减少了创新水平可能影响分析师关注度的反向因果关系等内生性问题对研究结果的影响，提高了研究结论的有效性。

六、小结

双重差分法在会计研究中得到广泛应用，但是部分研究受制于序列自相关、样本异质性等问题。当使用双重差分法时，研究者应当充分理解其适用条件及潜在局限，准确应用双重差分法。

第六节 断点回归法

一、断点回归法的基本思路与步骤

断点回归法（regression discontinuity design，RDD）的基本思路是所有样本根据配置变量（assignment variable）将落在断点右侧（左侧）的样本设为实验组，将落在断点左侧（右侧）的样本设为控制组，实验组受到实验事项 x 影响的概率为 1，控制组则为 0。在断点附近两侧的样本，除受到事项 x 影响的概率不同外，在其他任何属性上没有系统性的差异，近似于一组随机实验。对断点两侧的样本进行估计，如果发现事项 y 在断点两侧也具有明显变化，则可以推断事项 x 引起了事项 y 的变化。断点回归法的具体步骤如下：

（1）检查配置变量和其他协变量的条件密度函数在断点处的连续性，明确断点的有效性；
（2）检验断点回归实验属于精确断点回归还是模糊断点回归[①]；
（3）对因变量和配置变量进行图形分析；
（4）使用参数估计方法，或选择适当的带宽后使用非参数估计方法进行估计；
（5）使用不同的带宽以及选择是否加入协变量，进行稳健性检验。

二、断点回归法存在的问题

1. 来自其他协变量的干扰

Imbens and Lemieux（2008，JE）指出，如果在断点两侧除了实验事项 x 发生变化

[①] Cattaneo et al.（2019）指出，在断点处受到实验事项 x 影响的概率从 0 跃升到 1 是一个严格的条件，符合这一条件的断点回归设计被称为精确断点回归；而所有不符合这一设定的断点回归实验（断点处接受实验事项 x 影响的概率从 a 跃升到 b，$0<a<b<1$）被称为模糊断点回归。

外，还有其他协变量发生变化，则断点处同时包含了事项 x 和其他事项对事项 y 的影响。在此情形下，使用断点回归法无法确定究竟是哪种事件对事项 y 产生了影响，由此研究结果可能错误地将所有影响归因于研究所关注的事项 x。Schochet et al.（2010）指出，在使用断点回归法时，如果不能将待检验的因果关系与其他因果关系区分开，则实验设计不符合断点回归法的标准。

2. 样本分组是否满足随机性

Lee and Lemieux（2010，JEL）指出，如果是否进入实验组对于样本存在明显的利益差别，并且个体（包括样本自身和其他个体）对配置变量有很大的控制权，即个体能够决定样本结构并且是否进入实验组，那么断点一侧的样本与另一侧的样本存在系统性区别，由此事项 y 可能是由这项系统性区别导致的。如果配置变量在断点附近两侧并不是随机分布的，即配置变量的条件密度函数在断点处不连续，则样本存在内生分组，断点回归法可能无效。

3. 样本带宽的选择与权衡

研究者通常认为断点回归法的实验结果对带宽的选择具有敏感性。Jacob and Zhu（2012）指出，在非参数估计中，选择带宽时需要在精度和偏差之间进行权衡：使用较大的带宽会使用更多的数据点，产生更精确的估计，但由于距离断点越远的样本可能存在越大的差异，在估计事项 x 的实验效果时可能会导致偏差。

4. 证据的普适性

由于断点回归法只关注断点附近的样本，因此其结论可能对于整体的研究是有偏的。在断点回归法中，无论是参数估计还是非参数估计均对研究的样本范围进行缩减，主要考察在断点附近事项 x 对事项 y 的局部平均效应，而非事项 x 对事项 y 的整体平均效应，两种效应可能存在部分差异。

三、对于断点回归法的应用建议

Jacob and Zhu（2012）对于断点回归法的应用提出了以下建议：

1. 明确断点回归设计的有效性

研究者必须首先讨论所设计的断点回归实验是有效的，才能使用断点回归法对事项 x 和事项 y 的因果关系进行准确的评估。在断点回归实验中，断点必须是严格外生的。首先，研究者应在断点处排查配置变量条件密度函数的连续性，以检查配置变量不存在内生分组。其次，研究者应在断点处排查其他协变量条件密度函数的连续性，以检查断点回归法中其他协变量不会影响事项 y 的假设。检查条件概率密度的连续性可以使用 McCrary（2008，JE）的核密度函数检验方法进行，如果配置变量或其他协变量在断点两侧分布不均，则断点两侧的极限不相等。

2. 精确断点回归和模糊断点回归的选择

通过绘图分析判断样本在断点两侧受到实验事项 x 影响的概率，由此来确定研究设计属于精确断点还是模糊断点。在精确断点回归中，断点两侧受到实验事项 x 影响的概率必须从 0 跃升到 1；而在模糊断点回归中，允许断点两侧受到实验事项 x 影响的概率从 a 跃升到 b（$0<a<b<1$）（见图 10-1）。

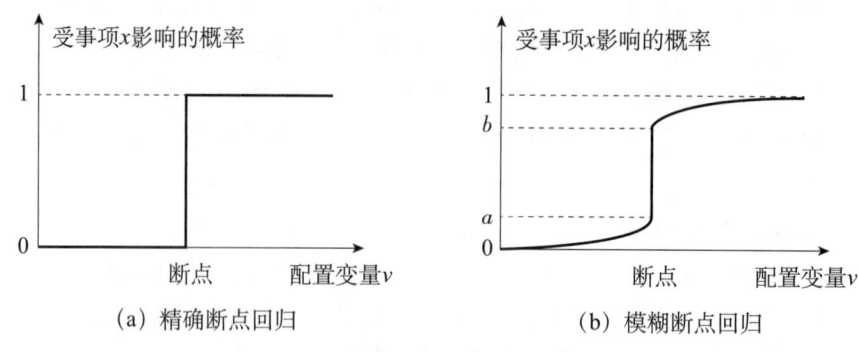

图 10-1　精确断点回归和模糊断点回归

3. 带宽的选择

以往文献提供了多种对带宽值进行选择的方法，Ludwig and Miller（2007，QJE）的 CV 法和 Imbens and Kalyanaraman（2012，RES）的 IK 法在文献中被频繁使用。Jacob and Zhu（2012）建议对使用不同方法得出的带宽进行稳健性检验，以排除结果严重依赖于特定的带宽选择的可能性。

4. 断点回归估计

首先绘制事项 y 的结果变量对配置变量的图像，目测事项 y 在断点处是否存在不连续性，图像分析已成为断点回归法不可或缺的步骤。在精确断点回归中，参数估计方法是指全局多项式回归，非参数估计是指局部线性回归或局部多项式回归。在模糊断点回归中，可以使用工具变量法 2SLS 进行参数估计和非参数估计。如果数据量足够大，可先使用非参数估计方法，然后使用参数估计方法进行敏感性分析。如果数据量较小，可以先使用参数估计方法，然后使用非参数估计方法进行敏感性分析。

5. 检查研究结果的稳健性

研究者应检验使用不同带宽对研究结果是否具有影响来考察结果的稳健性，通常使用带宽的四分之一、二分之一、两倍和四倍来讨论结果的稳健性；研究者应分别报告包含和不包含其他协变量的检验结果，如果协变量不具有内生性，加入协变量能够减少扰动项的方差。

四、断点回归法在会计研究中的应用示例：Iliev（2010，JF）

1. 研究背景

Iliev（2010，JF）运用断点回归法考察了《萨班斯-奥克斯利法案》404 条款（以下简称 SOX 404）的执行对审计费用、盈余质量的影响。SOX 404 将普通股总市值达到 7 500 万美元的公司定义为加速编报公司[①]，加速编报公司须从 2004 年开始在公司年报中提交一份评估公司内部控制状况的管理层报告（以下简称 MR），而非加速编报公司最晚可以从 2007 年开始执行这一规定。通常认为，普通股总市值在 7 500 万美元附近的公司在其他方

[①] 在上一年度中成为加速编报公司的公司，如果其当年普通股总市值超过 5 000 万美元，则仍然是加速编报公司；如果其当年普通股总市值少于 5 000 万美元，则将其变更为非加速编报公司（SEC Rel. 33-8644, December 21, 2005）。

面的特征几乎没有差异，仅在受事项 x（提交 MR）影响的概率上有差异。

2. 明确断点的有效性并确定断点回归类型

在 Iliev（2010，JF）中，首先考察了断点分组的规则。配置变量为公司普通股总市值，断点为 7 500 万美元，因为在 2004 年只有 4 家（1%）非 MR 公司主动提交了 MR，而其余非 MR 公司均未提交 MR，因此 MR 公司受到事项 x（提交 MR）影响的概率接近于 1，非 MR 公司受到事项 x 影响的概率接近于 0，因此本研究属于精确断点回归。

Iliev（2010，JF）随后检查公司是否因不想承担执行 SOX 404 的高额成本而操纵公司市值降低到 7 500 万美元以下。通过绘图发现，在 2004 年和 2005 年，公司数量分布在 7 500 万美元附近有中断，说明在 2004 年接近断点的公司显著降低了其市值。考虑到公司无法在 2002 年未得知 SOX 404 规定的情况下操纵其市值，作者使用 2002 年公司市值是否超过 7 500 万美元的哑变量作为 2004 年 MR 公司的工具变量。

考虑到在同一断点处可能受到加速编报的影响，从而需要将提交 MR 的效果与加速编报的效果区分开。Iliev（2010，JF）通过检验发现加速编报对事项 y 没有单独的重大影响。

3. 对因变量和配置变量进行图形分析

在考察 SOX 404 对审计费用的影响时，Iliev（2010，JF）绘制了 MR 公司和非 MR 公司从 2002 年到 2007 年平均审计费用的变化，图中显示 MR 公司的审计费用在 2004 年陡增，而非 MR 公司的审计费用在 2004 年略有增加但幅度并不明显。

在考察 SOX 404 对盈余质量的影响时，分别绘制了 MR 公司和非 MR 公司在 2004 年 EPS 的分布和 EPS 变动的分布，图形显示提交 MR 会降低公司报告正 EPS 的概率。

4. 回归估计

Iliev（2010，JF）并未使用 CV 法或 IK 法选择带宽，而是直接选取市值在 5 000 万美元至 1 亿美元的公司，进行局部多项式回归。在考察 SOX 404 对审计费用的影响时，使用 2004 年（MR 强制提交的第一年）的截面数据进行分析，结果显示，MR 公司的审计费用增加了 86.6%。此外，OLS 和 IV 估计值之间的差异表明，一些预期其审计费用将大幅增加的公司则逃避了该法规，因此 MR 公司实际上可能支付了更高的审计费用。

在考察 SOX 404 对盈余质量的影响时，OLS 结果表明 MR 公司的操纵性应计减少 3.9%，相当于使公司盈余平均降低了 550 万美元。同时，OLS 估算值明显小于 IV 估算值，表明那些希望增加可操纵应计的公司逃避了该法规。

5. 稳健性检验

Iliev（2010，JF）还进行了一系列的稳健性检验，包括在样本中剔除 2003 年非常接近 7 500 万美元断点的公司（有可能操纵市值的公司），使用双重差分法将 1.25 亿美元和 1.5 亿美元作为断点等，发现结果稳健。

五、小结

断点回归法通过"准自然实验"的方法较为准确地估计了事项 x 对事项 y 的经济影响。在使用断点回归法时，必须保证实验的有效性，保证断点是严格外生的，排除其他协变量对事项 y 的影响。断点回归法对带宽的选择具有敏感性，须通过选择多种带宽进行稳健性检验，以保证结果的有效性。

第七节 非技术方法

除了上述技术层面的方法外,学者们还提出了缓解内生性问题、加强因果关系推断的一些非技术层面的建议。

一、重视理论并增强理论有效性

Heckman（2005）指出,实证研究者在推断因果关系时面临的两项首要任务是:(1) 使用理论对假设进行描述,(2) 识别假设中的因果路径。Armstrong et al.（2022,JAE）强调,重视理论是区分构念之间到底是因果关系还是仅仅随机的相关关系非常重要;得出因果推论的能力不是来自特定计量经济学方法的应用,而是来自该方法的理论假设的有效性。随着基础理论准确度的提升,研究者可以更好地表达（并检验）多种预测,排除替代性解释,进而增强因果关系推断的可信度。

二、限制研究情境

若某项因果关系推断中存在多项替代性解释,而研究设计又难以一一排除时,可以考虑限制研究情境或者缩短研究链条（Luft and Shields,2014,AOS）。

比如,关于研究命题"为什么部分投资者比其他投资者更多地使用会计信息",可能包括（但不限于）以下解释:

(1) 会计信息使用者能够获得的会计信息包含的噪声更小;
(2) 会计信息使用者的风险厌恶程度更低,以至于不在意会计信息中包含的噪声;
(3) 会计信息使用者低估了会计信息中包含的噪声,非使用者高估了包含的噪声;
(4) 会计信息使用者拥有更高的技术条件,从而获得了噪声更小的会计信息。

如果研究者的兴趣和重心在于检验第（1）项解释,则对于第（2）项和第（3）项解释,应当在研究中增加以下两条假定:1) 投资者风险厌恶程度足够高,使得噪声带来的不确定性无法忍受;2) 会计信息噪声的估计误差足够低,使得投资者能够轻易区分。随后,选取相符的情境展开研究（当然,在交代结论时,不应省略此前设置的研究假定和情境）。

三、缩短研究链条

在上例中,对于第（4）项解释,实际上包含了一条较长的逻辑链:从技术条件到会计信息中包含噪声,再到投资者的选择。对此,研究者可以指明论文的研究目的仅在于会计信息的使用,而不在于会计信息的生成。在这一视角下,第（4）项解释不再构成第（1）项解释的竞争性解释,因为在会计信息使用的后半段链条上,两者是一致的。通过限制研究情境和缩短研究链条,研究者可以回避一些力有未逮的替代性解释,将精力更集中于主线的因果关系推断。

四、扩充对研究背景的了解

Ittner（2014,AOS）指出,挖掘和储备研究的背景知识对于提高分析的严密性十分必要。比如，对实验组和对照组背景差异的了解，有助于更优的匹配过程设计，生成更具随机性的实验场景。对宏观制度背景的了解，有助于提醒研究者在研究特定政策变化时，同步其他政策变化的影响。对公司决策背景的了解，有助于研究者更有效地处理自选择效应的影响。进行实地调研和访谈，有助于寻找更贴切和未被以往文献关注的重要变量。

五、使用多种方法交叉验证

Armstronget al.（2022，JAE）建议，研究者应当意识到，任何一种因果推断的方法都存在局限性，因此使用多种研究方法、多套数据集、多种检验模型、多种度量方式进行交叉验证，有助于增强因果推断效力。

六、谨慎表述

若研究中的因果关系推断存在难以克服的障碍，研究者应该在写作表述上更加谨慎，比如在写作中，研究者应当避免因果性的陈述，或者指明因果关系推断存在论据不足的局限。

本章结语

在一项研究的理论分析、研究设计等各个环节，因果关系推断都应当得到充分的考虑和讨论。尽管要实现高精度的因果关系推断的难度颇高，但会计学的研究者仍应不断努力。在技术层面上，研究者可以借助精细的研究设计和技术处理，尽可能取得事项 x 没有发生时事项 y 发生概率的逼近值，加以对照；在非技术层面上，研究者应重视理论和制度背景对因果推断效力的基础价值，并根据能力和兴趣选择性地考虑研究情境和研究链条，扩充对研究背景的知识储备，运用多种研究方法交叉验证，以及谨慎推导和表述。

本章参考文献

Armstrong, C., J. D. Kepler, D. Samuels, and et al. Causality Redux: The Evolution of Empirical Methods in Accounting Research and the Growth of Quasi-experiments. *Journal of Accounting and Economics*, 2022, 74 (2): 101521.

Bowen, D. E., L. Frésard, and J. P. Taillard. What's Your Identification Strategy? Innovation in Corporate Finance Research. *Management Science*, 2018 (63): 2529-2548.

Brantly, C., T. Li, and T. Oka. Quantile Treatment Effects in Difference in Differences Models under Dependence Restrictions and with only Two Time Periods. *Journal of Econometrics*, 2018 (206): 395-413.

Cattaneo, M. D., N. Idrobo, and R. Titiunik. *A Practical Introduction to Regression Discontinuity Designs: Foundations*. London: Cambridge University Press, 2019.

Cohen, D. A. Does Information Risk Really Matter? An Analysis of the Determinants and Economic Consequences of Financial Reporting Quality. *Asia-Pacific Journal of Accounting & Economics*, 2008 (15): 69-90.

Dechow, P., R. Sloan, and A. Sweeney. Detecting Earnings Management. *The Accounting Review*,

1995 (70): 193-225.

Dechow, P., W. Ge, and C. Schrand. Understanding Earnings Quality: A Review of the Proxies, Their Determinants and Their Consequences. *Journal of Accounting and Economics*, 2010 (50): 344-401.

DeFond, M., D. H. Erkens, and J. Zhang. Do Client Characteristics Really Drive the Big N Audit Quality Effect? New Evidence from Propensity Score Matching. *Management Science*, 2017 (63): 3628-3649.

Demski, J. Where is the Passion. *Accounting Horizons*, 2008 (22): 437.

DiPrete, T. A., and M. Gangl. Assessing Bias in the Estimation of Causal Effects: Rosenbaum Bounds on Matching Estimators and Instrumental Variables Estimation with Imperfect Instruments. *Sociological Methodology*, 2004 (34): 271-310.

Frank, K. A. Impact of a Confounding Variable on a Regression Coefficient. *Sociological Methods & Research*, 2000 (29): 147-194.

Gassen, J. Causal Inference in Empirical Archival Financial Accounting Research. *Accounting, Organizations and Society*, 2014 (39): 535-544.

Godfrey, L. G., and J. P. Hutton. Discriminating between Errors-in-variables/Simultaneity and Misspecification in Linear Regression Models. *Economics Letters*, 1994 (44): 359-364.

Gow, I. D., D. F. Larcker, and P. C. Reiss. Causal Inference in Accounting Research. *Journal of Accounting Research*, 2016 (54): 477-523.

Guay, W. R., S. P. Kothari, and S. Shu. Properties of Implied Cost of Capital Using Analysts' Forecasts. Working Paper, 2003.

Heckman, J. The Scientific Model of Causality. *Sociological Methodology*, 2005, 35 (1): 1-97.

Hanlon, M., and S. Heitzman. A Review of Tax Research. *Journal of Accounting and Economics*, 2010 (50): 127-178.

Hartzell, J. C., and L. T. Stark. Institutional Investors and Executive Compensation. *The Journal of Finance*, 2003 (58): 2351-2374.

Hausman, J. A. Specification Tests in Econometrics. *Econometrica*, 1978 (46): 1251-1271.

He, J., and X. Tian. The Dark Side of Analyst Coverage: The Case of Innovation. *Journal of Financial Economics*, 2013 (109): 856-878.

Healy, P., and K. G. Palepu. Information Asymmetry, Corporate Disclosure, and the Capital Markets: A Review of the Empirical Disclosure Literature. *Journal of Accounting and Economics*, 2001 (31): 405-440.

Heckman, J. Sample Selection Bias as a Specification Error. *Econometrica*, 1979 (47): 153-161.

Hong, H., and M. Kacperczyk. Competition and Bias. *Quarterly Journal of Economics*, 2010 (125): 1683-1725.

Hribar, P., T. Kravet, and R. Wilson. A New Measure of Accounting Quality. *Review of Accounting Studies*, 2014 (19): 506-538.

Iliev, P. The Effect of SOX Section 404: Costs, Earnings Quality, and Stock Prices. *Journal of Finance*, 2010 (65): 1163-1196.

Imbens, G. W., and K. Kalyanaraman. Optimal Bandwidth Choice for the Regression Discontinuity Estimator. *Review of Economic Studies*, 2012 (79): 933-959.

Imbens, G. W., and T. Lemieux. Regression Discontinuity Designs: A Guide to Practice. *Journal of Econometrics*, 2008 (142): 615-635.

Ittner, C. D. Strengthening Causal Inferences in Positivist Field Studies. *Accounting, Organizations and Society*, 2014 (39): 545−549.

Ittner, C. D., and D. Larcker. Assessing Empirical Research in Managerial Accounting: A Value-based Management Perspective. *Journal of Accounting and Economics*, 2001 (32): 349−410.

Jacob, R., and P. Zhu. *A Practical Guide to Regression Discontinuity*. Mdrc, 2012.

Jones, J. Earnings Management during Import Relief Investigations. *Journal of Accounting Research*, 1991 (29): 193−228.

Kelly, B. and A. Ljungqvist. The Value of Research. Working Paper, 2011.

Larcker, D., and T. Rusticus. On the Use of Instrumental Variables in Accounting Research. *Journal of Accounting and Economics*, 2010 (49): 186−205.

Lawrence, A., M. Minutti-Meza, and P. Zhang. Can Big 4 versus Non-big 4 Differences in Audit-Quality Proxies be Attributed to Client Characteristics? *The Accounting Review*, 2011 (86): 259−286.

Lee, D., and T. Lemieux. Regression Discontinuity Designs in Economics. *Journal of Economic Literature*, 2010 (48): 281−355.

Lennox, C. S., J. Francis, and Z. Wang. Selection Models in Accounting Research. *The Accounting Review*, 2012 (87): 589−616.

Leuz, C., and R. E. Verrecchia. The Economic Consequences of Increased Disclosure. *Journal of Accounting Research*, 2000 (38): 91−124.

Li, K., and N. Prabhala. *Handbook of Empirical Corporate Finance*. Elsevier, 2007.

Lobo, G. J., and Y. Zhao. Relation between Audit Effort and Financial Report Misstatements: Evidence from Quarterly and Annual Restatements. *The Accounting Review*, 2013 (88): 1385−1412.

Ludwig, J., and D. L. Miller. Does Head Start Improve Children's Life Chances? Evidence from a Regression Discontinuity Design. *Quarterly Journal of Economics*, 2007 (122): 159−208.

Luft, J., and M. D. Shields. Subjectivity in Developing and Validating Causal Explanations in Positivist Accounting Research. *Accounting, Organizations and Society*, 2014 (39): 550−558.

Lundholm, R., and L. A. Myers. Bringing the Future Forward: the Effect of Disclosure on the Returns-Earnings Relation. *Journal of Accounting Research*, 2002 (40): 809−839.

McCrary, J. Manipulation of the Running Variable in the Regression Discontinuity Design: A Density Test. *Journal of Econometrics*, 2008 (142): 698−714.

Meyer, B. D. Natural and Quasi-experiments in Economics. *Journal of Business and Economic Statistics*, 1995 (13): 151−161.

Moreira, M. J. Tests with Correct Size in the Simultaneous Equations Model. Ph. D. Thesis. University of California, 2002.

Nikolaev, V., and L. Van Lent. The Endogeneity Bias in the Relation between Cost-of-debt Capital and Corporate Disclosure Policy. *European Accounting Review*, 2005 (14): 677−724.

Roberts, M. R., and T. M. Whited. Endogeneity in Empirical Corporate Finance. Simon School Working Paper No. FR 11-29, 2012.

Schochet, P., T. Cook, J. Deke, G. Imbens, J. R. Lockwood, J. Porter, J. Smith. *Standards for Regression Discontinuity Designs*. What Works Clearinghouse, 2010.

Shipman, J. E., Q. T. Swanquist, and R. L. Whited. Propensity Score Matching in Accounting Research. *The Accounting Review*, 2017 (92): 213−244.

Stock, J. H., J. H. Wright, and M. Yogo. A Survey of Weak Instruments and Weak Identification in Generalized Method of Moments. *Journal of Business & Economics Statistics*, 2002 (20): 518−529.

Stuart, E. A. Matching Methods for Causal Inference: A Review and A Look Forward. *Statistical Science*, 2010 (25): 1-25.

Tucker, J. Selection Bias and Econometric Remedies in Accounting and Finance Research. *Journal of Accounting Literature*, 2010 (29): 31-57.

Wooldridge, J. M. *Econometric Analysis of Cross Section and Panel Data*. Massachusetts: MIT Press, 2002.

Yu, F. Analyst Coverage and Earnings Management. *Journal of Financial Economics*, 2008 (88): 245-271.

第十一章　特定研究方法和技术问题

本章大纲

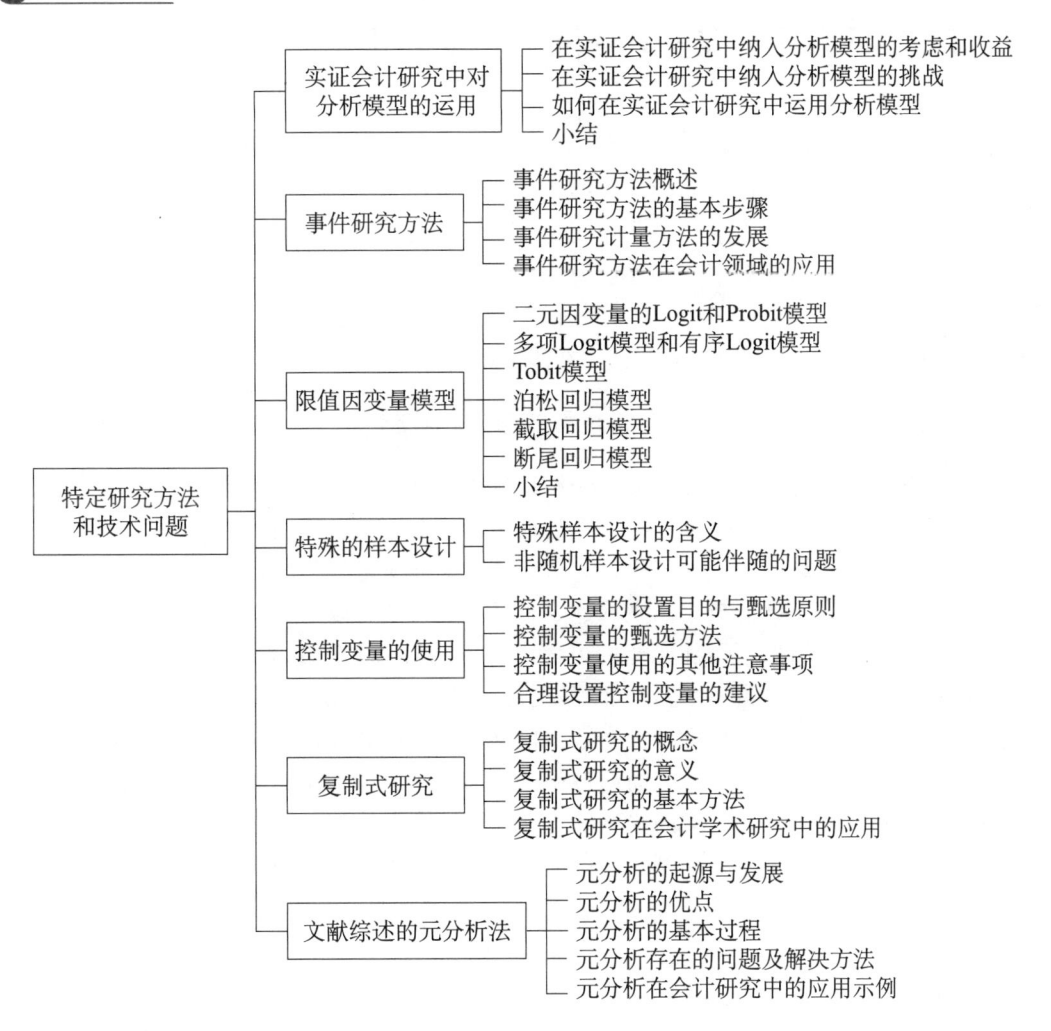

- 特定研究方法和技术问题
  - 实证会计研究中对分析模型的运用
    - 在实证会计研究中纳入分析模型的考虑和收益
    - 在实证会计研究中纳入分析模型的挑战
    - 如何在实证会计研究中运用分析模型
    - 小结
  - 事件研究方法
    - 事件研究方法概述
    - 事件研究方法的基本步骤
    - 事件研究计量方法的发展
    - 事件研究方法在会计领域的应用
  - 限值因变量模型
    - 二元因变量的Logit和Probit模型
    - 多项Logit模型和有序Logit模型
    - Tobit模型
    - 泊松回归模型
    - 截取回归模型
    - 断尾回归模型
    - 小结
  - 特殊的样本设计
    - 特殊样本设计的含义
    - 非随机样本设计可能伴随的问题
  - 控制变量的使用
    - 控制变量的设置目的与甄选原则
    - 控制变量的甄选方法
    - 控制变量使用的其他注意事项
    - 合理设置控制变量的建议
  - 复制式研究
    - 复制式研究的概念
    - 复制式研究的意义
    - 复制式研究的基本方法
    - 复制式研究在会计学术研究中的应用
  - 文献综述的元分析法
    - 元分析的起源与发展
    - 元分析的优点
    - 元分析的基本过程
    - 元分析存在的问题及解决方法
    - 元分析在会计研究中的应用示例

除了此前各章讨论的研究方法，会计研究者往往还会在研究过程中涉及一些相对更细化、适用对象更特殊或更具体的研究方法或技术。为此，我们专设一章，讨论此类相对特殊和细化的方法与技术问题。本章初步讨论了实证会计研究中对分析模型的运用（第一节）、会计研究中经常用到的事件研究方法（第二节）、特殊取值的因变量与相应的回归模型设定问题（第三节）、特殊的样本设计问题（第四节）、控制变量的使用（第五节）、复制式研究（第六节），以及在文献综述中使用的定量分析方法——元分析法（第七节）。本章仅初步纳入了若干相对特殊和具体的研究方法与技术问题，这样的研究方法与技术问题还有不少，本章也会开放式地不断增加讨论的对象和内容。

第一节 实证会计研究中对分析模型的运用

我们经常会在一些会计学术论文中看到，研究者在构建分析模型（analytical model）的基础上进行实证分析。这样的论文与那些以逻辑推理为基础的实证研究形成了比较鲜明的对比。于是读者们会产生这样一系列问题：研究者在实证研究中纳入分析模型通常是出于哪些考虑？这样做可能有哪些好处？为什么大量实证会计研究并没有采用这种方式？在哪些情况下比较适合或不太适合在实证研究中纳入分析模型？基于 Dikolli et al.（2013, AH）的讨论，本节试图对上述问题做出初步的回答。

一、在实证会计研究中纳入分析模型的考虑和收益

一些实证会计研究的作者在论文中先构建分析模型，再展开实证分析，通常可能出于以下几点考虑：其一，为了更加简洁、直观地展示复杂的概念或关系；其二，为了更好地推导出可供检验的命题和假设；其三，为了更好地引导实证检验的设计。

进一步而言，在实证分析之前先构建分析模型，可能有以下好处：

首先，这种做法有助于增加研究的可信度。单一研究方法都具有各自的优点和局限，因此不同研究方法的融合可以增强论证的说服力。有时，研究者的实证分析可能缺乏严密的逻辑。此时，研究者可能被指责是在数据挖掘，然后根据数据挖掘的结果提出一个相对宽松的事后假设以适应数据结果。而通过分析模型推导出可检验的假设，可能会更有说服力，为研究假设与实证检验之间的内在一致性提供更有力的保障。如果存在对数据挖掘的质疑，那么当研究包含了分析模型时，研究者通过数据挖掘得到的结果与通过分析模型推导出的假设恰好相符的难度大幅增加，从而可以有效缓解同行对研究者进行数据挖掘的质疑。

其次，这种做法有助于强化论文的结构，使论文的行文写作更加严谨。分析模型的构建和推导可以使研究的重点更加突出，更容易明确其主要贡献。而且前面也提到，基于分析模型得出的假设也会使实证检验的设计和结果展示更加连贯和自然。

最后，这种做法的好处可能不限于单篇论文，还有助于启发研究者和读者。对理论分析模型的兴趣可能促使实证研究者关注和跟踪相关学科的理论发展，从而逐渐对实证研究形成新的视角和理解，并有可能促成新的、有趣的和多元化的学术研究。

二、在实证会计研究中纳入分析模型的挑战

在会计学术研究中，相当数量的研究并没有通过先构建分析模型、再实证检验的方式进行。给定之前讨论过的纳入分析模型的优点，这种现象意味着在实证分析中纳入分析模型可能存在着更大的成本、挑战和风险，以至于遏制了会计学者们普遍采用这种方式开展实证研究。

首先，构建分析模型面临较高的成本。Beyer et al.（2010，IAEdu）指出，尽管会计学的博士生在学术训练过程中会接触到各种研究方法，但大部分研究者通常只熟练掌握并擅长一种研究方法（比如档案式研究、实验研究、实地研究）。分析模型构建通常也被归为一类专门的研究方法，而且主要属于理论研究的一种范式。在经济学的学术研究中，分析模型是比较主流的研究方法和训练内容，因此我们更容易观察到在受经济学直接影响的公司财务学的学术研究中，先构建分析模型再实证检验的方式也是比较普遍的。然而会计学的博士生总体而言被要求必须熟练掌握分析模型构建的并不普遍，因此大量会计学者（特别是实证研究者）并不具备分析模型研究方法的专长。一种可能的解决方式是与受过分析模型研究方法系统训练的学者合作开展实证会计研究。事实上，这也恰恰是目前不少会计学者正在积极尝试或已经取得一些成果的做法。但是，这种合作只能在一定程度上减少成本，因为促成一项成果得到成功协作所花费的时间和精力是非常巨大的。更根本地，由于在会计学领域受到分析模型研究方法系统训练的理论研究者数量总体而言比较有限，因此合作研究也不可能解决很多问题。建立一个可以推导出有趣的、清晰的、可实证检验的分析模型，对大部分实证会计研究者而言仍然是一项艰巨的任务。

其次，构建分析模型可能会对研究者感兴趣的研究主题造成限制。由于理论分析模型必须明确研究的重点和结构，这在形成优势的同时也带来了局限。一个致力于检验特定模型的实证研究者可能会发现必须舍弃其观察到的真实世界中与模型不相容（或者说所构建的模型无法纳入分析）的一些有趣的元素。这种限制可能导致最终无法实现研究者的研究目标（甚至阻碍一项有趣或重要的发现）。

最后，如果一项研究采用了先构建分析模型再实证检验的方式，其发表前景可能会面临由这种方式本身带来的一些不确定性，且平均来看可能会导致发表前景较差。比如，对于一个采用双审稿人制度的学术期刊而言，主编通常会找一位擅长实证研究方法的专家和一位擅长分析模型研究方法的专家分别独立审稿。这两名不同的审稿人通常主要关注其所擅长的研究方法及相关发现，或者是实证部分，或者是分析模型部分，这样很容易导致任何一部分单独看起来对以往文献的增量贡献都是不够的，从而两名审稿人都不倾向于给出正面的发表建议。当然，有的论文可能得到其中一名审稿人的支持，另一名审稿人则可能反对，这时需要责任主编来最终评判研究的贡献度。有些期刊或责任主编可能会比较支持这类融合多种方法的研究，从而习惯于寻找一到两名同样倾向于融合分析模型与实证分析的审稿人；还有一些学术期刊采用单一审稿人制度，主编通常倾向于选择一名擅长分析模型与实证分析相结合的审稿人；在这些情况下，给定其他条件相同，则论文的发表概率会

超过那些仅仅采用实证分析而理论推导一般的研究。

三、如何在实证会计研究中运用分析模型

（一）分析模型与实证分析相结合的几类通常用法

第一类可能存在的用法是用实证分析检验分析模型推导出的主要预测。比如，很多档案式研究考察某一模型的预测能力是否得到了特定的自然实验数据的支持。由于这类研究的主要关注点在于模型的某些预测是否成立，构建分析模型的基本假设是否成立在很多情况下并不是主要的关注点。因此需要意识到，当经验证据与分析模型的预测相一致时，这并不意味着分析模型本身得到了支持，更多的是说明模型所纳入的主要经济因素对于解释研究者所观察到的结果可能具有比较重要的影响。类似地，当经验证据与分析模型的预测不一致时，也并不意味着分析模型本身一定是不成立的，而更可能说明模型所纳入的主要经济因素对于解释研究者所观察到的结果可能不具有特别的重要性。而且，经验证据与模型的预测不一致的另一个可能是，经验研究的设计存在缺陷。因此，如果研究者在实证分析中纳入分析模型的动机只是为了提供经验证据以显示分析模型不成立，那么应当特别慎重。

第二类可能存在的用法是比较竞争性的理论预测。此时经验数据的作用是，在两个或多个理论中，看实证结果更支持哪一个。在这种用法中，研究者需要把两个或多个相互竞争的理论组织到一篇论文中；然后，如果经验证据支持了某一种理论，就意味着提供了反对另一种理论的证据。这种用法的一个明显挑战是，研究者需要找到有趣的研究情境，使得不同的理论针对特定的研究情境能做出对比鲜明的预期，且特定研究情境下的经验结果能够提供足以甄别特定理论的证据。在自然状态下，往往很难找到可以明确区分竞争性理论预期的情境，此时实验研究的优势则特别明显，因为实验设计可以较为严格地控制实验背景和条件。当然，通过实验研究精确设计出来的情境可能在现实中并不真实存在，但考虑到这样做的目的是区分竞争性的理论，因此仍然是可以接受的。

关于第二类用法，这里再进一步讨论有关竞争性理论的运用问题。在不少情况下，相互竞争的理论之一可能是严格的分析模型（比如传统的代理理论模型），并形成一个基准的理论预期，另一个竞争性的理论则可能基于行为理论。Brown et al.（2009，JMAR）对参与式预算的研究便属于上述这种情况。也有一些情况下，研究者的目标并不是单纯检验哪种理论能更好地解释数据，而是考察和识别各种理论预测成立的特定条件或情境。比如，Kim et al.（2005，AOS）考察了所得税税率变化对纳税人偷税倾向的影响。一方面，已有的经济模型预测，税率增加时纳税人会减少偷税，因为风险厌恶的纳税人认为此时偷税的风险明显增加；另一方面，作为竞争性的理论，公平交换理论则认为，偷税程度取决于纳税人是否认为政府会因为提高税率而向纳税人提供更多的政府服务作为增加税收的交换。Kim et al.（2005，AOS）的实验结果表明，当纳税人认为其纳税水平与政府提供的服务基本对等时，传统经济模型的预测是成立的；但如果纳税人认为其纳税水平与政府提供的服务并不对等，则交换公平理论的预测成立。

第三类可能存在的用法是检验分析模型中的特定假设，其目的主要在于对现有的分析模型做出改进。与档案式研究者相比，这种用法在实验研究者当中更加普遍，因为实验研

究者更容易控制和设计研究情境，使其更好地配合分析模型的细节和假设；而档案式研究者则显然很难识别出恰好能反映某个分析模型的细节和假设的自然情境。这种用法通常先从一个严格的分析模型起步，然后根据其他的理论（比如行为理论）提出竞争性的结果预期，再通过经验数据加以检验，最终考察分析模型的某项特定假设是否需要加以修正，从而改进分析模型。这种用法在经济学中已经有比较广泛的应用。

（二）哪些情形下在实证会计研究中运用分析模型是相对合适的？

第一种情形是，如果研究者的目的是检验或改进已有的分析模型，那么分析模型显然是一项研究中不可缺少的组成部分。

第二种情形是，研究者的目的是理解在某种特定情境下的多重均衡中，到底哪一种均衡更可能发生。有些分析模型存在多个均衡解，难以做出精确的预测。此时实证研究（特别是实验研究）可以有效评估人们是否或者在什么情况下选择了某一特定的均衡解而非其他均衡解。比如，考察声誉对会计行为影响的分析模型有多个均衡解，其中：（1）参与方在任何期间都为了个人利益最大化而采取自利行为；（2）参与方在多个期间都为了个人利益最大化而采取合作。从分析模型本身而言，这两种结果都可能会发生。然而实验研究（如 Hales and Williamson，2010，JAR）则进一步考察和检验了在什么环境或情形下，个体会表现出短视行为（即过分看重当期个人收益，而忽视保持合作声誉可能带来的未来收益）。此时，分析模型与实证分析的融合能够更好地评价声誉在改进会计行为效果方面的潜在作用，以及在什么条件下声誉能发挥更大的作用。

第三种情形是，当研究者希望将自己的实证分析与以往的文献密切关联，而以往的相关文献中又包含了分析模型的运用。此时，研究者如果能够沿用（或适当修改）以往文献中的分析模型，那么其实证分析就会更直接地与现有文献相联系了。

第四种情形是，研究者关注的是各种竞争性理论和预期之间的争端。此时，检验各种分析模型做出的竞争性预期可以增加研究的增量贡献。

第五种情形是，如果实证会计学者希望自己的研究发现及其含义不仅能吸引其他经验研究者，也能够吸引擅长使用分析模型的理论研究者，那么就需要在自己的研究中纳入一个正式的分析模型。

（三）哪些情形下在实证会计研究中运用分析模型是不必要或相对不合适的？

第一种情形是，某个研究问题虽然是重要的，但难以建立分析模型求解，那么这时在实证分析中勉强构建分析模型就是不必要的。例如，研究者试图通过模型考察多个利益相关者在多期的多目标决策节点，此时将很难求解；如果非要这样做，模型形成的预测结论对特定的假设会非常敏感，并导致预测结论缺乏说服力。

第二种情形是，当我们对感兴趣的研究情境的了解非常有限时，研究者将难以构建出有意义的分析模型。此时，经验研究的目的可能恰恰是讨论哪些因素有必要纳入分析模型。相应地，构建分析模型的工作需要在这些经验研究之后再开展。

与第二种情形有关，第三种情形是当我们对感兴趣的研究情境非常了解时，在经验研究中纳入分析模型可能也是没有必要的。这是因为当了解程度非常高时，文献中通常已经存在相关的分析模型，不需要作者重新构建。又或者是，当研究者往往可以比较简洁、清晰地通过经济学或心理学的逻辑推理提出研究假设时，那么也是没有必要非用分析模型不可的。

第四种情形是，研究者试图检验的竞争性理论或观点均未建立在正式的分析模型基础上。此时，研究者需要做的是细致描述拟检验的理论的核心思想和预期，而没有必要通过构建分析模型对理论加以展示。

最后，如前所述，当现实情境远远比任何现有分析模型所涵盖的研究情境丰富时，以现有分析模型为基础的模型构建反而可能会限制研究的目标或潜在空间。

四、小结

Dikolli et al.（2013，AH）指出，衡量实证研究质量的一个重要标准在于所提假设的理论基础的清晰程度。推演出清晰的理论预测的一种方法便是在一项研究中将理论分析模型与实证数据分析相结合。分析模型可以吸收个体行为的经验规律来做出新的预测，随后又可以开展新的实证检验，这种相互促进的过程有助于我们更好地理解现实社会。当然，尽管分析模型有可能和实证研究相互补充和促进，但在实证分析中纳入分析模型也面临着成本、局限和风险。实证会计研究者在决定是否在一项研究中加入分析模型时，需要考虑采用分析模型的潜在成本与收益，考虑纳入分析模型的适用情形，当然也需要考虑潜在的目标期刊的特点与偏好。

本节参考文献

Beyer, B., D. Herrmann, G. K. Meek, and E. T. Rapley. What It Means to be an Accounting Professor: A Concise Career Guide for Doctoral Students in Accounting. *Issues in Accounting Education*, 2010, 25 (2): 227-244.

Brown, J. L., J. H. Evans, and D. V. Moser. Agency Theory and Participative Budgeting Experiments. *Journal of Management Accounting Research*, 2009, 21 (1): 317-345.

Dikolli, S. S., J. H. Evans, J. Hales, M. Matejka, D. V. Moser, and M. G. Williamson. Testing Analytical Models Using Archival or Experimental Methods. *Accounting Horizons*, 2013, 27 (1): 129-139.

Hales, J., and M. G. Williamson. Implicit Employment Contracts: The Limits of Management Reputation for Promoting Firm Productivity. *Journal of Accounting Research*, 2010, 48 (1): 147-176.

Kim, C. K., J. H. Evans, and D. V. Moser. Economic and Equity Effects on Tax Reporting Decisions. *Accounting, Organizations and Society*, 2005, 30 (7): 609-625.

第二节 事件研究方法

一、事件研究方法概述

"事件研究"是指根据某一事件发生前后时期的统计资料，采用一些特定技术测量该事件发生时是否会引起股票价格的异常变动，从而量化该事件对企业影响的一种定量分析方法。事件研究的有用性源于这样的假设，即在有效的市场中，某一事件的影响会立即反映在证券价格之中。于是，通过观测一段时间内的证券价格的波动就可以测定某一事件的经济影响。

事件研究已有很长一段历史。James Dolley 于 1933 年发表的《普通股分拆的特征与程序》一文被认为是事件研究方法的开端（Dolley，1933，HBR）。在该文中，Dolley 研究了股票分拆事件的股价效应。通过对 1921—1931 年的 95 例股票分拆事件的样本公司进行研究发现，在 95 例样本观测中，有 57 例股价上涨，有 26 例股价下降，其余的 12 例股价没有发生异常波动。

从 20 世纪 30 年代早期至 60 年代末期，事件研究进一步发展。Myers and Bakay（1948，HBR）、Baker（1956，HBR；1957，HBR；1958，HBR）以及 Ashley（1962，JPE）对事件研究方法进行了改进，即尝试剔除股价变动的总体因素，剥离干扰事件对股价的影响。

20 世纪 60 年代末期，Ball and Brown（1968，JAR）以及 Fama et al.（1969，IER）等研究创造性地将事件研究方法引入了会计学研究领域，成为实证会计研究的开山之作。其中，Ball and Brown（1968，JAR）研究的是盈余公告的信息含量，而 Fama et al.（1969，IER）则探讨了剔除分发股利产生的同步影响之后股票分拆对股票价格的影响。这些富有启发性和开创性的研究明晰了事件研究方法的逻辑路线，确定了事件研究的基本方法和步骤，开启了会计研究领域的方法论革命。自 20 世纪 60 年代末期的开创性工作以后，事件研究方法经历了一系列的修正与改进。比如，尝试突破早期研究中使用的复杂统计假设，拓展事件研究方法的时间窗口等。Brown and Warner（1980，JFE；1985，JFE）是对这些改进的重要性进行探讨评述的代表性论文。[①]

由于事件研究法具有较为简明的逻辑线索、日趋严谨而完善的理论基础以及较低的操作成本，正如 Fama（1991，JF）所言，事件研究在某种程度上已成为一个研究产业，广泛应用于会计、金融、产业组织、法律等社会科学领域。

二、事件研究方法的基本步骤

由于研究关注的重点各有不同，事件研究在具体运用情境上存在着较大的差异，但是其基本的估算程序大同小异，可以将其归纳为六个步骤（Campbell et al.，1997）：（1）定义事件与事件窗口；（2）研究样本的选择；（3）正常收益模型的选择；（4）估计异常收益；（5）异常收益的统计检验；（6）实证结果与解释。

（一）定义事件与事件窗口

1. 事件的确定

应用事件研究方法的第一步，便是确定所要研究的事件。研究者需要确定所研究的事件在相关领域是否重要，相关的理论是否足以让研究者提出有意义的命题，是否可以用事件研究方法加以检验。通常可以分为两类：一类是对同类事件（type of event）的研究，另一类是对单一事件（single event）的研究。

同类事件是指，所有样本观测发生的事件是一致的，但是各个样本观测发生事件的日期并不相同。比如，Ball and Brown（1968，JAR）对于盈余宣告的研究以及 Fama et al.

---

① 进一步的讨论参见本节第三部分"事件研究计量方法的发展"。

(1969,IER)对于股票分拆的研究都属于同类事件研究。

单一事件是指,不但各样本观测发生的事件是一致的,而且各样本观测发生事件的日期也是完全相同的。比如,Collins et al.(1981,JAE)考察了会计准则的颁布对公司股票价格的影响;Schipper and Thompson(1983,JAR)考察了吸收合并法规的公布对主并公司股东的影响。

上述两类事件的差别在于,研究者需要考虑股价是否存在相互的依赖性,进而对异常报酬率的统计显著性可能产生不同的影响。一般而言,同类事件研究比单一事件研究在统计上更为稳定,涉及的计量问题也较少。这是因为,在单一事件研究中,所有样本观测的事件日为同一天,所有的样本观测在同时受该事件冲击外,也同时受到其他相同外部因素的影响,从而导致股价互相干扰,各个样本观测的异常收益之间具有明显的相关性。

2. 事件日的确定

一旦确定了所研究的事件,下一步则是要确定事件日。所谓事件日是指,资本市场接收到该事件信息的时点,而并非该事件实际发生的时点。

事件日是否能准确地确定,对实证研究的可行性有着至关重要的影响。比如,过去对于并购事件对股价是否产生影响的研究多以并购实际发生日作为事件日,而并非把首次宣告并购的日期作为并购日。由于并购消息早在宣告日为大家所知,价格在并购消息宣告当天就做出反应,而到了实际并购日,价格的反应已经消退,因此很多文献并未发现并购对股价具有显著的影响。

事件日可以分为两类:一种是单一事件日,即事件的发生只在一天内完成;另一种是多重事件日,即事件的发生超过一天,从而围绕某一事件存在多个重要日期。比如某研究希望考察美国会计准则委员会修改会计准则的市场影响,那么在会计准则修订公布之前,会经历相当长时期的讨论,并会公布一些草案(即征求意见稿),媒体对此也会有多次的报道,每一时点的报道,都可能改变市场参与者对会计准则修订事件的预期,因此,在这种情况下事件日是多重而非单一的。

3. 事件窗口的选定

在确定了事件与事件日之后,接下来的步骤就是事件窗口的选定。事件研究中涉及的窗口包括:(1)估计窗口;(2)事件窗口;(3)事后窗口。

这三种窗口的关系可用图 11-1 来表示(袁显平,柯大钢,2006,统计研究)。在图 11-1 中,t 为时间轴;$t=0$ 为事件日;事件窗口为 $[T_1+1, T_2]$;估计窗口为 $[T_0+1, T_1]$;事后窗口为 $[T_2+1, T_3]$。

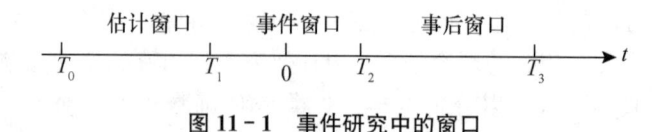

图 11-1 事件研究中的窗口

估计窗口的作用在于估计正常收益(或估计正常收益模型的参数)。估计窗口的长度通常应大于等于 120 天小于 300 天。估计窗口过短,会削弱模型的预测能力;估计窗口过长,该期间则容易受到太多干扰事件的影响而产生结构性的变化,从而导致模型估计的不稳定。

事件窗口是用于检验股价对事件有无异常反应的期间。有时事件窗口仅为1天（即事件发生的当天，$t=0$），有时为2天（即事件公告当天与后一天，[0，+1]）或3天（即公告前一天、公告当天与公告后一天，[-1，+1]），也有研究将事件窗口界定为公告前后5天、10天、20天或更长。

事后窗口主要用于考察事件发生后股价（或企业价值）有无异常变化。事后窗口的使用常见于对某一事件长期绩效的研究中。[①]

（二）研究样本的选择

在确定了重要事件和事件窗口以后，对研究样本进行选择是十分重要的。研究者需要确定研究样本选择的标准，包括考虑样本数据的可获得性、样本的行业特征以及样本的市值规模，并要注意到样本选择过程中可能带来的有偏性对正常收益和异常收益的影响。

（三）正常收益模型的选择

为了评价事件的影响，研究者需要度量股票的异常收益。异常收益是证券在事件窗口的实际收益与正常收益（或预期收益）之差。因此，测量正常收益是计算异常收益的基准和前提。关于如何计算股票的正常收益，常用的正常收益模型通常可以分为统计模型和经济模型两类（Campbell et al.，1997）。

1. 统计模型

统计模型以资产收益行为的统计假设为基础，不依赖于任何经济理论。统计模型通常包括常均值收益模型、市场模型以及其他因素对市场模型的调整。

(1) 常均值收益模型。该模型的主要思路是将估计窗口期的证券平均收益作为事件窗口期的证券正常收益。假设 u_i 是资产 i 的平均收益，则常均值收益模型为：

$$R_{it}=u_i+\varepsilon_{it}$$
$$E(\varepsilon_{it})=0, \mathrm{Var}(\varepsilon_{it})=\sigma_{\varepsilon i}^2$$

式中，R_{it} 是证券 i 在 t 期的收益；ε_{it} 是扰动项，其均值为0，方差为 $\sigma_{\varepsilon i}^2$。

尽管常均值收益模型的形式较为简单，但 Brown and Warner（1980，JFE；1985，JFE）发现，不论是月报酬率数据还是日报酬率数据，该模型计算出来的结果并不会比其他较为复杂的模型得出的结果差。然而 Klein and Rosenfeld（1987，JFQA）发现，如果事件日多发生在牛市或者熊市，则使用该模型估计的异常报酬率将会有高估或低估的偏误。

(2) 市场模型。市场模型是某一证券的收益与市场证券组合收益相关的统计模型。模型的线性设定以假设资产收益服从联合正态分布为基础。市场模型的表达式如下：

$$R_{it}=\alpha_i+\beta_i R_{mt}+\varepsilon_{it}$$
$$E(\varepsilon_{it})=0, \mathrm{Var}(\varepsilon_{it})=\sigma_{\varepsilon i}^2$$

式中，R_{it} 和 R_{mt} 分别是证券 i 和市场证券投资组合在 t 期的收益；ε_{it} 是零均值扰动项；α_i、

[①] 也有学者并不严格区分事件窗口与事后窗口，而是将两者统称为事件窗口，并按事件窗口的长度将事件研究分为短窗口事件研究（事件窗口小于1年的）与长窗口事件研究（事件窗口大于等于1年的）（Kothari and Warner，2006）。进一步的讨论参见本节第三部分"事件研究计量方法的发展"。

β_i 和 $\sigma_{\varepsilon i}^2$ 都是市场模型的参数。

在实际应用中，市场投资组合经常使用广义的股票指数来替代，比如在基于美国资本市场的研究中经常使用 S&P500 指数、CRSP 等权指数等。

市场模型是对常均值收益模型的一种改进模型。它去除了与市场组合收益变化相关的收益部分，减少了异常收益的方差，从而可能提高对事件效应的检测能力。选择该模型的利弊主要取决于该模型回归时的 R^2，R^2 越大，则异常收益方差被去除的部分就越大，选择该模型就越有利，反之亦然（Campbell et al.，1997）。

（3）市场调整收益率法。市场调整收益率法是计算正常收益的较为简单的一种方法，公司在事件期内每一天的正常收益即为当天的市场收益率，其表达式如下：

$$R_{it} = R_{mt}$$

式中，R_{it} 和 R_{mt} 分别是证券 i 和市场证券投资组合在 t 期的收益。市场调整收益率法可以被视为一种简化的市场模型。

（4）其他因素的调整。市场模型在估算正常收益基准时单纯考虑了市场因素的影响。在计算正常收益的过程中，除了市场这一因素外，行业和规模也是需要考虑的因素。这种方法通常是在行业分类的基础上，按照股票的市场价值构建十组规模组合，通过相同规模组中公司的实际收益与投资组合收益之间的差异来计算异常收益。

但实际上，运用这些因素进行调整的优点是比较有限的，因为除了市场因素以外，附加因素的增量解释效力通常较低，往往不能明显减少异常收益的方差。

当样本公司有共同的特征，比如均属于同一行业或者其市场价值比较接近，都位于按照市值排序形成的同一个组合之中时，异常收益的方差减少最多，在这些情况下可考虑使用规模因素对同行业的公司进行调整，或基于行业因素对规模相近的公司进行调整（Campbell et al.，1997）。

2. 经济模型

除了上面提到的统计模型，计算个股或资产组合的正常收益的另一种模型是经济模型。统计模型是基于资产收益特征的统计假设来构建的，并不考虑任何经济性的意义。相比之下，经济模型基于投资者的行为模式，而不仅仅依赖统计假设。需要注意的是，经济模型在实际应用时必须加入统计的假设前提，所以经济模型的优势并不在于可以省略统计前提，而是利用经济性的限定条件来计量正常收益。比较典型的经济模型是资本资产定价模型（CAPM）和套利定价模型（APT）。资本资产定价模型以及 Fama and French（1993，JFE）基于套利定价模型思想的三因素模型的表达式分别如下：

$$R_{it} - R_{ft} = \beta_i (R_{mt} - R_{ft}) + \varepsilon_{it}$$
$$R_{it} - R_{ft} = a_i + b_i (R_{mt} - R_{ft}) + c_i SMB_t + d_i HML_t + \varepsilon_{it}$$

式中，R_{it} 与 R_{mt} 分别是证券 i 和市场投资组合在 t 期的收益；R_{ft} 是无风险收益率；SMB_t 是小市值股票组合收益率和大市值股票组合收益率的差额；HML_t 是高面值市值比[①]的股票组合收益率与低面值市值比的股票组合收益率的差额。

---

① 面值市值比＝公司净资产的账面价值/公司市场价值。

在20世纪70年代的事件研究中，资本资产定价模型得到了广泛的应用。但是在20世纪80年代中期，由于发现资本资产定价模型存在弊端，事件研究中就很少再应用资本资产定价模型了（Campbell et al.，1997）。同时，尽管运用套利定价模型可以消除资本资产定价模型的某些弊端，但市场模型同样具有这样的作用；另外，套利定价模型中，起重要作用的因素是市场因素，其他因素仅具有较弱解释力。因此，套利定价模型相对于市场模型的优势较小。由于与套利定价模型相比，市场模型应用起来更为简便，所以事件研究中多数采用市场模型。

（四）估计异常收益

确定正常收益模型之后，接下来就可以计算异常收益。异常收益等于事件窗口期的实际收益减去正常收益，即

$$\varepsilon_{it} = R_{it} - E(R_{it})$$

式中，ε_{it}为样本观测i在t日的异常收益；R_{it}为样本i在t日的实际收益；$E(R_{it})$为样本i在t日的预期收益（或正常收益）。

预期收益的计算首先是用估计窗口期间的相关数据以及选定的正常收益模型进行线性回归（OLS），得出正常收益模型的参数估计；然后利用估计出来的参数和事件窗口期的数据来计算事件窗口期的预期收益。

比如，在使用日数据与市场模型的事件研究中，市场模型参数可通过事件发生前120天的数据进行估计，再运用所估计出的参数与事件窗口对应的数据计算事件窗口期单个样本观测每天的预期收益。

在计算出异常收益的日数据ε_{it}之后，需要对异常收益在横截面（不同样本观测之间）以及在时间序列（事件窗口）进行汇总。对于整个样本在t时刻的平均异常收益（用AR_t表示），以及整个样本在事件窗口期$[T_1+1, T_2]$的累计异常收益（用CAR表示），其表达式如下：

$$AR_t = \frac{1}{N} \sum_{1}^{N} \varepsilon_{it}$$

$$CAR = \frac{1}{N} \sum_{T_1}^{T_2} AR_t$$

（五）异常收益的统计检验

在计算出异常收益以后，需要检验其显著性。检验的原假设通常是：异常收益（或累计异常收益）的均值为0；备选假设是：异常收益（或累计异常收益）的均值不为0。

对于异常收益的检验可以分为两类：一类是参数检验（如t检验），另一类是非参数检验（如符号检验或秩和检验）。根据当前的文献，大部分文献以参数检验为主[1]，也有不

---

[1] Brown and Warner（1980，JFE；1985，JFE）以及Berry et al.（1990，QJBE）发现，虽然少量样本观测的异常收益通常不符合正态分布，但是随着样本规模的扩大，横截面异常收益逐渐服从正态分布，因此传统的参数检验中的t统计量还是具有较强检测效力的。

少文献经常用非参数检验作为对参数检验的补充验证。

(六) 实证结果与解释

经过以上步骤，得到了可供分析的实证结果。对实证结果的分析，有助于研究者了解被研究的事件对证券价格的影响机制。对于实证结果的解释要注意剔除异常样本观测的影响，尤其在小规模样本中，个别的极端值可能会对最终的实证结论形成重要的影响。

三、事件研究计量方法的发展

自从 20 世纪 60 年代末期 Ball and Brown (1968, JAR) 和 Fama et al. (1969, IER) 的开创性工作以后，事件研究的计量方法本身也经历了一系列的修正与改进。Kothari and Warner (2006) 把这些改进和变化概括为两点：第一是采用日回报率数据的事件研究比采用月回报率数据的事件研究变得更为普遍和流行，这使得短期事件研究的计量更为精准；第二是对于长期事件研究而言，异常收益的估计及其统计性质的衡量方法变得更为先进。

在事件研究方法发展的几十年中，事件研究方法在计量上逐渐分为短窗口事件研究 (short window event study) 和长窗口事件研究 (long window event study)。其中，短窗口事件研究在计量方法上比较稳定，不存在太大的争议；而长窗口事件研究是检验事件发生后的 1~5 年是否存在异常收益，因此长时间的研究跨度使其在计量方法中存在着更多的问题和较多争议 (Campbell et al., 1997)。

比如，在预期收益的估计方面，Barber and Lyon (1997, JFE) 发现，当以参照组合 (如市场指数) 收益作为计算长期异常收益的比较基准时，检验统计量会存在显著的偏差。他们提出，通过将样本企业与基于样本企业特征进行配对的企业进行比较，可以消除这些偏差。该方法被证明是长期事件研究中较好的方法。

再比如，在异常收益的衡量上，Barber and Lyon (1997, JFE) 认为，在计量长期异常收益时，应采用购入-持有异常收益 (BHAR) 方法，而不是累计异常收益 (CAR) 方法。他们提出的原因包括：第一，CAR 在长期异常收益的计算上所得出的统计量存在偏误[①]；第二，在长期窗口研究中，运用 CAR 得到的结论经常会与实际投资价值不一致。根据 Barber and Lyon (1997, JFE)，购入-持有异常收益方法衡量了购买样本公司股票并一直持有到观察期结束时，公司的股票收益率超过期望收益率的部分，并把这个差值认定为异常收益。其具体表达式如下：

$$BHAR_{it} = \prod_{t=1}^{t}[1+R_{it}] - \prod_{t=1}^{t}[1+E(R_{it})]$$

式中，R_{it} 为样本公司在月度 t 的收益；$E(R_{it})$ 为样本公司在月度 t 的期望收益。在计算 $E(R_{it})$ 的方法中，CAR 和 BHAR 的研究思想是一致的，因此对 CAR 计算正常收益的方法仍然适用于 BHAR。在异常收益的统计量设定 (specification) 问题上，Barber and Lyon (1997, JFE) 发现，在运用 BHAR 的过程中，采用公司控制的方法会产生较优的统计量。

---

① 在计量长期异常收益时，使用市场模型的 CAR 方法存在以下偏误：(1) 在观察期内，新公司不断上市导致对市场收益率的估算产生影响，从而造成因市场收益率被高估或低估形成的偏误；(2) 市场收益率定期 (通常是一个月) 的重新估计和调整形成的偏误；(3) 长期异常收益率本身具有的正向偏斜的特性所伴随的偏误。

公司控制的方法是指按照一定的标准，找到一家与样本公司匹配的配对公司，并把配对公司的收益率作为 BHAR 中 $E(R_{it})$ 的估计值。选择配对公司的标准有三种：(1) 把样本公司和与其规模相近的公司进行配对；(2) 把样本公司和与其面值市值比相近的公司进行配对；(3) 把样本公司和与其规模以及面值市值比都相近的公司进行配对。

Lyon et al. (1999, JF) 进一步发现，在随机样本的情况下，购入-持有异常收益方法可以产生设定良好的检验统计量。但他们同时指出，在非随机样本的情况下，购入-持有异常收益方法也会产生有偏误的检验统计量。尽管如此，近年来国外许多研究者仍然沿用了 Lyon et al. (1999, JF) 所推荐的方法计算长窗口的异常收益。

总体而言，尽管事件研究（特别是长窗口事件研究）在计量方法上存在着一系列问题，但是随着研究的深入，学者们总是不断提出新的改良方法，为事件研究的更广泛应用提供了统计技术上的支持。

四、事件研究方法在会计领域的应用

Fama (1991, JF) 曾评论过，"在事件研究方法被应用以前，在公司财务的核心课题上几乎不存在任何经验证据。而现在这方面的经验证据相当多，且大多源于事件研究"。根据 Kothari and Warner (2006) 对 1974—2000 年间的事件研究相关文献所做的统计，发表在国际上 5 份财务学权威学刊（JB, JF, JFE, JFQA, RFS）中的事件研究论文多达 565 篇，这充分表明事件研究法在会计（特别是公司财务）领域的应用范围是非常广泛的。总体而言，事件研究方法在会计领域的应用大致可分为下述几类。

(一) 市场效率研究

事件研究是检验市场有效性的重要方法。由于在公司事件发生之后，异常收益的存在和有效市场理论是不符的，因此，事件发生之后的异常收益是否长期存在，可为研究市场的有效性提供证据。

事件研究分为短窗口事件研究和长窗口事件研究。其中，短窗口事件研究得出的结论大多与有效市场假说相一致，即市场可以对事件信息做出迅速的反应。但是相当一部分长窗口事件的研究发现，在某些事件发生后，异常收益会长期存在，这与有效市场假说形成了冲突。比如 Ball and Brown (1968, JAR) 和 Asquith (1983, JFE) 的研究就发现股价对盈余公告或并购竞标事件的发生存在滞后反应的现象，从而引发学术界对"股价对事件信息反应迟钝的原因"以及"收益变动中有多大程度可归因于估计异常收益的技术差错"等问题的激烈争论。Fama (1991, JF) 总结性地认为，"某些事件研究结果表明，股价对事件信息并非是快速反应的，事件研究能够为市场是否达到有效提供证据"。

(二) 投资和融资决策的股价效应研究

事件研究方法也广泛应用于检验投资、融资决策对公司股票价格的影响。比如在投资方面，利用事件研究方法对兼并公告进行研究的结果表明，收购企业的股价对兼并事件基本不敏感，但是在兼并之后，收购企业的股价有缓慢下跌的趋势（Asquith, 1983, JFE）。

在融资方面，事件研究方法经常被用于检验公司发行债券、发行可转换优先股、配股与增发对股价的影响。比如，Masulis and Korwar (1986, JFE) 和 Dann and Mikkelson

(1984，JFE)的研究显示，普通股和可转换债券的发行对股价有负面的影响，而普通债券的发行对股价会有正面的影响。

(三)解释异常收益的研究

这一类研究的目的在于进一步了解影响股票异常收益的因素。比如研究异常收益与净资产收益率、企业规模、财务杠杆、利润率、行业等变量之间的关系。代表性文献包括 Rendileman et al.(1982，JFE)、Collins and Kothari(1989，JFE)，Liu and Thomas(2000，JAR)等。

(四)信息含量的研究

此类研究探讨的是会计信息的有用性，其目的在于评估股价对会计信息的反应程度。利用短窗口事件研究，可以观察盈余公告是否传递给市场投资者新的信息，从而引起股价或是交易量在公告前后的异常变动。如果股价或交易量在公告日附近发生了异常变动，那么就可以得出盈余公告对投资者而言具有信息含量的结论。比如 Ball and Brown(1968，JAR)和 Collins and Kothari(1989，JFE)等的研究结论表明，公司的股价对盈余公告会产生反应，但是反应存在着滞后现象。

(五)会计准则及法规的颁布效应研究

近年来，事件研究方法越来越多地被应用到检验会计准则和监管法规的颁布对公司以及资本市场的股价效应上。此类研究通过观测法规颁布对投资者的影响，从而探测出投资者对法规的理解和评价。

在对单一规则的研究方面，Beatty et al.(1996，JAE)和 Cornett et al.(1996，JAE)用事件研究方法检验了美国财务会计准则公告第 115 号(SFAS115)[①]颁布的市场反应。Dechow et al.(1996，JAR)研究了以股份支付为基础的美国财务会计准则公告第 123 号(SFAS123)的颁布对市场的影响。

在对整体规则的研究方面，Jain and Rezaee(2006，CAR)，Zhang(2007，JAE)以及 Li et al.(2008，JLE)研究了《萨班斯-奥克斯利法案》的颁布的市场反应。Armstrong et al.(2010，TAR)则用事件研究方法检验了国际财务报告准则(IFRS)在欧盟的采纳过程中的诸多征求意见文件的宣布对整个市场的影响。

本节参考文献

Armstrong, C., M. E. Barth., A. D. Jagolinzer, and E. J. Riedl. Market Reaction to the Adoption of IFRS in Europe. *The Accounting Review*, 2010, 85 (1): 31 - 62.

Ashley, J. Stock Prices and Changes in Earnings and Dividends: Some Empirical Results. *Journal of Political Economy*, 1962, 70: 82 - 85.

[①] SFAS115 颁布实施前，债券和权益证券投资按成本与市价孰低核算，容易导致"利得交易"(gains trading)。利得交易是指企业将公允价值超过购买成本的证券先行出售，以确认出售利得，而将公允价值低于购买成本的证券继续持有以避免确认出售损失的行为。SFAS115 的颁布实施，有效地抑制了利得交易。

Asquith, P. Merger Bids, Uncertainty and Stockholder Returns. *Journal of Financial Economics*, 1983, 11: 51-83.

Baker, C. Effective Stock Splits. *Harvard Business Review*, 1956, 34: 101-106.

Baker, C. Stock Splits in a Bull Market. *Harvard Business Review*, 1957, 35: 72-79.

Baker, C. Evaluation of Stock Dividends. *Harvard Business Review*, 1958, 36: 99-114.

Ball, R., and P. Brown. An Empirical Evaluation of Accounting Income Numbers. *Journal of Accounting Research*, 1968, 6: 159-178.

Barber, B., and J. Lyon. Detecting Long-run Abnormal Stock returns: The empirical power and Specification of Test Statistics. *Journal of Financial Economics*, 1997, 43: 341-372.

Beatty, A., S. Chamberlain, and J. Magliolo. An Empirical Analysis of the Economic Implications of Fair value Accounting for Investment Securities. *Journal of Accounting and Economics*, 1996, 22: 43-77.

Berry, M., G. Gallinger, and G. V. Henderson. Using Daily Stock Returns in Event Studies and the Choice of Parametric Versus Nonparametric Sest Statistics. *Quarterly Journal of Business and Economics*, 1990, 29: 70-85.

Brown, S., and J. Warner. Measuring Security Price Performance. *Journal of Financial Economics*, 1980, 8: 205-258.

Brown, S., and J. Warner. Using Daily Stock Returns: The Case of Event Studies. *Journal of Financial Economics*, 1985, 14: 3-31.

Campbell, J., A. Lo, and A. C. MacKinlay. *The Econometrics of Financial Markets*. New Jersey: Princeton University Press, 1997.

Collins, D. W., and S. P. Kothari. An Analysis of the Cross-sectional and Intertemporal Determinants of Earnings Response Coefficients. *Journal of Financial Economics*, 1989, 23: 79-100.

Collins, D. W., M. S. Rozeff, and D. S. Dhaliwal. The Economic Determinants of the Market Reaction to Proposed Mandatory Accounting Changes in the Cil and Gas Industry: A Cross-sectional Analysis. *Journal of Accounting and Economics*, 1981, 3 (1): 37-71.

Cornett, M., Z. Rezaee, and H. Tehranian. An Investigation of Capital Market Reactions to Pronouncements on Fair Value Accounting. *Journal of Accounting and Economics*, 1996, 22: 119-154.

Dann, L., and W. Mikkelson. Convertible Debt Issuance, Capital Structure Change and Financing-related Information: Some New Evidence. *Journal of Financial Economics*, 1984, 13: 157-186.

Dechow, P., P. R. Hutton, and R. G. Sloan. Economic Consequences of Accounting for Stock-based Compensation. *Journal of Accounting Research*, 1996, 34: 1-20.

Dolley, J. C. Characteristics and Procedure of Common Stock Splits-ups. *Harvard Business Review*, 1933, 11 (3): 316-326.

Fama. E. Efficient Capital Markets: II. *Journal of Finance*, 1991, 46: 1575-1617.

Fama, E., and K. French. Common Risk Factors in the Returns on Stocks and Bonds. *Journal of Financial Economics*, 1993, 33: 3-56.

Fama, E., L. Fisher, M. Jensen, and R. Roll. The Adjustement of Stock Prices to New Information. *International Economic Review*, 1969, 10: 1-21.

Jain, P., and Z. Rezaee. The Sarbanes-Oxley Act of 2002 and Capital-Market Behavior: Early Evidence. *Contemporary Accounting Research*, 2006, 23: 629-654.

Klein, A., and J. Rosenfeld. The Influence of Market Conditions on Event-study Residuals. *Journal of Financial and Quantitative Analysis*, 1987, 22: 345-351.

Kothari, S. P., and J. Warner. Econometrics of Event Studies. *Handbook of Empirical Corporate Finance* (Elsevier-North-Holland), 2006.

Li, H., M. Pincus, and S. O. Rego. Market Reaction to Events Surrounding the Sarbanes-Oxley Act of 2002 and Earnings Management. *Journal of Law and Economics*, 2008, 51: 111-134.

Liu, J., and J. K. Thomas. Stock Returns and Accounting Earnings. *Journal of Accounting Research*, 2000, 38: 71-101.

Lyon, J., B. Barber, and C. Tsai. Improved Methods of Tests of Long-horizon Abnormal Stock Returns. *Journal of Finance*, 1999, 54: 165-201.

Masulis, R., and A. Korwar. Seasoned Equity Offerings: An Empirical Investigation. *Journal of Financial Economics*, 1986, 15: 91-118.

Myers, J. H., and A. J. Bakay. Influence of Stock Split-ups on Market Price. *Harvard Business Review*, 1948, 26 (2): 251-265.

Rendileman, R. J., C. P. Jones, and H. A. Latana. Empirical Anomalies Based on Unexpected Earnings and the Importance of Risk Adjustments. *Journal of Financial Economics*, 1982, 24: 121-159.

Schipper, K., and R. Thompson. The Impact of Merger-related Regulation on Shareholders of Acquiring Firms. *Journal of Accounting Research*, 1983, 21: 184-221.

Zhang, I. 2007. Economic Consequences of Sarbanes-Oxley Act of. *Journal of Accounting and Economics*, 2002, 44: 74-115.

袁显平，柯大钢．事件研究方法及其在金融经济研究中的应用．统计研究，2006（10）：31-35．

第三节　限值因变量模型

通常的计量经济模型假定因变量（被解释变量）是连续取值的变量，但是在实际决策中经常面临各种选择或分类，或者因变量以某种方式受到限制，此时建立的计量模型称为限值因变量模型（limited dependent variable model）。

综合 Maddala（1983），Greene（1990）以及 Wooldridge（2002），本节专门讨论会计研究中常见的六类限值因变量模型：

（1）二元因变量（binary）的 Logit 和 Probit 模型；

（2）多项（multinomial）Logit 模型和有序（ordered）Logit 模型；

（3）Tobit 模型；

（4）泊松回归模型（poisson regression）；

（5）截取回归模型（censored regression）；

（6）断尾回归模型（truncated regression）。

一、二元因变量的 Logit 和 Probit 模型

当因变量只取两类值（0 或 1）时，线性概率模型（LPM）的参数估计将是无效的。为避免线性概率模型的局限性，考虑形如 $P(y=1|x)=G(\beta_0+\beta_1 x_1+\cdots+\beta_k x_k)$ 的二元因变量模型，其中 G 是一个取值范围严格介于 0～1 之间的函数，这就确保估计出来的概率严格地介于 0 和 1 之间。

最常用的分布函数是 Logistic 分布和标准正态分布，与之对应的回归模型是 Logit 模

型和 Probit 模型。

(一) 二元 Logit 模型

G 是对数函数,$G(z)=\exp(z)/[1+\exp(z)]=\Lambda(z)$ 是一个标准的 Logistic 随机变量的累计分布函数。其中 $z=\beta_0+\beta_1x_1+\cdots+\beta_kx_k$。

在实际应用中,通过取对数,得到线性化模型:$\ln\left(\frac{p}{1-p}\right)=\beta_0+\beta_1x_1+\cdots+\beta_kx_k$,其中 $\frac{p}{1-p}$ 称为机会比率 (odds ratio)。

x_j 对概率 p 的边际影响为 $\frac{\partial p}{\partial x_j}=\Lambda(\hat{z})(1-\Lambda(\hat{z}))\hat{\beta}_j$,随解释变量的取值不同而变化。其中 $\hat{z}=\hat{\beta}_0+\hat{\beta}_1x_1+\cdots+\hat{\beta}_kx_k$,$\hat{\beta}_j$ 为 β_j 的估计值。

$(e^{\beta_j}-1)\times 100\%$ 表示 x_j 每增加一个单位的机会比率的变化百分比。

(二) 二元 Probit 模型

G 是标准正态的累计分布函数,$G(z)=\Phi(z)=\int_{-\infty}^{z}\varphi(v)\mathrm{d}v$,其中 $z=\beta_0+\beta_1x_1+\cdots+\beta_kx_k$,$\varphi(z)=(2\pi)^{-1/2}\exp(-z^2/2)$ 为标准正态密度函数。

x_j 对概率 p 的边际影响为 $\frac{\partial p}{\partial x_j}=\varphi(\hat{z})\hat{\beta}_j$,随解释变量的取值不同而变化。其中 $\hat{z}=\hat{\beta}_0+\hat{\beta}_1x_1+\cdots+\hat{\beta}_kx_k$,$\hat{\beta}_j$ 为 β_j 的估计值。

在二元因变量情况下,Logit 模型和 Probit 模型的回归结果十分近似。Maddala (1991,TAR) 指出,当因变量取值为 0 和 1 的样本观测数相差较大时,使用 Logit 模型的回归结果更好。

Logit 模型和 Probit 模型广泛应用于会计研究中。以审计师选择问题为例,Wang et al. (2008,JAE) 研究了国有控股、法律环境对中国上市公司审计师选择的影响。他们把事务所划分为两类:如果一个公司选择了同处注册地的会计师事务所并且该事务所的规模不是国内十大,则因变量取 1,否则取 0,然后使用 Logit 模型进行回归分析。

二、多项 Logit 模型和有序 Logit 模型

Logit 回归模型并不局限于应用在二元因变量上,它也可以应用于多分类因变量(即分类数大于等于 3 的分类因变量),并且多分类因变量既可以是无序的,也可以是有序的 (Maddala,1983;Greene,1990)。当因变量类别不存在次序关系时,宜采用多项 Logit 模型;当因变量类别存在次序关系时,应采用有序 Logit 模型。

(一) 多项 Logit 模型

对 $j=1,2,\cdots,J$ 类的无序因变量,多项 Logit 模型可以通过以下 Logit 形式描述:

$$\ln\left[\frac{p(y=j|x)}{p(y=J|x)}\right]=\alpha_j+\sum_{k=1}^{K}\beta_{jk}x_k,\quad j=1,2,\cdots,J-1$$

式中，$\ln\left[\dfrac{p(y=j|x)}{p(y=J|x)}\right]$ 称为对数发生比。

其中最后一个类别（即第 J 个类别）被作为参照类（研究者可以根据需要设定参照类）。多项 Logit 模型系数 β_{jk} 测量的是，在控制其他自变量的条件下，自变量 x_k 增加一个单位，第 j 个类别相对于参照类（第 J 个类别）的对数发生比的变化。

此模型的主要优点是容易计算，选择给定方案的概率易于表示，并且极大似然函数可以用简单明了的方式构造，最大化极大似然函数可以求出估计系数。缺点是对因变量中的任意两个类别作选择时，要假设该类别的选择与其他类别无关。

应用多项 Logit 模型的一个例子是 Blouin et al.（2007，TAR）。研究者研究了当安达信会计师事务所倒闭后，原审计客户是否及何时跟随原安达信的审计团队到新的会计师事务所。在一项补充性的测试中，研究者分别从安达信的定罪时间和是否跟随原审计团队两个维度将原审计客户分为四类：第一类：未跟随原审计团队，且更换新会计师事务所的时机是在安达信被定罪前；第二类：未跟随原审计团队，且更换新会计师事务所的时机是在安达信被定罪后；第三类：跟随了原审计团队，且更换新会计师事务所的时机是在安达信被定罪前；第四类：跟随了原审计团队，且更换新会计师事务所的时机是在安达信被定罪后。这样形成的因变量并没有大小或高低次序之分，于是研究者采用了多项 Logit 模型进行回归（Blouin et al.，2007，TAR，pp.638-641）。

（二）有序 Logit 模型

有序 Logit 回归模型定义如下：

$$y^* = \alpha + \sum_{k=1}^{K}\beta_k x_k + \varepsilon$$

式中，y^* 表示观测现象的内在趋势，它并不能直接测量。当实际观测因变量有 J 种类别，相应的取值为 $y=1, y=2, \cdots, j=J$，并且共有 $J-1$ 个分界点将相邻类别分开，即

若 $y^* \leqslant c_1$，则 $y=1$；
$c_1 \leqslant y^* \leqslant c_2$，则 $y=2$；
$\vdots$
$c_{J-1} \leqslant y^* \leqslant c_J$ 则 $y=J$。

$$p(y\leqslant j|x) = P(y^* \leqslant c_j|x) = \sum_{i=1}^{j} p(y=j|x) = \frac{\exp[c_j - (\alpha + \sum_{k=1}^{K}\beta_k x_k)]}{1 + \exp[c_j - (\alpha + \sum_{k=1}^{K}\beta_k x_k)]}$$

$$p(y=j) = p(y\leqslant j|x) - P(y\leqslant j-1)$$

$$\ln\left(\dfrac{p(y\leqslant j|x)}{1-p(y\leqslant j|x)}\right) = c_j - (\alpha + \sum_{k=1}^{K}\beta_k x_k), \quad j=1,2,\cdots,J-1 \tag{1}$$

式中，$c_1 < c_2 < \cdots < c_{J-1}$ 为常数。

模型回归系数表示在其他条件不变的情况下，自变量 x_i 增加一个单位，从第 1 类到第 j 类的累计概率相对于其余 $J-j$ 类的累计概率的对数发生比的变化。

应用有序 Logit 模型的一个例子是 Evans et al.（2010，JAR）。研究者研究了公司

CEO 变换后，前 CEO 是否留在公司董事会以及留在董事会中的决策权大小。他们将前 CEO 划分为三类：第一类，留在董事会并保留全部决策权；第二类，留在董事会至少两年并保留部分决策权；第三类，退出公司，且不保留任何决策权。由于在该研究中，因变量分三类，并且不同类别之间在某一特征上存在明确的高低排序，因此可采用有序 Logit 模型进行回归分析。

三、Tobit 模型

还有一类重要的限值因变量，在严格为正值时大致连续，但总体中有一个不可忽略的部分取值为零。以盈余管理的研究为例，如果研究者只关注盈余管理的大小幅度，而不关注盈余管理的方向，则此时因变量盈余管理取绝对值后大于等于零。

Tobit 模型定义为如下潜变量模型：

$$y^* = \beta_0 + \beta_1 x_1 + \cdots + \beta_k x_k + u, \ u|x_j \sim Normal(0, \sigma^2)$$
$$y = \max(0, y^*)$$

潜变量 y^* 满足经典线性模型假定，即服从具有线性条件均值的正态同方差分布。从而 y 在严格正值域上连续并以正概率取值为零（即有一个不可忽略的部分取值为零）。

如果使用线性概率模型进行回归，可能会得到负的拟合值，从而导致 y 的预测值为负。Tobit 模型刚好可以弥补线性概率模型的缺陷。

Tobit 模型的解法是采取极大似然法，没有删失的样本密度函数假定为正态分布，而被删失的样本密度函数则需重新推导，独立性假设依然成立。这样得到似然函数即样本的联合密度函数，再根据极大似然法得到参数的估计。

应用 Tobit 模型的一个例子是 Indjejikian and Matejka（2009，JAR）。研究者研究了公司 CFO 年度奖金激励与公司业绩之间的关系。在该研究中，由于奖金取值大于等于零，因此研究者采用了 Tobit 模型进行回归分析。

四、泊松回归模型

还有一类特殊取值的被解释变量是点数变量（count variable），y 可以取非负整数值 $\{0, 1, 2, \cdots\}$，实际中常见的是 y 只取包括 0 在内的有限几个值的情况。

点数变量不可能具有正态分布，因为它只取很少的几个值，而线性概率模型的假定是正态分布，因此点数变量最合适的分布是泊松分布（Poisson distribution），对应的模型称为泊松回归模型。泊松回归的分布函数为：

$$P(y = h | x) = \exp[-\exp(z)][\exp(z)]^h / h!, \quad h = 0, 1, \cdots$$

式中，$z = \beta_0 + \beta_1 x_1 + \cdots + \beta_k x_k$。

应用泊松回归模型的一个例子是 Wu（2009，CAFR）。研究者检验了会计师事务所是否为新承接的审计客户配置了更有经验的项目负责人。由于该研究以审计项目负责人的执业年限或者累计负责的审计项目数量作为因变量（项目负责人经验）的度量，即因变量为非负的点数变量，因此采用泊松模型进行回归。

再比如，罗炜和朱春艳（2010）研究了代理成本对管理者自愿信息披露决策的影响。由于该研究采用披露涉及的项目数作为因变量衡量披露决策，因变量也属于非负的点数变量，因此也采用了泊松模型进行回归。

五、截取回归模型

截取（censored）回归模型与 Tobit 模型有着类似的统计结构，因此在计量经济学中截取回归模型与 Tobit 模型经常交替使用。它们的区别在于：Tobit 模型适用于在正值上大致连续并以正概率取值零的结果变量，所有观测的因变量取值都是可以观测到的；截取回归模型则是因数据截取而产生，即因变量是大致连续的，但由于数据搜集方式或制度约束方面的问题，需要将因变量低于或者高于某特定值（临界值）的部分截取为临界值，但我们总能观察到解释变量。[①] 因此，截取回归解决的是因变量数据缺失的问题，同时我们拥有关于缺失数据性质的有用信息（解释变量可以观测到）。

截取回归模型的一般形式如下：

$$y_i^* = \beta_0 + \beta_1 x_1 + \cdots + \beta_k x_k + u_i, \ u|x_i \sim Normal(0, \sigma^2)$$
$$y_i = \max(y_i^*, c)^{[②]}$$

式中，c 为常数。当 $c=0$ 时即为 Tobit 模型。

应用截取回归模型的一个例子是 Beatty and Weber（2006，JAR）。该研究考察了公司商誉摊销的会计选择问题，研究者将冲销商誉比例小于 0 和大于 1 的样本分别截取为 0 和 1 后，采用截取回归模型进行回归。

六、断尾回归模型

断尾（truncated）回归模型与截取回归模型类似，但在一个重要方面有所不同：在断尾回归模型中，我们不能观察到总体中某一段的信息。在截取回归模型中，我们对所有随机抽取的观测都观测到了 x_i，但在断尾模型中，我们只在 y_i 小于或等于某个临界值 c_i 时才观测到 x_i。当我们在抽样方案中以因变量 y 为依据排除了总体中的一个子集时，就出现了断尾情况。比如我们研究盈余管理问题时，只选取盈余管理为正的公司或者只选取盈余管理为负的公司。

断尾回归模型的一般形式如下：

$$y_i = \beta_0 + \beta_1 x_1 + \cdots + \beta_k x_k + u_i, \ u|x_i, c_i \sim Normal(0, \sigma^2)$$

但 (x_i, y_i) 只有在 $y_i \leqslant c_i$ 时才能被观测到，其中 c_i 是取决于 x_i 的断尾临界值。

应用断尾回归模型的一个例子是 Menon and Williams（2004，TAR）。研究者研究了公司雇用现任会计师事务所的前任合伙人担任财务高管后，是否伴随着更高的盈余管理。他们将公司按照盈余管理的方向分为调增利润的盈余管理公司和调减利润的盈余管理公司两组子样本，然后采用断尾回归模型分别进行回归。

---

① 比如在家庭财富的调查中，家庭财富高于 1 000 万元的受访者被访问时，允许他们回答"高于 1 000 万元"。因此，我们可以观察到财富不足 1 000 万元的受访者的实际财富，但不能观察到财富高于 1 000 万元的受访者的实际财富。

② 此时称为下截取。也可以上截取，即 $y_i = \min(y_i^*, c)$。或者上下均截取，即当 $y_i^* < c_1$ 时，$y_i = \max(y_i^*, c_1)$；当 $c_1 < y_i^* < c_2$ 时，$y_i = y_i^*$；当 $y_i^* > c_2$ 时，当 $y_i = \min(y_i^*, c_2)$。

七、小结

在会计研究中,我们经常碰到因变量取值受到某种限制的情形,比如公司会计方法的选择、盈余管理、公司的信息披露行为、审计师选择、高管更换等,此时线性回归的 OLS 方法不再适用,研究者需要根据研究问题的具体情形,选择合适的限值因变量模型进行回归。[①]

本节参考文献

Beatty, A., and J. Weber. Accounting Discretion in Fair Value Estimates: An Examination of SFAS 142 Goodwill Impairments. *Journal of Accounting Research*, 2006, 44: 257-288.

Blouin, J., B. Grein, and B. Rountree. An Analysis of Forced Auditor Change: The Case of Former Arthur Andersen Clients. *The Accounting Review*, 2007, 82 (3): 621-650.

Evans, J., N. Nagarajan, and J. Schloeter. CEO Turnover and Retention Light: Retaining Former CEOs. *Journal of Accounting Research*, 2010, 48: 1015-1047.

Greene, W. *Econometric Theory*. New York: Macmillan, 1990.

Indjejikian, R., and M. Matejka. CFO Fiduciary Responsibilities and Annual Bonus Incentives. *Journal of Accounting Research*, 2009, 47: 1061-1093.

Maddala, G. *Limited Dependent and Qualitative Variables in Econometrics*. New York: Cambridge University Press, 1983.

Maddala, G. A Perspective on the Use of Limited-Dependent and Qualitative Variables Models in Accounting Research. *The Accounting Review*, 1991, 66: 788-807.

Menon, K., and D. Williams. Former Audit Partners and Abnormal Accruals. *The Accounting Review*, 2004, 79: 1095-1118.

Wang, Q., T. J. Wong, and L. Xia. State Ownership, the Institutional Environment, and Auditor Choice: Evidence from China. *Journal of Accounting and Economics*, 2008, 46: 112-134.

Wooldridge, J. M. *Econometric Analysis of Cross Section and Panel Data*. Massachusetts: MIT Press, 2002.

Wu, X. Do Audit Firms Assign the More Experienced Engagement Partners to New Clients Switching from Other Firms?. *China Accounting and Finance Review*, 2009, 11 (3): 29-59.

罗炜,朱春艳. 代理成本与公司自愿性披露. 经济研究, 2010 (10): 143-155.

第四节 特殊的样本设计

在实证会计研究的样本设计中,通常的方式是在可获得总体观测的基础上进行必要的剔除,比如剔除模型变量取值缺失的观测,剔除某些不符合研究需要的观测,以及出于数

[①] 限值因变量模型的统计程序及具体应用举例(SAS 或者 STATA 程序)可参考 UCLA 网站(http://www.ats.ucla.edu/stat/stata(sas)/)。

据可比性的考虑而剔除某些特殊行业的观测等。研究者也可能采用特殊的样本选取方法。本节讨论两种在会计研究中已有很长历史的特殊样本设计，分别是以事件结果为基础的样本设计（choice-based sampling）和配对样本（matched sample）设计。①

一、特殊样本设计的含义

（一）以事件结果为基础的样本设计

在以事件结果为基础的样本设计中，研究者希望通过研究进行解释的事件结果影响到了样本观测的选取，由此我们称样本设计是以事件结果为基础的。在某些情况下，研究者希望研究的事件或现象的发生频率并不高（比如公司申请破产），此时研究者可能能够识别并选取出发生了特定现象的大部分观测（甚至100%的观测），但出于样本选取成本的考虑（以及更好地解决计量方面的非线性问题），对于没有发生特定现象的观测，研究者往往仅选取很小的比例作为对照样本，最终使得样本中发生特定现象的观测数与没有发生特定现象的观测数大致相当。以事件结果为基础的样本设计属于一种非随机的样本设计。

如果将包含不同事件结果观测组的样本称为分层样本（stratified sample），那么只要研究是以特定事件的结果为因变量，我们就称该分层样本为以事件结果为基础的样本。但如果某研究并不以特定事件的结果为因变量，而仅仅以该特定事件结果作为选取样本的基础，那么该样本设计并不被视为以事件结果为基础的样本设计。

（二）配对样本设计

配对样本设计是会计研究中被广泛运用的另一种非随机样本设计。在配对样本设计中，每个样本观测都匹配一个或一组观测，匹配的方式是以研究者感兴趣的特征（即主要的解释变量）之外的其他特征作为配对依据。

配对样本设计通常可分为两类：一类是组内（within-subjects）设计，另一类是组间（between-subjects）设计。在实验研究中，对被试的实验前与实验后的某特征进行比较，就是一种典型的组内设计。在会计研究中，选取同一家公司在某事件发生之前的一个观测与之后的一个观测，也属于组内设计。比如，Chen, Zhu and Wang（2011，CJAR）检验了中国上市公司在因违规而被证监会处罚之前和之后的银行借款行为有何变化，这便是组内设计。组间配对样本设计则是指选取不同公司（而非同一家公司）的观测进行配对，配对的依据可能是年度、行业与资产规模，即选取相同年度、相同行业代码以及资产规模最接近的观测进行配对。当然，组间配对样本设计的依据也可以是其他组合（如年度和行业）或其他变量（如盈利水平）。比如，在 Chen, Zhu and Wang（2011，CJAR）中，作者为了控制公司违规受罚前后的银行借款行为变化是由于违规受罚产生而非其他因素，所以通过"年份-行业-规模"配对形成对照组（即没有被处罚的公司），考察违规受罚公司 t 期前后的银行借款变化与未违规受罚公司在 t 期前后的银行借款变化之间的差异，即"差异之差异"（difference in difference）。

在样本配对过程中，有的配对方式会使得样本中的每一个配对组都是独特和唯一的，

---

① 本节的讨论主要参考了 Cram et al.（2009，CAR）。

此时称为充分匹配（fully matched）；而有的配对方式产生的配对组并非独特和唯一的（即在样本内的配对组之间交换实验观测或控制观测时，也仍然可以符合配对条件），此时称为半匹配（semi-matched）。

比如，Heninger（2001，TAR）获取了 67 例审计师遭到诉讼的公司观测，同时按照年度和行业进行配对，采取的配对方式是在相同年度和相同行业的公司中随机选取一家公司作为控制组的观测。由于 Heninger 获取的 67 例实验观测中，存在着多家公司观测分布于某一行业的情形，那么按照 Heninger 的配对方式，在样本内处于相同行业的配对组之间交换实验观测或控制观测时，也仍然可以符合 Heninger 的配对条件，这样的配对设计就属于半匹配。如果 Heninger 在配对过程中要求配对的公司与实验组公司的资产规模最为接近，那么每一对配对组的特征都是独特和唯一的，此时的配对设计就属于充分匹配。再假如 Heninger 获取的 67 例实验观测分布于 67 个不同的行业中，那么样本中每一对配对组的特征也会是独特和唯一的（从而也会被视为充分匹配）。

（三）以事件结果为基础的配对样本设计

会计领域的很多研究同时采用了以事件结果为基础的样本设计和配对样本设计。这是因为在以事件结果为基础的研究中，研究者关注的事件数量较少，而未发生该事件的观测很多，研究者需要从其中选取观测作为对照组，此时选取过程必然有一定的依据，于是配对样本设计自然容易得到应用。在以事件结果为基础的样本设计基础上运用配对样本设计，研究者需要先识别出感兴趣的事件结果，然后按照一定的配对依据选取具有相反事件结果的观测。

比如，Lys and Watts（1994，JAR）研究违规公司行为，对违规公司观测的配对方式是，按照同一行业和最接近的资产规模匹配非违规公司观测，然后通过 Logit 回归模型对违规行为进行解释，这就属于以事件结果为基础的配对样本设计。

再比如，Bartov et al.（2001，JAE）在 COMPUSTAT 数据库中识别出 173 家收到非标准审计意见的公司，随后再配以相同年度、相同行业（按照标准行业分类 2 位代码）、相同会计师事务所类别（即控制组观测的审计师与实验组观测的审计师同属于六大或非六大），且公司资产规模最为接近的、收到标准审计意见的公司。然后通过 Logit 回归模型对非标准审计意见进行解释（该论文主要关注不同盈余管理模型估计出的盈余管理指标对审计意见的解释效果）。

二、非随机样本设计可能伴随的问题

由于以事件结果为基础的样本设计以及配对样本设计引入了非随机的样本选取过程，因此对此类样本的统计分析应当有别于基于随机样本的统计分析，否则研究结果的有效性会受到质疑。Cram et al.（2009，CAR）讨论了会计研究中以事件结果为基础的样本设计以及配对样本设计可能产生的三类偏误：

第一类偏误是，研究者可能认为通过配对方法来选择控制样本的过程本身就已经控制了配对变量的影响，所以在随后的统计分析中未再纳入配对变量。需要注意的是，尽管实验样本和配对样本之间在配对变量上是一致或高度接近的，但配对变量在实验样本中的不同公司之间仍然可能存在着较大差异，而这种差异仍然可能影响研究者希望考察的因变量

（如破产、法律诉讼、审计意见、审计收费）。因此，如果在回归分析时没有在控制变量中纳入配对变量，则会产生遗漏相关变量问题，使得估计系数不准确和不稳定。相应地，即使有配对过程，研究者通常仍然需要在分析中控制配对变量。

第二类偏误来源于配对过程的不完美。比如，由于在实际中很难存在与某公司的某连续特征变量（如资产规模）完全相等的另一公司观测，因此研究者往往会选择与该连续指标"最接近"的观测作为配对观测。当采用"最接近"的配对方法时，两个相互配对的观测在该连续特征变量上的差异可能确实比较小，但也可能仍然非常大。研究者仍然需要尽量控制这样的变量。比如，研究者通常通过"年份-行业-规模"进行配对，但由于同一个行业在同一年度并不能保证找到的配对样本规模的差异非常小（按照排序的方法只能找到与实验样本观测最接近的值），即实验样本和配对样本的规模差异依然很大，所以在模型中仍须纳入公司规模的变量作为控制变量。

第三类偏误来源于通过非随机选择样本的观测数并不与总体的分类规模成比例，从而产生了并不具有代表性的分层样本。在会计研究中，研究者在解释基于非随机样本的结果时往往将其视同为基于随机样本得到的结果，而其他领域（如市场营销研究）的研究者可能对该类偏误更加重视。消除此类偏误的常用方法是按照每一个分层（strata）的抽样率（sampling rate）对每一个观测进行重新加权（re-weighting）。①②

近年来，为了减少非随机样本设计对研究结果的潜在偏误影响，不少经验研究既使用非随机样本，也使用全样本（尽管此时实验样本与对照样本的规模差异较大），以表明研究结果具有稳定性，而不受样本选取方式的干扰。当然，从样本设计的成本和收益角度考虑，也有不少研究只使用全样本，而不使用非随机样本设计。

本节参考文献

Bartov, E., F. A. Gul, and J. S. L. Tsui. Discretionary-accruals Models and Audit Qualifications. *Journal of Accounting and Economics*, 2001, 30 (3): 421-452.

Chen, Y. S., S. Zhu, and Y. T. Wang. Corporate Fraud and Bank Loans: Evidence from China. *China Journal of Accounting Research*, 2011, 4 (3): 155-165.

Cram, D. P, V. Karan, and I. Stuart. Three Threats to Validity of Choice-Based and Matched Sample Studies in Accounting Research. *Contemporary Accounting Research*, 2009, 26 (2): 477-516.

Heninger, W. G. The Association Between Auditor Litigation and Abnormal Accruals. *The Accounting Review*, 2001, 76 (1): 111-126.

Lys, T., and R. Watts. Lawsuits Against Auditors. *Journal of Accounting Research*, 1994, 32 (Supplement): 65-93.

---

① 比如 WESML（weighted exogenous sampling maximum likelihood）分析方法，具体的讨论可参见 http://elsa.berkeley.edu/~mcfadden/e240b_sp03/Chap22OH.pdf。

② Cram et al.（2009，CAR）针对不同的样本设计及潜在偏误还提出了更加详细的应对方法，有兴趣的读者可以参考。

第五节 控制变量的使用

在实证研究中,当解释变量不是随机分配时,研究者需要使用控制变量来解决因果推断过程中的遗漏变量问题(Bloomfield et al.,2016,JAR;Ittner,2014,AOS)。尽管近年来采用准自然实验或外生冲击的方法来识别因果关系逐渐形成趋势,但大部分会计学研究仍然主要通过使用控制变量来解决遗漏变量问题(Whited et al.,2022,TAR)。为了解决遗漏变量问题,很多研究都倾向于纳入尽可能多的变量作为控制变量,但使用过多或者不恰当的控制变量反而可能引发估计偏差,干扰对解释变量作用的认知。因此,如何在实证研究中恰当地选择和使用控制变量,值得研究者予以更充分的重视。基于 Whited et al.(2022,TAR)的讨论,本节专门介绍了控制变量的使用问题与注意事项。

一、控制变量的设置目的与甄选原则

如模型(1)所示,一般情况下,由于处理变量(X_i)与误差项(ε_i)存在相关性,单变量回归分析中处理变量(X_i)对结果(Y_i)因果效应的估计往往是有偏的。这种内生性问题通常被称为遗漏变量误差(omitted variable bias)。研究者可以通过从误差项中提取 Z(X_i 和 Y_i 的共同影响因素)构造多元回归模型来解决遗漏变量偏差问题。

$$Y_i = \beta_0 + \beta_1 X_i + \varepsilon_i \tag{1}$$

Angrist and Pischke(2009)指出,"好"的控制变量是指在实验变量 X 确定之前就已经形成的变量,而"坏"的控制变量则是在实验变量出现后产生的结果变量。

二、控制变量的甄选方法

研究者可借助因果图(causal diagram)来理解研究问题的因果关系(Pearl,1995),从而识别和度量合适的控制变量来解决遗漏变量问题。

接下来以审计费用的影响因素为例,讨论什么是"好"的控制变量和"坏"的控制变量,及其对因果关系估计的影响。为便于讨论,审计费用的影响因素分析简化为如下变量:审计机构是否为国际四大审计机构(BIG4)、客户规模(CSIZE)和审计费用(AUDFEE)。

(一)干扰变量

干扰变量(confounders)是指同时影响模型(1)中 X 与 Y 的变量,或者对 X 与 Y 的因果关系存在替代性解释的变量。比如,研究者希望考察的问题是"国际四大审计机构是否收取了更高的审计费用"。此时实验变量 X 是 BIG4,因变量 Y 是 AUDFEE,于是先根据理论推演画出因果图(见图 11-2)。虽然研究者感兴趣的是国际四大审计机构对审计收费的影响,但从理论上讲,客户规模(CSIZE)既影响审计机构的选择(BIG4),又影响审计费用(AUDFEE)。相应地,客户规模在图 11-2 中属于干扰变量,如果不纳入回归，很可能会较大程度地影响 X 对 Y 的系数估计，需要在回归中予以控制。

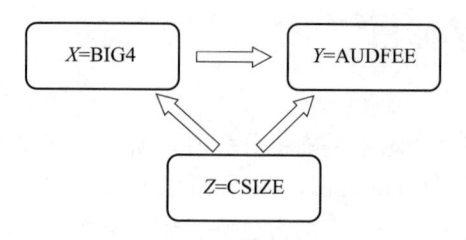

图 11-2　因果图：干扰变量

通过这一示例可见，干扰变量可视为"好"的控制变量，在回归中予以控制，能够解决遗漏变量误差的问题。

（二）中介变量

中介变量（mediators）是指介于实验变量（X）和因变量（Y）之间的变量，它是在实验变量和因变量之间传递或解释因果关系的机制。实验变量通过影响中介变量来间接影响因变量。这种间接效应会部分或完全地解释实验变量与因变量之间的关系。

例如，如果研究者希望考察的问题是"大公司是否支付了更高的审计费用"。此时实验变量 X 是 CSIZE，因变量 Y 是 AUDFEE。通过图 11-3 展示的因果图，客户规模在理论上可以通过两条路径影响审计费用：一是大客户的审计工作更多、更复杂，直接导致审计费用的增加（直接影响）；二是大客户更倾向于选择报价更高的国际四大审计机构，从而增加审计费用（间接影响）。

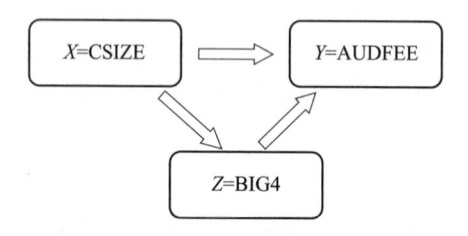

图 11-3　因果图：中介变量

如果研究者希望考察的是客户规模对审计费用的总影响，则不应加入四大审计机构（BIG4）这一中介变量。但如果研究者希望考察的是客户规模对审计费用的直接影响，则需要控制 BIG4 这个中介变量。

通过这一示例可见，中介变量是否是"好"的控制变量，不能一概而论。换言之，是否需要在回归中纳入中介变量，取决于研究者的研究目标是 X 对 Y 的总效应还是直接效应。

（三）对撞变量

对撞变量（colliders）是指同时属于实验变量（X）和因变量（Y）的结果变量。

例如，研究者希望考察的问题是"大公司是否更倾向于选择四大审计机构"，此时实验变量 X 是 CSIZE，因变量 Y 是 BIG4。通过图 11-4 展示的因果图，审计费用 Z（AUDFEE）既是实验变量 CSIZE 的结果变量，也是因变量 BIG4 的结果变量；换言之，当 X 或

Y 改变的时候，Z 不可能保持不变。因此，审计费用 AUDFEE 在这样的研究问题中属于对撞变量。此时，虽然在回归中加入审计费用变量能够提高模型的拟合优度，但这不利于正确估计 X 和 Y 的因果关系。

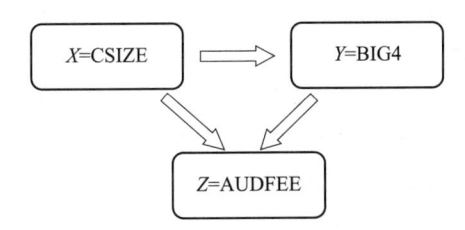

图 11-4　因果图：对撞变量

通过这一示例可见，对撞变量可视为"坏"的控制变量。如果在回归中控制对撞变量，将导致 X 对 Y 的因果估计出现偏误。

（四）同构念变量

同构念变量（same-construct controls）是指与实验变量 X 或因变量 Y 在很大程度上反映相同构念的变量。

假设研究者希望考察的问题是"大公司是否支付了更高的审计费用"。此时，实验变量是客户规模（CSIZE），因变量是审计费用（AUDFEE）。如果研究者用公司资产规模度量 CSIZE，同时在回归模型中还纳入公司的股票市场价值作为控制变量 Z，显然这种情况下的公司资产规模和股票市场价值在很大程度上反映相同的构念（即均为客户规模这一抽象构念）。如果在回归中同时加入反映相同构念的变量，通常会削弱因果关系的估计效力。即使通过方差膨胀因子可识别出严重的多重共线问题，但不一定可以诊断同构念变量的问题，这也凸显了基于理论来识别同构念变量问题的重要性。

通过这一示例可见，同构念变量可视为"坏"的控制变量。在设置控制变量时，不应加入同构念变量。

三、控制变量使用的其他注意事项

（一）控制变量的度量误差

控制变量的度量应尽可能准确地反映变量背后的构念。控制变量的度量噪声越大，控制变量越可能成为一个与 X 和 Y 不相关的随机变量，从而越难以有效解决遗漏变量问题。

（二）固定效应

固定效应分离的是实验变量和因变量的组内变异（within-group variation），"组"可以是行业、年度，也可以是公司或个人。

在使用固定效应时，研究者需要特别关注组内变异的来源。尽管加入固定效应有时可以增强因果推断的效力，但有时固定效应也会成为"坏"的控制变量。

比如，如果研究者希望考察审计委员会中是否聘有会计专家（X）会如何影响公司发生财务舞弊（Y）。一方面，某些不随时间变化且难以观测的因素（如公司文化）确实可能

同时与 X 和 Y 相关，属于干扰变量，需要在回归中予以控制；另一方面，由于固定效应估计的是"组内"变异，对于那些在整个样本期审计委员会一直都聘有会计专家的公司，以及在整个样本期审计委员会一直都未聘任会计专家的公司，其在实验变量的特征上不随时间变化（即不存在同一家公司的组内变异），无法参与有效估计；而只有那些在样本期内发生了首次聘任会计专家或终止聘任会计专家的公司，才存在组内变异，才会得到公司固定效应模型的估计。这意味着一旦控制了公司固定效应，估计出来的审计委员会会计专家设置效果仅建立在部分公司的基础上，普适性和可推广性存在局限。

再比如，固定效应分离出的组内变异有时还会反映出反向因果导致的内生性，从而扭曲实验变量的实际效应。例如，在 Whited et al.（2022，TAR）的模拟测试中，研究者设定了一个条件，即一家舞弊公司在舞弊期间未聘任会计专家进入审计委员会，但舞弊发生后聘任了会计专家进入审计委员会。这种设定显然增加了实验变量的组内变异度（公司为"组"），同时也有意引入了反向因果导致的内生性问题，即公司聘任会计专家的举措明显集中在此前没有会计专家且发生了舞弊的公司。研究者发现，一旦控制公司固定效应，会计专家对财务舞弊的遏制效应远远超过了不控制公司固定效应时的水平。这一模拟测试表明，固定效应虽然可以解决不随时间变化的遗漏变量问题，但也会放大反向因果导致的内生性问题，需要研究者予以关注。

四、合理设置控制变量的建议

基于以上讨论，Whited et al.（2022，TAR）对控制变量的使用提出了如下建议：

（1）研究者可多利用因果图来识别因果机制。厘清理论机制，判明因果效应的方向，这有助于甄别哪些是"好"的控制变量，哪些是"坏"的控制变量。

（2）从 X 和 Y 的简单相关关系开始思考，并有意识地寻找各种替代性解释。这种思考方式有助于研究者甄选干扰变量，同时也不太可能把中介变量或对撞变量纳入控制变量中（因为中介变量或对撞变量都不太可能作为替代性解释）。

（3）尝试结合已纳入的控制变量 Z 对模型进行解读。如果在假定控制变量 Z 不变的情况下，研究者发现难以分析 X 或 Y 的变化，则意味着该变量不适合作为控制变量。

（4）尽可能减少控制变量的度量误差。研究者需要认识到度量误差的潜在影响，为重要构念不断寻求更合理的度量方法，并识别度量误差较小的研究场景。

（5）研究者可以形成一套基准的控制变量，并展示包含和不包含特定控制变量的模型结果，以及说明为什么某些变量是"好"的或"坏"的控制变量。如果是否纳入某些控制变量对实验变量的结果有重大影响，研究者应充分讨论其对这种差异的理解。

（6）尽量利用随机差异（例如准自然实验）来估计因果关系。在准自然实验中，并非必须纳入控制变量才能得到无偏估计，但如果纳入了"坏"的控制变量，反而会导致基于准自然实验的推断无效。如果在准自然实验中纳入控制变量后对因果推断结果产生了重大影响，研究者需要考虑实验变量的设计是否真的具有随机性，或者纳入的控制变量是否是"坏"的控制变量。建议研究者同时报告不纳入控制变量和纳入控制变量的对应结果，以确定结果是否具有稳健性。

本节参考文献

Angrist, J. D., and J. S. Pischke. *Mostly Harmless Econometrics: An Empiricist's Companion*. Princeton, NJ: Princeton University Press, 2009.

Bloomfield, R., M. W. Nelson, and E. Soltes. Gathering Data for Archival, Field, Survey, and Experimental Accounting Research. *Journal of Accounting Research*, 2016, 54 (2): 341-395.

Ittner, C. D. Strengthening Causal Inferences in Positivist Field Studies. *Accounting, Organizations and Society*, 2014, 39 (7): 545-549.

Pearl, J. Causal Diagrams for Empirical Research. *Biometrika*, 1995, 82 (4): 669-688.

Whited, R. L., Q. T. Swanquist, J. E. Shipman. and Moon Jr, J. R. Out of Control: The (over) Use of Controls in Accounting Research. *The Accounting Review*, 2022, 97 (3): 395-413.

第六节 复制式研究

基于 Tsang and Kwan (1999, AMR) 和 Salterio (2014, CAR)，本节讨论了复制式研究（replication research）的概念、意义和基本方法，以及复制式研究在会计学术研究中的应用现状。

一、复制式研究的概念

一般而言，复制式研究有着广义和狭义两种界定方法。

广义地看，以 Lindsay and Ehrenberg (1993, TAS) 为代表的统计学者认为存在着两种类型的复制式研究：紧密型复制（close replication）和差异化复制（differentiated replication）。前者试图遵循原始研究（original study）中所有的条件和研究设计，而后者则允许对原始研究中的重要组成部分实施审慎变化。狭义地看，Ecker and Schipper (2014, CAR) 等会计学者仅将紧密型复制纳入复制式研究的范畴，也即只有当某研究在所有技术层面都试图对原始研究精确还原时，才被称为复制式研究。类似的，组织行为学者 Tsang and Kwan (1999, AMR) 认为，如果研究者采用了和原始研究不同的研究方法，那么即使他们检验的是同一个假设或理论，也应被归为两项不同的研究。[①]

以 Mohanran (2014, CAR) 和 Wu and Radhakrishnan (2014, CAR) 为例。这两篇相互独立的论文分别采用不同的样本与研究设计验证了同一个命题：分析师的现金流预测（analysts' cash flow forecasts）的出现导致近 20 年来美国股票市场上应计异象（accrual anomaly）的减少。如果采纳 Lindsay and Ehrenberg (1993, TAS) 的广义界定，则这两篇论文互为对方的（差异化）复制式研究（曾任 CAR 主编的 Steven Salterio 教授也持此观点）；但 Ecker and Schipper (2014, CAR) 认为，这两篇论文并没有模仿对方的研究设计，因此不属于复制式研究。

[①] Tsang and Kwan (1999, AMR) 认为复制式研究的另一个重要标准在于其应当晚于原始研究出现。

总的来说，无论是狭义界定还是广义界定，复制式研究的结果都不可避免地会与原始研究的结果进行比对。二者或互相印证，增强原始结果的可靠性；或互相矛盾，引发后续的进一步讨论与检验。

二、复制式研究的意义

复制式研究在自然科学领域的重要性不言而喻。Popper（1959）认为，不经过重复和测试，我们很难将自己的观察归为科学发现；只有在结果重复出现之后，我们才能确信自己所看到的并不是单纯的巧合。Ravetz（1971）也指出，科学的一个重要特征就在于其结果可以被复制。同样，复制式研究在社会科学领域也发挥着重要作用，具体体现在以下三个方面。

（一）复制式研究是检验现有结论的重要途径

一方面，紧密型复制保留了原始研究中的重要条件，因此能够有效检验原始结论的可靠性和内部有效性（Tsang and Kwan，1999，AMR）；另一方面，差异化复制中对研究设计的改变，有利于检验原始研究的稳定性和外部有效性（Lindsay and Ehrenberg，1993，TAS）。

例如，Mohanran（2014，CAR）与 Wu and Radhakrishnan（2014，CAR）的研究设计和样本大相径庭；投稿时间相隔超过一年；分别交由不同的责任主编和审稿人审阅；且均未刊登在任何公开的工作论文库中。但是，这两篇独立研究的结论高度吻合，在无意中充当了对方的差异化复制，也使得他们的结论更加可信。

但是，复制式研究的结果和原始研究结果不一致的现象也屡见不鲜。Hubbard and Armstrong（1994，IJRM）随机检索了 1974—1989 年间发表在 3 份市场营销学期刊上的复制式研究成果，发现有 60% 的复制式研究成果的结论和原始研究的结论不一致。之后，Hubbard et al.（1998，SMJ）又随机检索了 1976—1995 年间发表在 9 份管理学期刊上的复制式研究成果，发现其中不吻合的成果比重占到 27%。一个更具代表性的例子出现在经济学领域：某研究团队在向 *This Time It Is Different* 一书的作者 Reinhart 和 Rogoff 索要数据之后，成功复制了他们的研究结论。但之后，该研究团队发现 Reinhart 和 Rogoff 提供的原始数据中存在明显的差错；在更正这些差错之后，Reinhart and Rogoff（2009）的结论将不复存在（Milner，2013）。Dyckman and Zeff（2014，AH）也指出，面对现有会计学论文中的诸多研究设计问题，复制前人的研究是探求真相的核心方法。

（二）复制式研究是侦测数据造假的核心方法

Salterio（2014，CAR）指出，复制式研究本身就是社会科学自我纠正（self-correct）的有效途径——当人们试图去复制一项研究时，其所遇到的困难会自然地引发对原始研究数据的讨论，这将大大加速学术舞弊行为的暴露。正因为如此，心理学期刊 *Perspective on Psychological Science* 在发现了一系列的数据造假之后，开始广泛地呼吁研究人员对心理学的重要研究成果加以复制，以侦测其中可能存在的学术舞弊。

（三）复制式研究是实现理论创新的必要前提。

Lindsay and Ehrenberg（1993，TAS）指出，传统观点之所以对复制式研究的认可程度较低，原因之一在于误以为复制式研究只是简单地重复原始研究。与许多人的传统观点不同，复制式研究并非对原有研究的简单复制，其还具有推进理论发展的作用。Tsang and Kwan（1999，AMR）认为，经验研究只是适应了理论，但对之前结果的复制，能够证明理论的预测价值。同时，任何对于理论的推广和发展，都必须建立在验证其可靠性的基础上。Basu（2012，AH）在分析了会计学发展的现状之后指出，要打破现有研究的僵局，实现理论创新，复制式研究是必不可少的。

三、复制式研究的基本方法

复制式研究并不局限于某种具体的手段，一切合理的研究设计均可以为其所用。接下来讨论的是复制式研究中的两个基本问题：如何寻找复制的对象，以及如何根据需要规划复制的过程。

（一）如何判断一篇文章是否值得复制

显然，并不是所有研究文献都有被复制的价值；研究者更倾向于复制那些有影响力的研究成果。Salterio（2014，CAR）发现，虽然会计学论文中的复制式研究十分少见，但是 Lipe and Salterio（2000，TAR）关于平衡计分卡中的管理者决策指标的研究，在发表之后的 10 年时间里被复制了至少 18 次。在开展原创型研究之前，研究者需要认真思考选题是否有意义；与此一致，在从事复制式研究之前，研究者同样首先需要判断某篇已经发表的论文是否值得复制或拓展。对此，Salterio（2014，CAR）提出了四项参考标准：

（1）文献来源。原始研究论文应发表在较为重要的学术型期刊上。

（2）原始研究的结论。原始研究应该在会计如何发挥作用的问题上，挑战了其他研究结论或广为接受的观点。

（3）外部影响。原始研究应该引起监管者和法规制定者的关注。

（4）市场实践。应该有市场参与者关注并尝试应用该原始研究的结论。

当某篇原始研究论文符合以上的部分或全部条件时，研究者才有必要对其进行复制。

（二）如何规划复制过程

Tsang and Kwan（1999，AMR）分别从样本集和研究设计两个维度，提供了以下六种设计复制式研究的方法：

（1）对分析过程的检验（checking of analysis）。研究者采用与原始研究完全相同的样本集（data set）以及度量和分析方式（measurement and analysis），来检验原始研究在数据分析过程中是否存在差错。这种方法在数据易于公开获得的经济和金融研究中较为常见。

（2）数据再分析（reanalysis of data）。研究者采用不同的方法检验原始研究的样本集，来验证原始研究的结果是否受到其数据处理和具体分析技术的影响。这种类型的复制式研究一般出现在统计手段有了较大进步之后。

（3）精确复制（exact replication）。针对与原始研究相同的研究对象（但可能是不同样本集），采用和原始研究基本一致的研究方法，来检验某个研究成果是否可以被复制。如果复制成功，则说明该研究成果和原始研究中使用的研究手段均具有较高的可靠性。

(4) 概念性延伸（conceptual extension）。指基于相同的理论，使用不同的研究方法检验原始研究对象中的另一个数据集。此时，复制结果与原始结果的不同可能来源于变量构建方法、数据集、分析方法等；但如果复制结果与原始结果相一致，则说明复制结果从另一个角度证明了该理论的有效性。

(5) 普适性检验（empirical generalization）。指使用相同的方法测试与原始研究不同的研究对象，来验证原始研究的结论是否可以推广至其他对象。例如，近年来管理学者试图检验某种文化背景中的管理者行为是否可以推广至其他文化环境中的管理者。

(6) 推广及延伸（generalization and extension）。此时研究方法和研究对象均已发生变化，推广及延伸的复制研究往往被用来检验原始结论的外部有效性。当然，这种类型的复制式研究应该建立在精确复制和概念性延伸的基础上。只有充分论证了原始研究的内部有效性，才能开始讨论其外部有效性。

四、复制式研究在会计学术研究中的应用

会计学研究的各个分支中都有一些有影响的复制式研究。比如，关于四大国际会计师事务所是否提供了较高的审计质量，以往大量文献发现四大能够提供较高的审计质量（如Becker et al.，1998，CAR；Francis et al.，1999，AJPT），而Lawrence et al.（2011，TAR）则先采用同样方法得到了类似结论，再采用不同研究方法得出了不同的结论（即四大与非四大的客户财务报告质量不存在显著差异）。

会计学术界围绕同一主题展开集中性、大规模复制式研究的典型例子，出现在审计师为审计客户提供非审计服务是否会损害审计质量的问题上。Frankel et al.（2002，TAR）的研究得出了非审计服务伴随更高的盈余管理程度的结论；更重要的是，该研究证据被美国官方引用于《萨班斯-奥克斯利法案》的立法过程，以限制审计师为审计客户提供大量非审计服务。随后几年里，一批复制式研究成果纷纷发表于会计学的权威学刊（如Ashbaugh et al.，2003，TAR；Chung and Kallapur，2003，TAR；Kinney et al.，2004，JAR；Larcker and Richardson，2004，JAR；Reynolds et al.，2004，AJPT），从不同角度对Frankel et al.（2002，TAR）的研究设计、样本选择、模型设置以及结论等方面提出了挑战和批评。

当然，许多学者指出，会计学研究中对于重要结果的复制还远远不够（Pomeroy and Thornton，2008，EAR；Taylor，2009，AAR；Basu，2012，AH）。这种倾向对于会计学的方法论发展、理论创新，以及理论与实践的结合，均有负面影响。基于Tsang and Kwan（1999，AMR）和Salterio（2014，CAR）的分析，主要有以下几个原因导致了这一现状。

首先，研究者可能普遍认为复制式研究缺乏创新性贡献。Nosek et al.（2012，PPS）认为，导致心理学领域复制式研究比例偏低的原因之一是学者只追求原创性的发现，而对复制别人的研究成果不感兴趣。这种现象在会计学领域同样存在。一方面，会计学者更多地将精力投入原创性研究中；另一方面，即使研究中包含对之前结果的检验，大多数学者也不会将"复制"二字作为自己研究的标签。

比如，Salterio（2014，CAR）梳理了涉及会计、审计、税务领域的83份学术期刊1993年以来发表的所有论文，发现仅有25篇论文在标题或摘要中明确指出自己的研究属于"复

制"的范畴；但是通过全文搜索，Salterio 教授发现实际上有 1 386 篇文章全部或部分地采用了复制式研究方法，但在标题和摘要中并没有提及自己的研究中具有复制的部分。

其次，大部分期刊的主编或审稿人并不青睐复制式研究。Tsang and Kwan（1999，AMR）和 Nosek et al.（2012，PPS）均发现，期刊编辑普遍认为复制式研究缺乏原创性和创造性，无法有效地推动理论进步，因此并不偏好于接受此类论文。Brown（2013，AH）将期刊编辑和审稿人对复制式研究的抵触称为会计学研究中最严重的错误之一。

例如，Bamber et al.（2000，AOS）试图采用一组新的公司样本复制 Beaver（1968，JAR）关于年度盈余报告信息含量的研究结果，并指出了后续的研究对 Beaver（1968，JAR）的几个典型误读。在 Bamber et al.（2000，AOS）中，作者结合自身经历阐述了期刊审稿过程对复制式研究的偏见；特别地，在投稿的过程中，作者们发现这样一篇复制式研究论文很难被期刊认可，最终这项研究成果也未能发表在 Beaver（1968，JAR）所发表的期刊上（而是发表在了 AOS）。Bamber et al.（2000，AOS）认为，正是因为复制式研究难以得到认可，会计学者倾向于将已发表研究的结论进行推广，而通常不倾向于否定现有权威文献的结论。

最后，复制式研究的成本高昂，要精确复制原始研究的数据和分析过程，往往比撰写非复制式研究论文更加困难。在社会科学领域，精确的重复几乎不可能，原因之一就是社会学者大多不愿意将自己的私有数据予以公开（Tsang and Kwan，1999，AMR；Dyckman and Zeff，2014，AH）。近年来，为了鼓励复制式研究，降低此类研究的写作成本，美国经济学会创办的学刊 *American Economic Review* 要求自 2005 年 3 月起，所有作者必须提供其最终数据的电子版和分析该数据的统计程序，以供其他学者进行复制。Basu（2012，AH）也呼吁在会计学界推行这一方法，以打破会计学研究的现有局面。此外，复制式研究也面临一定的局限性，即复制式研究的结果并不能提供最终的结论：即使复制结果与原始结果不一致，也可能难以证明原始研究的结果不成立，因为复制结果自身也有待反复检验。

本节参考文献

Ashbaugh, H., R. LaFond, and B. W. Mayhew. Do Nonaudit Services Compromise Auditor Independence? Further Evidence. *The Accounting Review*, 2003, 78 (3): 611–639.

Bamber, L. S., T. E. Christensen, and K. M. Gaver. Do We Really "Know" What We Think We Know? A Case Study of Seminal Research and its Subsequent Overgeneralization. *Accounting, Organizations and Society*, 2000, 25: 103–129.

Basu, S. How Can Accounting Researchers Become More Innovative?. *Accounting Horizons*, 2012, 26: 851–70.

Beaver, W. H. The Information Content of Annual Earnings Announcements. *Journal of Accounting Research*, 1968, 6: 67–92.

Becker, C. L., M. L. Defond, J. Jiambalvo, and K. R. Subramanyam. The Effect of Audit Quality on Earnings Management. *Contemporary Accounting Research*, 1998, 15 (1): 1–24.

Brown, P. R. How Can We Do Better?. *Accounting Horizons*, 2013, 27: 855–859.

Chung, H., and S. Kallapur. Client Importance, Nonaudit Services, and Abnormal Accruals. *The Accounting Review*, 2003, 78 (4): 931–955.

Dyckman, T. R., and S. A. Zeff. Some Methodological Deficiencies in Empirical Research Articles in Accounting. *Accounting Horizons*, 2014, 28: 695–712.

Ecker, F., and K. Schipper. Discussion of "Analysts' Cash Flow Forecasts and the Decline of the Accrual Anomaly" and "Analysts' Cash Flow Forecasts and Accrual Mispricing". *Contemporary Accounting Research*, 2014, 31: 1171–1190.

Francis, J. R., E. L. Maydew, and H. C. Sparks. The Role of Big 6 Auditors in the Credible Reporting of Accruals. *Auditing: A Journal of Practice & Theory*, 1999, 18 (2): 17–34.

Frankel, R. M., M. F. Johnson, and K. K. Nelson. The Relation between Auditors' Fees for Nonaudit Services and Earnings Management. *The Accounting Review*, 2002, 77 (Supplement): 71–105.

Hubbard, R., and Armstrong, J. S. Replications and Extensions in Marketing: Rarely Published but Quite Contrary. *International Journal of Research in Marketing*, 1994, 11: 233–248.

Hubbard, R., Vetter, D. E., and Little, E. L. Replication in Strategic Management: Scientific Testing for Validity, Generalizability, and Usefulness. *Strategic Management Journal*, 1998, 19: 243–254.

Kinney, W. R., Z.-V. Palmrose, and S. Scholz. Auditor Independence, Non-Audit Services, and Restatements: Was the U. S. Government Right? *Journal of Accounting Research*, 2004, 42 (3): 561–588.

Larcker, D. F., and S. A. Richardson. Fees Paid to Audit Firms, Accrual Choices, and Corporate Governance. *Journal of Accounting Research*, 2004, 42 (3): 625–658.

Lawrence, A., M. Minutti-Meza, and P. Zhang. Can Big 4 versus Non-Big 4 Differences in Audit-Quality Proxies Be Attributed to Client Characteristics? *The Accounting Review*, 2011, 86 (1): 259–286.

Lindsay, R. M., and A. S. C. Ehrenberg. The Design of Replicated Studies. *The American Statistician*, 1993, 47: 217–222.

Lipe, M., and S. Salterio. Balanced Scorecard: Judgmental Effects of Common and Unique Performance Measures. *The Accounting Review*, 2000, 75: 283–98.

Milner, B. Bad Math? Reinhart-Rogoff Study on Perils of Debt Called into Question. *Globe and Mail*, 2013, April, 16: B-9.

Mohanran, P. Analysts Cash Flow Forecasts and the Decline of The Accruals Anomaly. *Contemporary Accounting Research*, 2014, 31: 1143–1170.

Nosek, B. A., J. R. Spies, and M. Motyl. Scientific Utopia: II. Restructuring Incentives and Practices to Promote Truth Over Publishability. *Perspectives on Psychological Science*, 2012, 7: 615–31.

Pomeroy, B., and D. B. Thornton. Meta-analysis and the Accounting Literature: The Case of Audit Committee Independence and Financial Reporting Quality. *European Accounting Review*, 2008, 17: 305–330.

Popper, K. *The Logic of Scientific Discovery*. London: Hutchison, 1959.

Ravetz, J. R. *Scientific Knowledge and its Social Problems*. New York: Oxford University Press, 1971.

Reinhart, C. M., and K. S. Rogoff. *This Time It Is Different*. Princeton: Princeton University Press, 2009.

Reynolds, J. K., D. R. Deis, and J. R. Francis. Professional Service Fees and Auditor Objectivity. *Auditing: A Journal of Practice & Theory*, 2004, 23 (1): 29–52.

Salterio, E. S. We Don't Replicate Accounting Research—Or Do We? *Contemporary Accounting Research*, 2014, 31: 1134–1142.

Taylor, S. Capital Markets Regulation: How Can Accounting Research Contribute? *Australian Accounting Review*, 2009, 19: 319–25.

Tsang, E. W. K., and K. M. Kwan. Replication and Theory Development in Organizational Science: A Critical Realist Perspective. *Academy of Management Review*, 1999, 24: 759-780.

Wu, S. L., and S. Radhakrishnan. Analysts' Cash Flow Forecasts and Accrual Mispricing. *Contemporary Accounting Research*, 2014, 31: 1191-1219.

第七节 文献综述的元分析法

元分析法（meta-analysis）是对同一研究领域的多项独立研究结果进行系统的、定量的综合性分析。它是文献的量化综述，是以同一研究领域的多项独立研究的结果为研究对象，在严格设计的基础上，运用适当的统计学方法对多个研究结果进行系统、客观、定量的综合分析。其目的是通过增大样本含量来增加结论的可信度，解决研究结果的不一致。

一、元分析的起源与发展

元分析方法的起源可追溯到 Pearson（1904）的研究，他基于样本大小对 5 个估计值进行平均，对英国军事实验进行综合分析，以检验当时所用的伤寒疫苗与死亡率的相关程度，可以说这是元分析的雏形。20 世纪 30 年代，Tuppett（1931）、Fisher（1932）和 Yates（1938）提出了结合概率统计检验（combined probability method），也有许多元分析学者认为元分析直接根源于此。从 20 世纪 40 年代到 70 年代中期，元分析法处于缓慢发展阶段，这一阶段只是零星地出现了一些分析方法，但应用实例较少。

1976 年美国教育学学者 Gene V. Glass 在研究心理疗法的有效性时才正式将这种定量综合法命名为元分析（Glass，1976），也真正揭开了元分析蓬勃发展的开端。随后，元分析统计方法不断得以改进，而且很快被教育学、心理学和管理学等社会科学领域接受和应用。

二、元分析的优点

对于具有丰富文献但研究结论存在较大分歧的研究议题，如何综合这些领域的各项研究成果，并从中发现已有研究的不足以及未来研究的方向，成为研究者亟待解决的问题。虽然研究者尝试对同一领域在方法、被试、程序、统计方法等诸多方面的不同研究成果进行分析，但这类传统的文献综述方法无法给出一个定量的结论。

相对于传统的文献综述法，元分析法具有明显的优势。Hunter and Schmidt（1990）认为，传统的文献综述可能是误导性的，而且经常无法得出确定的结论。这是因为，面对大量同一领域的研究文献，整合这些研究结果对于研究者来说是非常困难的事情。因此，基于相同的文献，研究者的视角不同，其得出的结论可能存在显著差异。而且研究者也难免会遗漏许多有价值的信息和资料。元分析法则可以通过计算特定领域内同类研究的总效应度客观准确地反映该领域研究的综合结论。

三、元分析的基本过程

元分析有一套独立的研究方法与步骤，包括提出问题、检索文献、收集数据、计算各研究的效应度、选择统计模型以及形成元分析结果。

（一）提出问题

明确提出所要研究的问题是后面各步骤的基础。在此需要强调的是，在确定研究问题时，必须要判断其是否可以运用元分析方法。通常的判断标准是：不同的研究者对该问题已进行过大量的研究，有量化的结果，但研究结果不一致；或者对该问题的量化研究数量虽然不多，研究结论也不存在不一致性，但已有研究所使用的样本规模较小，统计效力较弱。

（二）检索文献

最初的元分析中只搜集已发表文献，而之后研究发现，已发表的文献往往不能代表所有研究的真实结果，因为在统计学检验中显著性（p 值）较小的研究较显著性较大的研究更易于发表。所以后来的研究为了能搜集到全面的文献，会通过各种途径来最大可能地搜集已发表的和未发表文献，包括正式期刊中的论文、会议论文、工作论文等。对一些基本内容符合要求但报道不详者，可通过与作者联系获取分析所需的信息。

（三）收集数据

检索到所需的文献后，下一步就需要从所收集到的研究文献中撷取并整理出元分析所需要的数据，这个步骤非常花时间，对研究者的挑战性很大。这主要是因为每份期刊对每篇文章篇幅的限制、所要求的呈现格式都不同；而且每份研究的研究情境、所用的变量、研究方法、尺度也都不尽相同。因此，元分析的研究者必须从这些多元且个性化的资料中整理出元分析所需的数据。

若是无法从研究文献所呈现的资料中直接获得分析要用的资料，研究者就需要设法换算，或尝试向作者索取相关资料。一般来说，元分析需要从研究文献中取得以下几种信息：一是研究者的信息；二是检验变量的信息；三是研究质量的信息；四是研究整体设计的信息，如被试是否随机分配等；五是计算每项研究效应度的信息，该部分信息是元分析中最为核心的信息。

（四）计算各研究的效应度

效应度（effect size）反映每项研究效应的大小和方向。其计算公式为：$di = (\bar{x}i^e - \bar{x}i^c)/seci$，其中 $\bar{x}i^e$ 和 $\bar{x}i^c$ 分别为每项研究实验组和对照组的均值，$seci$ 最初为对照组标准差，以后多用两组共同标准差。但问题是，许多文献中并不同时报告均值和标准差。于是 Glass（1976）提出了以每项研究最终的统计量 t 值、F 值或确切的 P 值来转换成效应度。

（五）选择统计模型

在得出每项研究的效应度后，需要选择恰当的计量模型将该领域内各研究的效应度转化为总效应度，以客观准确地反映该领域研究的综合结论。根据统计假设的不同，元分析计量模型可以分为两类：固定效应模型和随机效应模型。

前者假设所有研究是同质的，享有共同的真实效应，而后者假设所有研究是异质的，真实效应大小不同。如何理解这两种模型呢？举个简单的例子：让十个学生去测量操场中的同一根旗杆，旗杆长度的测量值可以看作是一个固定效应模型（测量的事物是同一个主体）；然而如果让一个学生去测量操场上长度不同的十根旗杆，旗杆长度的测量值则是随机效应模型（测量的事物是不同的主体）。

在实际操作中，主要运用异质性检验（tests of heterogeneity）来判断元分析所纳入的研究是否同质。如果是同质的，选择固定效应模型；如果是异质的，则选择随机效应模型。

（六）形成元分析结果

在实际分析中，最终的元分析结果一般不用手工计算，而主要借助元分析软件来完成。目前，元分析的统计软件有很多，如 MetaWin、Comprehensive Meta Analysis、Review Manager、Meta-Disc、Meta-analysis、Easymeta 等。Stata、SAS、SPSS 等通用分析软件也有一些模块和宏命令能够进行元分析。研究者可以根据需要在这些软件中进行选择。另外，在撰写元分析论文时最简单的方法就是采用与原始研究同样的结构，包括引言、方法、结果和讨论等部分。

四、元分析存在的问题及解决方法

（一）苹果与橘子不分

许多学者批评元分析，并将其比喻为苹果与橘子不分。因为元分析的结果是从不同研究中得来的，如果元分析不能保证所有纳入分析的研究具有相同的结构，那么将这些研究综合在一起是没有意义的。这里所说的"结构"主要是指研究主题、研究方法以及样本的选择标准。

针对这一问题，具体要看元分析的研究目的。通常，元分析研究者的研究目的大致可以分成两类，一类是检验某个严格限定的结构，此种情况要求纳入分析的研究具有一致的结构；另一类是检验某个范围稍大的结构，此种情况对纳入分析的研究的结构一致性要求就不必过于严格。因此，在选择纳入元分析的研究时，应根据研究目的评估其结构的一致性，这在一定程度上能够缓解结构不一致的问题。

（二）好坏不分

元分析法受到的第二个批评是，不区分高品质与低品质的研究，而是将它们简单地综合在一起。这可能会在很大程度上影响元分析结论的解释力。

针对这一问题，其实元分析方法比其他定量或定性研究方法更客观，因为在进行元分析前研究者就已经确定好了文献纳入标准。研究者还可以通过对不同质量的研究赋予不同的权重，进而控制研究质量对研究结论的影响。

（三）发表偏差

元分析法受到的第三个批评是，发表偏差（file drawer problem 或 publication bias）会严重影响其研究结论的可靠性。一般而言，研究者和期刊主编通常愿意发表在统计意义上具有显著结果的研究，Rosenthal（1984）将这种统计检验不显著的研究较少被发表的现象称为发表偏差。由于发表偏差的存在，一般只对已发表文献进行综合的元分析常常会带有系统性的正偏差。

降低发表偏差对元分析结果影响的一个最有效的方法是，研究者在搜集资料时除了搜集已发表的研究成果，也尽可能地搜集未发表成果，这样就可以增加效应值估计的精确度。Glass（1976）也强烈建议应将未发表的研究纳入其中，特别是硕士及博士论文。另外，Rosenthal（1984）提出了用于评估发表偏差的失安全系数（fail-safe number）。研究者所做的元分析结果有统计学意义时，为排除发表偏差的可能，可计算失安全系数，即需要多少项未发表的研究才能使元分析的结论逆转。所需的未发表研究的数量越大，则发表偏差影响元分析结论的可能性越小。

（四）文献结果不独立

元分析法受到的第四个批评是，纳入元分析数据组里的文献结果不独立。批评者的理由如下：首先，对于同一文献的多项研究结果，元分析通常将其作为多个独立的研究来分析。而由于这些结果源于同一作者的同一项研究，这些结果之间很难保持独立性，由此产生了同一文献内部的独立性问题。其次，有些研究者可能倾向于将同一研究的多项实证结果拆成多篇小论文发表，甚至同样的实证结果可能出现在两篇文献中。同样的，由于这些结果本质上仍源于同一作者的同一项研究，这些文献之间很难保持独立性，由此产生了文献间的独立性问题。无论是同一文献内部的独立性问题，还是文献间的独立性问题，都会导致对平均效应度标准误的低估，对效应度显著性的检验也变得不准确。

对于文献间的独立性问题，目前还没有好的解决办法，元分析学者只能尽力剔除相同或者相似度很大的文献，同时讨论和研究元分析的结论对该前提假设遭到违背时的敏感程度。

对于同一文献内部的独立性问题，有学者建议将同一研究的多项结果平均起来，仍然以每个研究文献为分析单位。还有学者建议依据因变量区别对待。如果同一文献的多项结果是来自对因变量相同或者很相似的定义，则将它们合并；否则，依据对因变量不同的定义，将研究结果归入到不同类别的研究，分开实施元分析。

通过以上措施，如果仍然无法保证纳入元分析的文献结果的独立性，那么平均效应值的标准离差就会被过小估计，从而增犯第 I 类错误（原假设为真而拒绝原假设）的机会。此时，一个保守的措施是将显著性检验的标准由 5% 降为 1% 或更小。

五、元分析在会计研究中的应用示例

目前，越来越多的会计学者开始从传统的文献综述方法转向元分析法（如 Kinney and Martin，1994，AJPT；Hay et al.，2006，CAR）。① 在此，我们以 Hay et al.（2006，CAR）的研究为例简要展示元分析在会计研究中的应用。

（一）研究背景与目的

自 Simunic（1980，JAR）之后，很多学者开始关注审计定价的决定因素问题，并在

---

① 参见 Khlif and Chalmers（2015，JAL）对元分析法在会计学领域应用的回顾与综述。

随后的几十年中形成了丰富的研究文献。然而，对于某些特定因素的衡量指标，这些文献的结果存在较大的差异，无法形成一致的研究结论。由此，作者试图通过元分析法综合考察与此相关的文献，以获得特定审计定价决定因素的综合结论。

（二）检索文献

作者将研究范围限定于实证模型中以审计费用作为因变量且已经公开发表的文献。具体的检索方法是：首先，以审计费用为关键词在 ABI/Inform 和 EBSCO Host 电子文献数据库中检索符合条件的文献；其次，手工检索所有可能发表会计学论文的期刊，检索电子数据库中未收录的符合条件的文献。文献检索的截止日期为 2003 年 12 月 31 日。

（三）收集数据

在符合条件的文献中包含 147 项独立的研究结果，涉及 186 个变量。这些变量分别用于衡量影响审计费用的客户特征、审计师特征和审计合约特征。其中，有些变量被广泛用于审计定价文献中，作者对其进行元分析。而有些变量仅被用于少数几篇文献中，同时这些变量又与特殊的环境（地域、文化、法律环境）有关；对于这些变量，不对其进行元分析。针对每个变量，作者在这些研究结果中收集元分析所需的信息，包括作者、发表时间、刊物名称、国别、研究期间、样本规模与子样本、变量名称、结果的数量、结果的 p 值等。

（四）计算效应度

由于在检索的文献结果中有些并不同时报告均值和标准差，因此作者将每项结果的 p 值转换为效应度。

（五）选择统计模型

在元分析过程中，作者并没有对纳入研究的结果进行异质性检验，而隐含假定这些结果是同质的，运用固定效应模型计算每个变量的综合效应。

（六）报告元分析结果

针对每个变量，作者列示了元分析的结果，主要包括变量名称、文献结果的数量、总效应的方向和显著性水平。在撰写论文时，作者采用实证研究通用的结构，包括引言、文献回顾、分析方法、实证结果以及结论与启示。

（七）研究中存在的问题及处理方法

对于苹果与橘子不分的问题，作者并没有深入讨论。其原因可能在于，由于纳入元分析的文献结果均来自相似的审计定价模型，所以作者认为这些研究不存在显著的结构差异。

对于好坏不分的问题，作者通过区分文献研究结果的质量予以解决。作者将在 *The Accounting Review*，*Journal of Accounting Research*，*Journal of Accounting and Economic*，*Contemporary Accounting Research* 和 *Auditing：A Journal of Practice & Theory* 上发表的研究结果认定为高质量，并针对这些高质量的结果进行了元分析，单独报告了分析结果。

对于发表偏差问题,作者通过计算每个变量的失安全系数予以解决。另外,对于每个变量,作者均又剔除了其中最显著的结果,重新计算失安全系数,以避免异常结果的影响。作者发现失安全系数均足够大,发表偏差不会对元分析结果产生显著的影响。

对于文献结果的不独立问题,作者通过合并和剔除文献研究结果予以解决。作者一般将一篇文献中的多项结果合并为一个结果,以防止同一文献内部的独立性问题。而如果一篇文献仅报告子样本的结果,而不报告混合样本的结果,此时作者将该文献中的每一项子样本的结果作为独立的结果。例如,某些文献以公司规模将总体样本区分为大公司和小公司,分别分析和报告这两类公司审计费用的决定因素,而不分析和报告总体样本的实证结果。此外,如果不同文献采用相同研究数据,作者只保留其中一篇文献的结果,以解决文献间的独立性问题。

本节参考文献

Fisher, R. A. *Statistical Methods for Research Workers*. 4th edition. London. England: Oliver and Boyd, 1932.

Glass, G. V. Primary, Secondary, and Meta-analysis of Research. *Educational Researcher*, 1976, 5: 3-8.

Hay, D., W. R. Knechel, and N. Wong. Audit Fees: A Meta-Analysis of the Effect of Supply and Demand Attributes. *Contemporary Accounting Research*, 2006, 23 (1): 141-192.

Hunter, J. E., and F. L. Schmidt. *Methods of Meta-analysis: Correcting Error and Bias in Research Findings*. Newbury Park: Sage Publications, 1990.

Khlif, H., and K. Chalmers. A Review of Meta-analytic Research in Accounting. *Journal of Accounting Literature*, 2015, 35: 1-27.

Kinney, W. R., and R. D. Martin. Does Auditing Reduce Bias in Financial Reporting? A Review of Audit-related Adjustment Studies. *Auditing: A Journal of Practice and Theory*, 1994, 13 (1): 149-156.

Pearson, K. Report on Certain Enteric Fever Inoculation Statistics. *British Medicine Journal*, 1904 (3): 1243-1246.

Rosenthal, R. *Meta-analytic Procedures for Social Research*. Beverly Hills, CA: Sage Publications, 1984.

Simunic, D. A. The Pricing of Audit Services: Theory and Evidence. *Journal of Accounting Research*, 1980, 18 (1): 161-190.

Tuppett, L. H. *The Methods of Statistics*. London: Williams & Norgate, 1931.

Yates, F., and W. G. Cochran. The Analysis of Groups of Experiments. *Journal of Agricultural Science*, 1938, 28: 556-580.

第十二章　财务会计领域的研究方法应用

本章大纲

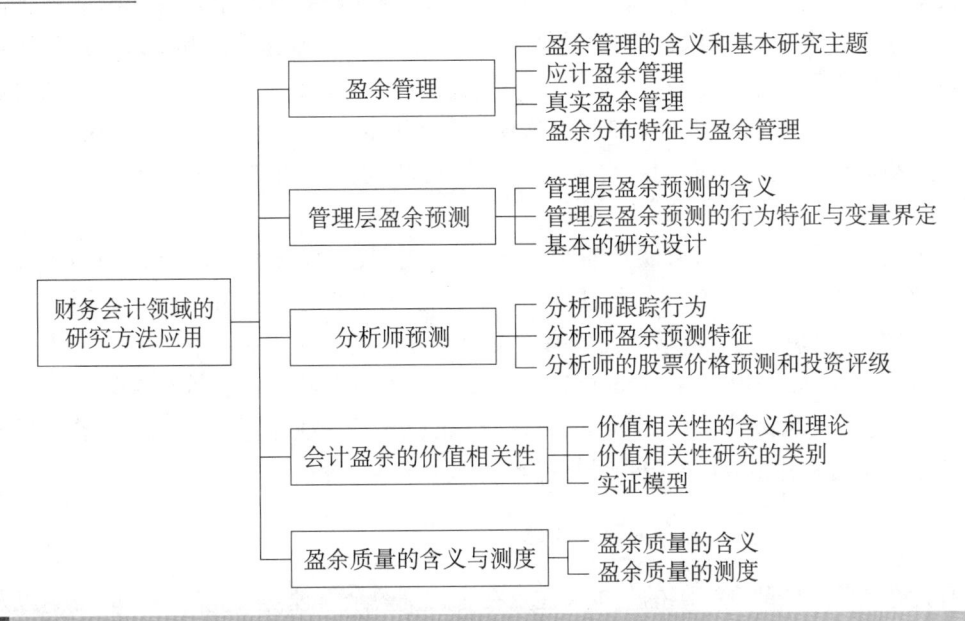

财务会计领域的研究方法应用
- 盈余管理
  - 盈余管理的含义和基本研究主题
  - 应计盈余管理
  - 真实盈余管理
  - 盈余分布特征与盈余管理
- 管理层盈余预测
  - 管理层盈余预测的含义
  - 管理层盈余预测的行为特征与变量界定
  - 基本的研究设计
- 分析师预测
  - 分析师跟踪行为
  - 分析师盈余预测特征
  - 分析师的股票价格预测和投资评级
- 会计盈余的价值相关性
  - 价值相关性的含义和理论
  - 价值相关性研究的类别
  - 实证模型
- 盈余质量的含义与测度
  - 盈余质量的含义
  - 盈余质量的测度

　　公司的财务报告环境（financial reporting environment）是围绕着公司与利益相关者存在的信息不对称程度和信息披露行为展开的，因此，为减少资本市场中存在的信息不对称，提高财务报告的透明度，信息披露尤为重要。

　　本章从财务会计信息产生的过程讨论与财务会计信息（特别是会计盈余）披露相关的几项重要主题及其经验研究方法：盈余管理（第一节）、管理层盈余预测（第二节）、分析师预测（第三节）、会计盈余的价值相关性（第四节）、盈余质量的含义与测度（第五节）。

第一节　盈余管理

一、盈余管理的含义和基本研究主题

（一）盈余管理的含义

盈余管理（earnings management）指管理层在财务报告过程中运用判断或构造交易来改变会计报告结果，以误导利益相关者对公司潜在经营活动的理解，或影响基于财务报告数字的契约结果（Healy and Wahlen，1999，AH）。在这一定义中，盈余管理可分为两种：应计盈余管理（accrual earnings management）和真实盈余管理（real earnings management）。

根据盈余管理的定义，应计盈余管理与真实盈余管理的目的都是改变财务报告的结果，以误导和影响基于会计数字的契约结果。它们的主要区别是方式和手段。应计盈余管理是在实际的交易和业务活动发生后，利用一般公认会计原则（GAAP）所给予的自由选择权（discretion）调节盈利，比如应收款项坏账准备的计提比例、累计折旧的计提方法等，它虽然可以改变某一期的会计数字，但从资产或公司的整个存续期间而言并没有差别。

真实盈余管理则涉及对真实交易和业务活动的操控。Ewert and Wagenhofer（2005，TAR）将真实盈余管理定义为：通过改变真实商业活动的时间（timing）和结构（structuring）来改变盈余，这意味着改变的真实交易与企业的最优选择存在差异，并为企业带来了实际成本（real cost）。Roychowdhury（2006，JAE）则将真实盈余管理定义为：管理层通过实施与正常经营活动（normal operational practices）相违背的活动，希望误导至少一部分利益相关者相信财务报告目标已经达到了正常水平。

（二）盈余管理的基本研究主题和思路

有关盈余管理的研究文献的基本关注点在于识别盈余管理是否发生、何时发生以及如何发生（Healy and Wahlen，1999，AH）。从研究设计的角度看，尽管常识告诉人们普遍存在着盈余管理，但研究者始终难以有说服力地识别并度量盈余管理，因为要确定盈余数字是否被操纵，首先就要确定公司在没操纵以前的盈余数字会是多少，显然这是有难度的。于是研究者通常采取的做法是：先识别出管理层可能存在强烈动机实施盈余管理的状况，随后测试某些盈余管理度量指标（或会计选择行为）的表现特征是否与研究者所关注的盈余操纵动机相符。这样，此类研究便存在着两项关键的研究设计问题：其一，研究者必须识别出管理层的特定报告动机；其二，研究者必须计量出管理层运用主观判断的程度或幅度。

对于第一项研究设计问题，研究者已经检验了盈余管理的多种动机，包括：（1）资本市场预期与定价；（2）基于会计数字订立的合约；（3）反垄断或其他政府监管。总体而言，该领域得出的证据基本支持通常的假说，比如公司在公开发行股票前更可能操纵盈余，为了增加管理层的报酬或确保职位稳定而操纵盈余，为了避免出现违反债务合约的状况而操纵盈余，或为了降低监管成本而操纵盈余。

对于第二项研究设计问题，大量文献试图通过对应计盈余管理的估计来衡量管理层运用的会计主观判断程度，而近期文献进一步通过对真实盈余管理的估计来度量管理层的操控行为。尽管这些估计不可避免地存在一些估计偏误，但反映了研究者不断探索和识别现实行为的努力。接下来我们便对研究者如何设计指标来度量盈余管理行为进行概要的讨论。

二、应计盈余管理

（一）两类基本的研究思路

对于应计盈余管理的研究，通常分为两类：一类是基于汇总性应计额（aggregate accruals）的研究；另一类是基于特定项目应计额（specific accruals）的研究（McNichols, 2000, JAPP）。所谓汇总性应计额，是指研究者在估计公司盈余管理幅度时度量出的应计额是一笔汇总性（而非针对具体应计项目）的金额。所谓特定项目应计额，是指研究者度量出某特定项目的应计额。

1. 基于汇总性应计额的盈余管理研究

在基于汇总性应计额的研究中，基本思想是基于总应计额（total accruals）与假设的解释变量之间的关系，识别出操控性应计额（discretionary accruals）。汇总性应计额研究文献的起源是 Healy（1985，JAE）和 DeAngelo（1986，TAR），这两篇文献分别以总应计额和总应计额的变动计量管理层对盈余数字的自主操控度。Jones（1991，JAR）引入了一种回归方法，即试图识别出影响总应计额的非操控部分（normal or non-discretionary accruals），并假设总应计额与销售收入变动、固定资产变动之间具有线性关系。此种研究设计在随后得到了极为广泛的讨论和应用，有关的模型（以及随后各种修订模型）成为盈余管理文献使用最普遍的模型。

当然，此类估计模型也存在较明显的局限，不断有学者提出批评和改进。一个基本的问题是，基于汇总性应计额的盈余管理研究度量出的应计额是一笔汇总性的金额，难以区分出该汇总性应计额到底来自哪些具体项目，以及具体应计项目对应多少金额，因此限制了研究者对公司盈余管理的具体方式和幅度做出较为明确的推断。这一点对于政策制定者、监管者和会计审计实务人士理解基于汇总性应计额的研究成果尤其困难，因此此类成果往往无法为实务界人士提供有说服力的和具有明确指向的研究证据。

2. 基于特定项目应计额的盈余管理研究

与汇总性应计额模型类似，基于特定项目应计额的盈余管理研究同样希望识别某个特定项目的总应计额中的非操控部分和操控部分。基于特定项目应计额的盈余管理研究通常需要研究者利用某些特定的研究情境（比如特定的行业），同时需要被观察的该应计项目具有相当规模并涉及较大程度的估计，再结合特定的行业制度背景或对会计原则和处理惯例的深入理解，研究者才能有比较大的优势对某项特定应计项目中的操控部分加以度量。

这类研究的典型例子是针对银行业考察贷款损失准备的计提行为，或针对保险业考察理赔损失准备的计提行为。尽管基于特定项目应计额的盈余管理研究受到较多限制，这类研究仍被认为能够更加深入地理解盈余管理行为并值得提倡和鼓励（McNichols，2000，JAPP）。

（二）应计盈余管理模型

如前所述，应计盈余管理研究的思想是区分出总应计额中的非操控部分和操控部分。我们以得到广泛应用的汇总性应计盈余管理模型为例加以介绍。此类模型的基本思路是先估计正常性应计利润，然后用总应计利润减去正常性应计利润，得到的差额视为操控性应计利润，用以反映盈余管理。

在估计应计盈余管理模型时，需要先计算总应计利润（total accruals，TA）。计算 TA 通常有两种方法：一种是针对美国市场的盈余管理研究常用的，即 $TA=OI-CFO$，其中 OI 为营业利润，CFO 为经营活动现金净流量。另一种方法是将线下项目也包括在总应计利润中，即使用 $TA=NI-CFO$，其中 NI 为净利润，CFO 为经营活动现金流量净额。汇总性应计盈余管理的估计模型很多，在此我们主要介绍 Jones 模型、修正的 Jones 模型、业绩调整或匹配的应计盈余管理估计以及 DD 模型。

1. Jones 模型

Jones 模型由 Jones（1991，JAR）提出。Jones 在估计正常性应计利润时控制了公司经济环境的变化对正常性应计利润的影响。这里，我们考虑其截面估计模型，模型如下：

$$TA_i/A_i = \alpha_1(1/A_i) + \alpha_2(\Delta REV_i/A_i) + \alpha_3(PPE_i/A_i) + \varepsilon_i \tag{12-1}$$

式中，TA_i 是公司 i 当期总应计利润；A_i 是公司 i 的上期期末总资产；ΔREV_i 是公司 i 当期主营业务收入和上期主营业务收入的差额；PPE_i 是公司 i 当期期末厂房、设备等固定资产价值。

对模型（12-1）分行业进行回归，得到分行业的模型估计系数 $\hat{\alpha}_1$，$\hat{\alpha}_2$，$\hat{\alpha}_3$，代入以下模型得到公司 i 的正常性应计利润 NDA_i：

$$NDA_i = \hat{\alpha}_1(1/A_i) + \hat{\alpha}_2(\Delta REV_i/A_i) + \hat{\alpha}_3(PPE_i/A_i) \tag{12-2}$$

在此基础上，可求出操控性应计利润 $DA_i = TA_i/A_i - NDA_i$。

2. 修正的 Jones 模型

当收入确认受到操纵时，Jones 模型在估计非正常性应计利润时会出现偏误。因此，Dechow and Sloan（1995，TAR）在 Jones 模型的基础上，提出了修正的 Jones 模型来估计正常性应计利润，模型如下：

$$NDA_i = \hat{\alpha}_1(1/A_i) + \hat{\alpha}_2[(\Delta REV_i - \Delta REC_i)/A_i] + \hat{\alpha}_3(PPE_i/A_i) \tag{12-3}$$

这里的 ΔREC_i 是公司 i 当期期末应收账款和上期期末应收账款的差额，其他变量含义和之前的方程相同。模型（12-3）和模型（12-2）的主要区别在于：在计算正常性应计利润 NDA_i 时，主营业务收入变化经过了当期应收账款变化量的调整。需要注意的是，在 Dechow and Sloan（1995，TAR）中，$\hat{\alpha}_1$，$\hat{\alpha}_2$，$\hat{\alpha}_3$ 仍是由基本的 Jones 模型（即模型（12-1））估计的，而不是从修正的 Jones 模型中得到的。①

3. 业绩调整或匹配的应计盈余管理估计

应计盈余管理模型的暗含前提是，会计盈余符合随机游走（random walk），于是未预

---

① 当然，也有一些研究直接使用修正的 Jones 模型估计系数。

期的应计利润的期望值为零。因此,如果应计利润与收入变动、固定资产等变量构建的估计模型的残差不为零,则推断为盈余管理。然而,公司的业务收入可能并不符合随机游走。比如,公司的会计业绩与应计利润之间可能存在系统性的关联,不同期间的利润可能存在系统的反转或存在惯性,那么 Jones 模型或修正的 Jones 模型在估计非操控性应计利润时就会产生偏差。以往研究也发现,当公司出现过高或过低的会计业绩时,利用 Jones 模型估计的操控性应计利润更高(Dechow and Sloan,1995,TAR)。

由于 Jones 模型是要将影响正常应计利润的因素加以控制后,用得到的非正常应计项来反映盈余管理,因此,要可靠估计操控性应计利润,就需要过滤掉与非操控性应计利润相关的业绩因素。Kothari et al.(2005,JAE)提出了业绩调整或匹配的应计盈余管理估计方法,即在 Jones 模型或修正的 Jones 模型基础上,控制住会计业绩的影响。具体有两种做法:一是业绩调整的方法(performance-adjusted);二是业绩匹配的方法(performance-matched)。

第一种方法(业绩调整的方法)是在 Jones 模型或修正的 Jones 模型中,直接控制当期 ROA 的影响。模型如下:

$$NDA_i = \hat{\alpha}_1(1/A_i) + \hat{\alpha}_2(\Delta REV_i/A_i) + \hat{\alpha}_3(PPE_i/A_i) + \hat{\alpha}_4 ROA_i \qquad (12-4)$$

或

$$NDA_i = \hat{\alpha}_1(1/A_i) + \hat{\alpha}_2[(\Delta REV_i - \Delta REC_i)/A_i] + \hat{\alpha}_3(PPE_i/A_i) + \hat{\alpha}_4 ROA_i \qquad (12-5)$$

在第二种方法(业绩匹配的方法)下,研究者先识别出同年度、同行业且会计业绩(ROA)最接近的公司作为配对样本,然后利用 Jones 模型或修正的 Jones 模型估计出实验样本组和配对样本组的可操控应计利润(discretional accruals),再用实验组公司的可操控应计利润减去配对组的可操控应计利润,以反映盈余管理。

4. DD 模型

DD 模型由 Dechow and Dichev(2002,TAR)提出,其基本思想是正常的应计利润是过去、现在和未来现金流的函数。具体模型如下:

$$\Delta WC = \alpha_0 + \alpha_1 CFO_{t-1} + \alpha_2 CFO_t + \alpha_3 CFO_{t+1} + \varepsilon_t \qquad (12-6)$$

式中,ΔWC 为营运资本变动额;CFO 为经营活动现金流量净额。模型(12-6)按同年、同一行业公司进行回归,用得到的参数估计量 $\hat{\alpha}_0$,$\hat{\alpha}_1$,$\hat{\alpha}_2$,$\hat{\alpha}_3$ 来估计正常的应计利润水平,再用 ΔWC 的实际值与预期值之差作为盈余管理的衡量指标。

三、真实盈余管理

真实盈余管理的交易活动可能涉及实际的经营和投资活动(operating and investing activities),也可能涉及融资活动(financing activities)。

(一)针对经营和投资活动构建的真实盈余管理模型

对于真实盈余管理的估计,研究者主要针对各类经营和投资活动构建模型,在构建思路上仍然类似于应计盈余管理模型,主要是确定正常的交易活动水平(normal levels of operating activities)。研究者关注的经营和投资活动通常有:操控性支出(discretionary expenditures），包括研发支出（R&D）、销售和管理费用（SGA）；生产、存货和销售；长期资产的处置。

1. 操控性支出

Perry and Grinaker（1994，AH）在 Berger（1993，JAR）的研究基础上构建了预期模型来估计研发支出（R&D）的正常水平，从而识别出公司是否存在通过管理研发支出水平来进行真实盈余管理的行为。这一预期模型用每家公司样本期前 12 年的数据进行估计，再用得到的系数估计值来预测样本期间每家公司的预期（或正常）R&D 水平。其估计模型如下：

$$\frac{R\&D_{i,t}}{S_{i,t}} = \alpha_0 + \alpha_1 \frac{R\&D_{i,t-1}}{S_{i,t-1}} + \alpha_2 \frac{Fund_{i,t}}{S_{i,t}} + \alpha_3 \frac{CAP_{i,t}}{S_{i,t}} + \alpha_4 IR\&D_{i,t}$$
$$+ \alpha_5 ICAP_{i,t} + \alpha_6 \frac{GNP_t}{S_{i,t}} + \varepsilon_{i,t} \tag{12-7}$$

式中，$R\&D$ 指研发支出；S 指销售收入；$Fund$ 指息税前盈余 $EBIT$ 加上 $R\&D$ 和折旧费用；CAP 指资本性支出；$IR\&D$ 指公司 i 在第 t 年发生的 $R\&D$ 支出占其同行业（4 位行业代码）所有公司销售收入之和的比例；$ICAP$ 指公司 i 在第 t 年的资本支出占其同行业所有公司销售收入之和的比例；GNP 指第 t 年的国民生产总值水平。

Gunny（2010，CAR）[1] 在 Berger（1993，JAR）的研究基础上形成另一预期模型来估计研发支出的正常水平。该模型如下：

$$\frac{R\&D_{i,t}}{TA_{i,t-1}} = \alpha_0 + \alpha_1 \frac{R\&D_{i,t-1}}{TA_{i,t-1}} + \alpha_2 \frac{IntFund_{i,t}}{TA_{i,t-1}} + \alpha_3 Q_{i,t} + \alpha_4 \frac{CapExp_{i,t-1}}{TA_{i,t-1}}$$
$$+ \alpha_5 \log MV + \varepsilon_{i,t} \tag{12-8}$$

式中，TA 指总资产；$IntFund$ 指息税前盈余 $EBIT$ 加上 $R\&D$ 和折旧费用；Q 指托宾 Q 值，用公司价值除以资产重置成本；$CapExp$ 指资本支出；MV 指权益的市场价值。

在操控性支出这种形式的真实盈余管理中，除了对研发支出活动进行操控外，公司还会操纵销售和管理费用。比如，Gunny（2010，CAR）形成了销售管理费用正常水平的估计模型。模型如下：

$$\log\left(\frac{SGA_{i,t}}{SGA_{i,t-1}}\right) = \alpha_0 + \alpha_1 \log\left(\frac{S_{i,t}}{S_{i,t-1}}\right) + \alpha_2 \log\left(\frac{S_{i,t}}{S_{i,t-1}}\right) \times SDown + \alpha_3 \log\left(\frac{S_{i,t-1}}{S_{i,t-2}}\right)$$
$$+ \alpha_4 \log\left(\frac{S_{i,t-1}}{S_{i,t-2}}\right) \times SDown + \varepsilon_{i,t} \tag{12-9}$$

式中，SGA 指销售、管理费用加上广告费用；S 指销售收入；$SDown$ 为虚拟变量，如果相对以前年度，本年度的销售收入发生了下降，则定义为 1，否则为 0。

最后，研发支出和 SGA 费用构成了整体的操控性支出，因此一些研究又形成了整体的操控性支出估计模型。Roychowdhury（2006，JAE）扩展了 Dechow et al.（1998，JAE）的研究，构建了新的预期模型来衡量正常的操控性支出水平（normal discretionary expenditure）。模型如下：

---

[1] 该文献的更早版本是 Gunny, K. What Are the Consequences of Real Earnings Management. *Working Paper*, University of Colorado, 2005.

$$\frac{DiscExp_{i,t}}{TA_{i,t-1}} = \beta_1 \frac{1}{TA_{i,t-1}} + \beta_2 \frac{S_{i,t}}{TA_{i,t-1}} + \varepsilon_{i,t} \tag{12-10}$$

式中，$DiscExp$ 指整体支出（包括研发支出和 SGA 费用）；其他变量的定义同前。

值得说明的是，模型（12-8）、模型（12-9）和模型（12-10）是按年度和行业进行估计的，而残差则表示操控性的研发支出、SGA 或总体支出。通常而言，残差（即公司的操控性支出）越低，意味着公司越可能进行了真实盈余管理，即通过减少 $R\&D$ 支出、SGA 费用或总支出来增加盈利。

2. 生产成本

基于 Dechow et al.（1998，JAE）的研究，Roychowdhury（2006，JAE）构造了一个模型来估计生产成本的正常水平。模型如下：

$$\frac{ProdCost_{i,t}}{TA_{i,t-1}} = \alpha_1 \frac{1}{TA_{i,t-1}} + \alpha_2 \frac{S_{i,t}}{TA_{i,t-1}} + \alpha_3 \frac{\Delta S_{i,t}}{TA_{i,t-1}} + \alpha_4 \frac{\Delta S_{i,t-1}}{TA_{i,t-1}} + \varepsilon_{i,t} \tag{12-11}$$

式中，$ProdCost$ 指生产成本，等于销售成本（cost of goods sold）与存货变化（change in inventory）之和；TA 指总资产；S 指销售收入；ΔS 指销售收入的变化。

模型（12-11）是按年度和同行业进行估计，用实际值与预测值之差衡量非正常的生产成本。当公司有很高的非正常生产成本时，意味着管理层可能通过过度价格折扣（excessive price discount）和过度生产（overproduction）进行了盈余管理。过度价格折扣会对销售成本产生正向影响，而过度生产会产生负向影响，二者的综合影响是不清楚的，但过度生产会对存货变化产生正向影响。因此当非正常生产成本较高时，说明公司存在通过过度生产或价格折扣进行真实盈余管理的可能。

3. 正常的经营活动现金流水平

Roychowdhury（2006，JAE）构建了估计经营活动现金流正常水平的模型。模型如下：

$$\frac{CFO_{i,t}}{TA_{i,t-1}} = \alpha_0 + \alpha_1 \frac{1}{TA_{i,t-1}} + \alpha_2 \frac{S_{i,t}}{TA_{i,t-1}} + \alpha_3 \frac{\Delta S_{i,t}}{TA_{i,t-1}} + \varepsilon_{i,t} \tag{12-12}$$

式中，CFO 指经营活动现金流净额，其他变量同模型（12-11）。与模型（12-11）相同，模型（12-12）也是按年度和同行业进行估计，用实际值与预测值之差衡量非正常的经营活动现金流。

4. 正常的长期资产处置收益

基于特定的盈余管理动机，公司如果在某年度通过出售长期资产确认了非正常的长期资产处置收益（如处置固定资产、转让无形资产、出售某项股权投资），则表明公司可能通过时点的选择进行盈余管理（即选择在年度 x 而不是年度 y 出售某项长期资产）。Gunny（2010，CAR）构建了正常的长期资产处置收益的估计模型。模型如下：

$$\frac{Gain_{i,t}}{MV_{i,t-1}} = \alpha_0 + \alpha_1 \frac{AssetSale}{MV_{i,t-1}} + \alpha_2 \frac{InvSale_{i,t}}{MV_{i,t-1}} + \alpha_3 \log(S_{i,t})$$
$$+ \alpha_4 SGrowth + \varepsilon_{i,t} \tag{12-13}$$

式中，$Gain$ 指各项长期资产的处置收益；MV 指股东权益的市场价值；$AssetSale$ 指某会计期间长期资产（如固定资产、无形资产）的出售金额；$InvSale$ 指某会计期间投资的出售金额；*S* 指销售收入；*SGrowth* 指销售收入的增长率。

（二）与融资活动有关的真实盈余管理研究

如前所述，研究者主要针对经营和投资活动构建真实盈余管理的估计模型。然而对于融资活动，研究者主要关注某种特定的融资活动本身是否构成盈余管理手段（如股票回购），或关注特定的融资活动是否触发公司进行盈余管理（如股票期权）。研究者通常采取的方法是通过观察有无融资活动或融资活动前后带来的盈余差异（或变化），或观察是否更可能满足特定的盈余目标（earnings target），来推断管理层是否进行了盈余管理。

例如，Hribar et al. (2006，JAE) 考察公司是否通过股票回购进行盈余管理来达到分析师预测的盈余水平，发现那些无法达到分析师盈余预测水平的公司更倾向于通过股票回购增加盈余。

再比如，McAnally et al. (2008，TAR) 检验股票期权是否会影响公司管理盈余的行为，发现当公司无法达到盈余目标（表现为亏损、盈余下滑、无法达到分析师预测水平等）时，更容易授予股票期权，这表明管理层会操纵盈余以选择授予股票期权的时点。

四、盈余分布特征与盈余管理

除了应计盈余管理模型或真实盈余管理模型，还有一类研究设计试图通过盈余分布特征来识别盈余管理行为。Hayn (1995，JAE) 最早报告了盈余的非对称分布，他计算了每股收益与股价的比率（ratio），并描述出盈余比率的分布图（如图 12-1 所示）。图 12-1 显示，盈余比率在 0 点附近有一个跳跃，小于 0 的公司较少，而在大于 0 的区域附近有很多公司。

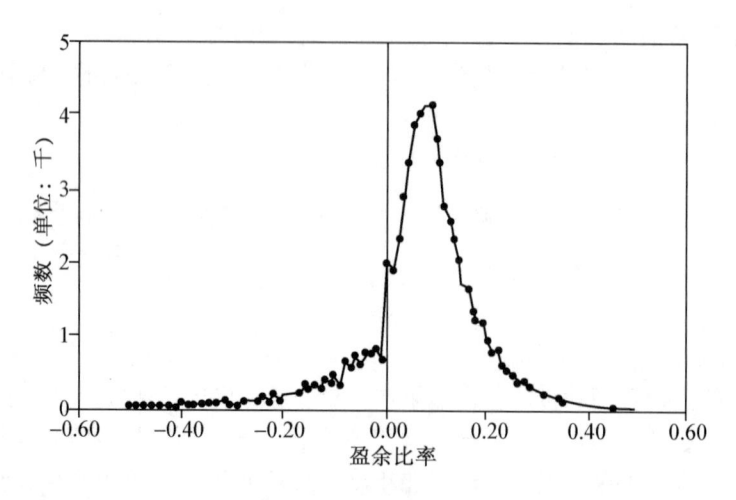

图 12-1 盈余分布

资料来源：Hayn (1995，JAE, p. 132)。该图描绘了美国 1963—1990 年上市公司的盈余分布（$n=75\,878$）。盈余 $=t$ 期每股营业利润/$t-1$ 期的期末股价。

Burgstahler and Dichev (1997，JAE) 进一步发现，不仅盈余的水平值有此现象，盈余的变动也有此现象，他们将这一现象归因于盈余管理。Burgstahler and Dichev (1997，JAE) 指出，没有盈余管理时的盈余数字分布特征的假设是，某个给定盈余区域的观测频率应当等于临近区间内盈余数字分布的平均频率。因此，如果出现分布密度曲线上的跳跃，则可归为盈余管理。

基于盈余分布特征的盈余管理研究提供了识别盈余管理的一种工具，这种方法能发现公司可能实施盈余管理的环境和特定盈余区域，提供了盈余管理频率的迹象。不过，其局限性也较为明显。比如，此类方法难以较为精确地度量出盈余管理的操纵方式、幅度以及动机；再比如，盈余分布密度曲线的跳跃现象固然有可能是在假设盈余目标的相关区间的盈余操纵导致，但也有可能是其他盈余区间的盈余操纵导致，而研究者难以确定到底是哪个区间的公司进行的盈余管理（McNichols，2000，JAPP）。

第二节 管理层盈余预测

Beyer et al.(2010，JAE) 识别了 5 种财务会计信息来源，包括：盈余公告（earnings announcement）、盈余预告（earnings pre-announcement）、管理层预测（management forecast）、分析师预测（analyst forecast）、SEC 档案（SEC filing）。他们进一步考察了这些信息引起的市场反应程度，利用 1994—2007 年 2 747 家公司的 70 700 个公司季度观察值，考察了 5 种信息带来的市场反应差异，结果发现管理层预测、业绩预告带来的市场反应最大，其次是分析师预测和盈余公告。相应地，本节重点讨论与管理层预测有关的研究问题。

一、管理层盈余预测的含义

King et al.(1990，JAL) 将管理层盈余预测（management earnings forecast）定义为管理层在预期报告日前自愿披露其预测的会计盈余。业绩指引（earnings guidance）经常和管理层盈余预测一起使用（Atiase et al.，2005，RAS；Hutton，2005，CAR）。

一般情况下，管理层盈余预测是在本期季报中披露下一期季报或年报的盈余预测值，有时也会在会计期间结束到实际盈余公布日之间进行披露，但后一种披露通常称为业绩预告。广义地讲，盈余预告或盈余预警（earnings warning）都属于管理层盈余预测的范畴，都是管理层自愿披露预测盈余信息的一部分。

根据上述讨论，管理层盈余预测是管理层向资本市场参与者自愿披露的一种信息：预测的未来盈余。管理层相对于外部报告使用者更了解公司的实际情况，因此无论是好消息还是坏消息，无论是过去的信息还是未来的信息，管理层能够自愿披露未来的盈余预测，必然涉及以下三个方面的问题：披露的动机是什么？如何披露？披露带来什么样的经济后果？这是现有学术文献主要关注的问题。

二、管理层盈余预测的行为特征与变量界定

管理层盈余预测要向外部投资者披露未来盈余的信息，这些信息是管理层根据已有财务信息、经营状况的变化、公司战略目标等预测的结果，因此管理层盈余预测行为表现在：

第一，什么时候披露盈余预测信息，是在某一季报中披露，还是在定期报告（年度报

告）之前的一定时期内披露。

第二，采取哪种形式披露，如定性还是定量，点估计还是范围估计等。

第三，是否修正盈余预测，如最早预测是盈余比上年上涨50%，在年度报告公布前，经营环境的变化导致原先预测的上涨50%变为下跌30%。

基于这些具体的盈余预测行为，我们讨论在变量设计时如何界定以下方面：（1）盈余预测概率；（2）盈余预测的形式；（3）盈余预测的误差和偏向；（4）预测期和预测频率。

（一）盈余预测概率

不同的公司管理层进行盈余预测的概率（forecast likelihood）不同。对该行为通常采用虚拟变量界定，即如果当年管理层至少进行一次自愿性盈余预测，则为1，否则为0。比如，Karamanou and Vafeas（2005，JAR）在考察董事会、审计委员会是否影响管理层盈余预测时采用了这一界定方式。

（二）盈余预测的形式

盈余预测的具体形式包括定性描述和定量估计。定量估计又分为点估计（point estimate）、闭区间估计（range estimate）和开区间估计（open-ended estimate）。开区间估计是指管理层披露预测的最大值或最小值。

盈余预测是为了向投资者提供信息，因此这些形式反映了信息的多少和质量的高低，在变量设定上可以设置为虚拟变量或离散变量。

研究者可以根据盈余预测是定性还是定量估计，设定虚拟变量，定量估计设为1，否则为0。研究者也可以对某一种定量估计方式设置单独的虚拟变量，比如点估计时设为1，其他形式都设为0。Karamanou and Vafeas（2005，JAR）采取过这种定义方式。

也有一些研究将预测形式设定成离散变量。如Bamber and Cheon（1998，JAR）设定变量SPECIFICITY反映预测形式，当盈余预测为点估计时为1，闭区间估计时为2，开区间估计时为3，定性描述时为4。Ajinkya et al.（2005，JAR）也采取了相同的形式，但顺序正好相反，即当盈余预测为点估计时取3，闭区间估计时取2，开区间时取1，定性描述时取0。无论将点估计定义为离散变量中的最大数值还是最小数值，4种预测形式所反映的盈余预测的具体程度顺序是不变的，即点估计＞闭区间估计＞开区间估计＞定性描述。

（三）盈余预测的误差和偏向

预测误差（forecast error）或预测准确度反映了管理层盈余预测与实际盈余之间的差异，差异越大，预测误差越大。对盈余预测行为特征的检验，以及对盈余预测产生的经济后果的检验，都会涉及预测误差或准确度。

在对预测误差或准确度进行界定时，一般在两个问题上存在处理的差异：其一，是否加绝对值；其二，用什么变量进行量纲（scaled）处理。以变量MF表示管理层盈余预测值，以变量AE表示实际的盈余值，则管理层预测误差MFE的界定可以有如下两种方式：

$$MFE = \frac{|MF - AE|}{|MF|} \qquad (12-14)$$

或

$$MFE = \frac{MF - AE}{|MF|} \qquad (12-15)$$

很多研究采用式（12-14）界定预测误差，如 Waymire（1984，JAR），也有研究采用式（12-15）定义预测误差，如 McConomy（1998，CAR）和 Clarkson（2000，CAR）。当然，一些研究用不加绝对值的 MFE（类似于式（12-15））反映管理层预测的乐观性。Ajinkya et al.（2005，JAR）认为，当 $MF - AE > 0$ 时，管理层表现出了乐观的预测偏向（forecast bias）。

近年来关于预测误差或准确度的研究，都以上一年年末的股票收盘价（定义为 P）做分母来计算 MFE 和预测偏向 BIAS。采取的公式如下：

$$MFE = \frac{|AE - MF|}{P} \qquad (12-16)$$

或

$$MFE = \frac{AE - MF}{P} \qquad (12-17)$$

$$BIAS = \frac{MF - AE}{P} \qquad (12-18)$$

上述各种界定方式均有文献采用。比如，Ajinkya et al.（2005，JAR）采取式（12-16）度量预测误差；Xu（2009，JBFA），Gong et al.（2009，TAR）以及 Xu（2010，JAE）采取式（12-17）度量预测误差；Kross et al.（2011，JAE）则采取式（12-18）来度量管理层预测偏向。

（四）预测期和预测频率

预测期（forecast horizon）反映的是管理层盈余预测距离年报公布日或会计年度结束日的期间长短，用以反映管理层预测的及时性。管理层的盈余预测距离年报公布日或会计年度结束日越近，该预测的及时性越弱。

Baginski et al.（2002，TAR）在考察法律环境对管理层盈余预测的影响时，将预测期界定为管理层盈余预测披露日至年报公布日的天数（FHORIZON）和披露日至会计年度结束日的天数（ALTFHORIZON）。也有研究取实际天数（FHORIZON）的自然对数值，如 Kross et al.（2011，JAE）。

预测频率（forecast frequency）是指在特定的观察期间一家公司发布盈余预测的总次数，次数越多，反映管理层披露盈余预测的动机越强。Ajinkya et al.（2005，JAR）和 Hui et al.（2009，JAE）使用了这一界定，前者考察外部董事、机构投资者对管理层预测的影响，后者考察会计稳健性对管理层预测的影响，他们都将预测频率界定为某样本期间公司发布预测（或定量预测）的总次数。

三、基本的研究设计

如前所述，管理层盈余预测的研究问题通常包括：什么因素影响管理层自愿披露盈余预测信息？什么因素影响管理层盈余预测的特征（如准确度）？盈余预测会产生什么经济后果？前两个问题所使用的研究模型类似，均以管理层盈余预测特征和行为作为被解释变量，以研究者关注的影响因素作为解释变量；第三个问题则以管理层盈余预测作为解释变量，以研究者关注的经济后果作为被解释变量。

（一）以管理层盈余预测作为被解释变量

此类研究主要检验什么因素影响了管理层是否进行盈余预测、预测的频率、预测期的选择、预测形式（比如，进行点估计还是区间估计）、预测误差或乐观性偏向等。对于不同的管理层盈余预测行为或特征，本节第二部分已做了讨论。总体来看，此类研究有一个共同的检验模型：

$$MF = \alpha_0 + \alpha_1 ExpVar + \alpha_2 Contr + \varepsilon$$

式中，MF 为管理层盈余预测，按照研究者关注的角度差异，可以是预测频率、预测期、预测形式、预测误差等；$ExpVar$ 为解释变量，$Contr$ 为具体检验模型中的控制变量。

在检验模型中，解释变量根据具体研究问题而变化。比如，Ajinkya et al.（2005，JAR）在检验外部董事、机构投资者对管理层盈余预测特征的影响时，解释变量为外部董事的比例、机构投资者持股比例。再比如，Gong et al.（2009，TAR）在检验应计额与管理层盈余预测的关系时，以营运资本应计额为解释变量。

在已有研究中，控制变量通常包括：公司规模（以总资产或权益市值的自然对数表示）、审计师质量（以审计师是否属于国际五大或四大审计机构为替代变量）、分析师跟踪的数量、MB（权益市值除以权益账面值）、过去实际盈余的波动性、股票回报的波动性、盈利能力（如 ROA 或盈利增长）、是否亏损、行业和年度等。这些变量可能对管理层盈余预测产生影响，比如更高的审计师质量或分析师跟踪数量可以促使管理层做出更多、更有效的盈余预测，而较高的盈余波动性、股票回报波动性等可能不利于管理层做出更有效的预测。

（二）以管理层盈余预测作为解释变量

管理层盈余预测可能产生的经济后果包括对投资者市场反应造成影响，对分析师行为造成影响，对资本成本造成影响等。此类研究具有近似的研究设计，即以管理层盈余预测的行为或特征（如发布预测的次数、预测准确度、预测声誉等）作为解释变量，以市场反应、分析师行为（如分析师盈余预测准确度等）、资本成本等作为被解释变量，构建相应的经验检验模型。这些模型可以一般化为：

$$EC = \beta_0 + \beta_1 MF + \beta_2 Control + \varepsilon$$

式中，EC 指经济后果的变量，如投资者市场反应、分析师行为特征、资本成本等；MF 指管理层盈余预测特征变量；$Control$ 是控制变量，这里的控制变量并不是影响管理层盈余预测特征的因素，而是影响具体经济后果的因素。

第三节　分析师预测

在 Healy and Palepu（2001，JAE）的资本市场运行框架中，分析师是非常重要的一类专业中介，其基本功能是对公司披露的信息进行分析、加工和评价，并对未来状况作出预测。不同于管理层预测，分析师的预测主要基于财务报告等公共信息和经调查访谈获得的私有信息进行，其预测行为不仅包括对会计盈余的预测，而且包括对公司价值进行判断和估计，并在此基础上进行投资评级。本节讨论分析师预测行为及其研究设计问题。

一、分析师跟踪行为

与管理层对自己所在的公司进行盈余预测不同，分析师通常会有选择地预测和跟踪一些公司。分析师出具的分析报告必须满足投资者的需求，否则无法引起投资者关注和使用，因此分析师会选择性地跟踪特定公司。相应地，研究者通常考察具有什么特征的公司会吸引更多的分析师跟踪。

相关研究一般以特定公司的分析师跟踪数量为被解释变量，以公司特征为解释变量（如 Bhushan，1989，JAE）。如果设定分析师跟踪数量为变量 AFL，反映公司特征的变量为 FC，基本的研究模型如下：

$$AFL = \alpha_0 + \alpha_1 FC + \alpha_2 Contr + \varepsilon$$

已有文献发现了一系列公司特征会影响分析师跟踪数量，比如公司规模越大、信息披露越透明、内部人控股比例越低，跟踪的分析师数量越多。

二、分析师盈余预测特征

对于自己选择进行跟踪的公司，分析师会发布盈余预测。类似于管理层盈余预测的相关研究，分析师的盈余预测特征也包括预测准确度和预测频率等。

分析师预测准确度（forecast accuracy）是指公司报告的实际盈余与分析师一致预测（consensus forecast）之差的绝对值。之所以使用分析师一致预测，是因为某家公司可能有多名分析师跟踪分析。分析师一致预测通常可以用各个分析师的预测值的均值或中位数度量。

以 AE 表示实际盈余，以 FE 表示分析师一致预测值，分析师预测准确度 FA 的计算公式如下：

$$FA = \frac{|AE - FE|}{P_{t-1}}$$

式中，P_{t-1} 为公司前一期期末的股票收盘价。或

$$FA = \frac{|AE - FE|}{|FE|}$$

也有研究对于上述计算公式不取绝对值，以进一步反映分析师预测的误差方向（低估

或高估）。

分析师会随着公共信息和私有信息的变化或补充，对公司同一会计年度的盈余进行多次预测，因此分析师盈余预测的频率和修正也是大量文献关注的问题之一。现有研究一般以分析师预测次数为核心变量，考察分析师个体特征对预测次数的影响，或考察分析师预测的修正引发的股票市场反应（如 Gleason and Lee，2003，TAR）。

此外，分析师盈余预测特征还包括预测分歧度，该指标反映各个分析师对公司盈余预测的不一致程度。显然，该指标在管理层预测中并不适用。分析师盈余预测的分歧度越大，表明分析师预测整体上越不准确。预测分歧度一般以同一公司不同分析师盈余预测的标准差来度量。

三、分析师的股票价格预测和投资评级

分析师除了对未来盈余进行预测外，还会对公司股票价格进行预测和估计，并会结合最近公司股价表现，提出不同的投资评级和建议，因此，分析师报告中不仅包括盈余预测，而且包括股价预测和投资评级。

该领域的研究大多从经济后果进行检验，即考察股票价格预测、投资评级本身是否向投资者提供了新的信息，是否引起股价反应；或者考察相对于盈余预测，股票价格预测和投资评级是否具有增量的信息含量。

比如，Francis and Soffer（1997，JAR）检验了投资评级（水平值和变化值）对股票回报的单独影响和在盈余预测修正基础上的增量影响。在该研究中，研究者观察到的大部分投资评级分为买入、持有和卖出。[①] 在此基础上，研究者定义了投资评级的三个特征变量：调高投资评级（UPGRADE）、维持投资评级（REITERATE）、调低投资评级（DNGRADE），并进一步根据买入、持有和卖出建议细分成9个不同的特征变量：调高至买入（UPBUY）、维持买入评级（REBUY）、调低至买入（DNBUY）、调高至持有（UPHOLD）、维持持有评级（REHOLD）、调低至持有（DNHOLD）、调高至卖出（UPSELL）、维持卖出评级（RESELL）、调低至卖出（DNSELL）。以上这些变量都是虚拟变量，当属于某类投资评级或某种投资建议调整状态时，相应的变量值取1，否则取0。研究者构建了如下模型检验投资评级的单独影响和联合影响。

$$CAR(-1,+1)_i = \beta_1 BUY_i + \beta_2 HOLD_i + \beta_3 SELL_i + \varepsilon_i \quad (12-19)$$

$$CAR(-1,+1)_i = \delta_1 UPGRADE_i + \beta_2 REITERATE_i + \beta_3 DNGRADE_i + \varepsilon_i$$
$$(12-20)$$

$$CAR(-1,+1)_i = \alpha_1 UPBUY_i + \alpha_2 REBUY_i + \alpha_3 DNBUY_i$$
$$+ \alpha_4 UPHOLD_i + \alpha_5 REHOLD_i + \alpha_6 DNHOLD_i$$
$$+ \alpha_7 UPSELL_i + \alpha_8 RESELL_i + \alpha_9 DNSELL_i + \varepsilon_i \quad (12-21)$$

$$CAR(-1,+1)_i = \alpha_0 \Delta EPS_i + \alpha_1 UPBUY_i + \alpha_2 REBUY_i + \alpha_3 DNBUY_i$$
$$+ \alpha_4 UPHOLD_i + \alpha_5 REHOLD_i + \alpha_6 DNHOLD_i$$
$$+ \alpha_7 UPSELL_i + \alpha_8 RESELL_i + \alpha_9 DNSELL_i + \varepsilon_i \quad (12-22)$$

---

① 一部分分析师报告使用五级评价制：强烈建议买入、买入、持有、卖出、强烈建议卖出。

Francis and Soffer（1997，JAR）的研究显示，相对于盈余预测修正，投资评级变化具有增量的信息含量。

再比如，Brav and Lehavy（2003，JF）检验了分析师预测的股票目标价变化伴随的市场反应。在控制盈余预测和投资评级的基础上，研究者设计了股票目标价修正变量 ΔTP，构建了如下检验模型：

$$AR = \alpha_1 UPGRADE + \alpha_2 REITERATE + \alpha_3 DNGRADE + \beta\left(\frac{\Delta F}{P}\right) + \gamma\left(\frac{\Delta TP}{P}\right) + \varepsilon$$
(12 - 23)

在上述模型中，ΔF 为盈余预测值的变化。Brav and Lehavy（2003，JF）的研究显示，在控制盈余预测修正和投资评级变化后，股票目标价格的变化也具有增量的信息含量。

第四节 会计盈余的价值相关性

会计盈余的价值相关性研究起源于会计盈余的有用性问题。这一问题最早由 Ball and Brown（1968，JAR）进行了讨论和检验。之后大量研究关注会计盈余是否具有信息含量，或是否具有价值相关性。在检验这些问题时，学术界不仅发展出统一的理论模型，而且存在各种不同的实证模型。

一、价值相关性的含义和理论

什么是价值相关性？根据以往文献，最早使用"价值相关性"（value relevance）这一术语的是 Amir et al.（1993，JAR）的研究。之后的文献（如 Barth，2000，AF；Beaver，1998；Ohlson，1999，RAS）对价值相关性做过更为正式的界定，其共同点是：如果会计数字与权益市值存在显著相关性，就认为会计数字具有价值相关性。Barth et al.（2001，JAE）则进一步认为，如果会计数字与权益市场价值具有可预测的关系，那么会计数字就具有价值相关性。

上述界定说明，会计盈余的价值相关性是一个实证检验的概念，即如果会计数字（包括但不限于会计盈余）与权益市场价值存在显著相关性（理论上和统计上的显著性），则说明会计数字具有价值相关性。这一界定决定了后续研究模型的设定。

虽然在许多情况下，价值相关性的文献并没有正式理论，而必须从模型设计中加以提炼，但明显的一点是，价值相关性研究利用了两个不同的理论加以推理：直接估价理论（direct valuation theory）和间接估价理论（inputs-to-equity-valuation theory）。

直接估价理论认为，会计盈余直接计量了权益市场价值，或与权益市场价值存在高度相关性。这意味着会计盈余和股东权益账面值的大小或变化就是权益市场价值本身。在直接估价理论下，会计报表直接按公允价值计量。

与此相对应，间接估价理论则认为，会计盈余不能直接计量权益市场价值，它只是扮演了一个提供信息的角色，帮助投资者判断权益市场的价值。在间接估价理论下，会计盈余的大小相对不重要了，重要的是它能否为投资者判断公司价值提供额外信息。在这种情况下，相应的信息披露尤为重要。

实际上，直接估价理论和间接估价理论与会计计量的两种理论观点相联系：计量观和信息观。我们认为，两种理论都可以在 Ohlson 模型（Ohlson，1995，CAR）的框架下得到有效阐释，而该模型也是价值相关性研究中实证模型的基础。

Ohlson（1995，CAR）模型来源于预期股利折现模型（present value of expected dividend，PVED）。预期股利折现模型如下：

$$P_t = \sum_{\tau=1}^{\infty} R_f^{-\tau} E_t[\tilde{d}_{t+\tau}]$$

式中，P_t 为权益的市场价值或价格；d_t 为 t 期支付的股利；R_f 为无风险收益率加 1；$E_t[\ ]$ 为预期价值函数。

从预期股利折现模型到 Ohlson 模型，中间主要利用了净剩余关系。净剩余（clean surplus）等于当期盈利减去分配的股利。净剩余关系指的是 $t-1$ 期的权益价值加上 t 期的盈利，减去 t 期的股利，得到 t 期的权益价值，即 $y_t = y_{t-1} - d_t + x_t$（其中 y_t 指权益价值，d_t 指股利，x_t 指 t 期的盈利）。

净剩余关系说明，股东价值的提高完全依赖于净剩余的变化。依赖于净剩余关系，并基于一些假设①，可以得到 Ohlson 模型②，如下：

$$P_t = y_t + \alpha_1 x_t^a + a_2 v_t$$

式中，x_t^a 指非正常盈余（abnormal earnings）；v_t 指其他信息。这是一个直观、漂亮的模型，它意味着权益市场价值是权益账面值、非正常盈余和其他信息的线性函数。这里有三点需要说明：

(1) 有经典的预期股利现值模型，为什么还需要 Ohlson 模型？这是因为股利现值模型在实际应用中需要知道未来的股利（即现金流），而这相对于盈余来说，是更难估计的。

(2) Ohlson 模型是价值相关性研究的基础。该模型告诉我们，权益市场价值至少由两个因素决定：权益账面值和会计盈利。除此之外，其他信息 v_t 也能决定权益市场价值。这使价值相关性的研究不仅关注会计数字，而且能够为非财务信息的价值相关性研究提供理论基础。

(3) 从 Ohlson 模型中，我们可以解释直接估价理论和间接估价理论。在直接估价理论中，$P_t = y_t + \alpha_1 x_t^a$，$v_t$ 所占的比重很小以至于可以忽略。在间接估价理论中，$P_t = \beta_0 y_t + \beta_1 x_t^a + \beta_2 v_t + \varepsilon$。③ 重要的是，间接估价理论下的模型是实证检验中使用的一般价值相关性模型。

二、价值相关性研究的类别

价值相关性的实证研究大体可分为三类：(1) 相对相关性研究；(2) 增量相关性研究；(3) 边际信息含量研究。除研究方法外，三类相关性研究的适用条件和具体变量界定

---

① 这些假设包括非正常盈余（abnormal earnings）满足一个随机过程，详见 Ohlson（1995，CAR）的 A3 模型。
② 详细的推导过程可参见 Ohlson（1995，CAR）。
③ 这里的 β_0，β_1，β_2 都是待估计的系数，ε 为残差。

也有较大差异。

(一) 相对相关性研究

相对相关性研究 (relative association studies) 主要对比权益市场价值与各种综合会计指标的关系。比如，研究者要检验新会计准则是否提高了价值相关性，就需要使用相对相关性研究。财务报表是会计准则规范下的结果，我们并不需要对所有会计数字进行检验，而需要关注准则规范下的综合结果，即股东权益账面值和会计盈余。

利用 Ohlson 模型检验这一问题时，可将样本按会计准则变革前后分为两组，分别回归旧会计准则期间的股东权益、会计盈余与股票市场价值的关系，以及新会计准则期间三者的关系，得到两组回归结果。如果新会计准则下的回归结果的拟合优度 R^2 大于旧会计准则下的回归结果的拟合优度，则认为新会计准则具有更高的价值相关性 (Alford et al.，1993，JAR)。

(二) 增量相关性研究

增量相关性研究 (incremental association studies) 主要考察研究者感兴趣的某会计数字对于权益市场价值具有增量的解释力。通常情况下，如果这个会计数字在回归中显著异于零，则认为给定其他会计数字，该会计数字具有增量价值相关性。

适用于这种研究方法的研究问题有很多，比如检验公允价值相对于历史成本是否具有增量的价值相关性，检验非财务信息相对于财务信息是否具有增量价值相关性，检验研发支出是否具有增量价值相关性。这种研究方法的理论基础是间接估价理论，因此以上问题都可通过以下模型进行检验：

$$P_t = \beta_0 y_t + \beta_1 x_t + \beta_2 v_t + \varepsilon$$

这里的 x_t 和 y_t 分别是会计盈余和权益账面值，而 v_t 则是研究者感兴趣的变量，如公允价值、研发支出、非财务信息等。如果估计量 β_2 显著异于零，则说明研究者感兴趣的信息具有增量价值相关性。

(三) 边际信息含量研究

边际信息含量研究 (marginal information content studies) 主要考察一个特定的会计数字是否增加了投资者面对的信息集，有助于他们进行决策。这种研究往往使用事件研究方法 (event study)[①]，关注的是短窗口内的股票价格反应。如 Ball and Brown (1968，JAR) 考察会计盈余的有用性问题时，就采用了这种方法，即公告的会计盈余是否具有信息含量。

三、实证模型

在实证检验中，主要有两种实证模型考察价值相关性：价格模型 (price model) 和回报模型 (return model)。

---

① 关于事件研究方法的更详细讨论，参见第十一章第二节。

价格模型如下：

$$MVE_{it}=\alpha_0+\alpha_1 NI_{it}+\alpha_2 BVE_{it}+\alpha_3 v_{it}+\varepsilon$$

式中，MVE_{it}指权益的市场价值（每股价格）；BVE_{it}指权益的账面价值（每股净资产）；NI_{it}指净利润（每股收益）；v_{it}指其他信息。

回报模型[①]如下：

$$R_{it}=\beta_0+\beta_1 NI_{it}+\beta_2 \Delta NI_{it}+\beta_3 v_{it}+\mu \tag{12-24}$$

在回报模型的具体变量定义中，$R_{it}=P_{it}/P_{it-1}$，NI_{it}、ΔNI_{it}和v_{it}都需要用上一期股票价格P_{t-1}进行标准化处理。

Kothari and Zimmerman（1995，JAE）在前人研究（如Christie，1987，JAE）的基础上，详细讨论了价格模型和回报模型的差异。他们通过理论和实证分析发现，相对于回报模型，价格模型在计量上更容易产生异方差、模型设定有偏等问题，但该模型估计系数产生的估计偏差较小。因此，他们建议在实证检验中应该同时使用价格模型和回报模型，以使检验更有效。

第五节 盈余质量的含义与测度

一、盈余质量的含义

盈余质量是一个多维度概念，不同的研究问题会导致盈余质量的衡量指标不同（Francis et al.，2006，FTA）。Dechow et al.（2010，JAE）提出，能提供更多与公司特定决策者的决策相关的财务业绩信息的盈余，可被认为是高质量的盈余。研究者认为，研究盈余质量应该从三个方面考虑：（1）在特定决策的框架下；（2）能更多地反映财务业绩信息；（3）盈余质量是由财务业绩与决策的相关程度，以及会计信息系统计量业绩的能力共同决定的。

Francis et al.（2004，TAR）分别从反映盈余质量的应计利润质量、盈余持续性、盈余可预测性、盈余平滑度、盈余的价值相关性、盈余及时性以及盈余稳健性七个方面研究盈余质量与资本成本之间的关系。研究者认为，应计利润质量、盈余持续性、盈余可预测性、盈余平滑度这四个指标主要反映了会计信息的特征，因此可定义为会计基础的盈余质量指标；盈余的价值相关性、盈余及时性及盈余稳健性这三个指标反映的是市场数据和会计数据之间的关系，因此可定义为市场基础的盈余质量指标。研究者认为，如果更加关注会计基础的盈余质量指标，研究会计盈余或会计系统与投资者的资源配置决策是否相关将更加精确。随后，Francis et al.（2006，FTA）还专门对已有文献中常用的盈余质量衡量指标进行了综述。

Dechow et al.（2010，JAE）在回顾JAE（1980—2008），JAR（1964—2008），TAR（1970—2008），CAR（1984—2008），RAS（1996—2008）以及其他相关期刊中300多篇研究盈余属性特征的文献基础上，把已有文献对盈余质量的衡量指标划分为三大类：

---

① 价格模型可经过Ohlson模型推演而来，回报模型又可以通过价格模型推导得出。

(1) 盈余属性，包括盈余持续性、应计与异常利润、盈余平滑度、损失确认及时性、以盈余达标为目的的盈余管理。

(2) 投资者对盈余信息的反应，包括盈余反应系数（ERC）、ERC 与其他指标（如审计质量）之间的关系。

(3) 反映盈余错报的外部指标，包括监管机构发布的会计和审计处罚公告（AAERs）、财务重述、《萨班斯-奥克斯利法案》要求的内部控制缺陷报告等。

综合 Dechow et al.（2010，JAE），Francis et al.（2004，TAR）以及 Francis et al.（2006，FTA）的有关回顾，本节讨论了财务会计研究中对盈余质量的主要测度指标和测度方式。盈余管理和盈余的价值相关性也被视为盈余质量的度量指标，有关内容已在本章此前各节进行了讨论，本节不再重复。

二、盈余质量的测度

（一）应计利润质量

Francis et al.（2005，JAE）把应计利润质量（accruals quality）定义为 Dechow and Dichev（2002，TAR）模型回归残差的标准差。研究者认为，如果一家公司的应计利润模型一直保持高的残差，则残差的标准差很小，也就说明该公司应计利润的波动性很小。相应地，尽管在这样的公司中利润的经营现金流实现能力比较差，但是这种模式可以预测，从而公司具有相对较高的应计利润质量。标准差越大，说明从长期来看公司异常应计利润的不确定性越大，从而质量越低。研究者采用 McNichols（2002，TAR）建议的修正 DD 模型定义应计利润质量：

$$TCA_{j,t} = \varphi_{0,j} + \varphi_{1,j}CFO_{j,t-1} + \varphi_{2,j}CFO_{j,t} + \varphi_{3,j}CFO_{j,t+1} + \varphi_{4,j}\Delta REV_{j,t} + \varphi_{5,j}PPE_{j,t} + v_{j,t} \quad (12-25)$$

式中，$TCA_{j,t} = NI_{j,t} - CFO_{j,t}$，它是企业 j 第 t 年的总应计利润，$NI_{j,t}$ 为企业 j 第 t 年净利润；$CFO_{j,t}$ 为企业 j 第 t 年的经营活动现金净流量；$CFO_{j,t-1}$ 为企业 j 第 $t-1$ 年的经营活动现金净流量；$CFO_{j,t+1}$ 为企业 j 第 $t+1$ 年的经营活动现金净流量；$\Delta REV_{j,t}$ 为企业 j 第 t 年的主营业务收入变化额；$PPE_{j,t}$ 为企业 j 第 t 年末的固定资产。模型（12-25）中所有变量均用第 t 年的平均总资产进行标准化。

模型（12-25）分行业分年度回归（或者分公司按时间序列回归）得到回归残差。定义应计利润质量 $AQ_{j,t} = \sigma(\hat{v}_{j,t})$（$t-4$ 年到第 t 年连续 5 年回归残差的标准差），AQ 越大，应计利润质量越低。

应计利润质量指标的缺点是只使用了总应计利润中的一部分，忽略了应计利润中大量复杂的应计部分（Dechow et al.，2010，JAE）。

（二）盈余持续性

Lipe（1990，TAR）定义盈余持续性（earnings persistence）为盈余对滞后一期盈余回归的系数。Kormendi and Lipe（1987，JB）从理论和实证两个方面验证，盈余持续性越高，投资者的市场反应越正面。持续性较高的盈余有助于投资者对企业定价，因为投资者通常认为持续性较高的盈余包含了较多的持续性项目和较少的偶发性项目，更有效地反映了企业交易事项的本质,从而投资者在估值时给予大的股价-盈余倍数。

由于盈余是对公司过去经营成果的总结,从持续经营的角度来看,会计盈余为投资者评价公司未来现金流量提供了基本信息。回归基本模型如下:

$$EARN_{j,t+1} = \varphi_{0,j} + \varphi_{1,j} EARN_{j,t} + v_{j,t} \tag{12-26}$$

式中,$EARN_{j,t+1}$,$EARN_{j,t}$分别表示公司j第$t+1$年和第t年标准化的盈余。模型(12-26)分公司按时间序列回归。回归系数$\varphi_{1,j}$越接近1,说明盈余具有越高的持续性;$\varphi_{1,j}$越接近0,说明盈余的持续性越低。

后续研究对模型(12-26)进行了扩展,将盈余分解为不同的组成部分,考察不同组成部分的持续性是否存在差异。Sloan(1996,TAR)将会计盈余分解成应计利润和经营活动现金净流量两部分,并通过未来会计盈余对应计利润和经营现金流的回归进行盈余质量的研究。Sloan 的研究发现,应计利润的系数小于经营活动现金净流量的系数,从而得出结论:在会计盈余的组成部分中,应计利润的持续性弱于经营活动现金净流量的持续性。因此,在当期会计盈余中,应计利润所占比重越高,表明盈余质量越低。

Xie(2001,TAR)将会计盈余中的应计利润进一步分解为操控性应计利润和非操控性应计利润两部分,发现应计利润更低的持续性主要来自操控性应计部分,从而认为应计利润较低的持续性是盈余管理导致的会计扭曲引起的。

Richardson et al.(2006,TAR)分析了包括营运资本应计在内的所有应计利润,并按可靠性进行定性的评价和分类。他们的研究结论表明,最不可靠的应计利润的持续性最差,并且市场对其错误定价的程度也最大。该研究进一步支持了应计利润的相对不可靠性导致其低持续性的观点。

盈余持续性指标也存在局限。Dechow et al.(2010,JAE)指出,由于盈余的持续性是由公司基本业绩和会计信息系统共同决定的,研究者很难将二者的作用区分开来。

(三)盈余的预测能力

盈余的预测能力(predictability)是美国财务会计准则委员会(FASB)概念框架体系中相关性的要素之一,因此从准则制定者角度来看,盈余的预测能力被认为是十分重要的盈余质量标准。

Lipe(1990,TAR)将盈余的预测能力界定为过去盈余预测未来盈余的能力,具体度量方式为模型(12-26)回归残差的标准差$\sqrt{\sigma^2(v_{j,t})}$,值越大则表示盈余的预测能力越弱,从而盈余质量越低。

从本质上讲,盈余预测能力和盈余持续性是从相同角度对盈余质量的度量。

(四)盈余平滑度

管理层刻意平滑盈余将导致会计盈余的及时性降低,从而会计盈余的信息含量也会降低。因此,盈余平滑度(smoothness)指标希望反映的行为便是管理层利用其对未来收益的私有信息,平滑当期利润中的暂时性波动,从而报告一个更具代表性的盈余数字。

盈余平滑度的典型测度方式为:经年初总资产($asset_{j,t-1}$)标准化的营业利润($OI_{j,t}$)标准差与经营活动现金净流量($CFO_{j,t}$)标准差之比(如 Leuz et al.,2003,JFE),即

$$\text{盈余平滑度} = \sigma(OI_{j,t}/asset_{j,t-1})/\sigma(CFO_{j,t}/asset_{j,t-1})$$

在计算标准差时,研究者一般采用十年期移动窗口。通过上式测度出的值越大,表示盈余平滑度越低。

盈余平滑度虽然希望反映管理层刻意平滑盈余的行为,但该指标本身的测度方式是中性的,难以区分到底是自然状态下的盈余时序特征还是管理层的刻意平滑行为(Dechow et al.,2010,JAE)。

(五)盈余波动性

与应计利润质量和盈余平滑度指标的假定类似,盈余波动性(earnings variability)越小,盈余质量越高。盈余波动性通常用盈余的标准差来衡量,比如 Dechow and Dichev(2002,TAR)用经平均总资产标准化的例外事项前净利润(net income before extraordinary items)的标准差度量盈余波动性,值越大表明盈余的波动程度越大。

Francis et al. (2004,TAR) 的数据结果表明,盈余波动性与应计利润质量的 Pearson(Spearman)相关系数为 0.77(0.84),盈余波动性与盈余平滑度的 Pearson(Spearman)相关系数为 0.57(0.66)。由于盈余波动性指标的度量方式较简单,而应计利润质量和盈余平滑度指标的测度方式较复杂,因此也有研究者用盈余波动性指标替代应计利润质量和盈余平滑度指标。

(六)盈余反应系数

盈余反应系数(earnings response coefficient,ERC)是指股票回报对水平盈余和增量盈余的回归系数。Holthausen and Verrecchia(1988,JAR)提供了盈余反应系数作为衡量盈余质量的直接代理变量的理论支撑。Teoh and Wong(1993,TAR)进一步分析了盈余反应系数与盈余传递信号精度之间的关系。分析结果表明,会计信息的可信性与盈余反应系数之间呈正相关关系。

股票回报对水平盈余和增量盈余的基本回归模型如下:

$$RET_{j,t} = \delta_{0,j} + \delta_{1,j} EARN_{j,t} + \delta_{2,j} \Delta EARN_{j,t} + \zeta_{j,t} \tag{12-27}$$

式中,$RET_{j,t}$ 为企业 j 第 t 年度结束 3 个月后起算的 15 个月内的累计回报[①];$EARN_{j,t}$ 为企业 j 第 t 年例外事项前净利润;$\Delta EARN_{j,t}$ 为企业 j 第 t 年例外事项前净利润的变化量。$EARN_{j,t}$ 与 $\Delta EARN_{j,t}$ 均采用上年年末总市值进行标准化。

对模型(12-27)进行横截面回归或时间序列回归,回归系数越大,表明股票回报越能反映会计基本业绩,从而盈余的信息含量越高。

早期的盈余反应系数研究试图考察和控制可能影响盈余反应系数的其他遗漏变量,后期的研究则倾向于考察那些导致盈余质量变化的中介变量,检验中介变量的增量盈余反应系数(比如国际四大会计师事务所审计的公司,ERC 是否更高;非审计服务费高的公司,ERC 是否更低)。Dechow et al. (2010,JAE) 指出,影响投资者反应的遗漏变量问题、计

[①] 在我国,法定的年报公布日为 1 月 1 日至 4 月 30 日,因此计算股票回报应从年度结束 4 个月后开始,也可采用季度回报。在事件研究中可能是短窗口期的累计股票超额回报。

算未预期盈余及股票超常回报过程中的测量误差问题，均会影响回归的结果（即盈余反应系数的准确度）。

（七）盈余不透明度

在一项跨国数据研究中，Bhattacharya et al.（2003，TAR）将盈余不透明度（earnings opacity）界定为公司报告的盈余分布不能真实反映（不可观测的）经济盈余分布的程度。该研究采用盈余激进度（earnings aggressiveness）、避免亏损（loss avoidance）、盈余平滑度的平均值来衡量。各细项指标度量如下：

（1）盈余激进度 $=TA_{j,t}/asset_{j,t-1}$。其中 TA 表示经年初总资产标准化的总应计利润。值越大表明盈余越激进，盈余透明度越差。

（2）避免亏损＝［微盈公司（$0\leqslant ROA\leqslant 1\%$）个数－微亏公司（$-1\%\leqslant ROA\leqslant 0$）个数］/［微盈公司（$0\leqslant ROA\leqslant 1\%$）个数＋微亏公司（$-1\%\leqslant ROA\leqslant 0$）个数］。值越大表明避免亏损的公司比重越高，某经济体的盈余透明度越差。

（3）盈余平滑度 $=\mathrm{Corr}(\Delta TA_t/asset_{t-1},\ \Delta CFO/asset_{t-1})$，表示总应计利润变化与经营活动现金净流量变化的相关系数。相关系数的负值越大，表明盈余透明度越差。

（八）盈余及时性

会计收益的目的是反映经济收益，因此及时性和稳健性成为盈余的另外两个重要特性（Ball et al.，2000，JAE）。Ball et al.（2000，JAE）将盈余及时性（timeliness）界定为当期会计收益反映经济收益的程度。及时性体现会计盈余对股票回报中包含的好消息和坏消息的反应能力。采用 Basu（1997，JAE）的模型如下：

$$EARN_{j,t}=\alpha_{0,j}+\alpha_{1,j}NEG_{j,t}+\beta_{1,j}RET_{j,t}+\beta_{2,j}NEG_{j,t}\times RET_{j,t}+\zeta_{j,t} \qquad (12-28)$$

式中，$EARN_{j,t}$ 表示公司在 t 期的每股收益（除以期初股价）；$NEG_{j,t}$ 是虚拟变量，当 $RET_{j,t}<0$ 时取值为1，否则取值为0；其他变量定义同前。

对模型（12-28）进行横截面回归，定义及时性为模型（12-28）回归的调整 R^2，值越大，盈余越及时，盈余质量越高。

（九）盈余稳健性

稳健性（conservatism）的含义是：按照稳健性原则的要求，会计师在财务报表中确认坏消息应比确认好消息具有更高的确认倾向，因此，盈余反映坏消息的程度比反映好消息的程度更大（Basu，1997，JAE）。Ball et al.（2000，JAE）则将稳健性界定为会计盈余反映经济损失（负的股票回报）和反映经济收益（正的经济回报）的差异。在盈余稳健性研究中，通常用模型（12-28）的回归系数 $(\beta_{1,j}+\beta_{2,j})/\beta_{1,j}$ 衡量稳健性，值越大，盈余的稳健性越高。

Watts（2003a，2003b，AH）从合同、股东诉讼、税收和会计监管角度对稳健性进行了解释，并回顾了关于稳健性的实证研究，同时指出未来关于稳健性的研究方向。Watts（2003a，AH）认为稳健性是盈余的一个非常值得研究的属性，因为稳健的财务报告限制了对利益相关者的过度支付。稳健性指标是从事后合同或者受托责任观来测度盈余质量。

采用会计基础的衡量指标，Penman and Zhang（2002，TAR）认为拥有越多账面无记录资产的公司越稳健。他们用"C-score=（后进先出储备＋估计的R&D资产＋估计的广告资产）/净资产"来衡量稳健性，值越大，盈余的稳健性越高。

Basu（1997，JAE）指出，稳健性对盈余质量的净效应是未知的，因为稳健性会导致坏消息期间的盈余持续性低于好消息期间的盈余持续性，而盈余持续性和盈余稳健性均影响盈余的决策有用性。Dechow et al.（2010，JAE）指出，盈余稳健性主要是基于（长时窗）股票市场回报的指标，而长时窗股票市场回报会受到诸多因素的影响，远非仅仅受到盈余质量的影响，因此，按照模型（12-28）估计出的稳健性能否真正反映盈余质量，还是存在局限的。

（十）财务重述

财务重述（financial restatements）是指上市公司在发现并纠正前期财务报告的差错时，重新表述以前公布的财务报告的行为。当发生财务重述时，意味着公司的盈余质量较低。

财务重述作为衡量盈余质量的一个指标，优点是研究者不必再使用模型把低质量的公司区分出来，缺点是受到公司重述公告的信息披露完整性的较大限制。

（十一）内部控制缺陷报告

《萨班斯-奥克斯利法案》要求公司年报中包含管理层对内部控制有效性的评估，注册会计师则需要就管理层对内部控制的有效性评估进行鉴证。相应地，研究者有机会识别出公司管理层或注册会计师报告的内部控制缺陷。

有研究表明，内部控制质量与操纵性应计利润、盈余持续性等盈余质量指标之间存在显著的正相关关系（Doyle et al.，2007，JAE；Ashbaugh-Skaife et al.，2008，TAR）。因此，内部控制缺陷报告成为衡量盈余质量的指标之一。

同财务重述指标类似，内部控制缺陷报告作为衡量盈余质量指标的优势在于具有较好的公认性，而不足则是容易受到公司和注册会计师报告完整性的较大限制。

本章结语

会计信息的产生和报告过程影响了财务报告的透明度，最终影响到整个资本市场的运行效率。因此，研究会计信息如何受到管理层行为的影响，以及会计信息披露后如何影响资本市场参与者的行为，一直受到学术界、实务界和监管者的关注。本章围绕一项受到最广泛关注的会计信息（即会计盈余），讨论了财务会计信息的生成（盈余管理）、披露（管理层盈余预测）、外部利用（分析师预测）、经济后果（价值相关性）以及质量评价（盈余质量）等重要环节和议题的主要研究方法，包括核心概念的构建和度量，以及实证模型，以便于读者对财务会计研究领域的理解和拓展。

需要说明的是，在对会计盈余信息进行质量评价和进一步应用时，应注意到，盈余质量具有多种特征和评价维度，对盈余质量不同特征的关注将导致不同的界定和度量方法。

研究者在使用各个盈余质量指标时，应根据具体关注的研究目标、盈余特征以及特定指标的构造原理选取适当的衡量指标，而不宜简单堆砌指标或随意选取使用。

本章参考文献

Ajinkya, B., S. Bhojraj, and P. R. Sengupta. The Association between Outside Directors, Institutional Investors and the Properties of Management Earnings Forecasts. *Journal of Accounting Research*, 2005, 43 (3): 343-376.

Alford, A., J. Jones, R. Leftwich, and M. Zmijewski. The Relative Informativeness of Accounting Disclosures in Different Countries. *Journal of Accounting Research*, 1993, 31 (3): 183-223.

Amir, E., T. S. Harris, and E. K. Venuti. A Comparison of the Value-Relevance of U. S. versus Non-U. S. GAAP Accounting Measures Using Form 20-F Reconciliations. *Journal of Accounting Research*, 1993, 31 (3): 230-264.

Ashbaugh-Skaife, H., D. Collins, W. Kinney, and R. LaFond. The Effect of SOX Internal Control Deficiencies and Their Remediation on Accrual Quality. *The Accounting Review*, 2008 (83): 217-250.

Atiase, R., H. Li, S. Supattarakul, and S. Tse. Market Reaction to Multiple Contemporaneous Earnings Signals: Earnings Announcements and Future Earnings Guidance. *Review of Accounting Studies*, 2005, 10 (4): 497-525.

Baginski, S. P., J. M. Hassell, and M. D. Kimbrough. The Effect of Legal Environment on Voluntary Disclosure: Evidence from Management Earnings Forecasts Issued in U. S. and Canadian Markets. *The Accounting Review*, 2002, 77 (1): 25-50.

Ball, R., and P. Brown. An Empirical Evaluation of Accounting Income Numbers. *Journal of Accounting Research*, 1968, 6 (2): 159-178.

Ball, R., S. P. Kothari, and A. Robin. The Effect of International Institutional Factors on Properties of Accounting Earnings. *Journal of Accounting and Economics*, 2000 (29): 1-51.

Bamber, L. S., and Y. S. Cheon. Discretionary Management Earnings Forecast Disclosures: Antecedents and Outcomes Associated with Forecast Venue and Forecast Specificity Choices. *Journal of Accounting Research*, 1998, 36 (2): 167-190.

Barth, M. E. Valuation-based Accounting Research: Implications for Financial Reporting and Opportunities for Future Research. *Accounting & Finance*, 2000, 40 (1): 7-31.

Barth, M. E., W. H. Beaver, and W. R. Landsman. The Relevance of the Value Relevance Literature for Financial Accounting Standard Setting: Another View. *Journal of Accounting and Economics*, 2001, 31 (1-3): 77-104.

Basu, S. The Conservatism Principle and the Asymmetric Timeliness of Earnings. *Journal of Accounting and Economics*, 1997 (24): 3-37.

Beaver, W. H. *Financial Reporting: An Accounting Revolution*. Engelwood Cliffs: Prentice-Hall, 1998.

Berger, P. G. Explicit and Implicit Tax Effects of the R&D Tax Credit. *Journal of Accounting Research*, 1993, 31 (2): 131-171.

Beyer, A., D. A. Cohen, T. Z. Lys, and B. R. Walther. The Financial Reporting Environment: Review of the Recent Literature. *Journal of Accounting and Economics*, 2010, 50 (2-3): 296-343.

Bhattacharya, U., H. Daouk, and M. Welker. The World Pricing of Earnings Opacity. *The Accounting Review*, 2003 (78): 641-678.

Bhushan, R. Firm Characteristics and Analyst Following. *Journal of Accounting and Economics*, 1989, 11 (2—3): 255-274.

Brav, A., and R. Lehavy. An Empirical Analysis of Analysts' Target Prices: Short-term Informativeness and Long-term Dynamics. *Journal of Finance*, 2003, 58 (5): 1933—1968.

Burgstahler, D., and I. Dichev. Earnings Management to Avoid Earnings Decreases and Losses. *Journal of Accounting and Economics*, 1997, 24 (1): 99-126.

Christie, A. A. On Cross-Sectional Analysis in Accounting Research. *Journal of Accounting and Economics*, 1987, 9 (3): 231-258.

Clarkson, P. M. Auditor Quality and the Accuracy of Management Earnings Forecasts. *Contemporary Accounting Research*, 2000, 17 (4): 595-622.

DeAngelo, L. Accounting Numbers as Market Valuation Substitutes: A Study of Management Buyouts of Public Stockholders. *The Accounting Review*, 1986, 61 (3): 400-420.

Dechow, P. M., and I. D. Dichev. The Quality of Accruals and Earnings: The Role of Accrual Estimation Errors. *The Accounting Review*, 2002, 77 (Supplement): 35-59.

Dechow, P. M., W. Ge, and C. Schrand. Understanding Earnings Quality—A Review of the Proxies, Their Determinants and Their Consequences. *Journal of Accounting and Economics*, 2010, 50 (2—3): 344-401.

Dechow, P. M., S. P. Kothari, and R. L. Watts. The Relation between Earnings and Cash Flows. *Journal of Accounting and Economics*, 1998, 25 (2): 133-168.

Dechow, P. M., and R. G. Sloan. Detecting Earnings Management. *The Accounting Review*, 1995, 70 (2): 193-225.

Doyle, J., W. Ge, and S. McVay. Determinants of Weaknesses in Internal Control over Financial Reporting. *Journal of Accounting and Economics*, 2007 (44): 193-223.

Ewert, R., and A. Wagenhofer. Economic Effects of Tightening Accounting Standards to Restrict Earnings Management. *The Accounting Review*, 2005, 80 (4): 1101-1124.

Francis, J., R. LaFond, P. Olsson, and K. Schipper. Costs of Equity and Earnings Attributes. *The Accounting Review*, 2004 (79): 967-1010.

Francis, J., R. LaFond, P. Olsson, and K. Schipper. The Market Pricing of Accruals Quality. *Journal of Accounting and Economics*, 2005 (39): 295-327.

Francis, J., P. Olsson, and K. Schipper. Earnings Quality. *Foundation and Trends in Accounting*, 2006 (1): 259-340.

Francis, J., and L. Soffer. The Relative Informativeness of Analysts' Stock Recommendations and Earnings Forecast Revisions. *Journal of Accounting Research*, 1997, 35 (2): 193-211.

Gleason, C. A., and C. M. Lee. Analyst Forecast Revisions and Market Price Discovery. *The Accounting Review*, 2003, 78 (1): 193-225.

Gong, G., L. Yue Li, and H. Xie. The Association between Management Earnings Forecast Errors and Accruals. *The Accounting Review*, 2009, 84 (2): 497-530.

Gunny, K. The Relation between Earnings Management Using Real Activities Manipulation and Future Performance: Evidence from Meeting Earnings Benchmarks. *Contemporary Accounting Research*, 2010, 27 (3): 855-888.

Hayn, C. The Information Content of Losses. *Journal of Accounting and Economics*, 1995, 20 (2):

125 - 153.

Healy, P. M. The Effect of Bonus Schemes on Accounting Decision. *Journal of Accounting and Economics*, 1985, 7 (1 - 3): 85 - 107.

Healy, P. M., and J. M. Wahlen. A Review of the Earnings Management Literature and Its Implications for Standard Setting. *Accounting Horizons*, 1999, 13 (4): 365 - 383.

Healy, P. M., and K. G. Palepu. Information Asymmetry, Corporate Disclosure, and the Capital Markets: A Review of the Empirical Disclosure Literature. *Journal of Accounting and Economics*, 2001 (31): 405 - 440.

Holthausen, R., and R. Verrecchia. The Effect of Sequential Information Releases on the Variance of Price Changes in an Intertemporal Multi-asset Market. *Journal of Accounting Research*, 1988 (26): 82 - 106.

Hribar, P., N. T. Jenkins, and W. B. Johnson. Stock Repurchases as An Earnings Management Device. *Journal of Accounting and Economics*, 2006, 41 (1 - 2): 3 - 27.

Hui, K. W., S. Matsunaga, and D. Morse. The Impact of Conservatism on Management Earnings Forecasts. *Journal of Accounting and Economics*, 2009, 47 (3): 192 - 207.

Hutton, A. P. Determinants of Managerial Earnings Guidance Prior to Regulation Fair Disclosure and Bias in Analysts' Earnings Forecasts. *Contemporary Accounting Research*, 2005, 22 (4): 867 - 914.

Jones, J. J. Earnings Management During Import Relief Investigations. *Journal of Accounting Research*, 1991, 29 (2): 193 - 228.

Karamanou, I., and N. Vafeas. The Association between Corporate Boards, Audit Committees, and Management Earnings Forecasts: An Empirical Analysis. *Journal of Accounting Research*, 2005, 43 (3): 453 - 486.

King, R., G. Pownall, and G. Waymire. Expectations Adjustment via Timely Management Forecasts: Review, Synthesis, and Suggestions for Future Research. *Journal of Accounting Literature*, 1990, 9 (1): 113.

Kormendi, R., and R. Lipe. Earnings Innovations, Earnings Persistence and Stock Returns. *Journal of Business*, 1987 (60): 324 - 345.

Kothari, S. P., A. J. Leone, and C. E. Wasley. Performance Matched Discretionary Accrual Measures. *Journal of Accounting and Economics*, 2005, 39 (1): 163 - 197.

Kothari, S. P., and J. L. Zimmerman. Price and Return Models. *Journal of Accounting and Economics*, 1995, 20 (2): 155 - 192.

Kross, W. J., B. T. Ro, and I. Suk. Consistency in Meeting or Beating Earnings Expectations and Management Earnings Forecasts. *Journal of Accounting and Economics*, 2011, 51 (1 - 2): 37 - 57.

Leuz, C., D. Nanda, and P. D. Wysocki. Earnings Management and Investor Protection: An International Comparison. *Journal of Financial Economics*, 2003 (69): 505 - 527.

Lipe, R. The Relation between Stock Returns and Accounting Earnings Given Alterative Information. *The Accounting Review*, 1990 (65): 49 - 71.

McAnally, M. L., A. Srivastava, and C. D. Weaver. Executive Stock Options, Missed Earnings Targets, and Earnings Management. *The Accounting Review*, 2008, 83 (1): 185 - 216.

McConomy, B. J. Bias and Accuracy of Management Earnings Forecasts: An Evaluation of the Impact of Auditing. *Contemporary Accounting Research*, 1998, 15 (2): 167 - 195.

McNichols, M. F. Research Design Issues in Earnings Management Studies. *Journal of Accounting and Public Policy*, 2000, 19 (4 - 5): 313 - 345.

McNichols, M. Discussion of the Quality of Accruals and Earnings: The Role of Accrual Estimation Errors. *The Accounting Review*, 2002, 77 (Supplement): 61-69.

Ohlson, J. A. Earnings, Book Values, and Dividends in Equity Valuation. *Contemporary Accounting Research*, 1995, 11 (2): 661-687.

Ohlson, J. A. On Transitory Earnings. *Review of Accounting Studies*, 1999, 4 (3): 145-162.

Penman, S., and X-J. Zhang. Accounting Conservatism, the Quality of Earnings and Stock Returns. *The Accounting Review*, 2002 (77): 237-264.

Perry, S., and R. Grinaker. Earnings Expectations and Discretionary Research and Development Spending. *Accounting Horizons*, 1994, 8 (4): 43-51.

Richardson, S. A., R. G. Sloan, M. T. Soliman, and I. Tuna. The Implications of Accounting Distortions and Growth for Accruals and Profitability. *The Accounting Review*, 2006 (81): 713-743.

Roychowdhury, S. Earnings Management through Real Activities Manipulation. *Journal of Accounting and Economics*, 2006, 42 (3): 335-370.

Sloan, R. Do Stock Prices Fully Reflect Information in Accruals and Cash Flows about Future Earnings? . *The Accounting Review*, 1996 (71): 289-315.

Teoh, S. H., and T. J. Wong. Perceived Auditor Quality and the Earnings Response Coefficient. *The Accounting Review*, 1993 (68): 346-366.

Watts, R. Conservatism in Accounting. Part I: Explanations and Implications. *Accounting Horizons*, 2003a (17): 207-221.

Watts, R. Conservatism in Accounting. Part II: Evidence and Research Opportunities. *Accounting Horizons*, 2003b (17): 287-301.

Waymire, G. Additional Evidence on the Information Content of Management Earnings Forecasts. *Journal of Accounting Research*, 1984, 22 (2): 703-718.

Xie, H. The Mispricing of Abnormal Accruals. *The Accounting Review*, 2001 (76): 357-373.

Xu, W. Evidence That Management Earnings Forecasts Do Not Fully Incorporate Information in Prior Forecast Errors. *Journal of Business Finance & Accounting*, 2009, 36 (7/8): 822-837.

Xu, W. Do Management Earnings Forecasts Incorporate Information in Accruals? . *Journal of Accounting and Economics*, 2010, 49 (3): 227-246.

第十三章　财务管理领域的研究方法应用

本章大纲

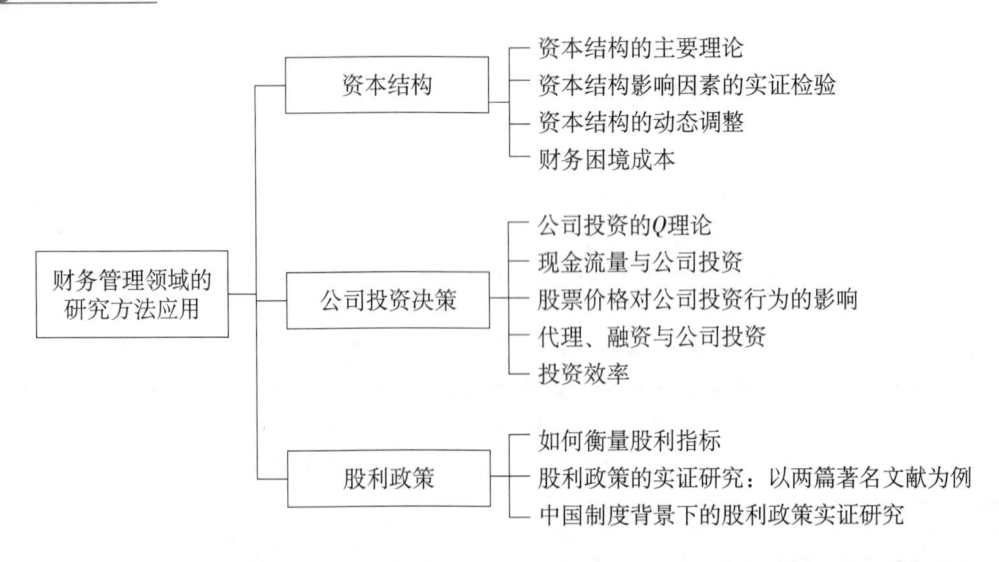

- 财务管理领域的研究方法应用
  - 资本结构
    - 资本结构的主要理论
    - 资本结构影响因素的实证检验
    - 资本结构的动态调整
    - 财务困境成本
  - 公司投资决策
    - 公司投资的 Q 理论
    - 现金流量与公司投资
    - 股票价格对公司投资行为的影响
    - 代理、融资与公司投资
    - 投资效率
  - 股利政策
    - 如何衡量股利指标
    - 股利政策的实证研究：以两篇著名文献为例
    - 中国制度背景下的股利政策实证研究

> 财务管理领域的议题非常多，包括资本结构、公司投资、股利政策、财务困境、证券发行、并购重组、金融中介、公司治理等多个方面，其中最常见的是资本结构、公司投资与股利政策三个议题，其他议题也与这三个议题密切相关。例如，财务困境及证券发行与资本结构相关，并购重组可以看作公司投资行为的一个方面，而公司治理研究则在这三个议题中都有所涉及。限于篇幅，本章主要介绍资本结构、公司投资与股利政策三个常见议题的实证研究方法。当然，其他议题的相关研究也会有所涉及。

第一节 资本结构

在诸多财务管理议题中,与资本结构相关的研究最为丰富。关于资本结构的综述文献可以参见 Myers(2003),Frank and Goyal(2006),Graham(2006),Hotchkiss et al.(2006)等。本节主要对相关文献中的实证研究方法进行归纳。

一、资本结构的主要理论

自从 Modigliani 和 Miller 于 1958 年提出奠基性的 MM 理论之后,各类资本结构理论可谓层出不穷,但相关讨论与实证检验较多的理论主要是 MM 理论、权衡理论、代理理论与融资优序理论,本部分对这些理论先进行简要介绍。

(一) MM 理论

Modigliani and Miller(1958,AER)提出了著名的 MM 理论(即资本结构无关论),标志着现代公司财务理论的开端。Modigliani 和 Miller 在一系列严格假设之下证明,公司价值与债务比例无关。MM 理论的基本假设包括:

第一,投资者对公司未来的盈利与风险具有完全相同的预期。

第二,公司的经营风险可以度量,并据此将公司划分为各个风险等级,同一风险等级适用相同折现率。

第三,企业未来的现金流是永续的。

第四,资本市场是完美的,即市场完全竞争、投资者个人可以按与企业完全相同的条件借债、市场参与者的信息对称、没有交易费用、没有所得税。

由于该理论没有考虑所得税,也常称为无税 MM 理论。该理论的假设非常严格,其结论与现实的差距很大。Modigliani and Miller(1963,AER)在此基础之上放宽了关于公司所得税的假设,提出了有税 MM 理论。在其他假设不变的情况下,他们证明,当存在公司所得税时,由于公司的债务融资可以带来税盾(tax shield)利益,公司价值与债务比例正相关。

(二) 权衡理论

无税和有税 MM 理论的结论都与现实明显不符:如果公司价值与债务比例无关,为何现实中的公司会关注资本结构决策?如果公司价值与债务比例完全正相关,为何现实中的公司不会完全采用债务融资?理论与现实相悖的根源在于 MM 理论的假设过于严格。

Kraus and Litzenberger(1973,JF)等在放宽 MM 理论假设的基础之上提出了权衡理论。他们认为,在现实中公司可能会发生财务困境,甚至破产,从而产生财务困境成本,损害公司价值。

公司可以利用债务的税盾利益增加公司价值[①],但随着债务比例的上升,公司陷入财务困境的可能性增大,财务困境成本将随之增高,因此公司应权衡债务的税盾利益与财务困境成本之间的利弊,选择最优的债务比例。由此,权衡理论认为,公司价值与债务比例之间呈倒U形关系,公司存在最优的债务比例。当债务比例较低时,债务的税盾利益占主导,债务比例与公司价值正相关;当债务比例较高时,财务困境成本占主导,债务比例与公司价值负相关。其中转折点即为最优的债务比例,此时公司价值最大。

(三) 代理理论

Jensen and Meckling(1976,JFE)将代理问题纳入资本结构分析框架,提出了关于资本结构选择的代理理论。

Jensen 和 Meckling 指出,由于经理人与股东的效用函数不一致,以及二者之间存在信息不对称,经理人会发生以股东利益为代价谋取私利的行为,例如,在职消费、懈怠、盲目扩张构建"帝国"。这些代理问题导致的委托人监督成本、代理人担保成本以及剩余损失称为(股权)代理成本。随着公司债务比例的上升,经理人受到较强的债务约束,股权代理成本会下降,但此时债务代理成本会随之上升。常见的债务代理成本包括过度投资[②]、投资不足[③]以及资产转移。由此,公司应该对股权代理成本与债务代理成本进行权衡,选择使两类代理成本之和最低的债务比例。代理理论也认为公司价值与债务比例之间呈倒U形关系,公司存在最优的债务比例。[④]

(四) 融资优序理论

Myers and Majluf(1984,JFE)与 Myers(1984,JF)放松了完美资本市场假设中的信息对称假设,提出了融资优序理论。[⑤]

Myers 和 Majluf 假设外部投资者与公司内部人之间存在信息不对称,外部投资者不了解公司当前资产与未来成长机会的价值。他们推导出如下分离均衡:股票价值被高估的公司倾向于选择增发股票进行融资,而股票价值被低估的公司倾向于不增发股票。外部投资者可以据此推断增发股票的公司的股票价值更可能被高估,因而市场针对公司增发股票的理性反应是股价下跌。如果公司可以进行债务融资,此时存在一个混同均衡,不同类型的公司都会选择债务融资,市场也就无法据此区分公司类型,因而公司的市场价值不会发生变化。由此,公司需要资金时将首先选择内部资金,然后是债务融资,最后才是外部股权融资,从而形成鲜明的融资等级顺序。

二、资本结构影响因素的实证检验

根据前述资本结构主要理论,影响资本结构的因素非常复杂,所有与公司税收、财务

[①] 这是有税 MM 理论的结论。
[②] 指企业投资净现值为负的高风险项目。
[③] 指企业放弃净现值为正的项目。
[④] 资本结构的代理理论有时也被当作一种新的权衡理论。
[⑤] 虽然信息不对称时存在代理问题,但该理论不予考虑,而是假设经理人将最大化当前股东的利益。

困境成本、代理成本以及信息不对称相关的因素都会影响公司资本结构的选择。[①] 本部分首先讨论财务杠杆的度量问题，然后主要介绍税、规模、盈利能力、成长性、有形资产比例以及风险六个相关研究最为丰富的资本结构影响因素。

(一) 财务杠杆的度量

资本结构是指公司各种资本来源的比例关系，可以通过财务杠杆予以反映。财务杠杆一般定义为债务与总资产之比，但还存在两方面的选择问题：一是使用账面杠杆还是市场杠杆；二是使用附息债务还是全部负债。

账面杠杆是以账面价值度量的债务与总资产之比，而市场杠杆是以市场价值度量的二者之比。由于账面价值是回顾性的（backward-looking），而市场价值是前瞻性的（forward-looking），因此账面杠杆与市场杠杆很不一致（Barclay et al., 2006, JB）。究竟哪种财务杠杆更能反映公司的杠杆水平，文献之间并不统一。Myers（1977, JFE）认为经理人主要关注账面杠杆，而 Welch（2004, JPE）则主张使用市场杠杆。基于稳健性的考虑，许多资本结构实证文献同时使用两种度量，如 Frank and Goyal（2009, FM），或以其中一种作为主要测试，而另一种作为稳健性测试。

另一个问题是债务内容的界定。就资本结构理论而言，这里的债务只应包括附息债务。[②] 绝大多数研究西方市场的国际文献都使用附息债务度量财务杠杆，部分文献也使用长期（附息）债务[③]。中国企业比较特殊，应付款项在融资结构中所占的比重很高，因而研究中国企业资本结构的文献常常使用全部负债[④]度量财务杠杆，或者同时使用附息债务与全部负债进行度量，例如 Huang and Song（2006, CER）、Wu and Yue（2009, JBF）。

(二) 税

理论上，税是影响公司资本结构选择的重要因素之一。根据权衡理论可以推断，公司税率与财务杠杆正相关。由于理论上影响资本结构的是边际税率，因此检验税与资本结构相关性的常见方法就是直接度量公司的边际税率。然而，现实中各国税法往往规定允许纳税亏损转回（tax loss carryback）或纳税亏损递延（tax loss carryforward）[⑤]，导致边际税率不同于根据当年实际纳税计算得出的平均税率。

Shevlin（1987, TAR；1990, JATA）采用如下模拟方法对边际税率进行估计[⑥]：

第一，计算每个企业历史收益[⑦]变化的均值与方差。

第二，假定收益变化服从正态分布，根据历史均值与方差信息，预测企业未来年度各种可能情况下的收益。

第三，基于预测的未来收益，考虑纳税亏损转回与纳税亏损递延后计算各种情况下税

---

① Frank and Goyal（2009, FM）对大量影响资本结构的因素进行了非常详尽的讨论。
② 附息债务与"debt"相对应，在我国财务报表体系中主要包括短期借款、一年内到期的长期负债、长期借款、应付债券、长期应付款等项目。
③ 也称为长期财务杠杆。
④ 全部负债与"liabilities"相对应。
⑤ 我国主要存在纳税亏损递延问题。
⑥ 以下对该方法的介绍参考了 Graham（2006）的归纳。
⑦ 这里的收益是指应税收入（taxable income）。

负的现值。

第四，假设当年收益增加 1 美元，然后重新计算各种情况下税负的现值，与第三步相比新增的税负现值即为边际税率。

第五，计算各种情况下边际税率的数学期望，此即为企业当年的边际税率。

由于该方法需要较长期的时间序列数据，对许多企业而言无法计算。Graham（1996b，JFE）提出了一种简易方法，即设定一项代表企业边际税率水平的变量，当企业应税收入为正且没有纳税亏损转回时，该变量取值为企业最高的法定税率；当企业存在应税收入为负或纳税亏损转回两种情况中的一种时，该变量取值为企业最高的法定税率的 1/2；当企业应税收入为负且存在纳税亏损转回时，该变量取值为 0。Graham（1996a，JFE），Graham et al.（1998，JF）等研究提供了企业边际税率与财务杠杆正相关的经验证据，支持权衡理论。

也有一些文献直接检验平均税率对资本结构的影响，例如 Huang and Song（2006，CER），将所得税费用除以税前利润得到平均税率。

许多文献则通过检验非债务税盾与资本结构的相关性来间接推断税收对资本结构的影响，如 Bradley et al.（1984，JF）和 Titman and Wessels（1988，JF）。非债务税盾的常见度量方法是企业当年折旧费用除以总资产。

还有一些文献检验了税收制度改革对企业财务杠杆变化的影响，例如 Givoly et al.（1992，RFS）和 Wu and Yue（2009，JBF），研究发现，税收制度改革之后税率下降的企业会选择更低的财务杠杆水平。由于这里的税率变化是外生的，有助于解决边际税率的内生性问题。

（三）规模

大规模公司更具财务弹性，可以多元化经营，存在更低的违约风险，因而财务困境成本相对较低。根据权衡理论，公司规模应该与财务杠杆正相关。

最常见的规模度量方法是销售收入或总资产的自然对数，如 Titman and Wessels（1988，JF）和 Rajan and Zingales（1995，JF）。也有文献以公司年龄度量规模，如 Frank and Goyal（2009，FM）。大多数经验文献的结果都表明公司规模与财务杠杆正相关，支持权衡理论。

（四）盈利能力

权衡理论与代理理论都预测盈利能力与财务杠杆正相关。第一，盈利能力较强的公司具有更低的违约风险，因而财务困境成本更低；第二，盈利能力较强时公司的应税收入更多，债务融资可以带来更大的税盾利益；第三，盈利能力较强的公司存在更多的自由现金流，需要更多的债务融资以降低股权代理成本。

然而，盈利能力越强的公司，其内部现金流往往也越充足，外部融资的需求就越小，根据融资优序理论，公司的外部债务融资也就越少。[①] 也就是说，融资优序理论预测盈利能力与财务杠杆负相关。

---

① 假设公司投资规模与股利政策既定。

最常见的盈利能力度量指标是总资产报酬率（ROA），它等于公司盈利与总资产之比，其中用于计算该比率的盈利一般是息税前利润或息税折旧摊销前利润，如 Titman and Wessels（1988，JF）。绝大部分实证结果都表明公司盈利能力与财务杠杆负相关，支持融资优序理论。

（五）成长性

高成长性公司的财务困境成本更高。一方面，高成长性公司的未来投资机会较多，一旦公司陷入财务困境将导致更大的价值损失；另一方面，高成长性公司陷入财务困境时更容易发生投资不足与资产替代问题，具有更高的债务代理成本。因此权衡理论预测公司成长性与财务杠杆负相关。代理理论也具有相同的预测。高成长性公司的自由现金流较少，对于使用债务融资降低股权代理成本的需求也较少，因而高成长性公司应该选择较低的财务杠杆。

常见的成长性度量指标主要有三种：一是资产的市值与账面价值之比（market-to-book ratio），如 Rajan and Zingales（1995，JF）；二是资产增长率或销售增长率，如 Frank and Goyal（2009，FM）；三是资本支出与总资产之比或研发费用与销售收入之比，如 Titman and Wessels（1988，JF）。大多数经验文献都发现公司成长性与财务杠杆负相关，与权衡理论及代理理论的预测一致。

（六）有形资产比例

对于有形资产比例较高的公司，陷入财务困境时变现资产所导致的损失较小，并且此时资产的担保价值较高，为债务提供担保有助于降低债务代理成本（Myers，1977，JFE）。由此，有形资产比例较高的公司具有更低的财务困境成本。权衡理论预测有形资产比例与财务杠杆正相关。

相关文献度量有形资产比例的常见指标是固定资产与总资产之比，如 Rajan and Zingales（1995，JF）；也有一些文献以固定资产和存货之和占总资产之比来度量，如 Titman and Wessels（1988，JF）。大多数经验证据都表明公司有形资产比例与财务杠杆正相关，尤其是与长期财务杠杆的相关性更强，支持权衡理论的推断。

（七）风险

高风险公司的价值波动较大，陷入财务困境的可能性也更大，而且高风险公司处于财务困境时更容易发生资产替代问题，因此高风险公司的财务困境成本较高，权衡理论预测风险与财务杠杆负相关。

常见的风险度量方法是盈利的波动，但计算方法略有差异。例如，Bradley et al.（1984，JF）以息税前利润变化的标准差与总资产之比度量风险，Titman and Wessels（1988，JF）的度量方法则是营业利润增长率的标准差，而 Huang and Song（2006，CER）以资产报酬率的标准差来度量风险。也有一些文献以市场指标度量风险，例如 Frank and Goyal（2009，FM）以通过股票收益率与财务杠杆换算的资产的市场收益率的方差来度量风险。

已有文献对于风险与财务杠杆相关性的实证结果不太一致，有些文献发现二者显著负相关,如 Bradley et al.(1984,JF),但其他很多文献并没有发现二者之间存在显著的相关性。

三、资本结构的动态调整

根据权衡理论,公司存在最优资本结构,并且取决于债务融资的税盾利益与财务困境成本之间的权衡。然而,现实中由于资本结构的调整存在成本,公司无法瞬时达到目标资本结构,而是逐渐向其调整。

关于公司资本结构动态调整的研究主要集中于三个方面:一是公司资本结构是否存在向目标资本结构动态调整的现象;二是公司如何调整其资本结构;三是公司资本结构调整速度的影响因素。

(一)资本结构的动态调整现象

公司资本结构向目标资本结构逐渐动态调整的现象也称为资本结构的均值反转。对该现象的实证检验主要包括两步:第一步是估计目标资本结构;第二步是检验公司资本结构是否向目标资本结构调整。

尽管权衡理论认为公司存在目标资本结构,但现实中无法进行观测,因此必须使用一些方法对之进行估计。常用的方法主要有两种:一是使用历史财务杠杆的平均水平度量目标资本结构,这在早期文献中比较常见,如 Taggart(1977,JF)与 Sunder and Myers(1999,JFE)[①];二是构建资本结构决定因素的回归模型,以模型因变量的估计值作为目标资本结构的度量,近期文献一般使用该方法进行估计,如 Fama and French(2002,RFS)与 Hovakimian et al.(2001,JFQA)。该回归模型可以表示如下:

$$L_{it} = \beta X_{it} + \varepsilon_{it} \qquad (13-1)$$

式中,因变量 L 为财务杠杆;X 为影响资本结构的主要因素,具体如本节第二部分所述。因变量 L 的估计值即为目标资本结构。

为了检验公司是否向目标资本结构进行调整,第二步需要估计一个部分调整模型,即由于调整成本的存在,公司不能立即调整到最优资本结构,而是部分逐渐调整(Fama and French,2002,RFS)。标准的部分调整模型可以表示如下:

$$L_{it} - L_{it-1} = \delta(L_{it}^* - L_{it-1}) + \varepsilon_{it} \qquad (13-2)$$

式中,L^* 表示目标资本结构,即为模型(13-1)因变量的估计值;参数 δ 的估计值可反映资本结构调整的速度和方向。

Flannery and Rangan(2006,JFE)将模型(13-1)代入模型(13-2)后得到如下模型[②]:

$$L_{it} = \beta \delta X_{it} + (1-\delta) L_{it-1} + \varepsilon_{it} \qquad (13-3)$$

参数 δ 同样反映了资本结构调整的速度,故也可以直接对模型(13-3)进行估计。

---

① 因为目标资本结构随时间发生变化,这种方法存在较大问题。
② Flannery and Rangan(2006)使用当期公司特征变量预测下期目标资本结构。

（二）资本结构的调整方式

企业究竟通过什么方式调整资本结构是另一个重要议题。Hovakimian et al.（2001，JFQA）首先利用模型（13-1）估计目标资本结构，然后以公司的外部融资方式选择为因变量，构建 Logit 模型检验公司是否通过发行债务或股权对资本结构进行调整以达到目标资本结构。

Hovakimian et al.（2001，JFQA）发现，财务杠杆低于目标资本结构水平时，企业会发行债务以提高财务杠杆水平；反之，财务杠杆高于目标资本结构水平时，企业则会减少债务以降低财务杠杆水平。他们还发现，企业减少债务的调整速度要大于发行债务的速度。

（三）资本结构调整速度的影响因素

尽管大多数文献都发现公司资本结构确实存在向目标资本结构调整的现象，但关于调整速度的实证结果并不一致。Fama and French（2002，RFS）发现公司资本结构的调整速度很慢，而 Flannery and Rangan（2006，JFE）的实证结果则表明公司资本结构的调整速度非常快。大量文献进而检验影响资本结构调整速度的主要因素。这种检验需要构建如下资本结构调整速度的影响因素模型：

$$\delta_{it} = \lambda Y_{it} + \varepsilon_{it} \tag{13-4}$$

式中，Y 为资本结构调整速度的影响因素。对模型（13-1）、模型（13-2）和模型（13-4）进行估计即可考察哪些因素影响了资本结构的调整速度。

已有文献研究发现，影响资本结构调整速度的因素主要包括：公司规模（Jalilvand and Harris，1984，JF）、盈利能力（Byoun，2005）、成长性（Byoun，2005）、股票市场状况（Jalilvand and Harris，1984，JF）、利率水平（Jalilvand and Harris，1984，JF）、上市时间（Pittman and Klassen，2001，JATA）、调整成本（Faulkender et al.，2009）、财务约束（Faulkender et al.，2009），以及投资者保护（Wanzenried，2006，EJF）。

四、财务困境成本

如果企业发生违约或存在违约可能性，企业的资产价值将遭受损失，经营和销售也因此受到影响，此时就会发生财务困境成本（Hotchkiss et al.，2006）。财务困境成本包括直接成本与间接成本。前者主要是与破产相关的律师费、行政管理费等费用，后者则包括财务困境导致的经营受损、销售下滑，以及投资不足、资产替代、资产转移等债务代理成本。

根据权衡理论，财务困境成本是影响企业资本结构选择的关键因素，但现实中财务困境成本究竟是否重要是一个值得考察的实证问题。

（一）财务困境的直接成本

Warner（1977，JF）是第一篇度量财务困境直接成本的文献，Altman（1984，JF）和 Weiss（1990，JFE）等后续文献也对之进行了深入研究。[①] 为了度量财务困境的直接成

[①] Hotchkiss et al.（2006）对这些文献做了详细综述。

本，一般选择发生破产、重组或清算的公司作为样本，与之前正常经营时期相比，这些公司因破产（重组、清算）失去的资产价值即为财务困境的直接成本。不过尽管度量方法比较类似，实证结果的差异却很大。这些文献研究表明，财务困境的直接成本占公司价值的比例大致处于1%~10%之间。总的来说，他们认为，与债务融资的税盾利益相比这些成本显得不太重要。

（二）财务困境的间接成本

不同于财务困境的直接成本，即使公司没有真正破产也可能发生财务困境的间接成本。Altman（1984，JF）首次对财务困境的间接成本进行了度量，Opler and Titman（1994，JF），Andrade and Kaplan（1998，JF），Lang and Stulz（1992，JFE）等后续文献也从各种角度考察了财务困境的间接成本。常见的财务困境间接成本度量方法主要有以下三种：

第一种方法是直接考察公司在财务困境期间损失的业绩。财务困境、业绩指标与业绩标准的界定都存在许多选择。比如，Altman（1984，JF）将公司破产之前的3年界定为财务困境期间。也有许多文献将公司连续多年息税（折旧、摊销）前利润低于利息支出界定为财务困境。业绩指标一般包括会计利润与销售指标（Altman，1984，JF），一些文献也考察了资本支出、股票市场回报率等指标。业绩标准一般包括四类：行业平均业绩、分析师预测的业绩、公司正常经营期间的业绩以及配对公司的业绩。

第一种方法的问题是难以区分财务困境与经济困境的影响，研究人员观测到的业绩损失可能是公司本身经营不力的结果[①]而非财务困境的后果。Andrade and Kaplan（1998，JF）选择正常经营的公司进行高杠杆交易（如杠杆收购）之后陷入财务困境的案例为研究样本，通过考察财务困境前后公司财务政策及市场价值变化来检验财务困境的间接成本。这种精巧的样本设计在一定程度上可以减弱该问题的影响。

已有文献研究表明，总的来说财务困境的间接成本比直接成本更为重要。Altman（1984，JF）发现财务困境的间接成本大约占公司价值的10%，而Andrade and Kaplan（1998，JF）的检验结果则表明财务困境的间接成本占公司价值的比例在10%~20%之间。

第二种方法是构建回归模型考察高杠杆公司受到外部冲击时遭受的业绩损失，这是一种间接检验方法。Opler and Titman（1994，JF）将行业平均销售收入下滑并且市场回报率低于-30%时定义为行业经济困境，然后检验财务杠杆较高的公司在经历行业经济困境时是否失去了更多的市场份额与经营利润。这种方法也有助于分离经济困境与财务困境的影响。

第三种方法是考察破产公告的市场反应。Lang and Stulz（1992，JFE）检验发现，破产公告之后股价大约下跌1%，并且当财务杠杆水平较高、行业竞争较激烈时股价下跌更为严重。

第二节 公司投资决策

在财务学文献中，投资决策通常是指资本支出决策，如购置厂房、设备等性质的支

[①] 经营不力进而导致了财务困境。

出。作为公司三大财务决策之一，投资被认为是影响企业价值最为关键的因素，但是与融资决策与分配决策相比，投资决策的研究要少得多。现有的综述性文章可参阅 Chirinko（1993，JEL），Hubbard（1998，JEL），Stein（2003）。本节主要归纳的是迄今在公司投资决策的实证研究中所使用的主要方法。

一、公司投资的 Q 理论

在公司投资行为研究中，最基础性的理论是 Brainard and Tobin（1968，AER）及 Tobin（1969，JMCB）提出的所谓 Q 理论。在新古典框架下，Q 理论认为对于一个具有预见性的企业来说，假设存在调整成本，那么边际 Q 是决定企业投资决策的唯一因素。所谓边际 Q，是指一单位新增资本产生的未来收益的贴现值与资本投入的比值。企业持续投资直至资本投资的边际收益等于边际成本。只要边际 Q 不等于 1，企业就会不断调整其资本存量。Q 理论实质表明公司投资行为只受成长机会的影响，因此在文献中选择合适的反映公司成长机会的指标就至关重要。总体来说，度量企业成长机会的指标有如下三大类方法。

（一）Tobin Q 值法

Tobin Q 值源自 Brainard and Tobin（1968，AER）与 Tobin（1969，JMCB）两篇文献，是使用最广的反映投资机会的指标。Tobin Q 值等于企业的市场价值与其资产重置成本之间的比率。在具体度量时，不同的文献使用的方法是不同的。总的来看，常用的有如下几种度量方法：

1. 简化法

这是计算 Tobin Q 值最简单的一种方法，本节简称为 Q_S，其计算公式如下：

$$Q_S = \frac{MV(CS) + MV(PS) + BV(LTD) + BV(STD)}{BV(TA)}$$

式中，$MV(CS)$ 表示普通股市值；$MV(PS)$ 表示优先股市值；$BV(LTD)$ 表示长期负债账面价值；$BV(STD)$ 表示短期负债的账面价值；$BV(TA)$ 表示总资产的账面价值。

2. Lindenberg-Ross Q 法

这是 Lindenberg and Ross（1981，JB）提出的一种方法。这种方法计算过程较为复杂。其基本模型如下：

$$Q_{L-R} = \frac{MV(CS) + MV(PS) + LR(LTD) + BV(STD)}{LRRC}$$

Q_{L-R} 与 Q_S 计算的差别在于 $LR(LTD)$ 和分母 $LRRC$。$LR(LTD)$ 和 $LRRC$ 分别是 Lindenberg and Ross（1981，JB）使用他们的方法估计出的长期债务和重置成本的值。详细过程可参阅原文。

3. Lewellen-Badrinath Q 法

这是 Lewellen and Badrinath（1997，JFE）提出的方法，其计算方法如下：

$$Q_{L-B} = \frac{MV(CS) + MV(PS) + MV(LTD) + BV(STD)}{BV(TA) - BV(FA) - BV(INV) + RV(FA) + RV(INV) - [BV(TL) - BV(LTD) - BV(STD)]}$$

式中，$MV(CS)$ 表示普通股市值；$MV(PS)$ 表示优先股市值；$MV(LTD)$ 表示长期负债市值；$BV(STD)$ 表示短期负债的账面价值；$BV(TA)$ 表示总资产的账面价值；$BV(FA)$ 表示固定资产的账面价值；$BV(INV)$ 表示存货的账面价值；$RV(FA)$ 和 $RV(INV)$ 分别表示固定资产和存货的重置价值；$BV(TL)$ 表示负债总额的账面价值。

4. Chung-Pruitt Q 法

这是 Chung and Pruitt（1994，FM）提出的方法，其计算方法如下：

$$Q_{C-P} = \frac{MV(CS) + BV(PS) + BV(LTD) + BV(INV) + BV(CL) - BV(CA)}{BV(TA)}$$

式中，$BV(CL)$ 和 $BV(CA)$ 分别表示流动负债和流动资产的账面价值。其他变量与上述指标一样。

（二）MBA 法、MBE 法、EP 法和 CAPX/PPE 比率法

MBA 是指企业的市场价值与总资产价值之间的比率，MBE 是指权益的市场价值与账面价值之比，EP 是指市盈率的倒数，CAPX/PPE 是指资本支出与固定资产净值之间的比率。Adam and Goyal（2008，JFR）曾使用实物期权对上述四种方法度量成长机会的可靠性做了比较，他们认为"相对而言，MBA 法在反映投资机会方面具有最高的信息含量"（p. 41）。

（三）剩余收益估值模型（RIM）法

其实，MBE 法与 EP 法度量成长机会被视作剩余收益估值模型（RIM）法的特例（Richardson，2006，RAS，p. 168）。Richardson（2006，RAS）提出，企业的价值由当前资产价值 V_{AIP} 和成长机会价值 V_{GO} 构成。在剩余收益估值模型的框架下：

$$V_{AIP} = (1 - \alpha r)BV + \alpha(1 + r)X - \alpha r d$$
$$\alpha = \omega / (1 + r - \omega)$$

式中，BV 表示普通股股东权益账面价值；X 表示盈余；r 表示贴现率；d 表示股利；ω 是一个固定的可持续参数，其值为小于 1 的正数。在估计时，Richardson 将 r 设为 12%，ω 设为 0.62。投资机会（V/P）等于：

$$V/P = \frac{V_{AIP}}{MV}$$

式中，MV 表示权益市值。

二、现金流量与公司投资

（一）现象

公司投资的 Q 理论表明，企业的投资行为取决于资金成本与投资机会等要素，而与企

业的融资方式无关。然而，迄今大量的经验研究表明，公司的投资支出与其内部自产现金的能力紧密相关。Fazzari et al.（1988，BPEA）是这一现象的最早发现者，该文及其后续衍生研究的主体模型如下：

$$\left(\frac{I}{K}\right)_{it} = f\left(\frac{CF}{K}\right)_{it} + g\left(\frac{X}{K}\right)_{it} + \mu_{it}$$

式中，I 表示投资额；K 表示资本存量；CF 表示企业现金流量；X 表示影响企业投资行为的其他因素，μ 表示残差，it 表示第 i 家企业在第 t 年。

Fazzari et al.（1988，BPEA）的研究表明，那些不支付股利的企业，其投资表现出对现金流量更强的敏感度。他们认为，这种现象是资本市场不完善导致的企业融资约束所致，即著名的融资约束假说。后续的大量研究支持这一发现，尤其是对那些设立不久、规模较小、不支付股利、没有债券评级的公司，这种现象更为突出。融资约束从理论上看来源于两个因素：一是信息不对称；二是代理问题。

（二）融资约束的度量

1. 股利支付率

这是 Fazzari et al.（1988，BPEA）论文中最先使用的指标。他们认为，不存在融资约束的公司更可能支付股利，而存在融资约束的公司支付股利会比较少。后续不少文献沿用了这种做法，如 Denis and Sibilkov（2010，RFS），他们每年将现金股利支付率进行排序，排在前 30% 的归为非融资约束组，后 30% 的归为融资约束组。此处的股利支付率等于现金股利与普通股股票回购额之和除以营业收入。

2. 企业规模

另一个在财务学文献中经常使用的反映融资约束的指标是企业规模，如 Erickson and Whited（2000，JPE），Denis and Sibilkov（2010，RFS），Bakke and Whited（2010，RFS）等。理由是小规模公司往往创立时间不久，而年轻公司在获取外部融资时比较困难。Hennessy and Whited（2007，JF）估计小企业的融资成本大约是大企业的两倍。

3. 债务评级

Gilchrist and Himmelberg（1995，JME），Almeida et al.（2004，JF），Denis and Sibilkov（2010，RFS）等使用企业的债务评级为融资约束与否的判定标准。如果发行长期负债的企业被标准普尔评级而且债务评级不是违约级，那么就归为非融资约束企业；反之，如果企业当年虽有负债，但之前从未被评级，那么就归为融资约束企业。没有债务的企业归为非融资约束企业。

4. Kaplan-Zingales 指数

这个指数源自 Kaplan and Zingales（1997，QJE）。后续的一些文献根据他们的研究结果构建了融资约束指数，如 Ovtchinnikov and McConnell（2009，JFQA）等。Kaplan-Zingales 指数（简称 KZ 指数）的结构如下：

$$KZ = -1.00191CF + 3.13919TLTD - 39.36780TDIV \\ -1.31476CASH + 0.28264Q$$

式中，CF 表示现金流量与账面总资产之间的比率；$TLTD$ 表示长期有息负债与账面资产的比率；$TDIV$ 表示现金股利与账面资产的比率；$CASH$ 表示货币资金持有量与账面资产之间的比率；Q 表示市账率。

不过 Baker et al.（2003，QJE）认为，存在融资约束的公司与相对无融资约束的公司相比会发行更多的股票，因此，KZ 指数可能反映的是权益融资依赖。为此，Baker et al.（2003，QJE）以及 Bakke and Whited（2010，RFS）在计算 KZ 指数时将 Q 值排除在外。

5. Whited-Wu 指数

该指数来自 Whited and Wu（2006，RFS），后来在 Franzoni（2009，JFE）等的研究中亦有应用。Whited-Wu 指数（简称 WW 指数）的结构如下：

$$WW = 0.938 - 0.091CF - 0.062DIVPOS + 0.021TLTD - 0.044LNTA + 0.102ISG - 0.035SG$$

式中，$DIVPOS$ 是个哑变量，如果公司支付股利，该变量为 1，否则为 0；SG 表示企业实际销售收入增长率；ISG 是行业销售收入增长率；$LNTA$ 是总资产的自然对数；CF 表示现金流量与账面总资产之间的比率；$TLTD$ 表示长期有息负债与账面资产的比率。

6. Cleary 指数

该指数是 Hennessy and Whited（2007，JF）基于 Cleary（1999，JF）一文中的表 2 构建的指数，后来在 Franzoni（2009，JFE）等的研究中亦有应用。该指数的计算公式如下：

$$CI = -0.11905CURAT - 1.90367TLTD + 0.00138COVER + 1.45618IMARG + 2.03604SG - 0.04772SLACK$$

式中，$CURAT$ 是流动比率，即流动资产与流动负债之比；$COVER$ 是利息保障倍数，即息税前盈余除以利息支出；$IMARG$ 表示销售利润率，即净利润除以销售收入；SG 表示企业实际销售收入增长率；$SLACK$ 的分母是固定资产净值，分子等于"现金+短期投资+0.5×存货+0.7×应收账款-短期借款"。

（三）对 FHP 法（Fazzari et al.，1988，BPEA）的质疑

从方法论角度来看，质疑主要来自两个方面：

第一，如何划分融资约束严重程度。例如，Kaplan and Zingales（1997，QJE）使用另外一种方法来对企业融资约束程度进行分类，结果发现投资对现金流量的敏感度与融资约束之间并非存在单调的关系，而且那些被归为融资约束严重的企业的投资-现金流量敏感度最低。

第二，投资机会的度量问题。在度量企业投资机会时，经常使用的指标是 Tobin Q 值。如果 Tobin Q 值不能很好地度量投资机会，那么现金流量除了传递企业内部流动性之外，还可能反映 Tobin Q 值未能捕捉到的未来投资机会的信息，尤其是对那些信息不对称严重的公司（这种公司往往也是融资约束严重的公司），这个问题会更为突出。Erickson and Whited（2000，JPE）的研究认为投资-现金流量敏感度是 Tobin Q 值度量错误导致的假象！当他们使用所谓的度量误差一致广义矩估计（generalized method of moments，

GMM）时，投资与现金流量之间不再存在显著关系。Cummins et al.（1999，AER）使用证券分析师对每家公司的未来盈余预测来控制预计未来盈利能力，同样也没能发现现金流与投资之间有显著关系。

（四）后 FHP 法

针对 FHP 研究设计上的缺陷，后续的研究做了改进。

1. 特殊事件法

好的研究不一定需要大的样本，一份精巧的设计即便样本寥寥亦能熠熠生辉。在这点上，Blanchard et al.（1994，JFE）的研究堪称典范。他们的样本只有 11 家公司，这 11 个样本的一个共同特征是由于法律诉讼获得意外之财（cash windfall），而这些意外之财不影响公司投资机会集或者说边际托宾 Q 值，这可以很好地解决 FHP 中现金流量与投资机会内生的问题。

2. 资产变卖

Hovakimian and Titman（2006，JMCB）分析了企业投资与资产变卖之间的关系。使用资产变卖的好处是其与投资机会之间不存在正相关关系，这可以降低投资机会度量上的误差。他们的研究发现，对融资约束更为严重的公司来说，其投资支出与资产变卖之间的关系更敏感。

另一类文献则观察了现金流量对除资本投资之外的其他投资行为的影响，如现金流量对研发支出投资的影响（Himmelberg and Petersen，1994，RES）、对存货投资的影响（Carpenter et al.，1994，BPEA）、对现金存量的影响（Almeida et al.，2004，JF）、对广告支出的影响（Fee et al.，2008，RFS）。

（五）投资-现金流量敏感度的影响因素

投资-现金流量敏感度受什么因素影响是近年来文献探讨较集中的问题。总体来看，在方法论上主要使用以下两种方法：

1. 交乘法

这种方法是通过观察回归方程中拟研究变量与现金流量的交乘项的符号来判断该变量对投资-现金流量敏感度的影响。例如，Almeida and Campello（2007，RFS）分析了资产有形性对投资-现金流量敏感度的影响，他们的模型结构如下：

$$Investment_{i,t} = \alpha_1 Q_{i,t-1} + \alpha_2 CashFlow_{i,t} + \alpha_3 Tangibility_{i,t} + \alpha_4 (CashFlow \times Tangibility)_{i,t} + \sum_i firm_i + \sum_t year_t + \varepsilon_{i,t}$$

式中，$Investment$ 表示企业投资；$CashFlow$ 表示企业现金流量；$Tangibility$ 表示资产有形性；$firm$ 表示企业的其他特征；$year$ 表示年份；ε 表示残差。可以观察交乘项 $CashFlow \times Tangibility$ 的回归系数 α_4 来判断资产有形性对投资-现金流量敏感度的影响。

2. 单个企业投资-现金流量敏感度方法

之前的研究基本上都依赖拓展版的 Q 理论模型来分析公司的投资行为，这不能度量具体某家企业的投资-现金流量敏感度。Hovakimian（2009，FM）的方法则可以度量一家企业在某时点的投资-现金流量敏感度。具体有如下两个步骤：

第一步，对如下模型进行回归：

$$\left(\frac{I}{K}\right)_{it} = f(control\ variables) + \alpha_i + \alpha_t + \varepsilon_{it}$$

式中，I 表示投资；K 表示固定资产净值。控制变量（control variables）包括市净值（MTB）、销售收入增长率、企业规模、杠杆、资产有形性、债券评级哑变量、股利支付、财务松懈度（financial slack）等。α_i 和 α_t 分别表示企业固定效应与年份固定效应。回归出的残差项 ε_{it} 用以构建单个企业的投资-现金流量敏感度。

$$CFS = \sum_{t=1}^{n}\left[\frac{(CF/K)_{it}}{\sum_{t=1}^{n}(CF/K)_{it}} \times \varepsilon_{it}\right] - \frac{1}{n}\sum_{t=1}^{n}\varepsilon_{it}$$

式中，n 表示企业 i 的观察值数；CF 表示现金流量。计算出来的 CFS 就是某个具体企业的投资-现金流量敏感度。

（六）非上市公司投资-现金流量敏感度计算

由于非上市公司的 Tobin Q 值无法计算，因此分析这类公司的投资-现金流量敏感度时的模型会有所不同，代表性的文献可参见 D'Espallier et al.（2008，JBFA）。

$$\frac{I_{i,t}}{TA_{i,t-1}} = \alpha + \beta\frac{CF_{i,t}}{TA_{i,t-1}} + \gamma\frac{CF_{i,t-1}}{TA_{i,t-2}} + \upsilon\frac{I_{i,t-1}}{TA_{i,t-2}} + \kappa\Delta TO_{i,t} + \lambda\Delta TO_{i,t-1} + \alpha_i + \varepsilon_{i,t}$$

式中，I 表示企业在固定资产方面的投资；TA 表示总资产；CF 表示现金流量；TO 表示资产周转率的自然对数。依据上述回归模型计算出来的估计系数，可获知非上市企业的投资-现金流量敏感度。

$$CFS = \frac{\beta + \gamma}{1 - \upsilon}$$

三、股票价格对公司投资行为的影响

股票价格能否影响公司投资行为的研究具有两重意义：第一，在宏观意义上，可以洞察股票价格能否影响实体经济；第二，在微观意义上，有助于完善公司投资行为的影响因素研究。Morck et al.（1990，BPEA）提出了四个理论来解释股票市场是如何影响企业投资行为的。Morck et al.（1990，BPEA）的经验研究支持其第一个理论，即股票价格不会影响公司投资决策。后续的研究，如 Blanchard et al.（1993，QJE），Bond and Cummins（2000，BPEA）都支持 Morck et al.（1990，BPEA）的结论。不过，Baker et al.（2003，QJE）从理论与经验证据两方面对 Morck et al.（1990，BPEA）的结果提出了挑战，因此，这仍是一个待解决的问题。

迄今在这个问题上，主要分析股票的误定价对公司投资行为的影响。研究股票误定价对公司投资行为影响的代表性模型是 Polk and Sapienza（2009，RFS）。具体结构如下：

$$\frac{I_{i,t}}{K_{i,t-1}} = f_i + \gamma_t + b_1\alpha_{i,t} + b_2 Q_{i,t-1} + b_3 \frac{CF_{i,t-1}}{K_{i,t-2}} + \varepsilon_{i,t}$$

因变量是公司的投资-资本率，其中 I 表示企业的资本支出；K 表示期初的资本存量，用厂房、设备等固定资产的净值反映；Q 值反映企业的投资机会；CF/K 反映现金流量对投资的影响；f_i 和 γ_t 分别是企业与年份的固定效应；α 是反映股票误定价的变量。

股票误定价度量方法繁多，此处只介绍几种在现有的研究误定价与公司投资之间关系的文献中经常使用的指标。

（一）可控应计

这是 Polk and Sapienza（2009，RFS）使用的方法，其学术基础是会计学文献中发现的应计异象，即高可控应计的企业（与可比公司相比）股价被高估，相应地会在后续年份中有较差的业绩表现。计算可控应计时，Polk and Sapienza（2009，RFS）使用如下的方法：

$$DACCR_{i,t} = ACCR_{i,t} - NORMALACCR_{i,t}$$

式中，$DACCR$ 表示可控应计；$ACCR$ 表示实际应计；$NORMALACCR$ 表示正常应计。实际应计与正常应计这两个指标的计算方法分别如下：

$$ACCR = \Delta NCCA - \Delta CL - DEP$$

式中，$\Delta NCCA$ 表示非现金流动资产变动额；ΔCL 表示流动负债变动额；DEP 表示折旧与摊销。

$$NORMALACCR_{i,t} = \frac{\sum_{k=1}^{5} ACCR_{i,t-k}}{\sum_{k=1}^{5} SALES_{i,t-k}} SALES_{i,t}$$

式中，$SALES$ 表示销售收入；$NORMALACCR$ 和 $ACCR$ 的定义如前所述。然而，Bakke and Whited（2010，RFS）对 Polk and Sapienza（2009，RFS）使用会计上的可控应计作为度量股票误定价提出了质疑，他们认为可控应计与投资之间存在内生性问题。

（二）异质信念

这是 Bakke and Whited（2010，RFS）提出的三种度量误定价的方法之一。该指标通过分析师对每股盈余预测的标准差来度量。

（三）超预期盈余

超预期盈余（earnings surprise）即分析师预测的盈余与实际实现的盈余之间的差值。该指标为"正值意味着股价被低估，负值意味着股价被高估"（Bakke and Whited，2010，RFS）。

（四）年度累计超额收益

这是 Bakke and Whited（2010，RFS）度量股票误定价的第三种方法。

(五) 市账率 (MTB)

Baker et al. (2003, QJE), Ovtchinnikov and McConnell (2009, JFQA) 使用的指标之一就是滞后一期的市账率 (MTB)。他们认为在其他条件相同的情况下,MTB 值越高表明企业价值被高估的可能性越大。

(六) 净权益发行

之所以选择净权益发行 (net equity issue, NEI) 作为股票误定价的一个表征量,是因为文献发现公司会在市场高估企业价值时发行股票而在市场低估企业价值时回购股票。Ovtchinnikov and McConnell (2009, JFQA) 使用如下方法度量净权益发行:

$$NEI = \log\left(\frac{MVE_{i,t-1}}{MVE_{i,t-5}}\right) - r_{i,t-1}$$

式中,MVE 表示股票市值;r 表示从 $t-5$ 至 $t-1$ 期的股票收益率的对数。

四、代理、融资与公司投资

传统的 Q 理论模型认为影响公司投资的是投资机会,而代理问题与融资结构都不会影响投资行为。在现实世界中,代理问题与融资结构被证实对公司投资行为具有显著影响。

(一) 代理问题对公司投资行为的影响

正如 Kang et al. (2006, JB) 所言,传统的 Q 模型是不完整的,因为它没有考虑到公司投资时的道德困境问题,也没有考虑到薪酬激励的作用。为此,他们设计如下模型,研究权益薪酬对公司投资行为的影响:

$$\frac{I_t}{K_t} = \alpha_0 + \alpha_1 WEIGHT_t + \alpha_2 Q_t + f(financial\ constraint\ variables) + error_t$$

$$WEIGHT_t = \beta_0 + \beta_1 \frac{I_t}{K_t} + g(control\ variables) + error_t$$

式中,I 表示企业投资额;K 表示企业的资本存量;$WEIGHT$ 表示权益薪酬占总薪酬额的比重;Q 表示投资机会;$financial\ constraint\ variables$ 表示反映融资约束程度的变量;$control\ variables$ 表示控制变量;$error$ 表示残差;t 表示年份。

第一个等式称为投资等式,第二个等式为薪酬等式。通过上述联立方程可以研究薪酬结构 ($WEIGHT$) 对公司投资行为的影响。

(二) 债务及期限结构对公司投资行为的影响

研究公司负债及债务期限结构的代表性文章有:Aivazian et al. (2005, JCF) 和 Aivazian et al. (2005, FM)。其基本模型亦建立在 Q 投资模型基础之上:

$$\frac{I_{i,t}}{K_{i,t-1}} = \beta \times MATURITY_{i,t-1} + \gamma \times LEVERAGE_{i,t-1} + \eta \times \frac{CF_{i,t}}{K_{i,t-1}} + \delta \times Q_{i,t-1}$$
$$+ \varphi \times \frac{I_{i,t-1}}{K_{i,t-2}} + \mu_i + \lambda_t + \varepsilon_{i,t}$$

式中，*MATURITY* 和 *LEVERAGE* 分别表示债务期限结构与负债率。现有的研究表明：（1）负债率与企业投资负相关，这种负相关效应在那些成长机会较少的企业更为显著（Aivazian et al.，2005，JCF）。（2）对高成长企业而言，债务期限结构越长，企业的投资倾向越低；而对成长机会少的企业来说，债务期限结构与投资之间不存在显著的相关性（Aivazian et al.，2005，FM）。

五、投资效率

从 MM 命题出发，投资行为是影响企业价值的最核心因素，但理论与经验文献都证实公司存在投资扭曲（investment distortions）现象，即存在过度投资或投资不足现象。

（一）投资-现金流量敏感度法

Biddle and Hilary（2006，TAR）认为高投资效率反映为低投资-现金流量敏感度。不过，正如他们后来所言，"投资-现金流量敏感度也可能反映融资约束或现金过量"。

（二）投资-Q 敏感度法

这种方法观察投资支出对投资机会（Tobin Q）的敏感度来度量投资效率，即敏感度越高，投资效率越高；敏感度越低，投资效率亦越低。从已经公开发表的论文来看，Chen et al.（2011，JCF）是这种方法的代表性文献。其模型的基本结构如下：

$$Investment_{i,t+1} = \alpha_0 + \alpha_1 Q_{i,t} + \alpha_2 Q_{i,t} X_{i,t} + \alpha_3 X_{i,t} + f(control\ variables) + \varepsilon_{i,t}$$

式中，X 表示研究核心变量，如 Chen et al.（2011，JCF）的企业所有权性质（国有企业还是非国有企业）。

（三）过度投资或投资不足法

1. Richardson 法

Richardson（2006，RAS）将公司的投资支出分为两部分：（1）维护现有资产的必要投资支出；（2）新投资支出。新投资支出又可分为预计投资支出与过度投资两部分，而过度投资是指投资负 NPV 项目的投资。

在 Richardson（2006，RAS）的方法中，总投资（I_{TOTAL}）等于资本支出（*CAPEX*）加上并购支出（*Acquisitions*）与研发支出（*RD*）再减去固定资产处置收入（*SalePPE*）。用公式表达如下：

$$I_{TOTAL,t} = CAPEX_t + Acquisitions_t + RD_t - SalePPE_t$$

而后，Richardson 又将总投资分解为维护资产所必要的投资（$I_{MAINTENANCE}$）及新项目投资（I_{NEW}）两部分：

$$I_{TOTAL,t} = I_{MAINTENANCE,t} + I_{NEW,t}$$

式中，$I_{MAINTENANCE}$ 等于企业当年折旧与摊销之和。

接下来将新投资 I_{NEW} 分为正 NPV 项目所需的预计投资支出（I_{NEW}^*）和异常投资（I_{NEW}^ε）。I_{NEW}^ε 为正值，说明企业过度投资；如果为负值，则说明投资不足。如下模型的残

差即为所要估计的 I_{NEW}^ε：

$$I_{NEW,t} = \alpha + \beta_1 V/P_{t-1} + \beta_2 Leverage_{t-1} + \beta_3 Cash_{t-1} + \beta_4 Age_{t-1} + \beta_5 Size_{t-1}$$
$$+ \beta_6 Stock\ Returns_{t-1} + \beta_7 I_{NEW,t-1} + \sum Year + \sum Industry$$

式中，I_{NEW} 表示新项目投资；V 表示资产处置价值；P 表示股价；$Leverage$ 表示负债率；$Cash$ 表示现金持有量；Age 表示企业年龄；$Size$ 表示企业规模；$Stock\ Returns$ 表示企业的股票收益；$Year$ 和 $Industry$ 分别表示年份和行业控制变量。

2. BHV 法

这是 Biddle et al.（2009，JAE）提出的一种方法，本质上与 Richardson（2006，RAS）类似，也是使用残差模型估计过度投资与投资不足。不过他们的模型更为简单：

$$Investment_{i,t+1} = \beta_0 + \beta_1 SalesGrowth_{i,t} + \varepsilon_{i,t+1}$$

式中，$Investment$ 表示总投资额；$SalesGrowth$ 表示销售增长。上述模型对每个行业-年进行回归，回归残差反映过度投资或投资不足。为什么没有使用传统的 Q 值而是使用销售增长率？Biddle et al.（2009，JAE）的解释是："Q 值受到财务报告质量的影响，而且边际 Q 值很难度量。"

Chen et al.（2011，JCF）也使用 Biddle et al.（2009，JAE）的方法度量投资效率，不过考虑到收入下降或收入上升时投资与销售收入增长之间的关系可能存在差异，为此他们在模型中加入一个哑变量 NEG，当销售收入下降时，NEG 等于 1，否则为 0。即有如下模型：

$$Investment_{i,t+1} = \beta_0 + \beta_1 SalesGrowth_{i,t} + \beta_2 NEG_{i,t} + \beta_3 NEG \times SalesGrowth_{i,t} + \varepsilon_{i,t+1}$$

式中，$Investment$ 表示企业投资额；$SalesGrowth$ 表示销售增长率；NEG 是一个哑变量，当销售收入下降时，NEG 等于 1，否则等于 0。

第三节　股利政策

股利政策是公司财务的一个经典问题。自从 Modigliani 和 Miller 的股利无关论分析框架发表（Modigliani and Miller，1958，AER；Miller and Modigliani，1961，JB）以及 Black（1976，JPM）论及"股利之谜"后，诸多学者对"公司要进行股利分配吗？该如何选择股利政策？"问题进行了讨论。从 20 世纪 60 年代至今积累了诸多理论观点和经验证据，比如税差理论、客户效应理论、"一鸟在手"理论、信号理论、代理理论、迎合理论和生命周期理论等。

本节首先介绍实证研究中股利支付的指标衡量，然后对 La Porta et al.（2000，JF）和 Chay and Suh（2009，JFE）两篇著名文献进行剖析，从研究动机、研究逻辑和假说、研究设计等角度详细介绍股利政策领域的实证研究方法，最后论述中国资本市场股利政策的制度背景，以及研究中国上市公司股利政策的几篇国际文献。

一、如何衡量股利指标

在 2000 年之后涉及股利政策的顶级期刊文献中，发现多数研究都用现金股利作为公司股利政策的代理变量，有些文献主要考虑支付给普通股股东的现金股利，如 Fenn and Liang（2001，JFE），Grullon et al.（2002，JB），Grullon and Michaely（2002，JF）等，也有文献同时考虑支付给普通股股东和优先股股东的总现金股利，如 La Porta et al.（2000，JF）和 Gugler（2003，JBF）等。

对于现金股利衡量指标的分母（不同形式的现金分红率），主要有以下几种：

（1）使用非经常性项目前的净利润进行规模化（Grullon et al., 2002, JB；Grullon and Michaely, 2002, JF）。

（2）使用非正常性损益前且扣除所得税和利息的净利润（La Porta et al., 2000, JF）。

（3）使用税后净利润进行规模化（Gugler, 2003, JBF）。

（4）使用普通股的市场价值（Fenn and Liang, 2001, JFE；Li et al., 2017, JFQA）。

（5）使用公司现金流（La Porta et al., 2000, JF）。

（6）使用公司收入（Gugler, 2003, JBF；Chay and Suh, 2009, JFE）。

在上述文献中，La Porta et al.（2000，JF），Gugler（2003，JBF）和 Chay and Suh（2009，JFE）同时使用了其中两个或三个指标，La Porta et al.（2000，JF）还同时考虑了现金股利支付率的原始值和经行业调整之后的现金股利支付率。如果在现金股利变量中涉及净利润，一般的处理方法是剔除净利润为负的观测值，但如果公司未分红，则该观测值保留（指标取值为 0）。

Miller and Modigliani（1961，AER）的框架定义了股利分配政策（payout policy）是公司对股东的净支付（net payout）。从前文可以看出，大部分实证研究仅将公司支付的现金股利作为股利支付指标，这些研究没有考虑股票回购，也没有考虑在公司收购兼并过程中的净支付或者现金支付。

如果研究试图找出公司在整体水平支付（相对于其他利润）的现金，必须考虑加总指标，比如加总的现金股利再加上加总的股票回购（相对于加总的利润）。即使采用这种指标也是不完善的，首先，股东也可以通过现金交易的收购兼并活动获得现金红利（cash payouts），即被收购公司的股东获得的现金红利可以作为一种清算/终止性股利（liquidating or final dividend）；其次，也可以把加总的支付（aggregate payout）定义为从公司层面（corporate sector）转移到私人层面（private sector）的总现金。这一定义包括了三个因素：支付给个人投资者的现金股利、从个人层面的股票回购、所得款项流入私人层面的兼并收购活动的净现金。Allen and Michaely（2003）认为以上两种定义并没有受到过多关注，在我们弄清楚如何正确衡量股利分配政策之前，很难进一步进行研究。

如上，尽管财务领域使用了股利支付（dividend payout）的较狭隘的定义，一些研究仍分析了股票回购支付（repurchase payout）。Stephens and Weisbach（1998，JF）利用 1981—1990 年公布的 450 个公开市场回购项目构建了几个股票回购的指标。

（1）CPSP 或者 Compustat 数据库公布的发行在外的股票数量的变化。这个指标的潜在问题是如果公司回购股份的同时也分配了股份（不管是给公众或者员工），那么这一指标将低估实际回购数量。

（2）在公司现金流量表中公布的用于股票回购的净现金。这一指标可能是研究股票回购的最好指标（Allen and Michaely，2003），但由于研究中无法知晓回购价格，只能利用一个时期内的平均交易价格作为回购价格的代理变量。另一个潜在的问题是这一指标不仅包括普通股股票的回购，也包括优先股等其他类型股票的回购（现实情况是，除普通股之外的其他类型股票回购仅占公司回购活动的一小部分）。

（3）库存股的变化（在 Compustat 数据库有报告）。这一指标也有问题，因为公司经常注销其回购的股票，如果一个公司回购股份的同时把股份分配出去，这不影响库存股，但确实是股票回购活动，这一问题在高管薪酬中包含股票期权时更常见。

上述三种股票回购指标中哪种最精确呢？Allen and Michaely（2003）推荐使用第二种，即使用现金流量表的数据，其理由是这一指标的噪声最少。

在 2000 年之后的文献中，股票回购开始受到关注。比如用普通股股东形式的公开市场回购使用的现金（Fenn and Liang，2001，JFE），用普通股股东形式的包括回购之后取消以及转为库存股两种类型的股票回购使用的现金（Grullon and Michaely，2002，JF；Lee and Suh，2011，JCF），以及同时考虑普通股和优先股（Jagannathan et al.，2000，JFE）的回购类型等指标。在众多文献中，仅有 Chay and Suh（2009，JFE）在股利支付指标中同时考虑了现金股利和股票回购。

二、股利政策的实证研究：以两篇著名文献为例

（一）投资者保护与股利政策：La Porta et al.（2000，JF）

La Porta，Lopez-de-Silanes，Shleifer 和 Vishny 四位学者发表在 *Journal of Finance* 杂志 2000 年第 1 期的论文 *Agency Problems and Dividend Policies around the World* 从投资者保护视角很好地拓展了股利政策的代理成本理论，同时也是 20 世纪末 21 世纪初"法和金融"领域的领军之作。

1. 研究动机

以往的研究发现公司可以将支付股利作为未来利润的一个信号（比如 Bhattacharya，1979，BJE），因此一般公司初始发放股利（或者增加股利）会使得股价上升。同时也有很多文献得出了不一致的结论，即公司的股利变化不能有效预期公司的未来盈利增长（比如 DeAngelo et al.，1996，JFE）。这就是说以往用主流的信号理论解释股利支付的证据并不一致，需要更多其他角度的论证。

从代理成本角度解释公司股利政策的观点（比如 Jensen，1986，AER）直到近年来才引起重视，其认为由于信息不对称，公司的内部人倾向于通过投资 NPV（净现值）为负但对自己有利的项目、各种转移支付等方式攫取控制权私利，作为股东的外部人则偏好于通过对留存收益的分红来保护自身利益。基于世界上大部分资本市场中上市公司都由大股东控制的现实，这一理论观点需要更加深入的探讨。

基于以上股利政策研究中的不足，作者的研究动机是从"大股东-中小股东"的第二类代理问题视角以及从各国法律起源和中小投资者保护程度不一样的现实出发，考虑代理成本和股利政策的联系。

2. 研究问题

股利支付政策体现了公司内部人和外部股东之间的代理问题，如果公司的利润不支付给外部股东，则可能转移为内部人私利（包括投资不盈利却对内部人有利益的项目）。

作者检验了股利政策的两种代理模型：按照产出模型（outcome model），股利的支付是由于中小股东施压公司的内部人而使之"吐出现金"（disgorge cash）；按照替代模型（substitute model），公司的内部人由于倾向于在未来发行股票而通过支付股利来建立一种给中小股东"体面的待遇"的声誉。

第一个模型预测更强的中小股东保护与更高的股利支付相关，而第二个模型则是相反的预测。作者以 33 个国家的 4 000 多个公司为样本从截面来评价之。

3. 研究逻辑和假说

会计研究方法必须非常重视对逻辑的推演，本篇文献用投资者保护作为代理成本变量研究与股利政策的关系，是以往文献未曾研究过的，因此在假说中逻辑的演绎必须清晰严谨，从"代理成本—法律起源—投资者保护—股利政策"逐级论述。

首先，作者需要阐述的逻辑是代理成本和法律起源的关系。在美国、英国、加拿大和澳大利亚等国家，大公司的股权比较分散，公司往往被管理层控制，而在大部分其他国家，公司往往都有一个控股股东，最典型的例子便是家族企业，控股股东可以有效地决定管理层的决策，因此管理层控制的问题在这些国家不是很严重，取而代之的是控股股东以中小股东的利益为代价实施有利于自己的决策。无论是何种内部人的认定，内部人控制现象的受害者都是中小股东，因此中小股东偏好更多的股利分配。

代理问题的主要解决机制是法律。公司法和其他法律给予了外部投资者特定的权利去保护他们的投资免受内部人侵占。这种权利包含与内部人获得同样的每股股利、在重要公司决策中投票的权利、董事选举的权利、受危害时对公司提起诉讼的权利等。法律保护保证了这些权利的实施。正如 La Porta et al. (1998，JPE) 所指出的，不同国家对外部投资者的法律保护程度不一样，法律保护包含法律制定的内容和法律实施的质量，诸如英国、美国等典型的普通法系国家提供了对中小投资者的有效保护，使得内部人侵占的现象不常见，但是在其他国家外部投资者的交易是危险且不确定的。La Porta et al. (1998，JPE)认为普通法系国家拥有很好的中小投资者保护的法律环境，而大陆法系国家对中小投资者保护的法律却远远不够。

投资者保护的程度被看做代理成本的代理变量而出现在公司财务领域的一系列问题讨论中（La Porta et al., 1998，JPE；La Porta et al., 1999，JF），这篇文献也延续了这种做法，通过投资者保护作为代理成本的一个代理变量来检验股利政策之谜。

其次，作者要考虑的是代理成本和股利政策的两种不同观点，即股利政策是投资者法律保护的结果还是其替代？以往的文献并未对股利如何用来解决代理成本的基本机制作出深入探讨。在第一种观点下，股利是有效的投资者法律保护体系的一个结果。在有效的保护体系下，中小投资者利用他们的合法的权力（legal power）迫使公司"吐出现金"，从而阻止内部人通过利用公司很大一部分盈余做出有益于自己而损害中小投资者的决策。具体地，投资者可以通过投票选举"为自己说话"（可以提供更好的股利政策）的董事、可以卖出那些不支付股利的公司的股票而摆脱控制，或者对内部人侵占严重的公司提起诉讼。此外，好的投资者保护使得内部人资产转移的风险更大且成本更高，从而增加了支付股利的吸引力。在其他条件一定的情况下，对投资者权利保护越强，从公司提取的现金就越多。要指出的是，这种论证不是说投资者拥有对股利政策的特别权利，而是他们拥有更多投票选举董事和抗议资产侵占等一般权利。

在不同的国家，投资者保护程度并不一样，更好的投资者保护与更高的股利分红相联系，而且这一理论有进一步的含义。在一个投资者保护很好的国家比较两个公司：一个公司有很好的投资机会和成长前景，而另一个则机会不佳。对于那些能感觉到自己受保护的投资者而言，他们能够接受有好的投资机会的公司的低股利分配率和更高的再投资回报率，因为他们知道当公司的投资取得成功后，就能获取更高的股利。相反，投资机会并不是很多的成熟公司则不被允许进行不盈利的投资。因此，在投资者保护环境好的国家，高成长的公司支付的股利要比低成长的公司少。然而，如果投资者保护很弱，我们不能得出股利和成长性这种关系的预期，主要是由于投资者想尽快获得他们的利益。

若基于另外一种代理观，股利则是投资者保护的一种替代。这种观点的关键在于公司有获得资本市场融资的需求。为了有能力以更有利的条款和更低的成本获取外部融资，公司必须建立节制剥夺外部投资者的声誉。建立这种声誉的方法之一便是支付股利（来降低可剥夺的资源）。这一机制要发挥作用的话，公司不能完全终止支付股利和剥夺外部投资者。建立外部投资者受到良好"待遇"的声誉在投资者保护较弱的国家更有价值，因为公司没有其他路径可依赖。因此，在这些国家通过支付股利来建立声誉的需求最强烈。在投资者保护较强的国家，对这种声誉价值的需求较低，因此支付股利的动机也较低。这种观点意味着，如果其他条件一样，股利支付率在中小投资者保护更弱的国家要更高。此外，更有成长前景的公司则有更强烈的建立这种声誉的动机，因为其他条件一定的情况下，它们有更强的外部融资潜在需求。结果便是，更有成长前景的公司要选择更高的股利支付率，然而，更具成长性的公司同样拥有对当前资金更高的利用率，因此成长性和股利支付率的关系是不明确的。

基于以上两种代理模型的推断便是：产出模型预期在其他条件一定时，股利支付率在投资者保护程度更高的国家要高，替代模型则有相反的预期；进一步地，在投资者保护更好的国家中，拥有更多投资机会的公司比拥有更少投资机会的公司的股利支付率更低，但替代模型并没有如此预期，而是在投资者保护水平较低的国家，拥有更多投资机会的公司的股利支付率更高以维持声誉。

4. 研究设计

论文的数据来源于1996年3月版的WorldScope数据库，里面提供了46个国家的最大上市公司的信息。研究期间为1994年，剔除步骤如下：首先剔除了中国、波兰和匈牙利等社会主义国家或以前的社会主义国家及卢森堡，强制分红的国家（巴西、智利、哥伦比亚、希腊和委内瑞拉）和4个不满足数据需求的国家（伊拉克、巴基斯坦、秘鲁和斯里兰卡），还剩下33个国家的样本；然后剔除了现金流为负、股利大于收入和数据缺失等观测值后，剩下4 103个进入样本的观测值。

论文的主要衡量指标如下：

首先是股利政策指标：

（1）股利现金流比率：股利与现金流的比率。股利等于所有分配给普通股股东和优先股股东的现金股利,现金流为所有经营性资金减去非持续性经营产生的非现金项目,数据来源于 WorldScope 数据库。

(2) IA_股利现金流比率:行业调整后的股利现金流比率。首先计算每个国家每个行业的股利现金流的中位数,其次对每个行业计算全球国家样本中的中位数,最后用原始的公司层面股利现金流数值减去全球国家样本的中位数值得出结果。

(3) 股利利润比率:股利与盈余的比例。盈余为非正常性损益前且扣除所得税和利息的净利润。

(4) IA_股利利润比率:行业调整后的股利利润率。行业调整方法参见 IA_股利现金流比率。

(5) 股利收入比率:股利与收入的比例。收入为公司的净收入。同样也使用了经过行业中位数调整后的指标。

其次是主要的解释变量:

(1) 普通法虚拟变量:如果该国的公司法或者商业规范属于英属普通法范畴则为1,否则为0,来源于 La Porta et al. (1998,JPE)。

(2) 大陆法虚拟变量:如果该国的公司法或者商业规范属于罗马法范畴则为1,否则为0,来源于 La Porta et al. (1998,JPE)。

(3) 低投资者保护虚拟变量:如果反董事权利(anti-directors rights)指数小于或者等于3(样本的中位数)则为1,否则为0。反董事权利指数通过以下形式加总:该国允许股东邮寄他们的代理投票(proxy vote);在股东大会之前股东不需要储存他们的股份(deposit their shares);允许董事的累积投票权或者对少数股东的比例代表权(proportional representation of minorities);拥有中小投资者的被压迫机制(oppressed minorities mechanism);有权要求召开特别股东大会的最低股份资本比例小于等于10%(样本的中位数)。数据来源于 La Porta et al. (1998,JPE)。

(4) 高投资者保护虚拟变量:如果反董事权利指数大于等于3(样本的中位数)则为1,否则为0。

公司成长率指标为1989—1994年的年度平均固定资产增长率,同时也使用了分组排序以及行业调整的值。

在文中主要控制了如下变量:1989—1994年的年度平均收入增长率(以及收入增长率的分位值)、股利税收优势(外部投资者投资1美元分配所得的股利收入价值除以通过作为留存收益保留在公司而获得的指标利得价值)以及行业变量。

论文主要的研究模型为:

$$Div = Protection + Growth + Growth \times Protection + Controls + \varepsilon$$

5. 研究结果

基于不同国家"大股东-中小股东"代理问题的程度因投资者保护程度不同而有区别(La Porta et al.,1997,JF;1998,JPE),作者发现在实施普通法的国家一般投资者保护水平比较好,公司支付的股利比在大陆法系国家要多,而且在普通法系国家(而非大陆法系国家),高成长的公司比低成长公司支付更低的股利。结果支持了在投资者保护比较好的国家投资者通过法律力量从公司获取股利,特别是在再投资机会较少的情况下。

6. 稳健性检验

第一个疑问是：由于美国和英国的数据占样本的大多数，结果可能主要是由这两个国家的数据带来的。作者把 33 个国家中样本公司的股利支付率与投资机会的关系图分别画出来，主要结果显示：尽管不同国家图示的相关性、显著性不一样，但在普通法系国家样本中一致显示更快成长的公司支付更低的股利，但大陆法系国家没有。

第二个疑问是：主要回归分析很可能是因为选择了在经济周期中一个特定的时间点而得出的较特殊的结果。为了解决这个问题，作者对 1992—1994 年的股利数据重新进行了回归，且计算过去三年而非五年的成长率数据，结果都很稳定。

第三个疑问是：结果可能是成长机会的代理变量（收入增长率）导致的。作者同时也选择了资产增长率、固定资产增长率、现金流增长率和盈利增长率，还有行业的 Tobin Q 来作为投资效率的代理变量。除了 Tobin Q 结果不是非常显著，其他都很好地验证了之前的结果。

第四个疑问是：投资者保护的衡量指标仅反映了资本市场的发展程度，有可能在成熟资本市场的公司愿意支付更多盈余，因为它们能经常地增加外部融资，而在非成熟资本市场则更多地选择紧握现金，这是对现有结果的替代性解释。针对这种疑问，作者指出，这种替代性解释有其本身的问题。首先，资本市场发展程度是内生的，部分由法律起源和投资者保护解释（La Porta et al.，1997，JF）；其次，这种观点不能解释投资效率和股利支付之间的关系。

（二）现金流不确定性与股利政策：Chay and Suh（2009，JFE）

Chay 和 Suh 于 2009 年发表在 *Journal of Financial Economics* 的论文 *Payout Policy and Cash-Flow Uncertainty* 从理论和综述中发掘出对股利支付具有重要影响但在实证研究中却少有涉及的因素作为突破点，并进行全面的数据论证，这对研究中寻找新的思路和视角有很大的借鉴意义。

1. 研究动机

从理论上讲，股利与现金流不确定性之间关系的思想并不是新颖的，面临较大现金流不确定性的公司由于害怕未来现金流减少而不愿意支付股利。此外，股利是具有黏性的，如果公司降低股利，可能面临投资者"用脚投票"的严厉惩罚，因此，除非管理层对保持股利水平很有信心，一般他们都会避免支付高股利。从综述文章中，Lintner（1956，AER）指出管理层把盈余的稳定性看做股利决策的最重要因素，Brav et al.（2005，JFE）的调查报告显示在支付股利的公司中 2/3 的 CFO 认为未来现金流的稳定性是影响股利决策的重要因素。尽管以上这两篇综述突出了现金流不确定性在股利政策中的重要性，却缺乏实证研究对此进行评价，甚至近年来很多研究都没有把现金流不确定性作为控制变量（比如 DeAngelo et al.，2006，JFE）。现有文献对于现金流不确定性在股利中所扮演的角色缺乏充分了解，而作者旨在填补这一空白。

2. 研究问题

通过全球公司样本，作者检验了现金流不确定性对公司股利支付数量和是否进行股利支付的影响，同时对现金流不确定性与其他股利政策的潜在决定因素进行比较。通过世界范围的公司层面数据，作者发现现金流不确定性是解释公司股利政策的一个重要因素。

3. 研究创新

首先，用数据说明了现金流不确定性是股利政策的核心决定因素，而且不同的国家之间、不同的时间段这种证据都很强。该文的实证结果将引发对现金流不确定性在股利政策中作用的重新关注。

其次，提供了解释截面层面股利支付差异的各种因素（包括现金流不确定性）的跨国证据，这一问题尚待进一步深入是因为以往文献主要集中在对股利支付的变化而非水平的研究，近年来一些文献检验是否支付股利的影响因素，但没有考虑股利支付的水平（如 DeAngelo et al., 2006，JFE）。

最后，该文的实证结果发现不同的国家之间，公司股利支付与用内部人所有权比例为代理变量的代理冲突之间的证据很微弱，同样地，股利与投资机会之间的关系也不明显，反而股利支付和收益资本比（earned/contributed capital mix）之间的关系在很多国家都显著，这也支持了 DeAngelo et al.(2006，JFE) 的生命周期理论。

总之，实证结果发现在现金流不确定性较低和在生命周期的成熟阶段的公司倾向于支付更多的股利。

4. 研究假说和研究设计

公司在面临高度的现金流不确定性时，由于预期未来资金短缺，更可能支付更低的股利而把盈余保留在公司内部。一般来说，外部融资比内部融资成本更高，因此高现金流不确定性的公司将更依赖于内部资金而支付更低的股利。进一步地，股利被认为是具有黏性且有触发效应（一旦减少股利支付，公司价值便会严重下降）。因此，如果现金流不可预测，管理层由于对保持高股利的能力没有信心而倾向于避免支付过高的股利，综合以上原因，作者预测现金流不确定性和股利支付之间呈负相关关系。

作者的主要研究变量是股利支付率，使用了现金股利和股票回购的现金（回购公司普通股所支付的现金数量，包括库存股和注销的股票）总和。解释变量中，将股票回报波动率（SRVOL）定义为最近两年内月度股票回报率的标准差。用这个指标的原因是股价在面临公司现金流不可预测时常常会波动。同时使用公司盈利的波动率（ROAVOL）来作为补充的代理变量，即最近四年（包括本年度）的公司营业利润率的标准差。

其他几个主要变量如下：收益资本比，定义为留存收益与总权益的比值（RE/TE）；代理冲突，定义为内部人的持股水平（OWN）；投资机会，定义为市值—账面价值比率（MBR）。作者同时控制了如下变量：总资产、营业利润率、现金持有量（现金与短期投资之和再除以总资产）。

文章的数据来源是 WorldScopre 数据库，样本区间为 1994—2005 年。剔除了金融和公用事业行业，股利高于利润的观测，股利、净利润或收入值缺失的观测以及收入或净资产为负的观测。研究模型中，作者分别用 Tobit 模型[①]和 Logit 模型来检验现金流不确定性与公司支付股利的数量以及是否支付股利的关系。

---

① 受限因变量模型。

5. 研究结果

结果显示：用股票回报波动率作为代理变量的现金流不确定性与股利发放数量及股利发放的概率都呈显著的负相关关系，而且现金流不确定性对股利的影响比其他潜在的股利政策决定因素比如收益资本比、代理冲突和投资机会都要大。作者同时发现现金流不确定性对股利政策的影响与公司的财务生命周期理论是相异的。

6. 稳健性检验

作者主要对现金流不确定性和生命周期两种可能的替代性解释进行了区分：处于生命周期成熟阶段的公司拥有相对稳定的现金流，其股票经历的波动性比在生命周期早期的公司要低。因此，股利支付和股票价格波动率之间的关系也可能反映的是生命周期效应对股利支付的影响。作者区分了不同生命周期阶段的公司样本——留存收益与总权益比（RE/TE）为负和为正的两组样本，然后按照留存收益与总权益比的大小分为五组，每组分别进行回归，结果显示在不同的生命周期阶段现金流不确定性和股利支付的关系都很稳定。

三、中国制度背景下的股利政策实证研究

（一）中国上市公司股利政策影响的制度环境

中国现在正处于市场经济改革的快速时期，发展中国家和转型经济的制度背景使得各种规章制度变化和改进较快，对中国资本市场的股利政策进行研究，需要了解监管机构的各种法律法规变迁。证监会作为上市公司的监管机构，积极推动和引导上市公司的分红行为。

比如，2001年证监会发布了《上市公司新股发行管理办法》（已废止），规定上市公司申请再融资（包括配股、增发以及可转债的发行）的条件，如果最近三个年度没有分红派息，且董事会没有对不分配行为作出合理解释，那么担任发行主承销商的券商必须对此进行重点关注。这是证监会首次正式地试图对分红政策进行规范，但在《上市公司新股发行管理办法》中并没有对分红的形式（现金股利还是股票股利）进行明确限定，且分红要求对于再融资也不是强制性规定（如果董事会可以对未能分红作出合理的解释）。

2004年12月，证监会进一步规定如果公司在最近三年未进行现金股利分配，再融资需求将不被批准。2006年发布的《上市公司证券发行管理办法》规定，上市公司发行新股须符合"最近三年以现金或股票方式累计分配的利润不少于最近三年实现的年均可分配利润的百分之二十"。

再如，2008年10月证监会发布的《关于修改上市公司现金分红若干规定的决定》将《上市公司证券发行管理办法》第八条第（五）项"最近三年以现金或股票方式累计分配的利润不少于最近三年实现的年均可分配利润的百分之二十"修改为"最近三年以现金方式累计分配的利润不少于最近三年实现的年均可分配利润的百分之三十"。

2012年5月证监会出台了《关于进一步落实上市公司现金分红有关事项的通知》，鼓励、引导上市公司完善分红政策及其决策机制，并要求上市公司在定期报告等相关文件中详细披露现金分红政策的制定和执行情况，提高现金分红的透明度。

2013年11月证监会制定了《上市公司监管指引第3号——上市公司现金分红》，支持上市公司结合自身发展阶段并考虑其是否有重大资本支出安排等因素制定差异化的现金分红政策。

此外，与成熟市场经济国家不同，中国资本市场面临着一些"独特现象"，比如上市公司的国有股权占主导和"一股独大"，使得所有者缺位、大股东对中小股东的侵占等问题比较突出。此外，2005 年之前 A 股市场长期处于股权分置状态，法人股和国家股不能在二级市场上自由流通，这就意味着这些股东只能通过分红而非股价上升获得回报，这种制度背景下的中国上市公司股利政策跟其他国家有所区别。但随着资本市场改革和国有企业混合所有制改革的不断推进，企业上市环境不断优化，上市企业资本运营更加规范。

我们选取了几篇研究中国股利政策的国际文献进行简要分析，侧重于剖析作者如何利用上述制度背景对中国情境展开研究。

(二) 基于中国资本市场的股利政策研究

1. Chen et al. (2009，PBFJ)

Chen et al. (2009，PBFJ) 的论文 *Dividends for Tunneling in a Regulated Economy: The Case of China* 以股权分置状态导致的不同股东定价为切入点，认为非流通股和流通股在 IPO 定价上的区别，使得非流通股股东会使用高股利政策把 IPO 和再融资中的利益转移到控股股东手中。他们的实证结果发现：在 IPO 或配股中定价差别更大的公司、股权集中度更高的公司和最终控制人为政府的公司倾向于支付更多的股利。进一步地，伴随着 IPO 高折价率、近期配股、满足增发的 ROE 条件以及高股利支付标准差的股利增加与负向的股票收益相关。他们的结论显示股利政策在中国并不是完全的信号或者降低自由现金流的作用，而更多的是被控股股东用来掏空的手段。

在研究设计中，Chen et al. (2009，PBFJ) 选取了 CSMAR 数据库中 1990—2004 年 A 股上市公司的 8 285 个观测值，股利支付率定义为现金股利/总资产，IPO 折价率指标为 IPO 时中小股东为获取流通股股份而支付的每股股价与 IPO 前的每股总资产的差异。股票收益定义为从当年股利宣布日开始的 12 个月累计超额回报。

2. Huang et al. (2011，JCF)

类似地，Huang et al. (2011，JCF) 发表的论文 *Nonnegotiable Shares, Controlling Shareholders, and Dividend Payments in China* 检验了 1994—2006 年流通股股东和非流通股股东的不同需求如何影响现金股利的支付。作者发现股利支付与非流通股股东的持股比例正相关。此外，股利支付的市场反应显示 2001 年规定的再融资的分红条件并没有惠及流通股东。作者还发现股利支付有下降趋势，当公司盈利显著下降时，控股股东并不能迫使公司更多地支付股利。这些矛盾的因素在对股利支付的决定因素中起着重要作用。

在研究设计中，Huang et al. (2011，JCF) 通过 Probit 模型检验了公司是否支付股利的决定因素，被解释变量为现金股利数量是否超过公司预提所得税的虚拟变量；通过 OLS 模型检验了公司股利支付率的决定因素，在 OLS 回归中作者使用了截断回归模型 (censored regression model)。① 作者的数据来源于 Wind 和 Resset 数据库，样本区间为 1994—

---

① 尽管 Tobit 与截取回归经常交替使用，但是 Tobit 模型适合用在正值上大致连续分布但以正概率取零值的结果变量，而截取回归模型是因为数据截取 (data censoring) 而产生的，具体而言，其背后的因变量是大致连续的 (而且一般假定遵循以解释变量为条件的正态分布)，但由于数据收集方式或制度约束方面的问题，将因变量低于或高于某特定值的部分截取掉，从某种意义上讲，截取回归解决的是数据缺失，只不过我们拥有关于缺失数据性质的有用信息 (比如低于或高于特定值以及背后的分布)。参见第十一章第三节。

2006 年，剔除了在深交所上市的中小板公司（由于其与主板的上市条件不同，共有 190 个观测）、数据缺失的观测（2 872 个观测）、金融行业观测（58 个观测）、在 H 股同时上市的观测（因为这些公司的股利支付政策会受香港资本市场的影响，共 274 个观测）、新上市公司（共 871 个观测）后，还剩下 8 132 个观测。被解释变量为是否支付现金股利（参照 Lee and Xiao（2007），如果公司的每股现金股利超过所需支付的税负，则把该公司划分为现金股利支付组），以及具体的现金股利支付率（现金股利/净利润）。

3. Welker et al.（2017，JAAF）

2008 年 10 月，证监会发布的《关于修改上市公司现金分红若干规定的决定》要求，"最近三年以现金或股票方式累计分配的利润不少于最近三年实现的年均可分配利润的百分之三十"。Welker et al.（2017，JAAF）以该规定为背景，研究强制性股利支付监管对公司盈余管理的影响。研究发现，前一年累计股利支付率略低于法定门槛的公司，会选择降低可操纵应计利润而非增加股利来达到监管要求。进一步地，这种模式在现金流赤字较大的企业、销售增长较快的企业、位于银行发展水平较低地区的企业和最近三年加权平均净资产收益率不小于 6% 的企业中更为明显。相比之下，只有累计股利支付率远低于规定门槛的公司才会增派股利。

Welker et al.（2017，JAAF）的数据来源于 CSMAR 数据库，样本区间为 2005—2011 年，剔除了金融和公用事业行业的观测、数据缺失的观测、过去三年平均盈余为负的观测，只保留了至少有连续三年财务数据的观测（用于计算三年累计股利支付率），还剩下 4 808 个观测。遵循证监会的规定，定义累计股利支付率为最近三年以现金或股票方式累计分配的利润占最近三年实现的年均可分配利润比率。作者利用双重差分法（difference-indifferences）检验企业如何调整其可操控性应计利润，以应对强制性股利支付规定。核心解释变量为累计股利支付率大于 20% 但小于 30% 的虚拟变量（处于这个区间时取 1，否则为 0，下同）、累计股利支付率大于 0 但小于 20% 的虚拟变量和累计股利支付率为 0 的虚拟变量。

4. Li et al.（2017，JFQA）

Li et al.（2017，JFQA）以 2012 年中国股息红利税改革（将个人投资者的股息红利税税率与他们持股时间的长短联系起来）为背景，检验个人投资者股利税率是否会影响公司股利支付政策。实证结果发现，面临个人投资者股利税率降低（增加）的公司更有（更少）可能增加股利支付。这种效应在那些控股股东和小股东的动机一致的公司中更显著。此外，投资者通过减少分红日之前的交易活动来应对税法的变化，可以成功减少他们应缴纳的股息红利税额。

在研究设计中，Li et al.（2017，JFQA）利用双重差分法检验了股息红利税改革对于公司股利支付政策的影响。选取了 CSMAR 数据库中 2012—2013 年的数据，得到了 5 025 个初始观测。选择这两年的数据是因为它包含了改革前和改革后的 1 年，以便于双重差分识别。剔除了金融行业观测（81 个观测）、缺乏历史股利支付信息计算相关指标的观测（477 个观测）、数据缺失的观测（636 个观测），最后得到了 3 831 个观测。被解释变量为股利支付率，被定义为现金股利除以上年度末股票市值。

本章结语

自 Modigliani and Miller（1958，AER）开创了现代公司财务理论以来，公司财务学在理论与研究方法上是整个大的会计学科中与经济学联系最紧密、创新最活跃的分支。如果说管理学以"最优"为研究特征，经济学以"均衡"为研究特征，那么现代公司财务更倾向于是一门经济学。相应地，公司财务理论与方法的创新与经济学尤其是微观经济学的发展息息相关，这从本章关于公司财务研究方法的回顾可见一斑。因此，对公司财务方向的研究者而言，熟练掌握微观经济学方法至关重要。此外，作为现代会计学研究方法主流的实证会计研究的诸多思想与方法都来自公司财务学。公司财务学成为经济学与会计学之间的一座重要桥梁。对公司财务理论与方法的理解和掌握，有助于深化对整个大会计学科的理解。

本章参考文献

Adam, T., and V. Goyal. The Investment Opportunity Set and Its Proxy Variables. *Journal of Financial Research*, 2008 (31): 41–63.

Aivazian, V. A., Y. Ge, and J. Qiu. Debt Maturity Structure and Firm Investment. *Financial Management*, 2005 (Winter): 107–119.

Aivazian, V. A., Y. Ge, and J. Qiu. The Impact of Leverage on Firm Investment: Canadian Evidence. *Journal of Corporate Finance*, 2005 (11): 277–191.

Allen, F., and R. Michaely. Payout Policy. in North-Holland *Handbook of Economics* edited by George Constantinides, Milton Harris, and Rene Stulz, 2003: 337–429.

Almeida, H., and M. Campello. Financial Constraints, Asset Tangibility, and Corporate Investment. *Review of Financial Studies*, 2007 (20): 1429–1460.

Almeida, H., M. Campello, and M. S. Weisbach. The Cash Flow Sensitivity of Cash. *Journal of Finance*, 2004 (59): 1777–1804.

Altman, E. I. A Further Empirical Investigation of the Bankruptcy Cost Question. *Journal of Finance*, 1984 (39): 1067–1089.

Andrade, G., and S. N. Kaplan. How Costly Is Financial (not Economic) Distress? Evidence from Highly Leveraged Transactions that Became Distressed. *Journal of Finance*, 1998 (53): 1443–1493.

Baker, M., J. C. Stein, and J. Wurgler. When Does the Market Matter? Stock Prices and the Investment of Equity-Depericlent Firms. *Quarterly Journal of Economics*, 2003 (118): 969–1005.

Bakke, T., and T. Whited. Which Firms Follow the Market? An Analysis of Corporate Investment Decisions. *Review of Financial Studies*, 2010 (23): 1941–1980.

Barclay, M. J., E. Morellec, and C. W. Smith, Jr. On the Debt Capacity of Growth Options. *Journal of Business*, 2006 (79): 37–59.

Bhattacharya, S. Imperfect Information, Dividend Policy, and the "Bird-in-Hand" Fallacy. *Bell Journal of Economics*, 1979 (10): 259–270.

Biddle, G., and G. Hilary. Accounting Quality and Firm-Level Capital Investment. *The Accounting Review*, 2006 (81): 963–982.

Biddle, G., G. Hilary, and R. Verdi. How Does Financial Reporting Quality Relate to Investment Efficiency?. *Journal of Accounting and Economics*, 2009 (48): 112–131.

Black, F. The Dividend Puzzle. *Journal of Portfolio Management*, 1976 (2): 5–8.

Blanchard, O. J., F. Lopez-de-Silanes, and A. Shleifer. What Do Firms Do with Cash Windfalls?. *Journal of Financial Economics*, 1994 (36): 337–360.

Blanchard, O., C. Rhee, and L. Summers. The Stock Market, Profit, and Investment. *Quarterly Journal of Economics*, 1993 (108): 115–136.

Bond, S. R., and J. G. Cummins. The Stock Market and Investment in the New Economy: Some Tangible Facts and Intangible Fictions. *Brookings Papers on Economic Activity*, 2000 (1): 61–124.

Bradley, M., G. A. Jarrell, and E. H. Kim. On the Existence of an Optimal Capital Structure: Theory and Evidence. *Journal of Finance*, 1984 (39): 857–877.

Brainard, W. C., and J. Tobin. Pitfalls in Financial Model-Building. *American Economic Review*, 1968 (58): 99–122.

Brav, A., J. Graham, C. Harvey, and R. Michaely. Payout Policy in the 21st Century. *Journal of Financial Economics*, 2005 (77): 483–527.

Byoun, S. Capital Structure Adjustments in the Presence of Adjustment Costs. The 2005 Midwest Finance Association Annual Meetings, 2005.

Cai, H., H. Fang, and L. Xu. Eat, Drink, Firms, Government: An Investigation of Corruption from the Entertainment and Travel Costs of Chinese Firms. *Journal of Law and Economics*, 2011, 54 (1): 55–78.

Carpenter, R. E., S. M. Fazzari, and B. P. Petersen. Inventory Investment, Internal-Finance Fluctuations, and the Business Cycle. *Brookings Papers on Economic Activity*, 1994 (2): 75–138.

Chay, J. B., and J. Suh. Payout Policy and Cash-flow Uncertainty. *Journal of Financial Economics*, 2009 (93): 88–107.

Chen, D. H., M. Jian, and M. Xu. Dividends for Tunneling in a Regulated Economy: The Case of China. *Pacific-Basin Finance Journal*, 2009 (17): 209–223.

Chen, S., Z. Sun, S. Tang, and D. Wu. Government Intervention and Investment Efficiency: Evidence from China. *Journal of Corporate Finance*, 2011 (17): 259–271.

Chirinko, R. S. Business Fixed Investment Spending: Modeling Strategies, Empirical Results, and Policy Implications. *Journal of Economic Literature*, 1993 (35): 1875–1911.

Chung, K. H., and S. W. Pruitt. A Simple Approximation of Tobin's Q. *Financial Management*, 1994 (Autumn): 70–74.

Cleary, S. W. The Relationship between Firm Investment and Financial Status. *Journal of Finance*, 1999 (54): 673–692.

Cummins, J., K. Hasset, and S. Oliner. Investment Behavior, Observable Expectations, and Internal Funds. *American Economic Review*, 1999 (96): 796–810.

D'Espaller, B., S. Vandemaele, and L. Peeters. Investment-Cash Flow Sensitivities or Cash-Cash Flow Sensitivities? An Evaluative Framework for Measures of Financial Constraints. *Journal of Business, Finance and Accounting*, 2008 (35): 943–968.

DeAngelo, H., L. DeAngelo, and D. Skinner. Reversal of Fortune: Dividend Policy and the Disappearance of Sustained Earnings Growth. *Journal of Financial Economics*, 1996 (40): 341–371.

DeAngelo, H., L. DeAngelo, and R. Stulz. Dividend Policy and the Earned/Contributed Capital Mix: A Test of the Life-cycle Theory. *Journal of Financial Economics*, 2006 (81): 227-254.

Denis, D. J., and V. Sibilkov. Financial Constraints, Investment, and the Value of Cash Holding. *Review of Financial Studies*, 2010 (23): 247-269.

Erickson, T., and T. M. Whited. Measurement Error and the Relationship between Investment and Q. *Journal of Political Economy*, 2000 (108): 1027-1057.

Fama, E. F., and K. R. French. Testing Trade-Off and Pecking Order Predictions about Dividends and Debt. *Review of Financial Studies*, 2002 (15): 1-33.

Faulkender, M., M. Flannery, J. Smith, and K. W. Hankins. Do Adjustment Costs Impede Realization of Target Capital Structure? . Working Paper, 2009.

Fazzari, S. M., R. G. Hubbard, and B. C. Petersen. Financing Constraints and Corporate Investment. *Brookings Papers on Economic Activity*, 1988 (1): 141-195.

Fee, E., C. Hadlock, and J. Pierce. Investment, Financing Constraints, and Internal Capital Markets: Evidence from the Advertising Expenditures of Multinational Firms. *Review of Financial Studies*, 2008 (22): 2361-2392.

Fenn, G., and N. Liang. Corporate Payout Policy and Managerial Stock Incentives. *Journal of Financial Economics*, 2001 (60): 45-72.

Flannery, M. J., and K. P. Rangan. Partial Adjustment toward Target Capital Structures. *Journal of Financial Economics*, 2006 (79): 469-506.

Frank, M. Z., and V. K. Goyal. Capital Structure Decisions: Which Factors are Reliably Important?. *Financial Management*, 2009 (38): 1-37.

Frank, M. Z., and V. K. Goyal. Trade-off and Pecking Order Theories of Debt. in B. Espen Eckbo (eds.). *Handbook of Corporate Finance: Empirical Corporate Finance Volume 2*. Elsevier/North-Holland, 2006.

Franzoni, F. Underinvestment vs. Overinvestment: Evidence from Price Reactions to Pension Contribution. *Journal of Financial Economics*, 2009 (92): 491-518.

Gilchrist, S., and C. P. Himmelberg. Evidence on the Role of Cash Flow for Investment. *Journal of Monetary Economics*, 1995 (36): 541-572.

Givoly, D., C. Hahn, A. Ofer, and O. H. Sarig. Taxes and Capital Structure: Evidence from Firms' Response to the Tax Reform Act of 1986. *Review of Financial Studies*, 1992 (5): 331-355.

Graham, J. R. Debt and the Marginal Tax Rate. *Journal of Financial Economics*, 1996a (41): 41-74.

Graham, J. R. Proxies for the Marginal Tax Rate. *Journal of Financial Economics*, 1996b (42): 187-221.

Graham, J. R. Taxes and Corporate Finance. in B. Espen Eckbo (eds.) . *Handbook of Corporate Finance: Empirical Corporate Finance Volume 2*. Elsevier/North-Holland, 2006.

Graham, J. R., M. Lemmon, and J. Schallheim. Debt, Leases, Taxes, and the Endogeneity of Corporate Tax Status. *Journal of Finance*, 1998 (53): 131-162.

Grullon, G., and R. Michaely. Dividends, Share Repurchases and the Substitution Hypothesis. *Journal of Finance*, 2002, 62 (4): 1649-1684.

Grullon, G., R. Michaely, and B. Swaminathan. Are Dividend Changes a Sign of Firm Maturity?. *The Journal of Business*, 2002 (75): 387-424.

Gugler, K. Corporate Governance, Dividend Payout Policy, and the Interrelation between Dividends, R&D, and Capital Investment. *Journal of Banking and Finance*, 2003 (27): 1297-1321.

Hennessy, C. A., and T. M. Whited. How Costly Is External Financing? Evidence from a Structural

Estimation. *Journal of Finance*, 2007 (62): 1705-1745.

Himmelberg, C. C., and B. P. Petersen. R&D and Internal Finance: A Panel Study of Small Firms in High-Tech Industries. *Review of Economics and Statistics*, 1994 (76): 38-51.

Hotchkiss, E. S., K. John, R. M. Mooradian, and K. S. Thorburn. Bankruptcy and the Resolution of Financial Distress. in B. Espen Eckbo (eds.). *Handbook of Corporate Finance: Empirical Corporate Finance Volume* 2. Elsevier/North-Holland, 2006.

Hovakimian, A., T. Opler, and S. Titman. The Debt-equity Choice. *Journal of Financial and Quantitative Analysis*, 2001 (36): 1-24.

Hovakimian, G. Determinants of Investment Cash Flow Sensitivity. *Financial Management*, 2009 (Spring): 161-183.

Hovakimian, G., and S. Titman. Corporate Investment with Financial Constraints: Sensitivity of Investment to Funds from Voluntary Asset Sales. *Journal of Money, Credit and Banking*, 2006 (38): 357-374.

Huang, G., and F. M. Song. The Determinants of Capital Structure: Evidence from China. *China Economic Review*, 2006 (17): 14-36.

Huang, J. J., Y. F. Shen, and Q. Sun. Nonnegotiable Shares, Controlling Shareholders, and Dividend Payments in China. *Journal of Corporate Finance*, 2011 (17): 122-133.

Hubbard, R. G. Capital Market Imperfections and Investment. *Journal of Economic Literature*, 1998 (36): 193-227.

Jagannathan, M., C. P. Stephens, and M. S. Weisbach. Financial Flexibility and the Choice between Dividends and Stock Repurchases. *Journal of Financial Economics*, 2000 (57): 355-384.

Jalilvand, A., and R. S. Harris. Corporate Behavior in Adjusting to Capital Structure and Dividend Targets: An Econometric Study. *Journal of Finance*, 1984 (39): 127-145.

Jensen, M. Agency Cost of Free Cash Flow, Corporate Finance, and Takeovers. *American Economic Review*, 1986 (76): 323-329.

Jensen, M. C., and W. H. Meckling. Theory of the Firm: Managerial Behavior, Agency Costs and Ownership Structure. *Journal of Financial Economics*, 1976 (3): 305-360.

Kang, S., P. Kumar, and H. Lee, Agency and Corporate Investment. *Journal of Business*, 2006 (79): 1127-1147.

Kaplan, S., and L. Zingales. Do Financing Constraints Explain Why Investment Is Correlated with Cash Flow?. *Quarterly Journal of Economics*, 1997 (112): 169-215.

Kraus, A., and R. H. Litzenberger. A State-Preference Model of Optimal Financial Leverage. *Journal of Finance*, 1973 (33): 911-922.

La Porta, R., F. Lopez-de-Silanes., and A. Shleifer. Corporate Ownership Around the World. *Journal of Finance*, 1999 (54): 471-517.

La Porta, R., F. Lopez-de-Silanes., A. Shleifer., and R. W. Vishny. Legal Determinants of External Finance. *Journal of Finance*, 1997 (52): 1131-1150.

La Porta, R., F. Lopez-de-Silanes., A. Shleifer., and R. W. Vishny. Law and Finance. *Journal of Political Economy*, 1998 (106): 1113-1155.

La Porta, R., F. Lopez-de-Silanes., A. Shleifer., and R. W. Vishny. Agency Problems and Dividend Policies around the World. *Journal of Finance*, 2000, 55 (1): 1-33.

Lang, L. H. P., and R. M. Stulz. Contagion and Competitive Intra-Industry Effects of Bankruptcy Announcements: An Empirical Analysis. *Journal of Financial Economics*, 1992 (32): 45-60.

Lee, B. S., and J. Suh. Cash Holdings and Share Repurchase: International Evidence. *Journal of Corporate Finance, 2011, 17 (5): 1306-1329.

Lee, J., and X. Xiao. Tunneling Dividends. Working Paper. Tulane University, 2007.

Lewellen, W. G., and S. G. Badrinath. On the Measurement of Tobin's Q. *Journal of Financial Economics*, 1997 (44): 77-122.

Li, O., H. Liu, C. Ni, and K. Ye. Individual Investors' Dividend Tax and Corporate Payout Policies. *Journal of Financial and Quantitative Analysis*, 2017, 52 (3): 963-990.

Lindenberg, E. B., and S. A. Ross. Tobin's q Ratio and Industrial Organization. *Journal of Business*, 1981 (54): 1-32.

Lintner, J. Distribution of Incomes of Operations among Dividends, Retained Earnings and Taxes. *American Economic Review*, 1956 (46): 97-113.

Miller, M. H., and F. Modigliani. Dividend Policy, Growth and the Valuation of Shares. *Journal of Business*, 1961 (34): 411-433.

Modigliani, F., and M. H. Miller. The Cost of Capital, Corporate Finance and the Theory of Investment. *American Economic Review*, 1958 (48): 261-297.

Modigliani, F., and M. H. Miller. Corporate Income Taxes and the Cost of Capital: A Correction. *American Economic Review*, 1963 (53): 433-443.

Morck, R., A. Shleifer, and R. Vishny. The Stock Market and Investment: Is the Market a Sideshow?. *Brookings Papers on Economic Activity*, 1990 (2): 157-215.

Myers, S. C. Determinants of Corporate Borrowing. *Journal of Financial Economics*, 1977 (5): 147-175.

Myers, S. C. The Capital Structure Puzzle. *Journal of Finance*, 1984 (39): 575-592.

Myers, S. C. Financing of Corporations. Constantinides, in G. M. Constantinides, M. Harris, and R. M. Stulz (eds.), *Handbook of the Economics of Finance* Volume 1A. Elsevier/North-Holland, 2003.

Myers, S. C., and N. Majluf. Corporate Financing and Investment Decisions When Firms Have Information that Investors Do Not Have. *Journal of Financial Economics*, 1984 (13): 187-221.

Opler, T. C., and S. Titman. Financial Distress and Corporate Performance. *Journal of Finance*, 1994 (49): 1015-1040.

Ovtchinnikov, A., and J. McConnell. Capital Market Imperfections and the Sensitivity of Investment to Stock Price. *Journal of Financial and Quantitative Analysis*, 2009 (44): 551-578.

Pittman, J., and K. Klassen. The Influence of Firm Maturation on Firms' Rate of Adjustment to Their Optimal Capital Structures. *Journal of the American Taxation Association*, 2001 (23): 70-94.

Polk, C., and P. Sapienza. The Stock Market and Corporate Investment: A Test of Catering Theory. *Review of Financial Studies*, 2009 (22): 187-217.

Rajan, R. G., and L. Zingales. What Do We Know about Capital Structure? Some Evidence from International Data. *Journal of Finance*, 1995 (50): 1421-1460.

Richardson, S., Over-Investment of Free Cash Flow. *Review of Accounting Studies*, 2006 (11): 159-189.

Shevlin, T. Taxes and Off-Balance Sheet Financing: Research and Development Limited Partnerships. *The Accounting Review*, 1987 (62): 480-509.

Shevlin, T. Estimating Corporate Marginal Tax Rates with Asymmetric Tax Treatment of Gains and Losses. *Journal of the American Taxation Association*, 1990 (12): 51-67.

Stein, J. C. Corporate Investment Policy, in G. M. Constantinides, M. Harris, and R. M. Stulz (eds.). *Handbook of the Economics of Finance* Volume 1A. Amsterdam: North-Holland/Elsevier, 2003.

Stephens, C., and M. Weisbach. Actual Share Reacquisition in Open Market Repurchases Programs. *Journal of Finance*, 1998, 53 (1): 313–333.

Sunder, S. L., and S. C. Myers. Testing Static Trade-off against Pecking Order Models of Capital Structure. *Journal of Financial Economics*, 1999 (51): 219–244.

Taggart, R. A. A Model of Corporate Financing Decisions. *Journal of Finance*, 1977 (32): 1467–1484.

Titman, S., and R. Wessels. The Determinants of Capital Structure Choice. *Journal of Finance*, 1988 (43): 1–21.

Tobin, J. A General Equilibrium Approach to Monetary Theory. *Journal of Money, Credit and Banking*, 1969 (1): 15–29.

Wanzenried, G. Capital Structure Dynamics in the UK and Continental Europe. *The European Journal of Finance*, 2006 (12): 693–716.

Warner, J. B. Bankruptcy Costs: Some Evidence. *Journal of Finance*, 1977 (32): 337–347.

Weiss, L. A. Bankruptcy Costs and Violation of Claims Priority. *Journal of Financial Economics*, 1990 (27): 285–314.

Welch, I. Capital Structure and Stock Returns. *Journal of Political Economy*, 2004 (112): 106–131.

Welker, M., K. Ye, and N. Zhan. (Un)intended Consequences of a Mandatory Dividend Payout Regulation for Earnings Management: Evidence From a Natural Experiment. *Journal of Accounting, Auditing and Finance*, 2017, 32 (4): 510–535.

Whited, T., and G. Wu. Financial Constraints Risk. *Review of Financial Studies*, 2006 (19): 531–559.

Wu, L., and H. Yue. Corporate Tax, Capital Structure and the Accessibility of Bank Loans: Evidence from China. *Journal of Banking and Finance*, 2009 (33): 30–38.

第十四章　管理会计领域的研究方法应用

本章大纲

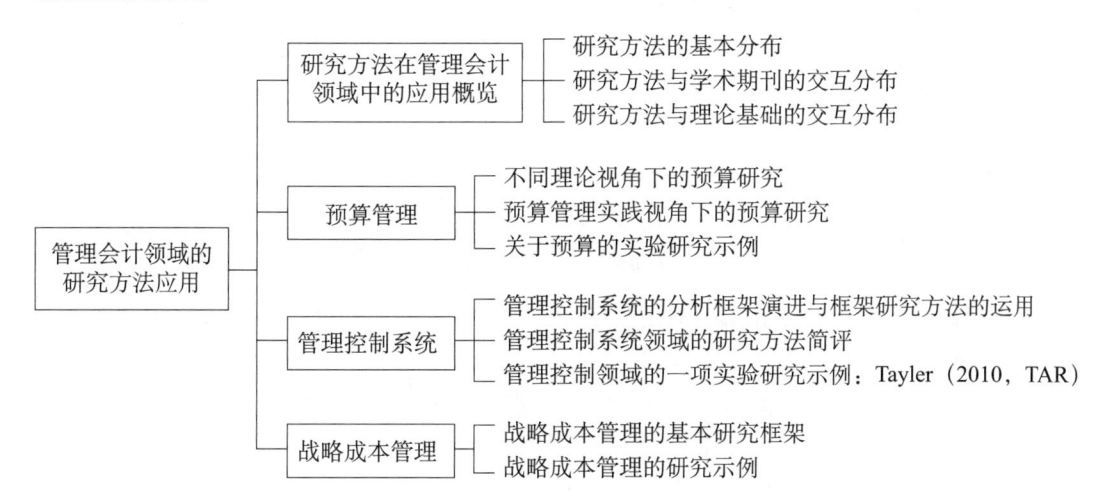

- 管理会计领域的研究方法应用
  - 研究方法在管理会计领域中的应用概览
    - 研究方法的基本分布
    - 研究方法与学术期刊的交互分布
    - 研究方法与理论基础的交互分布
  - 预算管理
    - 不同理论视角下的预算研究
    - 预算管理实践视角下的预算研究
    - 关于预算的实验研究示例
  - 管理控制系统
    - 管理控制系统的分析框架演进与框架研究方法的运用
    - 管理控制系统领域的研究方法简评
    - 管理控制领域的一项实验研究示例：Tayler（2010，TAR）
  - 战略成本管理
    - 战略成本管理的基本研究框架
    - 战略成本管理的研究示例

第一节　研究方法在管理会计领域中的应用概览

Hesford et al.（2007）曾对 1981—2000 年这 20 年间发表在十种主要会计学术期刊上的 916 篇管理会计论文[①]进行了考察。他们将研究方法主要分为：框架研究（framework study）、分析研究（analytical study）、调查研究（survey study）、实验研究（experiment study）、实地研究（field study）、案例研究（case study）、档案式研究（archival study）、综述研究（review study）以及模拟研究（simulation study）。

---

① 这十种会计学刊包括 *Accounting，Organizations and Society*（AOS），*Behavioral Research in Accounting*（BRIA），*Contemporary Accounting Research*（CAR），*Journal of Accounting and Economics*（JAE），*Journal of Accounting Literature*（JAL），*Journal of Accounting Research*（JAR），*Journal of Management Accounting Research*（JMAR），*Management Accounting Research*（MAR），*Review of Accounting Studies*（RAS），*The Accounting Review*（TAR）。

一、研究方法的基本分布

表 14-1 列示了 916 篇管理会计论文的研究方法分布。总体来看，管理会计领域的主要研究方法包括框架研究①（占 19.5%）、分析研究（占 18.4%）、调查研究（占 16.3%）、实验研究（占 12.7%）、实地研究（占 9.9%）、案例研究（占 8.5%）以及档案式研究（占 8.5%）。

表 14-1　1981—2000 年国际重要学术期刊中的管理会计论文：研究方法分布

研究方法	1981—2000 年	1981—1990 年	1991—2000 年
框架研究	179（19.5）	77（24.1）	102（17.1）
分析研究	169（18.4）	62（19.4）	107（18.0）
调查研究	149（16.3）	55（17.2）	94（15.8）
实验研究	116（12.7）	50（15.6）	66（11.1）
实地研究	91（9.9）	23（7.2）	68（11.4）
案例研究	78（8.5）	16（5.0）	62（10.4）
档案式研究	78（8.5）	10（3.1）	68（11.4）
综述研究	49（5.3）	24（7.5）	25（4.2）
其他方法	7（0.8）	3（0.9）	4（0.6）
合计	916（100）	320（100）	596（100）

资料来源：整理自 Hesford et al.（2007）。表中括号外为论文篇数，括号内为百分比（未列示%）。

如果将 1981—2000 年分为两个均等期间，表 14-1 显示，论文占比的变化大于 4 个百分点的研究方法包括：

- 框架研究（从 20 世纪 80 年代的 24.1% 降至 90 年代的 17.1%）。
- 实验研究（从 80 年代的 15.6% 降至 90 年代的 11.1%）。
- 实地研究（从 80 年代的 7.2% 增至 90 年代的 11.4%）。
- 案例研究（从 80 年代的 5.0% 增至 90 年代的 10.4%）。
- 档案式研究（从 80 年代的 3.1% 增至 90 年代的 11.4%）。

由上可见，在管理会计研究领域，框架构建类的研究逐渐减少，而具体的研究方法也越来越多地从实验环境转变到现实环境（包括实地、案例和档案数据）。

二、研究方法与学术期刊的交互分布

表 14-2 进一步列示了不同学术期刊发表的管理会计论文的研究方法分布。
根据表 14-2 可以发现以下基本特征：

- 从总量来看，AOS，JMAR，MAR 以及 TAR 发表的管理会计论文最多。
- 采用框架方法的管理会计论文，主要发表于 AOS，BRIA，MAR 和 JMAR。
- 采用分析方法的管理会计论文，主要发表于 RAS，CAR，JAR，JAE，TAR 和 JMAR。

---

① 严格来讲，框架构建属于规范研究的一种具体形式。考虑到该种形式的文献占有相当比重，故单独作为一类进行考察。

表 14-2　1981—2000 年国际重要学术期刊中的管理会计论文：研究方法与期刊的交互分布

学刊	框架	分析	调查	实验	实地	案例	档案	综述	其他	合计
AOS	82 (32.3)	0 (0.0)	67 (26.4)	26 (10.2)	46 (18.1)	18 (7.1)	6 (2.4)	7 (2.8)	2 (0.8)	254 (100)
BRIA	10 (28.6)	0 (0.0)	6 (17.1)	13 (37.1)	0 (0.0)	1 (2.9)	0 (0.0)	5 (14.3)	0 (0.0)	35 (100)
CAR	0 (0.0)	29 (64.4)	4 (8.9)	7 (15.6)	1 (2.2)	0 (0.0)	3 (6.7)	1 (2.2)	0 (0.0)	45 (100)
JAE	0 (0.0)	15 (39.5)	1 (2.6)	1 (2.6)	0 (0.0)	1 (2.6)	19 (50.0)	1 (2.6)	0 (0.0)	38 (100)
JAL	0 (0.0)	0 (0.0)	0 (0.0)	0 (0.0)	0 (0.0)	0 (0.0)	0 (0.0)	27 (96.4)	1 (3.6)	28 (100)
JAR	1 (1.4)	38 (54.3)	5 (7.1)	16 (22.9)	1 (1.4)	0 (0.0)	8 (11.4)	1 (1.4)	0 (0.0)	70 (100)
JMAR	28 (23.9)	14 (12.0)	22 (18.8)	19 (16.2)	11 (9.4)	4 (3.4)	15 (12.8)	3 (2.6)	1 (0.9)	117 (100)
MAR	49 (24.9)	17 (8.6)	29 (14.7)	7 (3.6)	31 (15.7)	52 (26.4)	7 (3.6)	4 (2.0)	1 (0.5)	197 (100)
RAS	0 (0.0)	19 (90.5)	0 (0.0)	0 (0.0)	0 (0.0)	0 (0.0)	2 (9.5)	0 (0.0)	0 (0.0)	21 (100)
TAR	9 (8.1)	37 (33.3)	15 (13.5)	27 (24.3)	1 (0.9)	2 (1.8)	18 (16.2)	0 (0.0)	2 (1.8)	111 (100)
合计	179 (19.5)	169 (18.4)	149 (16.3)	116 (12.7)	91 (9.9)	78 (8.5)	78 (8.5)	49 (5.3)	7 (0.7)	916 (100)

资料来源：整理自 Hesford et al.(2007)。表中括号外为论文篇数，括号内为百分比（未列示%）。

- 采用调查方法的管理会计论文，主要发表于 AOS，JMAR，BRIA，MAR 和 TAR。
- 采用实验方法的管理会计论文，主要发表于 BRIA，TAR，JAR，JMAR，CAR 和 AOS。
- 采用实地方法的管理会计论文，主要发表于 AOS 和 MAR。
- 采用案例方法的管理会计论文，主要发表于 MAR。
- 采用档案式研究的管理会计论文，主要发表于 JAE，TAR，JMAR 和 JAR。
- 最后，JAL 和 BRIA 更多地发表综述类的管理会计论文。

三、研究方法与理论基础的交互分布

管理会计研究的理论基础通常包括经济学（economics）、社会学（sociology）、心理学（psychology）等，此外还可能涉及生产与运营管理（production and operations management）和历史学（history）等。表 14-3 列示了管理会计论文的研究方法与理论基础的交互分布。

根据表 14-3 可以发现以下基本特征：

- 总体而言，经济学和社会学是管理会计研究的两种主要理论基础，分别占到 39.3% 和 34.9%。心理学也有一定的理论市场，占 13.2%。此外，多种理论基础并用的文献也占到了 10.8%。
- 在框架构建类研究中，57.5% 的论文以社会学作为理论基础，22.3% 的论文以经济学作为理论基础。
- 在分析研究中，绝大多数研究（96.4%）以经济学作为理论基础。
- 在调查研究中，47% 的论文以社会学作为理论基础，23.5% 的论文以心理学作为理论基础。
- 在实验研究中，55.2% 的论文以心理学作为理论基础，22.4% 的论文以经济学作为理论基础。

表 14-3 1981—2000 年国际重要学术期刊中的管理会计论文：研究方法与理论基础的交互分布

研究方法	经济学	社会学	心理学	其他	多种	合计
框架研究	40（22.3）	103（57.5）	6（3.4）	8（4.5）	22（12.3）	179（100）
分析研究	163（96.4）	1（0.6）	1（0.6）	2（1.2）	2（1.2）	169（100）
调查研究	19（12.8）	70（47.0）	35（23.5）	1（0.7）	24（16.1）	149（100）
实验研究	26（22.4）	10（8.6）	64（55.2）	0（0.0）	16（13.8）	116（100）
实地研究	13（14.3）	65（71.4）	5（5.5）	1（1.1）	7（7.7）	91（100）
案例研究	11（14.1）	56（71.8）	2（2.6）	0（0.0）	9（11.5）	78（100）
档案式研究	62（79.5）	3（3.8）	6（7.7）	3（3.8）	4（5.1）	78（100）
综述研究	22（44.9）	10（20.4）	2（4.1）	1（2.0）	14（28.6）	49（100）
其他方法	4（57.1）	2（28.6）	0（0.0）	0（0.0）	1（14.3）	7（100）
合计	360（39.3）	320（34.9）	121（13.2）	16（1.7）	99（10.8）	916（100）

资料来源：整理自 Hesford et al.（2007）。表中括号外为论文篇数，括号内为百分比（未列示％）。

- 在实地研究中，71.4％的论文以社会学作为理论基础。
- 在案例研究中，71.8％的论文以社会学作为理论基础。
- 在档案式研究中，79.5％的论文以经济学作为理论基础。
- 最后，在文献综述类研究中，44.9％的综述以经济学作为理论基础，20.4％的综述以社会学作为理论基础，28.6％的综述则综合了多种理论基础。

第二节 预算管理

预算是管理会计领域中广受关注的研究主题。预算几乎影响着管理会计的每一个方面，成本会计、责任会计、业绩衡量及薪酬激励都与预算相关联。本节首先从理论基础的视角和预算管理实践的视角概括了预算领域的研究。

由于预算问题涉及企业的内部管理活动，研究所需信息多属非公开信息，因此大样本实证研究通常不适合预算领域的研究。国内外学者对预算问题的研究除了理论讨论外，多采用实验研究方法。① 为此，本节通过两篇实验研究例文对预算主题的研究加以展示。

一、不同理论视角下的预算研究

虽然从原则上说任何社会科学都能提供预算研究的基础，但大多数现有管理会计文献主要结合经济学、心理学和社会学对预算展开研究。基于 Covaleski et al.（2003，JMAR），表 14-4 列示了不同学科下预算研究的相关学科分支或理论基础、主要研究问题、关注的焦点、分析问题的层面、基础假设、预算变量以及非预算变量。

---

① 此外，案例研究和调查问卷也在预算问题的研究中有所应用。

表 14-4 不同理论视角下的预算研究比较

	经济学	心理学	社会学
相关学科分支或理论基础	委托-代理模型	动机心理学;社会心理学	权变理论;制度理论
主要研究问题	对于所有者和雇员而言,预算的经济价值①是什么?	预算变量如何影响个体的思想和行为?	在计划和控制社会、组织的资源时,预算如何影响决策制定和谈判过程?
关注的焦点	能够使组织中所有者和经理人联合利益最大化的均衡预算安排	个体的思想(如精神的程序和状态)如何受激励影响及其如何影响个体行为(如行动、交流)	预算在组织内部如何控制雇员
分析问题的层面	代理关系(雇主和雇员)	个体。主要关注"上级-下级"二元组合中的下级	组织和下属单位
理性假设	完全理性:无成本决策、个体间偏好一致	有限理性、满足某最低要求即可(非无限贪婪)	有限理性、满足某最低要求即可(非无限贪婪)
均衡假设	纳什均衡	个体认知一致性	1. 权变理论:适应权变和组织特征 2. 制度理论:雇员之间的利益分歧将导致冲突和非均衡
预算变量	预算和薪酬实务特征,包括基于预算的契约、参与式预算、资本预算和差异调查	参与式预算、预算目标的难易程度、业绩评价中的预算重点、基于预算的薪酬	1. 权变理论:参与式预算、基于预算的业绩评价、预算重要性、将经营预算用于管理控制 2. 制度理论:预算程序
非预算变量	1. 劳动力市场:雇员的能力和偏好 2. 信息结构:公共和私人信息,状态不确定性 3. 结果:个人财富,组织业绩,预算松弛	1. 精神状态:态度、动机、满意度、压力 2. 组织背景:任务的不确定性 3. 行为:博弈 4. 业绩:个体层面的管理业绩	1. 权变理论:组织规模、行为活动的组织形式、权力下放、技术自动化、下属部门的相互依赖性、多样化战略 2. 制度理论:会计、资源谈判和议价、隐瞒和动员的能力、环境变化,以及组织变化的符号价值

资料来源:整理自 Covaleski et al. (2003, JMAR)。

二、预算管理实践视角下的预算研究

在实践中,普遍认为传统预算存在诸多缺点和局限(Neely et al., 2001),比如:
- 预算的编制十分耗时;
- 预算对组织内的反馈造成了抑制,往往成为变革的障碍;

---

① 预算的经济价值可以概括为:预算在组织内部起到推进和影响决策的作用(Demski and Feltham, 1976)。

- 预算通常缺乏战略性眼光，经常内在矛盾；
- 如果考虑了编制预算所消耗的资源，预算的增量价值可能十分有限；
- 预算通常关注成本的削减，而非价值创造；
- 预算强化了纵向的指令式控制；
- 预算往往难以反映组织正在采用的新型网络结构；
- 预算往往诱发了博弈和不端行为；
- 预算在现实中的更新太不及时了（通常一年一次）；
- 预算的编制往往基于未经证实的假设和猜想；
- 预算强化了部门间的障碍，而不是促进信息共享；
- 预算使人们感到自己的价值降低了。

预算管理实践遇到的上述问题可以归结为三类：（1）预算中的编制问题；（2）预算中的组织问题；（3）预算中的参与者问题。这些问题也是预算管理实践视角下值得研究的预算主题。表14-5概括和比较了预算管理实践视角下的三类预算研究主题。

表14-5 预算管理实践视角下的三类预算研究比较

	编制问题	组织问题	参与者问题
相关内容	1. 预算时滞 2. 预算目标值	1. 预算与战略的关系 2. 预算与业绩考核的关系（绩效预算）	人在预算管理中的作用
主要研究问题	1. 预算时滞：当执行预算时，管理者面对的实际环境和预算编制时对环境的预期不一致而导致的预算失效 2. 预算目标值：在何种环境下设置何种水平的目标难度	1. 预算与战略的关系：预算对企业战略和长期发展的影响是正向的还是负向的？如何影响？ 2. 预算与业绩考核的关系：预算在业绩评价中的作用	让哪些人参与预算？如何参与？如何在预算中沟通信息？

鉴于预算在实践中出现的诸多问题，国际高级制造业财团（Consortium for Advanced Manufacturing-International，CAM-I）提出了两种改良方向（Hansen et al.，2003，JMAR）：一种是以美国企业为代表的作业成本预算（activity-based budgeting，ABB），即应用作业成本法的思想对企业的流程进行控制，它更关注预算对企业运营规划的支持；另一种是欧洲式的超越预算（beyond budgeting，BB），即采用激进的分权化方法放弃预算，总部对一线经理人和员工不作具体的控制，仅通过建立不基于预算而基于标杆（benchmark）的评价体系进行激励。尽管ABB侧重于对流程的控制而BB侧重于绩效评价，两者的共同观点是传统预算无法适应当今快速变化的外部环境。相应地，关于预算的进一步研究可针对预算领域的改良实践是否有效、实施的条件等问题开展研究。

三、关于预算的实验研究示例

尽管实验研究存在着固有局限（参见第五章的讨论），但对于不易获得数据资料的预算类研究，该方法仍不失为一种可操作的方法。实验研究以某些特定人群为调查对象，目前多以大学生和在职培训的企业管理人员为主，能够从中获取部分有价值的信息。

(一) Fisher et al. (2000, TAR)

1. 研究问题

预算制定可概括为三种形式：上级单方面编制预算、下级单方面编制预算、谈判预算（negotiated budget）。据调查，几乎所有的大中型公司都有正式的预算项目，且预算往往都是通过谈判达成的。因此，论文针对谈判预算展开研究——与单方面参与的预算相比，谈判预算对预算结果有何影响？比如，预算数会有变化吗？预算引发的经济后果（包括预算松弛和下级的工作表现）会有变化吗？影响预算能否达成一致的因素有哪些？预算谈判能否达成一致与经济后果有什么样的联系？

2. 假设的提出

根据以上研究问题，论文提出如下假设：

假设1：有最终决定权的谈判方会做出让步。

假设2：在上级拥有最终决定权的预算谈判中，预算数低于上级单独做的预算数。

假设3：在谈判预算中，如果是下级发起的谈判，预算数比上级发起的谈判的预算数低。

假设4：对于最终达成一致的谈判，发起方的初始预算投标与后来另一方的讨价还价之间的差异显著小于未达成一致的谈判。

假设5a：对于上级拥有最终决定权并且最终达成一致的谈判预算，其预算松弛的程度显著大于未达成一致的谈判或者上级单方决定的情形。

假设5b：对于上级拥有最终决定权并且最终达成一致的谈判预算，下级的业绩显著好于未达成一致的谈判或者上级单方决定的情形。

3. 总体实验方案

论文采用了实验研究的方法。学习中级会计课程的185名本科生参与了该实验。除了谈判过程，其他操作均通过电脑完成。该实验共设计了6种预算制定机制，被试被随机分配至6种中的一种，扮演上级或下级的角色。6种预算制定机制如表14-6所示：有三种是上级在谈判过程中拥有更大权力（即①，③，⑤）；另外三种是下级在谈判过程中相对拥有更大权力（即②，④，⑥）。

表14-6 Fisher et al. (2000, TAR) 的实验设计

分组类型	上级拥有预算终决权	下级拥有预算终决权
单边组	①上级单边决定预算	②下级单边决定预算
谈判组	③上级提出，上级终决	④上级提出，下级终决
	⑤下级提出，上级终决	⑥下级提出，下级终决

4. 具体实验步骤

（1）研究者将计算机实验室分为两个实验区（一个实验区为上级，另一个为下级）。当被试到来时，研究者将其随机安排到计算机终端上，每个实验区分配半数的被试。每个实验区的一名被试将被匿名地与另外一个区的一名被试搭配为一组，分别扮演上级和下级的角色。

（2）电脑屏幕会显示有关生产任务的解释信息，该任务源自 Chow（1983，TAR），要求被试完成解码（将代码破解成文字信息）的工作。在任意一段练习期、训练期和工作期，研究者给被试分派的代码是不同的。所有被试在完成一段 5 分钟的练习期后要确保理解了有关的生产任务及其要求。

（3）接着下级需要完成三个训练时段，每个时段 5 分钟，去熟悉任务，以了解他们自己的生产能力。他们每正确破解一个代码，能获得 2 美分。在每个训练时段结束后，他们将得到如下信息：自己破解代码的总数，正确破解的数量以及错误破解的数量。

上级也需要完成三个 5 分钟的训练时段以熟悉任务，但是上级不会得到薪酬和反馈。这样做是为了不让上级的生产能力信息影响接下来的预算制定过程。

（4）在下级的最后一段训练期结束后，下级会被要求给出自己在 5 分钟内能正确解码的数量的最佳估计，该估计值将用于计算预算松弛。

（5）电脑屏幕分别展示上级和下级的薪酬方案。研究者通过展示一些具体实例，让被试充分理解他们的薪酬方案。

（6）研究者向被试介绍预算制定的过程机制。谈判组的被试会被告知"由谁提出预算、谁拥有预算终决权"，且最多有四轮谈判。单边组的被试会被告知"由谁单边决定预算"。

（7）被试接下来回答一系列关于上级和下级的薪酬方案、预算制定过程的问题。假如其回答错误，电脑屏幕自动跳至相关解释的页面，然后要求被试重新作答，以确保被试在正式进入预算谈判前能做到真正理解实验含义。

（8）在第三段训练期结束后，上级和下级会被告知平均生产能力（在该实验中为正确破解 70.2 个代码），该平均生产能力是所有被试当中的 25 名被试的平均生产能力。此时，上级知道平均的生产能力，但不知道自己对应的下级的生产能力，而下级知道自己的生产能力和平均的生产能力。

（9）预算制定阶段：单边组的被试由有单边决定权的一方决定预算；谈判组的被试开始谈判。为了避免个人关系的影响，谈判双方（上级和下级）是通过电脑终端进行谈判的，不面对面交流。

在谈判过程中，有预算终决权的一方在谈判表中写上他们提出的预算目标（出价），由实验管理人员把谈判表送至参与谈判的另一方，由另一方在谈判表中写上他们的预算值（还价）。一次出价和还价组成一轮谈判。双方出价相同则结束谈判。假如在四轮谈判内双方都未达成一致，则由有预算终决权的一方决定预算值。

（10）预算值设定之后，下级将要完成一段 5 分钟的工作期。完成后，上级和下级都会知道下级在工作期的业绩。随后，他们需要完成一份退出问卷。最后，研究者计算并分发被试的收入。

5. 实验结果

上述实验考察了谈判的效果、谈判对预算值的影响、谈判架构对预算值的影响、谈判一致的情形及谈判的经济后果，从而检验了此前提出的 5 个假设。结果显示：假设 1，2，4，5a 成立，假设 3 不成立，假设 5b 不完全成立。

6. 研究贡献、局限与启示

在学术层面上，该研究在选题方面把握住了预算领域文献的空白区域，将谈判和预算这两个话题进行组合加以研究，找到了预算研究的创新点。

除了实验研究的固有局限，该研究的局限包括：其一，实验只包括一个预算期间，而现实中大部分公司在多个期间重复编制预算，因此该研究忽略了各期间的潜在相互影响；其二，现实生活中雇主与雇员间的薪酬合约一般由双方协商决定，而实验中的薪酬合约只是外生给定的；其三，现实中的预算谈判通常包含谈判者之间更多的互动和信息交流；其四，忽略了谈判成本对预算的经济影响。

未来研究可在该研究的基础上加以改进，以消除部分研究局限，比如在设计部分考虑谈判成本的影响，将预算期间延伸至多个期间，促进上下级之间更充分的沟通等。

从研究方法的学习层面考虑，该研究的实验设计部分详细、清晰、严谨，尽可能地模仿了真实的谈判预算场景，对于实验研究方法论的学习者而言具有很好的学习价值。

（二）Fisher et al. (2003，JMAR)

1. 研究问题

在实务中，个人业绩的衡量与评价比较困难，因此，个人薪酬往往与团队业绩挂钩，但团队激励会产生一些成本，比如"搭便车"行为，即团队中的个人在团队生产环境中，由于个人理性的存在而导致努力水平下降的偷懒行为。"搭便车"问题的存在使得团队成员陷入囚徒困境，效率低下，不能发挥团队生产的协同作用。

于是该研究提出了第一个研究问题：基于预算的团队合约对于团队激励是否有效？在该问题下，考察了三类不同合约的作用：计件团队合约、固定预算的团队合约、线性预算的团队合约。其中，计件团队合约指薪酬随团队业绩的增加呈正比例增长；固定预算的团队合约指业绩在预算目标以下时没有薪酬，达到或超过预算目标时则给予固定的薪酬；线性预算的团队合约指业绩在预算目标以下时没有薪酬，达到预算目标时给予固定薪酬，对于超过的部分则以计件方式支付薪酬。

在建立预算合约时，需要设定预算目标，从而引出第二个研究问题：预算目标水平对团队业绩的影响。在该问题下，研究者希望考察三种预算目标水平的作用：容易、中等、困难。三类不同的预算目标水平（容易、中等、困难）分别以团队能力的50%，75%，100%代替。

2. 假设的提出

根据以上两个研究问题，论文提出如下假设：

假设1：线性预算的团队合约下的团队业绩水平最高，其次是固定预算的团队合约，最后是计件团队合约。

假设2：团队业绩水平随着预算目标水平的提高而提高。

3. 总体实验方案

论文采用了实验研究的方法，学习中级会计课程的188名本科生通过电脑完成该实验。该实验是一项3×3×8的实验：先将被试随机分配至三种激励合约方案中的一种；再将被试随机分配至三种预算目标水平中的一种；最后在9种组合中，每种组合下的被试都需要完成8段工作期。该实验设计如表14-7所示。

表 14-7　Fisher et al. (2003, JMAR) 的实验设计

合约类型	预算目标水平		
	容易	中等	困难
计件团队合约			
固定预算的团队合约			
线性预算的团队合约			

4. 具体实验步骤

(1) 研究者将计算机实验室分为两个实验区。当被试到来时，研究者将其随机安排到计算机终端上，每个实验区分配半数的被试。研究者告知每一名被试，将其随机地与另外一区的一名被试搭配为一组，后者将是其在整个实验过程中的组员。

(2) 电脑屏幕会显示有关生产任务的解释信息，该任务源自 Chow (1983, TAR)，要求被试完成解码（将代码破解成文字信息）的工作。在任意一段练习期、训练期和工作期，研究者给被试分派的代码是不同的。所有被试在完成一个简单的练习期后要确保自己理解了这个生产任务及其要求。

(3) 研究者告知被试，他们在训练期和工作期中会挣得"效用"，每个单位的"效用"可以换取 1 美分。在实验过程中，被试挣得的"效用"会在实验结束时以现金形式支付。

(4) 被试完成三个训练时段，每个时段有 3 分钟，去熟悉任务以及获得工作能力。被试每正确破解一个代码，能获得 3 个"效用"。在每个训练时段结束后，被试将得到如下信息：自己一共破解代码的数量、正确破解的数量以及错误破解的数量。

(5) 在三个训练时段之后，研究者要求被试给出他们认为的在 3 分钟的工作期内自己能正确破解的代码数量的最佳估计。研究者使用这些估计值计算出每个团队的预算水平，作为各个团队的预算目标值。同时研究者会确保这些估计值不低于任一训练期内被试正确破解的代码数量的最高值。

(6) 接下来，电脑屏幕会显示工作期的信息。研究者告知被试将进入一个 8 段工作期，在第一段工作期前被试会获知他们的预算目标值，并以此作为 8 段工作期的目标值。研究者还告知被试其团队业绩的目标值是如何计算的，即在"容易"、"中等"和"困难"的情况下，他们的预算目标分别是团队成员的估计值之和的 50%，75% 和 100%。

(7) 研究者告知被试，在接下来的每个工作时段前，每个组员会有 180 秒来分配自己的工作时间和休息时间。此时，研究者向被试解释他们所面临的激励合约，并举例展示他们的收入计算过程。

(8) 研究者告知被试，在每个工作期之后，他们会得知他们本人正确解码的数量、另外一个组员正确解码的数量，以及整个团队正确解码的总数。研究者还告知被试有关本期获得收入的信息。

(9) 被试回答了一系列关于团队预算目标、激励合约、分配工作时间和闲暇时间的过程、实际的工作期等问题。假如他们的回答错误，电脑屏幕会自动跳至相关解释的页面，然后要求被试重新作答，以确保被试在正式进入工作期之前能真正理解实验含义。

(10) 研究者告知被试关于其本人以及另一组员的工作能力信息，以及他们在工作期

的团队预算目标值。

(11) 被试进行 8 段连续的工作期。每个工作期开始前,研究者都要提醒被试其小组的团队业绩目标。然后,被试会把 180 秒的时间分配给工作(解码)和闲暇。之后被试会获知其个人产出、团队产出和自己的收入。

(12) 完成 8 段工作期之后,被试需要完成一份退出问卷。最后,研究者计算并分发被试的收入。

5. 实验结果

(1) 线性预算的团队合约的业绩显著高于另两类合约(计件团队合约和固定预算的团队合约的业绩之间没有显著差异)。

(2) 中等难度的预算目标水平下的业绩高于另两种预算目标水平下的业绩(容易的和困难的预算目标水平下的业绩之间没有显著差异)。

(3) 团队业绩随着工作时间的增加而递减,线性预算的团队合约下的递减速度低于另两类合约,中等难度的预算目标水平下的递减速度也低于另两类预算目标难度。

(4) 线性预算的团队合约和中等难度的预算目标水平下的团队内的个体业绩差异是最小的。

6. 研究贡献、局限和启示

该研究的贡献包括:其一,论文提供的证据显示,某些预算类合约能比计件合约产生更高的团队绩效。其二,提供了不同的预算目标水平如何影响团队业绩的证据。为增加产出,管理控制系统应将预算水平设置为中等难度,而非容易的或困难的目标值。其三,展示了在中等难度的预算水平和线性预算的团队合约下,团队的协作水平是如何提高的。

关于该研究的局限和对未来研究的启示:该实验不允许团队成员间交流,未来研究可考察团队成员间的交流和互动是如何影响团队业绩的;有关公共物品提供的研究已指出团队规模和激励强度会影响团队协作,因此可进一步考察更大规模的团队、共享机制和组织结构变化等因素对团队绩效的影响;该研究假设团队总产出是个人产出的总和,未来研究可考察其他计算团队产出方式的结果。

Fisher et al. (2003,JMAR) 与 Fisher et al. (2000,TAR) 具有重合的研究作者团队,因此在实验研究方法的应用上有相似之处。从研究方法的学习层面考虑,通过对比这两篇文献,读者值得重点体会研究者是如何利用基本的实验研究条件对各个研究问题、研究假设进行检验的,同时又是在哪些实验环节进行调整而实现差异化的研究目标的。

第三节 管理控制系统

管理控制系统的主要研究目标是使人们更好地理解在不同的环境中控制系统是如何运转的,为什么这样运转,以及为了实现组织目标应如何控制系统等。研究者还试图了解某种控制机制和控制系统的特点(如正式性、严格性、适应性等)在特定的环境中是否有效、原因何在等。大多数管理控制系统的研究者都将控制系统看作一个经济产品，使一个控制系统更好意味着使其更有效或成本更低。此外，人们也意识到，管理者如何使用控制工具（而不是该工具是否存在）是影响控制效果的重要因素。

与管理控制系统的研究目标和内容相适应，框架研究成为一种重要方法。本节首先概要回顾了管理控制领域的框架构建及其演进，在此过程中读者自然能观察到框架研究方法的作用。随后，本节对管理控制领域的其他各种研究方法进行了简要讨论。最后，通过一篇例文展示了研究者对一种重要管理控制工具（平衡计分卡）的研究过程。

一、管理控制系统的分析框架演进与框架研究方法的运用

（一）早期的组织学视角

学术界是在20世纪五六十年代开始构建控制框架的。早期的组织学研究者讨论了机械组织和有机组织，虽然没有聚焦于控制，但所隐含的控制系统的内容还是显而易见的。Scott（1981，ABS）分析了组织理论研究的发展，也一直被视为管理控制系统的研究（Otley et al.，1995，BJM）。Scott运用自然的（演变的）视角而非理论的（给定的）视角来研究这一发展过程，首先在一个封闭的系统环境中，而后又在一个开放的系统环境中进行分析。

（二）管理控制领域研究的独立化

Robert N. Anthony（1965）的开创性研究首次将管理控制作为一个独立的领域从以往研究中分离出来，他将控制细分为三个不同的流程，包括战略规划、管理控制和运营控制。战略规划面向未来，主要涉及整体战略和具体实施计划的确定。管理控制流程则确保有效地获得和使用资源，以促进组织目标的实现，管理控制流程主要通过会计指标衡量业绩和财务责任。运营控制流程更多依赖于具体运营环境，主要运用非财务指标来衡量业绩。[1]

Anthony有关管理控制的概念和框架倾向于强调财务的、会计基础的控制[2]，多年来一直指导着管理控制的研究和教学。Anthony将管理控制与其他两个领域的控制分离开来，部分原因是他希望避开涉及战略形成的问题，以及在不同技术环境中许多不同形式经营控制的复杂问题。[3] 他试图揭示出一种适用于不同类型组织的中层管理者普遍使用的控制形式（进而研究战略和技术这两个主要变量的重要性）。然而，在这一思路下，可以想象他的观点注定是以财务责任和管理会计控制为主导的。

---

[1] 实际上，运营控制领域研究忽略了有关生产运营的设计和现场布局的研究（如Blackmon et al.，2001）。不需要另外的控制或评价系统，有效的设计和现场布局本身就可以提高运营活动的效率。看板控制的使用就是一个例子，快要空了的零件箱上的看板能自动发出补充存货的信息。

[2] 需要说明的是，Anthony管理控制系统的典型代表是传统的、正式的预算管理系统。在此后的框架演进中，Kaplan and Norton（1996）的平衡计分卡系统被认为是当代管理控制系统的典型代表，Ferreira and Otley（2009）提出的绩效管理系统则是当代管理控制系统的新发展。

[3] 此后的一些研究则将战略规划、管理控制和运营控制进行了结合，比如平衡计分卡系统（Kaplan and Norton，1996）。

(三) 三种形式的控制

Ouchi（1979，MS）建立的控制框架包含三种不同形式的控制：行为控制、结果控制和部族控制。对这三种不同形式控制的运用取决于两个环境因素：一是对所期望行为的了解程度；二是衡量结果的能力。

Merchant（1985）和 Merchant and Van der Stede（2007）建立了基于控制对象的控制框架。相对于其他框架，他们对每一种不同形式的控制机制进行了更准确的界定，并将控制机制分为行动控制、结果控制和人员/文化控制（并注明所有的控制机制都是行为控制）。他们解释了如何更好地衡量结果并判断结果的质量。他们根据每一种控制形式所能提供的控制程度和直接及间接成本，比较了它们的相对优势和不足。他们还讨论了在行动控制和结果控制都适用的情况下管理者应该如何选择，应该实施"紧"的控制还是"松"的控制。他们还将与控制框架相关的学术研究成果运用于特定环境的组织，比如不确定环境中的组织、外资和跨国公司、非营利组织等。

(四) 四层级的控制框架

Simons（1995）提出了另一种控制框架。Simons 认为高管人员应该在他所界定的四种不同的控制形式中，对每一种控制形式的使用程度做出明确的选择，这四种控制形式是：信仰控制、禁区控制、诊断控制和交互控制。

信仰系统确立了组织的核心价值（从而决定了组织的整体文化和价值观）。信仰系统非常概括，一般通过使命陈述和公司整体政策等体现出来，而高管人员的言行一致也被认为是这些政策声明反映现实状况的重要保障。

禁区系统在很多方面与信仰系统相反，它通常指出哪些活动和行为是不好的，大量的合规制度和质量控制制度是禁区控制形式的典型代表。

诊断控制主要代表差异分析或例外管理报告等控制形式。

交互控制用来分析由于战略实施不当所引起的战略性失败。[①] 也就是说，交互控制主要用来对不再适用的战略和需要修正的战略进行早期预警。

Simons 的控制框架为高层管理者的控制内容提供了一个高层级的概览，这一层级的主要事项是实施战略控制和决策。

(五) 管理控制系统的整体观

Otley（1999，MAR）提出了另一个分析框架，旨在强调保留对控制系统研究的整体观，而不是仅仅关注控制的一个或几个方面。他认为不同的控制模式都有可能产生良好的控制结果。如果是这样，那么每次只研究控制系统设计的某一方面，就可能会对结果产生噪声。比如，对一种控制工具（如预算控制）运用不力可以通过强化对另一个控制工具（如平衡计分卡）的运用得到弥补，反之亦然。只有从全局考虑控制系统的设计，控制系统的使用和控制结果之间的关系才会显现。

---

① "交互"一词来源于高层管理者和下级管理者之间细致和交互的讨论。

Otley（1999，MAR）提出了基于以下五个问题的描述性控制框架：

（1）组织未来成功的关键目标是什么？如何衡量这些目标的实现程度？

（2）组织所采取的战略和计划是什么？为成功实施战略和计划所需的流程和作业是什么？如何对这些作业进行评价？

（3）为实现以上两个问题所界定的任务，组织应达到什么样的业绩水平？应如何设置恰当的业绩基准或标杆？

（4）对实现了业绩目标的管理者和其他员工将给予什么样的奖励，对没有完成业绩目标的管理者或员工将如何惩罚？

（5）为保证组织学习并根据经验改进当前行为，需要什么样的信息交流（反馈或前馈信息）？

Otley（1999，MAR）还运用上述框架讨论了三个主要的控制系统——预算控制、平衡计分卡和经济增加值，并比较了它们在上述五个方面的不同特点。

Otley 与其合作者的一篇论文（Ferreira and Otley，2009，MAR）将 Otley（1999，MAR）提出的框架扩展为 12 个问题：

（1）组织的愿景和使命是什么？组织的愿景和使命如何引起管理者和员工的注意？将组织的首要目的（purpose）和目标（objective）传达给其成员的机制、过程和网络是什么？

（2）对于整个组织未来的成功来说，什么被认为是核心因素？这些因素是怎样引起管理者和员工注意的？

（3）组织的结构是什么？它对业绩管理系统设计和运用的影响是什么？它如何影响战略管理过程，又如何受战略管理过程的影响？

（4）组织采取了什么样的战略计划？为了保证其成功，需要什么样的流程和活动？战略是怎样修改、产生、传达给管理者和员工的？

（5）从组织目标、关键成功因素和战略规划中派生出哪些关键业绩指标？这些指标怎样具体化和沟通？这些指标在业绩评价中扮演怎样的角色？有没有大的遗漏？

（6）对于每个业绩指标，组织要达到的程度是什么？组织如何为这些指标设立目标值？这些目标值是否有挑战性？

（7）组织评价个人、团队和组织业绩的程序是什么？业绩评价主要是客观的、主观的，还是混合的？正式和非正式的信息和控制在这些程序中的重要性如何？

（8）如果经理和员工实现了业绩目标值或其他被评价的业绩，会获得什么样的奖励（财务的或非财务的）？如果没有实现，会受到什么惩罚？

（9）组织有什么样的信息流（反馈和前馈）、系统和网络来支持业绩评价系统？

（10）对信息和各种控制机制有怎样的应用？这些应用能用文献中的分类法进行描述吗？控制及其有用在不同的层级有何不同？

（11）业绩管理系统如何随组织和环境的变化而变化？这些变化是主动的还是被动响应的？

（12）业绩管理系统各组成部分之间的联系是否紧密？其应用是否协调一致？

上述业绩管理系统框架为研究者描述管理所采用的控制"工具箱"的结构和实施提供了有力工具，确保组织的战略和计划得到有效实施。该框架也有助于研究者认识和理解特定组织正在采用的业绩管理框架的结构。

二、管理控制系统领域的研究方法简评[①]

在对管理控制系统的研究中，不同的研究主题往往采用一些特定的研究方法。规范研究者运用框架构建的方法或分析性研究的方法，而实证研究者则尝试运用包括实地（案例）研究、实验研究和大样本档案研究等多种方法来分析与控制系统相关的问题。

（一）分析性研究

有些研究（尤其是大多数运用了经济学基础的委托-代理理论的研究）采用分析性建模的方法。这些模型通过数学方法力图寻找特定条件下的最优解。委托-代理理论研究在不同的假设条件下如何将代理成本最小化。[②]

人们对建立分析性模型的价值存在争论。如果现实与模型假设一致，那么研究结果就有效，但不幸的是，实际上很难将代理问题及其发生环境的多样性和复杂性完全反映到模型中。目前大量的基于委托-代理理论的分析性研究文献所做的主要贡献就是明确了管理者在设计管理控制系统时应该考虑的一些变量（如风险厌恶、信息不对称、信息的完备性），但此类研究没有充分反映环境的复杂性，因此也难以给管理者就控制问题提供有用的指导。

（二）实地研究

实地研究可以用于构建理论，也可以用来检验或修正理论。在管理控制领域，实地研究主要分析真实环境中的公司控制实践，如控制系统的设计和实施等。实地研究方法旨在对相关现象提供更加深入丰富的认识，尤其是对某些特定的环境。这些丰富的认识可以使研究超越"是什么"和"是怎样的"的一般问题，而回答特定现象"为什么会像现在这样存在"的问题。

当某一现象还没有得到很好的认识和理解时，实地研究可以用来构建早期的解释性理论。比如在 Merchant and Manzoni（1989，TAR）关于公司预算目标设置的研究中，实地研究方法不仅用于检验理论，还发挥了构建理论的作用。实地研究通常也用来介绍"重要案例"，以解释特定理论有效或失效的原因。比如，Svenska Handelsbanken 银行的案例使人们对所谓"超越预算"的控制模式有了更多的认识（Wallander，1999，SJM；Wallander，2003）。再比如，Ittner et al.（2003，TAR）的研究解释了为什么平衡计分卡在一个大型金融机构的实施并没有起到应有的作用。在更多"与现实保持一定距离"的方法都无法考虑到影响整个控制系统的多个因素的情况下，实地研究成为全面研究控制系统运行的核心方法。

实地研究者有时也基于多种不同的环境来识别控制系统之间的共同点，这类研究称为"实地截面研究"。这类研究有助于研究者归纳出管理控制框架。由于通常研究的都是有限的几种典型情况，因而结论可能不具有普遍适用性。

[①] 本部分主要参考了 Merchant and Otley（2007）。
[②] 所谓代理成本是指委托人（主要是股东）和代理人（那些代表股东管理公司的人）之间由于利益的不一致而给股东带来的价值损失，代理成本是监控成本、激励成本以及代理人采取与委托人意愿相反的行为所产生成本的总和。

（三）实验研究

研究者在运用实验研究方法时，通常会控制一个或多个（自）变量，进而观察对其他（因）变量的影响。实验方法可以用于多种研究用途，包括理论检验、探索某一理论有效或无效的原因，有时也用来构建新的理论。

由于对实验环境进行了较为严格的控制，研究者可以通过实验方法得到所关注变量的因果关系。实验方法可以用来研究一些真实环境的数据根本不存在的现象。不过由于是对现实环境的抽象，其研究结果的外部有效性一直存在争论。在管理控制系统的相关领域，研究者进行过许多实验，比如用实验方法研究了评价指标、业绩目标和目标设定程序、业绩评价及激励计划。

（四）调查研究

调查研究方法有多种形式（包括信函、互联网和电话），可以收集到相对大量的样本数据。调查研究一般用来检验、修正和解释现有理论，但较少用来探索新的研究领域。多数调查都属于截面研究，不宜推断因果关系，但很适于分析样本子集的差异。比如，调查研究可用来进行从整个组织顶端到最低层员工的多层次的研究。

调查研究方法广泛运用于控制系统的研究之中。很多所谓的"权变理论"研究都运用了这一方法，如预算系统的设计和执行问题，以及依赖会计业绩指标的适当性问题等。然而，由于研究者对情况迥异的环境采用不同的变量界定和衡量方法，同时又缺乏足够的背景信息来对变量的差异加以识别和分类，导致此类研究的结果难以统一和归纳。需要注意的是，虽然调查方法有独特的作用，但如果问卷回答者（甚至调查研究的设计者）对调查问卷中所包含的有关控制实践的相关假设缺乏清晰的理解，运用调查研究的方法则难以得出有意义的结果。

（五）档案式研究

有时研究者使用档案数据进行大样本的实证研究。这些档案数据中部分来自公开资料，如来自监管部门的文档，另一些来自公司内部。档案研究有两个主要的好处：其一，数据是客观的，较少被调查人员、被调查者、访谈人员或其他偏见修饰过；其二，档案数据往往可以使研究人员获得大样本量，进而运用更完善的统计方法从特定的样本现象获得更可靠的一般化结论。

受公开披露信息可得性的影响，尤其是在美国，高管薪酬是管理控制研究中受档案研究者关注最多的主题。除此之外，只有极少数研究者曾经成功地获得公司内部的大量数据，用来研究管理控制系统的其他相关问题。在所有的档案研究文献中，研究者通常都不得不用间接（替代）指标度量关键概念，这是档案式研究方法与其他方法相比的一个不足之处。

三、管理控制领域的一项实验研究示例：Tayler（2010，TAR）

（一）研究背景与目标

平衡计分卡（BSC）作为一种战略评价工具，强调使用多种评价指标（除财务指标外,还有客户层面、内部流程层面、学习与成长层面的指标)。如果参与评价战略(行动方案)的人也是参与选择战略的人,就可能导致动机导向推理(motivated reasoning)。

什么是动机导向推理?心理学的研究发现,人们倾向于试图证实、肯定他们原来就已经相信(偏好)的信息,而忽视其他相反的信息。应用在管理学中就是:管理者往往根据自己的偏好来评价、解释数据,增加他们得出与自己想法一致的结论的可能性。因此平衡计分卡实施过程中潜在的动机导向推理可能限制 BSC 评价战略的作用。

除了考察平衡计分卡实施过程中是否存在动机导向推理,Tayler(2010,TAR)还进一步考察了两项因素对动机导向推理效应的缓解作用:其一是将平衡计分卡的四层面组成要素强调为相互联系的因果链(causal chain);其二是让经理人参与选择具体的评价指标。

(二)研究假设

论文提出如下假设:

H_1:经理人如果参与选择了一项行动方案,那么当他使用 BSC 去评价这项(存在争议的)行动方案时,他将该行动方案评价为成功的可能性更大(与没有参与选择行动方案的经理人相比)。

H_{2a}:如果将 BSC 表达描述成一个因果链,参与选择行动方案的经理人将一项(存在争议的)行动方案评价为成功的可能性会降低。

H_{2b}:如果把 BSC 表达描述成一个因果链,而且让经理人直接参与选择 BSC 的具体评价指标,那么参与选择行动方案的经理人将一项(存在争议的)行动方案评价为成功的可能性会降低。

(三)被试与实验任务

实验参加者是对平衡计分卡已有基本了解的 MBA 学员。论文采用的是判断式实验任务。虚构一家 Paladin 比萨连锁店,参加者的角色是比萨店经理。提供给实验参加者一些 BSC 的数据,要求参加者使用这些数据来评价一项新战略,决定能否在其他连锁店也实行这些战略。被试需要回答关于战略是否成功的问题(通过打分的方式,分数越高,表明越成功,值得推广),以及回答他们评价的过程方法。

所有的实验背景都设计成:BSC 数据表明战略对顾客满意度有明显的正面影响,但是战略和顾客满意度对财务层面没有实质性提升。因此,存在动机导向推理的参与者就会强调战略对顾客满意度的强烈影响,而漠视战略对财务业绩缺乏效果的信息。

(四)实验设计

实验采用 2×3 的设计,如表 14-8 所示。

表 14-8 Tayler(2010,TAR)的实验设计

	低度参与	参与选择行动方案	参与选择行动方案和评价指标
四层面			
因果链			

在表 14-8 中,"四层面"是指 BSC 被描述成由四个层面组成(财务层面、客户层面、内部流程层面、学习与成长层面),如图 14-1 左端所示;"因果链"则是指同时向被试强调 BSC 四个层面之间存在因果联系,如图 14-1 右端所示。

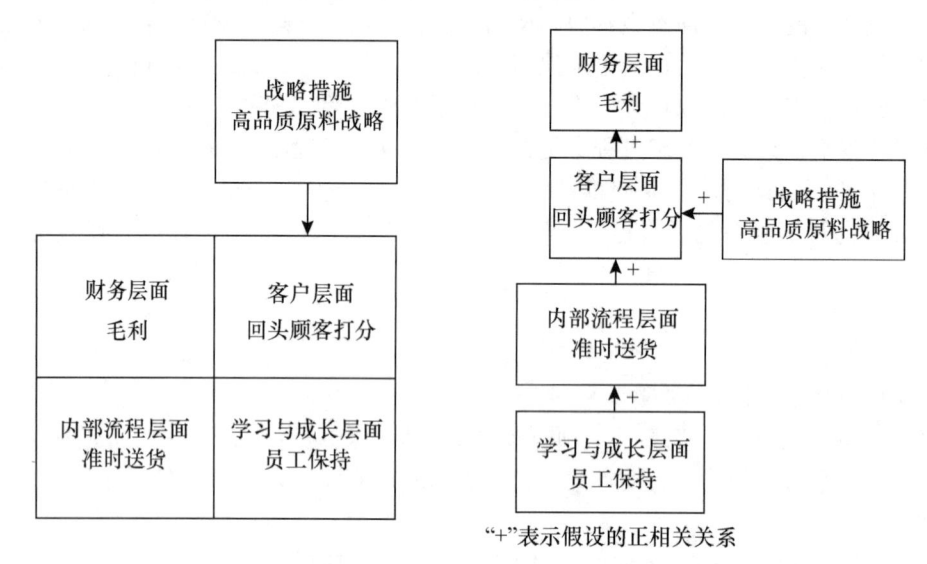

图 14-1 平衡计分卡的结构:四层面(左)和因果链(右)

被试的 BSC 参与程度也不同,实验设置了三种不同的参与水平。"低度参与"组的被试被告知高管和财务部门已经分别选定了行动方案和评价指标,而被试只负责评价。"参与选择行动方案"组的被试需要选择行动方案。"参与选择行动方案和评价指标"组的被试既要选择行动方案,又要选择评价指标。

(五) 实验结果

实验结果如图 14-2 所示。首先,"低度参与"组(圆点标示线)的打分结果显示,无论是将平衡计分卡理解为"四层面"还是"因果链",被试对行动方案的评价都比较低;与之相反,"参与选择行动方案"组(方块标示线)的打分结果显示,无论是将平衡计分卡理解为"四层面"还是"因果链",被试对行动方案的评价都比较高。"低度参与"组和"参与选择行动方案"组结果的反差说明,前者更倾向于站在一个相对客观的角度(即综合考虑客户满意度和财务业绩)来评价该项行动方案,而后者则明显漠视战略对财务业绩的无效结果,由此说明参与选择战略(或行动方案)确实存在动机导向推理的行为。同时,在"四层面"情形下,比较"低度参与"组与"参与选择行动方案和评价指标"组(三角标示线)的打分结果,也能发现前者打分明显低于后者。这些证据都显示,假设 H_1 得到了验证。

在"因果链"情形下,"低度参与"组和"参与选择行动方案"组的打分结果同样存在明显差异,说明仅仅将 BSC 描述为"因果链"的做法并不能明显缓解动机导向推理的行为,于是假设 H_{2a} 未能得到验证。

接下来比较"参与选择行动方案"组和"参与选择行动方案和评价指标"组的打分结果。两组被试在"四层面"情形下的打分差异不明显,但在"因果链"情形下,两组被试

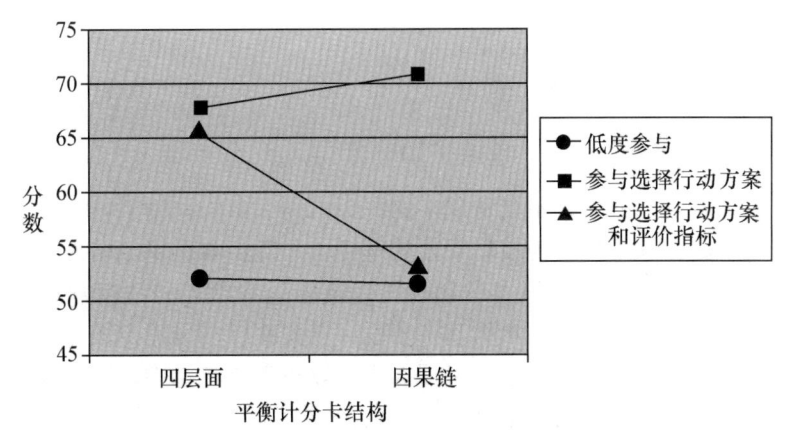

图 14-2 Tayler（2010，TAR）的主要实验结果

的打分差异则十分明显。这意味着被试将 BSC 理解为"因果链"，且同时参与 BSC 具体评价指标的选取，会有效缓解潜在的动机导向推理行为，从而假设 H_{2b} 得到了验证。

（六）研究贡献

该论文对几个领域的研究都有明显贡献：其一，展示了将平衡计分卡组成要素视为因果关联的潜在效果，这是对平衡计分卡研究领域（设计层面）的拓展；其二，展示了管理者参与平衡计分卡实施过程（体现为选取具体的评价指标）的潜在效果，这是对平衡计分卡研究领域（实施层面）的拓展；其三，强调了平衡计分卡作为战略评价工具（而不仅仅是业绩评价工具）的功能；其四，展示了可能缓解动机导向推理行为的因素，从而对心理学研究作出了拓展。

第四节 战略成本管理

成本管理是管理会计领域经久不衰的研究主题。可以说，管理会计的诞生和发展就是一部成本管理的发展史。尽管对成本管理存在一些偏见（比如有观点将成本管理视为只是一种工匠性质的技术活动，主要涉及纷繁杂乱的分摊路径、成本结转和成本分配等计算问题），但成本管理与预算管理和业绩评价并称为管理会计的三大研究问题。当今成本管理已与企业的战略紧密联系，成为企业构建竞争优势和创造核心竞争力的重要途径（Shank and Govindarajan，1994；Anderson，2007）。因此，本节主要围绕战略成本管理的相关研究展开讨论。

会计学者对战略成本管理的研究主要集中在业绩评价、成本动因等角度的分析，常用的研究方法包括实证研究、实地研究和分析性研究等。本节首先介绍战略成本管理的基本研究框架，然后对 Banker and Johnston（1993，TAR）和 Dekker（2003，MAR）两篇文献进行剖析，从研究动机、研究问题、研究设计、研究结果及研究贡献等角度展示战略成本管理领域的研究方法。在展开讨论之前，读者需要注意，管理会计研究和管理会计咨询不同，前者关注管理会计方法的运用对企业、组织和社会的影响，而后者关注如何在一个组织中成功地运用管理会计工具。

一、战略成本管理的基本研究框架

（一）什么是战略成本管理

战略成本管理就是以战略的眼光从成本的源头识别成本驱动因素，对价值链进行成本管理，即运用成本数据和信息，为战略管理的每一个关键步骤提供战略性成本信息，以利于企业竞争优势的形成和核心竞争力的创造。传统的成本管理关注削减成本的技术和方法，而战略成本管理并不以削减成本为基本手段，它关注以尽可能少的成本支出，获得尽可能多的使用价值。换言之，战略成本管理以成本效益为指导原则，如能增强企业竞争优势，适当增加成本也是符合战略成本管理精神的。

（二）战略成本管理的研究要素

一般而言，战略成本管理的研究不会脱离价值链[①]而独立存在（如 Shank and Govindarajan，1992，JMAR；Tomkins and Carr，1996，MAR；Kaplan and Norton，1996，2004）。在战略成本管理的实践中，利用差异分析、性态分析和标准成本等方法分析成本数据，寻找改进的路径以提高成本业绩的方式称为执行性成本管理（execution cost management）；利用组织设计、产品设计和流程设计等工具建立与企业战略协调一致的成本结构的方式称为结构性成本管理（structural cost management）。

相应地，战略成本管理的研究也分为两类：一类是研究企业是否及如何利用会计数据进行 Porter（1985）提出的价值链分析，比如 Hergert and Morris（1989，SMJ）、Shank（1989，JMAR）、Shank and Govindarajan（1992，JMAR）；另一类是研究企业战略和成本结构之间的关系，以及作业水平及所需资源之间的因果关系（即成本动因），比如 Banker and Johnston（1993，TAR），Ittner et al.（1997，JMAR），Maher and Marais（1998，JAR）。

Anderson（2007）总结了战略成本管理领域的研究成果，提出了战略与战略成本管理图（如图 14-3 所示）。在这个框架中，战略成本管理的中心问题就是价值链分析、成本动因分析和作业成本法（Lord，1996，MAR；Banker and Johnston，2007）。其中，会计学者对成本动因的研究最为广泛（如 Foster and Gupta，1990，JAE；Banker and Johnston，1993，TAR；Datar et al.，1993，TAR；Banker et al.，1995，JAE；MacArthur and Stranahan，1998，JMAR）。

由于成本管理的探讨和分析要在具体的环境设定[②]下才能进行，因此战略成本管理的研究大部分是以具体行业为研究对象，比如航空运输业（Banker and Johnston，1993，TAR）、制造业（Foster and Gupta，1990，JAE）、医疗行业（MacArthur and Stranahan，1998，JMAR）等。

[①] 包括行业价值链和公司内部价值链。公司对行业价值链的选择和内部价值链的优化反映了公司的战略定位和竞争优势。

[②] 环境设定指特定的行业和公司内部组织，与上述的结构性成本管理和执行性成本管理相对应。

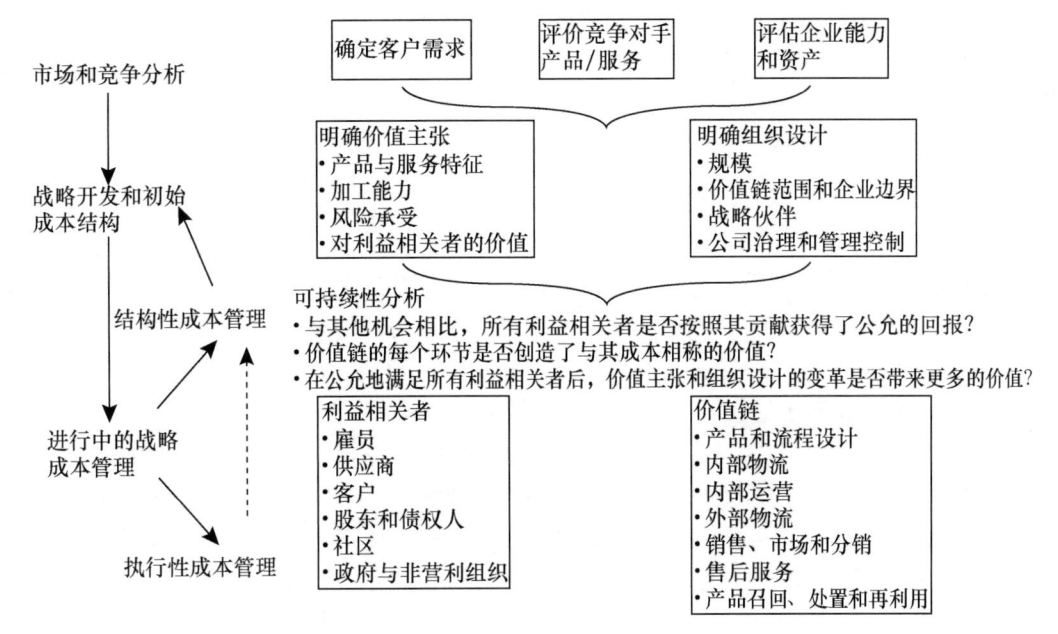

图 14-3　战略与战略成本管理（Anderson，2007，HMAR）

二、战略成本管理的研究示例

（一）航空运输业成本动因的一项实证研究：Banker and Johnston（1993，TAR）

Banker and Johnston（1993，TAR）是一篇经典的战略成本管理实证论文。该论文以美国航空运输业为情景设定，拓展了成本动因的研究范畴。

1. 研究动机

传统的成本核算系统在成本计算和分配时，仅依赖诸如产量、直接人工工时和机器小时等产能类指标（volume-related measures），如此计算的产品成本往往是有偏的甚至是错误的，将会导致经理人做出错误的短期经营决策，如是否继续生产或停产某个产品，是否继续供货等。错误的成本系统甚至会给企业的预算管理、差异分析及责任会计系统带来重大不利后果。因此，企业需要更为准确的成本计量，并开始实施作业成本系统（Schiff，1991）。

Cooper and Kaplan（1987）的实地研究通过与若干企业经理人员的访谈，发现经理人员已经开始关注运营类指标（operations-based measure），但其研究尚缺乏系统性的经验证据支持。Foster and Gupta（1990，JAE）研究了一家制造业企业 37 个车间的制造费用问题，并根据该企业的制造流程提炼了若干运营类指标。他们虽然就制造费用和运营类指标进行了实证分析，但是没有发现两者之间存在显著关系的经验证据。也就是说，Foster and Gupta（1990，JAE）的证据并没有显示传统的成本会计系统严重地影响了管理层决策。在这种情况下，Banker and Johnston（1993，TAR）的研究为该领域中的争议性观点提供了进一步的证据。

2. 研究问题

以美国 28 家航空公司为研究对象，作者检验了航空运输业的资源消耗与产能类成本动因和运营类成本动因的经验关系,并解释了运营类成本动因的管理价值。作者的研究表明,运营类成本动因与资源消耗显著相关,且运营类成本动因的高低反映了航空公司不同的竞争策略选择。

3. 研究设计

与一般的实证研究不同,成本动因类的实证研究几乎不存在假设发展,即没有先验的研究假设以供证伪。因此,研究设计只包括数据来源、变量选择和模型设定。战略成本管理领域的实证研究难点和重点通常是变量选择。因为与其他会计分支(如财务会计、财务管理)不同,管理会计领域的变量界定非常困难,变量的计量缺少统一公认的标准,需要研究者根据研究的具体问题和公司的价值链进行适当的甄别和选择。Banker and Johnston (1993,TAR) 就花费了近 1/3 的篇幅讨论变量的选择问题。

论文的样本区间为 1981—1985 年,以季度为时间间隔,28 家航空公司为研究对象,因此论文的数据类型为面板数据。研究使用的交通数据和财务数据来源于 28 家航空公司向美国民用航空局(Civil Aeronautics Board,CAB)和美国运输署(Department of Transportation,DOT)提交的 41 号格式报告[①]和 28 家航空公司的财务年报,而机队数据[②]则来源于 Air Transport World 杂志。作者还通过交叉检索复核、指标趋势分析和与原始文本核对等程序,确保数据准确和不存在异常。

作者设定了 10 组回归方程以检验产能类成本动因和运营类成本动因,每个方程都有一个以物理单位计量的资源类指标作为因变量,譬如工时、油料加仑等。根据每个因变量的具体含义,作者从理论角度为每个方程设定了不同的自变量。在具体回归中,作者将因变量都乘以一个适合的价格。因变量的具体选择来自 28 家航空公司向美国民用航空局和美国运输署提供的标准格式的账目中运营费用的类别,具体包括燃料、飞行作业、航班服务作业、地面服务作业、销售作业、飞行设备维护作业、一般管理作业等。

虽然以往文献认为,在航空运输业,总旅客和货物里程(total revenue passenger and ton miles)[③] 是产能类成本动因(Caves et al.,1984,RJE;Kirby,1986,JTEP;Sickles,1985,JE;Sickles and Good,1986,JE),但作者根据对研究问题的把握和对航空运输价值链的分析,认为总旅客和货物里程只适用于直接与旅客和货物打交道的作业,其他绝大多数成本与此相关性很低。比如,油料消耗和航班服务作业与飞机尺寸、座位容量、飞行距离等更为相关。于是作者提出应采用有效座位里程(available seat miles,ASM)和有效货物里程(available ton miles,ATM)作为产能类成本动因,并根据研究需要将两者进行转化和合并,最终形成论文最主要的产能类成本动因:能力座位里程(capacity seat miles,CSM)。

作者根据 Hayes and Clark (1985,Interfaces) 以及 Miller and Vollman (1985,HBR) 在制造业总结的规律,参照制造业产品产量、产品线多样性、制造流程和生产批次等确定了航空运输业的运营类成本动因,如飞机型号、航班密度、飞行班次控制等。作者的分析指出,自美国取消航空管制后,各个航空公司采用了不同的竞争策略,主要体现在

[①] 美国航空业的监管报告(Form 41 report)。
[②] 该数据反映各航空公司的各型号飞机数量以及航空管理中的某航线班次等。
[③] 单位旅客和货物里程是指将一名旅客和一吨货物运送一英里所提供的航空运输服务。

枢纽中心营运系统的建立和使用上。枢纽中心的建立使得航空公司可以采用更大的飞机一次运送更多的旅客，从而降低成本，但同时也增加了公司的管理成本（因为飞机在地面上将耗费更多的时间）。因此，枢纽集中度和枢纽覆盖能力也是作者选择的运营类成本动因。

根据对航空运输价值链的理解，作者预测了成本动因和资源类别之间的回归系数符号，以判断哪些动因是增加资源消耗的，哪些是减少资源消耗的。表14-9列示了部分资源类别和成本动因（括号中为预期符号）。

表14-9 Banker and Johnston（1993，TAR）中的部分资源类别和成本动因

资源类别	产能类成本动因	运营类成本动因
燃料	不同型号飞机的能力座位里程（+）	平均航班里程（－）
航班服务作业	不同型号飞机的能力座位里程（+）	航班密度（－） 枢纽集中度（－） 枢纽覆盖能力（－）
一般管理作业	总能力座位里程（+）	航班密度（+） 枢纽集中度（－） 枢纽覆盖能力（－） 公司规模（+）

4. 研究结果

研究结果显示，作者分析出的产能类成本动因和运营类成本动因能够解释资源消耗数据中88%~98%的变化。其中，运营类成本动因的回归系数均显著并且系数符号与预期一致，这意味着传统的成本计量系统的确是有偏的。此外，各个变量的实证结果也验证了作者关于运营类成本动因与资源消耗关系的理论推测，证实了作者对航空运输业价值链的分析准确性。比如，作者发现平均航班里程与原料消耗负相关，这意味着平均里程越高，飞行所需的边际油耗越低。

此外，通过对28家航空公司运营类成本动因的比较和分析，作者还总结了各个航空公司不同的竞争策略，从而也证实了运营类成本动因的战略相关性。

5. 研究贡献

首先，该研究用经验证据证实运营类成本动因是企业资源消耗的重要影响因素。这意味着传统的成本计算方法是有偏误的。

其次，作者提出了航空运输业成本动因的分析框架，为后续的研究和成本动因的实务提供了理论指引。

最后，作者解释了运营类成本动因的管理含义，指出不同公司之所以具有不同的运营类成本动因，是因为公司选择了不同的市场竞争策略。这从另外一个角度说明了运营类成本动因是具有战略相关性的。

（二）公司间价值链的一项实地研究：Dekker（2003，MAR）

Dekker（2003，MAR）是一篇比较典型的战略成本管理实地研究论文。该论文以一家英国零售商与其供应商之间的供应链合作作为研究对象，讨论了价值链分析工具对公司间

合作的影响，并提供了经验证据。这篇论文不仅有助于我们理解战略管理会计中的价值链分析工具，也有助于我们理解实地研究方法的应用。

1. 研究动机

从 Porter（1985）首次提出，到 Shank（1989，JMAR）和 Shank and Govindarajan（1992，JMAR）在管理会计领域的进一步发展，价值链分析得到了越来越多的关注。然而，以往对价值链分析的研究主要停留在概念层面，很少有学者提供过价值链分析真实存在的证据。不仅如此，随着实务中公司间的合作日益增加，学术界对公司间的价值链分析却鲜有涉及。Lord（1996，MAR）甚至断言，价值链分析是一个仅存在于学术界的话题，对实务领域毫无价值。Dekker（2003，MAR）的研究就诞生在这样一个环境中，并首次为公司间价值链分析工具的存在提供了经验证据。

2. 研究问题

Dekker（2003，MAR）以英国第二大零售商 Sainsbury 为研究对象。Sainsbury 公司使用价值链分析工具来管理供应链，与经销商建立合作关系。在 Sainsbury 公司的价值链分析工具中，作业成本模型是核心内容。Dekker（2003，MAR）试图考察如下三个问题：

(1) 是什么促使公司决定改善当前的供应链绩效？
(2) 公司是如何愿意相互交流敏感的成本信息的？
(3) 公司间是如何分担或分享因改变供应链而产生的成本、收益和投资的？

3. 研究设计

由于在 Dekker（2003，MAR）之前，尚无研究表明价值链分析工具真实存在的证据，而在回答为什么以及怎么样等问题时，实地研究方法具有先天的优越性，因此作者选用实地研究方法进行研究设计。比较有意思的是，作者在论文中花费了一些笔墨介绍为何选择 Sainsbury 公司作为实地研究的对象，其原因居然是一个偶然的巧合！作者参加一个实务交流，Sainsbury 公司的高管恰好在做报告。这也说明了管理会计研究的一个特点，学术与实务的交流非常重要！

论文的主要数据来源是作者的实地访谈。基于现有文献关于公司间合作、供应链管理以及作业成本法的研究成果，作者在实地研究开展前将访谈数据结构化地归为三种：(1) 公司信息；(2) 供应商关系管理和供应链管理实务；(3) 作业成本模型。

除了访谈信息以外，公司关于供应链管理的内部资料、PPT 以及年报和公开出版物等都是作者获取信息的来源。由于公司的作业成本模型是由物流部门在 1998 年底至 1999 年初这个时期建立的，因此论文的研究区间和访谈对象也据此确定。

4. 研究结果

作者发现，Sainsbury 公司将利用价值链分析工具获得的成本信息用于三个用途：

(1) 分别在单个公司层面和供应链网络层面分析供应链中各项活动的成本绩效；
(2) 当提出一项改善供应链的设想时，公司将价值链分析工具用于评价新想法的经济后果，并基于此进行投资评价；
(3) 将价值链分析工具用于监控供应链成本的长期发展趋势。

显然，上述发现提供了管理者利用价值链分析工具推进公司间合作的具体例证。此外，Gulati and Singh（1998，ASQ）的研究指出，在公司间的合作过程中，层级控制体系是十分重要的。然而，Sainsbury 公司的案例展示了公司间愿意相互交流敏感的成本信息以及愿意共同承担成本和风险的证据。这说明，公司间合作需要充分的信任、可控、沟通和协商。

5. 研究贡献

首先，论文以 Sainsbury 公司的价值链为对象，完整地展示了价值链分析的鲜活案例，为学术界存在的长期疑惑提供了证据。

其次，论文的研究展示了公司是如何利用成本信息来管理相互之间的合作，以及合作中遇到的信任和控制等问题的。这些事实的存在为组织行为学和交易成本等理论提供了支持性证据。

最后，Sainsbury 公司的案例拓展了人们对价值链分析工具应用范畴的理解。传统的管理会计文献认为，价值链分析是单个公司以"向外看的视角"分析价值链上的活动，而 Sainsbury 公司的案例表明，价值链分析可以在多个公司构成的价值链网络上存在。

本章结语

读者对本章的阅读感受可能与其他会计分支的相关章节不同，因为本章涉及的学科、理论、方法、主题都更加多元化。本章选取管理会计领域的三个重要主题（预算管理、管理控制系统、战略成本管理）讨论多种研究方法的应用。尽管如此，本章所呈现的管理会计研究主题视角或方法视角仍然是非常有限的。从本质上讲，管理会计是一门学科交叉的研究领域，它与经济学、社会心理学、组织行为学、管理学等领域交叉融合。因此，管理会计研究的理论基础、研究目标和探讨主题也纷繁多样，该领域的研究者则涵盖了会计学学者、心理学学者、社会学学者、管理学学者等，不同领域的研究者使用的研究范式和方法也各有不同。甚至在管理会计的某些重要分支领域（比如战略成本管理领域），主要的推动者完全可能是其他领域的学者，而不是会计学学者（Anderson，2007）。这些特征意味着管理会计领域的学术研究更具学科交融性和趣味性，但也更具挑战性。

本章参考文献

Anderson, S. W. Managing Costs and Cost Structure throughout the Value Chain: Research on Strategic Cost Management. *Handbook of Management Accounting Research*, 2007, Volume 2: 481-506.

Anthony, R. N. *Management Planning and Control Systems: A Framework for Analysis*. Boston: Harvard Business School Press, 1965.

Banker, R. D., and H. H. Johnston. An Empirical Study of Cost Drivers in the U. S. Airline Industry. *The Accounting Review*, 1993, 68 (3): 576-601.

Banker, R. D., and H. H. Johnston. Cost and Profit Driver Research. In: C. S. Chapman, A. G. Hopwood & M. D. Shields (Eds). *Handbook of Management Accounting Research* (Vol. 2). Oxford: Elsevier, 2007.

Banker, R. D., G. Potter, and R. Schroeder. An Empirical Analysis of Manufacturing Overhead Cost Drivers. *Journal of Accounting and Economics*, 1995, 19 (1): 115–137.

Blackmon, K., S. Brown, P. Cousins, and H. Maylor. *Operations Management: Policy, Practice and Performance Improvement*. Oxford: Butterworth-Heinemann, 2001.

Caves, D. W., L. R. Christensen, and M. W. Tretheway. Economies of Density Versus Economies of Scale: Why Trunk and Local Service Airline Costs Differ. *Rand Journal of Economics*, 1984, 15 (Winter): 471–489.

Chow, C. The Effects of Job Standard Tightness and Compensation Scheme on Performance: An Exploration of Linkages. *The Accounting Review*, 1983, 58 (4): 667–685.

Cooper, R., and R. S. Kaplan. How Cost Accounting Systematically Distorts Product Costs. In: *Accounting and Management: Field Study Perspectives*, edited by Bruns and Kaplan. Boston: Harvard Business School Press, 1987.

Covaleski, M. A., J. H. Evans III, J. L. Luft, and M. D. Shields. Budgeting Research: Three Theoretical Perspectives and Criteria for Selective Integration. *Journal of Management Accounting Research*, 2003 (15): 3–49.

Datar, S., S. Kekre, T. Mukhopadhyay, and K. Srinivasan. Simultaneous Estimation of Cost Drivers. *The Accounting Review*, 1993, 68 (3): 602–614.

Dekker H. C. Value Chain Analysis in Interfirm Relationships: A Field Study. *Management Accounting Research*, 2003, 14 (1): 1–23.

Demski, J., and G. Feltham. *Cost Determination: A Conceptual Approach*. Ames, IA: Iowa State University Press, 1976.

Ferreira, A., and D. T. Otley. The Design and Use of Performance Management Systems: An Extended Framework for Analysis. *Management Accounting Research*, 2009 (20): 263–282.

Fisher, J. G., J. R. Frederickson, and S. A. Peffer. Budgeting: An Experimental Investigation of the Effects of Negotiation. *The Accounting Review*, 2000, 75 (1): 93–114.

Fisher, J. G., S. A. Peffer, and G. B. Sprinkle. Budget-Based Contracts, Budget Levels, and Group Performance. *Journal of Management Accounting Research*, 2003 (15): 51–74.

Foster, G., and M. Gupta. Manufacturing Overhead Cost Driver Analysis. *Journal of Accounting and Economics*, 1990, 12 (1–3): 309–337.

Gulati, R., and H. Singh. The Architecture of Cooperation: Managing Coordination Costs and Appropriation Concerns in Strategic Alliances. *Administrative Science Quarterly*, 1998 (43): 781–814.

Hansen, S. C., D. T. Otley, and W. A. Van der Stede. Practice Developments in Budgeting: An Overview and Research Perspective. *Journal of Management Accounting Research*, 2003 (15): 95–116.

Hayes, R. H., and K. M. Clark. Explaining Observed Productivity Differentials Between Plants: Implications for Operations Research. *Interfaces*, 1985, 15 (November-December): 3–14.

Hergert, M., and D. Morris. Accounting Data for Value Chain Analysis. *Strategic Management Journal*, 1989, 10 (2): 175–188.

Hesford, J. W., S. H. Lee, W. A. Van der Stede, and S. M. Young. Management Accounting: A Bibliographic Study. *Handbook of Management Accounting Research*, Volume 1, edited by C. S. Chapman, A. G. Hopwood, and M. D. Shields, 3–26, Oxford, UK: Elsevier, Ltd, 2007.

Ittner, C. D., D. F. Larcker, and M. W. Meyer. Subjectivity and the Weighting of Performance Measures: Evidence from a Balanced Scorecard. *The Accounting Review*, 2003, 78 (3): 725–758.

Ittner, C. D., D. F. Larcker, and T. Randall. The Activity-Based Cost Hierarchy, Production Policies and Firm Profitability. *Journal of Management Accounting Research*, 1997 (9): 143 – 162.

Kaplan, R. S., and D. P. Norton. *The Balanced Scorecard: Translating Strategy into Action*. Boston, MA: Harvard Business School Press, 1996.

Kaplan, R. S., and D. P. Norton. *Strategy Maps: Converting Intangible Assets into Tangible Outcomes*. Boston, MA: Harvard Business School Press, 2004.

Kirby, M. G. Airline Economies of "Scale" and Australian Domestic Air Transport Policy. *Journal of Transport Economics and Policy*, 1986, 20 (September): 339 – 352.

Lord, B. R. Strategic Management Accounting: The Emperor's New Clothes?. *Management Accounting Research*, 1996, 7 (3): 346 – 366.

MacArthur, J. B., and H. A. Stranahan. Cost Driver Analysis in Hospitals: A Simultaneous Equations Approach. *Journal of Management Accounting Research*, 1998 (10): 280 – 312.

Maher, M. W., and M. L. Marais. A Field Study on the Limitations of Activity-Based Costing When Resources Are Provided on a Joint and Indivisible Basis. *Journal of Accounting Research*, 1998, 36 (1): 129 – 142.

Merchant, K. A. *Control in Business Organizations*. Boston: Pitman, 1985.

Merchant, K. A., and J. F. Manzoni. The Achievability of Budget Targets in Profit Centers: A Field Study. *The Accounting Review*, 1989, 64 (3): 539 – 558.

Merchant, K. A., and D. T. Otley. A Review of the Literature on Control and Accountability. *Handbook of Management Accounting Research*, Volume 2, edited by C. S. Chapman, A. G. Hopwood, and M. D. Shields, 785 – 802, Oxford, UK: Elsevier, Ltd, 2007.

Merchant, K. A., and W. A. Van der Stede. *Management Control Systems: Performance Measurement, Evaluation, and Incentives*. Harlow, UK: Financial Times/Prentice-Hall, 2007.

Miller, J. G., and T. E. Vollmann. The Hidden Factory. *Harvard Business Review*, 1985, 63 (September-October): 142 – 150.

Neely, A., M. R. Sutcliff, and H. R. Heyns. *Driving Value Through Strategic Planning and Budgeting*. New York, NY: Accenture, 2001.

Otley, D. T. Performance Management: A Framework for Management Control Systems Research. *Management Accounting Research*, 1999, 10 (4): 363 – 382.

Otley, D. T., J. Broadbent, and A. Berry. Research in Management Control: An Overview of Its Development. *British Journal of Management*, 1995 (6): S31 – S44.

Ouchi, W. G. A Conceptual Framework for the Design of Organizational Control Mechanisms. *Management Science*, 1979 (25): 833 – 848.

Porter, M. E. *Competitive Advantage*. New York: The Free Press, 1985.

Schiff, J. B. *Cost Management Update*. Montvale. NJ: National Association of Accountants (now the Institute of Management Accounts), 1991: 1 – 2.

Scott, W. R. Developments in Organization Theory: 1960—1980. *American Behavioral Scientist*, 1981 (24): 407 – 422.

Shank, J. K. Strategic Cost Management: New wine, or Just New Bottles?. *Journal of Management Accounting Research*, 1989 (1): 47 – 65.

Shank, J. K., and V. Govindarajan. Strategic Cost Management: The Value Chain Perspective. *Journal of Management Accounting Research*, 1992 (4): 179 – 197.

Shank, J. K., and V. Govindarajan. *Strategic Cost Management*. New York: The Free Press, 1994.

Sickles, R. C. A Nonlinear Multivariate Error Components Analysis of Technology and Specific Factor

Productivity Growth with an Application to the U. S. Airlines. *Journal of Econometrics*, 1985, 27 (January): 61-78.

Sickles, R. C., and D. Good. Allocation Distortions and the Regulatory Transition of the U. S. Airline Industry. *Journal of Econometrics*, 1986, 33 (October-November): 143-163.

Simons, R. *Levers of Control: How Managers Use Innovative Control Systems to Drive Strategic Renewal*. Boston: Harvard Business School Press, 1995.

Tayler, W. B. The Balanced Scorecard as a Strategy-Evaluation Tool: The Effects of Implementation Involvement and a Causal-Chain Focus. *The Accounting Review*, 2010, 85 (3): 1095-1117.

Tomkins, C., and C. Carr. Reflections on the Papers in This Issue and a Commentary on the State of Strategic Management Accounting. *Management Accounting Research*, 1996, 7 (2): 271-280.

Wallander, J. Budgeting—An Unnecessary Evil. *Scandinavian Journal of Management*, 1999 (15): 405-421.

Wallander, J. *Decentralisation—Why and How to Make it Work: The Handelsbanken Way*. English translation by M. Knight. Stockholm, Sweden: SNS Forlag, 2003.

第十五章　审计领域的研究方法应用

本章大纲

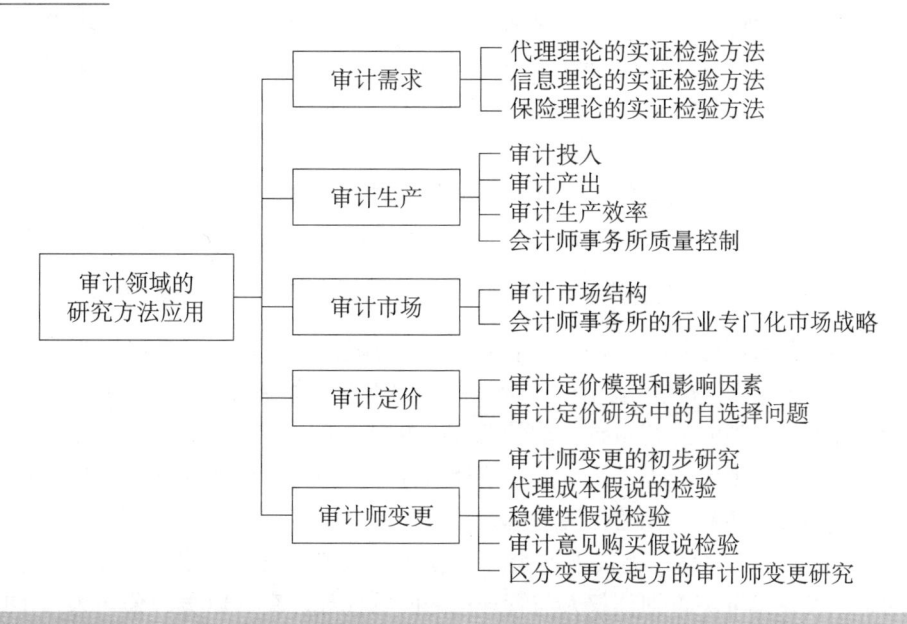

- 审计领域的研究方法应用
  - 审计需求
    - 代理理论的实证检验方法
    - 信息理论的实证检验方法
    - 保险理论的实证检验方法
  - 审计生产
    - 审计投入
    - 审计产出
    - 审计生产效率
    - 会计师事务所质量控制
  - 审计市场
    - 审计市场结构
    - 会计师事务所的行业专门化市场战略
  - 审计定价
    - 审计定价模型和影响因素
    - 审计定价研究中的自选择问题
  - 审计师变更
    - 审计师变更的初步研究
    - 代理成本假说的检验
    - 稳健性假说检验
    - 审计意见购买假说检验
    - 区分变更发起方的审计师变更研究

在资本市场中，审计作为一项制度安排具有重要的经济价值，其不仅能够提高资本市场中财务呈报的质量，降低企业的代理成本和资本市场中的信息风险，缓解信息不对称，进而降低企业的融资成本，达到优化资源配置的目的，而且可以作为一种风险转移机制将财务信息风险全部或者部分地转移给审计师，从而为财务信息使用者提供保护。因此，运用恰当的研究方法考察审计面临的基本问题，以了解和发挥审计的经济价值就显得尤为重要。基于对已有文献的回顾，本章围绕审计需求、审计生产、审计市场、审计定价和审计师变更等重要主题，讨论研究方法在审计研究领域的具体应用。

第一节 审计需求

审计需求并不是强制产生的。已有研究表明，在不受法律管制的自由市场上仍然存在一些公司自愿接受审计。对于审计的需求也不是同质的，公司的特征不同，其选择的会计师事务所类型会存在明显的差异。那么，审计需求是如何产生的？为什么审计需求具有异质性？对此存在三种理论解释，即代理理论、信息理论和保险理论。研究者为证明这三种审计需求理论进行了大量的实证研究。本节讨论了验证这些审计需求理论所采用的实证研究方法。

一、代理理论的实证检验方法

审计需求的代理理论是目前审计需求理论中的主流理论，它是在 Jensen and Meckling（1976，JFE）所倡导的委托-代理理论的基础上发展起来的。该理论认为，在自由市场环境下公司选择自愿接受审计，以及在自由或强制市场环境下公司选择高质量事务所审计的动机在于：缓解委托人和受托人之间的代理冲突，降低委托-代理关系中的代理成本。

为了验证审计需求的代理理论，研究者试图采用不同的指标计量公司中存在的各种代理成本，运用如下 Logistic 模型从实证角度探讨了代理成本与审计需求之间的关系：

$$Demand/Auditor\_Type = \beta_0 + \beta_1 Agency_1 + \beta_2 Agency_2 + \beta_3 Agency_3 + \beta_4 Agency_4 + \varepsilon$$

式中，$Demand$ 表示在自由市场上的审计需求，其为虚拟变量，公司自愿接受审计取值为 1，否则为 0。$Auditor\_Type$ 表示会计师事务所的类型，如果公司选择高质量事务所（如四大国际会计师事务所）进行审计，取值为 1，否则为 0。通常大规模的会计师事务所被认为比小规模的事务所更能提供高质量的审计服务，因为大规模的会计师事务所具有更好的专业胜任能力和保持独立性的经济动机。

$Agency_1$ 表示公司的第一类代理冲突，即股东与管理层之间的代理冲突。$Agency_2$ 表示公司的第二类代理冲突，即债权人与管理层之间的代理冲突。以美国公司为样本的研究通常以公司规模与管理层持股比例代表股东与管理层之间的代理冲突（Chow，1982，TAR；Francis and Wilson，1988，TAR；Lennox，2005，CAR），用财务杠杆代表债权人与管理层之间的代理冲突（Chow，1982，TAR；Francis and Wilson，1988，TAR），同时控制住公司发行债券时对独立审计的信号需求，检验自愿审计/事务所选择与上述变量之间的关系。由于我国管理层持股尚不普遍，且持股比例非常低，该代理变量在我国目前尚不适用。[①]

除了上述两类代理问题，在我国，大股东与中小股东的代理问题和政府干预引发的政府与上市公司之间的代理问题十分突出。$Agency_3$ 表示公司的第三类代理冲突，即大股东与中小股东的代理冲突。$Agency_4$ 表示公司的第四类代理冲突，即政府干预引发的政府与

---

① 作为替代，有研究采用管理费用与总资产的比值衡量管理层与股东之间的代理冲突。

上市公司之间的代理冲突。对于第三类代理冲突，通常使用控股股东现金流权与投票权之间的差额作为替代变量（Fan and Wong，2005，JAR）。对于第四类代理冲突，现有研究聚焦以下三个方面：公司与政治人物的关系（Fisman，2001，AER；Faccio，2006，AER）、公司董事会成员或管理层的政府任职背景（Fan et al.，2007，JFE），以及公司最终控制人是否为政府（Wang et al.，2008，JAE）。

二、信息理论的实证检验方法

审计需求的信息理论认为，之所以在自由市场环境下公司选择自愿接受审计，以及在自由或强制市场环境下公司选择高质量事务所审计，是因为审计具有改善财务信息质量和通过信号传递有效配置财务资源的作用。由此，审计需求的信息理论又具体分为信号传递理论（signaling theory）和信息系统理论（information system theory）两个分支。

（一）信号传递观

审计需求的信号传递观的一个主要实证含义是，聘请不同类型事务所进行审计，能向投资者传递不同审计质量的信号，该信号表达了客户管理层对未来现金流量的市场预期，从而能够在一定程度上将高质量的企业与低质量的企业区分开来。

对聘请不同类型事务所审计能否作为一种信号进行经验检验，相关研究首先考察选择不同类型的事务所对 IPO 定价的影响。其基本实证模型（Beatty，1989，TAR）如下：

$$Initial\_Return = \beta_0 + \beta_1 Auditor\_type + \beta_2 Age + \beta_3 Contract\_type \\ + \beta_4 Offered\_percentage + \beta_5 Industry + \varepsilon$$

式中，$Initial\_Return$ 为模型的因变量，表示投资者在股票上市首日的投资收益率；$Auditor\_type$ 为模型的自变量，表示事务所的类型，用于区分事务所的审计质量，一般以事务所规模进行衡量；Age，$Contract\_type$，$Offered\_percentage$ 和 $Industry$ 为控制变量，主要是消除公司存在时间、股票承销合同类型、发行股票的比例以及行业类型对 IPO 定价的影响。

其次，相关研究还试图通过考察客户所具有的特征和客户选择事务所之间的关系验证审计需求的信号理论。这些客户特征包括公司的规模、成长性、经营风险等。如果公司规模越大、成长性越好、经营风险越小，其更倾向于选择大事务所审计，那么在一定程度上验证了审计需求的信号理论。

（二）信息系统观

审计需求的信息系统观的一个主要实证含义是，不同类型事务所出具的不同类型的审计意见具有不同的经济含义，审计意见对资本市场上的投资者来说是决策有用的，即审计意见具有信息含量。

对审计意见的决策有用性（审计意见具有信息含量）的一些经验检验主要运用事件研究法。在计算出累积超常收益率之后，相关研究分别运用均值比较和多元回归的方法研究特定时间窗口内市场对不同类型事务所出具的不同审计意见类型的反应（Chow and Rice，

1982，AR；Chen et al.，2000，CAR）。

当然，这种基于投资者反应的研究方法也有自身的局限性。由于审计报告与财务报表及其附注在同一时间披露，投资者的反应究竟来源于审计意见还是财务报表及其附注是很难区分开的。Bailey（1982，AR）指出，在控制财务报表及其附注的实验环境下，调查问卷的方法能够较好地克服基于投资者反应的事件研究法的缺陷。

三、保险理论的实证检验方法

审计需求的保险理论是基于审计的保险机制，探索审计在社会经济系统中的本质功效，其基本观点认为，审计是财务报表风险的一个转移机制。

目前对于审计需求的保险理论的经验检验主要从信息使用者的角度切入。早期研究者以大型会计师事务所破产为研究事件，考察破产事务所原客户股票价格的波动（Menon and Williams，1994，TAR）。由于在事务所清算之后，它的许多合伙人实际上已经宣布个人破产或者面临巨额债务，因此随着事务所的清算，即使事后能够证明破产事务所在过去的审计中存在问题，信息使用者也很难再通过诉讼的方式从事务所那里获得赔偿。由此，如果审计需求的保险假说成立，那么破产事务所原客户的股票价格将会在市场得知事务所清算的消息后出现下跌。

然而，这种以事务所破产为基础的事件研究存在一定的缺陷。Baber et al.（1995，JAR）认为，事务所破产所导致的市场反应不仅可以用审计需求的保险理论进行解释，也能够用审计需求的信息理论进行解释。

随后，研究者试图通过样本的选择减少信息价值对保险价值的干扰。例如，部分学者将关注点集中于首次发行证券的成长型公司。对于这类公司来说，投资者更加关注其能否生存，而非投资回报。由于审计失败引起的诉讼往往与公司经营失败联系在一起，因此这样的样本更能够将审计的信息价值和审计的保险价值区分开来。

在具体研究方法上，则是通过比较不同规模 IPO 公司选择不同类型会计师事务所的抑价程度，来验证审计的保险价值。如果规模较大的 IPO 公司选择大事务所的抑价程度显著低于选择小事务所，而对于规模较小的 IPO 公司，其抑价程度对事务所类型不敏感，则能够在一定程度上验证审计的保险理论。这是因为，对于规模较大的 IPO 公司而言，小事务所的保险价值不足以补偿投资者因其经营失败而遭受的损失，此时大事务所的保险价值大于小事务所的保险价值，所以选择小事务所的抑价程度将显著高于选择大事务所。对于规模较小的 IPO 公司而言，小事务所的保险价值足以补偿投资者因其经营失败而遭受的损失，此时大事务所与小事务所的保险价值对投资者没有显著差异，因此对于规模较小的 IPO 公司，其抑价程度对事务所类型不敏感。

当然，上述基于股价信息的档案式研究方法并不能从根本上排除审计信息价值的干扰。于是，有学者尝试使用实验研究方法考察审计需求的保险理论。例如，O'Railly et al.（2000）设计了一个实验，在实验中，向 1 300 位执业证券分析师发出了调查问卷，其中对信息使用者是否有权对审计师提起诉讼和审计意见的种类进行了控制。实验结果表明，当信息使用者有权向审计师提起诉讼时，证券分析师会在股票定价的过程中把这一因素考虑进去。相比之下，当信息使用者不具有起诉审计师的权利时，证券分析师所确定的股票价格显著低于前一类。这种实验结果较为直接地支持了审计保险价值的存在。

第二节 审计生产

随着审计需求的出现，审计服务的生产应运而生。由于缺乏公开可获得的数据，审计生产方面的研究相对较少。已有研究主要通过调查问卷或阅读审计工作底稿的方式获取会计师事务所的内部数据，在特定审计业务层面考察影响审计投入、产出和效率的各种客户、审计师与审计合约特征，同时在事务所层面考察事务所质量控制对审计生产的影响。因此，本节在特定业务层面主要讨论审计投入、审计产出、审计效率的计量方法及其影响因素模型，在事务所层面主要讨论现有的事务所质量控制制度以及考察这些制度对审计生产影响的研究方法。

一、审计投入

对于审计服务生产而言，投入是指生产一定审计产出所耗费的劳动与资本支出。在计量方面，由于人力资源的投入在审计服务生产中最为重要，所以已有的研究主要从数量、质量和配置三个维度利用审计工时衡量审计投入。

在早期的研究中，Palmrose（1986，JAR；1989，TAR），Davis et al.（1993，TAR）以及 Davidson and Gist（1996，JAR）将总审计工时作为审计投入的衡量指标。随后，O'Keefe et al.（1994，JAR）与 Stein et al.（1994，AJPT）将审计工时按审计师的职位级别进行分类，不仅考察了审计投入数量，还区分了审计投入质量。

O'Keefe et al.（1994，JAR）认为，随着外部影响因素的变化，不同职位级别审计师的劳动投入比例也会发生相应变化，利用劳动时间的简单加总来计量审计投入，不仅导致信息的损失，还会在评估外在因素的影响时损失统计效率。

例如，特定外部因素的变化减少了某类投入的数量，却增加了另一类投入的数量，那么此时采用总审计工时将会导致信息的损失。即使所有的投入都是正向变化的，简单加总意味着对每单位工时的变化分配了相同的权重，这也是不合适的。

当客户特征的变动对某些类别的劳动投入的影响很小，甚至没有影响时，就产生了统计效率的损失。总劳动时间作为因变量时，回归估计得到的外部因素系数的 t 值将小于经分类的劳动时间作为因变量时回归估计得到的 t 值，这是因为劳动时间的加总增加了系数的标准误差，而系数本身几乎没有增加。

Hackenbrack and Knechel（1997，CAR）将审计工时按审计活动类型进行分类（如审计计划、内部控制评估、实质性测试等），进一步衡量了不同审计活动之间审计投入的配置情况。按审计活动对劳动时间进行分类有利于研究者更细致地考察审计活动之间是否以及如何进行相互替代。

由于缺乏审计服务生产的相关理论，无法推导出审计生产的具体函数形式，因此，相关研究（O'Keefe et al.，1994，JAR；Stein et al.，1994，AJPT；Hackenbrack and Knechel，1997，CAR；Blokdijk et al.，2006，AJPT）在审计定价模型的基础上构建了如下的审计服务生产实证模型，考察客户、审计师与审计合约特征对审计投入的影响。

$$Lnh = \beta_0 + \beta_1 LnA + \sum_{i=2}^{k} \beta_i r_i LnA + \varepsilon$$

$$Lnh = \beta_0 + \beta_1 LnA + \sum_{i=2}^{k} \beta_i Lnr_i + \varepsilon$$

$$Lnh = \beta_0 + \beta_1 LnA + \sum_{i=2}^{k} \beta_i r_i + \varepsilon$$

式中，Lnh 表示审计投入（审计工时）的自然对数；LnA 表述客户规模的自然对数；r_i 表示影响审计投入的其他因素。总体而言，已有研究的实证结果对模型的形式并不敏感。

二、审计产出

审计产出的确定比较复杂，O'Keefe et al.（1994，JAR）将其界定为审计师向利益相关者提供的财务报表不存在重大错报或漏报的保证程度。从该定义可以看出，审计产出与审计质量具有相同的含义。因此，在审计产出的计量方面，可以沿用审计质量的衡量指标。这些指标具体包括：

(1) 事务所规模；
(2) 诉讼发生率；
(3) 事务所品牌声誉；
(4) 行业专长；
(5) 盈余反应系数；
(6) 审计意见；
(7) 会计信息质量，如应计额（accruals）质量、稳健性等。

Watkins et al.（2004，JAL）认为，这些衡量指标实质上可以归为两大类，即实际的（actual）审计质量（审计产出）和印象中的（perceived）审计质量（审计产出）。前者是从审计师的角度出发，用审计师的监督力量（monitoring strength）来衡量；后者从投资者的角度出发，用印象中的审计质量特征衡量，如事务所品牌声誉、盈余反应系数、事务所规模等。

需要指出的是，这些指标都存在一些局限，难以直接衡量特定审计业务的审计产出（审计质量）。Knechel et al.（2009，TAR）认为，审计师实施的各项审计活动的最终目的是收集审计证据，总体而言"多比少好"，即在其他条件相同的情况下，耗费在这些审计活动上的时间越多，审计师获得的审计证据就越多，则审计服务提供的保证程度也就越高，审计产出也就越高。因此，Knechel et al.（2009，TAR）将八项审计活动的工时作为产出变量，衡量了特定业务的审计产出，同时也为特定审计业务生产效率的准确计算提供了可能。这八项审计活动分别是：

(1) 审计计划；
(2) 内部控制评估；
(3) 实质性测试——重要事项；
(4) 实质性测试——非重要事项；
(5) 分析性复核——重要事项；
(6) 分析性复核——非重要事项；

(7) 财务报表编制；

(8) 客户沟通。

Knechel et al. (2009，TAR) 还将其中两项审计活动时间界定为"低价值"产出（分别是实质性测试——非重要事项、分析性复核——非重要事项），将其他六项审计活动时间界定为"高价值"产出，以权衡不同审计活动对保证程度的贡献差异。

三、审计生产效率

借鉴经济学对产品生产效率的定义，审计生产效率可以表述为，在审计投入一定的情况下，审计实际产出与最大产出的比率。审计生产效率研究不仅可以帮助事务所了解其自身生产效率的状况及影响因素，有利于及时发现审计生产过程中的不足之处，并采取措施优化审计生产活动，在保证审计质量的前提下最小化自己的审计成本，提高自身的竞争力，而且可以帮助客户评估事务所的执业效率，有利于上市公司选择高效率的事务所。

（一）审计服务生产效率的估计方法

已有研究通常采用效率边界技术估计服务生产效率，效率边界技术分为参数效率边界技术和非参数效率边界技术。

参数效率边界技术假设生产边界具有一定的函数形式。由 Aigner et al. (1977，JE) 和 Meeusen and Broeck (1977，IER) 创立的随机边界估计方法（stochastic frontier estimation，SFE）便是参数边界估计技术的一个重要例子。

非参数效率边界技术不需要事先设定一个具体的函数形式，而是利用数据集中点应该满足的形式属性（formal properties），应用线性规划技术求解。非参数估计方法的一个重要例子便是由 Charnes et al. (1978，EJOR) 创立的数据包络分析方法（data envelopment analysis，DEA），它利用线性规划技术估计效率边界。

运用随机边界估计方法的首要前提是设定具体的生产函数形式。对于审计服务生产而言，因为之前的研究已广泛考察了审计费用与审计活动特征之间的关系，所以在此基础上相关学者已经构建了稳健的对数-线性函数，如模型（15-1）所示。

$$Lnh_i = f(\gamma_i|Q, \beta_i) + u_i + v_i \qquad (15-1)$$
$$u_i \sim idd\ N^+(0, \delta_u^2), v_i \sim idd\ N(0, \delta_v^2), 且 Cov(u_i, v_i) = 0$$

随机边界估计方法通过模型（15-1）识别出审计生产的无效率。该方法假设模型（15-1）中的误差项由两个独立的部分组成：$\varepsilon_i = u_i + v_i$。第一部分 u_i 是单边误差项，反映生产的无效率或者相对随机投入边界过量的审计投入。第二部分 v_i 是系统误差项，表示围绕着边界的随机波动，该部分误差来自统计噪声和事务所无法控制的随机因素（shock）。$\{v_i\}$ 是相互独立的，并且服从标准正态分布 $(idd)N(0, \delta_v^2)$。$\{u_i\}$ 的分布独立于 v_i，也服从正态分布 $N(0, \delta_u^2)$，但不包含小于 0 的部分，即 $u_i \geqslant 0$，$N^+(0, \delta_u^2)$。u_i 和 v_i 的分布都独立于 γ。

在模型（15-1）中，u_i 和 v_i 的相对方差用于计量审计生产的无效率。Aigner et al. (1977，JE) 的研究表明，$Var(\varepsilon_i) = (1 - 2/\pi)\delta_u^2 + \delta_v^2$。其中，$\delta_u^2$ 是 u_i 服从正态分布的方差，而 $(1-2/\pi)\delta_u^2$ 表示 u_i 服从半正态分布（$u_i > 0$）的方差。如果 $\delta_u^2 = 0$，则 $Var(\varepsilon_i) =$

δ_v^2，那么审计服务生产是有效率的。如果 $(1-2/\pi)\delta_u^2 > \delta_v^2$，则表示审计服务生产存在无效率，此时，普通最小二乘法估计出的截距项与随机边界估计方法回归获得的截距项存在显著差异。

数据包络分析方法（DEA）则是一种以线性规划为基础的生产边界估计方法，它假设投入和产出之间存在线性关系，但是并不需要明确具体的生产函数。自从 Charnes et al. (1978，EJOR) 构建了数据包络分析方法之后，该方法已广泛应用于各种相对绩效的评估。通过求解如下的线性规划问题，数据包络分析方法识别出确定性的生产边界和特定决策单元（DUM）相对于边界的位置，进而得到特定决策单元的审计生产效率。

$$\begin{aligned} &\text{Minimize } \theta \\ &\text{Subject to} \quad q_1\lambda_1 + q_2\lambda_2 + \cdots + q_n\lambda_n \geq q^0 \\ &H^0\theta - (h_1\lambda_1 + h_2\lambda_2 + \cdots + h_n\lambda_n) \geq 0 \\ &\lambda_1, \lambda_2, \cdots, \lambda_n \geq 0 \end{aligned} \quad (15-2)$$

式中，θ 是效率的计量，或者说"收缩因子"，其值大于 0，小于或等于 1。当 $\theta=1$ 时表示审计生产是完全有效率的，当 $\theta<1$ 时表示审计生产存在无效部分，$1-\theta$ 表示无效率的比例。变量 q_i 表示一个产出向量；变量 h_i 表示一个投入向量；$\lambda_1, \lambda_2, \cdots, \lambda_n$ 是一组确定生产边界的权重；变量 H^0 表示特定决策单元的投入向量；q^0 表示特定决策单元的产出向量。

另外，DEA 方法包含三种评价 DUM 相对效率的模型：CCR 模型、BBC 模型和 Additive 模型。其中，CCR 模型和 BBC 模型应用广泛。CCR 模型假设 DUM 生产规模报酬不变，而 BBC 模型假设 DUM 生产规模报酬是变化的。[①]

很多学者试图比较随机边界估计方法和数据包络分析方法的优劣，但并没有形成一致的结论（Cooper and Tone, 1997, EJOR; Bojanic et al., 1998, EJOR; Ruggiero, 1999, EJOR）。数据包络分析方法假设误差项仅由生产的无效率构成，而随机边界估计方法还考虑了系统误差，更加符合生产活动的实际情况。同时，数据包络分析方法不能进行常规的假设检验（Greene, 1997; Coelli et al., 1998），而随机边界估计方法允许统计推理。

随机边界估计方法的缺点在于需要对生产函数设定一个具体的形式（Coelli et al., 1998），而且需要明确单边误差项的分布形式。数据包络分析方法则不受这些条件的限制，适用范围更广。此外，随机边界估计方法不能直接估计特定观察值误差项的无效率部分，运用数据包络分析方法则可以得到特定客户参数 θ，它计量了相对于生产边界而言特定观察值的效率程度。

（二）审计生产效率的有关研究

Dopuch et al.(2003, CAR) 首次明确考察了审计生产效率问题。与 O'Keefe et al. (1994, JAR) 和 Stein et al. (1994, AJPT) 使用的数据相同，Dopuch et al. (2003, CAR) 分别使用随机边界估计方法（SFE）和数据包络分析方法（DEA）计量每一职员的劳动投入相对效率和审计成本相对效率。然而，这两种方法的检验结果是相互矛盾的。

[①] 对于 DEA 方法的原理、具体模型以及计量软件，可查阅效率与生产力研究中心（Centre for Efficiency and Productivity Analysis）网站，其网站地址为 http://economics.uq.edu.au/cepa。

SFE 的结果表明，在审计生产过程中劳动力投入和成本是完全有效率的。DEA 的结果却与此相反，发现审计生产没有处于完全有效率的状态，相对于最有效的审计生产，最小的生产效率值为 74%，平均的效率值为 88%。换言之，平均而言，在不改变审计产出的情况下，事务所可以降低 12% 的审计成本。研究还发现，审计生产效率与审计定价存在显著的相关关系，审计生产的无效率程度越高，平均每小时的审计收费就越低。这意味着客户能够识别出事务所审计生产效率的高低，且对于低效率的部分，不承担审计费用的补偿。

在审计生产效率的影响因素方面，Knechel et al. (2009，TAR) 运用数据包络分析方法，以其计算得出的审计生产效率值 θ 作为因变量，构建如下的 Tobit 模型：

$$\begin{aligned}\mathrm{Ln}\theta = & \beta_0 + \beta_1 Catrev + \beta_2 Newclnt + \beta_3 Taxyn + \beta_4 Masyn + \beta_5 Delay \\ & + \beta_6 Geodisp + \beta_7 Orgcompl + \beta_8 Subyn + \beta_9 Timing + \beta_{10} Autom \\ & + \beta_{11} Icrely + \beta_{12} Feeresid + \beta_{13} Public + \beta_{14} Yearend \\ & + \beta_{15} - \beta_{20} Industry + \beta_{21} - \beta_{48} Office + \varepsilon \end{aligned}$$

在模型中，之所以对 θ 取自然对数，是为了控制异方差。另外，由于 θ 值在 0~1 之间，因此采用 Tobit 回归分析模型 (Gujarati, 1995)。模型中检验变量是客户、审计师及业务特征，此处不详细展开。

四、会计师事务所质量控制

会计师事务所的质量控制对审计服务生产过程（包括审计投入和审计产出）具有重要影响。Bedard et al. (2008，AJPT) 回顾了与会计师事务所质量控制有关的研究，涉及的质量控制程序包括：

（1）客户接受/保留程序；

（2）审计师独立性的监管与控制程序；

（3）电子决策辅助手段；

（4）技术咨询部门；

（5）业务活动检查。

对于客户接受/保留程序的研究一般有两种基本方法：一种方法是追踪特定事务所或某一组事务所客户组合风险特征的变化。这种方法的不足之处是其研究结论的普遍性存在局限，同时，事务所客户组合风险特征的变化也可能源自客户中止审计关系的决策或者经济环境的变化。另一种方法则是直接构建客户接受或保留决策模型。

审计师独立性的监管和控制研究涉及合伙人轮换、事务所轮换、客户聘任原审计师担任高管（旋转门）、非审计服务的提供、合伙人薪酬等。已有文献采用档案式研究方法对合伙人轮换及事务所轮换问题进行了研究，并较多地考察了审计师任期长度与审计质量的关系。此类研究的局限性在于难以直接评估强制轮换机制的潜在影响。也有学者利用行为研究方法、调查研究方法考察合伙人与事务所轮换对审计质量的影响。

关于客户聘任原审计师担任高管、非审计服务的提供以及合伙人薪酬是否影响审计质量，研究者通常采用档案式研究方法，同时，构建分析性模型也为部分学者所采用。

受到研究数据的局限，对于电子决策辅助手段、技术咨询部门、业务活动检查等质量控制程序的外部档案研究相对较少，更多的是采用事务所内部数据或者实验研究方法。

第三节　审计市场

审计需求和审计供给共同作用形成了审计市场。在审计市场的研究中，监管机构和相关学者关注的问题主要涉及：
(1) 审计市场的结构如何？
(2) 会计师事务所采取哪些市场战略以保持或者扩展其市场地位？
(3) 审计市场结构和会计师事务所市场战略是否以及如何影响审计师的行为与绩效？

研究上述问题的基础是对审计市场结构和事务所市场战略进行恰当的度量。本节介绍了已有文献对审计市场结构和事务所市场战略的计量方法，以及各种计量方法的优缺点。

一、审计市场结构

审计市场结构可能影响审计师的行为和绩效，因此它一直都受到政策制定者和学者的广泛关注。Zeff and Fossum（1967，TAR）以市场份额法开审计市场结构研究之先河。自此以后，市场份额法逐渐在有关市场结构的研究中流行，成为市场结构研究的主流方法。

在市场份额法下，集中度（concentration ratio，CR_n）和赫芬达尔-赫希曼指数（Herfindahl-Hirschman index，HHI）是衡量市场结构的两个重要指标。

（一）集中度（CR_n）

集中度的度量方法如下：

$$CR_n = \sum_{i=1}^{n} X_i \Big/ \sum_{i=1}^{N} X_i$$

式中，CR_n表示审计市场中前n家最大会计师事务所的市场集中度；X_i为第i家会计师事务所在审计市场中的审计业务收入；N为审计市场中会计师事务所的总数。

由于早期的研究缺乏完整的审计费用数据，通常以客户收入、资产、利润及客户数替代审计收费计算上述市场份额（Zeff and Fossum，1967，TAR；Palmrose，1986，JAR；Krishnan，2003，AH）。Danos and Eichenseher（1982，JAR）以 Simunic（1980，JAR）的审计定价模型为依据，认为审计收费与客户收入、资产、利润及客户数的平方根呈线性关系，因此应当以客户收入（或资产、利润、客户数）的平方根为依据计算行业市场份额，即

$$CR_n = \sum_{i=1}^{n} \sqrt{X_i} \Big/ \sum_{i=1}^{N} \sqrt{X_i}$$

式中，分子为审计市场中前n家最大会计师事务所客户收入（或资产、利润、客户数）的平方根之和，分母为审计市场中所有会计师事务所客户收入（或资产、利润、客户数）的平方根之和。

根据美国经济学家贝恩和日本通产省对产业集中度的划分标准,市场结构可以粗分为寡占型（$CR_8 \geq 40\%$）和竞争型（$CR_8 < 40\%$）两类。其中,寡占型又细分为极高寡占型（$CR_8 \geq 70\%$）和低集中寡占型（$40\% \leq CR_8 < 70\%$）,竞争型又细分为低集中竞争型（$20\% \leq CR_8 < 40\%$）和分散竞争型（$CR_8 < 20\%$）。

CR_n 的缺点是未将顺序在 n 之后的会计师事务所考虑在内,而且对 n 的选择也比较主观。

（二）赫芬达尔-赫希曼指数（HHI）

赫芬达尔-赫希曼指数的度量方法如下:

$$HHI = \sum_{i=1}^{N} \left(\frac{X_i}{T}\right)^2$$

式中,N 是审计市场中会计师事务所的总数；X_i 是第 i 家会计师事务所的审计业务收入；T 是审计市场总的审计业务收入。

与 CR_n 的计算一致,在无法获取审计收入数据的情况下,HHI 也可以采用客户收入、资产、利润及客户数进行替代。此时,采用收入（或资产、利润、客户数）的平方根进行计量更为恰当。

HHI 以整个市场内的所有会计师事务所作为计算对象,但又有区别地对待不同会计师事务所市场份额的波动。具体地说,HHI 对特定市场上活跃的、规模较大的会计师事务所的市场份额十分敏感,而对众多规模较小的会计师事务所市场份额的小幅变化反应很小。

总体而言,HHI 既能兼顾行业整体,又能突出行业内会计师事务所的竞争状况。一般而言,样本的覆盖面越大,使用 HHI 作为集中度的度量指标越有效。HHI 的缺陷是对数据的要求较高,而且含义不直观。

二、会计师事务所的行业专门化市场战略

基于保持和增强市场竞争地位的目的,会计师事务所会采取各种市场战略吸引目标客户,这些市场战略包括低价揽客（low-balling）、非审计服务（non-audit services）和行业专门化（industry specialization）。在此,我们主要讨论会计师事务所行业专长的计量方法,对于低价揽客和非审计服务研究中涉及的问题,将在审计定价和审计师变更部分讨论。

（一）行业市场份额法

行业市场份额法（industry market share（IMS）method）是以特定行业为出发点,考察特定行业中特定会计师事务所的市场份额,以此衡量会计师事务所的行业专门化程度,是 Zeff and Fossum（1967, TAR）的市场份额法在特定行业和特定会计师事务所的具体运用。其计算公式为:

$$SP_{ik} = \frac{\sum_{j=1}^{J_{ik}} REV_{ijk}}{\sum_{i=1}^{I_k} \sum_{j=1}^{J_{ik}} REV_{ijk}}$$

式中，SP_{ik} 为 i 事务所在 k 行业中的市场份额；REV 为审计收入；分子代表 i 事务所在 k 行业的 J_{ik} 家客户的审计收入之和；分母代表 k 行业中 I_k 家事务所的全部 J_{ik} 家客户的审计收入之和。如果无法获得审计收入数据，可以用客户营业收入、资产、利润、客户数替代。此时，采用客户收入（或资产、利润、客户数）的平方根进行计量更为恰当。

行业市场份额既可以用原始变量（即连续变量），也可以用哑变量。如果用哑变量，一个争论的焦点是划分行业专长的门槛值应该是多少。国际上的审计师行业专长研究通常将样本范围限制在国际"八/六/五/四大"审计的公司，对行业专长的门槛值的判断标准一般为超过平均行业市场份额的20%左右。[①] 其计算公式为：

$$行业市场份额的门槛值 = 1/N_{firms} \times 120\%$$

式中，N_{firms} 表示特定行业审计市场中事务所的个数。

行业市场份额法在度量事务所行业专门化时的不足之处主要表现在两个方面：

首先，对于市场容量较小的行业，审计师只要有较少的几家客户，按照行业市场份额法就可能被度量为行业专长审计师，但这可能存在名不副实的情况。

其次，在一些客户数较多的行业里，由于市场容量较大，就会出现在该行业里每个审计师都有较多数量的客户足以值得发展并形成实际的行业专长，应当认定为行业专长审计师，但是按照行业市场份额法，只有排名靠前的几位能达到门槛值并被认定为行业专长审计师，这就忽视了那些行业市场份额低于门槛值，但客户数或业务量的绝对值并不低的审计师具有行业专长的可能性。

（二）行业领导者法

Palmrose（1986，JAR）采用行业领导者（industry leader）来度量行业专长。其将行业领导者定义为：在各行业中以被审客户主营业务收入为基础计算的行业市场份额最高者、前两名或前三名会计师事务所，若最高者与第二名有明显差距，取最高者；若最高者与第二名无明显差距，第二名与第三名有明显差距，则取前两名，以此标准类推选取。[②]

（三）行业占优法

Mayhew and Wilkins（2003，AJPT）将行业占优（industry dominance）定义为：会计师事务所在行业中以主营业务收入为基础计算的市场份额最高，且其市场份额高于第二名至少10%以上。

---

① 在中国审计市场上，以行业市场份额法度量的行业专长哑变量的合理门槛值究竟应当定在多少，尚待更充分的讨论。

② 此处的明显差异并没有明确的数量界定，更多的是依据研究者的主观判断。

（四）行业组合份额法

Yardley et al.（1992，JAL）提出了衡量事务所行业专门化水平的行业组合份额法（industry portfolio shares method）。该方法以事务所在特定行业的审计收入占其整个审计收入的比例来衡量，主要测度了事务所对特定行业的专门化投资，因此更容易理解为是对事务所行业专门化战略的衡量方法（Cairney and Young，2006，AJPT）。其计算公式如下：

$$FOCUS_{ik} = \frac{\sum_{j=1}^{J_{ik}} REV_{ijk}}{\sum_{k=1}^{K} \sum_{j=1}^{J_{ik}} REV_{ijk}}$$

式中，$FOCUS_{ik}$为i事务所来源于特定行业k的收入份额；REV为审计收入；分子代表i事务所在k行业中的所有客户的审计收费之和；分母代表i事务所在所有行业中所有客户的审计收费之和。如果无法获得审计收入数据，可以用客户营业收入、资产、利润、客户数替代。此时，采用客户收入（或资产、利润、客户数）的平方根进行计量更为恰当。

行业组合份额既可以用原始变量（即连续变量），也可以用哑变量。如果用哑变量，对行业专长的门槛值的判断标准一般为事务所平均行业组合份额。其计算公式为：

$$行业组合份额的门槛值 = 1/N_{industries}$$

式中，$N_{industries}$是事务所审计业务涉及的行业个数。

行业组合份额法存在以下度量误差：

（1）对于大型会计师事务所，它们有可能在多个行业发展行业专长，但按照行业组合份额法，事务所在这些行业中的一个或几个并不占据相对突出的优势地位，而被认定为不具有行业专长的事务所。

（2）对于小型会计师事务所，它们的客户数较少，如果在某一行业的客户数略多，以行业组合份额法度量就可能将其认定为是具有行业专长的事务所，但事实上这种数量远不足以达到形成行业专长的程度。

（3）在极端情况下，一个大的行业对每个事务所都很重要，并在这些事务所的行业组合份额中均排第一，故这个行业成为每个事务所的专长行业；在一个小的行业，由于其客户数较少，按行业组合份额法就没有一个事务所被认定为在该行业具有专长。

（五）加权市场份额法

行业市场份额法和行业组合份额法从不同的角度来衡量行业专长，各有利弊。Neal and Riley（2004，AJPT）认为，实际上行业专长的这两种度量方法体现了事务所在发展行业专长上的不同思路或特性，二者并不能完全相互替代，以往研究中发现二者的效果常常不一致，也证实了这个说法。

Neal and Riley（2004，AJPT）还指出，行业市场份额法与行业组合份额法应当是互补关系。如果一家事务所仅有平均程度的行业市场份额和行业组合份额，单看每个指标它可能不会被认为是行业专长事务所，但两个指标综合起来，就可能被认定为具备行业专长。如果承认行业市场份额与行业组合份额是互补的，那么一个加权或折中的行业专长度量可能是更恰当的，Neal and Riley（2004，AJPT）称这个新指标为加权市场份额（weighted market share），它等于行业市场份额乘以行业组合份额。

$$加权市场份额＝行业市场份额×行业组合份额$$

上式是针对原始的连续变量。如果采用哑变量，加权市场份额的门槛值的计算公式如下：

$$加权市场份额的门槛值＝行业市场份额的门槛值×行业组合份额的门槛值$$

加权市场份额法在一定程度上克服了行业市场份额法和行业组合份额法各自的缺点。

（六）自称的行业专长度量方法

Hogan and Jeter（1999，AJPT）提出自称的行业专长度量方法（self-proclaimed measure of industry specialization）。如果一家事务所在其网站上公开宣称自己是某些行业的行业专家，则研究者就认定其为自称的行业专长事务所，并以此度量结果来研究审计师行业专长。

按照上述公开自我宣称的方法，"六大"自我宣称的专长行业具有很大的重叠性，比如，"六大"均声称自己是金融行业的审计专家。自称的行业专长度量方法有一定的主观性，因此较少在研究文献中采用。

（七）更微观层面的审计师行业专长

近年来，审计师行业专长研究的一个显著特点是，其关注点从事务所整体层面（全国层面）的行业专长进一步微观到事务所分所层面（城市层面）的行业专长（Gramling and Stone，2001，JAL；Ferguson et al.，2003，TAR；Reichelt and Wang，2010，JAR）。

在计量事务所分所层面（城市层面）的行业专长时，前述六种计量方法同样适用，只需将计量范围从事务所整体转变为特定区域或城市的事务所分所。

第四节 审计定价

由于审计定价能够在一定程度上反映审计市场结构，因此在研究审计市场竞争性的过程中，Simunic（1980，JAR）以调查问卷的方式开创性地进行了审计定价的实证研究。在2001年美国要求公开上市公司审计费用之后，承袭 Simunic（1980，JAR）的思路，涌现了大量关于审计定价的研究。本节主要基于 Hay et al.（2006，CAR）对审计定价文献的元分析（meta-analysis），介绍审计定价模型以及审计定价研究中的自选择问题。

一、审计定价模型和影响因素

Simunic（1980，JAR）认为一些特定的因素会导致审计师在审计过程中付出更多或者更少的努力，从而导致审计定价的横截面变化。在此研究思路下，许多学者从审计供给方的视角考察了各种影响审计定价的因素。其具体的研究模型如下：

$$\mathrm{Ln}Fee = \beta_0 + \beta_i \sum_{i=1}^{n} Client_i + \beta_j \sum_{j=1}^{n} Auditor_j + \beta_k \sum_{k=1}^{n} Contract_k + \varepsilon$$

式中，$\mathrm{Ln}Fee$ 表示审计费用的自然对数；$Client_i$ 表示客户特征；$Auditor_j$ 表示审计师特征；$Contract_k$ 表示审计业务特征。

（一）客户特征

（1）客户规模。客户规模是审计费用最主要的决定因素。研究者一般采用客户总资产度量客户规模，还有部分研究采用客户营业收入作为客户规模的衡量指标。为了提高客户规模与审计费用之间的拟合程度，通常将客户规模的衡量指标取自然对数。

（2）公司业务复杂性。研究者对公司业务复杂性的计量方法多种多样，其中，常用的衡量指标包括：子公司的数量、国外子公司的数量、客户业务所涉及的行业数量、经营分部的数量、审计地点的数量以及审计小组对客户业务复杂程度的主观评定。

（3）固有风险。存货和应收账款通常被认为是审计难度较大的项目，因此，研究者经常使用的固有风险的计量指标是存货与总资产的比值以及应收账款与总资产的比值。

（4）盈利能力。一般而言，客户的经营业绩越差，审计师的风险越大，此时审计师期望更高的审计费用以弥补未来可能的损失。衡量客户盈利能力的两个主要指标是资产收益率和是否出现亏损。

（5）负债水平。负债水平同样可以表示客户经营失败的可能性。客户负债水平越高，审计师未来遭受损失的可能性越大。已有研究采用很多指标衡量客户的负债水平，常用的是流动负债与总资产的比值以及速动比率，这两个指标能较好地反映客户的短期偿债能力。也有研究使用资产负债率、权益与负债的比值、经营失败的概率、流动比率或 Z-score 进行衡量。

（6）股权形式。客户的股权形式也是审计费用的重要影响因素。一些股权形式被认为会增加审计师潜在的损失，进而导致较高的审计费用。通常使用的股权形式的计量指标有三类，分别是客户是否为上市公司、是否为股份公司以及是否存在大股东。

（7）内部控制。由于审计过程对客户内部控制质量的差异比较敏感（Knechel，2001），因此研究者认为内部控制也是影响审计费用的重要因素。由于《萨班斯-奥克斯利法案》要求管理层对公司内部控制进行评价，并披露其存在的内部控制缺陷，因此研究者一般采用是否存在内部控制缺陷以及内部控制缺陷的严重程度衡量内部控制的质量。除此以外，研究者还特别关注内部审计与审计费用的关系。内部审计的衡量指标包括内部审计费用、内部审计协助程度、内部审计成本与总资产的比值、内部审计人员的薪水以及内部审计人员的数量。

（8）公司治理。一些研究者认为，公司治理可能影响审计费用。公司治理水平越高，则说明客户的内部控制环境越好，进而降低了审计师的风险，导致较低的审计费用。公司治理的计量指标包括是否设立审计委员会、董事长与总经理的职务是否相互分离以及非执行董事的数量等。

（9）行业。研究者认为，一些行业的客户比其他行业的客户更加难以审计（Simunic，1980，JAR；Turpen，1990，AJPT；Pearson and Trompeter，1994，CAR）。在审计定价研究中，研究者特别关注金融业和公用事业。

(二) 审计师特征

(1) 审计师的质量。当审计师被认为具有较高的审计服务水平时，其收取的审计费用也相对较高。研究者尝试使用各种变量衡量审计质量，最为常用的衡量指标是事务所规模和事务所行业专门化程度。

(2) 事务所任期。事务所任期常用的两个衡量指标是事务所最近是否发生变更和事务所持续审计一家客户的时间。对于第一个衡量指标，如果审计师任期少于特定的时间，则表示审计师在近期发生了变更。一些研究将该特定时间定义为 1 年，而其他一些研究将其定义为 2 年或者 3 年。不管时间边界如何，该哑变量表明审计师承接了新客户。

(3) 审计地点。在针对不同国家的审计定价研究中，样本公司所在国往往存在世界性的商业中心，例如英国（伦敦）、荷兰（阿姆斯特丹）、挪威（奥斯陆），这些国家的审计成本可能较高，进而使事务所收取较高的审计费用，于是审计地点也成为研究者加以考虑和控制的一个变量。对于审计地点的衡量一般采用哑变量。如果该国存在世界性的商业中心则取值为 1，否则为 0。

(三) 审计业务特征

(1) 审计报告时滞。审计报告时滞是指资产负债表日至审计报告发布日的时间间隔。审计报告时滞越长，则可能表明审计过程中遇到的问题和困难越多，或者所审计的财务报告越复杂，从而需要更高的审计费用予以补偿。

(2) 审计忙季。当大部分公司的财务年度结束后，事务所进入审计忙季。如果在忙季进行审计活动，由于需要支付给审计师额外的加班补偿，此时审计成本会显著增加，从而导致审计费用提高。相反，在审计淡季，事务所更倾向于提供一些审计费用折扣，以充分利用闲置的资源。研究者一般以哑变量衡量审计忙季，忙季期间取值为 1，否则取值为 0。需要注意的是，设置该变量的一个重要前提是，在很多国家，公司财务年度的资产负债表日并非 12 月 31 日，因此其审计可能落入事务所的审计忙季或淡季。

(3) 审计问题。在完成审计阶段遇到的问题可能也会增加审计师面临的风险，或者增加审计工作量，进而提高审计成本（Simunic，1980，JAR）。衡量审计问题的常用指标是审计师出具的审计意见，其为哑变量。如果审计师出具非标准审计意见，则取值为 1，否则为 0。

(4) 非审计服务。审计与非审计服务的关系受到监管机构和研究者的广泛关注（Simon，1985，AJPT；Turpen，1990，AJPT）。一方面，由于审计服务与非审计服务之间费用的互补性和整合效应，事务所可以以较低的费用提供审计服务；另一方面，非审计服务可能会导致较高的审计费用，因为对于购买非审计服务的客户，其组织往往可能也正在发生重要的变化，需要额外增加审计努力，或者因为购买非审计服务的客户总体上是有问题的，或者因为在非审计服务市场上的垄断能力和服务效率允许审计师收取费用溢价。

对于非审计服务的衡量指标一般为两种：其一为哑变量，如果审计师同时提供非审计服务则取值为 1，否则为 0；其二是非审计费用金额，在具体考察时取自然对数。

部分研究者认为，审计费用与非审计费用之间的关系并不是真实存在的，而是由于存在一些遗漏的变量共同决定客户对审计服务和非审计服务的需求。例如，Whisenant et al. (2003，JAR) 认为，单一方程式的费用模型是有偏的，其参数估计值是不可信赖的，因为审计服务与非审计服务可能存在内生性问题，于是他们利用联立方程检验审计费用与非审计费用之间的关系。

另外，对于不同类型的非审计服务，其与审计服务的相互作用也存在差异，因此，应当细致划分非审计服务的类型。目前研究主要关注税收服务和管理咨询服务。

(5) 对审计报告的要求。审计报告的要求越复杂，需要的审计工作就越多。虽然衡量审计报告复杂性的指标比较多，但最常用的是客户需要审计师出具的审计报告数量。

(四) 小结

研究者主要从审计供给方的角度构建审计定价模型（即审计师基于对各种因素的考虑而提出的收费要求），但在一定程度上忽略了审计需求方角度的研究。审计质量、非审计服务、审计师行业专门化等审计师特征以及客户股权形式、公司业务复杂性、内部控制、公司治理程度等客户特征同样可以从审计服务需求方的角度解释其对审计定价的影响。

2001 年 12 月 24 日，中国证券监督管理委员会发布了《公开发行证券的公司信息披露规范问答第 6 号——支付给会计师事务所报酬及其披露》，明确要求上市公司在年度报告中将支付给会计师事务所的报酬作为重要事项加以披露。自此，结合特有的制度背景，我国也涌现了许多审计定价方面的研究成果。

二、审计定价研究中的自选择问题

(一) 自选择模型

在审计定价研究中，大事务所是否存在审计费用溢价是研究者关注的重要问题。在研究方法上，多数研究采用如下的标准 OLS 回归方法：

$$F_i = \beta' X_i + \gamma BIG_i + \varepsilon_i \tag{15-3}$$

式中，F_i 表示审计费用；BIG_i 为哑变量，如果公司聘请的事务所为大事务所，则取值为 1，否则为 0；X_i 表示影响审计费用的其他因素。

当 BIG_i 的系数为正，常常解释为大事务所收取了更高的审计费用。这种方法的隐含假设是，客户随机选择事务所，对不同规模的事务所，客户群是同质的。事实上，客户对事务所的选择通常不是随机的，高质量的客户倾向于选择大所，这就是事务所的自选择问题。

此外，对审计费用进行多元回归时，多数研究限定审计费用影响因素的系数在不同类型事务所之间无差别，通过加入事务所规模哑变量，只允许方程的截距项在不同事务所之间表现出差异。Chaney et al. (2004，TAR) 指出，不同事务所的审计费用决定模型中，斜率可能存在差异。

从计量经济学的角度看，自选择会使标准 OLS 回归结果出现偏差。为了更好地说明这个问题，Chaney et al. (2004，TAR) 构建了如下模型：

公司对事务所的选择模型：

$$BIG_i^* = \alpha' Y_i + u_i \tag{15-4}$$
$$BIG_i = 1, 若 BIG_i^* > 0$$
$$BIG_i = 0, 若 BIG_i^* \leq 0$$

审计费用决定模型：

$$F_{1i} = \beta'_1 X_i + v_{1i}, 如果 BIG_i = 1 \tag{15-5}$$
$$F_{0i} = \beta'_0 X_i + v_{0i}, 如果 BIG_i = 0 \tag{15-6}$$

BIG_i^* 代表公司 i 的决策函数，如果大于某一临界值（此处设定为 0），公司就会选择聘请大事务所，否则，聘请小事务所。向量 Y_i 表示影响事务所选择的外生变量。向量 X_i 包括影响审计费用的外生变量。u_i，v_{1i} 和 v_{0i} 分别是三个回归方程的随机扰动项。假设这三个变量都满足正态分布，均值为 0，其协方差矩阵是：

$$\mathrm{Cov}(v_{0i}, v_{1i}, u_i) = \begin{bmatrix} \sigma_{00} & \sigma_{01} & \sigma_{0u} \\ \sigma_{01} & \sigma_{11} & \sigma_{1u} \\ \sigma_{0u} & \sigma_{1u} & \sigma_{uu} \end{bmatrix}$$

式（15-5）、式（15-6）假设不同规模事务所之间的变量斜率和截距项（β'_1 和 β'_0）存在差别；回归之后，如果通过显著性检验，就能说明不同规模事务所的审计收费存在结构性差异。如果不控制自选择问题，直接回归式（15-5）、式（15-6），就会产生偏差。

$$E(v_{1i}|BIG_i = 1) = E(v_{1i}|u_i > -\alpha' Y_i) = \sigma_{1u}\{\phi(-\alpha' Y)/[1-\varphi(-\alpha' Y)]\} = \sigma_{1u}\lambda_{1i}$$
$$E(v_{0i}|BIG_i = 0) = E(v_{0i}|u_i < -\alpha' Y_i) = -\sigma_{0u}[\phi(-\alpha' Y)/\varphi(-\alpha' Y)] = \sigma_{0u}\lambda_{0i}$$

式中，ϕ，φ 分别是标准正态密度函数和标准正态分布函数；λ_{1i}，λ_{0i} 称为 IMR （inverse Mills ratio，逆米尔斯比率），均大于 0。σ_{1u} 是式（15-4）与式（15-5）中残差的协方差，σ_{0u} 是式（15-4）和式（15-6）中残差的协方差。如果 σ_{1u} 不等于 0，或者 σ_{0u} 不等于 0，那么 $E(v_{1i}|BIG_i = 1)$ 或 $E(v_{0i}|BIG_i = 1)$ 不为零，不再满足经典回归的假设条件。在这种情况下，令 $v_{1i} = \sigma_{1u}\lambda_{1i} + w_{1i}$，$v_{0i} = -\sigma_{0u}\lambda_{0i} + w_{0i}$。$w_{0i}$，$w_{1i}$ 满足回归的假设条件。将 v_{1i}，v_{0i} 代入式（15-5）、式（15-6）后，就控制了自回归的影响。

$$F_{1i} = \beta'_1 X_i + \gamma_1 \lambda_{1i} + w_{1i}, 如果 Big_i = 1 \tag{15-7}$$
$$F_{0i} = \beta'_0 X_i + \gamma_0 \lambda_{0i} + w_{0i}, 如果 Big_i = 0 \tag{15-8}$$

式中，γ_1，γ_0 是对 σ_{1u} 和 $-\sigma_{0u}$ 的估计值。如果回归式（15-7）、式（15-8）后，γ_1，γ_0 是显著的，说明控制自选择问题是必要的，式（15-5）、式（15-6）中的残差和式（15-4）中的残差有明显的相关关系。这种相关关系来自同时影响事务所选择和审计费用，但又无法观测、未被包含到模型中的因素。如果对这类因素做进一步假设，我们可以预计 γ_1 和 γ_0 的符号。

公司的内部控制强度、管理水平等反映公司质量的因素不能直接观测到，但是这类因素对事务所选择和审计费用的确定存在很大的影响。内部控制强的公司可能更倾向于选择审计质量高的事务所，此时内部控制的强度和审计收费可能呈负相关关系。如果这类因素是式（15-4）至式（15-6）残差项中对因变量产生系统性影响的主要因素，那么可以预计 σ_{1u} 和 σ_{0u} 都是负值，相应的 γ_1 和 γ_0 的符号分别是负的和正的。

（二）考虑自选择问题的审计定价研究

Chaney et al.（2004，TAR）以英国非上市公司为研究样本，使用 Heckman（1978）提出的二阶段回归方法，考察了审计定价中的自选择问题。在第一阶段，首先对式（15-9）进行 Probit 回归，得到 λ_{1i}，λ_{0i} 的估计值，然后代入式（15-10），分别对大小事务所的审计收费情况进行普通最小二乘回归，得出控制事务所自选择问题后不同规模事务所的审计收费结构。对式（15-10）的系数做出相应估计之后，就可以用来估计客户选择相反类型的事务所时会发生多少审计费用。这个费用和实际的审计费用相比较可以帮助我们了解不同类型事务所的收费行为，也为确定大事务所的费用溢价提供更为有利的证据。

Probit 回归：

$$BIG_i = a_1 + a_2 SIZE_i + a_3 ATURN_i + a_4 DA_i + a_5 CURR_i + a_6 QUICK_i \\ + a_7 ROA_i + a_8 ROA_i \times LOSS_i + a_9 EXPORT_i + U_i \quad (15-9)$$

OLS 回归：

$$LNFEE_i = \beta_{J1} + \beta_{J2} SIZE_i + \beta_{J3} ATURN_i + \beta_{J4} EXPORT_i + \beta_{J5} CURR_i + \beta_{J6} DA_i \\ + \beta_{J7} QUICK_i + \beta_{J8} ROA_i + \beta_{J9} ROA_i \times LOSS_i + \beta_{J10} YREND_i \\ + \beta_{J11} YREND_i \times SIZE_i + \beta_{J12} LONDON\_DUM_i \\ + \beta_{J13} ABS\_EXCEP_i + \beta_{lj} \lambda_{ji} + \varepsilon_{ji} \quad (15-10)$$

式中，如果公司是大事务所客户，$j=1$，否则为 0；$LNFEE_i$ 为审计费用的自然对数；如果公司选择大会计师事务所审计，$BIG_i=1$，否则为 0；$SIZE_i$ 为公司总资产的自然对数；$ATURN_i$ 为公司资产周转率；$EXPORT_i$ 为公司海外销售收入占总收入的比重；$CURR_i$ 为公司流动资产占总资产的比值；DA_i 为长期负债占总资产的比值；$QUICK_i$ 为公司速动资产占流动负债的比值；ROA_i 为公司息税前利润与总资产的比值；如果公司在前一年度发生亏损，$LOSS_i=1$，否则为 0；如果会计年度结束于 12 月或者 3 月，$YREND_i=1$，否则为 0；如果审计地点在伦敦，$LONDON\_DUM_i=1$，否则为 0；ABS_EXCEP_i 为公司异常收益的绝对值与总资产的比值。

Chaney et al.（2004，TAR）在控制自选择因素后发现，大事务所的审计收费并不高于小事务所；相反，客户如果转而选择与实际选择相反的事务所，会支付更高的费用。这些说明不同类型的事务所按照目标客户群的差异，相应采取了不同的定价策略。考虑事务所的自选择问题有利于避免研究偏差，进一步加深人们对审计市场的认识。

第五节 审计师变更

客户与审计师的合约关系并不是一成不变的，随着审计需求、审计生产、审计市场以及审计定价等因素的变化，客户与审计师往往会终止审计合约，由此发生审计师变更。在西方，对审计师变更问题的研究始于 20 世纪 60 年代。从国外已有的研究看，通常所称的审计师变更（auditor change），指的是公司变更会计师事务所。研究者对审计师变更的关注点主要集中于变更的原因以及变更产生的经济后果。由此，本节基于 Stefabiak et al. （2009，JAL）的回顾性文章，主要介绍考察审计师变更原因及经济后果的研究方法。

一、审计师变更的初步研究

早期的审计师变更研究主要集中发表在实务性刊物上，其研究方法主要是以向公司管理层发放调查问卷的方式进行，从回复的问卷中总结审计师变更的原因（Burton and Roberts，1967，JoA；Bedingfield and Loeb，1974，JoA）。一方面，基于数据可获得性的考虑，采用问卷形式不失为一种可行的方法；另一方面，问卷调查取得的数据可能无法反映公司的真实情况，管理层很难在问卷中明确表明是由于想获得更"清洁"的审计意见而变更审计师。由此，通过问卷形式可能并不能获得公司变更审计师的真实动机。同时，审计师变更也往往并非由单一因素造成。

随着数据的逐步完善，研究者逐步改进研究方法，开始研究审计师变更与公司特征的相关性，并检验审计师变更之后是否存在审计意见的改善（Chow and Rice，1982，TAR；Schwartz and Menon，1985，TAR）。这些研究基本上都表明，公司变更审计师并未实现审计意见的购买。如此，就促使人们进一步从代理成本、审计师稳健性和审计意见购买视角考察审计师变更的动机及其经济后果。

二、代理成本假说的检验

在审计师变更的研究中，之前的研究者在潜意识中往往认为发生审计师变更的公司具有机会主义动机。代理成本假说认为，管理层与利益相关者之间代理冲突的变化会导致公司对外部审计需求的变化（Craswell et al.，1995，JAE），从而导致审计师变更。DeAngelo（1981，JAE）也指出，特定的审计师只适合提供特定层次的审计服务，因此客户为了提高审计质量，就必须变更审计师。在检验此方面代理成本假说时，已有研究主要考察审计师变更前公司代理成本的水平，以及审计师变更前代理成本的变化（Francis and Wilson，1988，TAR）。

代理成本假说还认为，审计师通过行业专门化实现竞争中的优势地位，而客户购买审计服务则会考虑尽可能节约成本，或在一定的成本下要求审计师提供更多的服务。随着客户经营活动的变化，现任审计师对于现有客户的竞争优势可能会丧失，由此客户与审计师之间的契约安排将变得不再经济。自愿性的审计师变更便是对这种变化的一种自然反应，即对客户而言，当在任审计师的竞争优势丧失时，客户将会变更审计师以获得成本上的节约（Johnson and Lys，1990，JAE）。在检验此方面代理成本假说时，已有研究通常考察审计师变更前公司经营活动的变化，例如公司成长性、规模、盈利能力等。

三、稳健性假说检验

Krishnan（1994，TAR）认为，客户变更审计师是由于前任审计师在形成审计意见的过程中使用了过于稳健的会计处理方法，而并不是非标准审计意见本身。为检验这一假说，Krishnan（1994，TAR）考察了变更前一年发生审计师变更的公司和未发生审计师变更的公司的审计意见形成过程。

在研究方法上，Krishnan（1994，TAR）将审计意见这一因变量，按严重程度划分为无保留意见、与资产处置（asset realization）有关的非标准意见以及与持续经营（going concern）有关的非标准意见三个层次。当变更前一年收到无保留意见时界定为 1，收到与资产处置有关的非标准意见时界定为 2，收到与持续经营有关的非标准意见时界定为 3，以此建立一个审计意见的有序 Probit 模型，通过比较变更样本组和非变更样本组临界值的差异的显著性来检验该假说。

Krishnan（1994，TAR）指出，与仅将审计意见区分为保留/清洁的方法相比，上述方法的优点在于可以计量非标准审计意见程度的变动。同时在控制客户公司财务和市场变化后，这种方法也可用于衡量审计师的稳健程度。

与 Krishnan（1994，TAR）的研究类似，DeFond and Subramannyam（1998，JAE）也认为公司变更审计师是由于前任审计师过于稳健，但是在研究方法上二者存在很大差异，特别是在对稳健性的度量上。DeFond and Subramannyam（1998，JAE）将利用琼斯模型估计的可操控性应计额作为稳健性的替代变量加以研究。

四、审计意见购买假说检验

在国外对审计师变更的研究中，Chow and Rice（1982，TAR），Smith（1986，AJPT）等通过直接比较变更公司变更前后的审计意见来研究审计师变更的经济后果。这些研究均表明公司变更审计师并没有实现审计意见的购买。Lennox（2000，JAE）指出，以往研究都未考虑如果公司不变更审计师，可能会收到更为不利的审计意见，即没有衡量公司如果做出与实际情况相反的变更决策可能收到的审计意见。由此 Lennox（2000，JAE）通过一个审计报告模型对不可观察的事件结果做出预测，来考察审计师变更对审计意见的影响。

Lennox（2000，JAE）假定，公司 i 在 t 期收到的审计意见类型取决于上期的报告类型（$Q_{(it-1)}$）、变更审计师的决策（S_{it}）和公司 i 的其他特征（X_{it}）。公司 i 在 t 期收到保留意见的条件概率表示为 $Pr(Q_{(it-1)}=1 \mid Q_{(it-1)}, S_{it}, X_{it})$。为方便起见，该条件概率表示为 $Pr(Q_{it}^{qs}=1)$。其中，上标 q，s 分别表示上期审计意见和变更决策：如果公司 i 上期收到保留意见，则 $q=1$，否则为 0；如果公司 i 变更审计师，则 $s=1$，否则为 0。

Lennox（2000，JAE）认为，如果公司具有审计意见购买动机，则该公司将利用变更决策最小化其收到保留意见的概率。当公司上期审计意见为保留意见（$q=1$）时，若变更审计师后收到保留意见的概率小于不变更审计师而收到保留意见的概率，即 $Pr(Q_{it}^{11}=1) < Pr(Q_{it}^{10}=1)$，则公司将通过变更审计师来实施审计意见购买；反之，如果 $Pr(Q_{it}^{11}=1) > Pr(Q_{it}^{10}=1)$，则公司不会变更审计师。

类似地，当公司上期审计意见为无保留意见（$q=0$）时，若变更审计师后收到保留意见的概率小于不变更审计师而收到保留意见的概率即 $Pr(Q_{it}^{01}=1) < Pr(Q_{it}^{00}=1)$，则公司将通过变更审计师来实施审计意见购买；反之，如果 $Pr(Q_{it}^{01}=1) > Pr(Q_{it}^{00}=1)$，则公司不会变更审计师。

综上，收到保留意见概率之差 $Pr(Q_{it}^{q1}=1) - Pr(Q_{it}^{q0}=1)$，可以用来检验公司是否成功地进行了审计意见购买。Lennox（2000，JAE）将 $Pr(Q_{it}^{q1}=1) - Pr(Q_{it}^{q0}=1)$ 定义为审计意见购买变量。如果在审计师变更与审计意见购买变量之间存在负相关关系，则表明公司存在审计意见购买行为。

五、区分变更发起方的审计师变更研究

对于审计师变更，按照变更发起方的不同，可以分为两种情况。一种是由上市公司发起的，称为解聘（dismissal）。在上述的讨论中，无论是代理成本假说检验，还是稳健性假说检验和审计意见购买假说检验，虽然相关研究的样本并没有明确区分审计师解聘和辞聘，但其主要研究目标是考察客户解聘审计师的原因及其经济后果。

除了上市公司解聘引发的变更，审计师变更也可能是由审计师一方发起的，称为审计师辞聘（auditor resignation）。Shu（2000，JAE）通过对 8-K 表关键词检索，识别了 1987—1996 年 629 起审计师辞聘事件，主要检验审计师辞聘的潜在原因。研究发现，审计师面临的诉讼风险越高，客户与审计师越不匹配，审计师越可能发生辞聘。该文还将审计师特征变化导致的客户与审计师不匹配与客户特征导致的客户与审计师不匹配区分开来，发现前者更可能导致审计师辞聘。

本章结语

在任何学科的研究中，研究方法的选择都主要取决于研究的问题和假设。审计研究也不例外。本章以若干重要的审计研究议题为主线，讨论各种研究方法在具体议题中的应用，以期对未来相关审计问题的研究提供方法上的帮助。总体而言，针对特定的审计议题应当选择与之相适应的研究方法。当然，对于某一特定的审计议题往往存在不同的研究方法，例如在计量行业专门化水平时有事务所整体层面和事务所分所层面，而且具体的计量方法有 6 种之多，这就需要我们准确判断不同研究方法的优势和局限，并了解不同方法下研究结果的内在含义。另外，我们也需要进一步借鉴其他学科的研究方法，对已有研究方法进行改进，以提高审计研究的效率。

本章参考文献

Aigner, D., C. A. K. Lovell, and P. Schmidt. Formulation and Estimation of Stochastic Frontier Models. *Journal of Econometrics*, 1977 (6): 21 - 37.

Baber, W. R., K. R. Kumar, and T. Verghese. Client Security Price Reactions to the Laventhol and Horwath Bankruptcy. *Journal of Accounting Research*, 1995, 33 (Autumn): 385 - 395.

Bailey, W. T. An Appraisal of Research Designs Used to Investigate the Information Content of Audit Reports. *The Accounting Review*, 1982, 57 (1): 141 - 146.

Beatty, R. Auditor Reputation and the Pricing of Initial Public Offerings. *The Accounting Review*, 1989, 64 (October): 693 - 709.

Bedingfield, J. P., and S. E. Loeb. Auditor Changes: An Examination. *Journal of Accountancy*, 1974 (March): 66 - 69.

Blokdijk, H., F. Drieenhuizen, D. A. Simunic, and M. T. Stein. An Analysis of Cross-sectional

Difference in Big and Non-big Public Accounting Firms' Audit Programs. *Auditing: A Journal of Practice and Theory*, 2006, 25 (1): 27-48.

Bojanic, A. N., S. B. Caudill, and J. M. Ford. Small-sample Properties of ML, COLS, and DEA Estimators of Frontier Models in the Presence of Heteroscedasticity. *European Journal of Operational Research*, 1998, 108 (1): 140-148.

Burton, J. C., and W. Roberts. A Study of Auditor Changes. *Journal of Accountancy*, 1967 (April): 31-36.

Cairney, T. D., and G. R. Young. Homogenous Industries and Auditor Specialization: An Indication of Production Economies. *Auditing: A Journal of Practice and Theory*, 2006, 25 (1): 49-67.

Chaney, P. K., D. C. Jeter, and L. Shivakumar. Self-selection of Auditors and Audit Pricing in Private Firms. *The Accounting Review*, 2004, 79 (1): 51-72.

Charnes, A., Cooper, W. W., and E. Rhodes. Measuring the Efficiency of Decision Making Units. *European Journal of Operational Research*, 1978 (2): 429-444.

Chen, C. J. P., Su, X., and Zhao, R. An Emerging Market's Reaction to Initial Modified Audit Opinions: Evidence from the Shanghai Stock Exchange. *Contemporary Accounting Research*, 2000, 17 (3): 429-455.

Chow, C. W. The Demand for External Auditing: Size, Debt and Ownership Influences. *The Accounting Review*, 1982, 57 (2): 272-291.

Chow, C., and S. Rice. Qualified Audit Opinions and Auditor Switching. *The Accounting Review*, 1982, 57 (2): 326-335.

Coelli, T., D. S. Rao, and G. E. Battese. *An Introduction to Efficiency and Productivity Analysis*. Norwell, MA: Kluwer Academic Publishers, 1998.

Cooper, W. W., and K. Tone. Measuring Inefficiency in Data Envelopment Analysis and Stochastic Frontier Estimation. *European Journal of Operations Research*, 1997, 99 (1): 72-88.

Craswell, A. T., J. R. Francis, and S. L. Taylor. Auditor Brand Name Reputations and Industry Specializations. *Journal of Accounting and Economics*, 1995 (20): 297-322.

Danos, P., and J. W. Eichenseher. Audit Industry Dynamics: Factors Affecting Changes in Client Industry Market Shares. *Journal of Accounting Research*, 1982, 20 (Autumn): 604-616.

Davidson, R. A., and W. E. Gist. Empirical Evidence on the Functional Relation between Audit Planning and Total Audit Effort. *Journal of Accounting Research*, 1996, 34 (Spring): 111-124.

Davis, L., D. Ricchiute, and G. Trompeter. Audit Effort, Audit Fees, and the Provision of Non-audit Services to Audit Clients. *The Accounting Review*, 1993, 68 (1): 135-150.

DeAngelo, L. E. Auditor Size and Audit Quality. *Journal of Accounting and Economics*, 1981, 3 (3): 183-199.

DeFond, M., and K. Subramanyam. Auditor Changes and Discretionary Accruals. *Journal of Accounting and Economics*, 1998 (25): 35-67.

Dopuch, N., M. Gupta, D. A. Simunic, and M. T. Stein. Production Efficiency and the Pricing of Audit Services. *Contemporary Accounting Research*, 2003, 20 (1): 79-115.

Faccio, M. Politically Connected Firms. *The American Economic Review*, 2006, 96 (1): 369-386.

Fan, J., and T. J. Wong. Do External Auditors Perform a Corporate Governance Role in Emerging Markets? Evidence from East Asia. *Journal of Accounting Research*, 2005, 43 (1): 35-72.

Fan, J., T. J. Wong, and T. Zhang. Politically-connected CEOs, Corporate Governance and Post-IPO Performance of China's Newly Partially Privatized Firms. *Journal of Financial Economics*, 2007, 84 (2):

330-357.

Ferguson, A., J. Francis, and D. Stokes. The Effect of Firm-wide and Office-level Industry Expertise on Audit Pricing. *The Accounting Review*, 2003, 78 (2): 429-448.

Fisman, R. Estimating the Value of Political Connections. *The American Economic Review*, 2001, 91 (4): 1095-1102.

Francis, J. R., and E. R. Wilson. Auditor Changes: A Joint Test of Theories Relating to Agency Costs and Auditor Differentiation. *The Accounting Review*, 1988 (63): 663-682.

Gramling, A. A., and D. N. Stone. Audit Firm Industry Expertise: A Review and Synthesis of the Archival Literature. *Journal of Accounting Literature*, 2001 (20): 1-29.

Greene, W. H. Frontier Production Functions. In *Handbook of Applied Econometrics: Microeconomics*, edited by M. H. Pesaran and P. Schmidt, 81-166. Oxford, UK: Blackwell Publishers, 1997.

Gujarati, D. N. *Basic Econometrics*. 3rd Edition. New York, NY: McGraw-Hill, Inc., 1995.

Hackenbrack, K., and W. R. Knechel. Resource Decision in Audit Engagements. *Contemporary Accounting Research*, 1997, 14 (3): 481-499.

Hay, D., W. R. Knechel, and N. Wong. Audit Fees: A Meta-Analysis of the Effect of Supply and Demand Attributes. *Contemporary Accounting Research*, 2006, 23 (1): 141-192.

Heckman, J. J. Dummy Endogenous Variables in a Simultaneous Equations System. *Econometrics*, 1978, 46 (July): 931-959.

Hogan, C. E., and D. C. Jeter. Industry Specialization by Auditors. *Auditing: A Journal of Practice and Theory*, 1999, 18 (1): 1-17.

Jensen, M. C., and W. H. Meckling. Theory of Firm: Managerial Behavior, Agency Costs and Ownership Structure. *Journal of Financial Economics*, 1976 (3): 305-360.

Johnson, W. B., and T. Lys. The Market for Audit Services: Evidence from Voluntary Auditor Changes. *Journal of Accounting and Economics*, 1990 (12): 281-308.

Knechel, W. R. *Auditing: Assurance and Risk*. 2nd edition. South-Western, 2001.

Knechel, W. R., P. Rouse, and C. Schelleman. A Modified Audit Production Framework: Evaluating the Relative Efficiency of Audit Engagements. *The Accounting Review*, 2009, 84 (5): 1607-1638.

Krishnan, G. Does Big 6 Auditor Industry Expertise Constrain Earnings Management? . *Accounting Horizons*, 2003, 17 (Supplement): 1-16.

Krishnan, J. Auditor Switching and Conservatism. *The Accounting Review*, 1994, 69 (1): 200-215.

Lennox, C. Do Companies Successfully Engage in Opinion-Shopping? Evidence from the UK. *Journal of Accounting and Economics*, 2000, 29 (1): 321-337.

Lennox, C. Management Ownership and Audit Firm Size. *Contemporary Accounting Research*, 2005, 22 (1): 205-227.

Mayhew, B. W., and M. Wilkins. Audit Firm Industry Specialization as a Differentiation Strategy: Evidence from Fees Charged to Firms Going Public. *Auditing: A Journal of Practice and Theory*, 2003 (22): 33-52.

Meeusen, W., and J. van den Broeck. Efficiency Estimation from Cobb-Douglas Production Functions with Composed Error. *International Economic Review*, 1977, 18 (June): 435-444.

Menon, K., and D. D. Williams. The Insurance Hypothesis and Market Prices. *The Accounting Review*, 1994 (69): 327-42.

Neal T. L., and Riley R. R. Auditor Industry Specialist Research Design. *Auditing: A Journal of*

Practice and Theory, 2004 (23): 169-177.

O'Keefe, T. B., D. A. Simunic, and M. T. Stein. The Production of Audit Services: Evidence from a Major Public Accounting Firm. *Journal of Accounting Research*, 1994, 32 (2): 241-262.

O'Railly, D. M., R. A. Leitch and B. Tuttle. An Empirical Test of the Insurance Hypothesis in Auditing. Working paper, Xavier University, 2000.

Palmrose, Z.-V. Audit Fees and Auditor Size: Further Evidence. *Journal of Accounting Research*, 1986, 24 (1): 97-110.

Palmrose, Z.-V. The Relation of Audit Contract Type to Audit Fees and Audit Hours. *The Accounting Review*, 1989, 64 (3): 488-499.

Pearson, T., and G. Trompeter. Competition in the Market for Audit Services: The Effect of Supplier Concentration on Audit Fees. *Contemporary Accounting Research*, 1994, 11 (1): 91-114.

Reichelt, K., and D. Wang. National and Office-Specific Measures of Auditor Industry Expertise and Effects on Audit Quality. *Journal of Accounting Research*, 2010, 48 (3): 647-686.

Ruggiero, J. Efficiency Estimation and Error Decomposition in the Stochastic Frontier Model: A Monte Carlo Analysis. *European Journal of Operational Research*, 1999, 115 (3): 555-563.

Schwartz, K. B., and K. Meno. Auditor Switches by Failing Firms. *The Accounting Review*, 1985, 60 (2): 248-261.

Simon, D. T. The Audit Services Market: Additional Empirical Evidence. *Auditing: A Journal of Practice and Theory*, 1985, 5 (1): 71-78.

Simunic, D. A. The Pricing of Audit Services: Theory and Evidence. *Journal of Accounting Research*, 1980, 18 (1): 161-190.

Shu, S. Auditor Resignations: Clientele Effects and Legal Liability. *Journal of Accounting and Economics*, 2000, 29 (2): 173-205.

Smith, D. B. Auditor "subject to" Opinions, Disclaimers, and Auditor Changes. *Auditing: A Journal of Practice and Theory*, 1986, 6 (1): 95-108.

Stefabiak, C. M., J. C. Robertson, and R. W. Houston. The Causes and Consequences of Auditor Switching: A Review of the Literature. *Journal of Accounting Literature*, 2009 (28): 47-122.

Stein, M. T., D. A. Simunic, and T. B. O'Keefe. Industry Differences in the Production of Audit Services. *Auditing: A Journal of Practice and Theory*, 1994, 13 (Supplement): 128-142.

Turpen, R. A. Differential Pricing on Auditors' Initial Engagements: Further Evidence. *Auditing: A Journal of Practice and Theory*, 1990, 9 (2): 60-76.

Wang, Q., T. J. Wong, and L. Xia. State Ownership, the Institutional Environment, and Auditor Choice: Evidence from China. *Journal of Accounting and Economics*, 2008, 46 (1): 112-134.

Watkins, A. L., W. Hillison, and S. E. Morecroft. Audit Quality: A Synthesis of Theory and Empirical Evidence. *Journal of Accounting Literature*, 2004 (23): 153-193.

Whisenant, S., S. Sankaraguruswamy, and K. Raghunandan. Evidence on the Joint Determination of Audit and Non-audit Fees. *Journal of Accounting Research*, 2003, 41 (4): 581-744.

Yardley, J. A., N. L. Kauffman, T. D. Cairney, and W. D. Albrecht. Supplier Behavior in the U. S. Audit Market. *Journal of Accounting Literature*, 1992 (11): 151-184.

Zeff, S. A., and R. L. Fossum. An Analysis of Large Audit Clients. *The Accounting Review*, 1967, 42 (2): 298-320.

第十六章 税收领域的研究方法应用

本章大纲

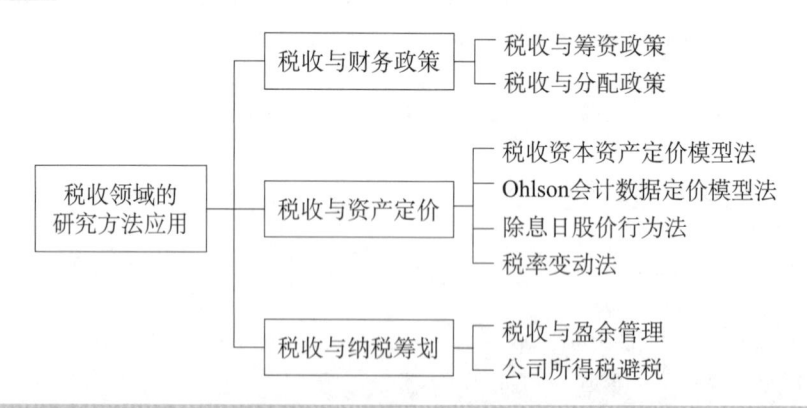

```
                    ┌── 税收与财务政策 ──┬── 税收与筹资政策
                    │                    └── 税收与分配政策
                    │
                    │                    ┌── 税收资本资产定价模型法
税收领域的           │                    ├── Ohlson会计数据定价模型法
研究方法应用 ────────┼── 税收与资产定价 ──┤
                    │                    ├── 除息日股价行为法
                    │                    └── 税率变动法
                    │
                    └── 税收与纳税筹划 ──┬── 税收与盈余管理
                                         └── 公司所得税避税
```

  税作为一种影响企业行为的外部因素，历来是会计学与财务学关注的重要领域。作为会计学研究三大权威期刊之一的 *Journal of Accounting and Economics* 在2001年和2010年分别刊出了一批综述性文章，邀请会计学大家对会计学研究领域中的核心问题做了综述。这两批综述都涉及一个共同主题：税收 (Shackelford and Shevlin, 2001, JAE; Hanlon and Heitzman, 2010, JAE)。由于美国是所得税占主导地位的国家，关于所得税的研究占公司税文献的很大部分。2012年，Graham et al. (2012, JAE) 又专门对所得税会计研究做了综述。在财务学中，Graham (2003, RFS) 回顾了税收对公司财务行为的影响。

  上述四篇文献综述是会计学与财务学对税收问题综述的优秀代表，均为大家之作。与上述的综述性研究不同，本章侧重讨论公司税领域的研究方法与方法论。与 Hanlon and Heitzman (2010, JAE) 类似，本章回顾的研究不限于狭义的会计学刊，还包括经济学刊与财务学刊中的相关文献。

第一节 税收与财务政策

在典型的税收制度下，公司创造的利润要缴纳公司所得税。在缴纳所得税之前，企业向债权人支付的利息可以在税前抵扣，因此负债具有避税的作用，但是向股东支付的股利因为在税后支付，因而不具有避税作用。这种通用的制度安排意味着税收可能会影响企业的融资决策。此外，公司在将利润分配给股东时需要缴纳股息税，而股息税通常是低于资本利得税的，这意味着税收可能也影响公司的股利政策。本节主要回顾财务学文献中研究税收对财务政策影响的研究方法。

一、税收与筹资政策

在20世纪50年代初，部分学者开始认识到，税收对企业资本结构决策可能产生影响。例如，Durand（1952）就指出："由于债券利息可以抵扣税收支出，毫无疑问，企业可以通过债务融资来获取税收利益……在一个完全无税的世界里，人们可能还会对债务融资的税收利益有所怀疑……一旦考虑到企业所得税，则不管使用何种估价方法，债务融资所要求的收益率一定小于权益融资所要求的收益率。"然而，关于税收对公司资本结构影响的更加系统的分析始于 Modigliani 和 Miller 的系列研究。迄今的分析仍基于他们的框架。

（一）理论基础

美国在1913年之后确立了以所得税为主的税收制度，因此在研究中大多关注所得税的影响。在分析税收对资本结构决策的影响时，主要涉及公司所得税 T_C、个人所得税 T_P 以及股东税 T_E（为了便于分析而构建的一个指标，是股息税与资本利得税的混合）。如果公司通过债务融资，那么公司资金的提供者每获得公司支付的1元利息，其税后收益是 $1-1\times T_P$；如果公司通过权益进行融资，那么投资者作为公司的股东的税后收益为 $(1-T_C)(1-T_E)$。因此，举债所支付的每元的利息相对于权益所支付的每元的股东回报的优势为：

$$(1-T_P)-(1-T_C)(1-T_E)$$

如果公司负有价值 D 元的债务，利率为 r_D，那么使用负债相对于权益在税收上的收益将是：

$$[(1-T_P)-(1-T_C)(1-T_E)]r_D D$$

这意味着，举债的公司相对于没有举债的公司的价值为：

$$V_L = V_U + PV\{[(1-T_P)-(1-T_C)(1-T_E)]r_D D\}$$

式中，V_L 表示举债公司的价值；V_U 表示没有举债公司的价值；$PV\{\ \}$ 表示对未来税收收益的折现函数。在 Modigliani and Miller（1958，AER）的理想世界中，由于 T_P，T_C

和 T_E 均为零，因此，融资对公司的价值不具有影响力，这就是 MM 经典的资本结构无关论。

在 Modigliani and Miller（1958，AER）发表后，对 MM 的评论随之展开。他们又于 1963 年推出"修正版"的 MM 命题。他们在这篇论文中，将公司所得税纳入了考虑范围，但将个人所得税 T_P 和权益所得税 T_E 仍假设为零。此时，等式可以简化为：

$$V_L = V_U + PV\{T_{C}r_D D\}$$

Modigliani and Miller（1963，AER）把 $T_{C}r_D D$ 作为一项确定性流量，并假设这部分税收收益的风险与其母体负债具有同样的风险，从而可以按照 r_D 进行折现，如果这部分现金流量稳定、永续，那么 $PV\{T_{C}r_D D\} = T_C D$，从而

$$V_L = V_U + T_C D$$

这一公式称为 Modigliani and Miller（1963，AER）的一项基础性贡献。虽然至今仍有学者在讨论 $T_{C}r_D D$ 这部分税盾到底应当按照何种折现率来折现，但 Graham（2003，RFS）指出，基本性的结论仍与 MM（1963）相似：（1）使用债务的动力会随着公司税率的提高而变强；（2）企业价值会随着债务使用的增多而增加，直至债务的边际成本等于边际收益。

最早认识到个人所得税可能会影响资本结构的文献可追溯至 Farra and Selwyn（1967，NTJ）。他们经过模型推导后指出：个人所得税越低，企业的负债成本就越低于个人负债成本。假设企业资本利得税的增加速度慢于个人所得税的增加速度，企业负债相对个人负债的优势就会逐渐减弱，最终达到一个均衡点。正式把个人所得税引入资本结构的讨论的经典文献当属 Miller 于 1976 年作为美国财务学会主席的致辞——《负债与税收》，即 Miller（1977，JF）。

Miller（1977，JF）指出，当把个人所得税与公司所得税一同纳入考虑范围时，则负债的收益可用如下公式表示：

$$G_L = \left[1 - \frac{(1-T_C)(1-T_{PS})}{1-T_{PB}}\right] B_L$$

式中，T_C 表示公司所得税税率；T_{PS} 表示对个人来自股票的收益征收的税率；T_{PB} 表示对个人来自债券的收益征收的税率；B_L 表示公司负债的市场价值。可以看出，这是一个包容性很强的公式。例如，如果所有的税率都等于零，那么 $G_L = 0$，也就是标准的 MM（1958，AER）无税结果；如果个人所得税为零，而征收公司所得税，那么就有了 MM（1963，AER）的 $G_L = T_C B_L$；如果上述三税都征收并且权益个人所得税 T_{PS} 小于债券个人所得税 T_{PB}，则可知 $G_L < T_C B_L$，由此，Miller（1977，JF）指出，"事实上，对于一个较大范围内的 T_C、T_{PS} 和 T_{PB} 来说，债务融资的税收收益会消失殆尽甚至为负"，因此"一个层面上的税收减免的好处正好被另一个层面上税收增加的坏处抵消。当 $(1-T_{PB}) = (1-T_C)(1-T_{PS})$ 时，不论使用债务融资还是权益融资，公司都无法获得税收上的好处"（Miller，1977，JF）。

由上可知，Miller（1977，JF）将个人所得税引入对债务税收收益的估价，从而在无须考虑破产成本和代理成本的情况下，也能解释为什么企业没有 100% 负债，因为"债务融资所能得到的税收收益一定比想象中的少得多"。Miller（1977，JF）的贡献在于：他对

20 世纪 70 年代中期十分流行的权衡最优资本结构理论（即对负债的税收优势与负债的破产成本进行权衡）提出了挑战，指出公司在债务融资方面的税收优势会被个人负债的税收劣势抵消。

（二）经验研究方法

为了研究税收对公司融资决策的作用，税收激励应当发生纵向变动，或在横截面上存在差异。因此，在研究税收对企业资本结构的影响时，研究者主要使用横向差异法和纵向税率变动法两种方法。

横向差异法着重关注公司税率的横截面差异对公司融资决策的影响。根据上述理论分析可知，公司所得税税率越高，负债的避税收益越明显，从而负债率应该越高。此外，对公司来说，除了负债形成的税盾之外，固定资产折旧、无形资产摊销同样具有税盾的效果，这些税盾成为非负债性税盾。负债性税盾与非负债性税盾存在替代关系。横向差异法面临两个较难克服的问题：第一，内生性问题；第二，税率度量问题。理论上应该使用边际税率[①]分析税对资本结构的影响，但边际税率的度量难度较大。

另一种方法能较好地解决横向差异法面临的两大难题，即纵向税率变动法。所谓纵向税率变动法，是通过税率变动事件分析由此引发的公司融资政策的变化，从而确定税收对企业资本结构的影响。使用这种方法的代表性文献是 Givoly et al.（1992，RFS）。他们的研究背景是美国《1986 年税收改革法案》（Tax Reform Act of 1986，TRA1986）。在这项美国历史上的重大税制改革中，公司所得税税率从 46% 下降为 34%，这为研究税收对公司融资决策的影响提供了一个难得的机会，他们发现负债融资的确按照理论预期的那样出现了下降。

二、税收与分配政策

现代公司的股东获得收益的方式主要有两种：其一是从公司取得分红；其二是从二级市场获得资本利得。在世界上大多数国家的税收政策中，股利所得税高于资本利得税。此外，作为另一种分配方式的股票回购是免税的。因此，Black（1976，JPM）认为，"有了税，投资者和公司不再对股利的支付水平漠然，他们更喜欢少发股利或者根本不发股利"，但这与现实不符，因此被 Black 称为"股利之谜"。

在有关分配政策的诸多文献中，有关税收的占了很大一部分，这也是为什么 Allen and Michaely（2003）花了 1/4 多的篇幅专门回顾税。他们认为，税和股利这部分文献的基本研究点其实很简单，即"在其他条件相同的情况下，股利支付率高的企业是否比股利支付率低的企业价值低"。这部分内容将在本章第二节"税收与资产定价"部分作更详细的讨论。此处关注的是投资者税负变动会如何影响公司分配政策，主要的研究方法是借助于历史上发生的投资者税负变动来观察公司的分配政策变化。

（一）基于美国《1986 年税收改革法案》的研究

20 世纪 80 年代后，美国出现了数次重要的税制改革，最重要的是《1986 年税收改革

---

① 边际税率是指征税对象单位数额的增加所引起的应纳税额增量占征税对象单位增加额的比率。

法案》。在股息税方面，1986年之前股利收入与资本利得收入的最高边际税率分别为50%和20%。随着TRA1986的通过，股利所得的边际税率在1987年1月1日降到38.5%，而资本利得适用的边际税率提高到28%。1988年1月1日，股息税和资本利得税的最高边际税率均为33%。

此后，部分学者研究了公司是否会在TRA1986通过后调整股利支付率。Ben-Horim et al.（1987，FM）的分析性文章认为，此项改革将促使公司提高股利支付率。然而，Abrutyn and Turner（1990，NTJ）通过问卷调查所作的研究表明：85%的公司CEO不想提高股息率，只有11%的CEO计划提高股息率。Means et al.（1992，JEF）发现，股息率在1984—1986年这三年内呈现下降趋势，而在TRA1986通过后股息率开始上扬，1987年与1988年相比则没有显著差别，由此他们认为企业已经对税收政策变化做出了充分调整。Wu（1996，IREF）发现Lintner模型在1986年后发生显著的结构性变化，由此认为1986年税改对整体股利支付率带来正向效应。Papaioannou and Savarese（1994，FM）以及Casey et al.（1999，FR）则认为，公司的股利支付政策在TRA1986前后并不具有显著的差异。

（二）基于《2003年就业与增长税收减负调节法案》的研究

2003年，美国总统布什签署了《2003年就业与增长税收减负调节法案》（Jobs and Growth Tax Relief Reconciliation Act of 2003）。该法案将股息税和长期资本利得税的税率降至15%，这是美国历史上股息税下降最大的一次。Chetty and Saez（2005，QJE）分析了该法案对公司发放股利行为的影响，他们发现美国公司在此项法案生效之后股利支付行为显著增强。Brown et al.（2007，JF）进一步证实，管理者持有股份越多的公司越会在2003年之后提高股利发放额。然而，Brav et al.（2008，NTJ）通过问卷调查方法得出的结果显示：公司在制定分配政策时，税收只是考虑的次要因素。

第二节 税收与资产定价

Fama and French（1998，JF）指出，"完善地估计股息税对资本成本与公司价值的影响是公司财务学研究的重中之重"。该观点在另一篇重要的公司税收文献综述中也得到认同："当前税收研究最活跃的领域之一是：投资者税负（股息税和资本利得税）是否影响股票价格"（Shackelford and Shevlin，2001，JAE）。公共经济学文献也认为："理解税收对资本结构、投资以及税收政策的影响都需要理解向投资者征收的股息税是如何影响资产价值的"（Harris et al.，2001，JPE）。本节归纳了有关投资者税负对资产定价影响的四种主要研究方法，分别是：税收资本资产定价模型法；Ohlson会计数据定价模型法；除息日股价行为法；税率变动法。

一、税收资本资产定价模型法

（一）理论基础

资本资产定价模型（CAPM）是现代金融学的基石之一。该模型简单精巧地表达了风险与预期收益之间的关系，其虽然遭到诸多争议，但仍得到广泛的应用。

利用 CAPM 研究投资者税负对权益资产定价的影响始于 20 世纪 70 年代。"税后 CAPM"作为一个词组最早出现在 Litzenberger and Ramaswamy（1979，JFE）一文中，在该文摘要的开篇就明确提出，"本文推演出税后版的资本资产定价模型……均衡关系表明（股票的）税前预期收益与系统性风险以及股息率呈线性相关关系"。税后 CAPM 的核心思想却要追溯到 Brennan（1970，NTJ），该文清晰地提出："本文分析的基础性框架是 Lintner，Sharpe 和 Mossin 的资本资产定价模型，但融入了投资者必须承担的税收效应。"

传统的 CAPM 可用如下公式表示：

$$E(R_{it}) - R_{ft} = \beta_{it}[E(R_{mt}) - R_{ft}]$$

式中，$E(\ )$ 表示期望函数；R_{it} 表示股票 i 在时间 t 的收益率；R_{mt} 表示市场组合在时间 t 的收益率；R_{ft} 表示时间 t 的无风险利率。等式假设不存在税收等制度性因素影响投资者对不同证券的需求，同时所有证券的供给是给定的，这就意味着投资者对以资本利得还是现金股利的形式获得收益是不关心的。

Brennan（1970，NTJ）的贡献在于：他认识到现金股利和资本利得这两种股东获取收益的方式在税收上存在差异，这可能会导致投资者在定价时受到个人所得税的影响，从而影响投资者对不同证券的需求。为此，他将税收因素引入资本资产定价模型：

$$E(R_{it}) - R_f = \beta_{it}[E(R_{mt}) - R_{ft}] - \beta_{it}T[E(Y_{mt}) - R_{ft}] + T(Y_{it} - R_{ft})$$

式中，Y_{mt} 表示市场组合在时间 t 的股息率；Y_{it} 表示股票 i 在时间 t 的股息率；$T = (T_d - T_g)/(1 - T_g)$，$T_d$ 表示投资者股利所得边际税率的加权平均；T_g 表示投资者资本利得边际税率的加权平均。

Litzenberger and Ramaswamy（1979，JFE）提出了与 Brennan（1970，NTJ）相类似的模型，并且进一步考虑到了税率的累进特征、保证金约束以及与投资相关的借贷约束。

$$E(R_{it}) - R_f = Z_t + \beta_{it}[E(R_{mt}) - R_{ft} - Z_t] - \beta_{it}K[E(Y_{mt}) - R_{ft}] + T(Y_{it} - R_{ft})$$

式中，Z_t 表示股息率等于无风险利率的零 β 组合的超常收益率；K 表示投资者加权平均边际税率。

在后续的经验研究中，为了能做经验验证，等式改写为：

$$R_{it} - R_{ft} = \alpha_0 + \alpha_1\beta_{it} + \alpha_2[E(Y_{it}) - R_{ft}] + \varepsilon_{it}$$

式中，R_{it} 表示股票 i 在时期 t 的收益；R_{ft} 表示时期 t 的无风险收益；β_{it} 表示股票 i 在时期 t 的系统性风险；$E(Y_{it})$ 表示股票 i 在时期 t 的预期股息率。如果发现 α_2 显著为正，就认为存在税收效应。

（二）主要的经验检验模型

1. Black and Scholes（1974，JFE）检验

第一篇从经验研究角度用资本资产定价模型间接研究权益资产定价中股息税作用的是 Black and Scholes（1974，JFE），该文也是财务学权威学刊 *Journal of Financial Economics* 创刊号的首篇，但是 Black and Scholes（1974，JFE）并没有给予税收效应以支持，

而且这篇文章本质上是研究股利政策对公司价值的作用。然而，他们提出，"检验股利政策对股票价格作用的最好方法是检验股息率对股票收益的影响"（Black and Scholes，1974，JFE）。这种方法在后续研究中得到广泛的应用。Black and Scholes（1974，JFE）的核心研究模型是：

$$E(R_i)=\gamma_0+[E(R_m-\gamma_0)]\beta_i+\gamma_1(d_i-d_m)/d_m+\varepsilon_{it}$$

式中，$E(R_i)$ 表示第 i 只组合的收益率；γ_0 是截距项，根据 CAPM 应该等于无风险利率；$E(R_m)$ 表示市场组合的收益；β_i 表示第 i 只组合的系统性风险；d_i 表示第 i 只组合的股息率，用前一年的股利之和除以年末的股票价格；d_m 表示市场组合的股息率。研究假设是股息率系数 γ_1 不显著为零。

Black and Scholes（1974，JFE）使用 1926—1966 年的美国纽约证券交易所所有个股的数据，他们按照股息率和系统性风险 β 将股票分为 25 个组合。Black and Scholes（1974，JFE）认为，无论是税前还是税后，都不能看出高股息率股票的预期收益与低股息率股票存在不同。

2. Litzenberger and Ramaswamy（1979，1980，1982）检验

Black and Scholes（1974，JFE）的研究有两个显著特征：一是采用组合收益；二是采用长期法度量股息率。这两个特征成为区别于其他研究的关键所在，同时也成为后续研究提出批评的重要原因。

Litzenberger and Ramaswamy（1979，JFE；1980，JF；1982，JF）的系列检验对税后 CAPM 法作了重新修正和检验，并在后续研究中广为使用。他们的研究设计与 Black and Scholes（1974，JFE）存在如下显著不同：第一，使用个股数据而不是组合数据；第二，将股息率的度量时间缩短为月，而不是 Black 和 Scholes 所用的年。他们主要按照如下步骤来实施检验：首先，按照市场模型估计系统性风险 β_{it}：

$$R_{it}-R_{ft}=\alpha_i+\beta_i(R_{mt}-R_{ft})+\varepsilon_{it}, \quad t=t-60,\cdots,t-1$$

从上式可以看出，对检验期每个月的每只股票系统性风险的估计是用前 60 个月作为估计期，并不断向前滚动。接下来，使用第一步估计的系统性风险 β_i 以及预期的股息率作为自变量进行横截面回归分析。在研究结果上，Lizenberger and Ramaswamy（1982，JF）发现，普通股收益与预期股息率之间存在正向关系。

二、Ohlson 会计数据定价模型法

虽然资本资产定价模型自 20 世纪 60 年代初提出以来在学术界得到广泛应用，并成为定价的标准模型，但在 20 世纪 90 年代，时任美国哥伦比亚大学教授的 James A. Ohlson 及其合作者 Gerald Feltham 提出了基于会计数据的定价模型（Ohlson，1995，CAR；Feltham and Ohlson，1995，CAR）。基于会计数据的定价模型很快也得到了广泛应用。随后不久，便出现了将 Ohlson 会计数据定价模型应用于股息税定价效应的研究。

（一）模型基础

传统的观点认为，要估计企业的价值必须预测股利，因此在传统的框架下，依据会计

数据定价的核心问题就是预测股利，如下式所示：

$$P_t = \sum_{\tau=1}^{\infty} (1+r)^{-\tau} E_t[d_{t+\tau}]$$

从等式的表述可以看出，传统的估价方法将财务报表数据排除在定价模型之外。在此情况下，"会计数据与企业价值之间缺乏有效的联系，经验研究者自然在模型构建上迷失方向"（Bernard，1995，CAR）。虽然仍有许多研究探究股票价格与盈余（或者未来盈余）之间的关系，但这些研究都是以传统的股利折价模型为起点的，也就"必须在盈余与股利之间或者盈余与现金流量之间施加很难令人信服的限制性假设"（Bernard，1995，CAR）。

Ohlson（1995，CAR）与 Feltham and Ohlson（1995，CAR）这两个姊妹篇提出了一个替代传统估价模型的新模型。在这个称为 RIM（residual income model）的模型中，未来财务报表数据与企业的价值直接联系在一起。具体而言，企业的价值等于账面价值加上未来超常盈余的折现。如下式所示：

$$P_{it} = BV_{it} + \sum_{\tau=1}^{\infty} (1+R_f)^{-\tau} E_t[NI_{it+\tau} - R_f(BV_{it+\tau-1})]$$

式中，P_{it} 表示 i 公司的权益在时间 t 的市场价值；BV_{it} 表示 i 公司在时间 t 的账面价值；R_f 表示无风险利率；$E_t[\ ]$ 表示预期函数；NI_{it} 表示公司 i 在时间 t 的盈余。上述公式意味着，公司的价值等于股东权益的账面价值加上预期剩余收入的折现价值。所谓剩余收入，等于每期的净收入 NI 减去期初账面资本的要求回报率。Ohlson 会计数据定价模型作为一个理论模型，一经产生就激发出数量相当可观的经验研究，使用该模型研究股息税对权益资产定价的影响的论文也在 20 世纪末登上学术舞台。

（二）基于 Ohlson 会计数据定价模型的股息税资本化

1. CHHK 检验模型

使用 Ohlson 会计数据定价模型来研究股息税对定价的影响，始于哥伦比亚大学的 Harris and Kemsley（1999，JAR）。其后，Collins and Kemsley（2000，TAR），Harris et al.（2001，JPE）对这种方法作了进一步的完善、拓展与批判。这三篇文章自成体系，后来将之合称为 CHHK。此种方法一经提出就被认为"重新点燃了会计学界对股利之谜的兴趣"（Wilkinson，2002），甚至被 Shackelford and Shevlin（2001，JAE）称为"革命性的文章"。

Harris and Kemsley（1999，JAR）主要基于如下两个等式来进行经验检验：

$$P_{it} = \alpha_0 + \alpha_1 BV_{it} + \alpha_2 NI_{it} + \varepsilon_{it}$$
$$P_{it} = \beta_0 + \beta_1 BV_{it} + \beta_2 RE_{it} + \beta_3 NI_{it} + \beta_4 REBV_{it} \times NI_{it} + \eta_{it}$$

式中，$REBV_{it}$ 表示公司 i 在时间 t 的留存收益与账面权益价值之间的比率。

他们推论：α_1 和 α_2 将都为正值，而且 α_1 会随着留存收益占公司价值的比率的提高而下降，α_2 会随着留存收益占公司价值的比率的提高而上升。他们认为："如果股东将股息税纳入股价，那么 β_2 预期为负值，而 β_4 预期为正值"。

Harris and Kemsley（1999，JAR）使用 1975—1994 年美国的数据进行了经验检验，

发现数据符合他们的推论,由此他们认为:"股息税显著影响投资者对权益与留存收益的估价"。在接下来的两年,Collins and Kemsley(2000,TAR)和 Harris et al.(2001,JPE)的研究也陆续刊出,只是在数据与经验方式上有一定变动,但都得出类似的结论,比如"股息税大部分资本化进股票价格之中"(Collins and Kemsley,2000,TAR),或者"至少很大一部分股息税会资本化进权益价值之中"(Harris et al.,2001,JPE)。从措辞来看,CHHK 对其结论越来越趋于谨慎。

2. 对 CHHK 检验的质疑

作为一种新型的研究方法,Ohlson 会计数据定价模型应用于股息税定价效应研究的有效性也遭到了质疑,代表性的文献包括 Hanlon et al.(2003,JAE)(简作 HMS)、Dhaliwal et al.(2003a,JAE)(简作 DEFB)以及 Dhaliwal et al.(2003b,JAE)(简作 DLT)。这三篇文章连在一起发表在 Journal of Accounting and Economics 第 35 卷,其中 HMS 和 DEFB 被认为对 CHHK 从理论、方法乃至结果上提出了全面质疑。

HMS 对 CHHK 的批评主要集中在三点:第一,CHHK 未能清晰地使用税收资本化这个概念;第二,Harris and Kemsley(1999,JAR)在经验研究设计中使用的主要变量 REBV 在 Ohlson 会计数据定价模型中根本不应对公司价值产生影响;第三,REBV 在 CHHK 的检验中显著,它只是表征了一些其他变量。HMS 评论道:"尽管乍看起来 Harris and Kemsley(1999,JAR)对 Ohlson 会计数据定价模型的拓展很吸引人,但我们认为 HK 的检验与结果并未能显示出税收资本化。"

DEFB 对 CHHK 的结果作了进一步讨论,认为"CHHK 使用的模型是有缺陷的,对结果的解释也是不正确的,而且加入 M/B 作为控制变量后 Harris 和 Kemsley 的主要结果消失"。DEFB 主要从四个方面对 CHHK 的结果提出质疑:第一,CHHK 宣称股息税对权益价格的影响与股利政策无关,DEFB 认为这与税收递延具有正面的价值效应相违背;第二,现实中有比发放股利成本更低的方式将公司盈余转给投资者,CHHK 的发现与这一现实不符;第三,CHHK 的结论表明股东承受的股息税全部资本化进权益价格,而这又与存在税收客户效应①不符;第四,存在其他非税收的原因(信号、代理成本)使得股利在权益资产价值中扮演重要角色。

DEFB 也指出了 Harris and Kemsley(1999,JAR)模型构建中几个关键的计量问题。例如,留存收益是 Harris and Kemsley(1999,JAR)模型中的一个重要变量,但是由于留存收益一般是为了满足后续投资的需要,因此留存收益是与企业的成长机会负相关的,而 Harris and Kemsley(1999,JAR)在模型中省略了对成长性的考虑,因此其回归模型中的估计系数可能存在偏差。此外,Harris and Kemsley(1999,JAR)的交乘方程中的交乘项与其他变量高度相关,这会带来较严重的共线性问题。

三、除息日股价行为法

现实世界中,现金股利的发放都有一个规定性的程序。首先是股息宣布日,即公司董事会将分红派息的消息公布于众的时间。接下来是股权登记日,即统计和确认参加股息红利分配的股东之日期。只有在股权登记日以前到登记公司办理了登记过户手续,才

---

① 税收客户效应(tax clientele effect)是指投资者可能由于承担的税负不同,而具有不同的投资偏好。

能获取正常的股息红利收入。股权登记日后的第一天就是除息日,即不再享有本期股息的日期。

早在半个世纪之前,Campbell and Beranek(1955,JF)就发现:在除息日,股价下跌的幅度远不如预想的那样等于股利额,而是大约等于股利额的90%。类似的现象又被Elton and Gruber(1970,RES)证实,并由此引发了迄今长达半个世纪的仍如火如荼的研究。50年来,仅在顶级金融学刊发表的该领域文献就有100余篇,研究对象除了美国之外还涉及加拿大、欧洲、亚洲和大洋洲等几乎所有主要经济区域。财务学者如此热衷于这个问题的研究,其原因在于研究是否由于税收上的因素影响投资者在除息日附近的行为,有助于理解公司融资与分配政策乃至政府的税收政策(Callaghan and Barry,2003,JF)。

纵观历史文献,对除息日股价行为现象的解释聚焦于以Elton and Gruber(1970,RES)为代表的税收效应理论。该理论认为,由于大多数普通股发放的股利要缴纳所得税,而股价变化产生的资本利得需要缴纳资本利得税,这两种税收在税率上通常存在较大差异,除息日股价效应恰好是由两税税差造成的。因此,后来一大批文献就通过除息日股价行为来度量股息税对资产定价的影响。这种方法具有税后CAPM法和Ohlson会计数据定价模型法等长时窗口方法无可比拟的优势,即可以剔除股利的信号效应对资产定价的影响。这是因为,现实中所有的股利宣告都在股利发放之前,因此在除息日之前,证券市场已经将股利所包含的信息含量的价值反映在股价之中了。

(一)Elton and Gruber(1970,RES)之前的研究回顾

早期的除息日股价行为研究属于一种现象发现式的研究,研究者大多仅仅呈报现象,而几乎未能对现象做出解释,但是都隐隐约约地提及税收在其中的可能影响。

就编者所了解,最早的一篇研究除息日股价行为的论文当属Campbell and Beranek(1955,JF)。他们的样本时间跨度较短,但包含了两个时间段:第一个时间段是从1949年10月至1950年4月,第二个时间段是1953年的最后三个月。他们的研究结论表明,"除息日股价下跌的幅度大约等于股利额的90%"。不过,他们也提出,"除息日股价下跌的幅度在个股间存在很大的差异,以至于大多数投资者并不能利用这一优势,除非投资者进行大量的交易"。

Durand and May(1960,JF)是另一篇早期的经验研究,但与Campbell and Beranek(1955,JF)使用多公司样本的做法不同,他们仅仅以美国电话电报公司(AT&T)作为研究对象,因此更像是一个案例研究。Durand and May(1960,JF)认为,"股价下跌仍大致等于股利发放额,两者差异不大,但是如果一定要正视差异存在,可以肯定地认为股价下跌更可能低于而不是高于股利额"。

(二)税收效应假说的主体内容与经验证据

真正将除息日股价效应引入主流研究视野的当属Elton and Gruber(1970,RES)。这篇仅为7页的短文是此后任何一篇研究除息日股价效应文章都必须关注的经典文献。严格来讲,Elton and Gruber(1970,RES)是一篇"无心插柳柳成荫"的研究。他们的本意是"提出并验证一种度量边际税率的方法",而这种方法恰恰是通过除息日普通股股价行为来推断边际税率。

Elton and Gruber（1970，RES）提出的税收效应假说认为，由于大多数普通股发放的股利要缴纳所得税，而股价变化产生的资本利得需要缴纳资本利得税，但两税的税率经常存在差异，除息日效应恰好是由两税税差造成的，按照公式表述如下：

$$P_c - T_g(P_c - P_0) - C = E(P_x) - T_g[E(P_x) - P_0] + (1 - T_d)D - C$$

式中，P_c 表示除息日前一日的股票价格；P_0 表示股票的买入价格；$E(P_x)$ 表示预期除息日股价；T_g 和 T_d 分别表示资本利得税和股息税；D 为股利；C 表示交易固有的成本，例如证券交易税等。将等式的两边进行整理，得到

$$\frac{P_c - E(P_x)}{D} = \frac{1 - T_d}{1 - T_g}$$

上式的左边一般称作除息日股价变动率。从等式右边来看，由于股息税通常大于资本利得税，因此除息日价格变动率通常小于1。Elton and Gruber（1970，RES）以1966—1967年美国数据为样本的研究发现，除息日价格变动率的确小于1，平均约为0.78。他们将样本按照股息率（D/P）的高低分为10组，发现总体而言股息率低的组的除息日价格变动率较高，更趋于1，这意味着这组投资者适用的股息税税率与资本利得税税率之间的差值较小。

（三）税率变动对除息日股价行为影响的研究

20世纪80年代后，西方国家对投资者的税收政策出现过较大的变动。以这些税率变动为背景的经验研究亦相继出现，尤其是针对英国、加拿大和美国的研究。

第二次世界大战后英国所得税制度出现两次重大变革：一次出现在1965年，新当选的工党政府开始按照法定30%的税率征收资本利得税，这次变革在理论上会提高股东对股利收入的相对估值；另一次发生在1973年，保守党政府将公司所得税与个人所得税进行了整合，现实效果是降低了个人与公司的股息税税率。此外，英国在1955—1980年还出现了数次小的税率调整。Poterba and Summers（1984，JF）正是以英国的这两次税收改革为背景研究了税收在权益资产定价中的作用。在研究除息日股价行为部分，他们使用16家英国大公司1955—1981年所有除息日的数据，按照1965年、1973年将时间分为三个时间段。他们发现，"对股利的估价会随着税制的变化而变化，从而强有力地说明税收能够部分解释股息率与股票市场价值之间的关系"。

英国《1988年所得税与公司税法案》被认为是等同于美国《1986年税收改革法案》的另一次重要税收改革。此次法案取消了对长期资本利得的税收优惠。Lasfer（1995，JF）研究了英国《1988年所得税与公司税法案》实施前后（从1985年4月6日至1994年4月5日）除息日的股价行为。他使用多种事件研究方法后发现：平均而言，除息日收益从1985—1987年期间的0.46%降低到1988年之后的0.30%。Lasfer（1995，JF）认为，在英国，税收显著影响除息日股票价格。

除英国外，另一个经常出现在除息日研究视野中的国家是加拿大。这是因为加拿大在20世纪七八十年代进行了较为频繁的所得税改革，这为研究除息日股价效应提供了另一个试验环境。自1949年开始，加拿大就允许对股利所得给予税收信贷，在1972年之前股利税收信贷率为股利所得的20%。1972年后，只有1/3的股利所得计为应税所得，同时

对应税所得给予20%的税收信贷。1978年后，50%的股利所得计为应税所得，同时对应税所得给予25%的税收信贷。1977年是一个过渡的年份，1/3的股利所得计为应税所得，同时对应税所得给予18.75%的税收信贷。1972年加拿大所得税改革的另一项重要举措是引入资本利得税，税率等于投资者不同收入应税税率的一半，并且不区分短期投资与长期投资。

Lakonishok and Vermaelen（1983，JF）正是将1972年前后税收变革作为研究对象。1971年加拿大政府进行了税收改革，对股利的征税比资本利得税更为优惠，根据制度，此次税收改革生效后除息日股价变动率应该更接近1。然而，Lakonishok and Vermaelen（1983，JF）以此次税法变革为背景的研究却得出相反的结论：溢价在税法变化后却增大了。由此，Lakonishok and Vermaelen（1983，JF）认为，他们的研究结果与除息日价格变化反映了税收的假说不符，而是符合短期交易假说。

Lakonishok and Vermaelen（1983，JF）发表后不到一年，Booth and Johnston（1984，JF）的研究就接着刊出，但是结果大相径庭。后者与前者一样，都将加拿大资本市场作为研究对象，但不同的是，Booth and Johnston（1984，JF）将加拿大整个70年代划分为4个时间段：1970—1971年、1972—1976年、1977年以及1978—1980年。将多伦多证券交易所同期所有股票作为研究对象。他们的研究表明，"除息日股价率显著异于0或者1，这表明相对股利而言，市场更偏好资本利得"（Booth and Johnston，1984，JF）。

Lakonishok and Vermaelen（1983，JF）与Booth and Johnston（1984，JF）这两篇研究无法回避的一个共同问题是：在加拿大的资本市场中，有很大一部分投资者来自美国，因此"加拿大的数据可能反映的是美国的税率而不是加拿大的税率"（Barclay，1987，JFE）。

美国历来是研究的核心对象，美国历史上几次重要的所得税变动自然成为研究者的目标。在所有除息日的事件研究中，Barclay（1987，JFE）一文堪称精妙。该研究样本并不大，只有146家公司，其巧妙之处在于使用了20世纪最初10年美国投资者所获股利不征税的制度环境。研究时间段选取为1900年1月1日至1906年12月31日以及1909年12月12日至1910年6月30日，同时选取1962年7月2日至1985年12月31日作为对照样本。通过比较两组时间除息日的价格变化，Barclay发现，"结果符合税收效应假说……数据显示，与资本利得相比，在税收开征之后的现金股利的价值明显低于税收开征之前的价值，且税收开征前的除息日股价变化与股利之比率不能拒绝等于1"。Barclay认为，这样的结果意味着：(1) 税收开征前投资者视股利与资本利得为完全替代物；(2) 股利与资本利得在税收上的差异导致了投资者对现金股利的价值相对资本利得打折（Barclay，1987，JFE）。

前已述及，美国《1986年税收改革法案》被认为是美国战后40余年最重要的一次税收改革。该法案废止了1921年以来在资本利得征税上的优惠。股利所得与实现资本利得在征税上同等对待。1986年的税收改革为研究税收对除息日股价行为的影响提供了一次绝好的实验机会。以该法案为契机涌现了一批文献，但结果存在差异。

Robin（1991，FM）使用《1986年税收改革法案》前后的数据进行对比，他发现，除息日的超常收益从1984—1986年的0.152%降到1987—1988年的0.038%。Michaely（1991，JF）的研究却表明，"股利所得与资本利得之间税率的相对变化并没有对除息日股价行为带来实质性影响"。

Han（1994，JFR）认为，Robin（1991，FM）与 Michaely（1991，JF）得出的相反结论可能是"由于数据和方法上的差异造成的"。例如，Michael 的数据期间为 1986—1989 年，而 Robin 的研究期间则为 1984—1988 年。Han（1994，JFR）的贡献主要是扩大了研究样本的期间和范围，他将期间扩展到 1983—1990 年，这比 Robin（1991，FM）和 Michaely（1991，JF）的研究期间都要长，而且他将纳斯达克证券交易所也列入研究范围。他的研究结论也颇有意思："纳斯达克证券交易所股票的除息日收益基本上由税收溢价决定，而纽约证券交易所和美国证券交易所的股票的除息日收益更多受到短期交易的影响"（Han，1994，JFR）。虽然 Han（1994，JFR）在数据选取和研究设计上更为谨慎细致，并得出了意外的结论，但是他未能解释为什么同处一国且经历同一次税收改革的不同市场会有截然不同的反应。

不久后，Siddiqi（1997，FR）的研究可能对理解 Han（1994，JFR）的现象有所帮助，尽管 Siddiqi 的论文并没有引用 Han（1994，JFR）。Siddiqi（1997，FR）的可贵之处在于他并没有单纯地扩大样本量，而是更审慎地考察了 1986 年税收改革中别人没有注意到的制度影响。其中主要的一点是：之前的研究都只看到了 1986 年税改将股息税和资本利得税的名义税率调平，而没有看到 1986 年税改同时降低公司所得税对除息日股价行为的潜在影响。《1986 年税收改革法案》将公司所得税税率从 1986 年的 46% 降到 1987 年的 40%，并在 1988 年进一步降到 34%。

Wu and Hsu（1996，NTJ）的研究则是对 Michaely（1991，JF）的沿袭与拓展，其最主要的贡献是考虑了 1986 年税改前后除息日附近交易量的变化，而 Michaely（1991，JF）则将精力放在股价行为上。与 Michaely（1991，JF）类似，Wu and Hsu（1996，NTJ）发现，除息日溢价在税改前后并无显著变化，但是他们同时发现 1986 年税收改革显著影响了短期交易者在除息日附近的交易动力。税改之后，除息日的交易量显著下降，短期交易者的活动及其对除息日价格的影响在税改后明显减弱。Wu and Hsu（1996，NTJ）认为，他们的结果支持了 Poterba and Summers（1984，JF）的股息税传统观，即税收会影响股息率与股票市场价值之间的关系。

四、税率变动法

研究股息税对权益资产定价影响的一大类方法是基于纵向税率变动的研究。世界主要的经济体在股息税或者资本利得税方面都进行过重大调整，因此税率变动法巧妙应用了现实中税率的变化，借助权益价格的变动来反映股息税在权益资产定价中的作用。这种方法的核心思想源于事件研究法，即通过税率变动对权益资产价格影响的度量来直接研究股息税对权益资产定价的影响，这是区别于前面的税后资本资产定价模型法、Ohlson 会计数据定价模型法以及除息日股价行为法的最关键之处，后三种方法本质上是一种间接的度量方法。Hanlon et al.（2003，JAE）在评论 CHHK 时表示，"如果能使用短时窗的事件研究设计（如法定税率变化），我们相信会有更大的收获，因为此种设计会带来较少的设定误差"。

（一）美国股息税或资本利得税数次主要变革及相关研究

美国最为重要的税收改革发生在 20 世纪 80 年代。里根当选总统后，为了挽救经济衰退，在供给学派经济学思想的指导下，掀起了一系列的税收改革。在他八年任期内陆续推出了《1981年经济复兴税收法案》、《1984年税收改革法案》以及《1986年税收改革法案》（TRA1986）。其中，TRA1986大幅下调了股息税，同时提高了资本利得税。

TRA1986为研究股息税对权益资产定价的影响提供了一次重要的机会。Bolster and Janjigian（1991，NTJ）发现：在TRA1986通过后，高股息支付率的股票的表现显著优于那些股息支付率低的股票。Jang（1994，JBFA）也发现：在TRA1986通过的时间窗口（1986年6月24日美国国会通过），那些股息率高的股票获得正的超常收益，而那些股息率低的股票获得负的超常收益。

1993—2000年克林顿任总统期间，美国又在股息税和资本利得税上作了两次重要调整，整体上增大了股息税税率与资本利得税税率之间的差距：《1993年税收调节法案》（Revenue Reconciliation Act of 1993，RRA1993）将最高个人所得税税率从31.0%提高到39.6%；《1997年纳税人减负法案》（Taxpayer Relief Act of 1997，TRA1997）又将资本利得税税率作了下调。

Ayers et al.（2002，TAR）以及Lang and Shackelford（2000，JPE）分别对RRA1993和TRA1997作了研究，他们的实证证据支持传统观，即股利政策影响税收政策变化对股票价格影响的程度。Dhaliwal et al.（2003b，JAE）对这两项税改的综合研究也支持税收传统观。

21世纪初，供给学派思想卷土重来。2003年，美国总统布什签署了《2003年就业与增长税收减负调节法案》。该法案将股息税和长期资本利得税的税率降至15%，这是美国历史上股息税税率下降最大的一次。由于此次股息税削减具有一定的突然性，不久之后就有数篇文章以此次税收改革为研究对象。Auerbach and Hassett（2005）通过事件研究法估计了这次股息税税率变动对公司价值的影响，发现高股息率的公司要比其他公司获益更多。Auerbach and Hassett（2006）对他们前一年的研究作了拓展，进一步支持了这一论断。

然而，用美国2003年这次税收改革作为研究对象存在如下难以克服的问题：时间窗口的准确选择。这是因为，这次税收改革最初提议是在2003年1月7日，其后经历众议院通过日（5月9日）、参议院通过日（5月15日），直至5月28日布什总统签署生效。在这几个关键的日期都有作为事件窗口的有利条件与不利条件。

（二）针对其他主要经济体的研究

除美国之外，其他主要经济体在战后也出现了几次重要的税率变化。例如，加拿大在20世纪70年代初至80年代末近20年的时间内对股息税或资本利得税做了五次调整。1971年资本利得税首次引入，同时将低边际税率投资者的股息税税率调低，而将高边际税率投资者的股息税税率调高。1977年的修正案再次下调了所有应税投资者的股息税税率。1985年和1987年又分别引入和下调了资本利得税豁免。1986年加拿大的联邦预算又将股息税有效税率提高了大约9个百分点。Amoako-Adu（1983，JF）对1971年和1977年的两次变动的研究发现，股息率与股价变化之间存在显著的正相关关系。其后，Amoako-Adu et al.（1992，JBF）对1985年与1987年两次税改的研究得出相似的结论。McKenzie and Thompson（1995，CJE）将1986年加拿大股息税税率提高作为研究对象，他们发现高股息率的股票价格下降幅度明显大于低股息率的股票。

英国在 20 世纪 60 年代末也开始了一轮持续时间较长的税收改革。1965 年英国采用一项古典税收制度，开始引入资本利得税，对实现的资本利得征收 30% 的法定税率。1973 年英国保守党获得选举胜利后，将个人所得税与公司所得税整合以便减轻古典税制中对股利的歧视。前已述及，Poterba and Summers（1984，JF）对加权平均边际税率的计算发现，股息税和资本利得税都在 1965 年后出现明显下降趋势。他们通过对 1973 年这次税改的研究表明，税收在决定股息率与股票收益之间关系时扮演重要角色。Ang et al.（1991，JF）对 1969—1982 年英国的研究也表明，税收影响股利与资本利得之间的相对估价。1988 年英国又通过了《1988 年所得税与公司税法案》，此项法案被认为"等同于美国的《1986 年税收改革法案》"（Lasfer，1995，JF），其核心内容是缩减股息税与资本利得税的差距。前面提到，Lasfer（1995，JF）以此次法案为背景的研究表明税收在英国显著影响股票价格。

第三节 税收与纳税筹划

税收对企业而言是一项重要的成本，因此在现实经营中，企业十分注重纳税筹划。相应地，对企业纳税筹划行为的研究具有重要的实务含义与学术价值。历史上，许多重大的税制改革都和企业纳税筹划行为有关。例如，"作为美国税法历史上最大变革的《1986 年税收改革法案》就是因为证实公司存在避税行为而出台的"（Dyreng et al.，2008，TAR）。

在会计学文献中，纳税筹划（tax planning）等同于避税。例如，Rego（2003，CAR）表述："有效的纳税筹划（亦称避税）会降低税收支付的现值且一般会提高投资者的税后收益"，不过，"应重点强调的是，避税并不意味着企业有什么不恰当的行为。税法中有许多条款允许甚至鼓励企业减税"（Dyreng et al.，2008，TAR）。在会计学文献中，关于企业纳税筹划的研究主要有两个分支：第一，税收与盈余管理问题；第二，公司所得税避税问题。

一、税收与盈余管理

税收对企业来说是一笔大额支出，而会计盈余与应税收入之间存在很强的相关性。相应地，企业可能会有很强的动机通过盈余管理来降低税收总支出。正是在上述朴素的想法下，从 20 世纪 90 年代开始，有关税收与企业盈余管理行为之间关系的研究日益增多。在研究税收与盈余管理行为时，大多是利用税法导致的税率变动来动态观察企业盈余管理行为。

（一）基于美国 1986 年税收改革的研究

1986 年 10 月 22 日，美国总统里根签署了《1986 年税收改革法案》。该法案将公司所得税最高税率从 46% 降低到 34%。这意味着，"如果管理者以企业价值最大化为目标，那么就会降低税收成本，从而税率的变化会相当强地激励企业延期确认收入"（Guenther，1994，TAR）。Scholes et al.（1992，JAR）和 Guenther（1994，TAR）等文献正是以税改这一事件为背景研究企业面对税收政策变化时出现的盈余管理行为。

Scholes et al.（1992，JAR）提出，企业在预期税率会下降的情况下会递延确认收入，例如，推迟销售、增加研发费用支出、增加广告宣传支出等。同时，他们也意识到，"跨期转移应税收入面临很大的阻碍，这使得转移获得的收益是否足以抵偿障碍已经成为一个重要的经验问题"。他们发现，在美国1986—1988年企业税率递减的情况下，企业通常会把一年最后一个季度的销售收入推迟到下一年第一季度来确认。

Guenther（1994，TAR）同样对企业面对《1986年税收改革法案》出现的盈余管理行为作了研究。该研究的最大特点是融入了当时也是后续主流的测度盈余管理的方法之一，即关注会计应计的变化。会计应计改变了盈余的确认时间，而且包含了可控应计和非可控应计两部分。非可控应计由会计准则制定机构强制性规定，但是可控应计可以使管理者在不同的时期进行盈余转移。Guenther（1994，TAR）验证了几个假说，即1986年税率下调之前的企业当期应计与企业规模、管理者持股水平负相关，而与负债水平正相关。

（二）基于其他税率变化的研究

澳大利亚于1924年宣告对金矿开采免征所得税。1976年澳大利亚中央银行对澳元贬值17.5%（相对美元）。同时，国际黄金市场的黄金价格在20世纪70年代末80年代初出现了大幅攀升。上述因素导致澳大利亚黄金开采业蓬勃发展，毛利率达到100%。80年代金矿企业面临很大的政治压力要求去除其免税地位。1988年5月，澳大利亚宣布将去除金矿企业的免税地位。1991年1月1日法案生效。

Monem（2003，CAR）正是以这个事件为背景分析了税率变化过程中企业的盈余管理行为，并相应提出如下两个假设：

假设1：金矿企业从1985年6月至1988年5月期间进行调低盈余管理。

假设2：1988年6月至1990年12月金矿企业进行调高盈余管理。

为了检验这两个假设，他设计了如下检验模型：

$$\frac{AC_{i,t}}{TA_{i,t}} = \beta_0 + \beta_1 \left[\frac{\Delta REV_{i,t} - \Delta REC_{i,t}}{TA_{i,t}} \right] + \beta_2 \frac{PPE_{i,t}}{TA_{i,t}} + \beta_3 \frac{MPD_{i,t}}{TA_{i,t}} + \beta_4 D_1 + \beta_5 D_2 + \varepsilon_{i,t}$$

式中，AC表示总应计；ΔREV表示营业收入变化额；ΔREC表示应收账款变化额；TA表示总资产；PPE表示厂房、设备等固定资产净值；MPD表示资本化支出；D_1和D_2分别表示1985年6月至1988年5月哑变量和1988年6月至1990年12月哑变量；估计系数β_4和β_5应该分别为负值和正值。Monem（2003，CAR）的研究结果支持上述两个假设。

二、公司所得税避税

由于美国是以所得税为主体税制的国家，相应地以美国企业为样本的研究大多关注公司所得税避税行为。本部分主要介绍迄今学术研究对所得税避税行为的度量方法。

（一）有效税率法

税率作为计算税额的尺度是衡量税负轻重的重要指标，但是由于财务会计与所得税会计核算方法不同、税收优惠政策的实施以及补贴收入的存在，大多数企业法定税率与实际有效税率（effective tax rate，ETR）之间存在较大的差异。在此情况下，法定税率较难准确地衡量企业实际税负，而有效税率被认为可以较好地综合反映企业税负情况。

有效税率的研究通常分为两类，即对税收政策的公平性与效率性的研究。在研究公平性时通常使用平均有效税率，而研究效率性时通常使用边际有效税率。性质上的差异使得两种有效税率的测度方式也存在很大不同：平均有效税率的计算主要基于会计数据，而边际有效税率主要通过模拟测度；平均有效税率一般是回顾性的（即根据历史数据进行计算），而边际有效税率则是前瞻性的（即根据预测数据进行计算）。公平性研究关注的是税收负担的分布问题，而效率性研究则关注不同的税率对资源配置的影响。在早期的会计学文献中，有效税率的作用之一是反映企业在政治过程中的影响力。

近年来，在研究公司所得税避税行为方面也广泛使用有效税率作为避税程度的一个指标。Phillips（2003，TAR）直接用税收支出除以税前收入计算 ETR，并将之当作避税程度的指标。Rego（2003，CAR）也使用同样的计算方法。Dyreng et al.（2008，TAR）将 Phillips（2003，TAR）等使用的方法称为 GAAP ETR：

$$GAAP\ ETR_{i,t} = \frac{税收支出_{i,t}}{税前收入_{i,t}}$$

Dyreng et al.（2008，TAR）认为用 *GAAP ETR* 作为避税指标存在两个问题：第一，这是一个年度指标，年与年之间存在很大差别，而且税前收入如果为负值，则不能推断企业避税行为；第二，根据《所得税会计》（SFAS No.149），企业每年的税收支出包括当年税收支出与递延税，递延税代表了由于暂时性会税差异导致的将来要支付（或返还）的税。为了克服上述两点不足，他们使用现金有效税率（Cash ETR）度量避税行为：

$$Cash\ ETR_{i,t} = \frac{\sum_{i=1}^{N} 以现金形式支付的税_{i,t}}{\sum_{i=1}^{N}(税前收入_{i,t} - 特殊项_{i,t})}$$

式中，N 表示年份，这里使用 10 年的时间。

（二）会税差异法

会计上的利润总额与税法上的应税所得是不同的。美国企业报告给股东与美国证券交易委员会（SEC）的是依据 GAAP 计算出的账面利润（book income），而报告给美国国税局（IRS）的是应税利润。因此，部分研究（如 Manzon and Plesko，2002，TLR）使用会税差异（book-tax differences，BTD）作为企业避税程度的代理变量。由于外部人员不能从财务报表中直接观察到应税利润，因此，在计算会税差异时首先按照如下公式估计应税利润：当期所得税支出/法定税率。而后用会计利润减去估计的应税利润作为会税差异（BTD）。这种方法存在较大的度量偏差，如 BTD 可能受到企业盈余管理、税法、会计准则规定上的差异（暂时性差异与永久性差异）以及其他因素的影响（Graham et al.，2012，JAE），因此，直接用会税差异作为企业避税的指标并不理想。

为此，Desai and Dharmapala（2006，JFE）对会税差异法进行了改进。由于应税利润无法直接获得，需要使用可获取的数据进行估计。假设企业的税率是 τ，应税利润是 Y^T，相应的税收支出 $CFTE=\tau Y^T$。因此，企业估计的应税利润为：

$$\hat{Y}^T = \frac{CFTE}{\tau}$$

相应的会税差异为：

$$BT = Y^S - \hat{Y}^T$$

Desai and Dharmapala（2006，JFE）将研究样本限定在 $\hat{Y}^T > 0$ 的观测。更为重要的是，他们注意到会税差异作为企业避税的指标可能会受到公司盈余管理行为的影响，即会税差异能反映避税行为，但也可能包含盈余管理行为，因此应当将会税差异中不能由盈余管理解释的部分视为企业避税。Desai and Dharmapala（2006，JFE）使用总应计反映企业的盈余管理。

$$BT_{i,t} = \beta_1 TA_{i,t} + \mu_i + \varepsilon_{i,t}$$

式中，$BT_{i,t}$ 表示企业 i 在第 t 期的会计差异；$TA_{i,t}$ 表示企业 i 在第 t 期的总应计，BT 和 TA 都除以企业上一年度的资产总值；μ_i 表示企业 i 在样本期残差的平均值；$\varepsilon_{i,t}$ 表示企业 i 在第 t 期偏离残差 μ_i 的程度。相应地，Desai and Dharmapala（2006，JFE）认为 $TS_{i,t} = \mu_i + \varepsilon_{i,t}$ 是总应计变动（反映盈余管理）不能解释的会税差异，从而可以视作企业避税的指标。由于 Desai and Dharmapala（2006，JFE）使用固定效应面板数据回归，使得 μ_i 消失，而残差 $\varepsilon_{i,t}$ 成为度量避税的最终指标。

Frank et al.（2009，TAR）的度量方法与 Desai and Dharmapala（2006，JFE）不同，他们关注的是会税差异中不能用经济变量解释的残差，并将其当作企业避税的指标。Frank et al.（2009，TAR）的避税核心度量模型如下：

$$PERMDIFF_{i,t} = \alpha_0 + \alpha_1 INTANG_{i,t} + \alpha_2 UNCON_{i,t} + \alpha_3 MI_{i,t} + \alpha_4 CSTE_{i,t} \\ + \alpha_5 \Delta NOL_{i,t} + \alpha_6 LAGPERM_{i,t} + \varepsilon_{i,t}$$

式中，$PERMDIFF$ 表示会税差异减去暂时性会税差异；$INTANG$ 表示商誉和其他无形资产；$UNCON$ 表示权益法下会计利润；MI 表示少数股东收入；$CSTE$ 表示当期州所得税支出；ΔNOL 表示净经营税损结转（loss carryforwards）变化额；$LAGPERM$ 表示上一年 $PERMDIFF$；残差项 ε 就是估算的避税程度指标。

（三）直接识别法

无论是有效税率法还是会税差异法都属于间接性指标，都存在较为明显的度量误差。与以往的研究不同，Graham and Tucker（2006，JFE）使用更为直接反映企业避税行为的方法，即识别出那些确定存在避税行为的公司。他们的样本共包括 44 家这样的公司。随后有研究（如 Lanis and Richardson，2011，JAPP）也使用类似的方法。

（四）预测模型法

直接识别法虽然能较准确反映企业避税，但毕竟样本有限。Wilson（2009，TAR）基于现实中 33 起确认发生过避税的公司观测作为研究对象，构建了一个基于财税指标的企业避税行为的预测模型。模型的具体表述如下：

$$Tax\ avoidance = -4.86 + 5.20 \times BTD + 4.08 \times |DAP| - 1.41 \times LEV + 0.76 \times AT \\ + 3.51 \times ROA + 1.72 \times Foreign\ Income + 2.43 \times R\&D$$

式中，BTD 表示会税差异；$|DAP|$ 表示可控应计的绝对值；LEV 是长期债务与总资产之间的比值；AT 表示总资产的对数；ROA 表示税前盈余除以总资产；$Foreign\ Income$ 为哑变量，当公司报告境外收入时其值为 1，否则为 0；$R\&D$ 等于研发支出除以前期总资产。Wilson 的预测模型显示，$Tax\ avoidance$ 的分值越高，企业避税的可能性越大。Lisowsky（2010，TAR）对 Wilson（2009，TAR）的模型做了拓展，加入了更多的预测因素。

（五）多种方法的综合使用

现有的企业避税行为的度量指标单独来看都存在各自的局限，因此，近年来的一些经验研究为了使结果更为稳健，大多同时使用若干指标。例如，Chen et al.（2010，JFE）同时使用了 GAAP 有效税率、现金有效税率、Manzon and Plesko（2002，TLR）的会税差异、Desai and Dharmapala（2006，JFE）等几个度量企业避税程度的指标。Kim et al.（2011，JFE）的研究则使用了 Wilson（2009，TAR）的预测模型指标、现金有效税率以及 BTD 等避税指标。

本章结语

对于税收问题的研究离不开研究对象所处的税收制度环境。各个国家或地区在税制上存在较大差异。本文回顾的方法主要来自基于美国税制的研究。美国是以所得税为主的国家，相应地，税收问题研究几乎关注的都是所得税。中国是以流转税为主的国家，尤其是对企业来说，流转税的经济效应可能会更强，这使得我们在税收问题的研究过程中，除了借鉴国际的方法之外，更应努力开发适合中国税制环境的研究方法。

此外，税收又是诸多学科（经济学、会计学、金融学、财政学、法学）共同关注的焦点问题，这使得交叉学科研究成为可能，也是必要的。Shackelford and Shevlin（2001，JAE）在回顾会计学中的经验税收文献之后，也"鼓励会计学者与经济学和金融学中的税收研究者共同开展研究"。

本章参考文献

Abrutyn, S., and R. Turner. Taxes and Firm's Dividend Policies: Survey Results. *National Tax Journal*, 1990 (43): 491-496.

Allen, F., and R. Michaely. Payout Policy. In: G. M. Constantinides, M. Harris, and R. Stulz (eds.). *North Holland Handbook of the Economics of Finance*. Amsterdam: Elsevier Science B. V.,

2003.

Amoako-Adu, B. The Canadian Tax Reform and Its Effect on Stock Prices: A Note. *Journal of Finance*, 1983 (38): 1669-1676.

Amoako-Adu, B., M. Rashid, and M. Stebbins. Capital Gains Tax and Equity Values: Empirical Test of Stock Price Reaction to the Introduction and Reduction of Capital Gains Tax Exemption. *Journal of Banking and Finance*, 1992 (16): 275-287.

Ang, J., D. Blackwell, and W. Megginson. The Effects of Taxes on the Relative Valuation of Dividends and Capital Gains: Evidence from Dual-Class British Investment Trusts. *Journal of Finance*, 1991 (46): 383-400.

Auerbach, A., and K. Hassett. The 2003 Dividend Tax Cuts and the Value of the Firm. Working Paper, NBER, 2005.

Auerbach, A., and K. Hassett. Dividend Taxation and Firm Valuation: New Evidence. Working Paper, NBER, 2006.

Ayers, B., C. Cloyd, and J. Robinson. The Effect of Shareholder-Level Dividend Taxes on Stock Prices: Evidence from the Revenue Reconciliation Act of 1993. *The Accounting Review*, 2002 (77): 933-947.

Barclay, M. Dividends, Taxes, and Common Stock Prices: The Ex-Dividend Day Behavior of Common Stock Price before the Income Tax. *Journal of Financial Economics*, 1987 (14): 31-44.

Ben-Horim, M., S. Hochman, and O. Palmon. The Impact of the 1986 Tax Reform Act on Corporate Finance Policy. *Financial Management*, 1987 (16): 29-35.

Bernard, V. The Felthan-Ohlson Framework: Implications for Empiricists. *Contemporary Accounting Research*, 1995 (11): 733-747.

Black, F. The Dividend Puzzle. *Journal of Portfolio Management*, 1976 (2): 5-8.

Black, F., and M. Scholes. The Effects of Dividend Yield and Dividend Policy on Common Stock Prices and Returns. *Journal of Financial Economics*, 1974 (1): 1-22.

Bolster, P., and V. Janjigian. Dividend Policy and Valuation Effects of the Tax Reform Act of 1986. *National Tax Journal*, 1991 (44): 511-518.

Booth, L., and D. Johnston. The Ex-Dividend Day Behavior of Canadian Stock Price: Tax Change and Clientele Effects. *Journal of Finance*, 1984 (39): 457-476.

Brav, A., J. Graham, C. Harvey, and R. Michaely. The Effect of the May 2003 Dividend Tax Cut on Corporate Dividend Policy: Empirical and Survey Evidence. *National Tax Journal*, 2008 (61): 381-396.

Brennan, M. Taxes, Market Valuation and Financial Policy. *National Tax Journal*, 1970 (23): 417-429.

Brown, J., N. Liang, and S. Weisbenner. Executive Financial Incentives and Payout Policy: Firm Responses to the 2003 Dividend Tax Cut. *Journal of Finance*, 2007 (62): 1935-1965.

Callaghan, S., and C. Barry. Tax-Induced Trading of Equity Securities: Evidence from the ADR Market. *Journal of Finance*, 2003 (58): 1583-1611.

Campbell, J., and W. Beranek. Stock Price Behavior on Ex-Dividend Dates. *Journal of Finance*, 1955 (10): 425-429.

Casey, K., D. Anderson, H. Mesak, and R. Dickens. Examining the Impact of the 1986 Tax Reform Act on Corporate Dividend Policy: A New Methodology. *Financial Review*, 1999 (34): 33-46.

Chen, S., X. Chen, Q. Cheng, and T. Shevlin. Are Family Firms More Tax Aggressive than Non-Family Firms?. *Journal of Financial Economics*, 2010 (95): 41-61.

Chetty, R., and E. Saez. Dividend Taxes and Corporate Behavior: Evidence from the 2003 Dividend

Tax Cut. *Quarterly Journal of Economics*, 2005 (120): 791-833.

Collins, J., and D. Kemsley. Capital Gains and Dividend Taxes in Firm Valuation: Evidence of Triple Taxation. *The Accounting Review*, 2000 (75): 405-427.

Desai, M., and D. Dharmapala. Corporate Tax Avoidance and High-powered Incentives. *Journal of Financial Economics*, 2006 (79): 145-179.

Dhaliwal, D., M. Erickson, M. Frank, and M. Banyi. Are Shareholder Dividend Taxes on Corporate Retained Earnings Impounded in Equity Prices? Additional Evidence and Analysis. *Journal of Accounting and Economics*, 2003a (35): 179-200.

Dhaliwal, D., O. Li, and R. Trezevant. Is a Dividend Tax Penalty Incorporated into the Return on a Firm's Common Stock? *Journal of Accounting and Economics*, 2003b (35): 155-178.

Durand, D. Cost of Debt and Equity Funds for Business: Trends and Problems of Measurement. Conference on Research in Business Finance, 1952: 147-215.

Durand, D., and A. May. The Ex-Dividend Behavior of American Telephone and Telegraph Stock. *Journal of Finance*, 1960 (15): 19-31.

Dyreng, S. D., M. Hanlon, and E. Maydew. Long-run Corporate Tax Avoidance. *The Accounting Review*, 2008 (83): 61-82.

Elton, E., and M. Gruber. Marginal Stockholder Tax Rates and the Clientele Effect. *Review of Economics and Statistics*, 1970 (52): 68-74.

Fama, E., and K. French. Taxes, Financing Decisions, and Firm Value. *Journal of Finance*, 1998 (53): 819-843.

Farrar, D., and L. Selwyn. Taxes, Corporate Financial Policy, and Returns to Investors. *National Tax Journal*, 1967 (20): 444-454.

Feltham, G., and J. Ohlson. Valuation and Clean Surplus Accounting for Operating and Financial Activities. *Contemporary Accounting Research*, 1995 (11): 689-731.

Frank, M. M., L. J. Lynch, and S. Rego. Tax Reporting Aggressiveness and Its Relation to Aggressive Financial Reporting. *The Accounting Review*, 2009 (84): 467-496.

Givoly, D., C. Hahn, A. Ofer, and O. H. Sarig. Taxes and Capital Structure: Evidence from Firms' Response to the Tax Reform Act of 1986. *Review of Financial Studies*, 1992 (5): 331-355.

Gordon, R., and L. Young. Do Taxes Affect Corporate Debt Policy? Evidence from U. S. Corporate Tax Return Data. *Journal of Public Economics*, 2001 (82): 195-224.

Graham, J. Taxes and Corporate Finance: A Review. *Review of Financial Studies*, 2003 (16): 1074-1128.

Graham, J., J. Raedy, and D. Shackelford. Research in Accounting for Income Taxes. *Journal of Accounting and Economics*, 2012 (53): 412-434.

Graham, J., and A. Tucker. Tax Shelters and Corporate Debt Policy. *Journal of Financial Economics*, 2006 (81): 563-594.

Guenther, D. Earnings Management in Response to Corporate Tax Rate Changes: Evidence from the 1986 Tax Reform Act. *The Accounting Review*, 1994 (69): 230-243.

Han, K. The Effect of the 1986 Tax Reform Act on Ex-Dividend Day Return Behavior. *Journal of Financial Research*, 1994 (17): 175-186.

Hanlon, M., and S. Heitzman. A Review of Tax Research. *Journal of Accounting and Economics*, 2010 (50): 127-178.

Hanlon, M., J. Myers, and T. Shevlin. Dividend Taxes and Firm Valuation: A Re-Examination. *Journal of Accounting and Economics*, 2003 (35): 119-153.

Harris, T., T. Hubbard, and D. Kemsley. The Share Price Effects of Dividend Taxes and Tax Imputation Credits. *Journal of Public Economics*, 2001 (79): 569-596.

Harris, T., and D. Kemsley. Dividend Taxation in Firm Valuation: New Evidence. *Journal of Accounting Research*, 1999 (37): 275-291.

Kim, J., Y. Li, and L. Zhang. Corporate Tax Avoidance and Stock Price Crash Risk: Firm-Level Analysis. *Journal of Financial Economics*, 2011 (100): 639-662.

Jang, H. The Market Reaction to the 1986 Tax Reform Overhaul: A Study of the Capital Gain Tax Change. *Journal of Business Finance and Accounting*, 1994 (21): 1179-1193.

Lakonishok, J., and T. Vermaelen. Tax Reform and Ex-Dividend Day Behavior. *Journal of Finance*, 1983 (38): 1157-1179.

Lang, M., and D. Shackelford. Capitalization of Capital Gains Taxes: Evidence from Stock Price Reactions to the 1997 Rate Reductions. *Journal of Public Economics*, 2000 (76): 69-85.

Lanis, R., and G. Richardson. The Effect of Board of Director Composition on Corporate Tax Aggressiveness. *Journal of Accounting and Public Policy*, 2011 (30): 50-70.

Lasfer, M. Ex-Day Behavior: Tax or Short-Term Trading Effects. *Journal of Finance*, 1995 (50): 875-897.

Lisowsky, P. Seeking Shelter: Empirically Modeling Tax Shelters Using Financial Statement Information. *The Accounting Review*, 2010 (85): 1693-1720.

Litzenberger, R., and K. Ramaswamy. The Effect of Personal Taxes and Dividends on Capital Asset Prices: Theory and Market Equilibrium. *Journal of Financial Economics*, 1979 (7): 163-195.

Litzenberger, R., and K. Ramaswamy. Dividends, Short Selling Restrictions, Tax-Induced Investor Clienteles and Market Equilibrium. *Journal of Finance*, 1980 (35): 469-482.

Litzenberger, R., and K. Ramaswamy. The Effect of Dividends on Common Stock Prices: Tax Effects or Information Effects?. *Journal of Finance*, 1982 (37): 429-443.

Manzon, G., and G. Plesko. The Relation between Financial and Tax Reporting Measures of Income. *Tax Law Review*, 2002 (55): 175-214.

McKenzie, K., and A. Thompson. Dividend Taxation and Equity Value: The Canadian Tax Change of 1986. *Canadian Journal of Economics*, 1995 (28): 463-472.

Means, D., C. Charoenwong, and Y. Kang. Changing Dividend Polices Caused by the Tax Reform Act of 1986: An Empirical Analysis. *Journal of Economics and Finance*, 1992 (16): 153-160.

Michaely, R. Ex-Dividend Day Stock Price Behavior: The Case of the 1986 Tax Reform Act. *Journal of Finance*, 1991 (46): 845-859.

Miller, M. Debt and Taxes. *Journal of Finance*, 1977 (32): 261-275.

Modigliani, F., and M. H. Miller. The Cost of Capital, Corporate Finance and the Theory of Investment. *American Economic Review*, 1958 (48): 261-297.

Modigliani, F., and M. H. Miller. Corporate Income Taxes and the Cost of Capital: A Correction. *American Economic Review*, 1963 (53): 433-443.

Monem, R. Earnings Management in Response to the Introduction of the Australian Gold Tax. *Contemporary Accounting Research*, 2003 (20): 747-774.

Ohlson, J. Earnings, Book Values, and Dividends in Equity Valuation. *Contemporary Accounting Research*, 1995 (11): 661-687.

Papaioannou, G., and C. Savarese. Corporate Dividend Policy Response to the Tax Reform Act of

1986. *Financial Management*, 1994 (23): 56–63.

Phillips, J. D. Corporate Tax-Planning Effectiveness: The Role of Compensation-based Incentives. *The Accounting Review*, 2003 (78): 847–874.

Poterba, J., and L. Summers. New Evidence That Taxes Affect the Valuation of Dividends. *Journal of Finance*, 1984 (39): 1397–1415.

Rego, S. Tax Avoidance Activities of U. S. Multinational Corporations. *Contemporary Accounting Research*, 2003 (20): 805–833.

Robin, A. The Impact of the 1986 Tax Reform Act on Ex-Dividend Day Returns. *Financial Management*, 1991 (20): 60–70.

Scholes, M., G. Wilson, and M. Wolfson. Firms' Responses to Anticipated Reductions in Tax Rates: The Tax Reform Act of 1986. *Journal of Accounting Research*, 1992 (30): 161–185.

Shackelford, D. A., and T. Shevlin. Empirical Tax Research in Accounting. *Journal of Accounting and Economics*, 2001 (31): 321–387.

Siddiqi, M. Ex-Dividend Returns and the Tax Reform Act of 1986. *Financial Review*, 1997 (32): 71–86.

Wilkinson, B. *Testing "New" and Traditional Views on Dividend Taxation in a Integrated Tax Setting*. P. h. D. dissertation, Texas Tech University, 2002.

Wilson, R. J. An Examination of Corporate Tax Shelter Participants. *The Accounting Review*, 2009 (84): 969–999.

Wu, C. Taxes and Dividend Policy. *International Review of Economics and Finance*, 1996 (5): 291–305.

Wu, C., and J. Hsu. The Impact of the 1986 Tax Reform on Ex-Dividend Day Volume and Price Behavior. *National Tax Journal*, 1996 (49): 177–192.

第十七章 公司治理领域的研究方法应用

本章大纲

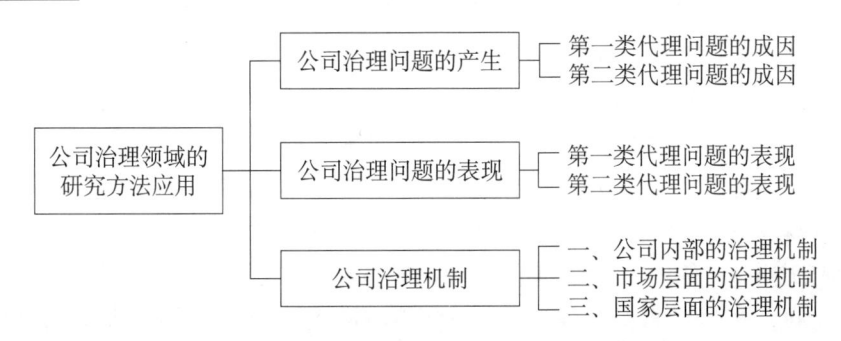

- 公司治理领域的研究方法应用
  - 公司治理问题的产生
    - 第一类代理问题的成因
    - 第二类代理问题的成因
  - 公司治理问题的表现
    - 第一类代理问题的表现
    - 第二类代理问题的表现
  - 公司治理机制
    - 一、公司内部的治理机制
    - 二、市场层面的治理机制
    - 三、国家层面的治理机制

> 财务会计系统既为公司治理机制的有效运行提供各种信息保障（Armstrong et al., 2010, JAE），又是既定公司治理机制下的产物（Carcello et al., 2011, AJPT），使得会计学研究与公司治理研究之间具有密不可分的联系。基于公司治理视角的会计学研究对于全面理解会计信息的质量特征（Sloan, 2001, JAE），及会计信息与资源配置效率的关系（Bushman and Smith, 2001, JAE）具有关键作用。因此，运用恰当的研究方法考察公司治理领域的基本问题，对于推进和深化会计学研究，了解并发挥会计信息的经济价值尤为重要。本章主要围绕公司治理问题的产生、公司治理问题的表现及公司治理机制等重要主题，探讨研究方法在公司治理研究领域文献中的具体应用。

第一节 公司治理问题的产生

公司治理问题是伴随着现代公司组织形式的出现而形成的，与代理问题的产生密不可分。现有文献根据利益冲突主体关系的不同，主要将代理问题分为两大类：第一类代理问题主要探讨股东与经理人的代理冲突；第二类代理问题主要研究大股东与中小股东之间的利益关系。为降低不同利益关系主体之间的代理成本，公司治理的需求应运而生。本节基于上述两类代理问题的划分，从代理问题成因的视角，讨论检验公司治理产生原因的实证研究方法。

一、第一类代理问题的成因

第一类代理问题产生的核心在于当股权较为分散时，公司的经营权和所有权之间发生的分离。在 Jensen and Meckling（1976，JFE）提出的委托-代理理论的框架下，当经理人对公司的现金流不拥有完全的所有权时，就会发生经理人为追求个人私利而损害公司价值的行为。

研究者通常通过如下考察内部人持股与公司价值之间的关系的基本模型来检验由经营权和所有权分离引发的第一类代理成本。

$$Firm\ Value = \beta_0 + \beta_1 Inside\ Hold + \lambda\ Control\ Variables + \varepsilon$$

式中，$Firm\ Value$ 代表公司价值，通常用 Tobin's Q（Morck et al.，1988，JFE；McConnell and Servaes，1990，JFE；Himmelberg et al.，1999，JFE）衡量；$Inside\ Hold$ 代表内部人（通常界定为管理层和董事会成员）的持股比例，为内部人的持股数量与上市公司发行股份总量的比值。如果内部人持股比例与公司价值显著正相关，则在一定程度上表明经营权和所有权的分离是导致第一类代理问题出现、降低公司价值的重要原因。

在具体的实证检验中，大多数研究发现，内部人持股比例与公司价值之间并未呈现以往文献（Berle and Means，1932；Jensen and Meckling，1976，JFE）描述的单调递增关系。除了"利益协同效应"（alignment effect），内部人持股还会存在"壕沟防御效应"（entrenchment effect）[①]，对公司价值产生影响（Demsete，1983，JLE；Fama and Jensen，1983，JLE；Stulz，1988，JFE）。为了度量二者之间的非线性关系，现有研究主要采用两种方法：

第一，分段线性回归（piecewise linear regressions）方法。Morck et al.（1988，JFE）将董事会的持股比例按照如下方法分解为三个变量 BRD_0to5，BRD_5to25 和 BRD_over25。

BRD_0to5 ＝董事的持股比例，如果董事会持股比例＜5％
　　　　　＝0.05，如果董事会持股比例≥5％

BRD_5to25 ＝0，如果董事会持股比例＜5％
　　　　　＝董事会持股比例－0.05，如果 25％＞董事会持股比例≥5％
　　　　　＝0.2，如果董事会持股比例≥25％

BRD_over25 ＝0，如果董事会持股比例＜25％
　　　　　　＝董事会持股比例－0.25，如果董事会持股比例≥25％

假设某公司董事会的持股比例为 27％，则 BRD_0to5 取值 5％，BRD_5to25 取值

[①] 壕沟防御效应是指当经理人持有一定比例的股份时，能利用手中的控制权削弱公司治理机制的约束，增强其获得控制权追逐私有收益的动机及实施机会主义行为的能力，对公司绩效产生不利影响。

20%，BRD_over25 取值 2%。通过上述划分，可以考察在不同持股区间内，董事会持股比例变化对公司价值不同的线性影响。

第二，在回归方程中引入内部人持股比例的二次项（McConnell and Servaes，1990，JFE），构建如下模型：

$$Firm\ Value = \beta_0 + \beta_1 Inside\ Hold + \beta_2 (Inside\ Hold)^2 + \lambda Control\ Variables + \varepsilon$$

二、第二类代理问题的成因

La Porta et al. (1999，JF) 发现除美国和英国等少数几个国家外，世界上大部分国家和地区的公司股权不是分散的而是相当集中的。在股权相对集中的公司中，通常存在较为复杂的股权结构，如金字塔结构（pyramids）、双重股权（dual-classes of shares）及交叉持股（cross-shareholding）等，导致控股股东的现金流权（cash flow right）与控制权（control right）发生分离。在这种情况下，控股股东有动机利用控制权追逐私有收益，侵害中小股东利益。

研究者通常通过考察现金流权和控制权的分离程度与公司价值之间的关系来验证第二类代理问题的成因（Claessens et al.，2002，JF）。基本实证模型如下：

$$Firm\ Value = \beta_0 + \beta_1 Ownership + \beta_2 Separation + \lambda Control\ Variables + \varepsilon$$

式中，$Firm\ Value$ 代表公司价值，为权益市场价值与负债及优先股账面价值之和与资产账面价值之比；$Ownership$ 代表控股股东的现金流权比例；$Separation$ 代表控股股东控制权与现金流权的分离程度。

Claessens et al. (2002，JF) 主要采用三种方式对 $Separation$ 进行度量，具体如下：(1) 连续变量 control minus ownership，即控股股东控制权与现金流权的差额；(2) 哑变量 control exceeds ownership，若控股股东控制权与现金流权的差额大于 0，取值为 1，否则为 0；(3) 哑变量 control exceeds ownership high，在存在控制权与现金流权分离的样本中，若二者之差位于样本中位数之上，取值为 1，否则为 0。如果回归系数 β_2 显著为负，则表明控股股东控制权与现金流权的分离是导致第二类代理问题出现、侵蚀公司价值的重要原因。

验证第二类代理问题成因的关键是合理量化控股股东的现金流权及控制权。这里涉及两个关键问题：一是追溯控股股东；二是分别计算其现金流权和控制权。下面参考 La Porta et al. (1999，JF) 的研究方法，通过简单举例对上述两个问题进行讨论。

1. 控股股东的追溯

第二类代理问题研究中的控股股东指的是企业的终极控制人，即最终掌握企业投票权的所有权人。为了保证控股股东的有效控制，需要对其拥有公司的投票权设定一个阈值。参考主流文献（La Porta et al.，1999，JF；Claessens et al.，2000，JFE），这里将阈值设置为 20% 时，即当所有权人直接或间接持有某一公司的投票权达到或超过 20% 时，认定其对该公司拥有控制权。

假设公司 B 直接持有上市公司 A 的 25% 的投票权，个人投资者 C 直接持有公司 B 的 19% 的投票权，如图 17-1 所示。由于个人投资者 C 持有公司 B 的投票权不足 20% 的阈值，按照界定，其不足以对公司 B 施加直接的有效控制，自然也无法实现对上市公司 A

的间接控制。此时，上市公司 A 的实际控制人为公司 B 而非个人 C。

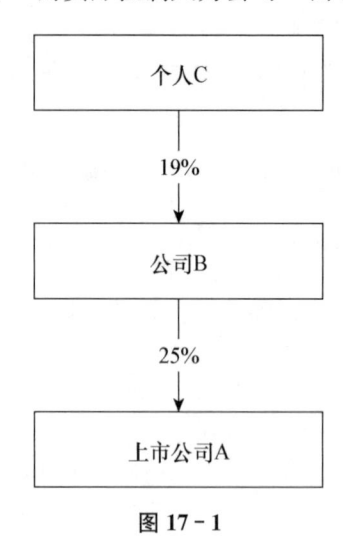

图 17-1

2. 控股股东现金流权及控制权的计算

现金流权指的是控股股东直接和间接拥有的现金流权之和，其中，间接拥有的现金流权为控股股东对被控制公司形成的各控制链条中持股比例之和。即

$$Cash\ Flow\ Right = DCFR + \sum_{i=1}^{n}\prod_{j=1}^{m} Ownership_{i,j},\ m > 1$$

式中，DCFR 表示控股股东对被控制公司的直接持股比例；n 表示间接控制链的数量；m 表示某一控制链的层级数量；$Ownership_{i,j}$ 表示控股股东对第 i 条控制链上第 j 个层级的持股比例。

控制权指的是控股股东直接和间接拥有的投票权之和，其中，间接拥有的投票权为控股股东对被控制公司形成的各控制链条中最小投票权之和。即

$$Control\ Right = DCR + \sum_{i=1}^{n} Min_i (CR_{i,1}, CR_{i,2}, \cdots, CR_{i,j}),\ 1 < j \leqslant m$$

式中，DCR 表示控股股东对被控制公司的直接投票权（绝大多数情况下等于持股比例）；n 表示间接控制链的数量；m 表示某一控制链的层级数量；$CR_{i,j}$ 表示控股股东对第 i 条控制链上第 j 个层级的投票权（绝大多数情况下等于持股比例）。

下面以图 17-2 为例对上市公司 A 终极控制人的现金流权比例及控制权比例进行计算。图 17-2 中，终极控制人 D 通过三条控制链对上市公司 A 进行控制，包括一条直接控制链（D—A），两条间接控制链（D—B—A）和（D—C—A）。

（1）现金流权的计算：

控制链（D—A）的现金流权：5%

控制链（D—B—A）的现金流权：20%×25%＝5%

控制链（D—C—A）的现金流权：25%×5%＝1.25%

则 D 对 A 的现金流量权＝5%＋5%＋1.25%＝11.25%。

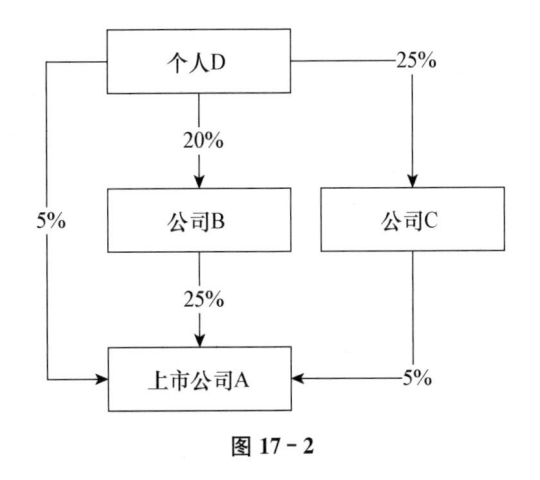

```
         ┌─────────┐
    ┌────│  个人D   │────25%────┐
    │    └─────────┘           │
    │        │20%              ▼
   5%        ▼              ┌──────┐
    │    ┌──────┐           │ 公司C │
    │    │ 公司B │           └──────┘
    │    └──────┘              │
    │        │25%              │
    │        ▼                 │
    │    ┌────────┐            │
    └───▶│ 上市公司A│◀───5%─────┘
         └────────┘
```

图 17-2

（2）控制权的计算：

控制链（D—A）的投票权：5%

控制链（D—B—A）的投票权：Min(20%，25%)=20%

控制链（D—C—A）的投票权：Min(25%，5%)=5%

则 D 对 A 的控制权=5%+20%+5%=30%。

（3）控制权与现金流权的分离程度=30%－11.25%=18.75%。

第二节 公司治理问题的表现

上一节的内容主要基于经营权与所有权的分离，以及控制权和现金流权的分离，分别从第一类和第二类代理问题成因的视角介绍现有公司治理领域相关研究的由来。在验证的过程中，因变量主要借鉴 Jensen and Meckling（1976，JFE）的思路，即代理问题将导致企业价值的损失，用企业价值的差异衡量公司代理问题的严重程度。一个值得关注的问题是，代理人究竟通过何种方式侵害了企业价值？换句话说，在公司治理不健全的情况下，代理人的逆向选择及道德风险具体表现在哪些方面？显然，在两类代理问题下，公司治理问题的表现形式存在明显差异。本节主要探讨公司治理领域的相关研究在两类代理理论的框架下，如何对代理成本进行具体的衡量。

一、第一类代理问题的表现

现有研究主要从经理人代理行为造成的企业经营效率损失及获得的经理人私人收益视角对第一类代理成本进行刻画。

（一）企业经营效率损失视角

Ang et al.（2000，JF）是这一度量方法的开创者，他们分别从管理层对经营性费用的有效控制程度及其对资产的运营效率维度衡量管理层与股东之间存在的代理成本。后续大量研究也延续这一方法对第一类代理成本进行度量（Singh and Davidson Ⅲ，2003，JBF；Fleming et al.，2005，PBFJ）。

1. 费用率

Ang et al.(2000，JF) 将经营性费用视为经理人代理成本的直接表现，因为这些费用的消耗反映了经理人在支配公司资源上的自由裁量权的大小，包括经理人高额的在职消费及其他不具有实际商业价值的支出。其定义的经营性费用＝总费用－营业成本－利息支出－经理人薪酬。同时，利用公司年度销售额对经营性费用进行标准化，以便于该指标在不同企业之间进行横截面的比较。

Singh and Davidson Ⅲ (2003，JBF) 对这一指标进行了改进，他们聚焦于销售及管理费用 (selling, general and administrative expenses) 而非全部经营性费用。他们认为高额的销售及管理费用更能够反映经理人的自由裁量性支出，包括用于豪华办公室的建造与装修、高档汽车及其他类似享乐设备上的费用等。

国内许多学者借鉴这一思路，主要采用管理费用率，即管理费用与营业总收入的比值衡量经理人与股东之间的代理冲突。

2. 总资产周转率

Ang et al.(2000，JF) 将资产转化为收入的效率损失视为经理人与股东代理成本的另一个重要体现。他们将这些成本归结于经理人做出了对股东不利的投资决策（投资于净现值为负的项目）、经理人的懈怠（没有为企业创收投入足够的精力）、经理人为了追求个人效用购买了过多的非生产性资产等。因此，总资产周转率（营业收入与总资产的比值）越低，经理人与股东之间的代理冲突越严重。

(二) 经理人私人收益视角

1. 薪酬业绩敏感性

在股东与经理人利益不完全一致时，将经理人的薪酬与企业业绩等增加股东财富的指标相挂钩，是调和二者冲突的一种重要机制。当经理人的薪酬与业绩的相关性较弱时，经理人更容易为了追求个人私利而做出损害企业价值的决策 (Jensen and Murphy, 1990, JPE)。现有研究主要从薪酬水平及薪酬变化与企业业绩之间的关系界定薪酬绩效敏感性 (Jensen and Murphy, 1990, JPE; Firth et al., 2006, JCF; Conyon and He, 2011, JCF)。具体模型如下：

$$Pay = \beta_0 + \beta_1 PERF + \lambda Control\ Variables + \varepsilon \qquad (17-1)$$
$$\Delta Pay = \beta_0 + \beta_1 \Delta PERF + \lambda Control\ Variables + \varepsilon \qquad (17-2)$$

式 (17-1) 的被解释变量 Pay 通常为经理人薪酬总额的自然对数；$PERF$ 代表企业绩效，学者们通常利用会计业绩指标（总资产收益率 ROA、销售利润率 ROS、净资产收益率 ROE 等）和市场收益指标（年度个股原始收益率 RET、超额收益率 $ABRET$ 等）进行衡量；β_1 越大，代表经理人的薪酬业绩敏感性越强。

在式 (17-2) 中，被解释变量 ΔPay 为经理人薪酬原始值的一阶差分 (Jensen and Murphy, 1990, JPE; Firth et al., 2006, JCF)；$\Delta PERF$ 通常为营业利润或者净利润的一阶差分（基于会计业绩指标衡量企业业绩），或企业市值的变化额，即上一期的企业价值 V_{t-1} 与当年股票年度收益率 RET_t 的乘积（基于市场收益指标衡量企业业绩）。若被解释

变量 ΔPay 为经理人薪酬自然对数的一阶差分（Conyon and He，2011，JCF），$\Delta PERF$ 通常为 ROA 等相对业绩指标的一阶差分，或企业市值自然对数的一阶差分，即连续复利情况下股票的年度收益率。β_1 越大，代表经理人的薪酬业绩敏感性越强。

2. 薪酬黏性

大量研究发现，经理人薪酬与企业业绩之间的关系并不是线性的，存在黏性特征，即公司业绩下滑时高管薪酬的下降幅度小于公司业绩上升时高管薪酬的上升幅度（Gaver and Gaver，1998，TAR；Matsunaga and Park，2001，TAR）。

现有研究主要采用两类模型对经理人的薪酬黏性进行检验。第一类是在检验经理人薪酬业绩敏感性模型的基础上，加入业绩坏消息哑变量 D，及企业业绩与 D 的交乘项（Leone et al.，2006，JAE）。

以式（17-2）中被解释变量 ΔPay 为经理人薪酬自然对数的一阶差分为例，检验经理人薪酬黏性的实证模型如下：

$$\Delta Pay = \beta_0 + \beta_1 D + \beta_2 \Delta PERF + \beta_3 D \times \Delta PERF + \lambda Control\ Variables + \varepsilon$$

式中，企业业绩坏消息哑变量 D 取值为 1 可以包括多种情形：当以会计指标衡量企业绩效时，可将坏消息界定为会计收益率降低，或会计收益的增加（降低）低于（高于）市场的一致性预期，或会计收益率为负等；当以市场指标衡量企业绩效时，可将坏消息界定为股票年超额收益为负值，或股票年度原始收益率为负值等。在该模型中，若 β_3 显著为负，则表明与业绩上升时相比，经理人在业绩不佳时薪酬下降的幅度更大，其薪酬存在黏性。β_3 的负向幅度越大，经理人的薪酬黏性越大。

第二类模型以 Gaver and Gaver（1998，TAR）及 Jackson et al.（2008，JAPP）的研究为代表，具体设置如下：

$$Pay = \beta_0 + \beta_1 PERF^+ + \beta_2 PERF^- + \lambda Control\ Variables + \varepsilon$$

式中，Pay 通常为经理人薪酬总额的自然对数；当企业业绩 $PERF$（以 ROA 为例）为正数时，$PERF^+$（ROA^+）取值为 $PERF$（ROA），否则 $PERF^+$（ROA^+）取值为 0；类似地，当企业业绩 $PERF$（以 ROA 为例）为负数时，$PERF^-$（ROA^-）取值为 $PERF$（ROA），否则 $PERF^-$（ROA^-）取值为 0。此时，比较回归系数 β_1 与 β_2 的大小，若 β_1 显著大于 β_2，则表明经理人的薪酬存在黏性。二者差额越大，经理人的薪酬黏性越大。

3. 超额薪酬

正如 Bebchuk and Fried（2003，JEP）指出的，经理人薪酬契约的设计过程本身就可能是代理问题的产物，经理人可以利用手中的权力和影响寻租而获得超过公平谈判所得的收入，即超额薪酬。支付给经理人的超额薪酬将降低企业业绩，损害股东价值（Core et al.，1999，JFE）。现有研究通常先通过回归模型估计经理人应当获得的合理的薪酬水平，随后将其与实际薪酬比较，二者之差即回归模型的残差，为经理人获得的超额薪酬（Ang et al.，2003，FM；Brick et al.，2006，JCF）。具体估计模型如下：

$$Pay = \alpha_0 + \beta Firm\_CHA + \gamma CEO\_CHA + \eta GOV\_CHA + \theta Year \\ + \lambda IND + \varepsilon$$

式中，Pay 为经理人薪酬总额的自然对数；$Firm\_CHA$ 为一组影响经理人合理薪酬水平的公司特征变量，一般包括 Tobin's Q、营业收入的自然对数、雇员人数的自然对数、总资产收益率、总资产收益率的波动性、股票收益率、股票收益率的波动性、R&D 支出占总资产的比值、广告费用占总资产的比值、财务杠杆、固定资产占总资产的比值、资本支出占总资产的比值等；CEO_CHA 为一组影响经理人合理薪酬水平的经理人特征变量，一般包括经理人的年龄、性别、任职年限等；GOV_CHA 为一组影响经理人合理薪酬水平的公司治理特征变量，一般包括经理人持股比例、总经理与董事长是否两职合一、经理人是否为内部提拔、董事会开会次数、董事会规模、独立董事比例等；$Year$ 为年度虚拟变量；IND 为行业虚拟变量。

4. 在职消费

经理人高额的在职消费长期以来被认为是第一类代理冲突的重要表现（Jensen and Meckling，1976，JFE）。受制于信息披露的局限性，难以获得经理人在职消费的精确数据，相关研究主要采用两种替代变量对其进行度量。

一批文献主要利用经理人某一具体的在职消费行为衡量其在职消费水平。例如，Yermack（2006，JFE）聚焦于公司披露次数最多、耗费金额最大的一种经理人在职消费行为——CEO 个人对公司专机的使用特权，发现：（1）当公司首次公告 CEO 的这一特权时，市场反应显著为负；（2）允许 CEO 享有专机使用特权公司的股票具有更低的年个股收益率；（3）CEO 的个人特征（而非其薪酬结构或其他治理机制）能够对 CEO 是否享有个人专机使用特权及其金额的大小提供更强的解释力，进而支持经理人在职消费的代理观。

另一批文献则主要用公司整体的职务性消费水平衡量企业经理人在职消费水平。这类文献主要将包含在年报附注"支付其他与经营活动有关的现金流量"中的八项费用（办公费、差旅费、业务招待费、通讯费、出国培训费、董事会费、小车费和会议费）汇总，并用总资产或销售收入等对其进行平滑，进而得到经理人在职消费的替代变量。正如 Gul et al.(2011，JCF) 及 Xu et al.(2014，JCF) 指出的，企业的职务性消费中包含合理支出的部分，因而经理人的超额在职消费水平可能更能反映代理问题。他们通过如下模型衡量经理人的超额在职消费水平：

$$Perk = \beta_0 + \beta_1 LnTotalComp + \beta_2 LnAsset + \beta_3 LnTotalIncPerCap + \varepsilon$$

式中，$Perk$ 为公司职务性消费金额（八项费用之和）与销售收入的比值；$LnTotalComp$ 为公司所有雇员薪酬水平的自然对数；$LnAsset$ 为公司总资产的自然对数；$LnTotalIncPerCap$ 为公司注册地人均总收入的自然对数；残差 ε 为经理人的超额在职消费水平。

二、第二类代理问题的表现

第二类代理问题主要体现为控股股东侵占中小股东利益、掏空（tunneling）企业的行为（Johnson et al.，2000，AERPP）。现有文献主要以东南亚国家为研究对象，从以下几个方面对其进行衡量。

（一）企业并购/投资视角

Bae et al.(2002，JF) 发现，企业并购是集团控股股东将利益从主并公司转移至标的公司的重要渠道，主要通过如下模型对集团控股股东在并购过程中是否存在掏空行为进行判断：

$$CAR = \alpha_0 + \beta_1 Top30 + \beta_2 Top31\sim50 + \gamma Bidder\_CHA + \eta Target\_CHA + \varepsilon$$

上述模型中，因变量 CAR 为主并公司在并购公告日前后 5 个交易日股票的累积超额收益。主要考察的自变量为哑变量 $Top30$ 及 $Top31\sim50$。其中，当主并公司隶属于前 30（31~50）大企业集团时，$Top30$（$Top31\sim50$）取值为 1，否则为 0。若掏空假说成立，则预期 β_1 和 β_2 的回归系数为负。

在模型中，文章还控制了一系列主并公司的特征 $Bidder\_CHA$ 及标的公司的特征 $Target\_CHA$，包括并购双方是否同属于一个行业、标的公司是否为上市公司、标的公司的市账比、主并公司的市值的自然对数、主并公司的财务杠杆等。

进一步地，Bae et al.（2002，JF）考虑了控股股东持股比例 $Cowner$ 对主并方的集团背景与并购公告市场反应二者关系的影响，即

$$CAR = \alpha_0 + \beta_1 Top30 + \beta_2 Top31\sim50 + \beta_3 Top30 \times Cowner \\ + \beta_4 Top31\sim50 \times Cowner + \beta_5 Cowner + \gamma Bidder\_CHA \\ + \eta Target\_CHA + \varepsilon$$

若并购是企业集团掏空主并公司的一种方式，则当控制权越强时，控股股东越容易实施侵害行为，主并方并购公告的市场反应应当越弱，即预期 β_3 和 β_4 的回归系数为负。

此外，Bae et al.（2002，JF）还分别以隶属于前 30 大及 50 大企业集团发生的并购事件为样本，考察了并购行为对整个企业集团的影响。具体模型如下：

$$CAR = \alpha_0 + \beta_1 Cowner + \beta_2 GB\&BT + \gamma Bidder\_CHA + \eta Target\_CHA + \varepsilon$$

式中，CAR 为并购公告窗口期（-5，5）内的累积超额收益，分别从主并公司本身的超额收益、集团所属上市公司（排除主并公司）资产组合的超额收益，及集团所属上市公司（包含主并公司）资产组合的超额收益三个维度进行衡量；$Cowner$ 为控股股东在主并公司的持股比例；$GB\&BT$ 为哑变量，若主并方现金流占总资产的比值在样本中位数之上，标的公司的净利润或账面净资产为负，且并购双方隶属同一集团，$GB\&BT$ 取值为 1，否则为 0。如果掏空假说成立，即控股股东牺牲主并公司股东价值以最大化集团利益，则可以预期，当因变量为主并公司在（-5，5）窗口期内的 CAR 时，β_1 和 β_2 应显著为负；当因变量为集团所属上市公司资产组合（不论是否包含主并公司）在（-5，5）窗口期内的 CAR 时，β_1 和 β_2 应显著为正。

同时，Bae et al.（2002，JF）补充收集了集团控股股东在主并公司及关联上市公司具体的持股比例数据（包括直接和间接持股），通过计算并购公告（-5，5）窗口期控股股东持股市值变化的均值，来分析控股股东是否通过掏空性质的并购行为获得了私有收益。

（二）证券非公开发行/融资视角

Bae et al.（2006，JF）认为控股股东可以通过企业集团之间证券的非公开发行进行利益输送。例如，通过证券的溢价（折价）发行，将利益从认购（发行）公司转移至发

行（认购）公司，实现控股股东的私人收益。他们对这一观点进行论证的主要模型如下：

首先，考察了证券非公开发行的折价率的决定因素：

$$Discount = \alpha_0 + \beta_1 G + \beta_2 BC + \beta_3 LC + \beta_4 BC \times G + \beta_5 LC \times G + \lambda Control\ Variables + \varepsilon$$

式中，$Discount$ 衡量证券发行的折价程度，$Discount$＝（发行价格－公告日股票价格）/公告日股票价格；G 代表同一集团交易哑变量，若证券发行方及任一认购方隶属同一集团，G 取值为 1，否则为 0；BC 代表控股股东从溢价发行 1 美元中获取的收益，$BC = 1 \times$（控股股东对发行公司的持股比例＋控股股东对认购公司的持股比例×认购公司在证券发行前对发行公司的持股比例）；LC 代表控股股东从溢价发行 1 美元中遭受的损失，$LC = 1 \times$（控股股东对认购公司的持股比例×认购公司对发行公司所发行证券的认购比例）。如果控股股东在证券非公开发行中存在掏空行为，则可以预期回归系数 β_4 应当显著为负，β_5 应当显著为正，意味着在集团交易中，控股股东从自身私人收益出发，决定证券非公开发行的折价率的动机更强。

其次，考察了发行公司在证券发行公告日的市场反应：

$$CAR\_I = \alpha_0 + \beta_1 Discount + \beta_2 G + \beta_3 Discount \times G + \beta_4 NBC + \lambda Control\ Variables + \varepsilon$$

式中，CAR_I 为发行公司在证券发行公告日（－1，1）窗口期的累积超额收益；NBC 为控股股东从溢价发行 1 美元中获取的净收益，NBC＝（控股股东对发行公司的持股比例＋控股股东对认购公司的持股比例×认购公司在证券发行前对发行公司的持股比例）－（控股股东对认购公司的持股比例×认购公司对发行公司所发行证券的认购比例）。若掏空假说成立，β_3 应当显著为负，意味着控股股东通过折价发行，将利益从发行公司转移至集团公司旗下的认购公司；β_4 应当显著为正，说明控股股东在发行公司的利益比重越大，其越有动机通过非公开发行，将利益从认购公司输送至发行公司。

（三）大股东占款/营运视角

Jiang et al.（2010，JFE）认为现有大量研究证明了大股东掏空行为的存在，却鲜有文献为这种利益侵占行为究竟是如何进行的提供经验证据。为此，他们利用中国市场数据，对大股东侵占上市公司利益的一种特殊形式——大股东占款的影响因素及经济后果进行了系统研究。采用大股东占款衡量掏空行为具有以下两大优点：（1）数据可以公开获得；（2）不需要公允价值的判断（"fair value" test），例如不像关联交易需要判断是大股东的掏空还是支持行为，此种度量方式直接反映了大股东对公司资源的侵占。基于此，大股东占款，即其他应收款与总资产账面价值的比值，成为国内学者衡量大小股东之间代理冲突的一种最为常见的替代变量。

第三节 公司治理机制

正是由于代理问题的存在，需要一系列的制度设计及安排来保障资金供给方的合理回报（Shleifer and Vishny，1997，JF），实现投资者对公司的有效控制（Gillan and Starks，1998，CFD）。这些制度设计及安排可统称为公司治理机制。本节主要借鉴 Fan et al. （2011，JCF）及 Gillan（2006，JCF）的分析框架，分别从公司内部、市场层面及国家层面对现有文献中涉及的主要公司治理机制的衡量方法进行介绍。

一、公司内部的治理机制

（一）董事会

董事会由于需要对股东承担受托义务，并具有制定企业发展战略及监督经理人履职状况的责任，通常被视为公司治理机制的核心（Gillan，2006，JCF）。现有研究一般通过考察董事会特征与企业绩效、投融资决策等的关系，检验董事会的公司治理效果。研究者对董事会的考察可以分为两大类：一类是董事会特征；另一类是董事会下设的专业委员会及其特征。

1. 董事会特征

考察的董事会特征主要包括：

（1）董事会规模，如董事会总人数的原始值（Cheng，2008，JFE）或自然对数（Yermack，1996，JFE）。

（2）董事会独立性，如独立董事在董事会中的占比（Rosenstein and Wyatt，1990，JFE）。

（3）董事会活跃性，如每年董事会召开会议的次数（Vafeas，1999，JFE）。

（4）董事会性别差异性，如女性董事在董事会中的占比（Adams and Ferreira，2009，JFE）。

（5）董事会专业性，如董事会中至少有一名独立董事具备财务专长（financial expertise），相关哑变量取值为1，否则为0（Agrawal and Chadha，2006，JLE），其中，财务专长的界定范围通常为具有注册会计师（CPA）、注册财务分析师（CFA）或公司财务管理的工作经验。

（6）董事会忙碌性，如忙碌的董事在董事会中的占比或董事会中是否有一半以上的董事属于忙碌的董事（Ferris et al.，2003，JF；Fich and Shivdasani，2006，JF；Field et al.，2013，JFE），其中，忙碌董事的界定范围为其在三家或三家以上的公司担任董事职务。

（7）董事会的领导层结构（board leadership structure），如两职合一（Baliga et al.，1996，SMJ；Goyal and Park，2002，JCF），即如果总经理与董事长由同一人兼任，则相关哑变量取值为1，否则为0。

（8）董事会文化，如任人唯亲（cronyism）的董事会文化（Brick et al.，2006，JCF），其中，任人唯亲的董事会文化主要采用董事的超额薪酬来刻画，即如下回归模型的残差：

$$Pay = \alpha_0 + \beta Firm\_CHA + \gamma CEO\_CHA + \eta DIR\_CHA + \theta Year + \lambda IND + \varepsilon$$

式中，Pay 为董事会薪酬总额的自然对数；$Firm\_CHA$ 为一组影响董事合理薪酬水平的公司特征变量；CEO_CHA 为一组影响董事合理薪酬水平的经理人特征变量；DIR_CHA 为一组影响董事合理薪酬水平的董事个人及董事会特征变量；$Year$ 为年度虚拟变量；

IND 为行业虚拟变量。

2. 董事会下设的专业委员会及其特征

现有文献主要关注审计委员会、薪酬委员会及提名委员会在公司治理机制中扮演的角色。

(1) 审计委员会。针对审计委员会的职能，现有文献大多从财务重述（Abbott et al., 2004, AJPT）、财务舞弊（Beasley et al., 2000, AH）、盈余管理（Klein, 2002, JAE; Badolat et al., 2014, JAE）等视角讨论其对公司治理的影响，并主要从以下维度对审计委员会及其特征进行刻画：

1) 是否设立审计委员会哑变量，如果董事会下设审计委员会取值为 1，否则为 0 (Dechow et al., 1996, CAR)。

2) 审计委员会的独立性，如审计委员会中独立董事的比例，审计委员会是否全部由独立董事构成，审计委员会中独立董事的比例是否大于 50% 等（Klein, 2002, JAE）。

3) 审计委员会的规模，如审计委员会是否至少由三名董事组成（Abbott et al., 2004, AJPT）。

4) 审计委员会的财务专长，如审计委员会中具有财务专长的成员比例（Badolat et al., 2014, JAE），至少有一名成员具备财务专长（Abbott et al., 2004, AJPT）。

5) 审计委员会的活跃性，如审计委员会一年是否至少召开四次会议（Abbott et al., 2004, AJPT）。

6) 审计委员会的地位（status）。比如 Badolat et al.（2014, JAE）从审计委员会成员担任董事职务的上市公司的平均家数、担任董事职务的私人企业的平均家数及毕业于一流名校的比例三个维度衡量其地位。采用赋值法：当审计委员会的某一指标位于样本中位数之上，取值为 1，否则为 0；若审计委员会在三个方面的累计得分为 3，视其地位较高，否则地位较低。

(2) 薪酬委员会。针对薪酬委员会的职能，现有文献大多从授予股票期权的机会主义择机行为（Collins et al., 2009, CAR; Bebchuk et al., 2010, JF）、期权激励效果（Sun et al., 2009, JBF）、高管薪酬支付水平（Anderson and Bizjak, 2003, JBF）及高管薪酬的自愿性信息披露（Laksmana, 2008, CAR）等视角讨论薪酬委员会特征对公司治理的影响。考察的薪酬委员会特征主要包括：

1) 薪酬委员会的独立性，如薪酬委员会是否全部由独立董事构成（Collins et al., 2009, CAR; Bebchuk et al., 2010, JF），或薪酬委员会中独立董事的比例（Laksmana, 2008, CAR），或在现任经理人任期内加入薪酬委员会的董事的比例（Sun et al., 2009, JBF）[①]。

2) 薪酬委员会的持股水平，如薪酬委员会中，是否至少存在一名持股比例不低于 5% 的独立董事（Collins et al., 2009, CAR; Bebchuk et al., 2010, JF）。

3) 薪酬委员会的忙碌性，如薪酬委员会中，独立董事任职家数平均值的自然对数，或薪酬委员会中是否一半以上的独立董事任职家数不低于三家（Laksmana, 2008, CAR）。

4) 薪酬委员会的活跃性，如薪酬委员会召开会议次数的自然对数（Laksmana, 2008, CAR）。

---

① Sun et al.（2009, JBF）认为，在现任 CEO 任期内上任的董事更容易与 CEO 建立私人关系，影响独立性。

5) 薪酬委员会的规模，如薪酬委员会成员总数的自然对数（Laksmana，2008，CAR）。

6) 薪酬委员会中董事的执业经验，如薪酬委员会中，具有10年以上独立董事任职经验的委员的占比（Sun et al.，2009，JBF）。

7) 薪酬委员会中，担任其他企业CEO的委员占比（Sun et al.，2009，JBF）。Sun et al.（2009，JBF）认为CEO具有同质性，如果聘请更多其他企业的CEO加入薪酬委员会，其在制定薪酬决策时将更多为经理人考虑，从而降低薪酬委员会的治理效用。

(3) 提名委员会。Clune et al.（2014，CAR）认为董事会的特征是由董事的提名过程确定的，因此提名委员会对于董事会公司治理效用的发挥具有至关重要的作用。现有研究主要从以下维度对提名委员会及其特征进行刻画：

1) 是否设立提名委员会哑变量，如果董事会下设提名委员会取值为1，否则为0（Vafeas，1999，JBFA；Ruigrok et al.，2006，JMG）。

2) 提名委员会的规模，如提名委员会的成员人数（Ruigrok et al.，2006，JMG）。

3) 提名委员会的独立性，如提名委员会中是否至少拥有一名独立董事（Ruigrok et al.，2006，JMG），或提名委员会是否全部由独立董事构成（Laksmana，2008，CAR）。

4) 提名委员会的国籍多元化，如提名委员会中外国董事的比例（Ruigrok et al.，2006，JMG）。

5) 提名委员会的性别多元化，如提名委员会中女性董事的比例（Ruigrok et al.，2006，JMG）。

（二）经理人更换

在一定经营周期结束后，董事会会根据企业业绩对能力不佳的经理人进行更换，这对约束经理人的机会主义行为、缓解代理冲突具有重要作用。现有文献主要从两方面对经理人更换展开研究：

第一，从影响因素的视角考察经理人变更与企业绩效的敏感性。检验模型一般如下：

$$Turnover = \alpha_0 + \beta_1 Performance + \lambda Control\ Variables + \varepsilon$$

式中，$Turnover$为经理人是否离职哑变量；$Performance$为企业业绩的衡量指标，根据不同研究的侧重点，可区分为股价表现（Coughlan and Schmidt，1985，JAE）、会计业绩（Engel et al.，2003，JAE）、盈余管理（Hazarika et al.，2012，JFE）等。

值得注意的是，现有研究还对经理人变更的类型进行了区分，分为被迫离职和自愿离职，通常将以下类型的离职划分为被迫离职（Huson et al.，2001，JF；Hazarika et al.，2012，JFE）：

(1) 公告申明经理人被解雇，被迫离开岗位，或由于经营理念不同而离职。

(2) 经理人离职时不满60岁，且经理人非因死亡、身体状况不佳或接受新的职位（包括本公司及其他公司）而离职。

(3) 公告经理人退休，但在继任经理人上任前六个月内，并未发布前任经理人的退休公告。

第二，从经济后果的视角考察经理人离职对企业绩效的影响。检验模型一般如下：

$$Performance = \alpha_0 + \beta_1 Turnover + \lambda Control\ Variables + \varepsilon$$

式中，*Turnover* 为经理人是否变更哑变量；*Performance* 为企业业绩的衡量指标，根据研究的不同侧重点，可以构建不同的衡量指标。比如，Weisbach（1995，JFE）研究了经理人离职对企业剥离前期并购不良资产的影响；Adams and Mansi（2009，JBF）考察了经理人离职公告当月，公司债券超额收益、股票超额收益及公司价值的变化。

（三）经理人激励

董事会在事前与经理人签订的激励契约，在协调股东与经理人的代理冲突中扮演着重要的角色（Gillan，2006，JCF）。现有文献在这一领域主要关注股权激励，特别是期权激励的公司治理效应。参考 Core and Guay（2002，JAR），Bergstresser and Philippon（2006，JFE）及 Kim et al.（2011，JFE）的方法，衡量股权激励强度 *Incentive* 的一般方法如下：

$$Incentive_{i,t} = ONEPCT_{i,t} / (ONEPCT_{i,t} + Salary_{i,t} + Bonus_{i,t})$$

上述公式度量了管理层的权益性收益在管理层所有收益（包括薪资 $Salary_{i,t}$、奖金 $Bonus_{i,t}$ 和权益性收益）中的比重。式中，*ONEPCT* 代表公司股价变化 1% 管理层权益性收益（持有股票及股票期权）的价值变化，即

$$ONEPCT_{i,t} = 0.01 \times Price_{i,t} \times (Shares_{i,t} + Options_{i,t} \times Delta_{i,t})$$

式中，$Price_{i,t}$ 代表公司 i 第 t 年末的股价；$Shares_{i,t}$ 代表管理层第 t 年末持有公司 i 的股票数量；$Options_{i,t}$ 代表管理层第 t 年末持有公司 i 的股票期权数量；$Delta_{i,t}$ 代表公司股价变化 1 单位，股票期权价值的变化量。具体地，将股票期权分为当年授予的股票期权，以前年度授予但尚未进入行权期的股票期权，及以前年度授予且满足行权条件的股票期权三类，分别利用 Black-Scholes 期权定价模型估计其 *Delta*。

（四）负债融资

Jensen（1986，AER）认为经理人存在挥霍企业自由现金流以谋求个人私利的动机。负债融资按时还本付息的强制义务不仅能有效降低企业的自由现金流，而且能增加经理人的危机意识，促使其努力为企业创造足够的收入，避免企业破产。

现有研究主要考察企业负债率（负债账面价值与资产账面价值的比值）对代理成本、投资决策等方面的影响以检验负债融资的公司治理效应（Amira et al.，2013，JCF）。考虑到私人贷款者及公共持债者监督有效性的差异，Amira et al.（2013，JCF）还进一步将企业的负债率分为私有负债率（private debt ratio，如银行贷款利率等）及公共负债率（public debt ratio，如公司债利率等），对其公司治理效果的差异进行讨论。

（五）公司反收购条款

公司章程中制定的反收购条款（takeover defenses）将对控制权市场的有效运作制造障碍，为现有管理层创造防御性壕沟。当公司内部管理层受到敌意收购的威胁较少时，往往容易滋生享乐主义，诱发诸多低效行为。为此，大多数研究将公司的反收购条款视为一种损害公司治理效率的机制。

在具体的变量度量方面，有的学者用公司是否制定了反收购条款或者制定的反收购条

款的数量衡量企业的反收购策略（Field and Karpoff，2002，JF；Gompers et al.，2003，QJE）；有的学者则重点关注某一类特殊的反收购条款，如公司是否实施了"交错董事任期的董事会制度"（staggered boards）[①]（Bebchuk and Cohen，2005，JFE）或"毒丸计划"（Danielson and Karpoff，2006，JCF）。

（六）内部控制

有效的内部控制是提高经营效率效果、保证财务报告质量以及确保遵循法律规则的有效机制。现有研究主要从几个方面对企业的内部控制质量进行衡量：

（1）公司是否披露了内部控制的重大缺陷（Goh and Li，2011，TAR；Cheng et al.，2013，JAE；Skaife et al.，2013，JAE）。

（2）注册会计师对公司内部控制报告出具的审计意见类型（Schneider and Church，2008，JAPP）。

（3）公司是否自愿披露了注册会计师出具的内部控制鉴证报告（Sun et al.，2012，CJAR）。

（4）国家或地区推行了针对提高企业内部控制和风险管理水平的专门法案（Brown et al.，2014，JAPP）。

（七）股权结构

大股东由于持有公司股权的比例较高，有能力也有动机对经理人进行监督，以维护自身的利益（Shleifer and Vishny，1986，JPE）。现有文献主要基于大股东持股比例（Gul et al.，2010，JFE），或大股东持股性质，如国有还是非国有控制（Chen et al.，2011，CAR），家族还是非家族控制（Anderson and Reeb，2003，JF）等维度展开研究。

大股东的存在也是一把双刃剑，会为企业经营带来其他成本，如过度监督和剥削小股东（参见本章第二节对第二类代理问题的讨论）。因此，相关研究认为，适度的股权制衡也是一种有效的公司治理机制。例如，Xu et al.（2013，EFM）及 Bai et al.（2004，JCE）分别以第二至第十大股东持股比例的平方和的原始值及自然对数衡量企业的股权制衡程度。

（八）职工工会

已有文献认为，工会能够通过组织罢工或者利用所持股权，影响公司治理，并主要采用以下几种方式衡量工会的议价能力：

（1）工会的持股比例（Morck et al.，2006，JFQA）。

（2）公司层面的职工工会化率（unionization rate），即参与工会的职工人数与公司职工总数之比（Chyz et al.，2013，JFE）。

（3）行业层面的职工工会化率，即参与工会的职工人数与行业职工总数之比（Chen et al.，2011，JFQA）。

此外，Prevost et al.（2012，FR）还从工会行为的视角，通过检验工会提交股东议案

[①] 交错董事任期的董事会制度是指将公司董事分成若干组，每一组有不同的任期，每次改选只更换其中一组任期届满的董事。这种制度安排使得收购方在获得股份之后，不能通过一次改选完全控制董事会，需要等待更长的时间，增加了敌意收购的成本。

的经济后果，探讨工会股东积极主义对企业的影响。

（九）内部举报

企业现任或前任雇员揭露企业违背法律法规及道德行为的做法通常称为内部举报（whistle blowing）（Miceli and Near，1985，PP），在近年来也被作为一种公司治理机制，受到研究者的关注。

比如，Dyck et al.（2010，JF）以1996—2004年存在欺诈行为且资产规模大于7.5亿美元的美国企业为样本，发现雇员的检举揭发是企业欺诈行为得以曝光最为重要的渠道，占全样本的17%。可见，内部举报是缓解代理问题的一种有效机制。

再比如，Bowen et al.（2010，TAR）研究了与财务问题相关的内部举报的经济后果，发现在内部举报公告（－1，3）窗口期内，公司股票的超额收益显著为负；公司遭遇内部举报后，发生财务报表重述、法律诉讼的概率增加，经营业绩及股价下降，表明内部举报可以揭露与企业代理问题有关、显著影响企业价值的信息；内部举报之后，公司还将通过削减董事会规模、提高董事会独立性、降低董事会忙碌性、更换经理人等措施提高公司治理水平。

二、市场层面的治理机制

（一）金融市场中介机构

1. 机构投资者

现有文献发现，除了"用脚投票"，抛售公司股票表达对公司的不满外，越来越多的机构投资者开始"用手投票"，积极行使股东的权利，参与到改善公司治理的一系列活动中。此类文献在考察机构投资者的公司治理效应时，主要采用的是机构投资者持股比例指标（McConnell and Servaes，1990，JFE），或者机构股权集中度指标，包括前五大机构持股占所有机构持股的比例，及机构持股比例的赫芬达尔-赫希曼指数等（Hartzell and Starks，2003，JF）。

当然，也不是所有机构投资者都能够发挥同等积极的监督作用。Almazan et al.（2005，FM）将机构投资者划分为积极的监督者和消极的监督者，分别计算两类机构投资者的持股集中度。积极的（消极的）机构投资者的持股集中度＝前五大积极（消极）机构持股比例/所有机构持股比例。两类机构投资者划分的主要依据是机构性质。他们将投资公司（共同基金和封闭式基金）、独立的投资顾问（主要是养老金投资顾问）、公共养老基金划分为积极的机构投资者，将银行、信托公司、保险公司等划分为消极的机构投资者。Chen et al.（2007，JFE）则综合考虑机构投资者的持股规模、周期及类型，将前五大机构投资者中持股周期大于1年的独立型机构[①]视为监督型的机构投资者。

其他研究则更侧重关注某一类特殊机构投资者的公司治理效应，如养老金（Woidtke，2002，JFE）、风险投资基金（Bottazzi et al.，2008，JFE）、对冲基金（Aslan and Kumar，2016，JFE）及外国机构投资者（Huang and Zhu，2015，JCF）等。

[①] 这里独立型机构的划分标准与Almazan et al.（2005，FM）相同，包括投资公司、独立的投资顾问及公共养老基金。

2. 审计师

长期以来，为企业财务报告提供鉴证业务的外部审计被认为是现代公司治理机制的重要组成部分，在缓解代理问题方面发挥了至关重要的作用（Jensen and Meckling，1976，JFE）。大量文献已从会计师事务所规模和声誉、审计师行业专长、审计师任期、审计师出具的审计意见类型等方面对外部审计的监督效果进行了研究（Fan and Wong，2005，JAR；DeFond and Francis，2005，AJPT；DeFond and Zhang，2014，JAE）。

3. 分析师

证券分析师也是改善公司治理的一股不可忽视的外部力量。例如，Yu（2008，JFE）从盈余管理视角检验了分析师的公司治理效应，主要采用分析师关注程度（analyst coverage）的原始值及超额关注程度（residual coverage）衡量分析师的监督能力。其中，分析师超额关注程度的计算公式如下：

$$Analyst\ Coverage = Size + ROA + Growth + EFA + STDCF + Year\ Dummies$$

式中，$Analyst\ Coverage$ 为分析师关注程度的原始值，即某一年对上市公司发布盈余预测的分析师人数；$Size$ 为上市公司市值的自然对数；ROA 为前一年度上市公司的总资产收益率；$Growth$ 为上市公司的总资产增长率；EFA 为上市公司通过发股及发债筹集的净现金流入（并除以总资产）；$STDCF$ 为公司在研究期间内现金流的标准差与期初总资产的比值；$Year\ Dummies$ 为年度哑变量。该模型的残差即为分析师的超额关注程度。

4. 媒体

媒体监督对公司治理的影响近年来成为公司治理领域的研究热点。例如，Liu and Mcconnell（2013，JFE）分别从媒体关注程度（media attention）和媒体语气（media tone）两个维度衡量媒体的监督能力。媒体关注程度为一定期间内媒体发布与公司相关新闻的总篇数；媒体语气则为一定期间内所有媒体报道中，负面词汇字数与报道总字数的比值。

（二）控制权市场

控制权市场通常视为最终的公司治理机制（Gillan，2006，JCF）。当企业由于经营不善而导致业绩不佳、股价下跌时，其他企业可以通过控制权市场取得该企业的所有权。一旦控制权发生转移，原有企业的管理层将面临声誉损失及失业风险。因此，有效的控制权市场将激励经理人更为尽职地工作，进而降低企业的代理成本。

现有研究主要基于公司的反收购条款及反收购法案变更的视角，探讨当企业面临控制权市场的威胁程度差异时，经济后果是否有所不同，以此检验控制权市场的公司治理效应。例如，Gompers et al.（2003，QJE）发现，采用越多反收购条款的公司，其股票回报率越低；Atanassov（2013，JF）发现，反接管法案的通过将显著降低公司的创新产出水平。

（三）产品市场竞争

产品市场竞争之所以被视为一种有效的外部治理机制，主要源于两点：首先，充分竞争环境下的行业经营绩效成为衡量公司绩效的标杆，为股东提供了经理人员业绩的可靠信息，从而缓解了股东和经理人之间的信息不对称，进而减少了经理人员的"懈怠"（Nalebuff and Stiglitz，1983，BJE）；其次，竞争的加剧会增大公司破产清算的概率，经理人在面临经营失败和职位丧失的外部压力效应下将会更加努力工作（Schmidt，1997，RES），从而缓解了股东和经理人之间的代理问题。已有文献主要从以下几个维度衡量企业面临的产品市场竞争激烈程度。

（1）赫芬达尔-赫希曼指数（HHI）。HHI为行业中各企业销售收入占行业总收入百分比的平方和，即

$$HHI = \sum_{i=1}^{N}(S_i/S)^2$$

式中，N代表行业内上市公司的数量；S_i代表上市公司i的销售收入；S代表行业所有上市公司销售收入总和。HHI的值越高意味着行业集中度越高，即市场竞争程度越低（Juan and Becerra，2008，JF）。

（2）勒纳指数（Lerner index）。勒纳指数反映价格和边际成本的偏离程度，价格越高于边际成本，表示垄断势力越强，否则表示垄断势力较弱。Peress（2010，JF）采用经行业调整的勒纳指数 LI_ADJ 衡量企业面临的产品市场竞争。

$$LI\_ADJ = LI - LI\_IND$$

式中，LI为勒纳指数，LI=（营业收入－营业成本－销售费用－管理费用＋折旧摊销）/营业收入；LI_IND为以企业销售收入为权重，加权平均计算得到的行业内所有企业LI的均值。LI_ADJ的数值越大，代表企业在行业内的竞争地位越高，面临的产品市场竞争压力越小。

（3）公司数目。Huang and Lee（2013，JBF）利用同一行业中公司的数目作为产品竞争的近似指标：同一行业中公司的数量越多，产品市场竞争越激烈。

（4）行业中前几大企业市场份额占行业市场份额的比重（CR_N）。一般取前四或者前八大企业的行业市场份额占比衡量市场的行业集中度，CR_4或CR_8越大，代表行业集中度越高，产品市场竞争越弱（Melicher et al.，1976，JFQA；Huang and Lee，2013，JBF）。

三、国家层面的治理机制

（一）法律

法律制度对于经济主体的行为规范具有强制性的约束作用，其建立和完善对改善公司治理可能发挥重要作用。一批文献主要针对某项具体法律法规的出台或终止，如《萨班斯-奥克斯利法案》（Kang et al.，2010，JFE）、《公平信息披露法案》（Gomes et al.，2007，JCF）、《反收购法案》（Francis et al.，2010，JFE）等，研究其对公司治理的影响。

另一批文献（La Porta et al.，2000，JFE；2002，JF）则主要沿着 La Porta et al.（1998，JPE）的思路，探讨投资者法律保护程度对公司治理的影响。相关文献主要通过以下几种方法衡量投资者保护程度。

（1）法律渊源（legal origin）。若一国的公司法或其他商业法规源自普通法系（common law），哑变量 Common Law 取值为1，否则为0。

（2）抗董事指数（anti-director rights）。该指数主要代表公司中小股东行使股东权利

的能力，衡量对股权投资者的保护程度，具体涵盖以下六个方面的内容：

1）股东可以通过非现场方式行使投票权；

2）股东大会前，不要求股东将所持股票储藏在指定机构；

3）在选举董事时采用累积投票权；

4）存在少数股东反对权，例如能够通过法庭诉讼质疑董事会决策，或在不满公司某些重大决策时可以要求公司回购股票等；

5）公司增发新股时，当前股东享有优先认购权；

6）允许股东要求召开临时股东大会的最低持股比例不高于10%。

每当一国的公司法等相关法律法规满足上述一个方面的内容时，抗董事指数的取值加1，否则加0。抗董事指数的取值范围为0~6。

（3）债权人保护指数（creditor rights）。该指数主要涵盖以下四个方面的内容：

1）法律对企业申请破产重组施加了障碍，例如申请重组需要债权人批准；

2）一旦破产重组的申请被批准，有担保的债权人能够获得相应的抵押品，抵押品不会自动冻结；

3）有担保债权人的清偿顺序位于第一位；

4）在破产或重组过程中，债务人（管理层）离职。

每当一国的破产法等相关法律法规满足上述一个方面的内容时，债权人保护指数的取值加1，否则加0。债权人保护指数的取值范围为0~4。

（二）文化等非正式制度

与法律等正式制度的硬约束不同，文化等非正式制度有助于经济主体形成特有的思维和行为模式，从而产生潜移默化的影响。基于此，近年来一些学者尝试用文化来比较和解释公司治理的差异（Griffin et al.，2013，JCF；Eun et al.，2015，JFE；Ghoul et al.，2016，FM）。此类研究主要利用 Schwartz（1994；2004），Hofstede（2001）及 Gelfand et al.（2011，Science）的调研成果，从国家层面衡量文化特征。

Schwartz（1994；2004）以各地的老师和学生为调研对象，归纳了三组文化特征，分别为传统主义（conservatism）、和谐主义（harmony）及平等主义（egalitarianism）。

Hofstede（2001）则对 IBM 在53个国家和地区的员工进行调研，归纳了四个维度的文化特征，分别为个人主义（individualism）、权力距离（power distance）、不确定性规避（uncertainty avoidance）及男性文化（masculinity）。

Gelfand et al.（2011，Science）针对来自横跨五大洲33个国家的6 960位调研者，对每个国家文化类型的紧密性（tightness）和宽松性（looseness）进行了评价。

此外，还有一些研究者探讨了宗教信仰的公司治理效应（如 Hilary and Hui，2009，JFE；McGuire et al.，2012，TAR）。Hilary and Hui（2009，JFE）考察了宗教信仰对公司决策的影响，他们通过公司总部所在地基督教信徒人数与地区人口总数的比值，衡量宗教影响的强度。由于基督教信徒数据只在1971年、1980年、1990年及2000年可得，他们在相邻的两组可得数据之间，采用线性插值法估计数据缺失年度（1972—1979年、1981—1989年、1991—1999年）各地区的基督教信徒人数。McGuire et al.（2012，TAR）考察了宗教信仰对公司欺诈性财务报告的影响。他们基于 Gallup 公司于2008—2009年的访谈数据，从认知（cognitive）、情感（affective）、行动（behavioral）三个维度综合衡量公司总部所在地的宗教信仰强度。具体步骤如下：(1) 利用 Gallup 公司针对宗教信仰关于认知、情感和行动的三个提问[①]，分别统计每一个郡（county）中，对每个问题作出肯定回答的人数占访谈人数的比值；(2) 采用因子分析法，将前述三个比例变量合成一个新的变量，以此衡量每个郡的宗教信仰程度；(3) 以每个都市统计区（metropolitan statistical areas）所属郡的人口为权重，对其宗教信仰程度进行加权平均，由此得到都市统计区水平上的宗教信仰程度。

本章结语

公司治理作为协调和保障企业经营决策过程中相关各方利益的制度安排，是会计学研究中一个十分重要的主题。自 Jensen and Meckling（1976，JFE）提出委托-代理理论之后，大量财务和会计学者开始关注公司治理领域的问题，形成了丰富的研究成果。本章沿着公司治理问题的产生、公司治理问题的表现及公司治理问题的解决（治理机制）的思路，初步探讨了相关议题的主要研究方法，特别是核心概念的构建和度量以及实证模型。公司治理领域的研究越来越多地呈现出交叉学科的特点，需要研究者综合运用会计学、管理学、产业经济学、制度经济学、金融学、法学、社会学、心理学等方面的前沿理论和方法进行新的拓展。同时，研究者还要注意克服对公司治理问题的一些谬见（Brickley and Zimmerman，2010，JAE），以更好地开展研究，推动公司治理领域的发展。

本章参考文献

Abbott，L. J.，S. Parker, and G. F. Peters. Audit Committee Characteristics and Restatements. *Auditing: A Journal of Practice & Theory*，2004，23 (1)：69-87.

Adams，R. B.，and D. Ferreira. Women in the Boardroom and Their Impact on Governance and Performance. *Journal of Financial Economics*，2009，94 (2)：291-309.

Adams，J. C.，and S. A. Mansi. CEO Turnover and Bondholder Wealth. *Journal of Banking & Finance*，2009，33 (3)：522-533.

Agrawal，A.，and S. Chadha. Corporate Governance and Accounting Scandals. *Journal of Law and Economics*，2006，48 (2)：371-406.

Almazan，A.，J. C. Hartzell, and L. T. Starks. Active Institutional Shareholders and Costs of Monitoring: Evidence from Executive Compensation. *Financial Management*，2005，34 (4)：5-34.

Amira，K.，K. John，A. Prezas, and G. K. Vasudevan. Leverage，Governance and Wealth Effects of Asset Purchasers. *Journal of Corporate Finance*，2013 (22)：209-220.

Armstrong，C. S.，W. R. Guay, and J. P. Weber. The Role of Information and Financial Reporting in Corporate Governance and Debt Contracting. *Journal of Accounting and Economics*，2010，50 (2-3)：

---

① 这三个提问分别是"你是否存在宗教信仰""宗教信仰对你的生活是否重要""你是否每周参加宗教活动"。

179-234.

Anderson, R. C., and J. M. Bizjak. An Empirical Examination of the Role of the CEO and the Compensation Committee in Structuring Executive Pay. *Journal of Banking and Finance*, 2003, 27 (7): 1323-1348.

Anderson, R. C., and D. M. Reeb. Founding-Family Ownership and Firm Performance: Evidence from the S&P 500. *The Journal of Finance*, 2003, 58 (3): 1301-1327.

Ang, J. S., R. A. Cole, and J. W. Lin. Agency Costs and Ownership Structure. *The Journal of Finance*, 2000, 55 (1): 81-106.

Ang, J., B. Lauterbach, and J. Vu. Efficient Labor and Capital Markets: Evidence from CEO Appointments. *Financial Management*, 2003, 32 (2): 27-52.

Aslan, H., and P. Kumar. The Product Market Effects of Hedge Fund Activism. *Journal of Financial Economics*, 2016, 119 (1): 226-248.

Atanassov, J. Do Hostile Takeovers Stifle Innovation? Evidence from Anti-takeover Legislation and Corporate Patenting. *The Journal of Finance*, 2013, 68 (3): 1097-1131.

Badolat, P. G., D. C. Donelson, and M. Ege. Audit Committee Financial Expertise and Earnings Management: The Role of Status. *Journal of Accounting and Economics*, 2014, 58 (2-3): 208-230.

Bae, K., J. Kang, and J. Kim. Tunneling or Value Added? Evidence from Mergers by Korean Business Groups. *The Journal of Finance*, 2002, 57 (6): 2695-2740.

Baek, J., J. Kang, and I. Lee. Business Groups and Tunneling: Evidence from Private Securities Offerings by Korean Chaebols. *The Journal of Finance*, 2006, 61 (5): 2415-2449.

Bai, C. E., Q. Liu, J. Lu, F. M. Song, and J. Zhang. Corporate Governance and Market Valuation in China. *Journal of Comparative Economics*, 2004, 32 (4): 599-616.

Baliga, B. R., R. C, Moyer, and R. S. Rao. CEO Duality and Firm Performance: What's the Fuss?. *Strategic Management Journal*, 1996, 17 (1): 41-53.

Beasley, M. S., J. V. Carcello, D. R. Hermanson, and P. D. Lapides. Fraudulent Financial Reporting: Consideration of Industry Traits and Corporate Governance Mechanisms. *Accounting Horizons*, 2000, 14 (4): 441-454.

Bebchuk, L. A., and A. Cohen. The Costs of Entrenched Boards. *Journal of Financial Economics*, 2005, 78 (2): 409-433.

Bebchuk, L. A., and J. M. Fried. Executive Compensation as an Agency Problem. *Journal of Economic Perspectives*, 2003, 17 (3): 71-92.

Bebchuk, L., Y. Grinstein, and U. Peyer. Lucky CEOs and Lucky Directors. *The Journal of Finance*, 2010, 65 (6): 2363-2401.

Bergstresser, D., and T. Philippon. CEO Incentives and Earnings Management. *Journal of Financial Economics*, 2006, 80 (3): 511-529.

Berle, A., and G. Means. *The Modern Corporation and Private Property*. Harcourt, Brace, & World, New York, 1932.

Bottazzi, L., M. D. Rin, and T. Hellmann. Who are the Active Investors?: Evidence from Venture Capital. *Journal of Financial Economics*, 2008, 89 (3): 488-512.

Bowen, R. M., A. C. Call, and S. Rajgopal. Whistle-Blowing: Target Firm Characteristics and Economic Consequences. *The Accounting Review*, 2010, 85 (4): 1239-1272.

Brick, I. E., O. Palmon, and K. Wald. CEO Compensation, Director Compensation, and Firm Performance: Evidence of Cronyism. *Journal of Corporate Finance*, 2006, 12 (3): 403-423.

Brickley, J. A., and J. L. Zimmerman. Corporate Governance Myths: Comments on Armstrong, Guay, and Weber. *Journal of Accounting and Economics*, 2010, 50 (2-3): 235-245.

Brown, N. C., C. Pott, and A. Wömpener. The Effect of Internal Control and Risk Management Regulation on Earnings Quality: Evidence from Germany. *Journal of Accounting and Public Policy*, 2014, 33 (1): 1-31.

Bushman, R. M., and A. J. Smith. Financial Accounting Information and Corporate Governance. *Journal of Accounting and Economics*, 2001, 32 (1-3): 237-333.

Carcello, J. V., D. R. Hermanson, and Z. Ye. Corporate Governance Research in Accounting and Auditing: Insights, Practice Implications, and Future Research Directions. *Auditing: A Journal of Practice & Theory*, 2011, 30 (3): 1-31.

Chen, X., J. Harford, and K. Li. Monitoring: Which Institutions Matter? . *Journal of Financial Economics*, 2007, 86 (2): 279-305.

Chen, H., J. Z. Chen, G. J. Lobo, and Y. Wang. Effects of Audit Quality on Earnings Management and Cost of Equity Capital: Evidence from China. *Contemporary Accounting Research*, 2011, 28 (3): 892-925.

Chen, H. J., M. Kacperczyk, and H. Ortiz-Molina. Labor Unions, Operating Flexibility, and the Cost of Equity. *Journal of Financial and Quantitative Analysis*, 2011, 46 (1): 25-58.

Cheng, M., D. Dan, and Y. Zhang. Does Investment Efficiency Improve after the Disclosure of Material Weaknesses in Internal Control over Financial Reporting? . *Journal of Accounting and Economics*, 2013, 56 (1): 1-18.

Cheng, S. Board Size and the Variability of Corporate Performance. *Journal of Financial Economics*, 2008, 87 (1): 157-176.

Chyz, J. A., W. S. C. Leung, O. Z. Li, and O. M. Rui. Labor Unions and Tax Aggressiveness. *Journal of Financial Economics*, 2013, 108 (3): 675-698.

Claessens, S., S. Djankov, and L. H. P. Lang. The Separation of Ownership and Control in East Asian Corporations. *Journal of Financial Economics*, 2000, 58 (1-2): 81-112.

Claessens, S., S. Djankov, J. P. H. Fan, and L. H. P. Lang. Disentangling the Incentive and Entrenchment Effects of Large Shareholdings. *Journal of Finance*, 2002, 57 (6): 2741-2771.

Clune, R., D. R. Hermanson, J. G. Tompkins, and Z. Ye. The Nominating Committee Process: A Qualitative Examination of Board Independence and Formalization. *Contemporary Accounting Research*, 2014, 31 (3): 748-786.

Collins, D. W., G. Gong, and H. Li. Corporate Governance and Backdating of Executive Stock Options. *Contemporary Accounting Research*, 2009, 26 (2): 403-445.

Conyon, M. J., and L. He. Executive Compensation and Corporate Governance in China. *Journal of Corporate Finance*, 2011, 17 (4): 1158-1175.

Core, J. E., R. W. Holthausen, and D. F. Larcker. Corporate Governance, Chief Executive Officer Compensation, and Firm Performance. *Journal of Financial Economics*, 1999, 51 (3): 371-406.

Core, J., and W. Guay. Estimating the Value of Employee Stock Option Portfolios and Their Sensitivities to Price and Volatility. *Journal of Accounting Research*, 2002, 40 (3): 613-630.

Coughlan, A. T., and R. M. Schmidt. Executive Compensation, Management Turnover, and Firm Performance. *Journal of Accounting and Economics*, 1985, 7 (1-3): 43-66.

Danielson, M. G., and J. M. Karpoff. Do Pills Poison Operating Performance? . *Journal of Corporate Finance*, 2006, 12 (3): 536-559.

Dechow, P. M., R. G. Sloan, and A. P. Hutton. Causes and Consequences of Earnings Manipulation: An Analysis of Firms Subject to Enforcement Actions by the SEC. *Contemporary Accounting Research*, 1996, 13 (1): 1-36.

DeFond, M. L., and J. R. Francis. Audit Research after Sarbanes-Oxley. *Auditing: A Journal of Practice & Theory*, 2005, 24 (Supplement): 5-30.

DeFond, M., and J. Zhang. A Review of Archival Auditing Research. *Journal of Accounting and Economics*, 2014, 58 (2-3): 275-326.

Demsete, H. The Structure of Ownership and the Theory of the Firm. *Journal of Law and Economics*, 1983, 26 (2): 375-390.

Dyck, A., A. Morse, and L. Zingales. Who Blows the Whistle on Corporate Fraud?. *The Journal of Finance*, 2010, 65 (6): 2213-2253.

Engel, E., R. M. Hayes, and X. Wang. CEO Turnover and Properties of Accounting Information. *Journal of Accounting and Economics*, 2003, 36 (1-3): 197-226.

Eun, C. S., L. Wang, and S. C. Xiao. Culture and R^2. *Journal of Financial Economics*, 2015, 115 (2): 283-303.

Fama, E. F., and M. C. Jensen. Separation of Ownership and Control. *Journal of Law and Economics*, 1983, 26 (2): 301-325.

Fan, J. P. H., and T. J. Wong. Do External Auditors Perform a Corporate Governance Role in Emerging Markets? Evidence from East Asia. *Journal of Accounting Research*, 2005, 43 (1): 35-72.

Fan, J. P. H., K. C. J. Wei, and X. Z. Xu. Corporate Finance and Governance in Emerging Markets: A Selective Review and an Agenda for Future Research. *Journal of Corporate Finance*, 2011, 17 (2): 207-214.

Ferris, S. P., M. Jagannathan, and A. C. Pritchard. Too Busy to Mind the Business? Monitoring by Directors with Multiple Board Appointments. *The Journal of Finance*, 2003, 58 (3): 1087-1112.

Fich, E. M., and A. Shivdasani. Are Busy Boards Effective Monitors?. *The Journal of Finance*, 2006, 61 (2): 689-724.

Field, L. C., and J. M. Karpoff. Takeover Defenses at IPO Firms. *The Journal of Finance*, 2002, 57 (5): 1857-1889.

Field, L., M. Lowry, and A. Mkrtchyan. Are Busy Boards Detrimental?. *Journal of Financial Economics*, 2013, 109 (1): 63-82.

Firth, M., P. M. Y. Fung, and O. M. Rui. Corporate Performance and CEO Compensation in China. *Journal of Corporate Finance*, 2006, 12 (4): 693-714.

Fleming, G., R. Heaney, and R. McCosker. Agency Costs and Ownership Structure in Australia. *Pacific-Basin Finance Journal*, 2005, 13 (1): 29-52.

Francis, B. B, I. Hasan, K. John, and M. Waisman. The Effect of State Anti-takeover Laws on the Firm's Bondholders. *Journal of Financial Economics*, 2010, 96 (1): 127-154.

Gaver, J., and K. Gaver. The Relation between Nonrecurring Accounting Transactions and CEO Cash Compensation. *The Accounting Review*, 1998, 73 (2): 235-253.

Gelfand, M., J. Raver, L. Nishii, L. Leslie, J. Lun, et al. Differences Between Tight and Loose Cultures: A 33-Nation Study. *Science*, 2011, 33 (6033): 1100-1104.

Ghoul, S. E., O. Guedhami, C. Kwok, and L. Shao. National Culture and Profit Reinvestment: Evidence from Small and Medium-Sized Enterprises. *Financial Management*, Forthcoming, 2016.

Gillan, S. L., and L. T. Starks. A survey of Shareholder Activism: Motivation and Empirical Evidence. *Contemporary Finance Digest*, 1998, 2 (3): 10-34.

Gillan, S. L. Recent Developments in Corporate Governance: An Overview. *Journal of Corporate Finance*, 2006, 12 (3): 381-402.

Goh, B. W., and D. Li. Internal Controls and Conditional Conservatism. *The Accounting Review*, 2011, 86 (3): 975-1005.

Gomes, A., G. Gorton, and L. Madureira. SEC Regulation Fair Disclosure, Information, and the Cost of Capital. *Journal of Corporate Finance*, 2007, 13 (2-3): 300-334.

Gompers, P., J. Ishii, and A. Metrick. Corporate Governance and Equity Prices. *The Quarterly Journal of Economics*, 2003, 118 (1): 107-155.

Goyal, V. K., and C. W. Park. Board Leadership Structure and CEO Turnover. *Journal of Corporate Finance*, 2002, 8 (1): 49-66.

Griffin, D. W., K. Li, H. Yue, and L. Zhao. How Does Culture Influence Corporate Risk-Taking?. *Journal of Corporate Finance*, 2013 (23): 1-22.

Gul, F. A., J. B. Kim, and A. A. Qiu. Ownership Concentration, Foreign Shareholding, Audit Quality, and Stock Price Synchronicity: Evidence from China. *Journal of Financial Economics*, 2010, 95 (3): 425-442.

Gul, F. A., L. T. W. Cheng, and T. Y. Leung. Perks and the Informativeness of Stock Prices in the Chinese Market. *Journal of Corporate Finance*, 2011, 17 (5): 1410-1429.

Hartzell, J., and Starks, L. Institutional Investors and Executive Compensation. *The Journal of Finance*, 2003, 58 (6): 2351-2374.

Hazarika, S., J. M. Karpoff, and R. Nahata. Internal Corporate Governance, CEO Turnover, and Earnings Management. *Journal of Financial Economics*, 2012, 104 (1): 44-69.

Hilary, G., and K. W. Hui. Does Religion Matter in Corporate Decision Making in America?. *Journal of Financial Economics*, 2009, 99 (3): 455-473.

Himmelberg, C. P., R. G. Hubbard, and D. Palia. Understanding the Determinants of Managerial Ownership and the Link between Ownership and Performance. *Journal of Financial Economics*, 1999, 353 (3): 53-384.

Hofstede, G. *Culture's Consequences: Comparing Values, Behaviors, Institutions, and Organizations across Nations*. second edition. Beverly Hills: Sage, 2001.

Huang, H., and H. Lee. Product Market Competition and Credit Risk. *Journal of Banking and Finance*, 2013, 37 (2): 324-340.

Huang, W., and T. Zhu. Foreign Institutional Investors and Corporate Governance in Emerging Markets: Evidence of a Split-Share Structure Reform in China. *Journal of Corporate Finance*, 2015 (32): 312-326.

Huson, M. R., R. Parrino, and L. T. Starks. Internal Monitoring Mechanisms and CEO Turnover: A Long-Term Perspective. *The Journal of Finance*, 2001, 56 (6): 2265-2297.

Jackson, S. B., T. J. Lopez, and A. L. Reitenga. Accounting Fundamentals and CEO Bonus Compensation. *Journal of Accounting & Public Policy*, 2008, 27 (5): 374-393.

Jensen, M. C., and W. H. Meckling. Theory of the Firm: Managerial Behavior, Agency Costs, and Ownership Structure. *Journal of Financial Economics*, 1976, 3 (4): 305-360.

Jensen, M. C. Agency Costs of Free Cash Flow, Corporate Finance and Takeovers. *American Economic Review*, 1986, 76 (2): 323-329.

Jensen, M. C., and K. J. Murphy. Performance Pay and Top Management Incentives. *The Journal of*

Political Economy, 1990, 98 (2): 225-264.

Jiang, G., C. M. C. Lee, and H. Yue. Tunneling through Intercorporate Loans: The China Experience. *Journal of Financial Economics*, 2010, 98 (1): 1-20.

Johnson, S., R. La Porta, A. Shleifer, and F. Lopez-de-Silanes. Tunneling. *American Economic Review Papers and Proceedings*, 2000, 90 (2): 22-27.

Juan, S., and B. Manuel. Competition from Specialized Firms and the Diversification-Performance Linkage. *The Journal of Finance*, 2008, 63 (2): 851-883.

Kang, Q., Q. Liu, and R. Qi. The Sarbanes-Oxley Act and Corporate Investment: A Structural Assessment. *Journal of Financial Economics*, 2010, 96 (2): 291-305.

Klein, A. Audit Committee, Board of Director Characteristics, and Earnings Management. *Journal of Accounting and Economics*, 2002, 33 (3): 375-400.

Kim, J. B., Y. Li, and L. Zhang. CFOs versus CEOs: Equity Incentives and Crashes. *Journal of Financial Economics*, 2011, 101 (3): 713-730.

Laksmana, I. Corporate Board Governance and Voluntary Disclosure of Executive Compensation Practices. *Contemporary Accounting Research*, 2008, 25 (4): 1147-1182.

La Porta, R., F. Lopez-de-Silanes, A. Shleifer, and R. W. Vishny. Law and Finance. *Journal of Political Economy*, 1998, 106 (6): 1113-1155.

La Porta, R., F. Lopez-de-Silanes, and A. Shleifer. Corporate Ownership around the World. *The Journal of Finance*, 1999, 54 (2): 471-517.

La Porta, R., F. Lopez-de-Silanes, A. Shleifer, and R. W. Vishny. Investor Protection and Corporate Governance. *Journal of Financial Economics*, 2000, 58 (1-2): 3-27.

La Porta, R., F. Lopez-de-Silanes, A. Shleifer, and R. W. Vishny. Investor Protection and Corporate Valuation. *The Journal of Finance*, 2002, 57 (3): 1147-1170.

Leone, A. J., J. S. Wu, and J. L. Zimmerman. Asymmetric Sensitivity of CEO Cash Compensation to Stock Returns. *Journal of Accounting & Economics*, 2006, 42 (1-2): 167-192.

Liu, B. and J. J. Mcconnell. The Role of the Media in Corporate Governance: Do the Media Influence Managers' Capital Allocation Decisions?. *Journal of Financial Economics*, 2013, 110 (1): 1-17.

Matsunaga, S., and C. Park. The Effect of Missing a Quarterly Earnings Benchmark on the CEO's Annual Bonus. The Accounting Review, 2001, 76 (3): 313-332.

McConnell, J. J., H. Servaes. Additional Evidence on Equity Ownership and Corporate Value. *Journal of Financial Economics*, 1990, 27 (2): 595-612.

McGuire, S. T., T. C. Omer, and N. Y. Sharp. The Impact of Religion on Financial Reporting Irregularities. *The Accounting Review*, 2012, 87 (2): 645-673.

Melicher, R. W., D. F. Rush, and D. N. Winn. Degree of Industry Concentration and Market Risk-Return Performance. *The Journal of Financial and Quantitative Analysis*, 1976, 11 (4): 627-635.

Miceli, M. P., and J. P. Near. Characteristics of Organizational Climate and Perceived Wrongdoing Associated with Whistle Blowing Decisions. *Personnel Psychology*, 1985, 38 (3): 525-544.

Morck, R., A. Shleifer, and R. W. Vishny. Management Ownership and Market Valuation: An Empirical Analysis. *Journal of Financial Economics*, 1988, 20 (January-March): 293-315.

Morck, R., O. Faleye, and V. Mehrotra. When Labor Has a Voice in Corporate Governance. *Journal of Financial & Quantitative Analysis*, 2006, 41 (3): 489-510.

Nalebuff, B. J., and J. E. Stiglitz. Prizes and Incentives: Towards a General Theory of Compensation and Competition. *Bell Journal of Economics*, 1983, 14 (1): 21-43.

Peress, J. Product Market Competition, Insider Trading, and Stock Market Efficiency. *The Journal of Finance*, 2010, 65 (1): 1–43.

Prevost, A. K., R. P. Rao, and M. A. Williams. Labor Unions as Shareholder Activists: Champions or Detractors? . *Financial Review*, 2012, 47 (2): 327–349.

Rosenstein, S., and J. G., Wyatt. Outside Directors, Board Independence and Shareholder Wealth. *Journal of Financial Economics*, 1990, 26 (2): 175–191.

Ruigrok, W., S. Peck, S. Tacheva, P. Greve, and Y. Hu. The Determinants and Effects of Board Nomination Committees. *Journal of Management Governance*, 2006, 10 (2): 119–48.

Schmidt, K. M. Managerial Incentives and Product Market Competition. *The Review of Economic Studies*, 1997, 64 (2): 191–213.

Schneider, A., B. K. Church. The Effect of Auditors' Internal Control Opinions on Loan Decisions. *Journal of Accounting and Public Policy*, 2008, 27 (1): 1–18.

Schwartz, S. H. *Beyond Individualism-collectivism: New Dimensions of Values*. In: Kim, U., H. C. Triandis, C. Kagitcibasi, S. C. Choi, and G. Yoon (Eds.). Individualism and Collectivism: Theory, Method and Application. Newbury Park: Sage, 1994.

Schwartz, S. H. *Mapping and Interpreting Cultural Differences around the World*. In: Vinkins, H., J. Soeters, and P. Esters (Eds.). Comparing Cultures: Dimensions of Culture in a Comparative Perspective. Boston: Brill Academic Publishers, 2004.

Shleifer, A., and R. W. Vishny. Large Shareholders and Corporate Control. *Journal of Political Economy*, 1986, 94 (3): 461–488.

Shleife, A., and R. W. Vishny. A Survey of Corporate Governance. *The Journal of Finance*, 1997, 52 (2): 737–783.

Singh, M., and W. N. Davidson Ⅲ. Agency Costs, Ownership Structure and Corporate Governance Mechanisms. *Journal of Banking & Finance*, 2003, 27 (5): 793–816.

Skaife, H. A., D. Veenman, and D. Wangerin. Internal Control Over Financial Reporting and Managerial Rent Extraction: Evidence from the Profitability of Insider Trading. *Journal of Accounting and Economics*, 2013, 55 (1): 91–110.

Sloan, R. G. Financial Accounting and Corporate Governance: A Discussion. *Journal of Accounting and Economics*, 2001, 32 (1–3): 335–347.

Stulz, René M. Managerial Control of Voting Rights: Financing Policies and the Market for Corporate Control. *Journal of Financial Economics*, 1988, 20 (January-March): 25–54.

Sun, J., S. F. Cahan, and D. Emanuel. Compensation Committee Governance Quality, Chief Executive Officer Stock Option Grants, and Future Firm Performance. *Journal of Banking and Finance*, 2009, 33 (8): 1507–1519.

Sun, Y., Y. Yi, and B. Lin. Board Independence, Internal Information Environment and Voluntary Disclosure of Auditors' Reports on Internal Controls. *China Journal of Accounting Research*, 2012, 5 (2): 145–161.

Vafeas, N. Board Meeting Frequency and Firm Performance. *Journal of Financial Economics*, 1999, 53 (1), 113–142.

Vafeas. N. The Nature of Board Nominating Committees and Their Role in Corporate Governance. *Journal of Business Finance & Accounting*, 1999, 26 (1–2): 199–225.

Weisbach, M. S. CEO Turnover and the Firm's Investment Decisions. *Journal of Financial Economics*, 1995, 37 (2): 159–188.

Woidtke, T. Agents Watching Agents?: Evidence from Pension Fund Ownership and Firms Value. *Journal of Financial Economics*, 2002, 63 (1): 99-131.

Xu, N., X. Xu, and Q. Yuan. Political Connections, Financing Friction, and Corporate Investment: Evidence from Chinese Listed Family Firms. *European Financial Management*, 2013, 19 (4): 675-702.

Xu, N. H., X. R. Li, Q. B. Yuan, and K. C. Chan. Excess Perks and Stock Price Crash Risk: Evidence from China. *Journal of Corporate Finance*, 2014 (25): 419-434.

Yermack, D. Higher Market Valuation of Companies with a Small Board of Directors. *Journal of Financial Economics*, 1996, 40 (2): 185-211.

Yermack, D. Flights of Fancy: Corporate Jets, CEO Perquisites, and Inferior Shareholder Returns. *Journal of Financial Economics*, 2006, 80 (1): 211-242.

Yu, F. Analyst Coverage and Earnings Management. *Journal of Financial Economics*, 2008, 88 (2): 245-271.

第十八章 会计学术论文的撰写与发表

本章大纲

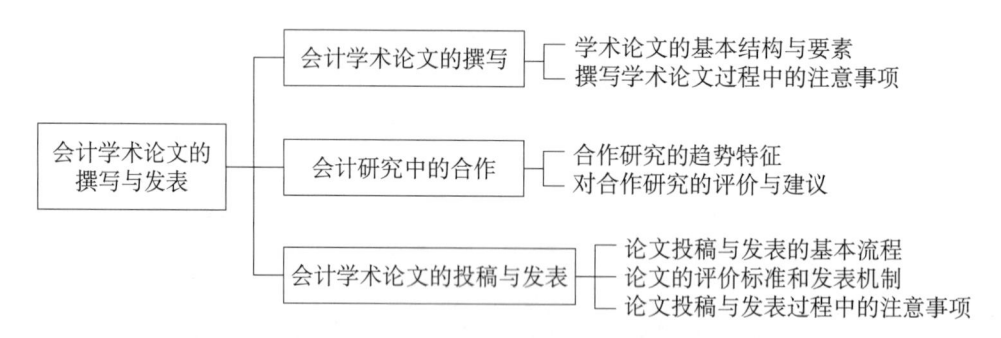

- 会计学术论文的撰写
  - 学术论文的基本结构与要素
  - 撰写学术论文过程中的注意事项
- 会计研究中的合作
  - 合作研究的趋势特征
  - 对合作研究的评价与建议
- 会计学术论文的投稿与发表
  - 论文投稿与发表的基本流程
  - 论文的评价标准和发表机制
  - 论文投稿与发表过程中的注意事项

> 了解并参与会计学术成果的撰写过程和发表过程，你的观点和发现才有可能进入文献体系并可能成为专业知识加以固化和流传。尽管如何评价和识别一个重要、有趣的研究主题是撰写乃至发表论文的第一步，但此前已专章介绍过这个问题（见第三章），因此，本章不再花更多篇幅重复讨论研究选题的识别问题。
>
> 本章首先在第一节讨论会计学术论文的常规结构、要素以及撰写过程中需要注意的问题；考虑到撰写学术论文通常涉及学者之间的合作，第二节专门讨论了合作研究过程中需要考虑的事项；第三节则侧重于论文投稿和发表环节值得注意的问题。

第一节 会计学术论文的撰写

论文的撰写是把自己的新观点和新发现与读者进行交流与沟通的过程。不过，研究者通常对研究的操作过程（比如设想的提出和形成、数据获取、结果分析等）有更大的兴趣，对于撰写论文则没有那么大的兴趣。学术思想的市场是一个高度竞争的市场，论文的供给量远远大于期刊所能发表的论文数量，因此研究者在思想和发现的对外传递过程中投入越多，其研究成果就越可能被识别、了解并发表。

每个学科中都有不少研究方法论教材和文献介绍论文撰写方面的基本流程和注意事项。在会计领域，同样有不少学者（特别是担任学术期刊主编的学者）都做过非常中肯的讨论，比如 Journal of Accounting and Economics 的创刊主编之一 Jerold L. Zimmerman 教授（Zimmerman，1989，IAEd）对论文撰写和发表的建议；比如 Beyer 等人对会计学者学术发展的建议（Beyer et al.，2010，IAEd）；再比如，财务领域著名期刊 Journal of Financial Economics 在其官方网站列示了前主编 René M. Stulz 教授对作者群体的写作及投稿建议（原文参见 http://jfe.rochester.edu/tips.htm）。[①] 本节（与第三节）的讨论参考了这些重要的文献和资料，也吸纳了本书编者们多年来撰写论文的切身经历和体会。

一、学术论文的基本结构与要素

对于一篇学术论文，其通常的组成要素包括：（1）标题；（2）摘要；（3）正文；（4）附注；（5）表格；（6）附录；（7）参考文献。对于一篇希望考察某一问题或检验某理论假设的经验研究论文，在论文的正文部分，通常可分为引言、理论讨论与研究问题（或假设）的提出、研究方法、研究结果、总结与结论。以下分别讨论各个要素的基本含义和要求。

（一）标题

标题应当简明有力地传递出论文希望探讨的主题。有些标题列示出作者希望检验的概念（变量），或概念之间的关系，有些标题直接突出论文试图表达的基本观点和思想，有些标题则会以设问的方式吸引读者的兴趣。标题忌空泛，应恰如其分地反映论文的研究内容。

（二）摘要

摘要通常说明论文的主要研究问题、研究动机、核心发现以及主要结论。摘要通常受到字数限制，不宜过长，应简明扼要。

（三）引言

引言的一个重要功用是说明论文的研究动机，引起读者对论文的兴趣。引言应当概括研究的目的，并在一开始就说明论文准备研究的问题，然后阐述为什么论文准备研究的问题是重要的。引言还须归纳论文的主要发现，以及为什么这些发现是重要的。换言之，引言回答了谁会关注这篇论文，以及为什么值得关注这篇论文。

引言会促使研究者发现自己能否清楚地表达出充分的理由，回答为什么要做一项研究。如果费尽心力也想不出很好的理由，那么通常说明眼下这项研究并不值得开展。好的

---

① 会计学者们普遍推荐的另一篇有影响的讨论文章是 Hamermesh（1992）。

引言还有助于作者想出好的论文标题。因此,引言要早构思、早动笔,以便作者有较充分的选择余地。

当然,正因为引言的重要作用,引言通常被认为是最难写的部分,很多学者选择在写完相对直接的部分(如研究设计、研究结果)之后才着手撰写引言。大多数论文之所以被接受或被拒稿,都是基于其相对于已有文献的增量贡献,而做出这样的决策和判断在很大程度上受到引言所作表述的影响。总而言之,引言需要作者经过深思熟虑、精雕细琢后才可以完成。

(四)理论讨论与研究问题(或假设)的提出

这部分是论文的理论部分,通常也包含对以往相关文献的较为充分的回顾,以及对研究所涉及的制度背景的介绍与讨论。对以往文献的回顾以及相关理论的讨论主要是为了提出作者自己新的思想和观点。在大部分情况下,作者需要提出研究假设(research hypothesis);有些情况下(主要是尚处于探索性、描述性的研究领域),作者可能只提出研究问题(research question)。

在提出假设的过程中,作者应当同时讨论与假设有关的正反两方观点。这样做一方面是为了讨论的全面性和中立性,而非偏向某一方;另一方面,正因为存在正反两方的观点,才体现出经验研究的必要性,否则容易演变为论证一个事先易被人们预见或预知的结论。

此外,不同级别的会计学术期刊对于理论部分的要求是有差异的(Beyer et al.,2010,IAEd):顶级的学术期刊对理论部分的讨论要求较高,经常能够看到原创性的理论分析或较为严谨的数学建模,而 B 类学术期刊中假设的提出有时可以仅基于以往文献。

(五)研究方法

这部分也称作研究设计,通常被认为是论文中最直接、最容易写出来的部分,因为这部分主要是对客观的研究过程进行如实、扼要的记录,包括样本选取、数据来源、模型设置、变量界定与说明、描述统计等。具体来讲,作者需要说明进行实证检验所使用的样本,解释为什么总体中的某些观测被剔除出样本;说明数据的获取途径,比如来自公开的商业数据库或非公开的档案资料,或者来自实验或调查问卷;说明使用的统计技术,比如回归分析;说明分析中使用的核心变量以及理由(变量的选取依据)、界定方式、度量方法。

变量的描述统计可以放在研究方法中交代,也可以放在研究结果中交代;描述统计通常列示主要变量的均值、中位数、标准差等,并且需要根据具体的研究问题进行分组描述和比较。比如,某研究希望考察一项新的会计监管规则的后果,那么研究者通常需要提供该项新规则前后一定期间的变量特征,并加以比较。研究者有时也会加入一张相关系数表,以便读者对变量之间的相关程度有事先的了解。

(六)研究结果

作者应在此部分列示和讨论主要的研究发现。主要的研究发现应列于表格。所有在论文中呈现的表格，作者均应在正文中提及和讨论。正文对表格的解释不应仅仅简单重复表中的结果。

研究结果部分通常还有一些敏感性测试（sensitivity tests），或称稳健性测试（robustness checks），这类测试的主要目的是说明论文的主要发现并没有受到之前研究设计尚未考虑到的因素的影响，比如改变核心变量的度量方式、新增一些变量、改变检验使用的模型、放宽样本选取的限制、剔除一些可能存在争议的样本观测等。敏感性测试做得越充分，通常意味着论文的主要发现越稳定，读者对论文的主要发现也就越有信心。

（七）总结与结论

结论部分通常需要再次阐明论文的研究动机和目的，并简要说明主要的研究发现。该部分有 1~2 页纸即可。到了结论部分，作者应当已经能够说服读者，论文的研究目标已经实现。作者通常还需要在结论部分说明研究局限和未来的研究方向。Beyer et al.（2010，IAEd）的一个重要建议是，不要用一些无关痛痒的话结束该部分，而要用很有力量的观点或表述作为最后一句话。

（八）附注

论文的附注通常可以采用脚注的形式，只有少数期刊对论文的附注采用尾注的形式。附注分为两类：一类是对文献的标注（即在附注中引用某文献[①]）；另一类是非文献标注，涉及对正文某观点或发现的更加细节的说明，属于新的信息。

文献标注不会对读者造成很大困扰，因为读者一看就知道是文献条目而很快跳过。非文献类的标注可能会打乱论文的逻辑和读者的阅读节奏，读者并不确定到底是应该很快地跳过标注（导致损失一些新的信息），还是对每一个附注都进行阅读（但会降低阅读的流畅性和理解度），会给读者造成阅读上的不便和困扰。一般而言，作者应尽量减少非文献类的标注，包括考虑能否把非文献类的标注转换为正文的表述。

（九）表格

作为工作论文（即尚未正式发表的论文稿），各个表格均应列示于正文之后。对于表格列示的基本要求之一是，读者如果看了表格，就能基本推断出表格所列结果的含义、变量的界定以及计算的方式。相应地，每个表格应有一个标题，清楚描述表格的内容。表格中应包含表格中出现的所有变量的含义或界定。表格除了列示各种统计量，还应说明是使用单尾还是双尾进行的假设检验，同时也应报告统计过程中使用的样本观测数。表格列示的另一个基本要求是，作者应当将最主要的结果列示在表格中。如果只是方法上的简单重复（比如在使用了 Probit 回归之后再使用 Logit 回归），没有必要把结果全都列示为表格。

（十）附录

附录通常包含一些较为细节的信息，这些信息如果列示在正文中，可能会干扰正文的

[①] 在会计领域的期刊中，文献类的标注主要出现在较早时期（如 20 世纪六七十年代）。随后文献条目主要出现在参考文献部分，很少再出现在附注中。

阅读，或破坏正文主要内容的篇幅结构。在会计学领域的论文撰写中，经常作为附录的内容包括：

（1）正文可能提及了一些重要的变量或研究设计，而该变量的设计过程比较复杂，作者可能选择把具体的变量设计过程置于附录。

（2）与正文提及的制度背景或研究设计有关的资料展示或典型示例（如特定的财务报表结构、信息披露示例、审计报告示例、监管规则的核心规定）。

（3）有些研究涉及大量的变量，作者可能选择把变量界定表置于附录，也有作者会把描述性统计（特别是相关系数表）置于附录。

（4）对于实验研究、调查问卷、访谈研究或实地研究，作者通常需要将实验材料、调查问卷、访谈提纲等作为附录，供同行专家和期刊读者参阅。

（5）对于分析性研究（analytical study），作者通常会将具体的证明过程置于附录。

（十一）参考文献

作者应当确保在论文正文（及附录）中出现的所有文献引用，都在参考文献部分对应一项完整的文献条目。参考文献可能是已发表的学术论文、未发表的工作论文、专著、新闻报道、法律、准则、规则等。不同来源的参考文献的列示方式各有差异，不同的会计学术期刊对参考文献的格式要求也略有不同。作者可以按照自己将要投稿的期刊的特定格式要求，整理出参考文献清单。大部分英文学术期刊的参考文献排列顺序，通常按照各项文献第一作者姓氏和名字（先姓后名）的英文字母增序排列。

二、撰写学术论文过程中的注意事项

（一）好文章，不难读

Zimmerman（1989）指出，好的论文不应当是难以读懂的（good papers are not difficult to read）。一篇论文的读者群越广，这篇论文的影响通常越大。论文的撰写应当面向最不复杂的读者，而不是最复杂的读者。在撰写过程中，应当假设这篇论文的读者甚至审稿人是一名学生（而非专家学者），那么你就很可能会按照能让刚刚接触研究的学生理解的方式去撰写论文。

上述假设较为接近事实：其一，不少学术机构和学者都会将学术界内流通的工作论文或审稿论文交由博士研究生讨论或初审，作为博士生训练的一部分；其二，论文正式发表后，博士研究生无疑也是学术论文的重要读者群之一。考虑到博士研究生是学术界未来学者的最主要来源，是新想法和新论文的重要提供群体，期刊的主编有很强的动机希望期刊发表的论文能够被尽可能广泛的博士生群体阅读和理解，因此也会要求作者按照这个群体能够读懂的方式撰写论文。总而言之，这个建议是希望作者在撰写论文时务必要考虑读者的阅读和理解便利。

（二）好文章，不宜云山雾罩，也有别于研究日志

Zimmerman（1989）指出，刚入行的作者普遍会犯一个错误，就是未能在论文的起始和结尾清楚地归纳研究的目的、主要发现以及结论。作者可能会认为，自己好不容易得到

了某个发现，读者也应该等到最后才看到。然而，作者需要认识到，让读者等待并不会增加论文的学术贡献。

此外，研究者往往十分享受证明命题、发现结果的过程。研究本身是一个不断试验、不断试错的曲折过程。正因为研究者十分享受整个过程，所以可能会假设读者也是如此，从而可能会按照得出发现的过程撰写论文。事实上，论文读者通常并不愿意如此周折才读到论文的核心发现。恐怕只有专门用来记录整个发现过程的书稿才比较适合按照得出发现的时间过程进行叙述。

撰写学术论文，需要了解学术期刊的读者特征。学术期刊的读者普遍很忙，他们阅读期刊论文通常是为了对自己的专业研究或教育学生有所帮助，而不是为了个人娱乐。如果是为了个人娱乐，他们大可阅读更加生动、轻松的文学作品。不论是资深学者，还是正在学习阶段的学生，都没有精力逐个期刊、逐篇论文地阅读。大部分读者可能会先扫一眼某一期期刊的论文目录，读一些论文的摘要，然后对比较感兴趣的论文多看一些，只有对于那些他们确实非常感兴趣的研究，才有可能详读论文。

作者在撰写学术论文时，应该牢记读者的上述阅读习惯和方式。一篇好的论文应当能够帮助读者很快理解为什么需要（或不需要）花时间阅读整篇论文。如果作者能够充分突出论文的主要发现和结论，读者将更可能记住这篇论文，也才更有可能吸收论文中更加复杂和细节的内容。

总而言之，Zimmerman（1989）的建议是，作者应当直接、明了，在摘要、引言和结论部分说明论文的目的、发现和结论，而且没有必要完全按照得出发现的过程撰写论文。在撰写结论时，作者应当假设读者尚未读过论文，因此不应使用只在论文前文出现过的专用术语、缩写等。对于经验研究，作者应当尽可能早地将最主要的发现列示出来。对于分析性研究，作者应当尽可能早地强调其理论贡献的直观价值及其对经验研究的含义。

（三）把握好撰写论文的节奏和步骤

很多资深的学者都建议，写文章要一部分一部分写，而不是一口气写完。之前介绍过的论文各个部分和要素中，理论讨论与假设提出需要精心的思路整理和思考，研究设计和结果是比较直接的部分，随后对引言、结论、摘要进行整合，最后是通篇论文的细读、梳理以及语言编辑的校阅、润色。虽然论文的学术贡献对一篇论文而言至关重要，但低级错误累积到一定程度也会使读者丧失对论文的信心。

好文章需要经过反复的阅读和修改。这个过程不仅需要论文的起草者自己进行很多遍，还包括合作者之间的反复沟通和相互修改。当作者群体内部形成一致意见后，可以考虑进一步向同事、朋友、资深的同行专家、小型学术研讨会、国内国际学术会议的参与者征询意见。这些外部征求意见的过程不仅能够帮助作者纠正论文的错误，发现潜在的思路不清或表达混乱，不断润色论文，也有助于作者做出初步的投稿预判，因为大量的外部反馈通常已能从总体上反映出同行的基本印象和评价。

（四）恰当地引用前人成果

一项学术研究通常建立在前人的研究基础上，因此文献引用是论文撰写中的重要环节。不恰当的引用可能令学术同行怀疑作者的论文价值，也可能误导学生读者。以下列举并讨论一些不恰当的文献引用行为：

第一类不恰当的行为是，作者的研究思想在以往其他学者的研究中已有论述或验证，但作者未引用以往的相关文献。发生这种情况的一种可能是，作者完全不知道前人的重要观点和基本发现，因此未作引用，这意味着作者尚未对自己研究的领域下足够的功夫。也有一种可能是，作者并非不知道前人成果，但可能担心一旦引用就会削弱自己的学术价值和降低发表概率，因此未作引用，这种情况则意味着作者的学术道德存在问题，甚至可能会被同行认为存在剽窃嫌疑。

第二类不恰当的行为是，作者无效地引用他人文献。比如，前人明明说的是 A，作者在引用时却说成 B；或前人明明没有说过 A，作者在引用时却说前人说过 A，这些都属于引用错误。再比如，作者在引用以往文献时提到了前人的研究局限，并以此作为自己的研究动机，这时读者通常会预期作者会在其研究中加以克服，但读完论文才发现作者的研究同样未能克服前人的研究局限。

第三类不恰当的行为是，作者对文献的引用低效。比如，相对于作者的研究，前人最相关的成果是 A（可能是核心思想或核心设计），而作者却只引用了不太相关的 B（可能只是某个控制变量的设置问题），这种引用弱相关的行为容易被同行认为作者存在避重就轻、高估研究贡献之嫌。再比如，作者研究的问题存在大量的以往相关文献，但作者只是随意找了一两项文献进行引用，而没有引用该领域最重要（或最源头）的文献。

第四类不恰当的行为是，作者对文献的引用缺乏规范。比如，引用格式不符合通常的引用规范，或进行大篇幅的引用，缺乏归纳。再比如，作者在引用前人成果时措辞过于偏激或过誉，缺乏客观性和专业性。此外，在引用前人研究中某个重要而又不是很容易被识别的观点或发现时，最好标注出具体的页码。

（五）好文章，尽量减少缩略词的使用

会计领域中，有很多广为认可的缩略词（acronym），如 GAAP（generally accepted accounting principles，一般公认会计原则）。在英文论文的撰写中，作者可能经常会使用缩略词，其中除了广为认可的缩略词外，也会使用很多自己界定的缩略词（包括变量的界定）。Zimmerman（1989）指出，缩略词会增加读者的阅读成本，不便于读者顺畅阅读论文，因此建议作者们不用缩略词（即 Don't Use Acronyms，这就是著名的缩略词 DUA 的由来），或尽可能少用。

对于中文论文的撰写，有时也会涉及英文或中文专业术语的缩略词，尽量少在论文中使用缩略词的建议同样是适用的。

第二节　会计研究中的合作

一、合作研究的趋势特征

在进行学术研究（包括论文撰写）的过程中，合作是一个较为普遍的方式与状态，也是识别和深化研究主题的一种重要途径。[1]

第二次世界大战之后,自然科学和社会科学中以合作形式发表的学术成果大量增加(Bayer and Smart,1991)。[2] 到 20 世纪 80 年代末,在大部分领域,发表的研究成果中有很高的比例是以合作形式发表的,会计领域也是如此。

根据 Ettredge and Wong-On-Wing(1991,IAEd)[3] 的统计,在 1970—1988 年,发表于 *The Accounting Review* 和 *Journal of Accounting Research* 这两份期刊上的合作论文占比从 30%左右增加到了 60%~65%。再比如,根据 Urbancic(1992,AEdJ)[4] 的统计,在 1986—1988 年,发表于 13 份权威会计期刊上的论文中大约有 60%是合作研究,而且最有影响的研究大部分是合作发表的论文。

大量研究显示,合作可以提高研究的质量并增大论文被接受发表的概率(Gordon,1980[5];Presser,1980[6])。换言之,合作论文比独立作者论文更可能被期刊接受发表。

二、对合作研究的评价与建议

Nathan,Hermanson,and Hermanson(1998,IAEd)对美国高校会计教师(含部分院系主任)的系列访谈发现:

(1) 会计院系总体上是鼓励合作的,特别地,在同一个机构的学者间合作可以降低协调难度,优化院系内部的学术氛围。

(2) 通常认为,如果一篇论文的总作者数超过 4 人,就太多了。

(3) 大部分受访对象指出,在所在的院系,对合作论文的评价通常给予完全认可;少部分受访对象指出,在所在的院系,对合作论文的评价给予部分认可,认可权重通常为主观判断,或者按照作者人数平均分摊。

(4) 有会计学博士点的院校受访者以及在顶尖的三份会计期刊(TAR,JAR,JAE)发表过论文的受访者更倾向于认为,一名学者至少要有独立发表的研究成果。

(5) 受访的院系主任们普遍认为,在给定申请职称晋升者都有相同篇数合作成果的情况下,有独立发表于权威学刊的论文对于职称晋升的影响可能更加重要,同时院系主任们也会考虑合作成果的具体方式(比如,对与同事合作的评价高于对与博士生或导师组成员合作的评价)。

(6) 对于以往不成功的合作经历,存在的问题主要包括:合作之外的因素(如结果很差或研究设计糟糕);合作者无法按照预先的承诺开展合作;合作者之间存在协调和进度

---

[1] 参见第三章"评判和识别有意义的会计研究选题"第二节的相关讨论。

[2] Bayer, A. E., and J. C. Smart. Career Publication Patterns and Collaborative "Styles" in American Academic Science. *Journal of Higher Education*,1991,62(6):615-636.

[3] Ettredge, M., and B. Wong-On-Wing. Publication Opportunities in Accounting Research Journals:1970—1988. *Issues in Accounting Education*,1991,6(Fall):239-247.

[4] Urbancic, F. The Extent of Collaboration in the Production of Accounting Research. *Accounting Educators' Journal*,1992,4(2):47-61.

[5] Gordon, M. D. A Critical Reassessment of Inferred Relations between Multiple Authorship, Scientific Collaboration, the Production of Papers and Their Acceptance for Publication. *Scientometrics*,1980(2):193-201.

[6] Presser, S. Collaboration and the Quality of Research. *Social Studies of Science*,1980(10):95-101.

方面的困难。

（7）形成小规模的研究团队、从项目一开始就制订细致的合作计划、每一位合作者制定并严格遵守具体的截止期限、与那些你十分了解的合作者合作，对于避免不成功的合作经历都是十分重要的。

最后，基于 Nathan，Hermanson，and Hermanson（1998，IAEd）的访谈，受访者提出了几点建议：

（1）要着手参与合作。

（2）要找可信赖的、技术水平高的、勤奋的合作者。

（3）项目要有目标，每个合作者要有责任。

特别地，受访的院系主任们建议：

（1）合作有助于增加你的研究产出和提高质量。

（2）要有一些独立发表的成果。

（3）要对合作研究进行规划。

（4）要理解院系层面对合作成果的评价。

（5）要和有经验的学者合作。

第三节 会计学术论文的投稿与发表

一、论文投稿与发表的基本流程

作者在把稿件投给某一学术期刊的过程中，可能涉及的流程和环节如下：

（1）作者选择合适的期刊进行投稿。在选择期刊时，作者通常需要考虑论文的主题是否与特定期刊相匹配，预期贡献是否可能达到特定期刊的标准，研究方法在特定期刊是否普遍，等等。

（2）期刊在收到作者投稿后，通常会发给作者一份收稿确认函，表示已经收到作者的投稿，并将进入编辑分配和审稿环节。

（3）主编可能按照稿件领域将稿件分配给一位副主编，也可能自己负责该稿件。主编或副主编选聘审稿人评审稿件。在会计领域，大部分期刊选聘两名审稿人，也有一些期刊选聘一位审稿人。

（4）主编在收到审稿人的评论意见后向作者发出决定函，并附上审稿人的评审意见。主编的决定总体上可分为三大类：接受发表；修改和再投（revise & resubmit，R&R）；拒绝发表。不同的学术期刊在决定函的意见类型上存在些微差异。比如，在"接受"类别中，可能会增设"有条件接受"（conditional acceptance），意思是在接受一些细微的意见和建议后可以接受发表。在 R&R 类别中，可能分设"细微修改"（minor revision）、"重大修改"（major revision）甚至"重写"（rewrite）。示例 1 和示例 2 分别列示了 *The British Accounting Review*（BAR）和 *China Accounting and Finance Review*（CAFR）要求审稿人向主编提供的评审意见类型。从示例中可以看到，BAR 的意见类型较为具体，而 CAFR 的意见类型则相对简要。

示例 1

The British Accounting Review 要求审稿人提供的评审意见类型：

ACCEPT	Unconditionally
	Subject to minor revisions detailed in review
	Subject to substantial revisions or shortening as detailed in review
OFFER RECONSIDERATION FOLLOWING MAJOR REVISIONS	
REJECT CURRENT PAPER BUT INVITE RESUBMISSION	As new paper, following major reworking and rewriting
	As short research note
REJECT	For reasons listed in review
	The paper does not warrant serious review

示例 2

China Accounting and Finance Review 要求审稿人提供的评审意见类型：

<u>总体意见</u>

1. □完全接受，无须修改
2. □可接受，但仍需小改
3. □请作者根据审稿具体建议做出一定修改后再寄稿
4. □请作者根据审稿具体建议做出重大修改后再寄稿
5. □拒绝接受

（5）在重要会计学术期刊的第一轮决定函中，大部分稿件得到的是拒绝发表的决定，极少有稿件能够直接被接受或有条件接受，因此，如果作者得到修改和再投的决定，应该是比较不错的结果。Zimmerman（1989）指出，如果主编作出允许作者修改和再投的决定，相当于主编与作者签署了一份"凭良心"合约。如果作者能够按照审稿人及主编的意见和建议进行修改，并在随后轮次的审稿中未再发现技术问题或错误，主编倾向于最终接受论文。正因为主编不会随意违反这样的"合约"，主编在做出修改和再投的决定时是非常慎重的。

（6）如果得到修改和再投的决定，作者需要认真修改论文，尽量解决审稿人和主编提出的问题，并将修改好的论文以及修改说明寄回期刊。

（7）如果得到拒绝发表的决定，作者需要认真考虑收到的评价意见，并重新选择期刊进行投稿。

（8）经过若干轮次的审稿和修改，主编可能最终决定接受论文，并发送接受发表的决定函。在会计领域的国际期刊，一篇被接受的论文通常会经过2~4轮的评审，少数被接受的论文可能经过5轮甚至更多轮次的评审。

（9）在论文被接受发表后，期刊的出版商会与作者就版权事宜、校对事宜进一步联系，最终论文得以正式发表在学术期刊上。

二、论文的评价标准和发表机制

学术期刊的主编都希望发表好论文，或高质量论文。从技术指标上看，一篇学术论文的质量包括选题的重要性和有趣性、潜在贡献、理论基础和假设提出的严谨程度、研究设计的说服力和精巧度、研究结果的可信度和稳健性、表达的清晰度和行文的流畅性等。示例 3 列示了 China Accounting and Finance Review（CAFR）要求审稿人向主编提供的论文评价维度。

示例 3

China Accounting and Finance Review 要求审稿人提供的论文评价维度：

评价	很好	较好	一般	较差	很差
论文总体	☐	☐	☐	☐	☐
论题	☐	☐	☐	☐	☐
中心思想	☐	☐	☐	☐	☐
研究（文献）回顾	☐	☐	☐	☐	☐
研究方法	☐	☐	☐	☐	☐
研究深度	☐	☐	☐	☐	☐
学术贡献	☐	☐	☐	☐	☐
严谨性	☐	☐	☐	☐	☐
写作水平	☐	☐	☐	☐	☐
读者会感兴趣程度	☐	☐	☐	☐	☐

论文质量评价的技术标准实际上与发表论文的学术期刊的评价标准密切相关。一份期刊成功与否，通常取决于期刊的读者数量、订阅规模、所发表论文被引用的次数。因此，主编对一篇论文的基本评判标准是这篇论文在相关领域中可能产生的影响。论文可能产生的影响越大，期刊的影响也越大，主编也就越好地履行了其职责。如果某期刊经常拒绝发表重要的学术论文，或总是发表对现有文献仅作细微拓展的论文，期刊的声誉必然受到损害，作者就不会把很好的论文投给这样的期刊，而期刊的读者也会越来越少。

Zimmerman（1989）的上述论证试图说明一个观点，即期刊不具有垄断地位，不会随意发表或拒绝论文。换言之，在一个竞争较为充分的学术市场中，期刊会受到市场竞争的约束。比如，在会计领域的国际期刊中，至少有 30 份以上的匿名审稿期刊。为了吸引到高质量的论文，期刊之间会展开各种竞争，比如提供更高质量、更加及时的审稿。

当然，对论文质量高低的判断不可避免地会受到期刊主编及期刊读者群的主观评价影响。[①] 有很多舆论认为学术期刊（特别是排名靠前的期刊）的选稿存在政治因素（比如作者具有编委地位或审稿人身份、作者与编委存在密切的学术关系）。从技术角度来看，这些指责与 Zimmerman（1989）提出的主编选稿标准（论文的潜在影响越大越好）并不矛盾，因为政治因素同样反映了作者的学术影响、声誉和地位，而作者较高的学术影响、声

[①] 参见第一章第二节"会计学的研究范式"的相关讨论。

誉和地位都是增加论文潜在学术影响的重要因素。在稿源丰富、稿件竞争激烈的情况下，主编没有理由忽视这些因素对期刊的可能影响。同时，这些具有政治优势（如担任编委、审稿人）的作者同样受到自身学术声誉的约束，不会贸然随意地参与一个研究项目，而会以非常挑剔的标准选择研究项目，因此内在地确保了论文的重要性和学术影响。如果作者确实是期刊的编委或审稿人，这些作者也有较强的动机维护和增强自己所在期刊的声誉，因为此时期刊的声誉与个体学者的声誉捆绑在一起。上述状态长期维持下去，有两个后果：其一，发表的论文总体上具有较大影响和较高质量，不会对期刊选稿的效率和效果产生不利影响；其二，发表论文的作者群总体上具有明显的政治优势，而其他不具有政治优势的作者群发表论文的动机和概率则明显较低，对期刊选稿的公平性具有负面影响。从这个意义上讲，虽然我们不否认 Zimmerman（1989）提出的"期刊不具有垄断地位"的观点，但也无法否认部分期刊存在"部落化"的事实。

三、论文投稿与发表过程中的注意事项

（一）初稿综合征

在论文撰写环节，我们已讨论过撰写论文的节奏和步骤，即反复阅读和修改，并主动征求他人意见。与此相一致，Zimmerman（1989）批评了初稿综合征（virgin paper syndrome）。所谓初稿综合征，是指作者投稿到期刊之前，除了作者自己，没有别人读过这篇论文，这样的论文通常也没有任何致谢（感谢某些同行学者提出意见和建议），含有大量的拼写错误、难以理解的表述、令人费解的逻辑。

也许有作者会认为，对于存在上述问题的论文，期刊的主编和审稿人不是可以提出来要求作者修改吗？事实上，重要的学术期刊基本上不会这样做。对于这样的稿件，主编的普遍做法是直接拒稿，而不会给作者修改和再投的机会。有很多原因可以解释这种行为决策：

其一，重要的学术期刊的编辑和审稿人资源是非常稀缺的。对于重要的学术期刊，编辑和审稿人都是相关专业领域的专家和学者，承担着繁重的科研、教学和社会服务工作，很多学者还同时担任多个学术期刊的编委或审稿人，其能够分配到一篇稿件上的时间和精力十分有限。因此，给定有限的阅读和审稿精力，一篇论文的阅读障碍越大，编辑和审稿人越不倾向于耗费大量的时间在这篇论文上。

其二，重要的学术期刊面临大量的投稿。对于主编而言，大量的投稿意味着有很多选择，即使某篇存在初稿综合征的稿件具有一定的内涵价值，但也存在相当数量的具有较高内涵价值且不存在初稿综合征的稿件，因此存在初稿综合征的稿件不具有任何优势获取难得的修改和再投机会。

其三，从信号传递的角度看，一篇稿件如果存在初稿综合征，通常意味着作者缺少论文撰写的经验甚至常识，缺乏良好的研究素养和习惯，也缺少对期刊主编、审稿人及潜在读者的时间和精力的尊重，这样的作者往往处于研究的入门或初期阶段，主编和审稿人可能难以对这样的作者产生足够的信任和信心。如前所述，修改和再投的决定意味着主编准备与作者签订一份凭良心的合约，在缺乏信任和信心的情况下，主编显然不愿给作者提供修改机会。

初稿综合征实际上并不仅限于学术期刊投稿，事实上，作者一旦试图将论文在较为公开的场合交流时，都应尽量避免稿件存在初稿综合征的特征。这是因为，在学术会议和小型论坛等场合，初稿综合征会损害参与者对论文的印象，而参与者中可能就存在论文的潜在审稿人或编辑。即使参与者中没有论文的直接审稿人或编辑，由于学术圈并不大，参与者的负面评价还是有可能通过各种途径传播到主编或审稿人那里，因此，作者不应有任何的侥幸心理，应该从一开始就做好充分、细致的公开交流或投稿准备。

（二）论文是作者自己的论文，不是别人的论文

不少作者认为自己对论文投入了大量精力，而主编或审稿人似乎寥寥数语就拒绝了自己的论文。事实上，主编和审稿人的客观中立身份以及时间和精力都不允许他们像作者那样对具体稿件带有浓厚的个人情感，因此通常没有人对待稿件能比作者还要认真和尽心。如果主编和审稿人通过初步的浏览就已经感到论文很难吸引自己，或存在大量问题，他们的基本判断是作者自己远不够尽心，进而怀疑作者从事研究的动机和能力，在这种情况下，他们往往倾向于拒绝接受作者的稿件。

（三）如何理解和应对主编/审稿人的负面评论

面对主编和审稿人的负面评论，一个刚入行的作者的第一反应往往是，主编和审稿人没有理解自己的观点、设计或发现，甚至有作者愤然向主编回函，指责审稿人未能理解自己的想法。Zimmerman（1989）指出，如果真的发生了这种情况，作者没有必要把责任归于主编或审稿人。作者应当认识到，是自己没能清楚地和有说服力地把自己的观点和发现传递给主编和审稿人。作者将稿件投给期刊，是希望这个期刊的读者能够看到自己的思想和发现。主编选择审稿人，是希望审稿人基于其专长对论文做出评价，因此审稿人的水平至少达到了一名普通读者的水平。如果审稿人和主编都无法理解该论文，那么期刊的大部分读者也很难理解该论文。

因此，作者在收到主编和审稿人的负面评论后，可以先放一段时间（比如几个星期），在自己比较冷静的情况下认真思考主编和审稿人的意见。如果有条件，也可以咨询一些资深的同事或同行，看看他们是如何解读主编和审稿人意见的。过了一段时间，你可能发现主编和审稿人的意见中确实有不少是很有道理的。若你认为确实是主编和审稿人没有充分理解，你需要认真考虑为什么会造成这种状况，能否通过完善行文和表达加以解决。

如果得到修改和再投的决定，作者应当认真修改论文，逐项解决审稿人和主编提出的问题，并将修改好的论文寄回期刊，同时，作者还应当编制一份修改说明，详细说明作者是如何解决或回应审稿人和主编提出的每一个问题的。某些情况下，作者可能认为无法或没有必要遵照主编或审稿人的某项意见或建议，此时作者务必提供非常充分的理由，解释为什么自己未能遵照主编或审稿人的某项意见或建议，否则应当尽量遵照评审意见和建议进行修改。另外，作者也有必要注意，每次修改应尽量限于主编和审稿人提出的意见或建议，如果进行了额外的重大修改，应当予以说明和解释，否则容易使主编和审稿人认为论文存在其他此前尚未发现的重大缺陷，或认为作者的行为缺乏透明度，以致丧失对论文和作者的信任和信心。当然，如果主编和审稿人提出了一些总体性的修改意见（比如论文的语言表达不通顺、篇幅过长等），同时做了些列举，作者在修改过程中不应只对提出来的

具体例子进行修改，而应当进行通篇的细致修改。

如果得到拒绝发表的决定，作者同样应当充分考虑主编和审稿人提出的意见和建议，然后将修改后的论文投给另一个期刊。有作者会认为，这个期刊既然不接受自己的论文，为什么还要按照主编和审稿人的意见进行修改，为什么不直接投到另一个期刊呢？一个重要的考虑是，学术圈并不大，长期研究某一专门领域的学者数量并不多，在某个专门研究领域的学者往往同时担任多个该领域期刊的审稿人/编委，因此，一篇稿件在某个期刊的审稿人，很可能也是该稿件改投另一个期刊后遇到的审稿人。如果作者对于审稿人之前提出的意见和建议不做任何修改，就向同一审稿人以及第二个期刊的主编传递出一种投机和偷懒行为的信号，很可能再次失去修改和再投的机会。

本章结语

将高质量的会计学术研究成果撰写出来并发表在本领域或相关领域的权威期刊上，是一件非常具有挑战性的事情，除了解本章介绍的框架和注意事项，更需要多实践，反复写、反复修改。在与同行合作研究的过程中，需要不断摸索、学习和体会，以取得持续、高效的合作过程与成果。尽管本章对会计学术论文撰写和发表的讨论主要基于国际期刊的惯例和国际知名学者的经验，但这些框架和技巧在很大程度上也有助于中文论文的撰写以及面向国内权威学术期刊的投稿与发表。

本章主要参考文献

Beyer, B., D. Herrmann, G. Meek, and E. T. Rapley. What It Means to be an Accounting Professor: A Concise Career Guide for Doctoral Students in Accounting. *Issues in Accounting Education*, 2010, 25 (2): 227-244.

Hamermesh, D. S. The Young Economist's Guide to Professional Etiquette. *The Journal of Economic Perspectives*, 1992, 6 (1): 169-179.

Nathan, S., D. R. Hermanson, and R. H. Hermanson. Co-Authoring in Refereed Journals: Views of Accounting Faculty and Department Chairs. *Issues in Accounting Education*, 1998, 13 (1): 79-92.

Zimmerman, Jerold L. Improving a Manuscript's Readability and Likelihood of Publication. *Issues in Accounting Education*, 1989, 4 (2): 458-466.

第十九章 会计研究方法的学术道德问题

本章大纲

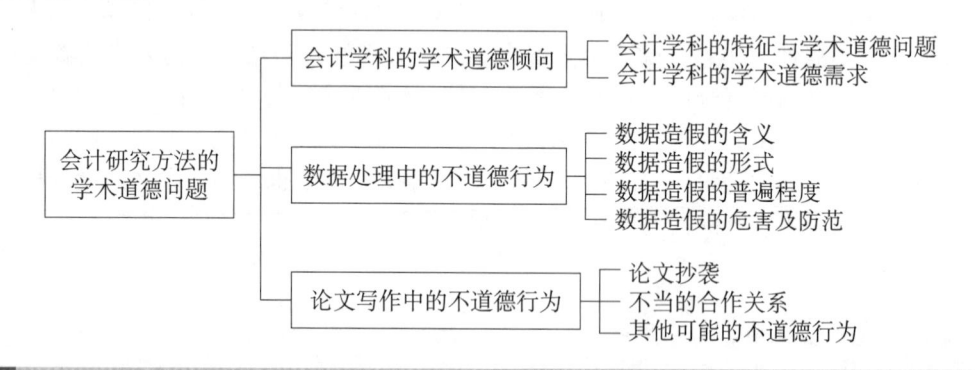

- 会计研究方法的学术道德问题
  - 会计学科的学术道德倾向
    - 会计学科的特征与学术道德问题
    - 会计学科的学术道德需求
  - 数据处理中的不道德行为
    - 数据造假的含义
    - 数据造假的形式
    - 数据造假的普遍程度
    - 数据造假的危害及防范
  - 论文写作中的不道德行为
    - 论文抄袭
    - 不当的合作关系
    - 其他可能的不道德行为

> 学术道德问题是所有学科研究中的重要议题，既涉及研究者，也涉及发表环节中的审稿人、主编乃至研究成果的受众。本书主要讨论的是会计学研究的方法论问题，因此对学术道德问题的讨论也集中于研究方法层面上可能触碰到的学术道德议题（包括数据环节和撰写环节），并主要从研究者的视角出发展开讨论。

第一节 会计学科的学术道德倾向

扎实的研究技术和敏锐的学术视角固然十分重要，但严谨的治学态度和基本的学术道德更是创造高质量研究成果的先决条件。学术道德不仅是一个行业规范，而且是每位研究人员都必须谨遵的准则，不道德的研究行为会"毒害"科学发现（List et al., 2001, EI）。Simonsohn（2013, PS）指出，学术不端不但会对研究成果形成挑战，更会对科学家的整体使命构成威胁。

一、会计学科的特征与学术道德问题

以往关于学术道德问题的讨论中,人们大多将注意力集中在"硬科学"(hard sciences),如化学、天文学和药学等领域。自从 Keys and Hendricks(1984,JAEdu)的讨论之后,人们逐渐意识到,会计学者们也面临着巨大的升职和声誉等压力,有着从事学术不端行为从而获得成果发表的动机。之后的研究显示,会计学科自身的一些特点,甚至可能使得学术不端的问题相对于其他学科领域更加严重。主要包括以下两方面的因素:

(一)"与生死无关"的会计学科

首先,医学和药学等学科的研究成果应用性较强,并可能直接影响到人的生命。这一方面会形成巨大的外部压力来抑制研究者的舞弊动机;另一方面使得此类学科的造假行为更容易暴露,且暴露的后果非常严重。例如,2008 年,前艾奥瓦州立大学生物医学家 Dong Pyou Han 在参与一个艾滋病疫苗研究项目时通过伪造试验结果取得"重大突破",随后从美国国立卫生研究院获得高达 1 000 万美元的经费支持;2013 年,哈佛大学研究人员在验证其结果时发现无法复制,之后艾奥瓦州立大学和美国政府展开联合调查,认定 Dong Pyou Han 的艾滋病疫苗研究成果系伪造;2015 年,Dong Pyou Han 被判处 57 个月的监禁以及 720 万美元的赔偿。[1]

反观会计学科,由于科研成果直接影响人类生命的可能性较小,且较少有复制式研究,因而学术造假的行为往往长时间无法暴露,即便暴露,惩罚的缺失或过轻也很难对学术不端者起到震慑作用。例如,在近年来最为轰动的会计学术舞弊中,本特利大学前会计学教授 James Hunton 被指在多达 32 篇文章中使用了捏造的数据。自 2012 年 11 月 *The Accounting Review* 宣布撤下其与合作者于 2010 年发表的论文之后,James Hunton 又有 31 篇文章陆续被 *Journal of Accounting Research*,*Contemporary Accounting Research* 等多份会计学国际期刊撤稿。遗憾的是,即使 James Hunton 进行了如此长期、大规模的数据造假,目前的调查结果显示,其论文合作者、期刊编辑、审稿人和其他研究人员并不知情。在受到本特利大学调查之后,James Hunton 迅速辞职并销毁了所有电子文档,但至今尚未承担除撤稿之外的其他民事或刑事处罚。[2]

因此,Bailey et al.(2001,Abacus)认为,由于较轻的道德谴责和较弱的处罚预期,会计学研究者可能更易于合理化自己的不道德行为,出现学术不端的可能性也更大。

(二)会计学术生涯的发表压力

现有研究发现,会计学者在本学科顶级期刊上发表论文以获得晋升的压力格外突出。

从横向来看,相比于金融学、市场营销学和管理学,会计学领域的博士学历教师发表论文的难度更大(Swanson,2004,CAR)。Swanson(2004,CAR)依据 Trieschmann 等学者设定的顶级期刊列表,统计了 1980—1999 年学者们在这四个学科顶级期刊上发表

---

[1] 参见《自然》杂志官网,http://www.nature.com/news/us-vaccine-researcher-sentenced-to-prison-for-fraud-1.17660。

[2] 参见本特利大学的相关调查报告 Report of Judith A. Malone, Bentley University Ethics Officer, Concerning Dr. James E. Hunton。

论文的数量。结果显示，会计学三大期刊（The Accounting Review，Journal of Accounting and Economics，Journal of Accounting Research）每年仅刊发 89 篇论文，而金融学和市场营销学的年均刊发数量多达 120 篇和 119 篇，发表量最高的管理学刊发论文则多达年均 170 篇。即使加上另一期刊 Contemporary Accounting Research 上发表的论文，会计学的顶级期刊年均发表论文也仅为 113 篇。换言之，其他三个专业的博士学历教师发表的论文平均数量是会计学博士学历教师发表论文数量的 1.8 倍。Swanson（2004，CAR）认为导致这种现象的可能原因之一是会计学研究成果通常被过度审稿（overreferred），并呼吁会计学的期刊主编和审稿人增加接收论文的数量。

从纵向来看，会计学者们为了获得晋升而面临的发表压力还在逐年上升。Glover et al.（2012，IAEdu）分别统计了两个时间段（1995—2003 年和 2004—2009 年）在全美排名前 75 位的会计教研机构获得晋升所需要的论文数量。结果显示，如果同一学校的会计学者要在第二时间段内晋升为全职教授，平均需要比在第一时间段多发表 A 类期刊（仅限会计学三大顶级期刊 TAR，JAE 和 JAR）论文 0.336 篇，如果要晋升为助理教授，平均需要比在第一时间段多发表论文 0.580 篇。如果将顶级期刊的数量扩展为前六大期刊（即增加 CAR，RAST 和 AOS），则晋升为全职教授需要多发表 0.517 篇，晋升为助理教授需要多发表 1.474 篇。

综合以上两个方面，为了获得职业上的发展和成功，当今的会计学者们不仅要比其他管理学科的学者发表更多的论文，而且需要比过去的会计学者发表更多的论文，这也构成了通过学术不端行为"创造"学术成果的强烈外部动因。

二、会计学科的学术道德需求

尽管会计学并不像医学和其他自然科学一样关乎人的生死或人类重大科技发展，但这并不意味着会计研究没有重要的经济后果。除了对于科学真理的探求之外，会计学领域的研究成果还广泛应用于政策制定（如会计准则和税收制度）、市场建设（如资本市场）和微观经济主体的管理决策等各个方面，从而切实关系到人们的实际生活（Bailey et al.，2001，Abacus）。相应地，会计学研究中的不道德行为不仅将阻碍人们在会计学方面的知识积累，而且会给社会福利带来深切的负面影响。因此，重视会计学研究中的学术道德问题非常重要。

第二节　数据处理中的不道德行为

按照美国会计学会的观点，数据处理中的不道德行为主要体现为数据造假（AAA，2015）。

一、数据造假的含义

在经验研究中，研究者可能通过数据造假来炮制更加理想的检验结果，比如通过对数据进行细微的调整使得检验更符合预期，或者借助各种统计模型来得到更为理想的结果（Crain and Carruth，1992，AEJ）。Bamber et al.（2000，AOS）认为，学术期刊的编辑和审稿人通常偏好于拒绝原假设,以及与以往研究结论相吻合的实证结果,相应地,意识到这些偏好的研究者可能有动机通过操纵数据和数据分析的过程来迎合编辑和审稿人,提高发表的概率。

美国会计学会官方发布的"发表道德政策"将数据造假界定为数据篡改(falsification)或数据编造(fabrication)。其中,数据篡改包括操纵或遗漏研究材料、数据或过程,或改变研究设备/工具,导致研究结果未能真实反映研究记录;错误描述数据的收集和分析过程,以及隐瞒数据的局限性。数据编造主要指捏造数据,并报告基于虚假数据得出的研究结论(AAA,2015)。

在进行经验检验时,研究者往往具有一定的自主性,例如是否对数据进行缩尾处理、是否标准化、如何分组、如何设计多元回归分析等。在此过程中,研究者难免会出现失当的判断或选择,但并非所有失当的检验都意味着不道德行为。因此,现有研究及美国会计学会在界定数据造假时均强调了通过操纵手段使检验结果更符合预期的主观动机。

二、数据造假的形式

Davis and Ketz(1991,AH)将数据处理中的不道德行为分为四类:欺骗(试图误导他人);伪造(编制虚假数据);修剪(操纵数据以保证理想结果);篡改(选择性删除数据)。

Bailey et al.(2001,Abacus)结合 Engle and Smith(1990,IAEdu),Davis and Ketz(1991,AH)以及 Resnik(1998)对不道德行为的讨论,将数据造假总结为以下几种类型:

(1)通过伪造数据或不当地删除/修改观测来操纵结果。
(2)当使用恰当的测试无法得到理想结果时,改为使用不当的测试来得到预期结果。
(3)隐瞒重要的有效性问题(validity problem),比如故意遗漏影响结果的其他外部变量。
(4)谎称使用了随机化(randomization)等关键步骤。
(5)其他故意报告虚假研究结果的行为。

除此之外,也有学者将数据挖掘归为数据造假(如 Lindsay,1998,ABR)。类似地,Davis and Ketz(1995,APIA)将先检验出数据结果再确定文章的理论和假设的做法也界定为数据造假。

三、数据造假的普遍程度

随着学术道德问题逐渐得到经济学科和管理学科的重视,近年来有研究通过问卷调查等方式估计会计研究中数据造假等不道德行为的普遍程度。

Crain and Carruth(1992,AEJ)讨论了晋升、终身教职、考核、声誉等因素给会计学者带来的造假动机,但认为很难找到这方面的过硬证据。因此,研究学术道德问题的学者们大多采用问卷调查等方法邀请学者自己评估研究中的学术不端行为(如 Engle and Smith,1990,IAEdu;Davis and Ketz,1995,APIA;Borkowski and Welsh,1998,JBE)。

例如,按照 Davis and Ketz(1991,AH)的分类标准,Davis and Ketz(1995,APIA)对会计学顶级期刊的编辑、编委会成员等进行问卷调查,询问其是否曾侦测到数据造假的存在，如果未能侦测到，那么是否相信这类行为的存在。结果发现，受访者至少曾在5%的文章中发现伪造行为，在7%的文章中发现修剪行为，在24%的文章中发现隐瞒行为。同时，学术期刊的编辑们相信事实上存在数据舞弊的比例还要更高：至少29%的受访者认为存在数据伪造，50%的受访者认为存在修剪行为，78%的受访者认为存在隐瞒行为。

四、数据造假的危害及防范

Borkowski and Welsh（1998，JBE）曾就学术论文作者、编辑和审稿人的行为对95个会计学期刊的编辑进行问卷调查。结果显示，数据造假被认定为最不道德的行为。人们认为这种行为比抄袭等学术不端行为的破坏性更大，因为与抄袭不同的是，编造数据带来了错误信息，并会得出误导性的结论。

为了降低数据造假的危害，Bailey et al.（2001，AH）从研究、监管、惩罚、教育和同行评审五个方面提出了对策：

第一，人们对会计研究领域的学术道德问题认识尚浅，应在日后采用更加多元化的方法来加深对会计数据造假的了解。

第二，行业组织（如美国会计学会）、大学和政府等机构均应加大对数据造假的惩罚力度，甚至有学者认为应将其认定为犯罪行为（Davis，1999）。

第三，学校等科研机构应当在监管的基础上探索较为合适的惩罚力度，如对进行数据造假的学者降级、撤销终身教职、暂停科研工作，甚至开除。

第四，应当从博士培养阶段开始加强对初入研究行当的博士生的学术道德教育，告诫博士生警惕和抵制在研究过程中可能的数据造假行为。

第五，期刊编辑和论文审稿人应当更好地扮演"看门人"的角色，并鼓励更多的复制式研究来为数据造假制造障碍。[①]

在此前讨论的James Hunton事件后，会计学界对论文投稿的数据质量要求大幅提高。比如2015年3月，美国会计学会根据数据来源的不同对投稿人在数据方面承担的责任提出了以下要求：

（1）对于公开来源数据（如CRSP等数据库数据）：投稿人应准确描述所用的数据库；保障数据文件的可获得性；提供用来处理数据的程序文件。

（2）对于从公开来源提取的数据（如通过SEC文件等整理的数据）：投稿人应详细描述提取数据时所做的处理；保障数据文件的可获得性；提供用来处理数据的程序文件。

（3）对于非公开渠道收集的数据：投稿人应提供足够详细的实验资料及数据描述，以使读者能够充分信赖该研究的结果。较为简单的证明方式是由多于一位研究人员来担保数据的真实性（例如两位或以上的合作者，或学生与毕业论文委员会主席）。其他证明研究与报告一致的方法包括：1）提供一名数据来源机构的联系人姓名、电子邮箱和电话号码；2）证明实验或定性研究按照描述的方法进行；3）提供原始数据，包括原始文件和供分析的数据文件；4）由第三方提供认证。

如果数据由第三方收集得到，则需要详细描述收集数据者所遵循的操作指引。如果数

[①] 参见第十一章第六节"复制式研究"的讨论。

据来源需要保密，则可由参与数据收集过程的其他合作方提供数据真实性的保证。该合作方可以是参与访谈过程并共同对数据负责的另一方，如参与数据收集的博士毕业论文指导老师，将原始文件转换为研究所需格式的个人，或者是熟悉研究中数据收集条例的其他第三方。

如果数据来源于需要人参与的实验或问卷调查，则作者需要在投稿时注明是否获得了制度研究委员会（Institutional Research Board）或类似机构的批准。如果期刊要求，作者还应提供以上批准的文字材料。

美国会计学会鼓励（但不强制）作者与其他研究者共享数据。如果期刊编辑要求，作者需要对投稿或已发表文章的数据真实性做出迅速和充分的回应。此外，与国家科学基金会（National Science Foundation）的指引（该指引已被广泛接受为学术发表标准）一致，美国会计学会要求投稿人将数据及相关的数据处理程序自论文发表之日起保留至少6年。

类似地，会计学顶级期刊之一 *Journal of Accounting Research*（JAR）在2014年底的投稿政策声明中也采取了更加严格的数据要求。[①] JAR 明确指出，所有2015年1月1日之后新投稿或修改后的经验研究文章（包括档案式研究、实验研究、实地研究、问卷调查和模拟研究）都必须遵循以下政策：

（1）注明处理数据和进行数据分析的作者。

（2）详细描述原始数据的获得过程，包括数据来源、数据下载或获得日期、问卷调查或实验中产生数据的工具。期刊鼓励多于一位的作者担保原始数据的来源。

（3）如果数据来自具有数据专有性质的组织，则作者应该私下向期刊主编提供该组织代表的联系方式。作者亦应将与该组织达成数据共享协议的期限告知主编。

（4）完整描述论文如何得到最终分析数据的必要步骤。对于实验数据，JAR 要求披露实验参与对象的身份等信息。

（5）在论文被最终接受发表之前，作者还应提供将原始数据转换为最终分析中使用的数据集的数据处理程序，并提供简单描述以便其他研究者能够使用该数据。如果无法提供数据处理程序，作者也可以提供详细的分步描述，以便其他研究者能够得到分析中使用的相同数据集。该要求的目的在于为复制式研究提供便利，并帮助其他研究者理解样本形成的具体过程，例如对极端值的处理等。如果数据的产生过程不便于公开，则作者应该在投稿时告知期刊编辑，编辑再决定是否豁免以上要求。

（6）与国家科学基金会的指引相一致，数据和程序应由至少一位作者保存至少6年。

（7）JAR 鼓励学者借助期刊提供的数据材料进行复制式研究。如果后续研究发现使用之前作者提供的数据无法复制分析结果，则可告知期刊。

从技术层面来看，Simonsohn（2013，PS）发现，一些简单的描述性统计（如均值、标准差）能够帮助人们识别捏造的数据，并认为遏制数据造假的最简单办法就是要求论文作者提供数据。尽管提交数据的做法在会计学科中尚不普遍，但在医学、药学、心理学、经济学等学科的学术期刊则受到了鼓励和倡导。

---

① 参见 JAR 官网，http://research.chicagobooth.edu/arc/journal-of-accounting-research。

第三节　论文写作中的不道德行为

根据美国会计学会公布的道德规范，研究者们在写作过程中可能出现的不道德行为主要涉及抄袭（plagiarism）与合作关系（authorship）。

一、论文抄袭

美国会计学会将抄袭定义为：复制（copy），或在引述时未能妥善标注出原文。抄袭的对象包括文字、图形、表格、图像、特殊方法、处理、数据、结果，或其他原创性内容。需要说明的是，涉嫌抄袭的复制内容不局限于他人文章，也包含作者自己之前的研究。美国会计学会将复制自己研究的行为称作自我抄袭（self-plagiarism）、重复发表（duplicate publication）或者文本循环利用（text recycling）（AAA，2014b）。

抄袭这种学术不端行为看似过于明显，但在经济和管理学界并不罕见。例如，经济学领域的顶级期刊 *Quarterly Journal of Economics*（QJE）曾在 1984 年撤回一篇稿件，原因是该稿件完全抄袭自另一位经济学家之前发表的论文。类似的情况也于 1999 年发生在另一经济学期刊 *Kyklos* 上（List et al.，2001，EI）。在抄袭的稿件被撤回之后，*Kyklos* 强制要求编辑发表了一份公开道歉，该编辑在道歉声明中特别强调"抄袭行为严重危害科学研究"。

与伪造数据相比，抄袭虽然不会为人们提供错误的研究信息，但它的危害在于误导读者在评价作者的贡献时做出错误判断。学术界普遍认为，真实恰当的引用能够帮助审稿人和读者合理评估一篇论文的增量贡献，因而对于判断稿件是否值得发表以及应该得到怎样的评价至关重要。这也是为什么有时虽然不存在逐字逐句的抄袭，编辑也会要求作者对行文进行修改，或者将引用的部分加以标注。

目前在学术界对于抄袭的主要防范手段是编辑和审稿人的经验和专业判断。同时，所有美国会计学会下属刊物均会对投稿的论文使用检查抄袭的软件进行分析。

二、不当的合作关系

美国会计学会对论文成果的合作关系也提出了相应规范。美国会计学会要求研究团队慎重决定论文的作者构成，且所有作者都必须讨论各自在研究中的角色、责任、顺序（AAA，2014a）。

具体来说，美国会计学会采用了美国国立卫生研究院（National Institute of Health）对于"作者"的定义："对于每个人来说，作者的特权体现为对概念构建、研究设计、研究执行和研究结果解读、撰写和实质性地修改研究成果的显著贡献"。同时，"作者应当愿意对研究的质量负责"。

List et al.（2001，EI）指出，在现实中可能存在两种不恰当的合作关系：第一种是将学生或其他学者的研究成果据为己有，而不在研究成果中予以署名；第二种是将研究成果的署名作为礼物赠送给别人，将缺乏实质性贡献的人列为合作者。为了调研这种不恰当合作关系在经济学研究中的普遍程度，List et al.（2001，EI）向参加 1998 年美国经济学会年会的约 1 000 位经济学家进行了匿名问卷调查，7%～10%的学者承认自己曾经将学生的成果据为己有，或将论文署名权赠送给未参与研究的同事。

三、其他可能的不道德行为

除了抄袭和不恰当的合作关系之外，还有一些颇有争议的行为也受到了学术界的关注。例如，List et al.（2001，EI）发现有学者将一套数据得出的研究成果分成多篇论文进行报告或发表，并认为这种行为将危害学术研究的贡献。Fine and Kurdek（1994，JFP）则指出，如果要基于一套数据发表多篇论文，应满足以下两个条件：第一，不能通过一篇论文清晰完整地反映该研究的实质；第二，撰写的多篇论文有明确不同的研究目的。

本章结语

本章讨论了研究技术层面之外但又与研究技术密切相关的一个重要议题：学术道德。尽管会计学科自身的一些特征可能使得不遵循学术道德的行为尚未得到足够的重视或处罚，但所有的研究者仍应以严格的学术道德标准要求自己。这虽然不能必然保证研究者产出高质量的学术成果，但可以避免虚假甚至有害的研究成果出现，是形成高质量学术成果的必要条件。

本章参考文献

American Accounting Association (AAA). AAA Publications Ethics Policy. Part A：Authorship, 2014a.

American Accounting Association (AAA). AAA Publications Ethics Policy. Part B：Plagiarism, 2014b.

American Accounting Association (AAA). AAA Publications Ethics Policy. Part C：Data Integrity and Research Record, 2015.

Bailey, C. D., J. R. Hasselback, and J. Karcher. Research Misconduct in Accounting Literature：A Survey of the Most Prolific Researchers' Actions and Beliefs. *Abacus*, 2001, 37 (1)：26-54.

Bamber, L. S., T. E. Christensen, and K. M. Gaver. Do We Really "Know" What We Think We Know? A Case Study of Seminal Research and Its Subsequent Overgeneralization. *Accounting, Organizations and Society*, 2000, 25 (2)：103-129.

Borkowski, S. C., and M. J. Welsh. Ethics and the Accounting Publishing Process：Author, Reviewer, and Editor Issues. *Journal of Business Ethics*, 1998 (17)：1785-1803.

Crain, J. L., and P. J. Carruth. Academic Accounting Research：Opinions of Academics on Recommendations for Improving Ethical Behavior. *Accounting Educators' Journal*, 1992, 4 (2)：27-46.

Davis, M. *Ethics and the University*. Routledge, 1999.

Davis, S. W., and J. E. Ketz. Fraud and Accounting Research. *Accounting Horizons*, 1991, 5 (3)：106-109.

Davis, S. W., and J. E. Ketz. An Examination of Possible Occurrence of Fraud in Accounting Research. *Advances in Public Interest Accounting*, 1995 (6): 317-328.

Engle, T. J., and J. L. Smith. The Ethical Standards of Accounting Academics. *Issues in Accounting Education*, 1990, 5 (1): 7-29.

Fine, M., and L. Kurdek. Publishing Multiple Journal Articles from a Single Data Set: Issues and Recommendations. *Journal of Family Psychology*, 1994, 8 (4): 371-379.

Glover, S. M., D. F. Prawitt, S. L. Summers, and D. A. Wood. Publication Benchmarking Data based on Faculty Promoted at the Top 75 U. S. Accounting Research Institutions. *Issues in Accounting Education*, 2012, 27 (3): 647-670.

Keys, D. E., and J. A. Hendricks. The Ethics of Accounting Research. *Journal of Accounting Education*, 1984, 2 (2): 77-88.

Lindsay, R. M. Lies, Damned Lies and More Statistics: The Neglected Issue of Multiplicity in Accounting Research. *Accounting and Business Research*, 1998, 27 (3): 243-258.

List, J. L., C. D. Bailey, P. Euzent, and T. Martin. Academic Economists Behaving Badly? A Survey on Three Areas of Ethical Behavior. *Economic Inquiry*, 2001, 39 (1): 162-170.

Resnik, D. B., *The Ethics of Science*, Routledge, 1998.

Simonsohn, U. Just Post It: The Lesson from Two Cases of Fabricated Data Detected by Statistics Alone. *Psychological Science*, 2013, 24 (10): 1875-1888.

Swanson, E. P. Publishing in the Majors: A Comparison of Accounting, Finance, Management, and Marketing. *Contemporary Accounting Research*, 2004, 21 (1): 223-255.

第二十章　中国会计学术研究成果的国际发表

本章大纲

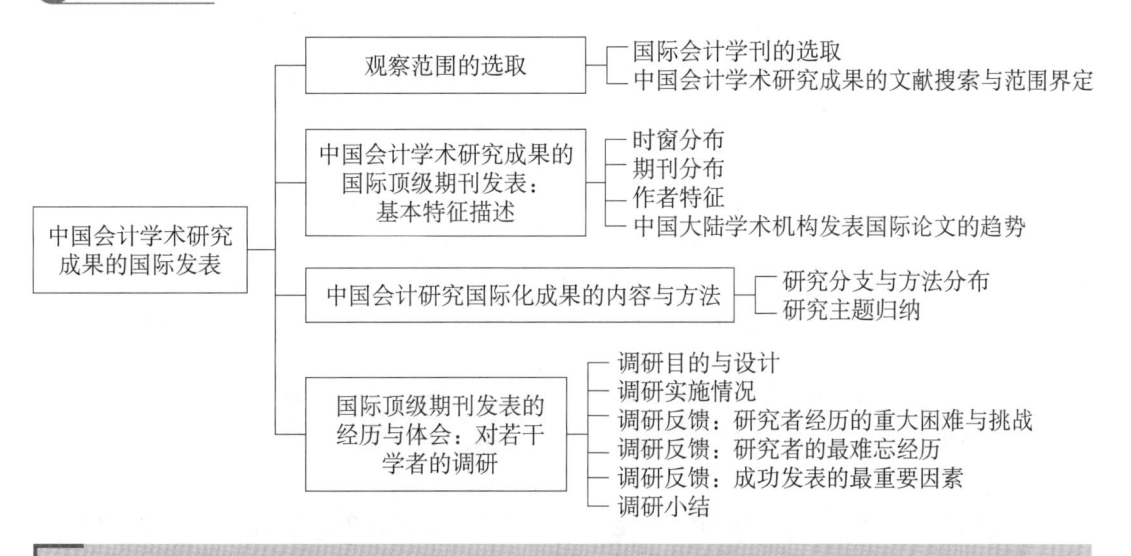

- 中国会计学术研究成果的国际发表
  - 观察范围的选取
    - 国际会计学刊的选取
    - 中国会计学术研究成果的文献搜索与范围界定
  - 中国会计学术研究成果的国际顶级期刊发表：基本特征描述
    - 时窗分布
    - 期刊分布
    - 作者特征
    - 中国大陆学术机构发表国际论文的趋势
  - 中国会计研究国际化成果的内容与方法
    - 研究分支与方法分布
    - 研究主题归纳
  - 国际顶级期刊发表的经历与体会：对若干学者的调研
    - 调研目的与设计
    - 调研实施情况
    - 调研反馈：研究者经历的重大困难与挑战
    - 调研反馈：研究者的最难忘经历
    - 调研反馈：成功发表的最重要因素
    - 调研小结

> 中国会计学术研究的国际化有助于构建中国特色哲学社会科学学科体系、学术体系、话语体系，增强我国哲学社会科学的国际影响力。随着越来越多的中国会计学术研究成果在国际期刊的发表，这些国际化的成果也逐渐成为中国会计学科知识体系的重要组成部分。本章为读者提供了中国会计学术研究在国际顶级会计期刊的发表概况，以便读者了解以中国为主题的会计研究成果的国际化特征及其趋势，以及基于相关信息对国际化成果加以进一步了解、研读和拓展。[①]

---

① 在本书第一版和第二版，本章主要整编自李爽、吴溪（2008，会计研究）。自第三版起，本章的分析范围集中在国际顶级期刊发表的中国会计研究成果。

第一节　观察范围的选取

一、国际会计学刊的选取

随着中国会计学术研究在国际期刊发表数量和质量的不断提升,我们希望在本章集中精力分析中国会计研究成果在国际顶级会计学术期刊的发表情况,以保证所选取期刊在会计专业领域具有最高的权威性和公认度。为此,我们基于会计学文献计量分析的以往文献(Wood,2016,AH;Oler et al.,2016,AH),将观察范围集中于会计领域的六份国际顶级期刊和财务领域排名前四的国际顶级期刊,其中会计学期刊包括 *The Accounting Review*(TAR),*Journal of Accounting and Economics*(JAE),*Journal of Accounting Research*(JAR),*Contemporary Accounting Research*(CAR),*Review of Accounting Studies*(RAST)和 *Accounting, Organizations and Society*(AOS);财务学期刊包括 *The Journal of Finance*(JF),*Journal of Financial Economics*(JFE),*Review of Financial Studies*(RFS)和 *Journal of Financial and Quantitative Analysis*(JFQA)。

二、中国会计学术研究成果的文献搜索与范围界定

接下来需要系统识别所选取的 10 份期刊中的中国会计学术研究成果(即基于中国制度背景或数据的会计研究成果)。我们在中央财经大学图书馆的电子文献数据库中搜索了截至 2023 年 12 月 31 日存在于这些期刊中的已发表文献,未包含已接受发表(early online)论文。在进入某期刊的搜索界面后,搜索对象设为标题和摘要,搜索关键词首先设定为"China",然后再用关键词"Chinese"补充。

对于按照上述程序搜索出的文献,我们执行了以下进一步的筛选或保留程序:

(1)如果搜索出的文献在研究主题方面以中国的宏观经济、金融、货币、财政、期货问题为主,我们未予包括;

(2)如果搜索出的文献仅以中国香港、澳门或台湾地区数据为基础,不涉及中国大陆企业的会计和财务问题,也不纳入我们的分析范围;

(3)限于 1949 年新中国成立后的会计问题;

(4)不包含书评(book review)、论文评论(discussion)以及作者对评论的回应(reply)。

以上系统性的搜索程序应能够合理识别出绝大部分涉及中国会计问题的国际顶级学刊文献。另外,我们还补充了我们知悉的但尚未通过上述程序识别出的文献。基于上述程序,我们在 10 份国际顶级期刊中共识别出有关中国会计问题的 181 篇研究成果(具体清单详见本章附录)。

第二节　中国会计学术研究成果的国际顶级期刊发表:基本特征描述

一、时窗分布

表 20-1 列示了从最早发表年份(1988 年)至 2023 年末国际会计与财务顶级学刊的

发表情况。表20-1显示，在统计期间的早先三个时段（1988—2004，涵盖17年），在国际顶级学刊发表的论文总数为15篇，仅占到论文总数（181篇）的8.87%；而自2005年起每过五年，在国际顶级期刊发表的论文数量都大幅增加，从2005—2009年的15篇，到2010—2014年的38篇，2015—2019年的53篇，再到2020—2023年的60篇。

表20-1 中国会计问题研究成果在国际顶级会计与财务学刊的发表：时窗分布

时间窗	窗口长度	会计类（6份）	财务类（4份）	合计数
1988—1994	7年	2	0	2
1995—1999	5年	3	0	3
2000—2004	5年	7	3	10
2005—2009	5年	8	7	15
2010—2014	5年	23	15	38
2015—2019	5年	35	18	53
2020—2023	4年	45	15	60
合计	36年	123	58	181

表20-1也显示，中国会计学术成果在会计学的国际顶级期刊的发表数量从1995—1999年的3篇增长到2005—2009年的8篇、2010—2014年的23篇、2015—2019年的35篇，再到2020—2023年的45篇；而在财务学的国际顶级期刊发表起步较晚，从2000—2004年的3篇增至2005—2009年的7篇、2010—2014年的15篇、2015—2019年的18篇，再到2020—2023年的15篇。

总体而言，表20-1体现了中国会计学术研究成果在国际学术研究中具有一定的市场需求，国际顶级会计与财务期刊对中国会计研究的感兴趣程度和认可程度在近年来有较大幅度的提高。

二、期刊分布

表20-2列示了181篇中国问题研究成果在10份国际顶级期刊的分布，其中123篇发表于会计学国际顶级期刊，58篇发表于财务学国际顶级期刊。

表20-2也显示，尽管中国会计问题研究成果在近年来的国际顶级期刊发表增幅很大，但在国际顶级期刊的发表总量中仍然只占到非常有限的一部分。自1988年开始有中国会计学术成果发表于国际会计学顶级期刊以来（至2023年末），6份会计学国际顶级期刊累计发文近8 600篇，中国会计学术成果占比仅为1.43%，其中占比最高的期刊为 *The Accounting Review*（$N\%=1.76\%$），占比最低的期刊为 *Journal of Accounting Research*（$N\%=0.78\%$）。1988年至2023年末，4份财务学国际顶级期刊累计发文近10 500篇，中国会计学术成果占比仅为0.55%，其中占比最高的期刊为 *Journal of Financial and Quantitative Analysis*（$N\%=0.95\%$），占比最低的期刊为 *The Journal of Finance*（$N\%=0.28\%$）。上述数据也意味着中国问题的会计研究在国际学术平台中的整体显示度和影响力还很有限。

表20-2 中国会计问题研究成果在国际会计与财务学刊的发表：期刊分布

组 A：国际会计学刊					
国际学刊名称	简称	创刊年份	累计发文*	N**	N%***
The Accounting Review	TAR	1926	1 987	35	1.76%
Journal of Accounting Research	JAR	1963	1 290	10	0.78%
Journal of Accounting and Economics	JAE	1979	1 243	20	1.61%
Contemporary Accounting Research	CAR	1984	1 789	26	1.45%
Review of Accounting Studies	RAST	1996	959	13	1.36%
Accounting, Organizations and Society	AOS	1976	1 331	19	1.43%
国际会计学刊（6份）合计 N^*			8 599	123	1.43%

组 B：国际财务学刊					
国际学刊名称	简称	创刊年份	累计发文*	N**	N%***
The Journal of Finance	JF	1946	2 826	8	0.28%
Journal of Financial Economics	JFE	1974	3 188	18	0.56%
Review of Financial Studies	RFS	1988	2 467	13	0.53%
Journal of Financial and Quantitative Analysis	JFQA	1966	2 000	19	0.95%
国际财务学刊（4份）合计 N^*			10 481	58	0.55%

* 关于累计发文指标，我们统计了1988年开始有中国会计学术成果发表于国际会计学顶级期刊以来某期刊累计发表的论文篇数；
** N 表示中国会计问题研究成果在国际会计或财务学刊的发表篇数（截至2023年12月31日）；
*** $N\% = N/$累计发文。

三、作者特征

表20-3分析了181篇论文的作者构成。组 A 显示，181篇论文共涉及394位不同的作者，其中发表了1篇论文的作者共304位（占总作者数的77.16%），发表了2篇以上（含）的作者共90位（占22.84%），发表篇数最多的作者发表了11篇。

表20-3 作者特征

组 A：作者发表论文的数量与合作方式				
发表论文篇数	作者人数	合作方式	观测数	比例
1篇	304	独立作者	10	5.52%
2篇	53	2人合作	26	14.36%
3篇	18	3人合作	81	44.75%
4篇	5	4人合作	49	27.07%
≥5篇（max=11）	14	5人合作	15	8.29%
合计	394	合计	181	100%

续表

组 B：作者任职机构的地区分布					
地区	作者人次	比例	地区	作者人次	比例
中国			外国		
大陆	184	31.94%	美国	146	25.35%
香港*	143	24.83%	加拿大	29	5.03%
台湾	7	1.22%	新加坡	27	4.69%
小计	334	57.99%	英国	19	3.3%
			澳大利亚	10	1.74%
			其他国家**	11	1.90%
			小计	242	42.01%
合计	576（=334+242)				

* 含设在大陆的港资商学院（9 例）。
** 包括法国（2）、新西兰（2）、比利时（2）、以色列（1）、荷兰（1）、瑞典（1）、西班牙（1）和瑞士（1）。

在 181 篇论文中，合作论文共 171 篇（占 94.48%），独立作者的论文为 10 篇（5.52%）。在合作论文中，3 人合作的形式最为普遍，占总论文数的 44.75%，其次为 4 人合作和 2 人合作，分别占 27.07% 和 14.36%。

我们还统计了论文作者在发表论文时注明的任职机构的地区分布。纳入统计的 181 篇论文共计 576 位作者人次。如果某篇论文的某一作者同时注有 1 处以上的任职机构，我们仅选取第一项任职机构信息。表 20-3 组 B 显示，在中国学术或实务机构任职的作者人次为 334 人次，占全部作者人次的 57.99%，其中：在中国大陆机构作者人次占中国作者人次的 55.09%，占全部作者人次的 31.94%；在香港学术机构任职的学者占中国作者人次的 42.81%，占全部作者人次的 24.83%。在国外学术或实务机构任职的作者人次占总作者人次的 42.01%，分布在 13 个国家中；在美国学术机构任职的作者人次最多（占国外机构作者人次总数的 60.33%），加拿大、新加坡、英国和澳大利亚也有相对明显的作者参与度（至少 10 人次）。总体来看，参与会计学和财务学国际顶级期刊发表的作者在地域分布上比较广泛，作者群的主体是华人，集中于中国（含香港和台湾地区）学术机构和美国学术机构。

此外，根据作者最近的署名机构划分，未列报的统计结果显示，在 90 位至少发表了 2 篇成果的作者中，署名中国大陆机构的有 32 位，占 90 人的 35.56%；署名中国香港学术机构的有 30 位，占 90 人的 33.33%；署名国外机构的有 43 位，占 90 人的 47.78%。在 37 位至少发表了 3 篇成果的作者中，署名中国大陆机构的有 10 位，仅占 37 人的 27.03%；署名中国香港学术机构的有 15 位，占 37 人的 40.54%；署名国外机构的有 17 位，占 37 人的 45.95%。[①] 这意味着具有多篇国际顶级期刊发表经历的作者群体中，供职于中国香港学术机构和国外学术机构的学者占大多数，而目前供职于中国大陆学术机构的学者数量非常有限。

---

① 同一个作者在不同时期可能在中国境内外不同的机构任职。

我们统计的394位作者发表的成果涵盖了36年，为此我们进一步统计了近期活跃的作者人数。经统计，近十年（2014—2023年）在10份国际顶级期刊有发表记录的作者共308位（占78.17%），近五年（2019—2023年）在10份国际顶级期刊有发表记录的作者共209位（占53.05%）。

四、中国大陆学术机构发表国际论文的趋势

在181篇论文中，共有113篇成果（占62.43%）在发表时明确注有中国大陆的学术或实务机构（未包括设在大陆的港资商学院），涉及中国大陆的30所高校[①]、2家研究院，以及各类实务机构（涉及证券公司、银行以及其他公司）。有中国大陆高校署名的共108篇论文，署名175篇次（同一篇论文可能有多所我国大陆高校署名）。这意味着在至少署名发表了1篇国际顶级会计与财务学刊的我国大陆高校范围内，每所高校平均署名发表5.83篇次（=175/30）。表20-4列示了中国大陆高校署名发表成果篇次数的分布，其中在10份期刊署名发表篇次数不少于5篇次的高校包括上海财经大学（23篇次）、复旦大学（18篇次）、清华大学（17篇次）、中央财经大学（16篇次）、中国人民大学（13篇次）、对外经济贸易大学（11篇次）、北京大学（11篇次）、厦门大学（10篇次）、上海交通大学（6篇次）、西南财经大学（5篇次）、暨南大学（5篇次）。统计显示，上海财经大学和中央财经大学的署名发表明显集中于国际顶级会计学刊（分别占本校合计篇次数的95.65%和93.75%），而清华大学和北京大学的署名发表则更集中于国际顶级财务学刊（分别占本校合计篇次数的64.71%和63.64%）。

表20-4 中国大陆高校署名发表国际顶级会计与财务学刊论文篇次数的分布

大学名称	6份会计学刊	会计学刊前三	4份财务学刊	财务学刊前三	10份合计篇数	6份合计篇数
上海财经大学	22	16	1	0	23	16
复旦大学	12	8	6	1	18	9
清华大学	6	3	11	9	17	12
中央财经大学	15	12	1	1	16	13
中国人民大学	7	3	6	3	13	6
对外经济贸易大学	5	3	6	4	11	7
北京大学	4	3	7	6	11	9
厦门大学	6	4	4	2	10	6
上海交通大学	1	1	5	4	6	5
西南财经大学	3	1	2	2	5	3
暨南大学	4	2	1	0	5	2
西安交通大学	4	3	0	0	4	3

---

① 在2023年我国共有2 500多所高校，其中开设会计学或财务管理本科专业的高校近700所，30所高校仅占有会计相关专业高校总数的4.28%左右。

续表

大学名称	6份会计学刊	会计学刊前三	4份财务学刊	财务学刊前三	10份合计篇数	6份合计篇数
上海立信会计金融学院	2	2	2	1	4	3
中山大学	2	1	2	0	4	1
东北财经大学	2	1	2	0	4	1
浙江大学	3	1	0	0	3	1
中南财经政法大学	3	0	0	0	3	0
湖南大学	2	0	1	0	3	0
南京审计大学	2	2	0	0	2	2
南京大学	2	2	0	0	2	2
重庆大学	2	1	0	0	2	1
上海对外经贸大学	2	1	0	0	2	1
署名发表1篇的大陆高校	7	1	0	0	7	1
合计	118	71	57	33	175	104

注1：本表依次按各大学署名发表的10份期刊合计篇数、6份期刊合计篇数、6份会计期刊发表篇数由高到低列示。

2：10份期刊署名发表1篇的大陆高校未单独列示。

在发表于10份国际顶级会计与财务期刊且有中国大陆高校署名的108篇论文中，43篇发表于会计学的国际前三期刊（TAR、JAR和JAE），22篇发表于财务学的前三期刊（JF、JFE和RFS），共65篇，涉及中国大陆高校21所，合计署名104篇次。因此，在这6份期刊至少署名发表了1篇成果的我国大陆高校范围内，每所高校平均署名发表4.95篇次（=104/21）。表20-4也列示了中国大陆高校在这6份期刊署名发表成果篇数的分布，其中在6份期刊署名发表篇数不少于5篇次的高校包括上海财经大学（16篇次）、中央财经大学（13篇次）、清华大学（12篇次）、复旦大学（9篇次）、北京大学（9篇次）、对外经济贸易大学（7篇次）、中国人民大学（6篇次）、厦门大学（6篇次）、上海交通大学（5篇次）。

我们进一步考察了1988—2023年间注有中国大陆机构的论文占当期发表的中国会计问题论文总数的比重（ChinaML％）的时序变化。首先以1988—1989年为起点。该年份十分特殊，所发表2篇论文的发表单位均注有中国大陆机构，ChinaML％为100％，这也意味着中国大陆机构的学者在中国会计研究成果国际发表的早期发展进程中具有非常重要的作用。而在1990—1994年，由于统计范围内没有中国问题研究成果发表，为了使被考察的每个时间段都有一定数量的论文总数，我们将1994年及以前年度作为起始时间段，自1995年起每五年作为一个时间段，计算ChinaML％。

图20-1及相关图注显示，随着国际学术期刊发表的中国会计研究成果的增多，中国大陆机构的学者参与的绝对数量也在增多。在2005年之前的时间窗口，中国大陆机构学者在国际学术期刊上发表的论文非常少。而在2005—2009年时间窗口，ChinaML％达到40％；在2015—2019年时间窗口，ChinaML％已达到69.81％；最近的时间窗口2020—2023年，ChinaML％的比率达到81.67％。我们将每一个时间窗口的ChinaML％与前一个时间窗

口相比，t 检验显示，只有 2005—2009 年间在 ChinaML‰ 上显著高于前一个五年（p 值＝0.04），其余的四个时间窗口与前一个时间窗口之间在 ChinaML‰ 上无显著差异。这意味着 2005 年附近开始是一个明显的转折点，自此，中国大陆学者和机构在中国会计研究成果的国际化进程中发挥的作用显著增强，并在近年来稳步提升。

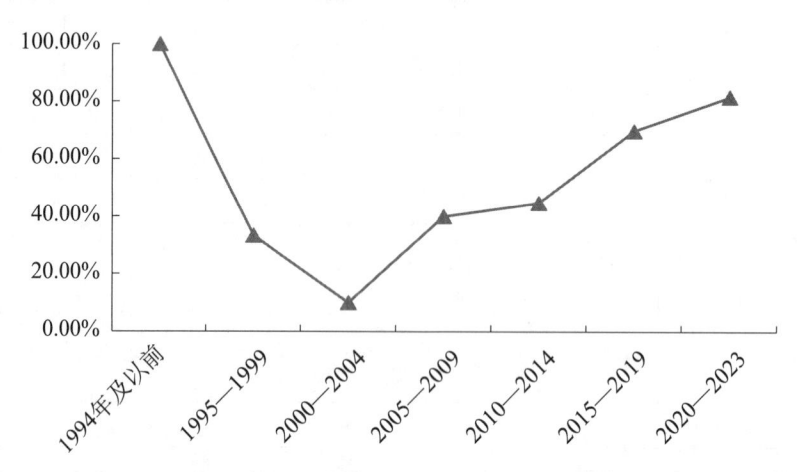

图 20-1　作者单位注有中国大陆机构的论文占当期中国会计研究成果国际发表的比重

图注：

时间窗口	当期中国会计研究成果国际顶级期刊发表总数	作者单位注有中国大陆机构的论文篇数	ChinaML‰
1994 年及以前	2	2	100.0％
1995—1999	3	1	33.3％
2000—2004	10	1	10.0％
2005—2009	15	6	40.0％
2010—2014	38	17	44.74％
2015—2019	53	37	69.81％
2020—2023	60	49	81.67％

第三节　中国会计研究国际化成果的内容与方法

一、研究分支与方法分布

在会计学和财务学领域，通常的研究分支包括财务会计、公司财务、管理会计、审计、税务以及非营利组织会计[①]。在公司财务分支中，我们单独列示公司治理类别，以反映公司治理研究在近年来的重要影响。不同分支类别之间难免存在交叉重叠，我们在归类时融入了自己的判断。

---

① 我们未在 10 份学刊中识别出关于中国非营利组织会计问题的论文，故表 20-5 未列示该分支论文数量。

通常的研究方法包括档案式研究、调查问卷、实地访谈、实验研究、规范研究。[①] 我们将调查问卷与访谈汇总为一类，并增设案例研究类别，用以反映仅采用某特定组织（如某公司）数据（而非一定样本规模）的研究。规范研究的界定则是指论文基本不涉及数据分析，而是以介绍、阐释、评述为主。此外，我们将文献综述单独列示。

表 20-5 统计了 181 篇论文的研究分支与方法分布。在传统的各个分支中，研究公司财务问题（含公司治理）的论文比重最大，达到 92 篇（＝62+30，占总篇数的 50.82%），这可能与财务分支本身涵盖了 4 份国际顶级期刊有关。随后依次是审计（39 篇，占 21.55%）、财务会计（含会计准则与会计监管，共 31 篇，占 17.13%）、管理会计（10 篇，占 5.52%）和税务（9 篇，占 4.97%）。

表 20-5 论文的研究分支与方法分布

	档案式研究	调查访谈	实验研究	案例研究	规范研究	文献综述	合计 观测数	合计 比例
财务会计	23	3	0	0	3	2	31	17.13%
公司财务	60	1	0	0	1	0	62	34.25%
公司治理	28	2	0	0	0	0	30	16.57%
审计	37	1	1	0	0	0	39	21.55%
管理会计	1	4	1	3	1	0	10	5.52%
税务	9	0	0	0	0	0	9	4.97%
合计观测数	158	11	2	3	5	2	181	
各方法占比	87.29%	6.08%	1.10%	1.66%	2.76%	1.10%		

从已发表论文所运用的研究方法来看，普遍使用的是档案式研究，在 181 篇论文中涉及档案式研究的论文有 158 篇，占所有论文的 87.29%；其次是调查访谈，共有 11 篇，占总篇数的 6.08%。规范研究（以介绍和评论为主要方式）有 5 篇，占所有论文的 2.76%，主要出现在较早期间。在各类研究方法中，实验研究和案例研究的应用数量很少，分别仅有 2 篇和 3 篇。另有 2 篇文献综述。

在不同分支中，各种方法的运用情况也有明显差异。比如在财务会计、公司财务、审计、税务等分支领域中，大部分采用了档案式研究；而管理会计分支的 10 篇研究成果中，仅有 1 篇采用了档案式研究，而更多地采用了调查访谈（4 篇）和案例研究（3 篇）。

我们将研究方法二分（实证研究 vs. 规范研究），并计算每个时间段[②]每大类方法论文占同期论文总数的比重。图 20-2 显示，在 1994 年及以前发表的大多数论文全部采用规范研究方法，这符合当时国际会计研究的总体情况（Prather and Rueschhoff，1996，AH），即向世界介绍和分析某国会计的基本状态。而从 20 世纪 90 年代中期开始的 1995—1999 年间，国际顶级期刊发表的中国会计学术成果基本采用实证研究方法。这种变化规律与当前国际会计研究方法的主流一致，也意味着多年来，对中国会计问题

---

① 对于一篇论文采用多种研究方法的，我们依据作者在论文摘要中陈述多种方法的第一种为主要研究方法。
② 与图 20-1 一致，为了使被考察的每个时间段都有一定数量的论文总数，我们将 1994 年及以前年度作为起始时间段，自 1995 年起每五年作为一个时间段。

的国际学术研究需要采用国际通行的研究范式针对各种观点或假说获取证据、展开分析和论证。

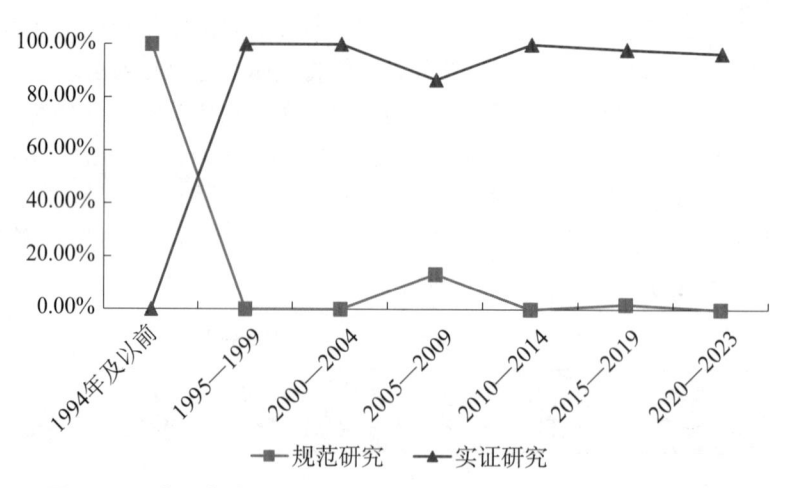

图 20-2　中国会计研究成果国际顶级期刊发表的研究方法时序分布

二、研究主题归纳

在 20 世纪 90 年代中期以前，国际会计研究的主要特征是介绍和了解各国会计问题的基本状态，因此早期发表在国际会计期刊的中国会计论文主要介绍、分析和评述了中国会计领域发生的各种重要事件（如会计制度和会计准则的制定与发布、审计准则的制定与发布、制度或准则的中外比较），这类论文满足了当时世界了解中国的基本需求（Peng，2009，CJAR）。但自 20 世纪 90 年代中期以来，国际顶级会计期刊发表的中国会计研究成果开始以实证研究为主（见图 20-2），说明研究的要求不仅仅是对中国的会计问题和现象进行介绍和评述，还需要提供更具学术性和普遍意义的研究命题和研究设计。为此，我们参考 Lennox and Wu（2022）的逻辑框架，对采用实证研究方法发表的国际顶级期刊论文的中国会计研究主题作了若干归纳。

第一大类主题关注中国的政治与监管制度。改革开放以来，中国特色社会主义市场经济实现了高速增长，政府在经济发展中扮演了重要角色。相关的政治与监管制度既包括法律、政策和会计与审计准则等正式约束，以及证券监管机构和司法系统等执行机制，又包括社会关系、文化等非正式行为规范。此类研究从中国的制度背景出发，研究国有控制权、政治关联或非正式制度如何影响市场主体的公司治理、投资与融资、财务报告、审计和税务等经济活动，进而影响资本市场的信息流动与环境。

第二大类主题可归纳为中国公司与境外投资者之间的关系。中国经济与企业的快速发展吸引了大量的境外投资者。在中国资本市场上市的公司发行 A 股的同时还可以发行 B 股和 H 股来吸引境外投资；另外，部分中国公司前往美国等境外资本市场上市融资。此类主题关注多层股权结构上市公司股票的公司治理、信息披露、定价机制等问题，以及中国公司交叉上市的影响因素与经济后果。

第三大类主题的特点是，这些研究不仅仅对中国问题本身感兴趣，还借助中国市场中的独特数据和外生冲击，对国际上的传统理论或争论进行检验。中国的信息披露规则可能使研究者获得一些在其他国家无法（或过去无法）观察到的信息；中国的执法与监管机构可能为研究者提供了一些通常无法公开获取的专有数据以便学术研究；此外，中国开展的改革与政策变动，也会允许研究者考察新的研究问题，并提供更有力的因果推论。

第四节　国际顶级期刊发表的经历与体会：对若干学者的调研

一、调研目的与设计

除了对总体发表数据的描述与分析，我们还希望对曾经在国际顶级期刊发表过会计学术研究成果的学者进行调研，从中更深入地了解研究者在国际发表过程中的难忘经历和体会，以便读者们能够得到更直观的认知。

从调研对象接触成本和可行性的角度考虑，我们分别于 2020 年 2 月和 2023 年 8 月进行了两批次调研，共选取了本书编者中有过国际顶级期刊发表经历的 8 位学者，以及本书主编在中央财经大学的 7 位同事。按照姓氏排序，第一批次调研对象包括江轩宇、李晓、梁上坤、廖冠民、王玉涛、吴溪、肖土盛、张俊生；在调研时这 8 位调研对象在国际顶级学术期刊合计发表或接受发表了 12 篇研究成果，其中包括 4 份会计学国际顶级期刊（TAR、JAE、CAR、RAST）的 10 篇成果、1 份财务学国际顶级期刊（JF）的 1 篇成果以及 1 份管理学国际顶级期刊（SMJ）的 1 篇成果。按照姓氏排序，第二批次调研对象包括李哲、林雯、王春飞、王林、谢蓉蓉、杨馨、张玥；在调研时这 7 位调研对象在国际顶级学术期刊合计发表或接受发表了 9 篇研究成果，其中包括 4 份会计学国际顶级期刊（TAR，JAE，JAR，CAR，RAST）的 7 篇成果和 1 份管理学国际顶级期刊（MS）的 2 篇成果。

本章编者分别向各位调研对象发出了如下调研提纲，请他们根据各自经历和体会撰写调研反馈：

（1）您在从研究项目启动到在国际顶级期刊发表之间经历过哪些您认为很重大的困难或挑战？

（2）您在国际顶级期刊发表过程中最难忘的经历有哪些？

（3）基于您自己经历的国际顶级期刊发表，请总结三个您认为最重要的因素。

在调研提纲的结尾，我们告知调研对象，调研反馈不限篇幅，请尽可能结合具体经历和示例。为了尽量消除调研对象在分享个人经历过程中由于涉及隐私信息而降低分享意愿，编者也告知每位调研对象，如涉及敏感信息，将会根据调研对象的个人意愿确保所描述信息的匿名性，并在定稿前请每位调研对象复核确认。

二、调研实施情况

在发出调研提纲后，每位被调研的学者都表达了愿意参与调研的意愿。其中一位学者反馈道：

对我而言，有机会总结和述说自己的经历和感受，也能将这些认识和想法分享给其他学者，感觉自己也受益良多。同时，每个被调研的学者都有自己独特的经历和感受，总结在一起，会有更多的经验和知识，大家都会受益匪浅。

我们在两周左右的时间收到了所有调研对象的书面反馈。每位学者都完整回复了调研提纲中的三个问题，还有5位学者在提纲设置的问题以外提供了补充反馈。

随后我们对每一位调研对象的反馈信息进行细读，并对每项信息进行分类和层次梳理。对反馈信息进行列示时，我们也对文字表述进行了校读，并在保证调研对象本意的基础上进行微调。本节初稿形成后，我们按照调研提纲的设计请每一位调研对象阅读，特别是确保本节呈现的调研信息符合调研对象的意思表达。

三、调研反馈：研究者经历的重大困难与挑战

绝大部分受访学者发表于国际顶级期刊的研究成果与中国的会计和财务问题有关，也有少数受访学者的成果不涉及中国情境和数据。我们并没有观察到这两类学者提供的反馈在大部分问题上存在国别差异，而是具有高度的共性，因此没有分组列示。这也意味着高质量学术成果的产出过程和特征具有较强的稳定性。

15位学者共分享了35项各自经历的重大困难与挑战，其中不少经历或感受具有明显的共性。我们将这些困难和挑战梳理为两个层面：（1）整体层面（10项）；（2）具体论文层面（25项），并对具有共性的项目合并讨论。

（一）整体层面的困难与挑战

我们识别的整体层面的困难与挑战包括研究者在进行研究时的思想状态、为开展研究而进行的团队合作，以及研究时间的配置等，涉及7位学者的反馈。尽管这些方面和研究项目有关，但不涉及论文的具体技术层面。

1. 思想状态

思想状态反映了人的心理活动或研究心态。一位学者提到：

> 我认为最大的困难或挑战是"未知"。从研究项目启动就伴随着这一点，你不知道自己在研究项目上的投入会有什么结果，最终会到哪个方向。

另一位学者提到了在权衡长期目标和短期目标时面临的心态挑战：

> 我在读博期间参与了好几项旨在投顶刊的研究，但是到毕业时都还没有拿到R&R（修改和再投）的机会。因此对于如何兼顾求职和长期发展，我一直面临很大的心理考验。当时我只申请了两所高校的教职，如果没有机会，我就到业界工作。事后我总在思考，如何激励我们国家的博士生投身顶尖研究，其实很需要做好心理疏导，毕竟没有未来的工作保障时，人的心里都会产生很大压力。

也有学者提到了在开展研究过程中面临的学术同行竞争压力：

> 很多时候在论文不涉及独特或专有数据时，出现竞争性论文的可能性很大。我们的研究已经收到了第一轮审稿意见，在论文修改过程中，发现竞争性论文已经被接受

并放在了 SSRN 上……

我们认为，上述心理状态是对科学研究不确定性的合理反应。人们普遍的行为模式遵循理性的成本-收益原则。显然，在国际顶级期刊的发表概率极低的客观事实面前，任何理性的经济人都会面临上述心理挑战。这也意味着在科学研究领域，强调过程导向而非结果导向是非常重要的心理对策。一位学者分享的心理经历是：

> 自己能做的就是，不管"未知"，不顾一切，不要想太多，坚持自己的项目。坚持一个自己"未知"的研究项目，有时就用这样的态度安慰自己，给自己一个坚持下去的理由："不管未来结果如何，至少自己经历过，这就够了！"

在面对学术同行的竞争压力时，受访学者分享了其研究团队的做法，很好地诠释了上述坚持做自己的理念和方式：

> ……在这种情况下我们选择不去看竞争性论文，不受竞争性论文逻辑的干扰，仍然坚持按照原本的故事逻辑和审稿人的意见去写作，这样尽可能地区别于竞争性论文。在论文大致修改完之后，才认真阅读竞争性论文，在论文里提及竞争性论文，并尽量说明我们的论文在竞争性论文基础上的增量贡献。

2. 团队合作

有四位学者提及了自己在团队合作过程中感受到的困难与挑战。其中一位提到：

> 众所周知，一名刚进入学术领域不久的研究者，要找到一位资深学者合作，是一件比较困难的事情。然而，我觉得维持合作者关系远比找到合作者更困难。在和资深合作者的合作过程中，其实会长时间有较大的压力，因为我会担心让合作者失望，所以要尽量完成合作者提出的各种任务，这个过程也让自己压力倍增。

类似地，另一位学者分享道：

> 从我个人的经历来看，最重大的挑战是与合作者之间有关项目推进的沟通、协同问题，但究其本质，在于前期研究基础相对于国际前沿水平的薄弱。……即便我当时作为博士生已经有了数篇中文文章的发表，但对于英文合作项目的规范流程以及前沿的实证方法都比较陌生，也缺乏系统性的训练。这些缺陷暴露出来就是，早期合作中研究的推进显得比较吃力。

上述反馈反映了年轻学者在国际化进程中普遍面临的研究范式、方法、非母语写作以及沟通等方面的困难与挑战。跨越这一步的必经路径是主动学习、积极沟通，正如这位学者提到的：

> 感谢合作者的耐心以及自己投入大量的时间主动学习，渐渐弥补了上述不足，使得中后期的沟通反馈非常顺畅，研究能力也得到了国际合作者的认可。

也有学者指出了在跨研究范式、跨研究方法的合作过程中经历的挑战：

> 我参与的这项研究对于做实证会计与公司财务的学者来说并不陌生。不过这项研

究是实验研究,而且是和管理学者的合作研究。这是我之前的研究所没有经历过的。……合作者都是管理学领域的,会计学的研究范式和管理学的研究范式还是有些差别,跨学科交流需要多相互学习。……实验研究方法在会计与财务文献中的占比不高,但近年来有略微增加和方法改进的趋势,需要我去熟悉新的研究方法。

还有一位学者分享了合作过程中为达成共识而经历的挑战:

> 论文成稿的过程中,为了保障论文质量,所有合作者都会对论文质量提出苛刻的要求。特别在论文对外进行交流、听取其他专家意见的过程中,研究设计和论证思路可能都会发生巨大的改变。合作团队的各位成员都需要投入大量的研究精力,对论文进行不断的优化,这是一个挑战研究者研究定力的关键过程。

上述挑战源于团队合作过程中面临的意见或判断多元化,这对合作者之间达成共识构成了难度,而且在达成共识之前面临着更漫长的修改过程,这也是使该学者感受到挑战和需要很大定力的原因。面对这一挑战并无捷径,只有努力消除合作团队成员的主要顾虑,并积极沟通,才能有效推动项目。

此外,一位学者提到了在多个研究团队工作模式下面临的困难与挑战:

> 如果参与了多个研究项目,不同的合作者会给予很多的时间压力,自己很难将注意力集中到某一个项目的R&R。如何协调其他项目的合作者,说明当前的情形并力求得到谅解,其实是一件很考验交流沟通能力的事情。

3. 研究时间的配置

两位学者还提到了研究时间的有效配置问题,对于博士研究生阶段开始参与研究项目的学者而言很具有参考价值:

> 这个项目的启动时间是我读博士的最后一年,所以面临的第一个挑战是需要处理好这篇工作论文和毕业论文的关系。每个人的精力都是有限的,但是高水平的文章需要大量的精力投入,毕业论文也同样如此。我每天工作效率比较高的时间段是早上和晚上,下午效率比较低。所以我做了一个规划,每天早上写毕业论文,晚上做这个项目,下午的时间用来处理一些杂事和程序性的工作。这样做的话就能够很好地维持毕业论文和这篇工作论文的同时运转。

> 我所参与的项目源自博士二年级。在博士就读期间,并未感觉到这是一个困难的事情。博士毕业后就需要统筹兼顾各种事项,通常需要自己专门找到整块的时间来处理写作和修改事宜。特别是到了R&R截止期的前几个月,身心会承受较大压力。

(二)具体论文层面的困难与挑战

具体论文层面可分为两个环节:其一是投稿前的规划和设计阶段,其二是投稿后的评审阶段。

1. 规划和设计阶段

有8位学者提及了在研究规划和设计阶段经历过的重大困难与挑战,涉及选题的把握、研究贡献的定位、中国情境的选择、理论发展、研究设计、论文写作等各个环节。

在如何把握选题方面，一位学者评价道：

> 我们曾经认为一个选题很重要，具有发表顶级期刊的潜力。然而事实证明，我们认为很有潜力的选题并没有在顶级期刊得到修改机会。反而是当前这项研究，一开始主要是想听取顶刊的专家意见，却获得了R&R的机会。这说明选题的价值判断还是很难掌握的，有时作者的眼光和编辑的视角可能存在较大不同。

在如何定位研究贡献方面，一位学者评价道：

> 虽然研究问题本身至关重要，但同样的研究问题可以从不同的角度切入，而这往往决定了研究贡献的大小。记得刚开始我们有一个想法，现在回过头来看新意稍显不足。但在后续的写作讨论过程中，合作者提议从另一个角度切入，立意高度大不一样，研究贡献明显提升。

一位学者评价道，把中国情境的研究推广给国际读者，研究者普遍面临的一个挑战是要"论证清楚为什么以中国为研究情境"。另一位学者则进一步讨论道：

> 基于中国场景的研究，需要有它的特殊性，但又不能仅仅将其定位为中国独有的问题而失去一般性。这种分寸的把握和拿捏极为重要，是整个研究团队面临的一个关键挑战。

上述反馈很好地归纳出了这种挑战的特征，即研究者需要在研究情境的独特性和理论检验能力的一般性之间做出权衡。

在理论发展方面，一位学者谈到了在"讲故事"的方式上面临诸多挑战：

> 第一个挑战是，有一条故事线我们认为很有趣，但审稿人不太相信。而如果删去这部分的讨论，我们也担心影响论文的丰富性。后面斟酌了很久，在投了几个顶刊都得到类似反馈后，最终决定删去。
>
> 第二个挑战也和讲故事的方式有关。我们本来的故事是想围绕一个单一角色的动机展开，但审稿人认为我们研究的问题涉及多个参与者，希望我们能从多个利益相关者的角度讲故事，所以需要重塑整个故事框架。同时审稿人认为故事的张力不够，我们也需要重新思考研究问题的矛盾点，更好地讲述研究动机。

在研究设计的技术环节，两位学者提到了因果推断效力面临的挑战："内生性问题是我们在与同行交流过程中遇到的比较棘手的问题"，"识别因果关系，尤其是论证工具变量的排他性时遇到了很多挑战"。也有3位学者提到了数据搜集或在寻找研究被试方面遇到的困难：

> 我所研究主题的以往文献通常存在、也经常被质疑的问题之一就是关键数据可能存在遗漏……由于数据的非公开性，我们面临数据搜集的巨大挑战。在项目初期，我们花费了大量的时间和精力搜集和验证数据。
>
> 数据资料的获取是研究过程中经历的一项重大挑战，特别当数据涉及非公开数据或信息时，我们需要慎重考虑如何向有关机构申请数据使用权限，如何与实务界人士

交流时得到对方信任，了解他们的实际想法和现实运行情况。

> 我们这项研究所使用的实验方法与一般的实验室实验研究或者基于问卷的实验研究不同，选择的被试不是传统方法使用的大学生等，而是实实在在的独立董事，即 Floyd and List（2016，JAR，p.440）图示中所谓的 Artefactual Field Experiment（AFE）。Floyd and List（2016，JAR）也特别提到，在会计学研究中，实地实验研究最显著应用方法就是 AFE。为了在研究中使用有独立董事经验的人作为被试，我们花费了较多时间设计实验与寻找被试，尤其考虑了被试的行业分布的广泛性。

还有一位学者分享了在论文写作方面经历的挑战：

> 好的写作技巧，可能让研究事半功倍。我们选择的研究角度对团队来说比较陌生，是一次新的尝试，因此在专攻写作的三个月里我们阅读了大量偏管理类的理论研究、实验研究以及心理学的一些研究文献。英文写作对我们中国本土毕业的博士更是挑战……

上述经历和感受反映了不是以英语为母语的学者在国际化过程中面临的困难。目前研究者普遍的解决方案是在研究团队的构建过程中寻找合适的海外学者。比如，这位学者提到：

> 幸好一位合作者自大学起就在全英文环境下学习工作，并且非常擅长论文写作。在第一次正式投稿前我们大概修改了40多稿，引言部分写了好几个不同版本互相比较。得益于合作者丰富的写作技巧，我们的论文也时常会收到"The paper is very clear and well written"之类的反馈意见。

2. 评审阶段

有7位学者提及了在论文投稿之后的同行评审阶段经历的重大困难和挑战。

国际顶级期刊的同行评审过程往往周期长、轮次多、挑战大。一位学者讲到："曾经听一位资深学者说'一篇文章初稿写完，大约完成了20%的工作'。当时我还将信将疑，但自己经历过一次国际顶刊发表之后才明白，这句话一点也不夸张。"这位学者进一步讨论了剩余80%的工作性质："这80%的工作中，有一小部分是显性的，比如我们写了26页的内容来回复一位审稿人的8条意见。但更多是隐性的、有关'如何令审稿人满意'的工作，比如反复斟酌如何把故事细节掰开揉碎了讲清楚，如何写论文的贡献部分。"

还有一位学者分享道：

> 我们曾收到的国际顶级期刊第一轮审稿意见中，审稿人对故事逻辑、实证方法都提出了不同的意见，相当于要根据审稿人的意见重新写一篇论文。整个论文修改过程持续了将近一年时间，其间进度偶有停滞，无法得到预期的结果……

有时，审稿人之间的意见也可能出现分歧，这种情况下，"如何处理审稿人之间的不同观点，也是研究过程中经历的重大挑战之一"。

在技术层面上，一位学者提到：

> 有时候审稿人的尖锐问题很难回答，令人辗转反侧。比如审稿人质疑文章的内生

性,尽管论文已经参照以往文献用了多个外生冲击构造了多个准自然实验检验,但审稿人依然怀疑故事的内生性。这类问题确实是很难解决的,因为来自文献的经验似乎已经用尽了,只能自己平地起高楼地找一个新办法或新角度来提供因果关系的证明。

受访学者一致认为应当尽自己最大努力充分回应审稿人的每一条意见。一位学者评论道:

> 特别是审稿人的一些意见需要你花费大量的成本,重新搜集相关数据进行研究设计。为了保持科学研究的严谨态度,在方案可行的范围内,我们都需要克服困难、迎接挑战、积极尝试。

再比如,两位学者提到应对评审压力时努力坚持的意义:

> 审稿人曾提出了我们基本难以解决的问题,因为要想解决问题需要搜集特定的数据,然而数据获取难度极大。但我们没有因此放弃,而是尽最大的努力从多个角度提供可行证据,最终得到了审稿人的认可。

> 在修改论文的几个月时间里,内心常常冒出"实在改不动了,要不就这样吧"的想法,但更常常鼓励自己"再坚持一下下"。每一封回复信,都是这样一点点"磨"出来的。

一位学者对这种坚持的评论是:"这个过程像极了身处'山重水复疑无路'的困境,且完全无法预期什么时候才能'柳暗花明又一村',只能不断地想,不断地与合作者讨论。"

另一位学者分享了一次无法实现评审人预期结果的经历,同样反映出尽自己最大努力的必要性:

> 一次重大的挑战发生在我们这篇论文的第二轮修改中。两位审稿人中有一位提出一个关键问题,我们通过处理数据发现无法得到和审稿人预测相似的结果,但显然审稿人认为这个问题非常重要。我大概花了两个星期的时间,反复尝试各种可能性,但是对结果都不满意。在撰写修改说明的时候,我们非常慎重,将我们尝试的各种可能性都展示给审稿人,并且引用之前的文献来解释得不到预期结果的原因,同时指出这个原因和我们论文中的理论并不冲突。提交修改后我很忐忑,害怕审稿人因为这个原因拒稿。但是在下一轮的修改中,审稿人并没有继续针对这个问题提问。这说明对于审稿人提出的问题,即使无法解决,我们也绝对不能避开不谈,反而应该更加慎重、细致地和审稿人解释,让审稿人看到我们的努力。

如本书第一章所讨论的,与自然科学相比,社会科学的研究有着相对更大的主观性。这一特征在会计学科的学术同行评审中也会存在。一个经典的例子是 Ball and Brown(1968,JAR)被 TAR 拒稿的经历。本次调研中,有两位学者在反馈中提到了同行评审过程中可能存在的主观性特征。一位学者分享了其发表成果在被某期刊接受之前的一次拒稿经历:

> 经过一年半的打磨,我们把这篇论文投稿到一份国际顶级期刊。三个月以后,我

们收到了审稿意见。两位审稿人中，一位建议修改后再投，另外一位则认为这个话题已经失去了时效性，建议拒稿。责任主编同意第二位审稿人的意见，最终决定拒稿。这对我的打击很大，因为我在这篇文章上投入了极大的精力。

另一位学者则谈到了同行评审过程中的其他非技术因素：

> 在项目进展中经常会有各种困难，技术层面的都可以努力解决，但评审人的个人主观因素有很大的不确定性。在国际期刊投稿过程中，我遇到过对中国研究持明显负面态度的编辑或审稿人，也大概率遇到过编辑或审稿人因为自己有竞争性的论文而刻意为难的情况。

上述两位学者也进一步指出，在面对同行评审过程中出现的主观性或其他非技术因素时，需要冷静分析，并保持良好心态。比如，前一位学者在收到拒稿意见后的经历是：

> 我的两位合作者都是很有经验的学者，他们读完审稿意见后认为，第二位审稿人的理由属于个人偏好问题，对未来的投稿结果并不具有预测性。因此决定团队根据审稿意见全力修改，继续投稿。我花了大概一星期的时间恢复精神，然后就投入到对文章的修改之中。

后一位学者则指出：

> 我们能做的是尽最大努力修改完善自己的研究，并在心态上逐渐学会接受任何结果。这样的状况不多，但令人印象深刻，它们是学术研究过程中的噪声，但也促使自己学会坦然面对更现实的人生经历。

四、调研反馈：研究者的最难忘经历

我们设计的第二个问题是希望学者们在国际顶级期刊发表过程中遇到的诸多困难与挑战以及得到的诸多收获中，进一步选出最难忘的经历。15位学者共反馈了21项经历。我们发现，这些经历在性质上与此前讨论过的困难与挑战有很多相似和相通之处。相应地，我们也将这些难忘经历梳理为两个层面：(1) 整体层面（9项）；(2) 具体论文层面（12项），并对具有共性的项目合并讨论。

（一）整体层面的难忘经历

我们识别的整体层面的难忘经历包括研究者的工作学习状态、时间配置、团队合作以及与业界交流，涉及8位学者的反馈。一位学者认为，他在国际学术合作过程中的忘我投入给他留下了深刻记忆：

> 为了加快推进合作项目，加之前期基础的不足，我曾经暑假中在博士生办公室连续吃睡工作了两个月。醒来就工作，有时躺下后想到一个新的解决方法，就打开电脑继续工作。

这位学者还提到了关于夯实研究基础的难忘经历：

第二十章 中国会计学术研究成果的国际发表

> 为了弥补文献积累的不足,在做研究助理期间,细致地阅读了200多篇英文文献。当结束研究助理工作返回北京时,我先寄回了两个拉杆箱的打印文献。

他对上述难忘经历的总结是:"做好学术研究,需要坚定的信念和不懈的付出。驱动上述行为的不是功利,而是兴趣和认同驱动下不计成本得失的自主行为。"

有一位学者提到,时间安排上的冲突和压力是一次极为难忘的经历:

> 我最难忘的一次经历是研究论文R&R的时间与博士学位论文的时间重叠。记得是我博士论文最后的攻坚阶段,也恰好是一轮R&R期间合作者把论文送到我手里做最后一次大修改。当时两座大山压在肩上,心理压力真是很大。如果先做博士论文,就意味着R&R可能要延后2~3个月;如果先做研究论文修改,后续撰写博士论文的时间会非常紧张。后来还是决定先把研究论文改完,再抓紧时间写博士论文。大多数学者都面临过这样的多重任务场景,甚至这就是科研工作的常态,但第一次经历还是很令人印象深刻。

有一位学者提到,虽然论文最终发表,但该论文此前的"屡次被拒"成为其最为难忘的经历:

> 我们的文章之前投递了几个其他顶刊,都没有获得修改机会,是在最后一次尝试中被接受了。其实屡次被拒这个事情并没有给我们带来很大的冲击,因为对自己的研究很有信心。

有四位学者都明确将团队合作选为最难忘的经历。一位学者详细回顾了合作成果的形成过程:

> 最令人难忘的是团队成员的精诚合作,这篇论文是几个对学术研究有发自心底热爱的年轻人(中年人)合作的第一篇成果。大家以每周某个固定时间要么一起喝咖啡、要么一起简单午餐的方式聊最近看到的有趣的文章、某种新的研究方法等等与学术相关的内容。这篇文章的最早思路就源于某天偶然谈到独立董事投票的论文,发现Jiang et al. (2016,RFS)[①] 发表在了财务学期刊,Ma and Khanna (2016,SMJ)[②] 发表在了管理学期刊。两篇文章都使用中国独立董事投票的数据,研究的内容也都相似。这让大家认识到数据独特性的重要性,并想了解在此基础上是否能够拓展。由于只有我一个人有会计学研究背景,我提到在审计研究中,中国一个独特数据是签字会计师签名可以看到。这时大家就想如果独立董事投反对票或弃权票的时候,姓名公布与否对结果会造成什么差异。这对全球公司治理改革可能都具有现实意义。这个研究议题十分适合实验研究,后续的研究就此展开。包括使用真实独立董事做实验而不是

[①] Jiang, W., H. L. Wan, and S. Zhao. Reputation Concerns of Independent Directors: Evidence from Individual Director Voting. *Review of Financial Studies*,2016,29 (3):655-696.

[②] Ma, J., and T. Khanna. Independent Directors' Dissent on Boards: Evidence from Listed Companies in China. *Strategic Management Journal*,2016,37 (8):1547-1557.

学生做实验,也都是受到 Floyd and List (2016,JAR)[①] 的启发。后续论文的研究设计、寻找被试、修改论文都是群策群力的结果。由于这种方法在独立董事文献研究中使用不多,因此后续的修改、发表整体都比较顺利。

另两位学者则谈到了团队合作,特别是合作者的特征给自己带来的重大影响:

> 最难忘的经历是向合作者学习的过程与收获。每位合作者都有值得学习之处。我的一位合作者总是先有理论上的想法,然后再想着如何检验这些重要的理论焦点或争议。同时,我的这位合作者对结果的稳健性有着极高的要求。在某一个项目中,工作论文都形成了,但合作者之间研讨的某一项进一步测试缺乏稳健性,整个项目就终止了。受这种理论先行、严谨求证思想的深刻影响,我也更加脚踏实地,享受探求专业真知的过程。

> 我觉得最难忘的是整个团队全身心地投入项目工作时的认真和热忱。团队成员经常讨论问题到深夜,我真的能够感受到各位优秀的合作者对于学术的饱满热情和孜孜以求的精神,这种精神对我激励很大。每当我学术上遇到困难和问题,只要与团队成员深入讨论就能够让我感觉豁然开朗和欢欣鼓舞,并满怀希望地继续前行。

此外,还有多位学者尽管没有将团队合作明确选为最难忘经历,但在反馈中仍谈及从合作者这里得到的巨大收获。比如,一位学者分享道:

> 在整个过程中,我想要特别感谢合作者的指导,从他身上我学到了很多非常宝贵的经验,以及他对学术研究的热情和一丝不苟的态度,让我终身受益。

最后,一位学者提到与业界交流的难忘经历:

> 研究过程本身是一个探索的过程,除了数据分析,进一步向监管部门或实务专家调研,也会加深自己对研究问题的认识,并获得新的认知。

(二) 具体论文层面的难忘经历

在具体论文层面,有 7 位学者的最难忘经历集中在投稿后的评审环节,2 位学者把最难忘经历留给了投稿前的规划、设计及写作阶段。

1. 投稿前阶段

一位学者提到:

> 论文在正式投稿前在很多学术会议进行报告得到了大量反馈,每次收到反馈后都要经历大量修改,有些反馈意见还互相冲突,很难取舍。

这一经历反映了国际顶级期刊成果在投稿前通常需要不断雕琢。而不断征求意见的过程也容易导致意见多元化,最终需要研究团队权衡。

[①] Floyd, E., and J. List. Using Field Experiments in Accounting and Finance. *Journal of Accounting Research*, 2016, 54 (2): 437-475.

另一位学者提到了写作方面的难忘经历：

> 我曾自己写过一版初稿，其中用语主要参考国际顶级期刊的已发表论文。我先把惯用语进行归纳和总结，然后拼成了一个初稿。然而合作者做了较大改动，重新写作，形成了当前的版本。这次经历让我认识到，英文表达绝非简单套用模板。

2. 评审环节

国际顶级学术期刊的同行评审经历通常给学者们留下了极为深刻的印象。4 位学者反馈了虽艰辛但收获颇丰且结果不错的经历。比如，一位学者分享道：

> 回顾这一段经历，我想最难忘的可能是论文的修改过程。经过三轮评审获得了诸多评审人的意见和反馈，其中最难的应该是第一轮的修改，大大小小的意见非常多。我们对评审意见逐条进行细致的讨论，并制订了详细的修改计划。由于有合作者在美国，存在 12 个小时左右的时差，基本上这边改完那边改，24 小时不停息。三轮意见改完下来论文质量得到巨大的提升。

另一位学者也做了类似的分享：

> 最难忘的经历是这篇论文的修改阶段。我之前并没有过 R&R 的经验，很多问题处理起来比较吃力。同时，顶级期刊的修改过程让我明白什么是对贡献的无限追求和对细节的无限挖掘。审稿人的问题必须经过严肃认真的思考才能解决，这也让我了解到要成为一名真正的学者，不仅要有创造性思维、对全局的把控能力，还必须有严谨的学术态度。

一位学者分享了在面临责任编辑更换情形下全力以赴、充分沟通的难忘经历：

> 由于利益冲突的原因，我们在修改的第二轮更换了责任编辑。新责任编辑又产生了一系列新的想法，甚至意见变得比较消极，给我们带来了一些压力。但我们始终相信好的故事大家都能够感受得到，竭尽所能去吸纳新的意见完善论文，虽然过程很艰辛，但最终经历了一轮修改后，责任编辑的意见有了很大的改观。……另一个难忘经历是，我们认为一些检验很有趣，责任编辑认为不需要放进来，但我们经过慎重考虑，为了整个故事的丰满度还是决定放进文章里。我们很详细地去列举理由说服责任编辑接受我们的这种布局和考虑，虽然和他的初始想法不一致，但最终他欣然接受了。

与第一项调研问题中不少学者反馈的在评审过程中面临的突出挑战类似，两位学者分享了在修改过程中面临不理想结果时的难忘经历：

> 因为期刊需要上传数据和程序，所以需要格外注意实证过程的规范性。因为审稿专家让我们增补的不少检验很难得到显著的结果，我们投入了大量时间，但最后还是没法得到结果，只能如实向审稿人说明情况。虽然审稿人不是特别满意，但还是给了继续修改的机会。
>
> 在回复审稿意见时，遇到难以做出审稿人想要的结果的情况。审稿人提出一个新

的研究设计,但多次尝试后仍然无法做出预期的结果。在最终回复审稿意见时只能说明无法做出结果,但辅以文献支撑以及其他实证结果说明了为什么用审稿人推荐的研究设计无法做出结果。幸运的是,审稿人接受了我们的解释,觉得我们的论证是有道理的,最终也顺利收到下一轮的审稿意见。这次的经历印象挺深刻,当时反复尝试仍做不出结果时甚至想过放弃修改转投其他期刊,最终还是觉得要珍惜这次收到审稿意见的机会,尽最大的努力回复审稿人的意见,所幸最终有好的结果。

也有学者的难忘经历是在回复审稿人时"做了很多未被审稿人建议的工作",其后果是令审稿人产生了新的困扰。这也说明在修改论文的环节应紧密围绕主题,不宜陷入旁枝末节,分散读者注意力。

还有一位学者分享的难忘经历则更加细致地展示了国际顶级期刊的评审过程对初始研究状态的巨大改变:

> 在冲击国际顶级期刊之前,虽然已经有了一定的国内外期刊发表经历,但在经历了顶级期刊几轮的审稿过程之后,对论文的发表和写作有了更为深刻的理解和认识。与投稿版本的论文相比,最终待发表的论文从切入点的导入,到研究创新的阐述,再到整个论文的研究设计,都已经面目全非。

这位学者还分享了国际顶级学刊的责任编辑们对其论文在有条件接受(conditional acceptance)后的修改过程:

> 在论文结束外审程序、从有条件接受到正式接受的过程中,负责我们论文的编辑和杂志主编继续对论文提供了一定的完善建议,甚至包括语法问题的修正。反馈文档上密密麻麻的修正符号让我极为震惊,惊叹编辑们在百忙之中对待发表论文细节的极致追求。这种严谨治学的态度成为我在今后学术生涯中的追求。

与前三位学者的反馈略有不同,有一位学者坦率地分享了一次拒稿给自己留下的难忘经历:

> 最难忘的经历是被期刊拒稿。也许这对很多人是常态,但我所说的是拒稿后对人心理状态的影响。……我曾有过其他失败的经历,也很快就站起来了,但拒稿的过程,足足让我挣扎和徘徊了三个月之久……这是一生中极为难忘的经历。

上述分享反映了国际顶级期刊极高的拒稿概率,以及拒稿可能给研究者在一定时间内带来的重大心理冲击。通过这位学者的分享,我们能够意识到,即使对于富有经验的研究者,要消化和接受不利结果的现实仍需要相当大的精神成本和时间成本。可以理解的是,面对拒稿,要形成平和、稳定的心理状态,客观上需要大量的国际顶级期刊投稿、发表与拒稿经历,而目前大部分学者还处于初步积累阶段,因此难免会经受情绪和心理上的巨大影响。在这方面,前一部分也展示过几位学者围绕评审阶段的重大困难和挑战进行的分享,他们在经历同行评审的挫折后也都有过情绪上的波动,而后续经历则是逐渐平复状态,调整心态,继续推动各自的研究工作。

五、调研反馈:成功发表的最重要因素

我们在调研提纲中请每位学者列出其认为对自己能够在国际顶级期刊发表论文最重要

的3项因素。15位学者提供了45项反馈因素。我们同样将这些因素梳理为整体层面和具体论文层面。在这个问题上，28项因素属于整体层面，17项因素属于具体论文层面。这也意味着学者们普遍认为在影响国际顶级期刊发表的因素中，综合性因素发挥着更基础的作用。

（一）整体层面的最重要因素

15位学者中有12位反馈了整体层面的重要因素。我们识别的有助于成功发表的整体层面因素有四类，最主要的集中在前三类，分别是团队合作（9次）、研究基础（5次）、思想状态（10次），另外还有其他因素被提到3次。

1. 团队合作

9位学者将团队合作作为最重要的成功发表因素之一。正如一位学者指出的，"文章的发表绝对不是一个人的功劳，而是一个团队共同努力的结果"。

首先，学者们强调了团队构建的重要性，即要有好的合作者。学者们纷纷使用了"高水平""资深""兴趣相投""信任"等修饰词对此加以界定。一位学者谈道：

> 十分有幸能够和众多优秀的学者合作，他们深厚的学术功底、渊博的知识体系、严谨的科研态度、敏锐的思维能力都是令项目能够不断推进和成功的关键。

其次，学者们阐述了优秀合作者的价值。通常的观念是，有经验的合作者对论文发表具有重要贡献。这一点在一位学者的反馈中被明确提及："资深合作者利用自身的发表经验，往往能大大增加发表概率。"除此之外，学者们还认为在合作过程中能够得到全方位的学习与收获。一位学者谈道："在论文的不同阶段，我都学到了非常多的知识和经验，这些都是非常宝贵的经历。"另一位学者也谈道："与优秀学者合作是非常重要的，通过合作可以弥补短板形成研究合力。我也从中学到了很多经验，例如如何回应顶级期刊的评审人。"还有一位学者从信心、品位和思维方式三个方面更详细地阐述了与资深学者合作的收获：

> 与资深的学者合作……首先是为团队提供信心。青年学者（含博士生）面临的一个两难境地就是：瞄准顶刊发表虽然收益高，但同时风险高、难度大、周期长，所以很容易退而求其次地发表B类期刊以获得短期收益。资深学者就起到了"定海神针"的作用，让整个团队保持信心，不为短期收益所动。其次，我认为资深学者保证了论文的质量。人人都有惰性，但资深学者对论文质量的要求确保了青年学者精益求精，不断打磨，从而成就一篇论文。最后，我认为与资深学者合作是学术生涯中最重要、最宝贵的学习机会。在合作过程中，看他们如何修改文章的定位，与他们讨论如何应对审稿人提出的棘手问题，这个过程是：我思考过后，再看他们如何思考。这样强烈的、直接的对比，比精读若干已发表的论文更能让我学到"他们是如何思考问题的"。随着合作时间的增加，我的思维也逐渐有了他们的影子。

最后，学者们更强调了团队合作中不能简单依赖合作者，要"与合作者进行卓有成效的沟通，持续不断地学习"，"合作者中每个人都要真诚付出"，才具备合作的基础。两位学者分别阐述道：

> 为此，需要切实做好自己擅长的部分，应竭尽所能……以便得到合作者的信任。……在与比较资深的学者合作时，我个人的经验是应该把他们的时间和计划作为最优先的选择。实际上，当你回复得很快时，这些资深学者也会更快地回复你，从而进入一个良性的合作循环。

> 合作者之间的互相鼓励和支持很重要。因为中间会面临很多的困难，需要和合作者一起去应对，好的合作者会从心理上和文章上与你并肩走过整个过程，那这条路就显得不那么孤独，也会产生很多的希望。我们在整个投稿过程中虽然不那么顺利，但互相都是在加油打气，积极应对，这种合作氛围特别重要。

还有一位学者谈到了在团队合作中要积极承担起对数据和细节的责任：

> 资深的合作者往往不直接接触数据，他们对于数据的把控和各种结果的可能性体会可能不深，但是年轻的研究者必须有钻研的态度，做到对数据和细节了如指掌，不能完成任务了事。很多年轻的研究者觉得分析数据烦琐又花费时间。但我觉得，只有执行好了细节，才有可能把握好全局，所以年轻的研究者不能够丢掉数据。

2. 研究基础

5位学者提到了研究基础在支撑国际顶级期刊成果发表上的重要作用。比如有学者提到"标准化的国际研究思维、习惯和交流语言"很重要，也有学者认为"严谨的研究态度和过程"很重要，还有学者提到了文献基本功的重要性。

> 要熟悉文献，尤其是顶级期刊文献。只有熟悉文献，才能知道学术界最为关注的问题是什么，也才能知道所做的研究是否足够创新。

除了上述基础因素，有学者谈到了目标设定的重要性：

> 一个研究选题，可能在不同级别的杂志上发表，给自己设定一个高的目标，就可以让自己义无反顾地坚持把项目做到最好，文章才有更高的概率发表在国际顶级期刊上。

还有一位学者讨论了整体把控能力的重要性，也恰好阐述了上面这位学者提到的高的目标。

> 我曾经把发表在国际顶刊的论文和研究想法相同但发表在不错的国际B类期刊上的论文做对比。我发现，尽管研究想法相似，但是作者对于论文整体思路，特别是研究贡献的把控有着十分明显的区别。国际顶刊论文的贡献是独特的，并且理论与实证非常连贯，基本上每一个论断都有相应的数据检验，每一张表都支持前面的假说发展，可以说全文没有废话。我觉得这是和国际B类期刊论文的最大区别。

3. 思想状态

7位学者提到了思想状态对自己在国际顶级期刊发表论文的重要作用。一位学者谈道：

如果目标是顶级期刊,第一轮就收到拒稿的概率是非常高的。即便收到了 R&R,努力改了几个月,审稿人依然不满意,继续给一个负面 R&R 或者拒稿的概率也不低。在高质量的研讨会上报告论文,收到的大部分反馈也是"质疑"和"挑刺"。此外,一篇论文可能要经历短则两三年,长则八九年的时间才有可能发表,其间要进行无数次修改。因此,保持良好的心态对待这些打击和冗长的工作是很重要的。

4. 其他因素

有学者认为"信念和付出"是成功的重要因素之一,还有多位学者强调了"坚持"的重要性:

> 一个项目从开始启动到最后发表论文往往要经历数年的时间,我们需要不断从会议报告、同行交流过程中汲取建议并修改完善论文。比如我们这个项目从开始启动到接受发表经历了 6 年的时间。因此,论文发表常常是一项马拉松,需要保持乐观心态,坚持不懈。

> 执着地坚持。不顾一切地坚持下去,不要考虑困难,不要考虑诱惑,不要给自己找放弃的理由,执着地坚持自己设定的目标,即使将来存在失败的可能,也要坚持。

另一位学者更详细地阐释了坚持设定目标的重要性:

> 坚持梦想与不断积累。记得读博士期间天天读学术"大牛"们的论文,那时开玩笑说最大的梦想就是在国际顶级期刊上发表一篇论文,尽管当时并未把这当成一个明确的目标,但梦想的种子已埋下。我的第一篇在国际顶刊发表的论文是从博士资格考核的论文发展而来,中间几经折磨和摧残,屡屡被拒,历时五年多最终在博士毕业两年后发表在一份不错的国际 B 类期刊。毕业后我依然在朝着这个梦想努力,中间夭折不下十个项目,尽管这意味着我需要付出极大的勇气去接受自己在很长一段时间内产出不高的事实,这注定是一条充满艰辛的道路。我很庆幸没有放弃当初的梦想,坚持了下来。

也有学者阐述了在坚持目标过程中抵制诱惑、平衡长短期目标的重要性:

> 抵制诱惑。在研究项目进行的过程中,会面临很多诱惑,如研究项目可以发表到一般的期刊,生活和经济压力较大而想去赚钱等。这些都会使自己的研究过程不纯粹,抵制这些诱惑,坚持自己的目标和原则,才有可能在国际顶刊上发表自己的研究成果。

> 要适当克服自己追求短期回报的"冲动",在遇到瓶颈、长期没有正面回报的时候,仍然要坚持保留一部分精力去追求长期回报。

还有学者阐述了在坚持过程中保持耐心的重要性:

> 不能急于求成。做国际顶刊的论文是非常折磨人的过程,很多人做到中间就坚持不下去了。比如我们在收到一份国际顶刊的拒稿以后,如果觉得这个过程太痛苦,坚持不下去了,可能会想到投一个不错的国际 B 类期刊发表。这种急于求成的心态很有可能将很

多有潜力的文章"扼杀"在摇篮中。所以做国际顶刊的论文要有耐心和决心。

(二) 具体论文层面的最重要因素

有 10 位学者反馈的 17 项成功发表因素涉及具体论文层面，其中 16 项属于投稿前的规划和设计等环节，1 项因素涉及投稿后的评审环节。

1. 投稿前阶段

在规划和设计环节，10 项成功发表因素集中在研究选题和贡献上，4 项成功发表因素涉及研究设计。得到这样的发现非常自然，正如一位学者所讲，"研究要有重要的学术贡献点"。一位学者分享道：

> 好的开始是成功的一半。选题非常重要，我的导师和合作者经常教导我，学术视野要更加开阔，要善于观察生活、观察世界，选择那些重要的、有趣的、令人振奋的项目进行研究。我觉得这也是我需要逐步学习、坚持去做的事情。

学者们还细化了对学术贡献的理解和讨论。一位学者指出，"好的选题和论文本身对文献的贡献是决定发表的本质因素"。

还有一位学者列出的两项最重要因素都和选题特征有关：一是"要讲一个大家都感兴趣的故事"（即选题的理论价值），二是"要解决大家很关心的重要问题"（即选题的问题导向）。

另一位学者详细阐述了研究问题具有足够新意的重要性：

> 研究问题的新意和潜力。回顾这篇论文，采用的研究设计中规中矩、科学严谨，也很难说有多少闪光之处，真正制胜的关键是我们的思想，即研究问题。一个好的研究问题往往能赢得主编和评审人的欣赏，哪怕研究方法上有些瑕疵，只要不是严重失误，他们仍愿意给你一个修改的机会。相反，一个不够好的研究问题可能是致命的，一句"研究问题缺乏新意"或"研究贡献不足"就足以让评审人轻松地拒绝一篇论文。我们研究问题的创新性应该起初就存在，我们确信这点。这一感受在评审意见中也可以佐证，虽然评审人提出了诸多修改意见，但从第一轮审稿开始评审人就充分肯定了我们研究问题的价值和潜力。

除了选题，受访学者也强调了理论发展的完备性对成功发表的重要性：

> 故事有趣，逻辑清晰。论文最吸引读者的地方就是它的故事，然后是作者能否严谨地论证这个故事。只有审稿人先认可这个故事，才能提出完善论文逻辑的建议，并且能够接受作者在回复审稿意见时一些不完美的地方，帮助作者修改完善论文。

此外，一位学者还强调了数据与研究贡献之间的辩证关系，即实证研究中的数据价值从根本上在于服务理论检验的能力：

> 如果用中国数据做研究，数据最好具有独特性。但是单纯的数据独特性是不够的，独特的数据应能够用于研究一个世界上通用性的难题。

一位学者还强调了在投稿前宜多参加研讨和会议，获取较为充分的外部反馈。

一位学者谈道："严谨的研究设计，要非常细致地解决内生性问题，提供令人信服的实证结果。"

2. 评审环节

与此前不少学者分享的最难忘经历一致，一位学者将评审意见的充分处理评价为在国际顶级期刊发表的成功因素之一：

> 认真仔细地回复审稿人的所有意见。审稿人的意见不论大小都需要认真地回复，每一处细节都需要认真对待。对于关键性的审稿意见，最好能达到审稿人预期，回复的篇幅也要较长。即使对于难以完成的审稿意见也需要充分地回复，尽量去解释，让审稿人看到作者为了这条审稿意见所付出的努力。

六、调研小结

通过对调研反馈的分析，本节为读者提供了关于国际顶级学术期刊发表过程的具体经历、感性认识和学者们的理性反思。尽管其中的关键环节（诸如团队合作、识别选题、研究贡献、研究设计、同行评审）在此前各章都有阐述和讨论，我们希望来自具有亲身体验经历的学者们的分享有助于深化读者对有关问题的理解。

本章结语

随着中国经济发展与改革开放的不断深入，国际社会对中国各个领域的问题日益重视，这其中也包括会计学领域。符合中国实际情况、具有重要学术价值的中国会计学术研究成果有必要更多地展示在国际会计学术平台上。中国会计与财务学者能够更直接地接触中国的经济发展与改革，以及会计政策和实务，因此应当担负起学术使命，积极倡导和树立对中国本土会计与管理实践具有重要意义的研究价值观，并不断推动基于中国问题的会计学研究在国际范围内的高质量创新和深化。

本章主要参考文献

Lennox, C. S., and J. S. Wu. A Review of China-related Accounting Research in the Past 25 Years. *Journal of Accounting and Economics*，2022，74（2）：101539.

Oler, D. K., M. J. Oler, C. J. Skousen, and J. Talakai. Has Concentration in the Top Accounting Journals Changed Over Time? . *Accounting Horizons*，2016，30（1）：63-78.

Peng, S. Acceptance of China Research in Western Accounting Journals (1978-2007). *China Journal of Accounting Research*，2009，2（1）：21-70.

Prather, J., and N. Rueschhoff. An Analysis of International Accounting Research in U. S. Academic Accounting Journals, 1980 through 1993. *Accounting Horizons*，1996，10（1），1-17.

Wood, D. A. Comparing the Publication Process in Accounting, Economics, Finance, Management, Marketing, Psychology, and the Natural Sciences. *Accounting Horizons*，2016，30（3）：341-361.

李爽，吴溪. 中国会计理论研究的国际化：基于国际会计与财务学术期刊的初步分析. 会计研究，2008，(12)：31-38.

本章附录　国际顶级会计与财务学刊发表的中国会计学术研究成果

本附录分期刊列示了国际顶级会计与财务学刊正式发表的中国会计学术研究成果（即基于中国制度背景或数据的会计研究成果）。在同一期刊中，文献发表年份由远及近列示。本附录数据更新至 2023 年 12 月 31 日，未包含已接受发表（early online）论文。附表 1 显示，截至 2023 年 12 月，在我们统计的国际顶级会计与财务学刊上已发表中国主题的会计研究成果有 181 篇。

我们相信，本附录能够为读者提供丰富的、多元化的、具有国际学术标准的、关于中国主题的会计研究思想、研究素材、研究范式、研究发现乃至写作范例，供读者在自己的研究过程中加以学习借鉴和进一步拓展。

需要说明的是，我们识别出的文献数据可能存在遗漏，欢迎读者予以指正。

附表 1　国际顶级会计与财务学刊发表的中国会计学术研究成果数量汇总

序号	国际顶级会计与财务学刊	简称	发表篇数
A.1	The Accounting Review	TAR	35
A.2	Journal of Accounting and Economics	JAE	20
A.3	Journal of Accounting Research	JAR	10
A.4	Contemporary Accounting Research	CAR	26
A.5	Review of Accounting Studies	RAST	13
A.6	Accounting, Organizations and Society	AOS	19
	会计学刊小计		123
B.1	The Journal of Finance	JF	8
B.2	Journal of Financial Economics	JFE	18
B.3	Review of Financial Studies	RFS	13
B.4	Journal of Financial and Quantitative Analysis	JFQA	19
	财务学刊小计		58
	合计		181

A. 国际会计学刊

A.1. *The Accounting Review*（TAR）（*n*=35）

[1] K. Hung Chan, Phyllis Lai Lan Mo. Tax Holidays and Tax Noncompliance: An Empirical Study of Corporate Tax Audits in China's Developing Economy. *The Accounting Review*, 2000, 75 (4): 469-484.

[2] Kevin C. W. Chen, Hongqi Yuan. Earnings Management and Capital Resource Allocation: Evidence from China's Accounting-based Regulation of Right Issues. *The Accounting Review*, 2004, 79 (3): 645-665.

[3] Shimin Chen, Sunny Y. J. Sun, Donghui Wu. Client Importance, Institutional Improvements, and Audit Quality in China: An Office and Individual Auditor Level Analysis. *The Accounting Review*, 2010, 85 (1): 127-158.

[4] Fei Du, Guliang Tang, S. Mark Young. Influence Activities and Favoritism in Subjective Performance Evaluation: Evidence from Chinese State-Owned Enterprises. *The Accounting Review*, 2012, 87 (5): 1555–1588.

[5] Zhaoyang Gu, Zengquan Li, Yong George Yang. Monitors or Predators: The Influence of Institutional Investors on Sell-Side Analysts. *The Accounting Review*, 2013, 88 (1): 137–169.

[6] Zhihong Chen, Bin Ke, Zhifeng Yang. Minority Shareholders' Control Rights and the Quality of Corporate Decisions in Weak Investor Protection Countries: A Natural Experiment from China. *The Accounting Review*, 2013, 88 (4): 1211–1238.

[7] Zhihong Chen, Yuyan Guan, Bin Ke. Are Stock Option Grants to Directors of State-Controlled Chinese Firms Listed in Hong Kong Genuine Compensation?. *The Accounting Review*, 2013, 88 (5): 1547–1574.

[8] Ferdinand A. Gul, Donghui Wu, Zhifeng Yang. Do Individual Auditors Affect Audit Quality? Evidence from Archival Data. *The Accounting Review*, 2013, 88 (6): 1993–2023.

[9] Clive S. Lennox, Xi Wu, Tianyu Zhang. Does Mandatory Rotation of Audit Partners Improve Audit Quality?. *The Accounting Review*, 2014, 89 (5): 1775–1803.

[10] Huawei Huang, K. Raghunandan, Tingchiao Huang, Jengren Chiou. Fee Discounting and Audit Quality Following Audit Firm and Audit Partner Changes: Chinese Evidence. *The Accounting Review*, 2015, 90 (4): 1517–1546.

[11] Charles M. C. Lee, Kevin K. Li, Ran Zhang. Shell Games: The Long-Term Performance of Chinese Reverse-Merger Firms. *The Accounting Review*, 2015, 90 (4): 1547–1589.

[12] Bin Ke, Clive S. Lennox, Qingquan Xin. The Effect of China's Weak Institutional Environment on the Quality of Big 4 Audits. *The Accounting Review*, 2015, 90 (4): 1591–1619.

[13] Qihui Gong, Oliver Zhen Li, Yupeng Lin, Liansheng Wu. On the Benefits of Audit Market Consolidation: Evidence from Merged Audit Firms. *The Accounting Review*, 2016, 91 (2): 463–488.

[14] Kun Chih Chen, Qiang Cheng, Ying Chou Lin, Yuchen Lin, Xing Xiao. Financial Reporting Quality of Chinese Reverse Merger Firms: The Reverse Merger Effect or the Weak Country Effect. *The Accounting Review*, 2016, 91 (5): 1363–1390.

[15] Liuchuang Li, Baolei Qi, Gaoliang Tian, Guochang Zhang. The Contagion Effect of Low-Quality Audits at the Level of Individual Auditors. *The Accounting Review*, 2017, 92 (1): 137–163.

[16] Tanya Y. H. Tang, Phyllis Lai Lan Mo, K. Hung Chan. Tax Collector or Tax Avoider? An Investigation of Intergovernmental Agency Conflicts. *The Accounting Review*, 2017, 92 (2): 247–270.

[17] Xianjie He, Jeffrey Pittman, Oliver M. Rui, Donghui Wu. Do Social Ties between External Auditors and Audit Committee Members Affect Audit Quality?. *The Accounting Review*, 2017, 92 (5): 61–87.

[18] Fei Du, David H. Erkens, S. Mark Young, Guliang Tang. How Adopting New Performance Measures Affects Subjective Performance Evaluations: Evidence from EVA Adoption by Chinese State-Owned Enterprises. *The Accounting Review*, 2018, 93 (1): 161–185.

[19] Donghua Chen, Jeongbon Kim, Oliver Zhen Li, Shangkun Liang. China's Closed Pyramidal Managerial Labor Market and the Stock Price Crash Risk. *The Accounting Review*, 2018, 93 (3): 105–131.

[20] Xianjie He, S. P. Kothari, Tusheng Xiao, Luo Zuo. Long-Term Impact of Economic Conditions on Auditors' Judgment. *The Accounting Review*, 2018, 93 (6): 203–229.

[21] Zhaoyang Gu, Zengquan Li, Yong George Yang, Guangqing Li. Friends in Need Are Friends Indeed: An Analysis of Social Ties between Financial Analysts and Mutual Fund Managers. *The Accounting*

Review, 2019, 94 (1): 153-181.

[22] Zengquan Li, T. J. Wong, Gwen Yu. Information Dissemination through Embedded Financial Analysts: Evidence from China. *The Accounting Review*, 2020, 95 (2): 257-281.

[23] Mei-Hui Chen, Jeff Zeyun Chen, Chen-Lung Chin, Gerald J. Lobo. Do Firms That Have a Common Signing Auditor Exhibit Higher Earnings Comparability? . *The Accounting Review*, 2020, 95 (3): 115-143.

[24] Wim A. Van der Stede, Anne Wu, Steve Yu-Ching Wu. An Empirical Analysis of Employee Responses to Bonuses and Penalties. *The Accounting Review*, 2020, 95 (6): 395-412.

[25] Xinzi Gao, T. J. Wong, Lijun Xia, Gwen Yu. Network-Induced Agency Conflicts in Delegated Portfolio Management. *The Accounting Review*, 2021, 96 (1): 171-198.

[26] James S. Ang, Charles Hsu, Di Tang, Chaopeng Wu. The Role of Social Media in Corporate Governance. *The Accounting review*, 2021, 96 (2): 1-32.

[27] Oliver Zhen Li, Hang Liu, Chenkai Ni. Dividend Taxes, Investor Horizon, and Idiosyncratic Volatility. *The Accounting Review*, 2021, 96 (3): 403-430.

[28] Aaron S. Yoon. The Role of Private Disclosures In Markets with Weak Institutions: Evidence from Market Liberalization in China. *The Accounting Review*, 2021, 96 (4): 433-455.

[29] Hanwen Chen, Song Tang, Donghui Wu, Daoguang Yang. The Political Dynamics of Corporate Tax Avoidance: The Chinese Experience. *The Accounting Review*, 2021, 96 (5): 157-180.

[30] Clive S. Lennox, Xi Wu. Mandatory Internal Control Audits, Audit Adjustments, and Financial Reporting Quality: Evidence from China. *The Accounting Review*, 2022, 97 (1): 341-364.

[31] Kemin Wang, Rencheng Wang, K. C. John Wei, Bohui Zhang, Yi Zhou. Insider Sales under the Threat of Short Sellers: New Hypothesis and New Tests. *The Accounting Review*, 2022, 97 (2): 427-451.

[32] Xianjie He, S. P. Kothari, Tusheng Xiao, Luo Zuo. Industry-Specific Knowledge Transfer in Audit Firms: Evidence from Audit Firm Mergers in China. *The Accounting Review*, 2022, 97 (3): 249-277.

[33] Joshua L. Gunn, Chan Li, Lin Liao, Shan Zhou. Is It Better to Kill Two Birds with One Stone? Internal Control Audit Quality and Audit Costs for Integrated versus Nonintegrated Audits. *The Accounting Review*, 2023, 98 (1): 251-283.

[34] Zhe Li, Kangtao Ye, Cheng Zeng, Bo Zhang. Ending at the Wrong Time: The Financial Reporting Consequences of a Uniform Fiscal Year-End. *The Accounting Review*, 2023, 98 (3): 367-396.

[35] Li Liao, Xiumin Martin, Ni Wang, Zhengwei Wang, Jun Yang. What If Borrowers Were Informed about Credit Reporting? Two Natural Field Experiments. *The Accounting Review*, 2023, 98 (3): 397-425.

A. 2. *Journal of Accounting and Economics* (JAE) ($n=20$)

[1] K. Hung Chan, Lynne Chow. An Empirical Study of Tax Audits in China on International Transfer pricing. *Journal of Accounting and Economics*, 1997, 23 (1): 83-112.

[2] Mark L. DeFond, T. J. Wong, Shuhua Li. The Impact of Improved Auditor Independence on Audit Market Concentration in China. *Journal of Accounting and Economics*, 1999, 28 (3): 269-305.

[3] Qian Wang, T. J. Wong, Lijun Xia. State Ownership, the Institutional Environment, and Auditor Choice: Evidence from China. *Journal of Accounting and Economics*, 2008, 46 (1): 112-134.

[4] K. Hung Chan, Kenny Z. Lin, Phyllis L. L. Mo. Will a Departure from Tax-based Accounting Encourage Tax Noncompliance? Archival Evidence from a Transition Economy. *Journal of Accounting and*

Economics，2010，50（1）：58-73.

［5］Vicki Wei Tang. Isolating the Effect of Disclosure on Information Risk. *Journal of Accounting and Economics*，2011，52（1）：81-99.

［6］Mingyi Hung，T. J. Wong，Tianyu Zhang. Political Considerations in the Decision of Chinese SOEs to List in Hong Kong. *Journal of Accounting and Economics*，2012，53（1/2）：435-449.

［7］Nancy Huyghebaert，Weidong Xu. Bias in the Post-IPO Earnings Forecasts of Affiliated Analysts：Evidence from a Chinese Natural Experiment. *Journal of Accounting and Economics*，2016，61（2）：486-505.

［8］Yuyan Guan，Lixin Su，Donghui Wu，Zhifeng Yang. Do School Ties Between Auditors and Client Executives Influence Audit Outcomes？. *Journal of Accounting and Economics*，2016，61（2）：506-525.

［9］Clive S. Lennox，Xi Wu，Tianyu Zhang. The Effect of Audit Adjustments on Earnings Quality：Evidence from China. *Journal of Accounting and Economics*，2016，61（2）：545-562.

［10］Clive S. Lennox，Zitian Wang，Xi Wu. Earnings Management，Audit Adjustments，and the Financing of Corporate Acquisitions：Evidence from China. *Journal of Accounting and Economics*，2018，65（1）：21-40.

［11］Yichun Chen，Mingyi Hung，Yongxiang Wang. The Effect of Mandatory CSR Disclosure on Firm Profitability and Social Externalities：Evidence from China. *Journal of Accounting and Economics*，2018，65（1）：169-190.

［12］Changjiang Lyu，Kemin Wang，Frank Zhang，Xin Zhang. GDP Management to Meet or Beat Growth Targets. *Journal of Accounting and Economics*，2018，66（1）：318-338.

［13］Mark Bradshaw，Guanmin Liao，Mark（Shuai）Ma. Agency Costs and Tax Planning When the Government is a Major Shareholder. *Journal of Accounting and Economics*，2019，67（2）：255-277.

［14］Zheng Liu，Hongtao Shen，Michael Welker，Ning Zhang，Yang Zhao. Gone with the Wind：An Externality of Earnings Pressure. *Journal of Accounting and Economics*，2021，72（1）：101403.

［15］Clive S. Lennox，Joanna Shuang Wu. A Review of China-related Accounting Research in the Past 25 Years. *Journal of Accounting and Economics*，2022，74（2-3）：101539.

［16］Qiang Cheng，Luzi Hail，Gwen Yu. The Past，Present，and Future of China-related Accounting Research. *Journal of Accounting and Economics*，2022，74（2-3）：101544.

［17］Charles M. C. Lee，Qinlin Zhong. Shall We Talk？The Role of Interactive Investor Platforms in Corporate Communication. *Journal of Accounting and Economics*，2022，74（2-3）：101524.

［18］Yue Pan，Nemit Shroff，Pengdong Zhang. The Dark Side of Audit Market Competition. *Journal of Accounting and Economics*，2023，75（1）：101520.

［19］Clive S. Lennox，Chunfei Wang，Xi Wu. Delegated Leadership at Public Accounting Firms. *Journal of Accounting and Economics*，2023，76（1）：101572.

［20］Hai Lu，Jee-Eun Shin，Mingyue Zhang. Financial Reporting and Disclosure Practices in China. *Journal of Accounting and Economics*，2023，76（1）：101598.

A. 3. *Journal of Accounting Research*（JAR）（*n*=10）[①]

［1］Joseph Aharony，Chi-Wen Jevons Lee，T. J. Wong. Financial Packaging of IPO Firms in China. *Journal of Accounting Research*，2000，38（1）：103-126.

［2］Hanwen Chen，Jeff Zeyun Chen，Gerald J. Lobo，Yanyan Wang. Association between Borrower and Lender State Ownership and Accounting Conservatism. *Journal of Accounting Research*，2010，48

---

① 发表在JAR但未列入本章统计的一篇中国古代会计史研究成果为Philip Fu，1971；Governmental Accounting in China during the Chou Dynasty（1122 B. C. -256 B. C.）. *Journal of Accounting Research* 9（1）：40-51。

(5): 973-1014.

[3] Michael Firth, Lin Chen, Liu Ping, Xuan Yuhai. The Client Is King: Do Mutual Fund Relationships Bias Analyst Recommendations?. *Journal of Accounting Research*, 2013, 51 (1): 165-200.

[4] Joseph D. Piotroski, T. J. Wong, Tianyu Zhang. Political Incentives to Suppress Negative Information: Evidence from Chinese Listed Firms. *Journal of Accounting Research*, 2015, 53 (2): 405-459.

[5] Feng Chen, Songlan Peng, Shuang Xue, Zhifeng Yang, Feiteng Ye. Do Audit Clients Successfully Engage in Opinion Shopping? Partner-Level Evidence. *Journal of Accounting Research*, 2016, 54 (1): 79-112.

[6] Xianjie He, Huifang Yin, Yachang Zeng, Huai Zhang, Hailong Zhao. Facial Structure and Achievement Drive: Evidence from Financial Analysts. *Journal of Accounting Research*, 2019, 57 (4): 1013-1057.

[7] Donghui Wu, Qing Ye. Public Attention and Auditor Behavior: The Case of Hurun Rich List in China. *Journal of Accounting Research*, 2020, 58 (3): 777-825.

[8] Clive S. Lennox, Chunfei Wang, Xi Wu. Opening Up the "Black Box" of Audit Firms: The Effects of Audit Partner Ownership on Audit Adjustments. *Journal of Accounting Research*, 2020, 58 (5): 1299-1341.

[9] Kevin C. W. Chen, Tai-Yuan Chen, Weifang Han, Hongqi Yuan. Auditors Under Fire: The Association Between Audit Errors and the Career Setbacks of Individual Auditors. *Journal of Accounting Research*, 2022, 60 (3): 853-900.

[10] Chen, Y., J. Huang, T. Li, J. Pittman. It's a Small World: The Importance of Social Connections with Auditors to Mutual Fund Managers' Portfolio Decisions. *Journal of Accounting Research*, 2022, 60 (3): 901-963.

A. 4. *Contemporary Accounting Research* (CAR) ($n=26$)

[1] Charles J. P. Chen, Xijia Su, Ronald Zhao. An Emerging Market's Reaction to Initial Modified Audit Opinions: Evidence from the Shanghai Stock Exchange. *Contemporary Accounting Research*, 2000, 17 (3): 429-455.

[2-1] In-Mu Haw, Daqing Qi, Donghui Wu, Woody Wu. Market Consequences of Earnings Management in Response to Security Regulations in China. *Contemporary Accounting Research*, 2005, 22 (1): 95-140.

[2-2] Gregory J. Clinch. Discussion of "Market Consequences of Earnings Management in Response to Security Regulations in China". *Contemporary Accounting Research*, 2005, 22 (1): 141-143.

[3] K. Hung Chan, Donghui Wu. Aggregate Quasi Rents and Auditor Independence: Evidence from Audit Firm Mergers in China. *Contemporary Accounting Research*, 2011, 28 (1): 175-213.

[4] Hanwen Chen, Jeff Zeyun Chen, Gerald J. Lobo, Yanyan Wang. Effects of Audit Quality on Earnings Management and Cost of Equity Capital: Evidence from China. *Contemporary Accounting Research*, 2011, 28 (3): 892-925.

[5] Michael Firth, Phyllis Lai Lan Mo, Raymond M. K. Wong. Auditors' Organizational Form, Legal Liability, and Reporting Conservatism: Evidence from China. *Contemporary Accounting Research*, 2012, 29 (1): 57-93.

[6] Xianjie He, T. J. Wong, Danqing Young. Challenges for Implementation of Fair Value Accounting in Emerging Markets: Evidence from China. *Contemporary Accounting Research*, 2012, 29 (2): 538-562.

[7-1] Zhifeng Yang. Do Political Connections Add Value to Audit Firms? Evidence from IPO Audits in China. *Contemporary Accounting Research*, 2013, 30 (3): 891-921.

[7-2] Zhaoyang Gu. Discussion of "Do Political Connections Add Value to Audit Firms? Evidence

from IPO Audits in China". *Contemporary Accounting Research*, 2013, 30 (3): 922 – 924.

[8] Mingyi Hung, T. J. Wong, Fang Zhang. The Value of Political Ties Versus Market Credibility: Evidence from Corporate Scandals in China. *Contemporary Accounting Research*, 2015, 32 (4): 1641 – 1675.

[9] Qingchuan Hou, Qinglu Jin, Rong Yang, Hongqi Yuan, Guochang Zhang. Performance Commitments of Controlling Shareholders and Earnings Management. *Contemporary Accounting Research*, 2015, 32 (3): 1099 – 1127.

[10] Junxiong Fang, Jeffrey Pittman, Yinqi Zhang, Yuping Zhao. Auditor Choice and Its Implications for Group-Affiliated Firms. *Contemporary Accounting Research*, 2017, 34 (1): 39 – 82.

[11] Bing Han, Dongmin Kong, Shasha Liu. Do Analysts Gain an Informational Advantage by Visiting Listed Companies? . *Contemporary Accounting Research*, 2018, 35 (4): 1843 – 1867.

[12] Kenny Z. Lin, Lillian F. Mills, Fang Zhang, Yongbo Li. Do Political Connections Weaken Tax Enforcement Effectiveness? . *Contemporary Accounting Research*, 2018, 35 (4): 1941 – 1972.

[13] Qiang Cheng, Fei Du, Brian Yutao Wang, Xin Wang. Do Corporate Site Visits Impact Stock Prices. *Contemporary Accounting Research*, 2019, 36 (1): 359 – 388.

[14] Masako Darrough, Rong Huang, Sha Zhao. Spillover Effects of Fraud Allegations and Investor Sentiment. *Contemporary Accounting Research*, 2020, 37 (2): 982 – 1014.

[15] Ole-Kristian Hope, Heng Yue, Qinlin Zhong. China's Anti-Corruption Campaign and Financial Reporting Quality. *Contemporary Accounting Research*, 2020, 37 (2): 1015 – 1043.

[16] Kam C. Chan, Xuanyu Jiang, Donghui Wu, Nianhang Xu, Hong Zeng. When Is the Client King? Evidence from Affiliated-Analyst Recommendations in China's Split-Share Reform. *Contemporary Accounting Research*, 2020, 37 (2): 1044 – 1072.

[17] Bryan K. Church, Narisa Tianjing Dai, Xi (Jason) Kuang, Xuejiao Liu. The Role of Auditor Narcissism in Auditor-Client Negotiations: Evidence from China. *Contemporary Accounting Research*, 2020, 37 (3): 1756 – 1787.

[18] Aaron Saiewitz, Elaine (Ying) Wang. Using Cultural Mindsets to Reduce Cross-National Auditor Judgment Differences. *Contemporary Accounting Research*, 2020, 37 (3): 1854 – 1881.

[19] Andrew M. Bauer, Junxiong Fang, Jeffrey Pittman, Yinqi Zhang, Yuping Zhao. How Aggressive Tax Planning Facilitates the Diversion of Corporate Resources: Evidence from Path Analysis. *Contemporary Accounting Research*, 2020, 37 (3): 1882 – 1913.

[20] Bin Ke, Xiaojun Zhang. Does Public Enforcement Work in Weak Investor Protection Countries? Evidence from China. *Contemporary Accounting Research*, 2021, 38 (2): 1231 – 1273.

[21] Weili Ge, Zining Li, Qiliang Liu, Sarah McVay. Internal Control over Financial Reporting and Resource Extraction: Evidence from China. *Contemporary Accounting Research*, 2021, 38 (2): 1274 – 1309.

[22] Chunyan Wei. State Ownership and Target Setting: Evidence from Publicly Listed Companies in China. *Contemporary Accounting Research*, 2021, 38 (3): 1925 – 1960.

[23] W. Robert Knechel, Juan Mao, Baolei Qi, Zili Zhuang. Is There a Brain Drain in Auditing? The Determinants and Consequences of Auditors Leaving Public Accounting. *Contemporary Accounting Research*, 2021, 38 (4): 2461 – 2495.

[24] Jeffrey Pittman, Lin Wang, Donghui Wu. Network Analysis of Audit Partner Rotation. *Contemporary Accounting Research*, 2022, 39 (2): 1085 – 1119.

[25] Simon Yu Kit Fung, Like Jiang, Jeffrey Pittman, Yu Wang, Shafu Zhang. Auditor-client Reciprocity: Evidence from Forecast-issuing Brokerage Houses and Forecasted Companies Sharing the Same Auditor. *Contemporary Accounting Research*, 2023, 40 (3): 1823 – 1855.

［26］ Kaijuan Gao, Jeffrey Pittman, Xiongyuan Wang, Zi-Tian Wang. Stock Market Liberalization and Earnings Management: Evidence from a Quasi-natural Experiment in China. *Contemporary Accounting Research*, 2023, 40 (4): 2547-2576.

A. 5. Review of Accounting Studies (RAST) (*n*＝13)

［1］ K. Hung Chan, Kenny Z. Lin, Phyllis Lai Lan Mo. A Political-economic Analysis of Auditor Reporting and Auditor Switches. *Review of Accounting Studies*, 2006, 11 (1): 21-48.

［2］ Ming Jian, T. J. Wong. Propping Through Related Party Transactions. *Review of Accounting Studies*, 2010, 15 (1): 70-105.

［3］ Bin Ke, Oliver M. Rui, Wei Yu. Hong Kong Stock Listing and the Sensitivity of Managerial Compensation to Firm Performance in State-controlled Chinese Firms. *Review of Accounting Studies*, 2012, 17 (1): 166-188.

［4］ Qiang Cheng, Fei Du, Xin Wang, Yutao Wang. Seeing is Believing: Analysts' Corporate Site Visits. *Review of Accounting Studies*, 2016, 21 (4): 1245-1286.

［5］ Olekristian Hope, Han Wu, Wuyang Zhao. Blockholder Exit Threats in the Presence of Private Benefits of Control. *Review of Accounting Studies*, 2017, 22 (2): 873-902.

［6］ Robert M. Bowen, Shantanu Dutta, Songlian Tang, Pengcheng Zhu. Inside the "Black Box" of Private In-house Meetings. *Review of Accounting Studies*, 2018, 23 (2): 487-527.

［7］ Mei Luo, Shuai Shao, Frank Zhang. Does Financial Reporting Above or Below Operating Income matter to Firms and Investors? The Case of Investment Income in China. *Review of Accounting Studies*, 2018, 23 (4): 1754-1790.

［8］ Michael Firth, Chen Lin, Sonia M. L. Wong, Xiaofeng Zhao. Hello, is Anybody There? Corporate Accessibility for Outside Shareholders as a Signal of Agency Problems. *Review of Accounting Studies*, 2019, 24 (4): 1317-1358.

［9］ Yi Ru, Jian Xue, Yuan Zhang, Xin Zhou. Social Connections Between Media and Firm Executives and the Properties of Media Reporting. *Review of Accounting Studies*, 2020, 25 (3): 963-1001.

［10］ Xia Chen, Qiang Cheng, Ying Hao, Qiang Liu. GDP Growth Incentives and Earnings Management: Evidence from China. *Review of Accounting Studies*, 2020, 25 (3): 1002-1039.

［11］ Congcong Li, An-Ping Lin, Hai Lu, Kevin Veenstra. Gender and Beauty in the Financial Analyst Profession: Evidence from the United States and China. *Review of Accounting Studies*, 2020, 25 (4): 1230-1262.

［12］ C. S. Agnes Cheng, Kun Wang, Yanping Xu, Ning Zhang. The Impact of Revealing Auditor Partner Quality: Evidence from a Long Panel. *Review of Accounting Studies*, 2020, 25 (4): 1475-1506.

［13］ Jeong-Bon Kim, Edward Lee, Xiaojian Tang, Junsheng Zhang. Collusive Versus Coercive Corporate Corruption: Evidence from Demand-side Shocks and Supply-side Disclosures. *Review of Accounting Studies*, 2023, 28 (4): 1929-1970.

A. 6. Accounting, Organizations and Society (AOS) (*n*＝19)[①]

［1］ Clifford R. Skousen, Ji-Liang Yang. Western Management Accounting and the Economic Reforms

---

[①] 发表在 AOS 但未列入本章统计的两篇中国近现代会计史研究成果为：(1) Yin Xu, Xiaoqun Xu. 2008. Social Actors, Cultural Capital, and the State: The Standardization of Bank Accounting Classification and Terminology in Early Twentieth-century China. *Accounting, Organizations and Society* 33 (1): 73-102; (2) Yin Xu, and Xiaoqun Xu. 2016. Taxation and State-building: The Tax Reform under the Nationalist Government in China, 1928-1949. *Accounting, Organizations and Society* 48: 17-30。

of China. *Accounting. Organizations and Society*, 1988, 13 (2): 201-206.

[2] Zhong Hui Zhou. Chinese Accounting Systems and Practices. *Accounting. Organizations and Society*, 1988, 13 (2): 207-224.

[3] Michael Firth. The Diffusion of Managerial Accounting Procedures in the People's Republic of China and the Influence of Foreign Partnered Joint Ventures. *Accounting. Organizations and Society*, 1996, 21 (7/8): 629-654.

[4] Chi-Wen Jevons Lee. Financial Restructuring of State Owned Enterprises in China: The Case of Shanghai Sunve Pharmaceutical Corporation. *Accounting. Organizations and Society*, 2001, 26 (7/8): 673-689.

[5] Neale G. O'Connor, Chee W. Chow, Anne Wu. The Adoption of "Western" Management Accounting/Controls in China's State-owned Enterprises During Economic Transition. *Accounting, Organizations and Society*, 2004, 29 (3/4): 349-375.

[6] Peter Chalos, Neale G. O'Connor. Determinants of the use of Various Control Mechanisms in US-Chinese Joint Ventures. *Accounting, Organizations and Society*, 2004, 29 (7): 591-608.

[7] Neale G. O'Connor, Johnny Deng, Yadong Luo. Political Constraints, Organization Design and Performance Measurement in China's State-owned Enterprises. *Accounting. Organizations and Society*, 2006, 31 (2): 157-177.

[8] Bernard Wong-On-Wing, Lan Guo, Wei Li, Dan Yang. Reducing Conflict in Balanced Scorecard Evaluations. *Accounting, Organizations and Society*, 2007, 32 (4/5): 363-377.

[9] Mahmoud Ezzamel, Jason Zezhong Xiao, Aixiang Pan. Political Ideology and Accounting Regulation in China. *Accounting, Organizations and Society*, 2007, 32 (7/8): 669-700.

[10] Jacob G. Birnberg, Vicky B. Hoffman, Susana Yuen. The Accountability Demand for Information in China and the USA Research Note. *Accounting, Organizations and Society*, 2008, 33 (1): 20-32.

[11] William E. Shafer. Ethical Climate in Chinese CPA Firms. *Accounting, Organizations and Society*, 2008, 33 (7/8): 825-835.

[12] Neale G. O'Connor, Sandra C. Vera-Muñoz, Francis Chan. Competitive Forces and the Importance of Management Control Systems in Emerging-economy Firms: The Moderating Effect of International Market Orientation. *Accounting, Organizations and Society*, 2011, 36 (4/5): 246-266.

[13] Helen Yee. Analyzing the State-accounting Profession Dynamic: Some Insights from the Professionalization Experience in China. *Accounting, Organizations and Society*, 2012, 37 (6): 426-444.

[14] David J. Cooper, Mahmoud Ezzamel. Globalization Discourses and Performance Measurement Systems in a Multinational Firm. *Accounting, Organizations and Society*, 2013, 38 (4): 288-313.

[15] Edward Lee, Martin Walker, Cheng Zeng. Do Chinese Government Subsidies Affect Firm Value?. *Accounting, Organizations and Society*, 2014, 39 (3): 149-169.

[16] Mahmoud Ezzamel, Jason Zezhong Xiao. The Development of Accounting Regulations for Foreign invested Firms in China: The Role of Chinese Characteristics. *Accounting, Organizations and Society*, 2015, 44: 60-84.

[17] Chun Lei Yang, Sven Modell. Shareholder Orientation and the Framing of Management Control Practices: A field Study in a Chinese State-owned Enterprise. *Accounting, Organizations and Society*, 2015, 45: 1-23.

[18] Mahmoud Ezzamel, Crawford Spence, Jingqi Zhu. Thinking Like the State: Doxa and Symbolic Power in the Accounting Field in China. *Accounting, Organizations and Society*, 2021, 93: 101235.

[19] Ramji Balakrishnan, Jizhang Huang, Yang Xuan. The Influence of Institutional Pressure on Tar-

get Setting. *Accounting, Organizations and Society*, 2023, 108: 101453.

B. 国际财务学刊
B.1. *The Journal of Finance* (JF) (n=8)

[1] Paul Brockman, Dennis Y. Chung. Investor Protection and Firm Liquidity. *The Journal of Finance*, 2003, 58 (2): 921-938.

[2] Lei Feng, Mark S. Seasholes. Correlated Trading and Location. *The Journal of Finance*, 2004, 59 (5): 2117-2144.

[3] Kalok Chan, Albert J. Menkveld, Zhishu Yang. Information Asymmetry and Asset Prices: Evidence from the China Foreign Share Discount. *The Journal of Finance*, 2008, 63 (1): 159-196.

[4] Jun (QJ) Qian, Philip E. Strahan, Zhishu Yang. The Impact of Incentives and Communication Costs on Information Production and Use: Evidence from Bank Lending. *The Journal of Finance*, 2015, 70 (4): 1457-1493.

[5] Mariassunta Giannetti, Guanmin Liao, Xiaoyun Yu. The Brain Gain of Corporate Boards: Evidence from China. *The Journal of Finance*, 2015, 70 (4): 1629-1682.

[6] Hong Ru. Government Credit, a Double-Edged Sword: Evidence from the China Development Bank. *The Journal of Finance*, 2017, 73 (1): 275-316.

[7] Cary Frydman, Baolian Wang. The Impact of Salience on Investor Behavior: Evidence from a Natural Experiment. *The Journal of Finance*, 2020, 75 (1): 229-276.

[8] Hui Chen, Zhuo Chen, Zhiguo He, Jinyu Liu, Rengming Xie. Pledgeability and Asset Prices: Evidence from the Chinese Corporate Bond Markets. *The Journal of Finance*, 2023, 78 (5): 2563-2620.

B.2. *Journal of Financial Economics* (JFE) (n=18)

[1] Qian Sun, Wilson H. S. Tong. China Share Issue Privatization: The Extent of its Success. *Journal of Financial Economics*, 2003, 70 (2): 183-222.

[2] Franklin Allen, Jun Qian, Meijun Qian. Law, Finance, and Economic Growth in China. *Journal of Financial Economics*, 2005, 77 (1): 57-116.

[3] Robert Cull, Lixin Colin Xu. Institutions, Ownership, and Finance: The Determinants of Profit Reinvestment among Chinese Firms. *Journal of Financial Economics*, 2005, 77 (1): 117-146.

[4] Joseph P. H. Fan, T. J. Wong, Tianyu Zhang. Politically Connected CEOs, Corporate Governance, and Post-IPO Performance of China's Newly Partially Privatized Firms. *Journal of Financial Economics*, 2007, 84 (2): 330-357.

[5] Ferdinand A. Gul, Jeong-Bon Kim, Annie A. Qiu. Ownership Concentration, Foreign Shareholding, Audit Quality, and Stock Price Synchronicity: Evidence from China. *Journal of Financial Economics*, 2010, 95 (3): 425-442.

[6] Charles W. Calomiris, Raymond Fisman, Yongxiang Wang. Profiting from Government Stakes in a Command Economy: Evidence from Chinese Asset Sales. *Journal of Financial Economics*, 2010, 96 (3): 399-412.

[7] Guohua Jiang, Charles M. C. Lee, Heng Yue. Tunneling through Intercorporate Loans: The China Experience. *Journal of Financial Economics*, 2010, 98 (1): 1-20.

[8] Joseph D. Piotroski, Tianyu Zhang. Politicians and the IPO decision: The Impact of Impending Political Promotions on IPO Activity in China. *Journal of Financial Economics*, 2014, 111 (1): 111-136.

[9] Li Liao, Bibo Liu, Hao Wang. China's Secondary Privatization: Perspectives from the Split-Share Structure Reform. *Journal of Financial Economics*, 2014, 113 (3): 500-518.

[10] Laura Xiaolei Liu, Haibing Shu, K. C. John Wei. The Impacts of Political Uncertainty on Asset Prices: Evidence from the Bo Scandal in China. *Journal of Financial Economics*, 2017, 125 (2): 286-310.

[11] Yongheng Deng, Xin Liu, Shangjin Wei. One Fundamental and Two Taxes: When does a Tobin Tax Reduce Financial Price Volatility?. *Journal of Financial Economics*, 2018, 130 (3): 663-692.

[12] Jianan Liu, Robert F. Stambaugh, Yu Yuan. Size and Value in China. *Journal of Financial Economics*, 2018, 134 (1): 48-69.

[13] Franklin Allen, Yiming Qian, Guoqian Tu, Frank Yu. Entrusted Loans: A Close Look at China's Shadow Banking System. *Journal of Financial Economics*, 2019, 133 (1): 18-41.

[14] Rui Dong, Raymond Fisman, Yongxiang Wang, Nianhang Xu. Air Pollution, Affect, and Forecasting Bias: Evidence from Chinese Financial Analysts. *Journal of Financial Economics*, 2021, 139 (3): 971-984.

[15] Yongxin Xu, Yuhao Xuan, Gaoping Zheng. Internet Searching and Stock Price Crash Risk: Evidence from a Quasi-natural Experiment. *Journal of Financial Economics*, 2021, 141 (1): 255-275.

[16] Chen, Deqiu, Yujing Ma, Xiumin Martin, Roni Michaely. On the Fast Track: Information Acquisition Costs and Information Production. *Journal of Financial Economics*, 2022, 143 (2): 794-823.

[17] Yi Ding, Wei Xiong, Jinfan Zhang. Issuance Overpricing of China's Corporate Debt Securities. *Journal of Financial Economics*, 2022, 144 (1): 328-346.

[18] Franklin Allen, Xian Gu, C. Wei Li, Jun "QJ" Qian, Yiming Qian. Implicit Guarantees and the Rise of Shadow Banking: The Case of Trust Products. *Journal of Financial Economics*, 2023, 149 (2): 115-141.

B. 3. *Review of Financial Studies*（RFS）（$n=13$）

[1] Meghana Ayyagari, Asli Demirgüç-Kunt, Vojislav Maksimovic. Formal versus Informal Finance: Evidence from China. *Review of Financial Studies*, 2010, 23 (8): 3048-3097.

[2] Kai Li, Tan Wang, Yan-Leung Cheung, Ping Jiang. Privatization and Risk Sharing: Evidence from the Split Share Structure Reform in China. *Review of Financial Studies*, 2011, 24 (7): 2499-2525.

[3] Qi Chen, Xiao Chen, Katherine Schipper, Yongxin Xu, Jian Xue. The Sensitivity of Corporate Cash Holdings to Corporate Governance. *Review of Financial Studies*, 2012, 25 (12): 3610-3644.

[4] Raymond Fisman, Yasushi Hamao, Yongxiang Wang. Nationalism and Economic Exchange: Evidence from Shocks to Sino-Japanese Relations. *Review of Financial Studies*, 2014, 27 (9): 2626-2660.

[5] Harrison G. Hong, Wenxi Jiang, Na Wang, Bin Zhao. Trading for Status. *Review of Financial Studies*, 2014, 27 (11): 3171-3212.

[6] Wei Jiang, Hualin Wan, Shan Zhao. Reputation Concerns of Independent Directors: Evidence from Individual Director Voting. *Review of Financial Studies*, 2016, 29 (3): 655-696.

[7] Lily H. Fang, Josh Lerner, Chaopeng Wu. Intellectual Property Rights Protection, Ownership, and Innovation: Evidence from China. *Review of Financial Studies*, 2017, 30 (7): 2446-2477.

[8] Chunxin Jia, Yaping Wang, Wei Xiong. Market Segmentation and Differential Reactions of Local and Foreign Investors to Analyst Recommendations. *Review of Financial Studies*, 2017, 30 (9): 2972-3008.

[9] Jiaxing You, Bohui Zhang, Le Zhang. Who Captures the Power of the Pen?. *The Review of Financial Studies*, 2017, 31 (1): 43-96.

[10] Shu Lin, Haichun Ye. Foreign Direct Investment, Trade Credit, and Transmission of Global Liquidity Shocks: Evidence from Chinese Manufacturing Firms. *Review of Financial Studies*, 2018, 31 (1): 206-238.

[11] Jie Gan, Yan Guo, Chenggang Xu. Decentralized Privatization and Change of Control Rights in China. *Review of Financial Studies*, 2018, 31 (10): 3854-3894.

[12] Ran Duchin, Zhenyu Gao, Haibing Shu. The role of government in firm outcomes. *Review of Financial Studies*, 2020, 33 (12): 5555-5593.

[13] Xinni Cai, Fuxiu Jiang, Jun-Koo Kang. Remote Board Meetings and Board Monitoring Effectiveness: Evidence from China. *Review of Financial Studies*, 2023, 36 (11): 4318-4372.

B. 4. *Journal of Financial and Quantitative Analysis* (JFQA) ($n=19$)

[1] Zuobao Wei, Feixue Xie, Shaorong Zhang. Ownership Structure and Firm Value in China's Privatized Firms: 1991-2001. *Journal of Financial and Quantitative Analysis*, 2005, 40 (1): 87-108.

[2] Gongmeng Chen, Michael Firth, Yu Xin, Liping Xu. Control Transfers, Privatization, and Corporate Performance: Efficiency Gains in China's Listed Companies. *Journal of Financial and Quantitative Analysis*, 2008, 43 (1): 161-190.

[3] Hong Zou, Mike B. Adams. Debt Capacity, Cost of Debt, and Corporate Insurance. *Journal of Financial and Quantitative Analysis*, 2008, 43 (2): 433-466.

[4] Michael Firth, Chen Lin, Hong Zou. Friend or Foe? The Role of State and Mutual Fund Ownership in the Split Share Structure Reform in China. *Journal of Financial and Quantitative Analysis*, 2010, 45 (3): 685-706.

[5] Henk Berkman, Rebel A. Cole, Lawrence J. Fu. Political Connections and Minority-Shareholder Protection: Evidence from Securities-Market Regulation in China. *Journal of Financial and Quantitative Analysis*, 2010, 45 (6): 1391-1417.

[6] Warren Baileya, Wei Huang, Zhishu Yang. Bank Loans with Chinese Characteristics: Some Evidence on Inside Debt in a State-Controlled Banking System. *Journal of Financial and Quantitative Analysis*, 2011, 46 (6): 1795-1830.

[7] Qiao Liu, Alan Siu. Institutions and Corporate Investment: Evidence from Investment-Implied Return on Capital in China. *Journal of Financial and Quantitative Analysis*, 2011, 46 (6): 1831-1863.

[8] Sandro C. Andrade, Jiangze Bian, Timothy R. Burch. Analyst Coverage, Information, and Bubbles. *The Journal of Financial and Quantitative Analysis*, 2013, 48 (5): 1573-1605.

[9] James S. Ang, Yingmei Cheng, Chaopeng Wu. Trust, Investment, and Business Contracting. *Journal of Financial and Quantitative Analysis*, 2015, 50 (3): 569-595.

[10] Oliver Zhen Li, Hang Liu, Chenkai Ni, Kangtao Ye. Individual Investors' Dividend Taxes and Corporate Payout Policies. *Journal of Financial and Quantitative Analysis*, 2017, 52 (3): 963-990.

[11] Qianqian Du, Frank Yu, Xiaoyun Yu. Cultural Proximity and the Processing of Financial Information. *Journal of Financial and Quantitative Analysis*, 2017, 52 (6): 2703-2726.

[12] Song Shi, Qian Sun, Xin Zhang. Do IPOs Affect Market Price? Evidence from China. *Journal of Financial and Quantitative Analysis*, 2018, 53 (3): 1391-1416.

[13] Paul Brockman, Michael Firth, Xianjie He, Xinyang Mao, Oliver M. Rui. Relationship-Based Resource Allocations: Evidence from the Use of "Guanxi" during SEOs. *Journal of Financial and Quantitative Analysis*, 2019, 54 (3): 1193-1230.

[14] Heng Griffin Geng, Yi Huang, Chen Lin, Sibo Liu. Minimum Wage and Corporate Investment: Evidence from Manufacturing Firms in China. *Journal of Financial and Quantitative Analysis*, 2022, 57 (1): 94-126.

[15] Jian Chen, Guohao Tang, Jiaquan Yao, Guofu Zhou. Investor Attention and Stock Returns. *Journal of Financial and Quantitative Analysis*, 2022, 57 (2): 455-484.

［16］ Iftekhar Hasan, Qing He, Haitian Lu. Social Capital, Trusting, and Trustworthiness: Evidence from Peer-to-Peer Lending. *Journal of Financial and Quantitative Analysis*, 2022, 57 (4): 1409 - 1453.

［17］ Honghui Chen, Yuanyu Qu, Tao Shen, Qinghai Wang, David X. Xu. The Geography of Information Acquisition. *Journal of Financial and Quantitative Analysis*, 2022, 57 (6): 2251 - 2285.

［18］ Haoyu Gao, Hong Ru, Xiaoguang Yang. The Informational Role of Ownership Networks in Bank Lending. *Journal of Financial and Quantitative Analysis*, 2022, 57 (8): 2993 - 3017.

［19］ Hang Liu, Chen Lin, Chenkai Ni, Bohui Zhang. State Controlling Shareholders and Payout Policy. *Journal of Financial and Quantitative Analysis*, 2023, 58 (5): 1943 - 1972.

附录　会计研究与统计软件应用示例

如本书前言所述，为了使读者更加直观和感性地理解从研究想法到研究数据再到研究结果的实现过程，本附录提供了本书编者所做的一篇研究论文[①]的Stata实现程序，并对研究过程和主要程序语言进行了简要说明和解释。我们无意在本教材中系统介绍某种统计软件的命令含义和编程技巧，有兴趣深入学习的读者可以更加系统地学习有关的统计工具。

一、研究目标和问题

论文主要检验公司经营风险对债务期限结构的影响，并以此推断我国企业在债务期限决策中究竟是否考虑流动性风险。更进一步地，论文还检验企业产权性质及银行竞争环境对经营风险与债务期限之间相关性的影响，以推断我国企业在债务期限决策中对流动性风险的考量如何受制度环境的影响。具体而言，论文主要研究如下三个问题：

RQ1：公司长期债务比例是否随经营风险的增大而上升？

RQ2：与国有公司相比，非国有公司经营风险对长期债务比例的正向影响是否更大？

RQ3：当公司处于银行竞争较强的环境时，其经营风险对长期债务比例的正向影响是否更大？

二、理论分析

Diamond（1991，QJE）[②] 指出，公司发行短期债务一方面能够向市场传递其信用等级较高的私有信息，另一方面将带来更高的流动性风险，即短期债务到期时可能无法继续筹集债务资金以满足长期项目的资金需求而遭受损失。由此，公司选择债务期限结构时应该权衡短期债务在传递信息与流动性风险两方面的得失。对于信用风险较高的公司，其流动性风险也较高，故应选择更多的长期债务。如果信用风险太高，由于过高的债务代理成本，公司将难以筹集长期债务资金，故而只能选择短期债务融资。因此，Diamond（1991，QJE）推断公司风险与债务期限之间存在倒U形的非单调关系。

[①] 廖冠民，唐弋宇，吴溪. 经营风险、产权性质、银行竞争与企业债务期限结构：基于流动性风险理论的实证检验. 中国会计与财务研究，2010，12（4）：1-36（中文）；37-75（英文）.

[②] Diamond, D. W. Debt Maturity Structure and Liquidity Risk. *Quarterly Journal of Economics*, 1991, 106（3）：709-737.

然而，我国资本市场存在较高的准入门槛，相对而言，上市公司是优质公司，即使其风险等级较高，可能也还是能够从银行获得长期借款。因此，我们首先仅检验经营风险对债务期限的单调、线性影响，然后在稳健性测试中再考虑二者之间可能存在的非单调关系。

对于国有公司而言，由于续借银行贷款的难度较低，即使自身经营风险较高，其流动性风险与低经营风险公司差异不大，都相对较低；反之，对于非国有公司，高、低经营风险公司的流动性风险差异很大，对债务期限的影响也就更加明显。因此，从流动性风险角度来看，与国有公司相比，经营风险对非国有公司债务期限的正向影响可能更大。

关于银行市场结构究竟如何影响企业获取信贷，存在信息基础假说与结构业绩假说两种相互对立的理论（Beck et al.，2004，JMCB）[①]。信息基础假说认为，当银行竞争较弱时，处于垄断地位的银行更愿意在银企关系上投资，收集更多的企业软信息，更有动力向新企业发放贷款，并倾向于与企业维持更长期的信贷关系（Petersen and Rajan，1995，QJE）[②]。基于传统产业组织理论的结构业绩假说则认为，处于垄断地位的银行会充分利用自身的垄断优势，过度抽取客户租金，要求非常苛刻的信贷条件，并且更可能使用配给的方式发放贷款，导致信贷配给问题，致使公司获取银行信贷的难度加大。由此，信息基础假说推断，在银行竞争较强的环境中，公司经营风险对债务期限的正向影响更强，然而，结构业绩假说则推断，在银行竞争较强的环境中公司经营风险对债务期限的正向影响更弱。

三、研究设计

（一）数据来源与样本选择

论文使用的上市公司财务数据来源于国泰安（CSMAR）数据库，产权性质、第一大股东持股比例、行业类别数据取自色诺芬（CCER）数据库，各地区的银行竞争及 GDP 增长数据则由手工收集而成。

论文选择 2001—2008 年中国 A 股非金融业上市公司数据为研究样本。初始样本包括 10 768 个公司年度观测，然后依次按如下程序剔除不符合要求的观测：（1）缺乏历史 3 年（含当年）财务数据的观测 1 249 个；（2）没有银行借款或缺失银行借款信息的观测 616 个；（3）缺失其他财务指标、产权性质、市场价值、大股东持股等数据的观测 833 个。最后得到 8 070 个公司年度观测。

（二）模型与变量

论文采用以下基本回归模型：

$$Longdebt = \beta_0 + \beta_1 Risk + \beta_2 State \times Risk + \beta_3 State + \beta_4 Hbankcomp \times Risk \\ + \beta_5 Bankcomp + \beta_6 Size + \beta_7 TQ + \beta_8 First + \beta_9 Roa + \beta_{10} Lev$$

[①] Beck, T., A. Demirgüç-Kunt, and V. Maksimovic. Bank Competition and Access to Finance: International Evidence. *Journal of Money, Credit and Banking*, 2004, 36（3）: 627-648.

[②] Petersen, M. A., and R. Rajan. The Effect of Credit Market Competition on Lending Relationships. *Quarterly Journal of Economics*, 1995, 110（2）: 407-443.

$$+\beta_{11}Liquid+\beta_{12}Fixas+\beta_{13}ETR+\beta_{14}GDP+\lambda IND+\varepsilon$$

1. 因变量

因变量 $Longdebt$ 为长期借款比例。该变量的计算公式为：

$$Longdebt=\frac{长期借款+一年内到期的长期负债}{长期借款+一年内到期的长期负债+短期借款}$$

2. 测试变量

(1) 经营风险。模型中的变量 $Risk$ 代表经营风险。论文采用两种方法度量经营风险：一是以历史 7 年（含当年）资产报酬率的标准差（$Risk\_roa$）来度量；二是以历史 7 年（含当年）主营业务收入的标准离差率（$Risk\_sales$）来度量，其中标准离差率等于变量的标准差除以其均值。如果有效年限不足 7 年但超过 3 年，则按实际年限计算。

(2) 产权性质。基于论文研究目标，研究者引入企业产权性质与经营风险的交互项 $State\times Risk$ 以检验产权性质是否影响经营风险与债务期限之间的相关性。其中 $State$ 为标志公司是否为国有公司的虚拟变量。

(3) 银行竞争。论文借鉴卢峰、姚洋（2004）[①] 提出的方法，以中国各地区（省、自治区、直辖市）当年年末除四大国有商业银行以外其他银行的信贷份额来度量银行竞争程度（$Bankcomp$），该变量越大，表明银行竞争越激烈。

基于论文研究目标，研究者引入银行竞争与公司经营风险的交互项 $Hbankcomp\times Risk$，其中 $Hbankcomp$ 为标志公司所处地区银行竞争程度高低的虚拟变量（公司所处地区的银行竞争水平高于全部地区的 2/3 分位数时该变量取值为 1，否则取值为 0）；同时控制银行竞争（$Bankcomp$）对债务期限的直接影响。

3. 控制变量

根据相关文献，我们控制如下变量：

公司规模：$Size$＝总资产的自然对数

成长机会：TQ＝（股权的市场价值＋负债的账面价值）/资产的账面价值

第一大股东持股：$First$＝第一大股东持股比例

盈利能力：ROA＝营业利润/总资产

财务杠杆：Lev＝负债/总资产

资产的流动性：$Liquid$＝（货币资金＋短期投资）/总资产

固定资产比例：$Fixas$＝固定资产合计/总资产

有效税率：ETR＝所得税费用/税前利润总额

地区经济增长：GDP＝（地区当年 GDP－地区上年 GDP）/地区上年 GDP

行业固定效应（IND），行业分类依据中国证监会 2001 年颁布的《上市公司行业分类指引》，其中制造业由于内部差异较大，取前两位代码分类，其他行业取第一位代码分类。

[①] 卢峰，姚洋. 金融压抑下的法治、金融发展和经济增长. 中国社会科学，2004 (1)：42-55.

四、主要实证结果

(一) 经营风险、产权性质与债务期限结构

如附表1所示,在第(1)~(4)列,经营风险变量 $Risk\_roa$ 与 $Risk\_sales$ 都显著为正,表明当经营风险较高时,公司在短期债务到期时向银行续借资金的难度加大,从而导致较高的流动性风险,公司倾向于选择更长的债务期限以降低流动性成本。

产权性质与经营风险的交互项 $State \times Risk\_roa$ 与 $State \times Risk\_sales$ 都在 5% 的水平显著为负,表明国有公司的信贷优惠可以降低高经营风险公司的流动性风险,因而其经营风险对债务期限的正向影响更小。这与流动性风险理论的推断是一致的。

附表1

因变量:$Longdebt$	(1)	(2)	(3)	(4)
$Risk\_roa$	0.456***	0.716***		
	(3.26)	(3.95)		
$State \times Risk\_roa$		−0.429**		
		(−2.09)		
$Risk\_sales$			0.038*	0.087***
			(1.69)	(2.80)
$State \times Risk\_sales$				−0.074**
				(−2.25)
$State$	0.010	0.029*	0.010	0.042**
	(0.72)	(1.81)	(0.70)	(2.09)
$Bankcomp$	−0.117*	−0.118*	−0.108*	−0.105*
	(−1.88)	(−1.89)	(−1.71)	(−1.66)
$Size$	0.068***	0.068***	0.064***	0.065***
	(12.09)	(12.22)	(11.35)	(11.52)
TQ	0.003	0.003	0.005*	0.005*
	(1.03)	(0.93)	(1.66)	(1.68)
$First$	−0.018	−0.021	−0.014	−0.017
	(−0.61)	(−0.71)	(−0.46)	(−0.57)
ROA	0.472***	0.473***	0.381***	0.389***
	(5.36)	(5.32)	(4.65)	(4.69)
Lev	0.147***	0.146***	0.145***	0.147***
	(4.06)	(4.02)	(3.90)	(3.93)
$Liquid$	−0.092	−0.089	−0.099*	−0.097*
	(−1.62)	(−1.54)	(−1.74)	(−1.72)
$Fixas$	0.205***	0.206***	0.206***	0.208***
	(3.49)	(3.49)	(3.50)	(3.55)
ETR	0.005	0.005	−0.002	−0.003
	(0.23)	(0.24)	(−0.09)	(−0.16)

续表

因变量：Longdebt	(1)	(2)	(3)	(4)
GDP	−0.108	−0.106	−0.115	−0.106
	(−1.31)	(−1.30)	(−1.47)	(−1.36)
Constant	−1.249***	−1.266***	−1.176***	−1.211***
	(−10.84)	(−11.16)	(−10.25)	(−10.64)
行业固定效应	Yes	Yes	Yes	Yes
Obs.	8 070	8 070	8 070	8 070
Adj. R-squared	0.217	0.218	0.216	0.217

（二）银行竞争、流动性风险与债务期限结构

从附表2的第（1）列和第（4）列可以看到，银行竞争与经营风险交互项（$Hbankcomp \times Risk\_roa$ 或 $Hbankcomp \times Risk\_sales$）的系数符号都在1%的水平显著为正。这些结果表明，当银行竞争较强时，公司经营风险对债务期限的正向影响更加明显。这一方面与流动性风险理论一致，另一方面也支持关于银行市场结构的信息基础假说。

附表2

因变量：Longdebt	全部样本 (1)	强竞争 (2)	弱竞争 (3)	全部样本 (4)	强竞争 (5)	弱竞争 (6)
$Risk\_roa$	0.225	0.675***	0.329*			
	(1.34)	(3.63)	(1.66)			
$Hbankcomp \times Risk\_roa$	0.514***					
	(3.87)					
$Risk\_sales$				0.002	0.079***	0.010
				(0.09)	(3.23)	(0.45)
$Hbankcomp \times Risk\_sales$				0.083***		
				(3.71)		
$Bankcomp$	−0.211***			−0.263***		
	(−3.25)			(−3.44)		
$State$	0.011	−0.024	0.032***	0.010	−0.022	0.031***
	(0.74)	(−1.55)	(2.75)	(0.77)	(−1.46)	(2.66)
$Size$	0.068***	0.072***	0.064***	0.063***	0.065***	0.062***
	(12.15)	(11.39)	(7.66)	(10.96)	(10.81)	(7.39)
TQ	0.003	−0.000	0.003	0.004	0.002	0.005
	(0.89)	(−0.18)	(0.55)	(1.35)	(0.99)	(0.94)
$First$	−0.016	−0.054	0.003	−0.013	−0.051	0.005
	(−0.53)	(−1.17)	(0.08)	(−0.44)	(−1.13)	(0.12)
ROA	0.477***	0.415***	0.519***	0.387***	0.284***	0.456***
	(5.46)	(3.54)	(5.87)	(4.83)	(2.81)	(6.10)
Lev	0.151***	0.153***	0.167***	0.147***	0.144***	0.168***
	(4.22)	(3.49)	(4.06)	(3.97)	(3.10)	(4.13)
$Liquid$	−0.090	0.055	−0.178***	−0.094*	0.051	−0.186***
	(−1.60)	(0.64)	(−3.05)	(−1.66)	(0.59)	(−3.18)

续表

因变量：Longdebt	全部样本	强竞争	弱竞争	全部样本	强竞争	弱竞争
	(1)	(2)	(3)	(4)	(5)	(6)
Fixas	0.206***	0.156**	0.249***	0.211***	0.163**	0.247***
	(3.46)	(2.22)	(4.43)	(3.53)	(2.26)	(4.30)
ETR	0.006	−0.015	0.003	0.001	−0.024	−0.002
	(0.29)	(−0.56)	(0.13)	(0.04)	(−0.91)	(−0.11)
GDP	−0.118	0.178	−0.264***	−0.123	0.150	−0.259***
	(−1.42)	(1.15)	(−4.04)	(−1.50)	(1.01)	(−3.97)
Constant	−1.209***	−1.465***	−1.192***	−1.082***	−1.324***	−1.152***
	(−10.37)	(−9.93)	(−6.72)	(−8.63)	(−9.39)	(−6.51)
行业固定效应	Yes	Yes	Yes	Yes	Yes	Yes
Obs.	8 070	3 417	4 653	8 070	3 417	4 653
Adj. R-squared	0.219	0.243	0.217	0.219	0.242	0.215

五、稳健性测试

论文还进行了一系列稳健性测试，包括但不限于：

(1) 其他估计方法。在此前的主回归中，按公司和年度两个维度对 t 统计量值进行群（Cluster）调整。根据 Petersen（2009，RFS）[1]，我们也尝试仅按公司进行群调整但引入年度固定效应的估计方法，我们还使用随机效应面板模型与固定效应面板模型进行估计。

(2) 按银行竞争变量 Bankcomp 的大小将全部样本等分为四个子样本并分别回归。

(3) 尝试以长期借款与全部银行借款之比或者长期负债与全部负债之比作为因变量进行回归，以销售增长率（Sgrow）度量成长性，当银行竞争程度高于全部地区的 3/4 分位数时界定为强银行竞争。

(4) 采用三种方法考察在本文样本中经营风险对债务期限是否存在非单调影响：一是在前述模型中引入经营风险变量的平方项；二是引入标志公司处于高风险的虚拟变量，分别以最高的 1/5 与 1/3 为标准界定公司是否处于高风险（Hrisk_20% 与 Hrisk_33%）；三是进行 Spline 分析，将经营风险划分为 3 个等级（Risk_bottom，Risk_middle 与 Risk_high）。

(5) 采用两种方法检验银行竞争与债务期限之间的非线性关系：一是在模型中引入标志银行竞争较强的虚拟变量 Hbankcomp；二是进行 Spline 分析，将银行竞争划分为 3 个等级（Bankcomp_bottom，Bankcomp_middle 与 Bankcomp_high）。

(6) 比较与 Cai et al.（2008，PBFJ）[2] 的实证结果差异。论文与 Cai et al.（2008）都检验了中国上市公司经营风险对债务期限选择的影响，计量模型也比较接近，结果却存在

---

[1] Petersen, M. A. Estimating Standard Errors in Finance Panel Data Sets: Comparing Approaches. *Review of Financial Studies*, 2009 (22): 435−480.

[2] Cai, K., R. Fairchild, and Y. Guney. Debt Maturity Structure of Chinese Companies. *Pacific-Basin Finance Journal*, 2008, 16 (3): 268−297.

差异：本文发现经营风险与债务期限显著正相关，但 Cai et al. (2008) 发现二者之间的相关性并不显著。本文作者注意到，两篇文献的研究样本所涵盖的行业及期间有所差异（可能导致结果出现差异）：Cai et al. (2008) 只考察了制造业，而本文样本包括金融业之外的全部行业；Cai et al. (2008) 的样本期间截至 2004 年，而本文样本期间截至 2008 年。为了证实这一推断，我们首先按照 Cai et al. (2008) 的样本选择程序，检验 2001—2004 年的制造业上市公司，然后检验 2005—2008 年的制造业上市公司，并检验全部样本期间的制造业上市公司，同时，我们也分别检验 2001—2004 年、2005—2008 年、2001—2008 年全部非金融业上市公司。

六、主要的 Stata 程序

```
clear all        //清空内存
set more off     //禁止分屏显示
capture log close   //如果结果输出文件已打开，则关闭之，否则忽略该命令
set mem300m      //设定内存的大小
set matsize 2000    //设定矩阵的最大维度
cd D:\Stata11\bankcomp    //在目录"D:\Stata11\bankcomp"下执行程序


*******************************************
***数据导入
*******************************************

insheet using bs.csv, clear   //导入资产负债表数据，来自 CSMAR 数据库
keep if substr (date, 6, 2)=="12"   //date 为报表日期，只留下年度数据
gen year=real (substr (date, 1, 4))   //生成年度变量
drop date   //删除日期变量
save bs, replace

insheet using is.csv, clear   //导入利润表数据，来自 CSMAR 数据库
keep if substr (date, 6, 2)=="12"   //date 为报表日期，只留下年度数据
gen year=real (substr (date, 1, 4))   //生成年度变量
drop date   //删除日期变量
save is, replace

insheet using cg.csv, clear   //导入公司治理数据，来自 CCER 数据库，包含公司所处行业及治理数据
save cg, replace

insheet using mv.csv, clear   //导入公司股权市场价值数据，来自 CCER 数据库
save mv, replace
```

```
insheet using province.csv, clear    //导入公司所处省份数据，根据 CCER 数据库中公司注册地手工整理
save province, replace

insheet using gdp.csv, clear    //导入全国各省份的 GDP 数据
tsset province year    //province 为省份, year 为年度
gen gdpgrow=(gdp-l.gdp)/l.gdp    //计算 GDP 增长率, gdp 为各省份的 GDP
keep province year gdpgrow
save gdp, replace

insheet using bankcomp.csv, clear    //导入各省份 2001—2008 年期间的银行业竞争数据，手工整理
egen g=pctile(bankcomp), p(67)    //产生 67% 分位数, bankcomp 为公司各省份四大国有商业银行之外的其他银行信贷份额
gen hbankcomp=(bankcomp>=g)    //产生变量 hbankcomp, 标志地区市场竞争程度处于样本 67% 分位数以上水平
drop g
egen g3=pctile(bankcomp), p(75)    //产生 75% 分位数
gen hbankcomp2=(bankcomp>=g3)    //产生变量 hbankcomp2, 标志地区市场竞争程度处于样本 75% 分位数以上水平
egen g2=pctile(bankcomp), p(50)    //产生 50% 分位数
egen g1=pctile(bankcomp), p(25)    //产生 25% 分位数
save bankcomp, replace

*****************************
***数据合并
*****************************

use bs, clear    //打开资产负债表数据，以之为数据合并起点
merge 1:1 code year using is    //按公司股票代码 code 与年度 year 合并利润表数据
drop if _merge==2    //删除只有资产负债表数据而没有利润表数据的记录
drop _merge
merge 1:1 code year using cg    //按公司股票代码 code 与年度 year 合并公司治理数据
drop if _merge==2
drop _merge
merge 1:1 code year using mv    //按公司股票代码 code 与年度 year 合并公司市场价值数据
drop if _merge==2
```

drop_merge

merge 1：1 code year using province　　//按公司股票代码 code 与年度 year 合并公司所处省份数据

drop if_merge==2

drop_merge

merge m：1 province year using gdp　　//按省份代码 province 与年度 year 合并 GDP 增长数据

drop if_merge==2

drop_merge

merge m：1 province year using bankcomp　　//按省份代码 province 与年度 year 合并市场竞争数据

drop if_merge==2

drop_merge

save samp，replace

* *

***生成变量

* *

gen longdebt=(ldebt+oneldebt)/(sdebt+ldebt+oneldebt)　　//生成变量长期债务比例，sdebt 为短期借款，oneldebt 为一年内到期的长期负债，ldebt 为长期借款

gen size=ln（asset）　　//生成公司规模变量 size，asset 为总资产

gen lev=(sdebt+ldebt+oneldebt)/asset　　//生成财务杠杆变量 lev

gen roa=oincome/asset　　//生成资产报酬率变量 roa，oincome 为营业利润

gen fixas=fasset/asset　　//生成固定资产比例变量 fixas，fasset 为固定资产净值

replace cash1=0 if cash1==.　　//cash1 为新会计准则下的交易性金融资产，将之前的缺失值取值为 0

replace cash2=0 if cash2==.　　//cash2 为旧会计准则下的短期投资净额，将之后的缺失值取值为 0

gen liquid=(cash0+cash1+cash2)/asset　　//生成资产流动性变量 liquid，cash0 为货币资金

gen tq=(tmv+liability)/asset　　//生产变量 Tobin Q，tmv 为公司股权的市场价值，liability 为总负债

tsset code year　　//声明面板数据

gen sgrow=(sales-l.sales)/l.sales if l.sales>0　　//生产销售增长率，sales 为销售收入

gen etr=tax/tincome　　//生成有效税率变量，若其小于 0 或大于 1 则变量取值为 0 或 1，tax 为所得税费用，tincome 为税前利润总额

replace etr=0 if etr<0

replace etr=1 if etr>1 & etr<.

gen state=1 if control==0   //生成国有产权变量，control 为最终控制人性质，取自 CCER 数据库，取值为 0 时代表政府控制

replace state=0 if control>0 & control<=5   //control 取值为 6 时代表产权性质不清晰，按缺失值处理

gen csrc_w=substr（csrc，1，1）   //生成行业变量，按证监会行业分类，如果为制造业，取前 2 位编码，否则取第 1 位

replace csrc_w=substr（csrc，1，2）if csrc_w=="C"

***生成经营风险变量

preserve   //避免数据在程序执行过后有所变动

winsor roa，p（0.01）gen（roa_w）   //变量资产报酬率 roa 按样本两端 1% 进行缩尾处理

gen risk_roa=.

gen risk_sales=.

gen enum_roa=.

gen enum_sales=.

local n=6

forvalues i=2001/2008 {   //循环程序

tempvar x y z xn yn   //生成临时变量

bysort code：egen ´x´=sd（roa_w）if year>=´i´-´n´ & year<=´i´   //历史 7 年 roa 的标准差

replace risk_roa=´x´ if year==´i´

bysort code：egen ´xn´=count（roa_w）if year>=´i´-´n´ & year<=´i´   //历史 7 年中 roa 存在取值的实际年数

replace enum_roa=´xn´ if year==´i´

bysort code：egen ´y´=sd（sales）if year>=´i´-´n´ & year<=´i´   //历史 7 年 sales 的标准差

bysort code：egen ´z´=mean（sales）if year>=´i´-´n´ & year<=´i´   //历史 7 年 sales 的均值

replace risk_sales=´y´/´z´ if year==´i´

bysort code：egen ´yn´=count（sales）if year>=´i´-´n´ & year<=´i´   //历史 7 年中 sales 存在取值的实际年数

replace enum_sales=´yn´ if year==´i´

drop ´x´ ´y´ ´z´ ´xn´ ´yn´

}

keep if year>=2001 & year<=2008

keep code year risk_roa risk_sales enum_roa enum_sales

replace risk_roa=. if enum_roa<3

replace risk_sales=. if enum_sales<3

```
save x, replace
restore   //将内存数据恢复到命令 perserve 执行之前
merge 1：1 code year using x
drop if_merge==2
drop_merge
erase x.dta    //删除数据集 x


***生成交互变量
gen stateXrisk_sales=state*risk_sales
gen stateXrisk_roa=state*risk_roa
gen bankcompXrisk_sales=bankcomp*risk_sales
gen bankcompXrisk_roa=bankcomp*risk_roa
gen hbankcompXrisk_sales=hbankcomp*risk_sales
gen hbankcompXrisk_roa=hbankcomp*risk_roa
gen hbankcomp2Xrisk_sales=hbankcomp2*risk_sales
gen hbankcomp2Xrisk_roa=hbankcomp2*risk_roa
save samp, replace


*******************************
***样本筛选
*******************************

drop if csrc_w=="I"  //删除金融业上市公司
keep if year>=2001 & year<=2008   //样本期间为 2001—2008 年
replace longdebt=. if longdebt<0
drop if enum_sales<3   //删除历史有效年数小于 3 年的观测
keep if ! missing (longdebt, risk_roa, risk_sales, state, bankcomp, size, lev, roa, fixas, first, liquid, tq, etr, gdpgrow)    //删除重要变量缺失的观测，first 为第一大股东持股比例


***对多个变量进行缩尾处理
foreach var of varlist lev roa tq sgrow {    //循环程序
    winsor 'var', gen ('var'_w) p (0.01)
}


save samp, replace


*******************************
***描述性统计与相关分析
```

****

use samp，clear

***描述性统计
tabstat longdebt risk_roa risk_sales state bankcomp size tq_w first roa_w lev_w liquid fixas etr gdpgrow，s（n mean median sd min max）c（s）f（％10.3f）　　//描述性统计命令

***相关分析
pwcorr_a longdebt risk_roa risk_sales state bankcomp size tq_w first roa_w lev_w liquid fixas etr gdpgrow　　//pwcorr_a 为外部命令

****
***回归分析
****

use samp，clear

global out outreg2 using　　//定义全局暂元
global option bdec（3）tdec（2）excel tstat　　//定义全局暂元
global addstat addstat（F test，e（p），Adj R-squared，e（r2_a），F test，e（F））　　//定义全局暂元

***经营风险、产权性质与债务期限（主要检验之一，形成的检验结果对应附表1）
xi：cluster2 longdebt risk_roa state bankcomp size tq_w first roa_w lev_w liquid fixas etr gdpgrow i.csrc_w, fcluster（code）tcluster（year）　　//cluster2 为外部命令，按公司与年度两个维度对参数估计的标准误进行群调整
$out table1，$option $addstat replace　　//将回归结果输出到 Excel 文件
xi：cluster2 longdebt risk_roa state stateXrisk_roa bankcomp size tq_w first roa_w lev_w liquid fixas etr gdpgrow i.csrc_w, fcluster（code）tcluster（year）
$out table1，$option $addstat append
xi：cluster2 longdebt risk_sales state bankcomp size tq_w first roa_w lev_w liquid fixas etr gdpgrow i.csrc_w, fcluster（code）tcluster（year）
$out table1，$option $addstat append
xi：cluster2 longdebt risk_sales state stateXrisk_sales bankcomp size tq_w first roa_w lev_w liquid fixas etr gdpgrow i.csrc_w, fcluster（code）tcluster（year）
$out table1，$option $addstat append

***经营风险、银行竞争与债务期限（主要检验之二，形成的检验结果对应附表2）

  xi: cluster2 longdebt risk_roa state bankcomp hbankcompXrisk_roa size tq_w first roa_w lev_w liquid fixas etr gdpgrow i. csrc_w, fcluster（code）tcluster（year）

  $ out table2，$ option $ addstat replace

  xi：cluster2 longdebt risk_roa state size tq_w first roa_w lev_w liquid fixas etr gdpgrow i. csrc_w if hbankcomp==1, fcluster（code）tcluster（year）

  $ out table2，$ option $ addstat append

  xi：cluster2 longdebt risk_roa state size tq_w first roa_w lev_w liquid fixas etr gdpgrow i. csrc_w if hbankcomp==0，fcluster（code）tcluster（year）

  $ out table2，$ option $ addstat append

  xi：cluster2 longdebt risk_sales state bankcomp hbankcompXrisk_sales size tq_w first roa_w lev_w liquid fixas etr gdpgrow i. csrc_w, fcluster（code）tcluster（year）

  $ out table2，$ option $ addstat append

  xi：cluster2 longdebt risk_sales state size tq_w first roa_w lev_w liquid fixas etr gdpgrow i. csrc_w if hbankcomp==1, fcluster（code）tcluster（year）

  $ out table2，$ option $ addstat append

  xi：cluster2 longdebt risk_sales state size tq_w first roa_w lev_w liquid fixas etr gdpgrow i. csrc_w if hbankcomp==0, fcluster（code）tcluster（year）

  $ out table2，$ option $ addstat append

  ***其他估计方法（稳健性测试之一）

  xi：reg longdebt risk_roa state bankcomp stateXrisk_roa hbankcompXrisk_roa size tq_w first roa_w lev_w liquid fixas etr gdpgrow i. csrc_w i. year, cluster（code）　//线性回归，按公司对参数估计的标准误进行群调整

  $ out table3，$ option $ addstat replace

  xi：reg longdebt risk_sales state bankcomp stateXrisk_sales hbankcompXrisk_sales size tq_w first roa_w lev_w liquid fixas etr gdpgrow i. csrc_w i. year, cluster（code）

  $ out table3，$ option $ addstat append

  xi：xtreg longdebt risk_roa state bankcomp stateXrisk_roa hbankcompXrisk_roa size tq_w first roa_w lev_w liquid fixas etr gdpgrow i. csrc_w i. year, i（code）re　//随机效应模型

  $ out table3，$ option $ addstat append

  xi：xtreg longdebt risk_sales state bankcomp stateXrisk_sales hbankcompXrisk_sales size tq_w first roa_w lev_w liquid fixas etr gdpgrow i. csrc_w i. year, i（code）re

  $ out table3，$ option $ addstat append

  xi：xtreg longdebt risk_roa state bankcomp stateXrisk_roa hbankcompXrisk_roa size tq_w first roa_w lev_w liquid fixas etr gdpgrow i. csrc_w i. year, i（code）fe　//固定效应模型

  $ out table3，$ option $ addstat append

xi: xtreg longdebt risk_sales state bankcomp stateXrisk_sales hbankcompXrisk_sales size tq_w first roa_w lev_w liquid fixas etr gdpgrow i. csrc_w i. year, i (code) fe

　　$ out table3, $ option $ addstat append

　　***按银行竞争程度将样本分为4组并分别回归（稳健性测试之二）
　　xi: reg longdebt risk_roa state size tq_w first roa_w lev_w liquid fixas etr gdpgrow i. csrc_w i. year if bankcomp>g3, cluster (code)

　　$ out table4, $ option $ addstat replace

　　xi: reg longdebt risk_roa state size tq_w first roa_w lev_w liquid fixas etr gdpgrow i. csrc_w i. year if bankcomp>g2 & bankcomp<=g3, cluster (code)

　　$ out table4, $ option $ addstat append

　　xi: reg longdebt risk_roa state size tq_w first roa_w lev_w liquid fixas etr gdpgrow i. csrc_w i. year if bankcomp>g1 & bankcomp<=g2, cluster (code)

　　$ out table4, $ option $ addstat append

　　xi: reg longdebt risk_roa state size tq_w first roa_w lev_w liquid fixas etr gdpgrow i. csrc_w i. year if bankcomp<=g1, cluster (code)

　　$ out table4, $ option $ addstat append

　　xi: reg longdebt risk_sales state size tq_w first roa_w lev_w liquid fixas etr gdpgrow i. csrc_w i. year if bankcomp>g3, cluster (code)

　　$ out table4, $ option $ addstat append

　　xi: reg longdebt risk_sales state size tq_w first roa_w lev_w liquid fixas etr gdpgrow i. csrc_w i. year if bankcomp>g2 & bankcomp<=g3, cluster (code)

　　$ out table4, $ option $ addstat append

　　xi: reg longdebt risk_sales state size tq_w first roa_w lev_w liquid fixas etr gdpgrow i. csrc_w i. year if bankcomp>g1 & bankcomp<=g2, cluster (code)

　　$ out table4, $ option $ addstat append

　　xi: reg longdebt risk_sales state size tq_w first roa_w lev_w liquid fixas etr gdpgrow i. csrc_w i. year if bankcomp<=g1, cluster (code)

　　$ out table4, $ option $ addstat append

　　***重要变量的替代度量（稳健性测试之三）
　　gen longdebt2=ldebt/ (sdebt+ldebt+oneldebt)
　　gen longdebt3=lliability/liability
　　xi: cluster2 longdebt2 risk_roa state bankcomp stateXrisk_roa hbankcompXrisk_roa size tq_w first roa_w lev_w liquid fixas etr gdpgrow i. csrc_w, fcluster (code) tcluster (year)

　　$ out table5, $ option $ addstat replace

　　xi: cluster2 longdebt3 risk_roa state bankcomp stateXrisk_roa hbankcompXrisk_roa size tq_w first roa_w lev_w liquid fixas etr gdpgrow i. csrc_w, fcluster (code) tcluster

（year）

　　＄out table5，＄option ＄addstat append

　　xi：cluster2 longdebt risk_roa state bankcomp stateXrisk_roa hbankcompXrisk_roa size sgrow_w first roa_w lev_w liquid fixas etr gdpgrow i.csrc_w，fcluster（code）tcluster（year）

　　＄out table5，＄option ＄addstat append

　　xi：cluster2 longdebt risk_roa state bankcomp stateXrisk_roa hbankcompXrisk_roa size tq_w first roa_w lev_w liquid fixas etr gdpgrow i.csrc_w if control≤＝1，fcluster（code）tcluster（year）

　　＄out table5，＄option ＄addstat append

　　xi：cluster2 longdebt risk_roa state bankcomp stateXrisk_roa hbankcomp2Xrisk_roa size tq_w first roa_w lev_w liquid fixas etr gdpgrow i.csrc_w，fcluster（code）tcluster（year）

　　＄out table5，＄option ＄addstat append

　　＊＊＊经营风险的非单调影响（稳健性测试之四）
gen risksq＝risk_roa^2　　//生成变量risksq，等于经营风险risk_roa的平方
tempvar x y　　//生成临时变量
　　xtile ´x´＝risk_roa，nq（5）　　//生成分组变量，按经营风险risk_roa将样本等分为5组
　　xtile ´y´＝risk_roa，nq（3）　　//生成分组变量，按经营风险risk_roa将样本等分为3组
　　gen toprisk_5＝（´x´＝＝5）　　//生成虚拟变量toprisk_5，标志公司经营风险risk_roa处于最高的1/5
　　gen toprisk_3＝（´y´＝＝3）　　//生成虚拟变量toprisk_3，标志公司经营风险risk_roa处于最高的1/3
　　mkspline sp1　2＝risk_roa，pctile　　//spline分析
　　mkspline sp2　3＝risk_roa，pctile　　//spline分析
　　xi：cluster2 longdebt risksq risk_roa state bankcomp size tq_w first roa_w lev_w liquid fixas etr gdpgrow i.csrc_w，fcluster（code）tcluster（year）

　　＄out table6，＄option ＄addstat replace

　　xi：cluster2 longdebt risk_roa toprisk_5 state bankcomp size tq_w first roa_w lev_w liquid fixas etr gdpgrow i.csrc_w，fcluster（code）tcluster（year）

　　＄out table6，＄option ＄addstat append

　　xi：cluster2 longdebt risk_roa toprisk_3 state bankcomp size tq_w first roa_w lev_w liquid fixas etr gdpgrow i.csrc_w，fcluster（code）tcluster（year）

　　＄out table6，＄option ＄addstat append

　　xi：cluster2 longdebt sp11 sp12 state bankcomp size tq_w first roa_w lev_w liquid fixas etr gdpgrow i.csrc_w，fcluster（code）tcluster（year）

＄out table6，＄option ＄addstat append

　　xi：cluster2 longdebt sp21 sp22 sp23 state bankcomp size tq_w first roa_w lev_w liquid fixas etr gdpgrow i.csrc_w，fcluster（code）tcluster（year）

　　＄out table6，＄option ＄addstat append

　　＊＊＊银行竞争的非线性影响（稳健性测试之五）

　　mkspline bcomp 3＝bankcomp，pctile　　//spline 分析

　　xi：cluster2 longdebt bankcomp hbankcomp state risk_roa size tq_w first roa_w lev_w liquid fixas etr gdpgrow i.csrc_w，fcluster（code）tcluster（year）

　　＄out table7，＄option ＄addstat replace

　　xi：cluster2 longdebt bcomp1 bcomp2 bcomp3 state risk_roa size tq_w first roa_w lev_w liquid fixas etr gdpgrow i.csrc_w，fcluster（code）tcluster（year）

　　＄out table7，＄option ＄addstat append

　　＊＊＊与 Cai et al.（2008，PBFJ）的比较（稳健性测试之六）

　　xi: reg longdebt risk_roa state bankcomp size tq_w first roa_w lev_w liquid fixas etr gdpgrow i.csrc_w i.year if year＜＝2004 & substr（csrc_w，1，1）＝＝"C"，cluster（code）

　　＄out table8，＄option ＄addstat replace ctitle（"2004－，C"）

　　xi: reg longdebt risk_roa state bankcomp size tq_w first roa_w lev_w liquid fixas etr gdpgrow i.csrc_w i.year if year＞2004 & substr（csrc_w，1，1）＝＝"C"，cluster（code）

　　＄out table8，＄option ＄addstat append ctitle（"2004＋，C"）

　　xi: reg longdebt risk_roa state bankcomp size tq_w first roa_w lev_w liquid fixas etr gdpgrow i.csrc_w i.year if substr（csrc_w，1，1）＝＝"C"，cluster（code）

　　＄out table8，＄option ＄addstat append ctitle（"all，C"）

　　xi：reg longdebt risk_roa state bankcomp size tq_w　first roa_w lev_w liquid fixas etr gdpgrow i.csrc_w i.year if year＜＝2004，cluster（code）

　　＄out table8，＄option ＄addstat append ctitle（"2004－，all"）

　　xi：reg longdebt risk_roa state bankcomp size tq_w first roa_w lev_w liquid fixas etr gdpgrow i.csrc_w i.year if year＞2004，cluster（code）

　　＄out table8，＄option ＄addstat append ctitle（"2004＋，all"）

　　xi：reg longdebt risk_roa state bankcomp size tq_w first roa_w lev_w liquid fixas etr gdpgrow i.csrc_w i.year，cluster（code）

　　＄out table8，＄option ＄addstat append ctitle（"all，all"）

图书在版编目(CIP)数据

会计研究方法论 / 吴溪主编. -- 4 版. -- 北京：中国人民大学出版社，2025.1. --（研究方法丛书）.
ISBN 978-7-300-33381-6

Ⅰ．F230-3

中国国家版本馆 CIP 数据核字第 202449U9E9 号

研究方法丛书

会计研究方法论（第 4 版）

主　编　吴　溪

Kuaiji Yanjiu Fangfalun

出版发行	中国人民大学出版社			
社　　址	北京中关村大街 31 号		邮政编码	100080
电　　话	010-62511242（总编室）		010-62511770（质管部）	
	010-82501766（邮购部）		010-62514148（门市部）	
	010-62511173（发行公司）		010-62515275（盗版举报）	
网　　址	http://www.crup.com.cn			
经　　销	新华书店			
印　　刷	北京市鑫霸印务有限公司		版　次	2012 年 9 月第 1 版
开　　本	787 mm×1092 mm　1/16			2025 年 1 月第 4 版
印　　张	31.25 插页 1		印　次	2025 年 10 月第 2 次印刷
字　　数	753 000		定　价	78.00 元

版权所有　　侵权必究　　印装差错　　负责调换

中国人民大学出版社　管理分社

教师教学服务说明

中国人民大学出版社管理分社以出版工商管理和公共管理类精品图书为宗旨。为更好地服务一线教师，我们着力建设了一批数字化、立体化的网络教学资源。教师可以通过以下方式获得免费下载教学资源的权限：

★ 在中国人民大学出版社网站 www.crup.com.cn 进行注册，注册后进入"会员中心"，在左侧点击"我的教师认证"，填写相关信息，提交后等待审核。我们将在一个工作日内为您开通相关资源的下载权限。

★ 如您急需教学资源或需要其他帮助，请加入教师 QQ 群或在工作时间与我们联络。

中国人民大学出版社　管理分社

- 教师 QQ 群：648333426（工商管理）　1057207274（财会）　648117133（公共管理）
  教师群仅限教师加入，入群请备注（学校+姓名）
- 联系电话：010-62515782，82501868，82501048，62514760
- 电子邮箱：glcbfs@crup.com.cn
- 通讯地址：北京市海淀区中关村大街甲 59 号文化大厦 1501 室（100872）

管理书社　　　　人大社财会　　　　公共管理与政治学悦读坊